Der Divisia-Geldmengenindex

Europäische Hochschulschriften

Publications Universitaires Européennes
European University Studies

Reihe V
Volks- und Betriebswirtschaft

Série V Series V
Sciences économiques, gestion d'entreprise
Economics and Management

Bd./Vol. 2606

PETER LANG
Frankfurt am Main · Berlin · Bern · Bruxelles · New York · Oxford · Wien

Julian Reischle

Der Divisia-Geldmengenindex

Eine Analyse seiner theoretischen Grundlagen

PETER LANG
Europäischer Verlag der Wissenschaften

Die Deutsche Bibliothek - CIP-Einheitsaufnahme

Reischle, Julian:

Der Divisia-Geldmengenindex : eine Analyse seiner theoretischen Grundlagen / Julian Reischle. - Frankfurt am Main ; Berlin ; Bern ; Bruxelles ; New York ; Oxford ; Wien : Lang, 2000
(Europäische Hochschulschriften : Reihe 5, Volks- und Betriebswirtschaft ; Bd. 2606)
Zugl.: Würzburg, Univ., Diss., 1999
ISBN 3-631-35529-7

D 20
ISSN 0531-7339
ISBN 3-631-35529-7

Vorwort

Die vorliegende Arbeit entstand größtenteils während meiner Tätigkeit als wissenschaftlicher Mitarbeiter am Lehrstuhl für Geldpolitik und internationale Wirtschaftsbeziehungen der Julius-Maximilians-Universität Würzburg. Sie wurde im Sommer 1999 von der Wirtschaftswissenschaftlichen Fakultät der Julius-Maximilians-Universität Würzburg als Dissertation angenommen.

Der Reiz der behandelten Themenstellung bestand für mich gerade in der engen Verbindung zwischen der makroökonomisch ausgerichteten Problemstellung und dem mikroökonomisch fundierten Lösungsvorschlag. Mir war von Anfang an klar, daß ich mich mit einem solchen „Schnittstellenthema" stets der Kritik sowohl von Seiten der Makroökonomen wie von Seiten der Mikroökonomen aussetzen werde. Was den einen an Ausführlichkeit zu viel ist, geht den anderen nicht tief genug. Gleichwohl hoffe ich, daß meine Ausführungen beim geneigten Leser nicht nur Fragen aufwerfen, sondern auch solche beantworten.

Mein besonderer Dank gilt meinem Doktorvater Herrn Prof. Dr. Peter Bofinger. Die Gespräche mit ihm waren stets sehr fruchtbar, auch wenn es mir nicht immer gelungen ist, seine aus dem wirklichen Leben gegriffenen Beispiele sinnvoll einzuarbeiten. Zu großem Dank bin ich auch Herrn Prof. Dr. Wolfgang Eichhorn verpflichtet, der sich spontan bereit erklärte, das Zweitgutachten anzufertigen. Daneben möchte ich auch allen denjenigen danken, die direkt oder indirekt zum Gelingen der Arbeit beigetragen haben. Dies gilt insbesondere für meine frühere Kollegin am Lehrstuhl Andrea Schächter, die mir gerade in der Endphase meiner Lehrstuhltätigkeit oft genug den „Rücken freihielt". Erwähnung verdienen aber auch meine anderen Kollegen, vor allem Kathrin Berensmann, Christoph Harff, Eduard Interwies, Nicolas Schlotthauer und Katrin Vogt. Patrick Beschorner hat mich tatkräftig bei der Zusammenstellung des Literaturverzeichnisses unterstützt.

Die Hauptlast meiner Promotion hatte ohne Frage meine Familie zu tragen. Für ihre selbstlose Unterstützung möchte ich meiner Frau Manuela Reischle und meiner Tochter Miriam danken. Ihnen widme ich diese Arbeit. Ich hoffe, meine Tochter wird sie später als hinreichenden Beleg dafür anerkennen, daß ich entgegen ihrer Vermutung meine Zeit in der Universität nicht (nur) mit Drehstuhlfahren zugebracht habe.

Bad Homburg, im Januar 2000 Julian Reischle

Inhaltsverzeichnis

Abbildungsverzeichnis

Tabellenverzeichnis

Symbolverzeichnis[i]

$\mathbf{a}_s$ Vektor der Proportionalitätsfaktoren zwischen den Beständen der monetären Anlageformen und ihren Liquiditätsdiensten (Effizienzbeiträgen) in Periode *s*

b_s Realer Bestand der Referenzanlage in Periode *s* (B_s stellt den nominalen Bestand dieser Anlage in Periode *s* dar[ii])

C_s Konsumgüterindex bzw. Konsumgüteraggregat in Periode *s*[iii]

$c_{0,s}$ Freizeit in Periode *s*, analytisch einem Konsumgut gleichgestellt

$\mathbf{c}_s$ Vektor der Konsummengen in Periode *s*

$\tilde{\mathbf{c}}_s$ Vektor des nutzenmaximierenden Konsumgüterverbrauchs in Periode *s* (einstufiger Maximierungsansatz)

$d^m_{h,s}$ Distanzwert für die Teilnutzenfunktion $u^m_{h,s}$ über die monetären Anlageformen der Gruppe *h* in Periode *s*

$E^m_{h,s}$ (Tatsächliche) Ausgaben für das Halten monetärer Anlageformen der Gruppe *h* in Periode *s* (bei symmetrischen Präferenzstrukturen)

$E^c_{g,s}$ (Tatsächliche) Ausgaben für die Konsumgüter der Gruppe *g* in Periode *s* (bei symmetrischen Präferenzstrukturen)

$\tilde{E}^m_s$ Ausgaben für die nutzenmaximierenden realen Bestände monetärer Anlageformen in Periode *s* (einstufiger Maximierungsansatz)

$\tilde{E}^c_s$ Ausgaben für die nutzenmaximierenden Konsumgütermengen in Periode *s* (einstufiger Maximierungsansatz)

e_s Minimale Ausgaben entsprechend der Ausgabenfunktion für die in Periode *s* gehaltenen realen monetären Anlageformen und die in *s* konsumierten Güter

---

i Die folgende Auflistung enthält die am häufigsten gebrauchten Symbole. Manche Symbole werden in verschiedenen Kapiteln der Arbeit in unterschiedlicher Weise gebraucht. Diese Doppeldeutung erschien im Hinblick auf eine häufig anzutreffende „Standardsymbolik" in Einzelfällen vertretbar (z.B. V für Umlaufsgeschwindigkeit). Auf Ausnahmen von der im Symbolverzeichnis angeführten Bezeichnung wird hingewirsen. Die griechischen Symbole sind entsprechend ihrem Lautwert eingeordnet worden. Bei den nicht-griechischen „Kunstsymbolen" wurden folgende Zuordnung vorgenommen: ϕ zu f; $\wp$ zu p; θ zu p.

ii In Kapitel IV.2 steht B_s für die Budgetmenge in Periode *s* (Menge aller Bündel, die anstelle des realisierten Bündels hätten erworben werden können).

iii In Kapitel IV.2 steht C_s für die Auswahlmenge in Periode *s* (Menge aller akzeptablen Alternativen zum realisierten Bündel).

$\varepsilon_{i,s}$ Einkommenselastizität der in Periode *s* gehaltenen realen monetären Anlageform *i* (oder des konsumierten Gutes *i*)

F_s Freizeit in Periode *s* (ergibt sich als Differenz aus der gesamten, während der Periode s zur Verfügung stehenden Zeit $\bar{L}$ und der geplanten Arbeitszeit L_s^S); auch $c_{0,s}$

ϕ_{ij} Kreuzpreiselastizität der in Periode s gehaltenen realen monetären Anlageform *j* (oder des konsumierten Gutes *j*) auf Preisänderungen der realen monetären Anlageform *i* (oder des konsumierten Gutes *i*)

ϕ_{ji}^* Einkommenskompensierte Kreuzpreiselastizität der in Periode s gehaltenen realen monetären Anlageform *j* (oder des konsumierten Gutes *j*) auf Preisänderungen der realen monetären Anlageform *i* (oder des konsumierten Gutes *i*)

γ_s Vektor der Subsistenzmengen in Periode *s*

I_s Andere nominale Einkommensströme in Periode *s*[iv]

L_s^S Arbeitsangebot in Periode *s*[v]

ℓ_s Nominaler Lohnsatz in Periode *s*

M_s Geldmengenindex bzw. Geldmengenaggregat in Periode *s*

$\mathbf{M}_s$ Vektor der nominalen Bestände monetärer Anlageformen in Periode *s*

$\mathbf{m}_s$ Vektor der realen Bestände monetärer Anlageformen in Periode *s*

$\tilde{\mathbf{m}}_s$ Vektor der nutzenmaximierenden realen Bestände monetärer Anlageformen in Periode *s* (einstufiger Maximierungsansatz)

$\boldsymbol{\nu}_s$ Vektor einkommensnormierter User costs und Güterpreise in Periode *s*

P_s Güterpreisindex in Periode *s*

$\mathbf{p}_s$ Vektor der Güterpreise in Periode *s* (einschließlich der Nutzungspreise dauerhafter Konsumgüter)

Π_s User costs-Index in Periode *s*

π_s Vektor der nominalen User costs inr Periode *s*

$\wp_s$ Vektor der nominalen User costs *und* der Güterpreise in Periode *s* (Hilfsvariable)

[iv] In Kapitel IV bezeichnet I^h eine bestimmte Gruppe monetärer Anlageformen.

[v] In Kapitel II pekuniäres Gesamtrisiko einer Anlage; in Anhang A.II.2 Geldnachfragefunktion.

Θ_s Vektor der Ausgabenanteile der monetären Anlageformen und Konsumgüter in Periode *s*

$Q^m_{h,s}$ Mengenindex über die monetären Anlageformen der Gruppe *h* in Periode *s*

R_s Nominale Ertragsrate (Rendite) der Referenzanlage in Periode *s*

$\mathbf{r}_s$ Vektor der nominalen Ertragsraten (Renditen) der realen Bestände monetärer Anlageformen in Periode *s*

ρ_s Diskontierungsfaktor für Periode *s*

σ_{ji} Substitutionselastizität zwischen den monetären Anlageformen und/oder Konsumgütern *j* und *i*

u_s Nutzen der aus den in Periode *s* gehaltenen monetären Anlageformen und konsumierten Güter gezogen wird (einperiodiger Ansatz)

V_t Nutzen über die Perioden *t* bis *t+T* hinweg (intertemporaler Ansatz)[vi]

W_s Finanzvermögen in Periode *s*

W^m_s ökonomischer Geldbestand in Periode *s*

$\mathbf{w}_s$ Vektor der realen monetären Anlageformen *und* Konsumgüter in Periode *s* (Hilfsvariable)

$\mathbf{x}_s$ Vektor der Liquiditätsdienste, die die realen Bestände monetärer Anlageformen in Periode *s* abgeben (Vektor der Effizienzbeiträge)

$Y^m_{(h),s}$ (Tatsächliche) Ausgaben für das Halten monetärer Anlageformen der Gruppe *h* in Periode *s* (bei rekursiven Strukturen)[vii]

$Y^c_{(g),s}$ (Tatsächliche) Ausgaben für die Konsumgüter der Gruppe *g* in Periode *s* (bei rekursiven Strukturen)

[vi] In Kapitel II und III steht V_S für die Umlaufsgeschwindigkeit des Geldmengenaggregats M_S.

[vii] In Kapitel II bezeichnet Y_S das reale Sozialprodukt in Periode *s*.

I Problemstellung und Lösungsvorschlag mittels des Divisia-Geldmengenansatzes

I.1 Problemstellung

Die Diskussion um eine „theoretisch korrekte“ Definition der Geldmenge ist so alt wie die Geldtheorie selbst. Berücksichtigt man nicht nur die offenkundige begriffsstiftende Rolle, die das „Geld“ für die „Geld“-theorie spielt, sondern auch die Tatsache, daß der „Geldmenge“ häufig gerade in makroökonomischen Theorien eine zentrale Stellung zugedacht wird, so ist es umso erstaunlicher, daß bislang noch keine allseits befriedigende Antwort auf die entscheidende Frage nach der adäquaten Definition dieser Schlüsselgröße gefunden wurde. Zwar leuchtet es unmittelbar ein, daß jede gehaltvolle geldtheoretische Aussage eine klare Begriffsabgrenzung voraussetzt, nichtsdestoweniger ist man davon weiter entfernt denn je. Mit den Worten Osbornes ausgedrückt, läßt sich die Diskussion wie folgt zusammenfassen:

> „If a principal purpose of definition is to bring 'peace in mind' (...), monetary economics has failed us. The definition of its central concept has been unsettled for many decades and is now more controversial than ever.“[1]

Mit diesem Urteil weicht Osborne nicht von dem ab, was A. Piatt Andrew bereits knapp einhundert Jahre vor ihm geschrieben hat:[2]

> „It is a singular and, indeed, a significant fact that, although money was the first economic subject to attract men's thoughtful attention, and has been the focal centre of economic investigation ever since, there is at the present day not even an approximate agreement as to what ought to be designated by the word. The business world makes use of the term in serveral senses, while among economists there are almost as many different conceptions as there are writers upon money.“

Dabei scheint die Frage „Was ist Geld?“ auf den ersten Blick gar nicht so schwierig zu beantworten zu sein, denn ein jeder hat letztlich eine ungefähre Ahnung davon, wofür er „Geld“ benötigt bzw. warum er dieses hält. Ein Großteil der „ungelehrten Menge der Menschen, die auf der Landstraße des schlichten Menschenverstandes wandelt und ... größtenteils zufrieden und ruhig lebt“[3], wird vermutlich „Geld“ und „Zahlungsmittel“ gleichsetzen und damit die Geldmenge als die Menge der Zahlungsmittel identifizieren. Schließlich braucht man „Geld“, um seine täglichen Einkäufe zu erledigen und um Rechnungen bezahlen zu können. Neben dem Bargeld wären damit nur noch die Guthaben bei den inländischen Kreditinstituten Teil der

---

1 Osborne, 1992, S. 602. Niehans (1980, S. 12, Fußnote 1) kommt für die gesamte Geldtheorie zu folgendem wenig schmeichelhaften Ergebnis: „Wenige Gebiete der Nationalökonomie sahen über diese ganze Periode (seit der Jahrhundertwende, der Verf.) geringeren Fortschritt.“

2 Andrew, 1899, S. 219, zitiert in Osborne, 1984, S. 1.

3 Berkeley, 1979, S. 1.

Geldmenge, über die jederzeit und in unbegrenzter Höhe verfügt werden kann („Sichteinlagen").[4]

Nicht wenige werden im gleichen Atemzug aber auch davon sprechen, daß sie „ihr Geld zur Bank gebracht haben", um stets „einen Notgroschen" für schlechte Zeiten zu besitzen. Bei der Aufzählung solcher „Notgroschen" werden sie dann wohl nicht nur an die Sichteinlagen denken, sondern auch an solche Einlagen, über die sie zwar nicht sofort und in unbegrenzter Höhe verfügen können, die sich aber nach Ablauf einer bestimmten Zeitspanne entweder von selbst in Sichteinlagen umwandeln („Termineinlagen") oder für die man vorher ausdrücklich eine Kündigung aussprechen muß („Spareinlagen"). Wer kann schon abschätzen, welche Bedeutung dem Unterschied zwischen einem „sofort" und einem „in wenigen Tagen" bzw. „in wenigen Wochen" für die Frage nach der Definition des „Geldes" zukommt. Den wenigsten wird dabei gewahr, daß sie sich mit einer solchen umfassenderen Abgrenzung vom Kriterium der Zahlungsmitteleigenschaft entfernen und stattdessen die Rolle des „Geldes" als Teil des allgemeinen Vermögens in den Vordergrund stellen. Gleichwohl handelt es sich hierbei um zwei grundsätzlich verschiedene Ansätze.

Darüber hinaus ist in den letzten Jahren ein Prozeß in Gang gekommen, der zur Entstehung immer neuer Anlageformen geführt hat, die zum Teil dazu beigetragen haben, den Unterschied zwischen den Anlageformen, welche die Zahlungsmitteleigenschaft besitzen und solchen, die zwar nicht direkt als Zahlungsmittel verwendet werden können, aber leicht und schnell in solche umgewandelt werden können, immer unschärfer werden zu lassen. Im Zuge zahlreicher Finanzinnovationen sind auf den internationalen Finanzmärkten unzählige Anlageformen entstanden, die sich kaum noch von den traditionellen Sichteinlagen unterscheiden lassen. So können verzinsliche D-Mark-Sichtguthaben bei ausländischen Banken gehalten werden, wobei sie vor einer Zahlung erst zurücktransferiert werden müssen („Euromarktguthaben"), oder sie lauten auf eine fremde Währungseinheit und müssen erst zurückgetauscht werden („Währungsguthaben"), oder sie werden nur dann verzinst, wenn ein bestimmter Sockelbetrag nicht unterschritten wird („verzinsliche Einlagen"). Aber auch die Anlagedauer hat sich zum Teil erheblich verkürzt. So existieren z.B. Geldmarktfondsanteile, die von jedermann erworben und jederzeit zu ihrem Nennwert wieder verkauft werden können, wobei der Gegenwert dann bereits nach zwei Tagen für Zahlungen zur Verfügung steht. Für institutionelle Anleger besteht zudem die Möglichkeit, verbriefte Forderungen gegenüber großen Wirtschaftsunternehmen zu erwerben, die von Kreditinstituten begeben werden und eine recht kurze Laufzeit besitzen können („Commercial-Paper").[5]

---

4 Die Summe aus Bargeldumlauf und Sichteinlagen inländischer Nichtbanken bei inländischen Kreditinstituten wird in Deutschland mit M1 bezeichnet. Siehe zu den Geldmengenabgrenzungen Deutschlands, der Vereinigten Staaten und des Vereinigten Königreichs den Anhang A.II.1.

5 Zur Entwicklung der Finanzinnovationen siehe z.B. Streit (1986); Bofinger (1990) und Deutsche Bundesbank (1995). Die quantitative Bedeutung der Finanzinnovationen divergiert zwischen den Ländern erheblich. Während sie in den Vereinigten Staaten eine bedeutende Rolle spielen, exi-

Man muß sich also fragen, ob die Unterschiede *aller* genannten Anlageformen gegenüber den traditionellen Sichteinlagen noch so gravierend sind, daß sie deren Nichtberücksichtigung bei einer Geldmengendefinition rechtfertigen würden. Letztlich wird man die Frage wohl verneinen müssen. Die meisten Notenbanken der Welt lösen das Problem auf die Weise, daß sie versuchen, alle Anlageformen entsprechend ihrer „Zahlungsmittelnähe" zu ordnen, um dann recht willkürlich eine Trennungslinie zwischen dem „Geld" und dem „Nicht-Geld" zu ziehen.

Dabei zeigt es sich nun, daß man nicht nur mit dem Problem der Auswahl der Anlageformen („*Klassifikationsproblem*") konfrontiert wird, sondern darüber hinaus auch entscheiden muß, wie man diese Anlageformen zu einer gemeinsamen „Geldmenge" aggregiert („*Aggregationsproblem*"). Häufig werden die Volumen der Anlagen „einfach addiert"[6]. Zählt man z.B. zum Bargeld und den Sichteinlagen (beides zusammen konstituiert das Aggregat M1) noch die Termineinlagen hinzu, so erhält man ein Konstrukt, welches mit M2 bezeichnet wird.[7] Berücksichtigt man zusätzlich die Spareinlagen, ergibt sich M3.[8] Ein solches Vorgehen läßt sich kritisieren, weil es der unterschiedlichen *Zahlungsmittelnähe* der Anlageformen nicht gerecht wird. Barnett, Offenbacher und Spindt liefern diesbezüglich folgenden Vergleich:[9]

> „For example, if one wished to obtain an aggregate of transportation vehicles, one would never aggregate by summation over the physical units of, say, subway trains and roller skates. Instead one would construct a quantity index (such as the Department of Commerce's many Laspeyres quantity indexes) using weights based on the *values* of the different modes of transportation."

Insgesamt bietet das praktizierte Vorgehen damit augenscheinlich keine befriedigende Lösung für das aufgezeigte Aggregations- und Klassifikationsproblem. Deshalb hat William A. Barnett bereits Anfang der 80er Jahre einen Lösungsvorschlag erar-

---

stieren sie in Deutschland eher am Rande. Die Deutsche Bundesbank (1995, S. 45) vermerkt hierzu, daß „viele neue Finanzinstrumente, die im Zuge des weitreichenden Innovationsprozesses in anderen Ländern ein stürmisches Wachstum erlebt haben, in Deutschland bislang eher ein Schattendasein [führen]."

6 Mit „einfacher Addition" ist die Addition gemeint, bei der alle Komponenten das gleiche Gewicht von Eins erhalten. Häufig wird dies auch mit „ungewichteter Addition" bezeichnet, was offenkundig keinen korrekten Sprachgebrauch darstellt.

7 Die konkrete Definition der Größen M1, M2 usw. wird von jeder Notenbank gesondert festgelegt. Eine Auswahl solcher Festlegungen enthält die Übersicht im Anhang A.II.1. Die Deutsche Bundesbank berücksichtigt in M2 neben dem Bargeldumlauf in Händen inländischer Nichtbanken und den Sichteinlagen inländischer Nichtbanken bei inländischen Banken nur solche Termineinlagen inländischer Nichtbanken bei inländischen Banken, die eine Laufzeit besitzen, die unter vier Jahren liegt. Dabei handelt es sich zum ganz überwiegenden Teil – im Jahresdurchschnitt 1997 zu über 97 % – aber um Termineinlagen mit einer Laufzeit von bis zu einem Jahr (vgl. Deutsche Bundesbank, 1998, Tabelle IV.11).

8 Auch hier gilt im Fall der Bundesrepublik Deutschland eine Einschränkung. Es werden nur die Spareinlagen inländischer Nichtbanken bei inländischen Geschäftsbanken mit einer dreimonatigen Kündigungsfrist erfaßt (vgl. Deutsche Bundesbank, 1995, S. 73).

9 Barnett, Offenbacher und Spindt, 1984, S. 1051. (Hervorhebung im Original; der Verf.)

beitet, der nicht nur eine Gewichtung der verschiedenen Komponenten vorsieht, sondern auch eine andere Aggregationsform als die einfache Summierung propagiert.[10] Dieser Vorschlag, der in Europa erst mit gut zehnjähriger Verspätung größere Bekanntheit erlangte, wird im folgenden in seinen wesentlichen Bereichen kurz präsentiert, um anschließend im Rahmen dieser Arbeit ausführlich diskutiert zu werden.[11]

I.2 Lösungsvorschlag: Der Divisia-Geldmengenansatz

Entsprechend der Vorgehensweise von William A. Barnett ist auch die Präsentation des Vorschlags in vier Bereiche gegliedert. Im ersten Bereich wird vorab das geldtheoretische Grundverständnis dargelegt, welches Barnett's Vorschlag zugrunde liegt. Der zweite Bereich ist den aggregationstheoretischen Voraussetzungen gewidmet, die gegeben sein müssen, um überhaupt verschiedene Anlageformen zu einer gemeinsamen Größe „Geldmenge" zusammenfassen zu können. Der dritte Bereich beschäftigt sich mit der bereits in obigem Zitat von Barnett, Offenbacher und Spindt angesprochenen Möglichkeit, sich einer statistischen Indexformel (dem Divisia-Index) zu bedienen, um die Veränderung eines Geldmengenaggregats hinreichend genau abzubilden. Der vierte Bereich ist abschließend der Bestimmung der zu verwendenden Geldmengendefinition gewidmet, sofern man die Auswahl unter mehreren korrekt gebildeten Aggregaten (Indexwerten) hat.

I.2.1 Geldtheoretisches Grundverständnis

Ausgehend von einem repräsentativen Akteur unterstellt Barnett, daß dieser aus dem Konsum von Gütern und dem Halten monetärer Anlageformen („monetary assets"[12]) Nutzen zieht.[13] Den Nutzen der monetären Anlageformen begründet er

---

10 Der Vorschlag geht letztlich auf zwei Arbeiten von William A. Barnett zurück, die in den Jahren 1980 und 1982 erschienen sind (siehe dazu Barnett, 1980a und Barnett, 1982a). Barnett's Überlegungen zur adäquaten Definition der Geldmenge wurde dabei durch seine Tätigkeit im Stab des Federal Reserve Board motiviert, der sich Ende der 70er gerade mit dieser Fragestellung auseinandersetzte und schließlich in einem „Proposal for Redefining the Monetary Aggregates" gipfelte (siehe Simpson et al., 1979). Der von Barnett vertretene Ansatz repräsentiert dabei jedoch den Teil der dort angestellten Untersuchungen, der „towards more fundamental changes in monetary aggregates" (Barnett, Offenbacher und Spindt 1981, S. 497) ausgerichtet war und im offiziellen Ansatz nicht zum Zuge kam. Zusammenfassende und erweiternde Darstellungen des ursprünglichen Vorschlags finden sich auch in seinen Publikationen aus den Jahren 1987 und 1990 und in einem Übersichtsartikel zusammen mit Fisher und Serletis von 1992 (vgl. Barnett, 1987; Barnett, 1990; Barnett, 1997 und Barnett, Fisher und Serletis, 1992).

11 In Europa widmeten sich anfangs vor allem Notenbanken diesem Vorschlag. Neben der Schweizerischen Nationalbank (Fluri, 1990; Yue und Fluri, 1991 und Fluri und Spoerndli 1994), der Deutschen Bundesbank (Issing, 1992; Issing et al., 1993; Herrmann, Reimers und Tödter, 1994 und Tödter, 1994) der Bank of England (Bank of England, 1993 und Hudson, Fisher und Pradhan, 1993) und der Banco de España (Ayuso und Vega, 1993) ist hier auch die Banca d'Italia (Giaotti, 1994, 1996) zu nennen. An deutschen Hochschulen scheint der Vorschlag insgesamt auf wenig Interesse zu stoßen. Ausnahmen sind hier die Veröffentlichungen von Treichel (1993), Vollmer (1995), Gaab (1996), Krämer (1996), Leuchtmann (1996), Reischle (1997) und Wesche (1997, 1998).

12 Barnett, 1980a, S. 13.

dabei mit den sogenannten „Liquiditätsdiensten", welche die Anlageformen abgeben. Zwischen diesen Liquiditätsdiensten und dem Volumen der *realen* Anlagebestände soll eine Eins-zu-Eins-Beziehung bestehen. Dies gewährleistet, daß man die *realen* Anlagebestände in einer intertemporalen Nutzenfunktion berücksichtigen kann, von der Barnett annimmt, daß sie ganz allgemein folgende Gestalt annimmt:

(I.1)

$$V_t = \overline{v}\left(c_{1,t},\ldots,c_{k,t};\ldots;c_{1,t+T},\ldots,c_{k,t+T};m_{1,t},\ldots,m_{n,t};\ldots;m_{1,t+T},\ldots,m_{n,t+T};F_t,\ldots,F_{t+T};b_{t+T}\right)=$$

$$=\overline{v}\left(\mathbf{c}_t,\ldots,\mathbf{c}_{t+T};\mathbf{m}_t,\ldots,\mathbf{m}_{t+T};F_t,\ldots,F_{t+T};b_{t+T}\right)$$

F_τ = Freizeit zum Zeitpunkt τ *(τ = t,...,t+T)*

$c_{l,\tau}$ = Konsummenge des Gutes *l* zum Zeitpunkt τ

$m_{i,\tau}$ = realer Bestand der monetären Anlage *i* zum Zeitpunkt τ

b_{t+T} = realer Bestand der vollständig illiquiden Anlage *b* zum Zeitpunkt *t+T*

Das Halten der monetären Anlageformen verursacht (Opportunitäts-) Kosten in Form entgangener Zinseinkünfte. Würde sich der Akteur dazu entschließen, ausschließlich die am höchsten verzinste Anlageform zu halten („Referenzanlage"), so würde er die maximal möglichen Zinseinnahmen erhalten. Da er jedoch neben der Referenzanlage noch andere Anlageformen hält, entgeht ihm in jeder Periode τ (τ = *t,...,t+T)* offensichtlich ein Teil dieser Zinseinnahmen. Diesen Zinsverlust in Höhe der Differenz aus Referenzverzinsung R_τ und der Eigenverzinsung $r_{i,\tau}$ einer Anlage *i (i = 1,...,n)* interpretiert Barnett als Preis für die Liquiditätsdienste, die diese Anlageform abgibt und der in der Periode τ „zu zahlen" ist. Dieser Logik entsprechend besitzt die vollständig illiquide Anlage *b* somit die höchste Verzinsung R_τ. In Anlehnung an die Theorie dauerhafter Konsumgüter bezeichnet er diesen Preis mit „User costs"[14]. Um der Tatsache Rechnung zu tragen, daß hier der Preis für die *realen* Anlagebestände benötigt wird, muß man die Zinsdifferenz ($R_\tau - r_{i,\tau}$) noch mit einem Preisindex P_τ^* multiplizieren. Nur dann ergibt das Produkt aus *realem* Anlagebestand und den so gebildeten *nominalen* User costs auch tatsächlich die (nominalen) Ausgaben, die für die Haltung dieser Anlageform zum Zeitpunkt τ (τ = *t,...,t+T)* aufgewendet werden müssen. Da er darüber hinaus unterstellt, daß Zinszahlungen immer erst am Ende einer Betrachtungsperiode vorgenommen werden, diskontiert er die Zinsdifferenz der Ausgangsperiode *t* noch mit dem Faktor $(1 + R_t)$, so daß man die nominalen User costs $(\pi_{i,t})$ einer Anlageform *i* zum Gegenwartszeitpunkt *t* wie folgt erhält:[15]

13 Vgl. Barnett, 1980a, S. 17.

14 Barnett, 1980a, S. 19.

15 Vgl. Barnett, 1980a, S. 16 und S. 19.

(I.2) $\pi_{i,t} = \frac{R_t - r_{i,t}}{1 + R_t} P_t^*$

R_t = Verzinsung einer vollkommen illiquiden Referenzanlage im Zeitpunkt *t*

$r_{i,t}$ = Eigenverzinsung der Anlage *i* im Zeitpunkt *t*

P_t^* = Preisindex der Lebenshaltung im Zeitpunkt *t*[16]

I.2.2 Geldmengenbildung auf der Basis einer „konsistenten" Aggregation

Barnett richtet an Geldmengenaggregate die gleichen theoretischen Anforderungen wie an alle anderen Aggregate, mit denen in der ökonomischen Theorie gearbeitet wird. Er definiert „konsistente" (oder „ökonomische") Geldmengenaggregate grundsätzlich wie folgt:[17]

> „If the concept of money has meaning, then it follows that an aggregate of monetary assets must exist which is treated by the economy *as if* it were a single good, which we thereby can call ‚money'."

Diese Anforderung läuft auf zweierlei hinaus:

- Es dürfen nur solche monetären Anlageformen zu einer Größe „Geldmenge" aggregiert werden, die im Rahmen einer gemeinsamen Funktion *mit dem Bargeld* schwach separierbar vom Rest der Anlageformen und den Konsumgütern sind. Die gemeinsame schwache Separierbarkeit mit dem Bargeld wird damit zum zentralen Kriterium für die Klassifikation, es liefert gleichsam die Legitimation für die Bezeichnung eines solchen Aggregats mit „Geldmenge".[18] Im Rahmen rekursiver Strukturen sind grundsätzlich verschiedene Kombinationen von Anlageformen denkbar, die diese Bedingung erfüllen.

- Für jede dieser Kombinationen muß die Aggregationsfunktion über sie linearhomogen sein. Damit eignen sich die Teilnutzenfunktionen, die über die monetären Anlageformen genau dann existieren, wenn diese schwach separierbar

---

16 Strenggenommen muß dies der Preisindex sein, der dazu verwendet wurde, aus nominalen Anlagevolumen reale zu machen.

17 Barnett, 1980a, S. 13 (Hervorhebung im Original; der Verf.). Daß dies für ihn *konsistente* Aggregate definiert, kann man an folgender Aussage ablesen (Barnett, 1982a, S. 696): „However existence [of an economic aggregate, der Verf.] alone is *not sufficient* for an aggregate to behave like an elementary good. To acquire that result we need the following stronger condition, which we shall call the *Consistency condition*." (Hervorhebung im Original; der Verf.)

18 „Such an aggregate is a function (of its component monetary quantities) which is separable from the economy's structure." und „Without the appropriate separability conditions, any aggregate is inherently arbitrary and spurious and does not define an economic variable." (Barnett, 1980a, S. 13). Zur Rolle des Bargeldes siehe Barnett (1982a, S. 697): „The components of each aggregate must include currency (legal tender) and must not include any good or asset that is not a 'monetary asset'."

sind, nur in solchen Fällen als Aggregationsfunktion, wenn sie zugleich homothetisch sind. Andernfalls hat man die (stets linearhomogene) Distanzfunktion als Aggregationsfunktion zu wählen.[19] Nur das Vorliegen der zusätzlichen Bedingung der Linearhomogenität der Aggregationsfunktion gewährleistet, daß man „consistent component groups"[20] erhält.

Barnett's Forderung nach ausschließlicher Verwendung konsistenter Aggregate impliziert nun nicht nur eine geeignete Klassifikation, sondern auch eine adäquate Form der Aggregation. Die Bildung einfacher Summen als Abbildung „ökonomischer Aggregate" unterstellt, daß die darin enthaltenen Anlageformen perfekte Substitute mit identischen Gewichten sind. Dies impliziert wiederum, daß die Anlageformen aus Sicht ihrer Halter *vollständig unterschiedslos* sein müssen. Insbesondere bei weiten Aggregaten (wie z.B. M3) ist eine solche Sicht aber völlig unvereinbar mit der Tatsache, daß für die verschiedenen Komponenten ganz unterschiedliche Zinssätze gezahlt werden. Nimmt man die User costs als Preis der Anlageformen ernst, so folgt aus ihrer Unterschiedlichkeit und der bloßen Existenz vieler verschiedener Anlageformen, daß diese nicht perfekte Substitute sein können, weil sich sonst die Anleger ausschließlich mit dem Halten der am höchsten verzinsten Anlage begnügen würden. Damit verbietet sich jede Form von Summenaggregaten.[21] Diese Einsicht und die damit verbundene Ablehnung der einfachen Summierung monetärer Anlageformen bezeichnen Chrystal und MacDonald mit „Barnett-Kritik" und stellen sie implizit auf eine Stufe mit der bekannten „Lucas-Kritik".[22]

I.2.3 Approximation durch eine statistische Indexformel

Anstatt nun konkrete Aggregationsfunktionen über einen Block schwach separierbarer Anlageformen schätzen zu wollen, präferiert Barnett ein Vorgehen, bei dem die Geldmengenveränderung durch die zeitdiskrete Törnqvist-Theil-Approximation des

---

19 Den Fall nicht-linearhomogener Teilnutzenfunktionen bezieht Barnett erst später mit ein. Während homothetische Funktionen stets auf linearhomogene zurückgeführt werden können, muß im Fall nicht-homothetischer ein ganz anderer Weg beschritten werden. Für seine Vorstellungen dazu siehe Barnett (1987, S. 145ff.).

20 Barnett, 1982a, S. 696. Für die Bedingung der Linearhomogenität siehe Barnett (1980a, S. 21 und 1982a, S. 696). Die notwendige Linearhomogenität macht auch Sinn: „It would be very curious indeed if linear homogeneity of an aggregate failed; in such a case, the growth rate of the aggregate would differ from the growth rates of the components, even if all components were growing at the same rate." (Barnett, 1982a, S. 696)

21 Für Barnett steht fest: „Clearly the components of the monetary assets are not perfect substitutes. Hence the aggregates cannot be computed from simple summation or from any other linear formula. When components are not perfect substitutes, a nonlinear aggregator function is needed." (Barnett, 1982a, S. 698)

22 „Hence, this suggests that the problems with tests of money in the economy in recent years may be more due to bad measurement theory rather than to an instability in the link between the true money and the economy. Rather than a problem associated with the Lucas Critique, it could instead be a problem stemming from the ‚Barnett Critique'." (Chrystal und MacDonald, 1994, S. 76).

zeitstetigen „Divisia-Indexes" dargestellt wird.[23] Den Vorteil der Verwendung dieser statistischen Indexformel sieht er darin, daß der Törnqvist-Theil-Index nicht nur unter bestimmten Voraussetzungen eine sehr genaue Annäherung an die Veränderung konsistenter Aggregate liefert, sondern daß darüber hinaus, anders als bei einer parametrisch spezifizierten Aggregationsfunktion, nicht immer wieder unbekannte Parameter neu geschätzt werden müssen.[24]

Anstelle solcher Parameter verwendet die Törnqvist-Theil-Approximaiton die beobachtbaren Preise und Mengen der betrachteten Anlageformen. Sie fließen in die Gewichtung der Komponenten ein. Diese ergibt sich bei der Törnqvist-Theil-Approximation jeweils als Anteil der Ausgaben für eine Komponente relativ zu den Gesamtausgaben, die vom repräsentativen Akteur für das Halten aller Komponenten aufgewendet werden. Da sowohl der Divisia-Index als auch die Törnqvist-Theil-Approximation auf die Veränderung der Komponenten abstellt, wird im Rahmen der zeitdiskreten Version die Gewichtung als arithmetischer Durchschnitt der Gewichte ermittelt, die sich in den beiden miteinander verglichenen Perioden einstellen. In der logarithmierten Version des Törnqvist-Theil-Indexes erhält man die Veränderungsrate eines Mengenaggregats als Summe der gewichteten Veränderungsraten seiner Komponenten:

$$\text{(I.3)} \quad \ln M_t - \ln M_{t-1} = \sum_{i=1}^{n} s_{i,t}^{*}\left(\ln m_{i,t} - \ln m_{i,t-1}\right) \qquad \text{mit} \quad s_{i,t}^{*} = \frac{s_{i,t} + s_{i,t-1}}{2}$$

$$\text{und} \quad s_{i,\tau} = \frac{\pi_{i,\tau} \cdot m_{i,\tau}}{\sum_{j=1}^{n} \pi_{j,\tau} \cdot m_{j,\tau}} \qquad \tau = t-1, t.$$

M_t = Mengenindex zum Zeitpunkt *t*

$s_{i,t}^{*}$ = arithmetischer Durchschnitt der Gewichte im Zeitpunkt *t* und *t-1*

I.2.4 Die Auswahl des „optimalen" Aggregats

Aus theoretischer Sicht betrachtet, favorisiert Barnett die höchste Aggregationsebene, die ein konsistentes Aggregat liefert:[25]

> „In short, the highest level admissible aggregate ... provides a properly weighted measure of the total service flow of all money market's separable components." und „Select the highest level aggregate ..."

---

23 „... we advocate use of the Törnqvist-Theil Divisia index to measure the quantity of money at all levels of aggregation (higher than M_1)." (Barnett, 1980a, S. 39)

24 Vgl. Barnett, 1980a, S. 37.

25 Barnett, 1982a, S. 699f.

Um temporären Ungleichgewichten, die möglicherweise auf den Finanzmärkten herrschen, gerecht zu werden, empfiehlt er für die praktische Verwendung durch die Notenbanken jedoch das Aggregat, welches sich empirisch „am besten" verhält:[26]

> „From *among the admissible aggregates* ... select the one that empirically works best in the application in which the aggregate is to be used."

Konkret beurteilt Barnett die Aggregate diesbezüglich anhand ihrer Stabilität der Umlaufsgeschwindigkeit.[27] Dies aus den empirischen Studien ersichtlich, die er im Anschluß an seine theoretischen Ausführungen anstellt.[28]

I.1 Gang der Untersuchung

Entsprechend der Schwerpunktlegung auf die theoretische Dimension des Divisia-Geldmengenansatzes werden im Rahmen der vorliegenden Arbeit insbesondere die drei ersten Bereiche von Barnett's Vorschlag einer gründlichen Analyse unterzogen. So gilt es zum einen zu überprüfen, wie stichhaltig die einzelnen Argumente sind, die bei der Verfechtung des Divisia-Geldmengenansatzes vorgebracht werden. Dieser Untersuchungsschwerpunkt gilt vor allem für die eher technisch gearteten Kapitel IV und V. Hier werden die explizit oder implizit getroffenen Annahmen und die damit verbundenen Einschränkungen der Gültigkeit der formalen Ergebnisse herausgearbeitet. Im Hinblick auf die formulierte Problemstellung muß man sich zum anderen natürlich auch fragen, welchen Beitrag der Vorschlag *in seiner Gesamtheit* für die Diskussion um eine „theoretisch korrekte" Geldmengendefinition spielen kann. Um dies bewerkstelligen zu können, muß man das gewählte Vorgehen in das Spektrum vorhandener Ansätze einordnen und anhand alternativer Vorgehensweisen beurteilen. Dafür wird das geldtheoretische Grundverständnis von William A. Barnett nicht nur aus dessen mikroökonomischem Blickwinkel analysiert (Kapitel III), sondern es wird auch die grundsätzliche makroökonomische Stoßrichtung des Divisia-Geldmengenansatzes dargelegt und die Beziehung zu den bestehenden makroökonomischen Definitionsansätze aufgezeigt (Kapitel II).

Eine zusätzliche eigenständige empirische Analyse von Divisia-Geldmengenindizes kann nicht erfolgen. Sie würde den Rahmen der vorliegenden Arbeit sprengen. Darüber hinaus existiert eine entsprechende Studie bereits für die Bundesrepublik Deutschland.[29] Deshalb wird der Divisia-Index im Rahmen dieser Arbeit *nicht* auf eine mögliche *empirische* Überlegenheit relativ zu anderen Aggregationsformen un-

---

[26] Barnett, 1982a, S. 700. (Hervorhebung im Original; der Verf.)

[27] „... minimazition of velocity variability about a time period", wie es Barnett (1982a, S. 705) nennt.

[28] Für die Rolle der Umlaufsgeschwindigkeit in den empirischen Untersuchungen siehe ganz allgemein Barnett (1980a, S. 39ff. und 1982a, S. 704ff.).

[29] Siehe hierzu die relativ neue Studie von Jörg W. Krämer „Zinsgewichtete versus herkömmliche Geldmengenaggregate – Theorie und empirische Evidenz für die Bundesrepublik Deutschland", Kiel, 1996, die eindeutig einen empirischen Schwerpunkt aufweist.

tersucht. Der vierte Bereich des Vorschlags von Barnett zeigt nun jedoch, daß dieser diesem Aspekt *aus praktischen Erwägungen* eine wichtige Rolle zubilligt. Die im vierten Bereich angeführte Handlungsvorschrift für die konkrete Auswahl des zu wählenden Indexes erfährt vor allem im Rahmen der abschließenden Betrachtungen eine entsprechende Würdigung.

Es ist eine Besonderheit weiter Teile der Literatur, insbesondere der, die in der jüngeren Vergangenheit zum Divisia-Index veröffentlicht wurde, daß sie mit einer solchen Einschränkung auf die theoretischen Aspekte des Themas weitgehend ihre Relevanz für die vorliegende Untersuchung verlieren. Aussagen über die theoretischen Grundlagen des gewählten Vorgehens werden in der Regel nicht gemacht, sie lassen sich bestenfalls erschließen. Stattdessen werden unzählige ökonometrische Tests angewendet, um herauszufinden, welches Aggregat sich anhand empirisch geforderter Eigenschaften – z.B. der bereits angesprochenen Stabilität der Umlaufsgeschwindigkeit – durchsetzt.

Demgegenüber erfordern die aggregations- und indextheoretischen Ausführungen eine Auseinandersetzung mit der dort einschlägigen (mikroökonomisch geprägten) Literatur. Hierbei handelt es sich häufig um „Klassiker“, die trotz ihres fortgeschrittenen Alters nichts von ihrer Relevanz eingebüßt haben. Die Tatsache, daß die Geldtheorie die Aggregations- und die Indextheorie erst jetzt für sich entdeckt hat, darf nicht dazu verleiten, sich mit diesen Teilbereichen der ökonomischen Theorie nicht ernsthaft auseinandersetzen zu wollen. Eine Würdigung von Divisia-Geldmengenindizes aus *theoretischer Sicht* kann nur unter Einschluß dieser Bereiche erfolgen.

Die vorliegende Arbeit stellt den Versuch dar, auf der Basis einer in sich geschlossenen und umfassenden Untersuchung zu einem ausgewogenen Urteil über die tatsächliche Vorteilhaftigkeit von Divisia-Geldmengenindizes aus theoretischer Sicht zu gelangen. Dabei bewegt sie sich auf dem schmalen Grat zwischen einer verständlichen Präsentation der eher technischen Aspekte des Themas und der adäquaten Berücksichtigung der makroökonomischen Fragestellung. Insbesondere die meist sehr komplexen Beweise zentraler aggregationstheoretischer Aussagen mußten der Stringenz der Ausführungen und dem beschränkten Umfang der Arbeit geopfert werden. Stattdessen werden wichtige Aspekte der Haushaltstheorie, die die mikroökonomischen Grundlagen der aggregations- und der indextheoretischen Ausführungen darstellen, in einem Modul am Ende der Arbeit behandelt. Dies erlaubt nicht nur, von verschiedenen Stellen leicht auf die grundlegenden Zusammenhänge zuzugreifen, sondern soll dem Leser auch die Möglichkeit geben, schnell und gezielt die verwendeten Konzepte nachlesen zu können.

II Geldmengendefinitionen im Lichte verschiedener Makrotheorien

II.1 Überblick

Begibt man sich auf die Suche nach einer „theoretisch korrekten" Definition der Geldmenge, so muß man sich als erstes klar machen, im Rahmen welcher Problemstellung man von „Geld" oder „Geldmenge" sprechen will. Schließlich gibt es das „Geld" im Sinne eines eindeutigen Gegenstandes nicht:

> „,Money' is that to which we choose to assign a number by specified operations; it is not something in existence to be discovered, like the American continent; it is a tentative scientific construct to be invented, like ,length' or ,temperature' or ,force' in physics."[1]

Die Definition der Geldmenge hat damit, wie jede Definition, problembezogen zu erfolgen. Schließlich kann man alles mit einem bestimmten Begriff belegen oder jedem Begriff einen beliebigen Inhalt zuweisen. Einzig der Versuch, mit der Definition eines Begriffs zur *Erklärung beobachtbarer Phänomene* beizutragen, kann als Beurteilungskriterium für die Sinnhaftigkeit der verwendeten Definition herangezogen werden:

> „... die wissenschaftliche ,Freiheit der Begriffsbestimmung' wird ja bekanntlich nur durch die Bedingung eingeschränkt, daß die Definition der Begriffe für die Aufstellung informativer Theorien geeignet sein muß."[2]

Worüber sollen nun „informative Theorien" gebildet bzw. welche beobachtbaren Phänomene sollen erklärt werden? Erstaunlicherweise findet man bei William A. Barnett diesbezüglich keine direkte Antwort. Es steht zu vermuten, daß er die Antwort als trivial unterstellt. Die Ausführungen in seinem Artikel von 1980 beginnen wie folgt:

> „Monetary policy is related to the behavior of indices of the quantity, 'price' and velocity of money. Yet, for such aggregates to be useful, they must have meaning and must be measurable."[3]

und weiter:

---

1 Friedman und Schwartz, 1970, S. 137.

2 Claassen, 1980, S. 34. Für Goodhart (1989a, S. 25) gilt in diesem Zusammenhang: „Although ... a word can mean whatever you want it to mean, it is often more important to know what it will mean to other people." Dies herauszufinden bzw. die impliziten Annahmen der verschiedenen Inhalte des Wortes „Geld" in der Literatur aufzudecken, ist Gegenstand dieses zweiten Teils der vorliegenden Arbeit.

3 Barnett, 1980a, S. 11.

„Observe that the velocities of the Fisher Ideal and Törnquist-Theil Divisia indices (als Indizes der Mengen; der Verf.) are *identical* to three decimal places, so that the choice between those two indices is of no importance."[4]

Barnett spricht hier von *Aggregaten* bzw. *Indizes* für die „Menge", den „Preis" und die „Umschlagshäufigkeit des Geldes", wobei er letztere offensichtlich zur Auswahl zwischen zwei Mengenindizes heranziehen möchte. Er bezieht sich damit nicht nur auf Größen, die in der *makro*ökonomischen Theorie verwendet werden, sondern er steht zugleich in einer „quantitätstheoretischen Tradition", wie man sie in der Diskussion um die „richtige" Geldmengenbildung immer wieder vorfindet. Zwischen den scheinbar alternativ beschreitbaren Wegen,

- „Geld" entsprechend seiner einzelwirtschaftlichen Verwendungsmöglichkeiten (Funktionen) oder
- „Geld" entsprechend seiner gesamtwirtschaftlichen Wirkungen

zu definieren, wählt er somit implizit den wirkungsbezogenen Definitionsversuch anhand eines *konkreten geldtheoretischen Transmissionsprozesses.*[5] Die Verwendung der quantitätstheoretischen Begriffe und die Fokussierung auf die Umlaufsgeschwindigkeit des Geldes läßt nun nicht nur vermuten, daß Barnett mit seinem Konzept der „Geldmenge" zur Klärung derselben zentralen Fragestellung beitragen möchte wie sie die Anhänger der Quantitätstheorie bereits seit Jahrhunderten beschäftigt hat, nämlich der Rolle der Geldmenge für die *Entwicklung* des nominalen Sozialprodukts (kurzfristige Betrachtung) und *der Preise* in einer Volkswirtschaft (langfristige Betrachtung), sondern daß er sich dabei auch auf den quantitätstheoretischen Transmissionsprozeß stützt.

Die makroökonomische Ausrichtung Barnetts erscheint durchaus sinnvoll zu sein. Sie zeichnet sich durch den Versuch aus, zur Lösung konkreter geldpolitischer Fragestellungen beitragen zu wollen. Sie trägt zugleich der Tatsache Rechnung, daß die verschiedenen Definitionen häufig Ausdruck unterschiedlicher geldtheoretischer (transmissionstheoretischer) Vorstellungen sind. In diesem Sinne ist es wichtig, eine Einordnung des Barnettschen Vorschlags vorzunehmen.[6] Bei einem solchen Ansatz

---

4 Barnett, 1980a, S. 39 (Hervorhebung im Original, der Verf.).

5 Für diese Trennung entsprechend der Geldfunktionen und der Geldwirkungen siehe z.B. Neubauer (1976, S. 360). Die folgenden Ausführungen zeigen jedoch, daß beide Wege in Wahrheit untrennbar miteinander verwoben sind. Osborne (1984, 1985 und 1992) identifiziert neben diesen beiden Möglichkeiten noch zahlreiche weitere Ansätze, um zu einer Gelddefinition zu gelangen. Diese Ansätze werden im folgenden angemessen berücksichtigt.

6 Duwendag et al. (1993, S. 74) schreiben: „Um die »richtige« Abgrenzung der Geldmenge gibt es eine Kontroverse mit langer Tradition. Es geht dabei aber nicht in erster Linie um definitorische Probleme. Vielmehr stellt die Kontroverse um die Abgrenzung der Geldmenge das äußere Zeichen und damit einen Aspekt der Diskussion um die Wirkungen und die Ausgestaltung der Geldpolitik dar. Verschiedene Geldmengendefinitionen sind sehr oft ein Zeichen für unterschiedliche

muß man jedoch berücksichtigen, daß er neben dem *möglicherweise* auftretenden Aggregationsproblem über verschiedene Anlageformen das *sichere* Aggregationsproblem über unterschiedliche Personen impliziert. Die damit verbundenen Aspekte werden an späterer Stelle diskutiert.

Welche geldpolitischen Transmissionsvorstellungen gibt es nun? Neben dem direktnachfrageseitigen Ansatz der Quantitätstheorie werden indirekt nachfragewirksame Ansätze betrachtet, die unterstellen, daß sich geldpolitische Maßnahmen zuerst auf den Finanzmärkten niederschlagen, also im Verhältnis des Bankensystems gegenüber den Nichtbanken.[7] Diese Ansätze kann man mit Hilfe zweier Kriterien unterscheiden:[8]

- Es gibt Ansätze, die an den „gehandelten" Mengen auf den Finanzmärkten ansetzen und solche, die auf ihre Preise abstellen. Während die ersten Ansätze also Mengen wie den Bargeldumlauf, die Einlagehöhen, den Wertpapierumlauf oder die Höhe der aufgenommenen Kredite in den Vordergrund ihrer Analyse rücken, fokussieren die zweiten auf Zinssätze, z.B. den (kurzfristigen) Geldmarktsatz, die Umlaufsrendite festverzinslicher Wertpapiere oder Kreditzinsen.[9]

- Zudem lassen sich die Ansätze noch danach unterscheiden, ob man Forderungen eines Akteurs oder seine Verbindlichkeiten betrachtet. Aus Sicht der Nichtbanken kann man somit auf ihre Anlagevolumina oder ihre Kreditverpflichtungen abstellen.

Insgesamt erhält man folgende vier Transmissionsmechanismen: Die Quantitätstheorie, die Portfolioanalyse (bzw. den monetaristischen Transmissionsprozeß)[10], die Kreditmarktansätze und eine kreditorientierte Version der (traditionellen) IS/LM-Analyse.

Geldtheorien und geldpolitische Konzeptionen. Aus diesen Gründen ist es wichtig, die Abgrenzungskriterien des Geldes zu diskutieren." (Hervorhebungen im Original; der Verf.) Ähnlich Pill und Pradhan (1994, S. 11): „What constitutes a sensible measure of money is largely dependent on what structural model of the role of money one has in mind."

7 Das Bankensystem umfaßt die Notenbank und die Geschäftsbanken, der Nichtbankensektor enthält die privaten Nichtbanken und den Staat.

8 Diese Übersicht bedeutet an dieser Stelle sicherlich einen Vorgriff auf das was nachfolgend ausführlicher behandelt wird. Sie liefert aber die Struktur für die kommenden Ausführungen. Einen guten Überblick über die momentan diskutierten Transmissionsmechanismen liefern Mishkin (1995, S. 4ff.), Neumann (1995, S. 138) oder Vrolijk (1997, S. 12ff).

9 Vgl. Taylor, 1995, S. 12.

10 Beide Ansätze werden weitgehend als Synonyme verwendet, wobei im Detail Unterschiede bestehen, die aber letztlich zu vernachlässigen sind.

Tabelle II.1: Zentrale geldpolitische Transmissionsmechanismen

	Mengenbetrachtung	**Preisbetrachtung**
Forderung der Nichtbanken gegenüber dem Bankensystem („**Anlagebetrachtung**“)	Quantitätstheorie	Portfoliotheorie (bzw. monetaristischer Transmissionsprozeß)
Verbindlichkeit der Nichtbanken gegenüber dem Bankensystem („**Kreditbetrachtung**“)	Kreditmarktansatz („Credit channel“)	kreditmarktorientierte Version der IS/LM-Analyse

II.2 Transmissionstheoretischer Definitionsversuch I: Die Quantitätstheorie

Ausgehend von dem in der – von Irving Fisher allgemein bekannt gemachten – Quantitäts*gleichung* formal dargestellten Zusammenhang

(II.1) $M_t \cdot V_t = \sum_{i=1}^{n} p_{i,t} q_{i,t}$,[11]

mit M_t als Geldmenge, V_t als Umschlagshäufigkeit der Geldmenge, $p_{i,t}$ als *durchschnittlicher* Preis und $q_{i,t}$ als Gesamtmengen des „gehandelten Produkts“[12] *i* *(i = 1,...,n)* in der Periode *t*, sagt die Quantitäts*theorie* für Geldmengenveränderungen *im Durchschnitt* gleich hohe Preisänderungen voraus.[13] Dabei basiert die Quantitätstheorie auf der *direkten Nachfragewirksamkeit der Geldmenge.* Dies kommt

---

11 I. Fisher, 1913, S. 26. Fisher verwendete Q anstelle von q, um eine Gütermenge zu bezeichnen. Die Zeitindizes wurden darüber hinaus vom Verfasser hinzugefügt.

12 Der Begriff „gehandeltes Produkt“ („traded commodity“; Chipman, 1997a, S. 1) klingt sicherlich sehr technisch. Allerdings ist die häufig verwendete Bezeichnung „Güterkäufe“ (z.B. bei Issing, 1995, S. 134) an dieser Stelle möglicherweise zu restriktiv. Genauere Erläuterungen erfolgen bei den aggregierten Versionen der Quantitätsgleichung weiter unten.

13 Wenn auch die Quantitätstheorie wesentlich älter ist als ihre formale Abbildung, die Quantitätsgleichung, – sie hat ihre Ursprünge im 16. Jahrhundert, wohingegen die formale Quantitätsgleichung sich in der bekannten Form erstmals bei Newcombe (1885) findet – so kann man die Quantitätstheorie auf der Basis der Quantitätsgleichung diskutieren. Einen solchen Ansatz wählt z.B. I. Fisher (1913; die Quantitätstheorie entspricht dabei seinem Theorem (1), S. 26.) und Friedman (1992, S. 249ff.).

auch in der Quantitätsgleichung zum Ausdruck. So steht auf der rechten Seite von Gleichung (II.1) die Summe der Käufe in Währungseinheiten während einer bestimmten Periode (z.B. innerhalb eines Jahres). Diese muß stets der für Käufe verwendeten Menge an Geldeinheiten entsprechen, multipliziert mit der Häufigkeit, mit der diese innerhalb der Periode eingesetzt werden (linke Seite von Gleichung II.1). In ihrer allgemeinen Form ist die Quanitäts*gleichung* eine *Tautologie*, weil die Umschlagshäufigkeit stets die Resultante darstellt. Man gelangt von der Tautologie zur *Theorie*, wenn man eine *Annahme über die Umschlagshäufigkeit* trifft. Man kann z.B. der („naiven"[14]) Quantitäts*theorie* folgend unterstellen, daß sich die Umschlagshäufigkeit nicht ändert, weil sie durch die Bedingungen des Zahlungsverkehrssystems bestimmt ist. Steigt nun die Menge der Geldeinheiten um das λ-fache, dann können die Akteure mit dieser höheren Geldmenge mehr kaufen, wobei die monetäre Nachfrage gerade ebenfalls um das λ-fache steigt.[15] Würden darüber hinaus *alle* angebotenen Mengen unverändert bleiben, so würde die gestiegene monetäre Nachfrage ausschließlich dazu führen, daß *alle* Preise in der Volkswirtschaft um das λ-fache steigen.[16]

Man kann die Konstanz *aller* angebotenen Mengen innerhalb einer Periode als eine recht unrealistische und damit zu restriktive Annahme empfinden. Für die behauptete Proportionalität der (naiven) Quantitätstheorie ist es jedoch nur wichtig, daß ein *im Durchschnitt* konstantes „Transaktionsvolumen" T_t existiert. Man muß die gehandelten Mengen somit zu einer einzigen Größe *aggregieren*. Bereits auf Irving Fisher geht der Vorschlag zurück, die einzelnen Mengen mit den Preisen einer Basisperiode *0* zu gewichten und anschließend zu addieren. Das Aggregat „Transaktionsvo-

---

14 Bordo (1987, S. 175) schreibt dieses Adjektiv John Locke zu.

15 Auf die dieser Annahme zugrunde liegende Vorstellung der Umlaufsgeschwindigkeit als „zahlungsverkehrstechnisch determinierter Größe" wird an späterer Stelle noch genauer eingegangen.

16 Die letzte Schlußfolgerung kann allerdings nicht ausschließlich auf der Basis der Quantitätstheorie hergeleitet werden. Diese besagt letztlich nur, daß die Summe der Käufe um das λ-fache steigen wird. Die Behauptung, daß dabei keine Preisstruktureffekte auftreten werden, ist letztlich Ausfluß der Annahmen, daß die Geldbestände aller Akteure mit gleichem Prozentsatz steigen und daß die Preise unter Berücksichtigung des Nutzenmaximierungskalküls der Privaten entstehen. Ein gegebenes angebotenes Mengenbündel impliziert bei gegebenen Präferenzen *genau einen einzigen* Preisvektor, der die Nutzenmaximierung herbeiführt (strikt quasi-konkave Präferenzen der Nachfrager unterstellt). Unter Berücksichtigung der zur Verfügung stehenden (nominalen) Geldmenge lassen sich die einzelnen (Geld-)Preise ermitteln, die die Nachfrager zu zahlen bereit sind. Die durch den Preisvektor beschriebene Preisstruktur (im Sinne des Systems der Relativpreise) wird sich auch dann nicht ändern, wenn sich die zur Verfügung stehende (nominale) Geldmenge erhöht. In diesem Fall ändern sich lediglich die nominellen Preise (mit gleicher Veränderungsrate) und die relativen Preise bleiben unverändert. Konstante verfügbare Mengen unterstellt (Patinkin geht z.B. von einer Welt ohne Produktion aus, bei der die Mengen einer Woche montags morgens wie „Manna vom Himmel" fallen; Patinkin, 1965, S. 4) ergäben sich andernfalls Überschußnachfragen oder -angebote bei den einzelnen Gütern, was keine stabile Gleichgewichtslösung darstellen kann und entsprechende Bewegungen zu den ursprünglichen Relativpreisen auslöst (vgl. Patinkin, 1965, S. 40f.). Für Patinkin (1965, S. 22f.) ist dies Kern seiner Annahme der „Freiheit von Geldillusion", wobei bei ihm die Güternachfrage noch vom Realvermögen abhängt, welches sich bei einer proportionalen Erhöhung aller Preise aber ebenfalls nicht ändert. Eine detaillierte Analyse des quantitätstheoretischen Transmissionsprozeßes erfolgt weiter unten.

lumen" (T_t) ergibt sich damit als (fiktive) Ausgabensumme, die in Periode *0* für die in Periode *t* gehandelten Produkte hätte aufgewendet werden müssen:[17]

$$(\text{II.2})\quad T_t \equiv \sum_{i=1}^{n} p_{i,0} q_{i,t}\,.$$

Konsequenterweise muß man als (dualen) Preisindex P_t^* einen (Paasche-) Index verwenden, der den tatsächlichen Ausgaben für die gehandelten Produkte gerade die obigen fiktiven Ausgaben entgegensetzt:[18]

$$(\text{II.3})\quad P_t^* \equiv \frac{\sum_{i=1}^{n} p_{i,t} q_{i,t}}{\sum_{i=1}^{n} p_{i,0} q_{i,t}}\,.$$

Nimmt man den Begriff „Transaktionsvolumen" wörtlich und erfaßt man *die Gesamtheit aller Transaktionen*, also nicht nur die Käufe von Endprodukten, sondern auch die Käufe von Vorprodukten, Immobilien und Anlageformen, so läßt sich die Quantitätsgleichung dann bei den gemachten Festlegungen in einer Form schreiben, wie man sie mittlerweile überall in der Literatur unter der Bezeichnung „Transaktionsversion der Quantitätsgleichung"[19] findet:[20]

$$(\text{II.4})\quad M_t \cdot V_t = P_t \cdot T_t = \sum_{i=1}^{n} p_{i,t} q_{i,t}\,.$$

Betrachtet man stattdessen nur die Transaktionen, die sich auf Endprodukte beziehen, so erhält man demgegenüber die „Einkommensversion der Quantitätsgleichung"[21]

$$(\text{II.5})\quad M_t \cdot V_t = P_t \cdot Y_t\,.$$

---

17 Vgl. I. Fisher, 1913, S. 386.

18 Vgl. I. Fisher, 1913, S. 386. „Duale" Preisindizes erhält man dadurch, daß sie multipliziert mit dem Mengenindex gerade der (tatsächlich) aufgewendeten Ausgabensumme entsprechen. Die Eigenschaft der Dualität von Indexformeln wird im Kapitel zur Indextheorie (Kapitel V) diskutiert.

19 Z.B. Bordo, 1987, S. 175.

20 Für diese Formulierung siehe I. Fisher (1913, S. 27).

21 Diese Version geht auf Pigou (1917, S. 173) zurück. Welche Abgrenzung letztlich gewählt wird, ist nicht zuletzt eine Frage des zur Verfügung stehenden Datenmaterials. So weist Chipman (1997, S. 1) darauf hin, daß Irving Fisher in seinen quantitativen Untersuchungen in Ermangelung anderer Daten auch die Käufe von Zwischenprodukten und Wertpapieren berücksichtigte. Stehen diese Käufe in proportionalem Zusammenhang zum Sozialprodukt, dann sind beide Ansätze äquivalent. Die Sozialproduktsrechnung muß dabei aber auch die Aktivitäten der Schattenwirtschaft mitberücksichtigen, soll die Aussagefähigkeit der Quantitätsgleichung nicht leiden (vgl. Issing et al., 1993, S. 5).

Diese Version ist hilfreich, wenn man die Logik der Quantitätstheorie in die Sprache der modernen Makroökonomik übersetzen möchte. Sie impliziert, daß sich die *gesamtwirtschaftliche Nachfrage* Y_t^D als Funktion der Umschlagshäufigkeit und der realen Geldmenge M_t/P_t ergibt:[22]

$$\text{(II.6)} \quad Y_t^D = \frac{M_t}{P_t} \cdot V_t .$$

Die gesamtwirtschaftliche Nachfrage muß im Gleichgewicht dem *gesamtwirtschaftlichen Angebot* Y_t^S entsprechen.[23] Folgt man wiederum der (naiven) Quantitätstheorie, die neben einer konstanten Umschlagshäufigkeit auch ein konstantes gesamtwirtschaftliches Angebot unterstellt, so wird im Gleichgewicht eine Geldmengen*erhöhung* um das λ-fache eine Erhöhung der monetären Nachfrage um das λ-fache zur Folge haben und entsprechend zu einem Anstieg des Preisindexes um das λ-fache führen. Dies entspricht aber gerade der oben gemachten Aussage, wonach die Preise *im Durchschnitt* um den Faktor λ steigen, also eine direkte Proportionalität zwischen Geldmenge und den Preisen besteht.[24]

Inwieweit die Anhänger der Quantitätstheorie wirklich von der *direkten Proportionalität* ausgegangen sind („Neutralität des Geldes"), ist nicht mit vollständiger Sicherheit auszumachen. Häufig wurde die Gültigkeit dieser Annahme aber zumindest für die mittlere bis lange Frist behauptet.[25] Für das Folgende ist jedoch vor allem entschei-

---

22 Für ein solches Vorgehen siehe Monissen (1983, S. 291) und Bofinger, Reischle und Schächter (1996, S. 552). Man beachte, daß sich die gesamtwirtschaftliche Nachfrage Y_t^D stets auf *Endprodukte* bezieht. Damit werden im Rahmen der Quantitätsgleichung als Transaktionen ausschließlich die Käufe von Endprodukten erfaßt. Man spricht in diesem Zusammenhang deshalb vom „Einkommensansatz der Quantitätsgleichung" (Niehans, 1980, S. 17). Zur seiner grundsätzlichen Problematik siehe weiter unten.

23 Die Übereinstimmung von gesamtwirtschaftlicher Nachfrage und gesamtwirtschaftlichem Angebot unterstellend, interpretiert Patinkin (1965, S. xxiii) den in Gleichung (II.4) dargestellten Zusammenhang wie folgt: „Specifically, the familiar MV = PT can be looked upon as determining the equilibrium price level P as the resultant of forces represented by the aggregate damand for goods MV, on the one hand, and their aggregate supply T on the other." Das hier gewählte Vorgehen stellt nichts grundsätzlich anderes dar.

24 Sinnvolle Indexformeln stellen immer eine Art Durchschnitt dar (siehe wieder Kapitel V).

25 Stellvertretend für viele Klassiker faßt John Stuart Mill die Grundaussage der Quantitätstheorie wie folgt zusammen: „Zu bemerken ist, daß dieses Verhältnis (um welches die Preise steigen; der Verf.) gerade dasjenige sein würde, in welchem sich die Quantität Geld vermehrt hätte. Wenn die in Umlauf befindliche Gesammtsumme Geld sich verdoppelte, würden die Preise auch doppelt so hoch werden ..." (Mill, 1881, S. 164). Aber bereits für den Begründer der Quantitätstheorie David Hume (1752, S. 37) gilt auch: „[W]e must consider that though the high price of commodities be a necessary coneequence of the encrease of gold and silver, yet it follows not immediately upon that encrease; but some time is required before the money circulates through the whole state, and makes its effect be felt on all ranks of people." In der Interimsphase verursache das zusätzliche Geld einen „spirit of industrialization" (S. 42). Monissen beschäftigt sich mit den „konjunkturtheoretischen Vermutungen" von Irving Fisher und kommt zu dem Schluß, daß auch dieser die monetäre Nichtneutralität zumindest für eine Übergangsphase anerkennt (vgl. Monissen, 1989, S. 10).

dend, daß die Quantitätstheorie die *direkte Nachfragewirksamkeit* dessen, was mit „Geldmenge" zu bezeichnen ist, in den Vordergrund rückt: Geld ist alles das, was durch seine Veränderung die Preise *systematisch und dauerhaft* beeinflußt.[26]

Für die Bestimmung einer *konkreten Geldmenge* erscheint diese Schlußfolgerung zu allgemein zu sein. Schließlich werden die Preise in einer Volkswirtschaft durch einen komplizierten Mechanismus sich wechselseitig ausgleichender unterschiedlicher Interessen gebildet, so daß es hilfreich erscheint, zuerst weniger auf die makroökonomische Wirkung abzustellen, als vielmehr nach einer grundlegenden Eigenschaft (Funktion) des „Geldes" zu suchen, die die eindeutige Identifikation mindestens eines Aggregats zuläßt. Im Anschluß daran muß dann geprüft werden, ob dieses Aggregat die im Rahmen der Quantitätstheorie behaupteten Wirkungen erzeugt.

Zahlreichen Autoren übersetzen die direkte Nachfragewirksamkeit der Geldmenge im Rahmen der Quantitätstheorie mit der Forderung, das „Geld" habe die *Funktion des Tauschmittels* auszuüben:[27]

> „Both equations (die Transaktions- und die Einkommensversion der Quantitätsgleichung, also hier die Gleichungen (II.4) und (II.5); der Verf.) view money primarily as a medium of exchange and the quantity of money is represented as continually 'in motion' – constantly changing hands from buyer to seller in the course of a time period."

Andere gehen einen Schritt weiter und verlangen das Vorliegen der *Zahlungsmittelfunktion*. Unabhängig vom konkreten Unterschied zwischen den beiden genannten Funktionen, erweist sich die Diskussion der Geldfunktionen auch dann als sinnvoller und unverzichtbarer Einstieg, wenn man – so wie Barnett – eine transmissionstheoretische Gelddefinition sucht.

II.2.1 Geld und Geldfunktionen I: Der transaktionsbezogene Ansatz zur Definition des Geldes

Das Denken in den „Funktionen des Geldes" hat eine lange Tradition. Es geht auf Jevons zurück. Er schreibt dem „Geld" insgesamt vier Funktionen zu. Demnach diene es als

- Tauschmittel („medium of exchange"),
- Wertaufbewahrungsmittel („store of value"),
- Rechnungseinheit („measure of value") und

26 „The conclusion (of the quantity theory of money; der Verf.) is that substantial changes in prices or nominal income are almost always the result of changes in the nominal supply of money." (Friedman, 1992, S. 249)

27 Bordo, 1987, S. 176

- Schuldmaßstab („standard of value").[28]

Eine solche oder ähnliche Aufzählung der „Funktionen des Geldes" findet sich häufig in der Literatur.[29] Die bloße Enumeration stellt jedoch im Hinblick auf die Frage nach der „theoretisch korrekten Definition der Geldmenge" noch keinen großen Fortschritt dar. Immer dann, wenn verschiedene Eigenschaften (im Sinne der zu erfüllenden Funktionen) benannt werden, muß geklärt werden, *was welche Eigenschaft besitzen muß*, damit es *Teil einer Geldmenge* sein kann (*Klassifikationsproblem*). Erst anschließend kann die Frage beantwortet werden, wie man aus den mit „Geld" klassifizierten Objekten („Geldkomponenten") eine einheitliche Geldmenge bilden kann (*Aggregationsproblem*).

Für die nachfolgende Diskussion der monetären Aggregation von *Ländern mit entwickeltem (und funktionierendem) Finanzsystem* erweist sich die Betrachtung der Geldfunktionen für die angestrebte Begriffsbestimmung als unzweckmäßig breit. Eine m.E. sinnvolle (aber nicht notwendige) Einschränkung erfolgt dadurch, daß im folgenden mit dem Begriff „Geld" nur alle jene Phänomene zusammengefaßt werden sollen, „die mit Währungsnamen bezeichnet werden"[30]. Aber auch diese Phänomene können weiter eingrenzt werden. Bei näherer Betrachtung der vier Funktionen lassen sich diese in zwei Kathegorien einteilen: Während die zwei ersten Funktionen zu messenden *Objekten* zugeordnet werden können, vermögen die zwei letzten Funktionen nur bestimmte *Maßeinheiten* zu bezeichnen. Für Koopmanns gibt es deshalb ein „konkretes (oder ›reales‹) Geld" und ein „abstraktes (oder ›ideales‹) Geld".[31]

Diese Zweiteilung und die obige Beschränkung im Sinne habend, werden die Geldfunktionen dann also

- von abstrakten Maßeinheiten erfüllt, die auf Währungsnamen lauten, und
- von konkreten Objekten, deren Menge durch Währungseinheiten angegeben wird.[32]

---

28 Jevons, 1875. Für die beiden letzten Funktionen umschreiben die Bezeichnungen „unit of account" und „standard of deferred payment" (Blanchard und Fischer, 1989, S. 206) besser, was man sich unter ihnen vorzustellen hat. In der Literatur wird häufig die vierte Funktion als logische Konsequenz der Rechnungseinheitsfunktion gewertet und unter dieser subsumiert.

29 Häufig wird von einer „Triade der Geldfunktionen" gesprochen (vgl. z.B. Hicks, 1967). Hier wird die Schuldmaßstabsfunktion der Rechnungseinheitsfunktion zugeordnet. Detailliertere Auflistungen als die von Jevons sind in Stützel (1979, S. 13ff.) und Bofinger (1985, S. 27ff.) zu finden.

30 Stützel, 1979, S. 12.

31 Koopmanns, 1933, S. 247. Keynes unterscheidet explizit zwischen „money of account" und „money": „Perhaps we may elucidate the distinction between *money* and *money of account* by saying that the money of account is the *description* or *title* and the money is the *thing* which answers to the description" (Keynes, 1930a, S. 3).

32 Für diese Unterscheidung siehe Bofinger (1985, S. 20).

Mit dieser eingeschränkten Betrachtungsweise schließt man sowohl Tauschmittel als auch Wertspeicher aus, die nicht auf Währungsnamen lauten. Im ersten Fall ist z.B. an Zigaretten im Deutschland der Nachkriegsjahre oder Muscheln in der Südsee zu denken, im zweiten Fall an Goldbarren oder Immobilien.[33] Berücksichtigt man darüber hinaus, daß eine Geld*menge* ausschließlich von konkreten *Objekten* gebildet werden kann, dann bedeutet die Einschränkung, daß Teil eines Geld*mengen*aggregats lediglich die sogenannten „monetären Anlageformen"[34] sein können. Solche monetären Anlageformen beinhalten neben dem Bargeld auf Währungseinheiten lautende Forderungs- oder Eigentumsrechte.[35]

Zieht man nun aus der Erkenntnis, wonach Geld die vier oben genannten Funktionen ausübe, den Umkehrschluß, so bedeutet dies, daß alles das, was diese Funktionen ausübt, mit Geld zu bezeichnen sei. In den Worten von Hicks heißt das:

> „Money is defined by its functions: anything is money which is used as money: 'money is what money does'!"[36]

Der Versuch, auf diesem Wege zu einer Klärung des Begriffs „Geld" zu gelangen, stellt das wohl bekannteste Vorgehen in der Literatur dar.[37] Friedman und Schwartz bezeichnen die Definitionen, die auf diesem Ansatz basieren, mit „A priori-Definitionen".[38] Für die Bestimmung von Komponenten einer *Geldmenge* (Klassifikationsproblem), die die oben beschriebenen makroökonomischen Wirkungen zeigt, sind dann offensichtlich die Geldfunktionen (besser: Geld*objekt*funktionen) Tausch-

---

33 Ein Liste von Gegenständen, die als allgemeines Tauschmittel verwendet wurden („Warengeld"; Claassen, 1980, S. 91), findet sich bei Richter (1987, S. 121).

34 Siehe dazu die Bezeichnung „monetary asset" bei Kane, 1964, S. 223 oder Barnett, 1980a, S. 16.

35 Wenn auch der Bargeldumlauf (in Deutschland der Banknotenumlauf) von den Notenbanken häufig buchungstechnisch wie eine Verbindlichkeit behandelt wird, so ist er dies aus ökonomischer Sicht jedoch nicht. Bei den meisten Währungen handelt es sich um sogenannte „definitive (Papier)Währungen", bei denen die Notenbanken keinerlei Einlösungsverpflichtung unterliegen. Private Bargeldhalter können von der Notenbank nicht die Herausgabe eines Aktivums im Austausch für das nationale Bargeld fordern: „Wenn eine Zahlung in definitivem Gelde geleistet wird, so ist dies Geschäft vollkommen erledigt, und zwar nach drei Seiten hin: erstens für den Geber, zweitens für den Empfänger und drittens für den Emittenten des Geldes. Der Geber hat keine weitere Pflicht; aber noch mehr: der Empfänger hat kein Recht mehr gegenüber dem Staat, wenn dieser der Emittent des Geldes ist." (Knapp, 1921, S. 91) Fazit: „... unser Forderungs- und Schuldbegriff [paßt] auf das Recht aus den Noten, seit sie nicht in anderer Weise einlösbar sind ..., sehr schlecht." (Duden, 1968, S.7). Rolnick und Weber (1997, S. 1311) verwenden deshalb zur besseren Abgrenzung die Begriffe „primary money" (für den nicht einlösbaren Teil des „Geldes") und „secondary money" (für den einlösbaren).

36 Hicks, 1967, S. 1. Bereits vor Hicks schrieb Schumpeter in seinem erst postum veröffentlichten Werk „Das Wesen des Geldes": „... weshalb der Inhalt des Geldbegriffs ... nie anders umgrenzt werden kann als nach dem Prinzip: Geld ist, was Gelddienst tut." (Schumpeter, 1970, S. 235).

37 Man beachte, daß die Termini „Klassifikation" und „Aggregation" im folgenden stets auf das Problem der Geld*mengen*bildung angewandt werden. Sie beziehen sich somit immer auf konkrete Objekte, die auf Währungseinheiten lauten.

38 Friedman und Schwartz, 1970, S. 90.

mittel- und Wertspeicherfunktion relevant. Eine so gefundene Abgrenzung kann aber nur dann einen Beitrag liefern, wenn man sich darüber klar wird,

- inwieweit die obige Auflistung der Geldobjektfunktionen komplett ist,
- ob die Erfüllung einer Geldobjektfunktion genügt, oder ob alle Geldobjektfunktionen zugleich erfüllt werden müssen und
- welchen Beitrag eine anhand der Geldobjektfunktion(en) gefundene Abgrenzung im Rahmen der quantitätstheoretischen Überlegungen spielen kann.

Die Geldmengenbildung setzt somit nicht nur eine klare Vorstellung über die inhaltliche Bedeutung der Geldobjektfunktionen voraus – dies gilt vor allem dann, wenn man erwarten muß, daß die Funktionen nicht mehr von ein und demselben Objekt erfüllt werden –, sondern verlangt darüber hinaus eine konkrete Darlegung des quantitätstheoretischen Transmissionsprozesses.

II.2.1.1 Geldkomponenten als allgemein verwendetes Tauschmittel

Zahlreiche Autoren sehen in der Eigenschaft des „Geldes“, als *allgemein verwendetes, zirkulierendes Tauschmittel* verwendet zu werden (Tauschmittelfunktion), die dominierende, begriffsstiftende Eigenschaft von Geldobjekten. Besonders klar findet sich dies in Mengers Ausführungen:[39]

> „Was das Geld von allen übrigen Marktgütern unterscheidet (was am Gelde in allen seinen Erscheinungsformen und Entwicklungsphasen, dagegen an keinem anderen Objekte des Verkehrs beobachtet werden kann) und somit seinen allgemeinen Begriff bestimmt, ist seine Funktion als allgemein gebräuchlicher Vermittler des Güteraustausches.“[40]

Auch I. Fisher legt den Schwerpunkt auf die Erfüllung der Tauschmittelfunktion:[41]

> „We define money as *what is generally acceptable in exchange for goods.*“

---

39 Siehe dazu Menger (1892, S. 92ff.). Er präzisiert den Begriff „Tauschmittelfunktion“ mit der Bezeichnung „Tauschvermittlungsfunktion“, weil unter dem „Ausdruck Tauschmittel ... in der deutschen Sprache ja auch jedes andere zum Austausche bestimmte Gut verstanden werden kann“ (Menger, 1892, S. 3), was den Kern dessen, was wirklich gemeint ist, nicht trifft.

40 Menger, 1892, S. 96. Hayek (1977, S. 55) teilt diese Sicht: „Sie (die vier Funktionen des Geldes; der Verf.) sind in Wirklichkeit einfach eine Folge der Grundfunktion des Geldes als Tauschmittel, ...“ Mengers Vorstellung über „das Wesen des Geldes“ mag wohl vor allem durch seine Vorstellung über die Herkunft des Wortes „Geld“ beeinflußt sein. Er schreibt dazu: „Das *deutsche* und *holländische* Wort ‚Geld' (Verbalsubstantiv von ‚gelten' = zahlen, eine Gegengabe, oder einen Ersatz leisten) bedeutet ursprünglich: Leistung, Vergeltung jeder Art.“ (Menger, 1892, S. 15)

41 I. Fisher, 1913, S. 8 (Hervorhebung im Original; der Verf.). Bei ihm (1913, S. 2) findet man auch die Schlußfolgerung von der Tauschmittelfunktion auf die Geld(objekt)eigenschaft ganz explizit: „Any commodity to be called ‚money' must be *generally acceptable in exchange*, and any commodity generally acceptable in exchange should be called money. The best example of a money commodity is found today in gold coins.“ (Hervorhebung im Original)

Diese Sicht wird auch in der jüngeren Vergangenheit noch geteilt. Sowohl für Newlyn[42]

> „... anything is money which functions as a medium of exchange."

als auch für Yeager[43]

> „... money is the one thing routinely exchanged against all sorts of things..."

und Alchian gilt dies:[44]

> „We mean by money a commodity used in all, or a dominant number of, exchanges."

Stellt man auf die Tauschmittelfunktion des „Geldes" als *alleinige Definitionsgrundlage* ab, so bedeutet dies, daß man sich auf die Erklärung eines Phänomens konzentriert, welches es per Definition nur dann geben kann, wenn es auch zum Tausch kommt. Tausch im Sinne eines *freiwilligen Akts* wirtschaftlichen Handelns kann es aber nur in einem System mit dezentralisierter Entscheidungskompetenz geben. Bezogen auf Wirtschaftssysteme bezeichnet man dies üblicherweise mit „Marktwirtschaft".[45] Schließlich stellen Märkte „den ökonomischen Ort des Tausches"[46] dar. In einem (Sub-)System der Subordination, wie man sie in autoritären Gesellschafts- bzw. Wirtschafts(sub)systemen vorfindet, spielt „Geld" im Sinne eines Tauschmittels keine Rolle; Entscheidungen werden zentral getroffen und durchgesetzt.[47] Die Begriffe „Geld" und „Markt" gehören also im Rahmen eines solchen Vorgehens untrennbar zusammen.

Die begriffsstiftende Rolle der Tauschmittelfunktion des Geldes innerhalb von Marktwirtschaften wird in der Literatur vor allem durch die Reduktion der *Transaktionskosten* erklärt (im folgenden „Transaktionskostenansatz" genannt).[48] Ausgangspunkt ist bei diesem Ansatz stets der Vergleich der „Geldwirtschaft" mit einer Naturaltauschwirtschaft; so z.B. John Stuart Mill:

> „Um die mannigfachen Verrichtungen eines circulirenden Mediums oder Umlaufsmittels kennen zu lernen, gibt es keinen besseren Weg als die

---

42 Newlyn, 1971, S. 2.

43 Yeager, 1978, S. 8. Bereits zehn Jahre früher schreibt er: „... money is the intermediary routinely used in buying all sorts of things." (Yeager, 1968, S. 50).

44 Alchian, 1977, S. 133.

45 Den Bezug zur Marktwirtschaft stellt Jones (1976, S. 760) heraus. Er nennt als Beispiel für eine zentrale Verteilung der Güter die Inka-Zivilisation in Peru. In dieser gab es kein Tauschmittel.

46 Ott, 1980, S. 113

47 Goodhart (1989a, S. 30) nennt als Beispiel für ein solches Wirtschaftssystem die Familie.

48 Für das Folgende siehe z.B. Niehans (1980, S. 13 ff.) oder Duwendag et al. (1993, S. 76ff.).

> Betrachtung, was die hauptsächlichen Unzuträglichkeiten sein würden, wenn man kein solches Medium hätte."[49]

Seine Überlegungen zusammenfassend bezeichnet er Geld als eine „Einrichtung zur Ersparung von Zeit und Arbeit"[50], schließlich vermeidet der Gebrauch eines allgemein verwendeten Tauschmittels die sonst notwendige „doppelte Übereinstimmung der Tauschwünsche"[51] zweier Akteure. Ohne die Existenz eines solchen Tauschmittels kommt Tausch nur vor, wenn die Tauschwünsche zweier Akteure

- räumlich,
- zeitlich,
- artmäßig und
- wertmäßig (mengenmäßig)[52] übereinstimmen.

Im Rahmen einer idealtypischen Naturaltauschwirtschaft liegen diese Voraussetzungen vor. Betrachtet man jedoch die Realität, so leuchtet es unmittelbar ein, daß es extrem schwierig ist, eine Übereinstimmung bei allen vier Aspekten zu erzielen.[53] Dies gilt z.B. dann, wenn es keinen bestimmten Ort für den Tausch gibt, also der räumliche Aspekt die Transaktionskosten in die Höhe treibt.[54] Unabhängig von der Entstehungsursache kann die Höhe der Transaktionskosten dazu führen, daß Tauschakte entweder erst gar nicht zustande kommen (prohibitiv hohe Transaktionskosten) oder aber nur in einer sehr ineffizienten Art über möglicherweise sehr lange indirekte Tauschketten (sehr hohe Transaktionskosten).[55] Die Verwendung eines *allgemein anerkannten* Tauschmittels (Geldobjekt) kürzt die indirekten Tausch-

---

49 Mill, 1881, S. 153. Diesen Ansatz findet man nicht nur bei ihm, sondern z.B. auch bei Jevons (1875) und Menger (1892).

50 Mill, 1881, S. 158.

51 Jevons, 1875, S. 3.

52 In einer reinen Tauschwirtschaft ohne Numeriere-Gut wird der Preis des Gutes, welches man zu erlangen wünscht, immer in Mengeneinheiten eines Gutes ausgedrückt, welches man herzugeben bereit ist. Preise werden somit in Mengen ausgedrückt. Der frierende Bäcker bewertet einen warmen Wintermantel z.B. mit 10 Laib Brot. Wünscht er nicht nur einen Wintermantel für sich, sondern noch einen für seine Frau, so ist der Preis *eines* Mantels zwar weiterhin 10 Laib Brot, der Wert der geplanten Transaktion aber 20 Laib Brot. Die Kunst für den Bäcker besteht jetzt darin, einen hungrigen Schneider zu finden, der grundsätzlich bereit ist, für 20 Laib Brot zwei Wintermäntel herzugeben.

53 Hier gilt: „Potential transactors posses very incomplete information about the location and identiy of other transactors, about the quality of the goods offered or demanden, or about the range of prices at which exchanges can be made." (Brunner und Meltzer, 1971, S. 786)

54 Claassen (1980, S. 63f.) weist darauf hin, daß bei einer (räumlich) „organisierten Tauschwirtschaft" möglicherweise eine geringere Anzahl von Transaktionen durchzuführen sind als in einer Geldwirtschaft.

55 Für die Längen solcher Tauschketten siehe z.B. Brunner und Meltzer (1971, S. 788ff.) oder Brunner (1971, S. 7ff.).

ketten ab und steigert somit die Effizienz einer Volkswirtschaft.[56] Seine Existenz ermöglicht letztlich erst den herrschenden Grad der Arbeitsteilung.[57] In diesem Lichte betrachtet, werden Geldobjekte einzig in ihrer Funktion als „Schmiermittel" der Ökonomie gehalten.[58] So schreibt Adam Smith:

> „... Geld indes kann ausschließlich zum Erwerb von Gütern verwendet werden. ... Menschen lieben Geld also nicht des Geldes, sondern der Güter wegen, die sie damit kaufen können."[59]

Nach Menger wurden die Transaktionskosten seit jeher von solchen Objekten am ehesten minimiert, „welche (neben dem Vorzuge einer hohen lokalen Marktgängigkeit) zugleich weite örtliche und zeitliche Grenzen der Absatzfähigkeit aufwiesen, also Waren, deren *Kostbarkeit*, leichte *Transportabilität* und *Konservierbarkeit* dem Besitzer nicht nur eine lokale und augenblickliche, sondern zugleich eine räumliche und zeitlich möglichst uneingeschränkte Macht über alle übrigen Marktgüter sicherten."[60]

Wenn der Ansatz auf den ersten Blick auch sehr einleuchtend erscheinen mag, so wirft er doch die Frage auf, wie sich die Reduktion der Transaktionskosten durch die Einführung eines *Tausch*mittels *konkret* darstellen läßt oder anders gewendet, worauf es wirklich ankommt, damit die Transaktionskosten gesenkt werden. Um die Reduktion von Transaktionskosten durch die Verwendung von Geldobjekten darstellen zu können, ist es notwendig, auf die Entstehung von Transaktionskosten näher einzugehen.

Transaktionskosten treten immer dann auf, wenn eine oder mehrere Voraussetzungen der idealtypischen Naturaltauschwirtschaft nicht vorliegen. In der Literatur werden die Transaktionskosten in zwei Gruppen eingeteilt, in die *Informationskosten* und in die *Tauschkosten*.[61] Während die Informationskosten bereits vor dem Tauschakt und losgelöst von diesem anfallen (gleichsam dazu dienen, die grundsätzliche Mög-

---

56 Neuere Ansätze, die die Vorteile einer „Geldwirtschaft" gegenüber der Tauschwirtschaft mit der Tauschmittelfunktion des „Geldes" erklären, stammen von Kiyotaki und Wright (1989, 1991, 1993) und Ritter (1995). Im Unterschied zu anderen Modellen werden Suchkosten und eine Vielzahl verschiedener Güter berücksichtigt, was die Analyse komplizierter macht, ohne jedoch zu grundlegend anderen Aussagen über die Vorteile eines allgemein anerkannten Tauschmittels zu gelangen.

57 „Die Unzuträglichkeiten des Tauschhandels sind so groß, daß ohne ein bequemeres Mittel, Austausch zu bewirken, die Theilung der Beschäftigungen schwerlich zu irgend einer beträchtlichen Ausdehnung gelangt wäre." Mill, 1881, S. 154.

58 Siehe Niehans (1980, S. 20) und sein Hinweis auf z.B. Jevons (1875) und Marshall (1923).

59 Smith, 1776, S. 355f.

60 Menger, 1892, S. 13. So auch Jevons (1875), der in diesem Zusammenhang die Eigenschaften Transportfähigkeit, Unzerstörbarkeit, Homogenität, Teilbarkeit und Erkennbarkeit nennt (vgl. Niehans, 1980, S. 14).

61 Die verwendeten Bezeichnungen sind in der Literatur nicht einheitlich. Hier wird der begrifflichen Trennung von Maier (1987, S. 43) gefolgt.

lichkeit zum Tausch zu eruieren), entstehen die Tauschkosten nur dann, wenn der Tauschakt auch tatsächlich vollzogen wird.[62] Dieser Unterschied ist jedoch nicht essentiell. Vielmehr impliziert die Notwendigkeit, Informationen unter Aufwendung knapper Ressourcen zu beschaffen, daß über die Zukunft Unsicherheit besteht. Informationskosten sind also direkt mit Unsicherheit verknüpft. Diese Unsicherheit kann sich auf jede der vier genannten Voraussetzungen beziehen. So ist es möglicherweise unsicher, ob man überhaupt einen potentiellen Tauschpartner zu einem gegebenen Zeitpunkt an einem gegebenen Ort trifft. Es kann desweiteren Unsicherheit darüber bestehen, ob man sich mit einem potentiellen Tauschpartner auf eine Tauschübereinkunft verständigen kann oder nicht. Unsicher ist unter Umständen auch die Frage, ob der Tauschpartner wirklich im Stande ist zu leisten. Später wird deutlich, daß gerade dieser Bonitätsunsicherheit zentrale Bedeutung zukommt. Im Gegensatz dazu fallen die Tauschkosten auch dann an, wenn (bereits) über alle notwendigen Informationen verfügt wird, also vollkommene Sicherheit über die genannten Aspekte herrscht und stattdessen lediglich Räume und/oder Zeitspannen überbrückt werden müssen.

Herrscht *vollkommene Sicherheit* in der Ökonomie, so verfügen alle Akteure über alle Informationen. Es lassen sich Preisverhältnisse in der Ökonomie bilden, so daß alle Märkte geräumt werden. Jeder Akteur weiß, was er an wen zu liefern hat. Müssen in einer solchen Ökonomie ausschließlich Räume überwunden werden, so entstehen zwar Transportkosten, die Notwendigkeit für ein allgemein anerkanntes Tauschmittel besteht jedoch nicht.[63] Gleiches gilt auch dann, wenn manche Tauschwünsche im Zeitpunkt divergieren, zu dem der Tausch durchgeführt werden soll.[64] Aufgrund der (unterstellten) vollständigen Informationen befindet sich die Ökonomie auf einem allgemein bekannten Zeitpfad. Jede zukünftige Transaktion ist im voraus bekannt, alle gegenwärtigen und zukünftigen Märkte sind stets geräumt, alle gegenwärtigen und zukünftigen Preise sind determiniert. Die Divergenz in der konkreten Positionierung der Tauschwünsche entlang des Zeitpfades bedeutet nun, daß Tausch im Sinne von Leistung und Gegenleistung dann immer mit einer Kreditgewährung bzw. dem Erwerb einer Forderung verbunden ist. Unabhängig davon, ob ein solches Versprechen, in Zukunft in einer bestimmten Weise zu leisten, verbrieft oder unverbrieft ist, stellt es ein *Tauschmittel* dar.[65] Im Sinne der Mengerschen Tauschvermittlungsfunktion ermöglicht erst dieses Versprechen, daß der Tausch –

---

62 Vgl. Maier, 1987, S. 43f.

63 Duwendag et al. (1993, S. 76) empfehlen, die notwendigen Transportkosten den Produktionskosten zuzuschlagen. Dies soll ihre Unbedeutendheit für die betrachtete Problemstellung verdeutlichen. Aber bereits Thünen (1842) hat gezeigt, daß die Existenz von Transportkosten dazu führen kann, daß überhaupt kein Tausch stattfindet, was der Diskussion hier (unerfreulicherweise) die Grundlage entziehen würde.

64 Hierzu siehe Goodhart (1989a, S. 27).

65 Die unverbriefte Form nennt Allan Meltzer „verbal promises to pay" (zitiert in Goodhart, 1989a, S. 27).

wenn auch zeitlich auseinanderfallend – zustandekommt.[66] In einer Welt der Sicherheit sind solche Leistungsversprechen zugleich *allgemein anerkannte Tauschmittel*. Dies ist dann relevant, wenn die Tauschwünsche weder zeitmäßig noch artmäßig übereinstimmen, so daß ein indirekter Tausch notwendig ist. Da alle Akteure alle Informationen besitzen, akzeptiert auch ein Dritter das zukünftige Leistungsversprechen, welches im Zuge einer Kreditgewährung entstanden ist. Die Notwendigkeit zu einem *einheitlichen Tauschmittel* zu gelangen, besteht also nicht.

Ein solches empfiehlt sich aber dann, wenn die Entstehung oder Übertragung der Tauschmittel *Tauschkosten* verursacht. Jetzt wird die allgemeine Akzeptanz der Tauschmittel eine wichtige Determinante, denn nur sie gewährleistet, daß Tauschmittel *in genau dieser Funktion* hinreichend stark zirkulieren.[67] Dies ist aber offenkundig notwendig, um die Tauschketten zu verkürzen, um so Tauschkosten wirklich zu senken. Im Sinne dieser Definition stellen also die Leistungsversprechen, die *nicht* weitergegeben werden, weil die Tauschwünsche ihrer Art nach übereinstimmen, zwar Tauschmittel, nicht aber Geld dar.[68] Die geringsten Tauschkosten verursacht in dieser speziellen Ökonomie ein alle Akteure umfassendes Kreditsystem, bei dem es sich um ein *zentrales* Buchungssystem handelt. Hier werden alle Transaktionen auf der Basis von (Buch)Krediten abgewickelt. Eine Leistung erfolgt auch hier ohne direkte Gegenleistung, sondern führt jetzt zu einer Gutschrift im (zentralen) „sozialen Hauptbuch".[69] Die Forderung, die dabei entsteht, wird an eine dritte Partei übertragen, wenn diese an den (ursprünglichen) Gläubiger eine Leistung (in gleichem Wert) abgibt.[70]

Bislang wurde unterstellt, daß Leistung und Gegenleistung zeitlich auseinanderfallen können, wobei *jedem* Akteur die zeitliche Abfolge bekannt sei. Eine solche Divergenz in den zeitlichen Vorstellungen führt zu der Nutzung von *Tauschmitteln*. Noch einen Schritt weiter kann man gehen, wenn man annimmt, daß *Unsicherheit über die zeitli-*

---

66 Das Versprechen muß in der Regel noch einen Zinszuschlag enthalten, denn derjenige, der die Leistung zuerst erhält, muß demjenigen, dem erst später geleistet wird, eine Entschädigung für dessen temporären Konsumverzicht zahlen. Die Höhe der Zinsrate hängt von der Zeitpräferenzrate der beteiligten Parteien ab (vgl. Monissen, 1982, S. 117ff.).

67 Sowohl Alchian, Bordo, Fisher und Yeager betonen die Notwendigkeit der allgemeinen Akzeptanz. Die Kriterien „routine circulation" (Yeager, 1978, S. 8) „in motion" (Bordo, 1987, S. 176) und „in all ... numbers of exchanges" (Alchian, 1977, S. 133) entsprechen dabei dem „generally acceptable" von Irving Fisher (1913, S. 8).

68 Der Gläubiger wünscht genau die versprochene Leistung exakt zum vereinbarten (späteren) Zeitpunkt. In diesem Sinne betreibt der Gläubiger zum jetzigen Zeitpunkt ganz bewußt Konsumverzicht, um in Zukunft mehr konsumieren zu können: Er spart. Das entgegengenommene Leistungsversprechen soll deshalb auch überhaupt nicht in Umlauf gebracht werden.

69 Schumpeter, 1970, S. 206. Für die Analyse einer solchen „Kreditgemeinschaft" (Richter, 1987, S. 127) siehe bereits Jevons (1875), aber auch Schumpeter (1970, S. 206ff.), Black (1970, S. 10ff.) oder Fama (1980, S. 40ff.).

70 Ostroy und Starr (1990, S. 9) sehen die zentrale Funktion eines solchen Systems gerade in der Aufzeichnung der Transaktionen. Übertragen auf zirkulierende Tauschmittel gilt dann: „Money is a commonly acknowledged record-keeping device".

che Abfolge von Leistung und Gegenleistung besteht.[71] Diese Unsicherheit impliziert, daß die Akteure unsicher über die Bonität potentieller Handelspartner sind. Gäbe es in einer derart unsicheren Welt *keine* Tauschkosten, so könnten die Akteure alle denkbaren Umweltzustände im Rahmen bedingter Vereinbarungen vorwegnehmen. Stellt sich ein bestimmter Umweltzustand dann ein, so würde sich die Volkswirtschaft wieder auf einem vorgegebenen Zeitpfad bewegen und man hätte es wiederum mit einer Ökonomie unter Sicherheit zu tun. Auch hier würden *Tauschmittel* ausschließlich zur Überbrückung zeitlicher Divergenzen von Leistung und Gegenleistung dienen. Die Notwendigkeit zu einem *allgemein anerkannten* Tauschmittel besteht wiederum *nicht*.

Ein anderes Ergebnis erhält man jedoch in einer Ökonomie *mit Unsicherheit und Transaktionskosten* (also Informations- *und* Tauschkosten) Eine Vorwegnahme aller Umweltzustände ist jetzt mit (hohen) Kosten verbunden. Um sicherzustellen, daß die gewünschte Gegenleistung auch tatsächlich erbracht wird, müssen die Akteure Ressourcen für Bonitätsprüfungen aufwenden, also in die Informationsgewinnung investieren. Die Entgegennahme von *Tausch*mitteln reduziert diese Informationskosten dann *nicht*, wenn es sich um reine Leistungsversprechen handelt. Die Informationskosten führen dazu, daß die *wechselseitige* Kreditgewährung eingeschränkt wird und Kredite nur noch von speziellen Institutionen mit Spezialisierungsvorteilen (Banken und Finanzintermediäre) vergeben werden oder bestenfalls im Rahmen bestehender „*Kreditgemeinschaften*"[72] gewährt werden. Die Kreditgemeinschaften werden aufgrund der Unsicherheit und der damit verbundenen Aufnahme- und Mitgliedskosten naturgemäß recht klein sein. Die hier ausgegebenen Leistungsversprechen stellen zwar Tauschmittel dar und mögen auch innerhalb der Kreditgemeinschaft zirkulieren, den Charakter eines *allgemein umlaufenden Mediums* haben sie aber nicht. Eine *allgemeine Reduktion* der Transaktionskosten können sie nicht leisten.

Ist man nicht Mitglied einer solchen Kreditgemeinschaft, weil z.B. die implizit vorhandenen Aufnahme- und Mitgliedskosten zu hoch sind, muß man immer sofort eine Gegenleistung erbringen, die den Charakter einer *endgültigen Erfüllung der im Tauschakt eingegangenen Verpflichtungen* besitzt. Diese endgültige Erfüllung soll Shackle folgend mit „*Zahlung*" bezeichnet werden:[73]

> „Payment has been made when a sale has been completed. Payment has been made when the creditor has no further claim. Payment is in some sense final."

---

71 Für das Folgende siehe Goodhart (1989a, S. 27ff.). Eine ähnlich gewichtige Rolle wie bei Goodhart (1989a) spielt die Unsicherheit auch bei Laidler (1990, S. 24ff.). Sie begründet den Buffer-Stock-Ansatz der Geldhaltung.

72 Richter, 1987, S. 127.

73 Shackle, 1971, S. 32.

Der obigen Kreditgemeinschaft steht dann also eine *Zahlungsgemeinschaft* gegenüber.[74] Zahlungen reduzieren die Kosten der Informationsbeschaffung bezogen auf die vereinbarte Gegenleistung; „Geld“ ist in diesem Sinne „a substitute for investment in information“[75]. Auch Zahlungsmittel reduzieren aber nicht zwangsläufig die Tauschkosten. Dies tun sie wiederum nur dann, wenn es sich um ein *allgemein gebräuchliches Zahlungs*mittel handelt. Dies kann nur ein Medium sein, bei dem man als Zahlungsempfänger entweder per Gesetz keine weiteren Forderungen gegenüber dem Leistungsschuldner besitzt („gesetzliches Zahlungsmittel“[76]) oder bei dem man von einer breiten Akzeptanz durch Dritte ausgehen kann („privatautonom bestimmte Zahlungsmittel“[77]). Hier haben die Banken ihre besondere Rolle.

II.2.1.2 Geldkomponenten als Zahlungsmittel

Folgt man also der traditionellen Sichtweise, wonach die Verwendung von „Geld“ die Transaktionskosten senke, dann muß man für eine (realistischerweise anzunehmende) *Welt mit Unsicherheit und Transaktionskosten* konstatieren, daß es nicht auf die Erfüllung der Tauschmittelfunktion ankommt, sondern auf die Erfüllung der Zahlungsmittelfunktion. Dem obigen Katalog von Geldfunktionen muß also die Zahlungsmittelfunktion hinzugefügt werden. Die oben angesprochene Grundsatzfrage nach der Vollständigkeit des Katalogs muß somit mit einem klaren Nein beantwortet werden. Der Transaktionskostenansatz impliziert aber zugleich, daß *einzig* die Erfüllung der Zahlungsmittelfunktion darüber entscheidet, welche monetären Anlageformen Geldkomponente sind und welche nicht, unabhängig davon, ob noch andere Funktionen erfüllt werden oder nicht (insbesondere die Wertspeicherfunktion). Nur Zahlungsmittel vermögen die Informations- und Tauschkosten zu reduzieren.[78] Betrachtet man wiederum ausschließlich Objekte, die mit Währungsnamen bezeichnet werden, so besteht der entscheidende Unterschied zwischen denjenigen, die die Zahlungsmittelfunktion des Geldes betonen, und denen, die auf die Tauschmittelfunktion abstellen, daß für erstere (Handels-)Kredite zwar Tauschmittel, nicht aber Zahlungsmittel sind, da sie *keine* endgültige Erfüllung implizieren.[79] Damit können

---

74 Richter (1987, S. 127) subsumiert beides unter dem Begriff „Währungsgemeinschaft“. Denkbar sind die Koexistenz verschiedener Zahlungs- und Kreditgemeinschaften.

75 Brunner und Meltzer, 1971, S. 799.

76 Zum Begriff des gesetzlichen Zahlungsmittels siehe weiter unten.

77 Stützel, 1979, S. 18.

78 Diese eindimensionale Sicht gilt also implizit für alle, die in der Reduktion der Informationskosten die Ursache für die Verwendung von Geld sehen. So z.B. Brunner und Meltzer (1971), Brunner (1971), Goodhart (1977, 1989a), Alchian (1977) und und King und Plosser (1986).

79 Das Kriterium der permanenten Umwälzung von Tauschmitteln verlangt entweder die Verbriefung der gewährten Kredite oder ein zentralistisch ausgerichtetes Verrechnungssystem. Die nachfolgenden Ausführungen werden zeigen, daß letzteres nur für solche Tauschmittel existiert, die auch Zahlungsmittel sind. Verbriefte (Handels-)Kredite, die auch einfach übertragbar sind, gibt es im Grunde nur in Form der Wechselkredite, der kurzfristigen Betriebsmittelkredite und der längerfristig verbrieften Investitionskredite. Auf den Wechselkredit muß später noch genauer eingegangen werden.

sie kein Teil eines Geldmengenaggregats sein. Stellvertretend für diese Gruppe schreiben Goodhart:[80]

> „The most important general function (of money; der Verf.) is, however, to serve as a means of payment. It is important to note that the functional definition of money as ‚a means of payment' is different from, and narrower than, the concept of an asset as a ‚medium of exchange'. ... Many, perhaps even most, transactions are, however, carried out on a credit basis, trade credit, or a personal charge account at the store. Such credit does represent a medium of exchange, but not a means of payment." und

> „... money represents those assets that represent a means of payment. That is to say, those assets whose transfer complets an economic transaction, leaving neither the seller nor a third party, ..., with a further claim on the buyer."[81]

sowie Shackle:[82]

> „Trade credit is not the completion of an exchange, it is merely the postponement of the completion. If we accept the definition that money is a means of payments, it seems to me plain that we cannot include trade credit. Trade credit, the process of increasing trade credit, is the *putting off* of the making of payments. But the evil day will come."

Nachdem nun die Zahlungsmittelfunktion als Definitionsmerkmal festgestellt wurde, muß man sich der Identifikation solcher Objekte zuwenden, die diese erfüllen. Was also dient nun als Zahlungsmittel? Dies bestimmt sich weitgehend nach den *institutionellen Aspekten* eines Landes. Wie gesehen, muß man zwischen einem gesetzlichen und einem privatautonom vereinbartem Zahlungsmittel unterscheiden. Was gesetzliches Zahlungsmittel ist, bestimmt die „Währungsverfassung" eines Landes.[83] Gesetzliche Zahlungsmittel zeichnen sich grundsätzlich dadurch aus, daß sich ein Schuldner durch die Hingabe eines *gesetzlichen Zahlungsmittels* von weiteren Ansprüchen durch den Gläubiger befreien kann, *sofern keine bestimmte Art der Gegenleistung* ausdrücklich *festgelegt* wurde.[84] In den meisten Ländern stellt das Bargeld, lautend auf die heimische Währung, gesetzliches Zahlungsmittel dar. So auch

---

80 Goodhart, 1989a, S. 26f. Auch für Knapp (1921, S. 2) gilt: „Alles Geld, sei es aus Metall oder aus Papier geformt, ist aber nur ein besonderer Fall des Zahlungsmittels überhaupt."

81 Goodhart, 1989b, S. 295.

82 Shackle, 1971, S. 34. (Hervorhebung im Original; der Verf.).

83 Vgl. Maier, 1987, S. 51ff.

84 Dazu Fögen (1969, S. 7): „Geld im Rechtssinne sind die nicht ablehnbaren Zahlungsmittel, d.h. Gegenstände, deren Annahme als Erfüllung von Zahlungsverbindlichkeiten ... nicht ohne die Rechtsfolge des Annahmeverzuges oder anderer nachteiliger Rechtsfolgen abgelehnt werden darf und die der Schuldner einer Zahlungsverbindlichkeit dem Gläubiger mangels abweichender Vereinbarung als Erfüllung verschaffen muß."

in der Bundesrepublik Deutschland, wobei in bezug auf die Münzen die Einschränkung gilt, daß nicht jeder Betrag in Münzen angenommen werden muß:

> „Die Deutsche Bundesbank hat das ausschließliche Recht, Banknoten im Geltungsbereich dieses Gesetzes auszugeben. Ihre Noten lauten auf Deutsche Mark. Sie sind das einzige unbeschränkte gesetzliche Zahlungsmittel."[85] und

> „Die nach §1 auszuprägenden Scheidemünzen sind nach Maßgabe des §3 gesetzliche Zahlungsmittel" (Münzgesetz §2) sowie

> „Niemand ist verpflichtet, auf Deutsche Mark lautende Münzen im Betrag von mehr als 20 Deutsche Mark und auf Pfennig lautende Münzen im Betrag von mehr als 5 Deutsche Mark in Zahlung zu nehmen."[86]

Gesetzliche Zahlungsmittel stehen somit unter dem Vorbehalt, daß keine andere Zahlungsart festgelegt wurde.[87] Sie beziehen sich damit nur auf Geldbetragsschulden.[88] In der Bundesrepublik Deutschland wird ihre Bedeutung durch zwei Faktoren hervorgehoben:

- durch die übliche Praxis Preise in Deutscher Mark auszudrücken[89] und
- durch eine Ausgestaltung des sogenannten „Mark-gleich-Mark-Prinzips"[90].

---

85 §14 Abs.1 Gesetz über die Deutsche Bundesbank vom 26.7.1957 (BGBl. I S. 745), in der Fassung vom 16.7.1994. Abgedruckt in Deutsche Bundesbank (1995, S. 139ff.).

86 § 3 Abs.1 Gesetz über die Ausprägung von Scheidemünzen vom 8. Juli 1950 (BGBl. IS. 323), abgedruckt in Grasser (1971, S. 285). Diese Vorschriften gelten entsprechend Art. 6 Abs. 1 der Verordnung über die Einführung des Euro auch noch in der Übergangszeit bis zur vollständigen Einführung der einheitlichen europäischen Währung (vgl. Deutsche Bundesbank, 1997a, S. 8).

87 „Gesetzliche Zahlungsmittel" in diesem Verständnis müssen also nur dann akzeptiert werden (Vermeidung der „Rechtsfolge des Annahmeverzuges oder anderer nachteiliger Rechtsfolgen" durch den Gläubiger; Fögen, 1969, 7), wenn keine andere Zahlungsmittelart vereinbart wurde. Stützel (1979, S. 18) unterscheidet solche „normalen gesetzlichen Zahlungsmittel" im Rahmen einer „Rechtsordnung mit Währungs-Wahlfreiheit" von solchen, für die ein ausdrücklicher Annahmezwang besteht („gesetzliche Zahlungsmittel mit unabdingbarem Annahmezwang").

88 Bezieht man in seine Überlegungen wiederum überhaupt nur solche Zahlungsmittel ein, die auf Währungsnamen lauten, dann kann man Zahlungsmittel auch mit „Geldschuld-Tilgungsmittel" bezeichnen. So z.B. Stützel (1979, S. 18) und Bofinger (1985, S. 28).

89 Stützel unterscheidet „einfache Kaufpreise" und „Bestandshaltepreise". Einfache Kaufpreise sind für ihn „Entgelte für definitive Überlassung" (Stützel, 1978, S. 259) und haben die Dimension Währungseinheit/Stück. Demgegenüber sind die Bestandshaltepreise „Endgelte für zeitweilige Überlassung" (S. 259) und haben die Dimension Währungseinheit/Stück mal Zeit. Die Verwendung der D-Mark als Maßeinheit für einfache Kaufpreise und Bestandshaltepreise ist nicht eindeutig gesetzlich geregelt. Es läßt sich jedoch argumentieren, daß sich eine solche Verpflichtung aus der in der Vorschrift über Preisangaben (Preisangabenverordnung) verlangten Übereinstimmung mit der „allgemeinen Verkehrsauffassung und den Grundsätzen von Preisklarheit und Preiswahrheit" (§1 Abs.7 Preisangabenverordnung) ableiten läßt. Für ein solches Vorgehen siehe z.B. Bofinger (1985, S. 38ff.).

Der erste Aspekt führt dazu, daß im Warenverkehr im Inland Deutsche Mark-Beträge geschuldet werden. Er regelt also nicht die Verwendung von Geldobjekten, sondern schränkt „lediglich" die Wahlfreiheit in bezug auf die zu verwendende Maßeinheit ein. Da die Erfüllung jedoch – sofern keine andere Zahlungsart vereinbart wurde – durch die Hingabe gesetzlicher Zahlungsmittel geleistet werden kann, stellt die Regelung die Einsatz*möglichkeit* gesetzlicher Zahlungsmittel auf eine breite Basis. Der zweite Aspekt stößt in die gleiche Richtung. Er bezieht sich auf Geldschuldverträge. Hierzu ist in §3 Währungsgesetz[91] folgendes festgelegt:

> „Geldschulden dürfen nur mit Genehmigung der für die Erteilung von Devisengenehmigungen zuständigen Stelle (gemäß §49 Abs.2 Außenwirtschaftsgesetz die Deutsche Bundesbank, der Verf.) in einer anderen Währung als in Deutscher Mark eingegangen werden. Das gleiche gilt für Geldschulden, deren Betrag in Deutscher Mark durch den Kurs einer solchen anderen Währung oder durch den Preis oder eine Menge von Feingold oder von anderen Gütern oder Leistungen bestimmt werden soll."

Die zitierte Vorschrift regelt also, daß Geldschulden nur mit Zustimmung der deutschen Bundesbank in einer anderen Einheit als der Deutschen Mark vereinbart werden dürfen. Sie schränkt also die Wahl des Schuldmaßstabs ein. Auch dies sichert die Einsatzmöglichkeit der gesetzlichen Zahlungsmittel und verhindert zugleich eine Indexierung von Geldschuldverhältnissen.[92]

Würde man die Zahlungsmittelfunktion mit der Eigenschaft gleichsetzen, *gesetzliches* Zahlungsmittel zu sein, so wäre man letztlich bei einer „staatlichen Theorie des Geldes"[93], wonach das Geld „ein Geschöpf der Rechtsordnung" ist.[94] Dies ist aber zu kurz gegriffen, denn die Wirtschaftssubjekte können sich auch darauf verständigen, andere Objekte zur endgültigen Erfüllung von Forderungen zu akzeptieren. In welchem Umfang neben dem gesetzlichen Zahlungsmittel also noch solche privatautonom vereinbarten Zahlungsmittel genutzt werden, bestimmt sich weitgehend nach den Zahlungsgewohnheiten und Konventionen, die innerhalb der Ökonomie

---

90 Dies wird auch „Nominalismus" (Stützel, 1979, S. 1) oder „Nominalprinzip" (Maier, 1987, S. 54) genannt. Stützel (1979) identifiziert insgesamt sieben Ausformungen des „Mark-gleich-Mark-Prinzips". Der hier behandelten Art weist er die Nummer Vier zu (S. 33f.).

91 Genauer: Erstes Gesetz zur Neuordnung des Geldwesens (Währungsgesetz), Gesetz Nr. 61 der amerikanischen (Amtsbl. der MilReg. Amerik. Kontrollgebiet, Ausgabe J, S. 6) und der britischen (Amtsbl. der MilReg. Brit. Kontrollgebiet, Nro. 25, S. 848) Militärregierungen vom 20.6. 1948, Verordnung Nr. 158 der französischen Militärregierung (Journal Officiel, Nr. 193, S. 1506) vom 18.6.1948. Abgedruckt in Grasser (1971, S. 271ff.).

92 Vgl. Stützel, 1979, S. 34. Im Zuge der Einführung des Euro ist geplant, die Kapitalmärkte von diesem Indexierungsverbot auszunehmen. Einen Überblick über die damit verbundenen Vor- und Nachteile liefert Harff (1998, S. 247ff.). Auch jetzt können bereits Anträge bei der Deutschen Bundebank auf eine ausnahmsweise Genehmigung der Indexierung gestellt werden. Zur bisherigen Ausnahmepraxis siehe Deutsche Bundesbank (1997b, S. 163).

93 Siehe den Titel der Untersuchung von Knapp (1921).

94 Knapp, 1921, S. 1.

vorherrschen. Inwieweit sich ein mögliches Medium tatsächlich durchsetzen kann, richtet sich dabei sowohl danach, in welchem Umfang es die oben genannten Anforderungen an ein *Tausch*mittel erfüllt, als auch danach, wie hoch seine allgemeine Akzeptanz ist:[95] Anstelle einer Barzahlung vereinbaren Gläubiger und Schuldner häufig die Zahlung mittels einer Überweisung auf ein Konto des Gläubigers bei einer Geschäftsbank, über das er jederzeit verfügen kann (Sichteinlagen). Alternativ dazu kann der Schuldner dem Gläubiger einen Scheck aushändigen. Entsprechend der oben geschilderten (fiktiven) Buchungsordnung eignen sich Guthaben auf solchen Konten bei Geschäftsbanken hervorragend als Tauschmittel. Ihre Verwendung als *Zahlungs*mittel – und damit ihre weitverbreitete Akzeptanz – richtet sich aber im Wesentlichen danach, wie sich eine solche Zahlungsweise relativ zur Alternative einer Zahlung mittels eines gesetzlichen Zahlungsmittels darstellt, welche Vor- und Nachteile sie aufweist. Bei der Zahlung mittels gesetzlicher Zahlungsmittel handelt es sich um ein Zug-um-Zug-Geschäft.

Ein solches liegt auch dann vor, wenn ein Überweisungsversprechen abgegeben wird oder die Aushändigung eines Schecks erfolgt. Im Unterschied zur Barzahlung hat der Schuldner seine Verpflichtung jedoch erst dann erfüllt, wenn der Überweisungsbetrag bzw. der Scheckbetrag auf dem Konto des Gläubigers gutgeschrieben wird. Erst in diesem Moment erlischt die bestehende Schuld. Sowohl das Versprechen, den Betrag zu überweisen, wie auch der Scheck stellen somit *kein* Zahlungsmittel dar, sondern lediglich ein (nichtzirkulierendes) *Tausch*mittel. Ist der Betrag gutgeschrieben, so bedeuten Zahlungen unter Einbeziehung von Geschäftsbanken für den Gläubiger nichts anderes, als den Umtausch einer Forderung gegen den Schuldner in eine (jederzeit fällige) Forderung gegen die Geschäftsbank. Die Forderung gegenüber der Geschäftsbank erlischt erst in dem Moment, in dem er eine Auszahlung in gesetzlichen Zahlungsmitteln an sich selbst verlangt oder in dem er sein Guthaben an einen Dritten überweist. Letzteres entspricht der Übertragung des Anspruchs auf die Auszahlung in gesetzlichen Zahlungsmitteln an den Zahlungsempfänger. Besitzt dieser sein Konto ebenfalls bei der betrachteten Geschäftsbank, so kann er sich mit seinem Anspruch direkt an diese wenden. Besitzt er hingegen sein Konto bei einer anderen Bank, so ist die Geschäftsbank des Auftraggebers gehalten, dieser Bank gesetzliche Zahlungsmittel in entsprechender Höhe zu übertragen. Dies erfolgt in aller Regel nicht durch die physische Übertragung der gesetzlichen Zahlungsmittel, sondern durch die Verrechnung der verschiedenen Ströme des gesetzlichen Zahlungsmittels zwischen den Banken auf den Konten bei der Notenbank. Die sogenannten „Guthaben der Geschäftsbanken bei der Notenbank" sind somit nichts anderes als Verfügungsrechte über das gesetzliche Zahlungsmittel. Gleiches gilt für die Guthaben auf Konten bei den Geschäftsbanken. Unabhängig davon, ob und wenn ja an wen ausgezahlt wird, entsprechen sie Einlösungsversprechen in gesetzlichen Zahlungsmitteln. Im Unterschied zur Notenbank als Emittent

[95] Vgl. Goodhart, 1989a, S. 34.

gesetzlichen Zahlungsmittels, kann es dazu kommen, daß eine Geschäftsbank ihrer Verpflichtung nicht nachkommen kann, weil sie selbst über zu wenig gesetzliche Zahlungsmittel verfügt. Die Einlösungswahrscheinlichkeit ist in diesem Fall kleiner als Eins.

Warum sollte man sich also auf bargeldlose Zahlungen einlassen, wenn doch die Einlösungswahrscheinlichkeit höchstens so hoch sein kann wie die Erfüllungswahrscheinlichkeit im Falle der Zahlung mittels gesetzlicher Zahlungsmittel? Der Grund liegt in den Vorteilen der unbaren Zahlungsweise.[96] Insbesondere bei sehr großen Zahlungen ist es umständlich, durch die physische Übertragung von Münzen und/oder Banknoten zu zahlen. Die Tauschkosten sind hier wesentlich höher als im Fall einer Kontogutschrift.[97] Schließlich steigen nicht nur die Zählkosten an, sondern es steigen auch die Transportkosten, insbesondere um das Risiko zu minimieren, Opfer eines Raubüberfalls zu werden. Im Gegensatz dazu sind die Tauschkosten im Falle der unbaren Zahlungsweise weitgehend konstant und vergleichsweise gering. Die Vorteile der unbaren Zahlungsweise wiegen umso schwerer, je höher die Einlösungswahrscheinlichkeit ist, d.h. je geringer ihr Unterschied zur Erfüllungswahrscheinlichkeit von eins ist. Der Unterschied reduziert sich

- mit der Zunahme der Bonität der Geschäftsbank,
- mit der Einführung von Einlagensicherungssystemen und
- mit der Bereitschaft der Notenbank, als „Lender of last resort" tätig zu werden.[98]

Zusammenfassend kann festgehalten werden, daß in Volkswirtschaften mit funktionierendem Finanzsystem neben den gesetzlichen Zahlungsmitteln sowohl die Guthaben der Geschäftsbanken bei der Notenbank als auch die *jederzeit fälligen* Guthaben der Privaten bei den Geschäftsbanken (Sichtguthaben) als (privat autonom vereinbartes) Zahlungsmittel verwendet werden. Andere Einlagen bei Geschäftsbanken besitzen keinen Zahlungsmittelcharakter, sie können *nicht unmittelbar* für Zah-

---

96 Siehe z.B. auch Patinkin (1974, S. 168). Er faßt die (bereits genannten) *Vorteile* der Bargeldzahlung wie folgt zusammen: „Die besonderen Dienste des staatlichen Geldes [dem Bargeld; der Verf.] liegen auf der anderen Seite in der Erleichterung des Transfers kleiner Summen bei direktem persönlichen Kontakt, in der Verwendbarkeit in Gemeinschaften, wo man selbst nicht bekannt ist, und in der Anonymität der Zahlungen."

97 Siehe hierzu Friedman und Schwartz (1970, S. 105ff.). Der betrachtete Fall macht deutlich, daß sich die eingeschränkte Substituierbarkeit sogar auf die Stückelungen verschiedener Banknoten bezieht. Eine große Zahlung leistet man sinnvoller Weise mit Scheinen mit hohem Nennwert, eine kleine mit Scheinen mit geringem Nennwert. Entsprechend werden unterschiedliche Stückelungen unterschiedlich stark nachgefragt. Tatsächlich betrug 1994 in Deutschland der Anteil der 100 DM Banknoten an der Gesamtzahl aller ausgegebenen Stücke über 30 % (vgl. Deutsche Bundesbank, 1995, S. 30).

98 Vgl. Maier, 1987, S. 54. Die „Lender of last resort"-Funktion einer Notenbank besagt, daß die Notenbank bei allgemeinen Finanzkrisen den Geschäftsbanken getreu dem Motto: „lend freely at a high rate" (Badgehot, 1873) ausreichend Zentralbankgeld zur Verfügung stellen soll, um der allgemeinen Panik schnell die Grundlage zu entziehen und einer Kontraktion der Geldmenge vorzubeugen (vgl. Humphrey, 1992, S. 571ff.).

lungen verwendet werden. Die Summe aus Bargeld (Münzen und Banknoten) und den Sichtguthaben wird, wie bereits erwähnt, häufig mit *M1* bezeichnet, die Summe aus Bargeld und Guthaben der Geschäftsbanken bei der Notenbank mit *Geldbasis*.

Kann man jetzt also den Schluß ziehen, daß die Geldmenge M1 oder die Geldbasis die gesuchte Geldmengendefinition darstellt?[99] Eine solche Schlußfolgerung ist an dieser Stelle aus einer Reihe von Gründen verfrüht:

- Erstens ist an dieser Stelle noch nicht klar, ob die Geldkomponenten der Geldbasis oder der Geldmenge M1 einfach addiert werden dürfen, wie dies beide Konzepte vorsehen (Aggregationsproblem).
- Zweitens ist noch gar nicht sicher, ob die Geldmenge M1 oder die Geldbasis tatsächlich die makroökonomischen Auswirkungen auf die Preise besitzen, wie sie die Quantitätstheorie behauptet (Klassifikationsproblem).
- Drittens ist es unbefriedigend, auf Geldmengendefinitionen abzustellen, die sich aus Komponenten zusammensetzen, deren *Quantität* bislang noch überhaupt nicht bestimmt werden konnte.
- Viertens muß geprüft werden, ob die Geldmenge der Quantitätstheorie entgegen dem dargelegten Argumentationsschema womöglich überhaupt nichts mit der in den Vordergrund geschobenen *Zahlungsmittel*funktion zu tun hat, sondern mit der Tauschmittelfunktion.
- Fünftens stellt die Quantitätstheorie, wie gesehen, nur einen von vier verschiedenen Transmissionsmechanismen dar. Bevor sie nicht alle analysiert wurden, kann man kaum in seriöser Weise obige Schlußfolgerung ziehen.

Der (aggregationstheoretische) Problembereich soll im folgenden erst einmal ausgeklammert bleiben. Es wird deshalb unterstellt, die „ungewichtete Addition" der Geldkomponenten sei jeweils zulässig.[100] Für das Folgende soll zudem die Arbeitshypothese gelten, daß die Zahlungsmitteleigenschaft im Kontext der Quantitätstheorie tatsächlich die korrekte Ausgangsbasis für eine Gelddefinition ist. Unter dieser Voraussetzung gilt es zu prüfen, inwieweit die Geldbasis und die Geldmenge M1 mit der Quantitätstheorie kompatibel sind und ob sie überhaupt quantitativ bestimmbar sind.

---

99 Shakle (1971, S. 33) folgend entscheidet sich z.B. Osborne (1992, S. 605) für die Geldbasis, da diese im Unterschied zur Geldmenge M1 zu jedem Zeitpunkt vollständig für Zahlungszwecke eingesetzt werden kann. Die Relevanz eines solchen Kriteriums der „Simultanität" ist aber zweifelhaft. Letztlich basiert das Kriterium auf der Unterstellung, daß es immer möglich sein muß, zu jedem Zeitpunkt alle Zahlungen in gesetzlichen Zahlungsmitteln (oder ihrem perfekten Substitut, den Guthaben der Geschäftsbanken bei der Notenbank) leisten zu können, da nur sie endgültige Erfüllung implizieren. Damit ist es selbstverständlich, daß man bei der Geldbasis als der relevanten Abgrenzung landet.

100 Wer diese Annahme an dieser Stelle zu restriktiv findet, der sei darauf hingewiesen, daß an späterer Stelle gezeigt wird, daß sie in aller Regel korrekt ist. Siehe dazu Kapitel IV.1.

II.2.2 Die Geldmengendefinition der Quantitätstheorie

II.2.2.1 Beschreibung des quantitätstheoretischen Transmissionsprozesses

Um die Frage nach der Kompatibilität beantworten zu können, muß man sich die quantitätstheoretischen Transmissionsvorstellungen genauer als bislang geschehen verdeutlichen. Friedman schreibt dazu:[101]

> „The quantity theory of money takes for granted, first, that the real quantity rather than the nominal quantity of money is what ultimately matters to holders of money and, second, that in any given circumstances people wish to hold a fairly definite real quantity of money. Starting from a situation in which the nominal quantity that people hold at a particular moment of time happens to correspond at current prices to the real quantity that they wish to hold, suppose that the quantity of money unexpectedly increases. Individuals will seek to dispose of their excess money balances by paying out a larger sum for the purchase of securities, goods, and services, for the repayment of debts, and as gifts, than they are receiving from the corresponding sources. However, they cannot as a group succceed. One man's spending is another man's receipts. One man can reduce his nominal money balances only by persuading someone else to increase his. The community as a whole cannot in gereral spend more than it receives; it is playing a game of musical chairs.
>
> The attempt to dispose of excess balances will none the less have important effects. If prices and incomes are free to change, the attempt to spend more will raise total spending and receipts, expressed in nominal units, which will lead to a bidding up of prices and perhaps also to an increase in output."

In dem von Friedman beschriebenen Prozess spielen drei Aspekte eine zentrale Rolle:

- Die Wirtschaftssubjekte haben eine klare Vorstellung darüber, wie hoch ihr *realer Geldbestand* sein soll. Ausschließlich dieser ist für sie relevant.
- Ein *unerwarteter* Anstieg ihrer realen Geldbestände führt zu einer erhöhten individuellen Ausgabentätigkeit. Dies kann neben Güterkäufen und dem Erwerb von Wertpapieren *auch die Rückzahlung von Krediten* bedeuten.
- Ein Anstieg der *nominalen* Geldmenge kann durch die Wirtschaftssubjekte in ihrer Gesamtheit nicht rückgängig gemacht werden. Die nominale Geldmenge ist somit exogen, eine Anpassung erfolgt über die Preise und/oder die Menge der Güter.

---

[101] Friedman, 1992, S. 248; sehr ähnlich auch in Friedman und Schwartz (1982, S. 18).

„Geld" im Sinne eines Zahlungsmittels stellt offensichtlich den zweiten Aspekt in den Vordergrund, wonach ein Anstieg der Geldmenge zu erhöhten Ausgaben führt. Der höhere Geldbestand wird nicht als Vermögensanlage gehalten („gehortet"), sondern schlägt sich direkt in einer höheren monetären Kaufbereitschaft nieder. Eine solche Orientierung an der Zahlungsmittelfunktion liefert jedoch nur die *Grundlage* dafür, Geld überhaupt mit Ausgaben in Verbindung zu bringen, sie erklärt noch nicht, ob solche höheren Ausgaben auch tatsächlich vorgenommen werden. Die höhere individuelle Ausgabentätigkeit muß aus den zwei anderen Aspekten folgen. Nur dann ist die Theorie in sich geschlossen.

II.2.2.2 Exogenität als Kriterium

Relativ einfach läßt sich diese Frage für den dritten von Friedman genannten Punkt beantworten: die Exogenität aus Sicht der Geldverwender.[102] Als *monopolistischer Anbieter von Zentralbankgeld* (Bargeld und Guthaben der Geschäftsbanken bei der Notenbank) *kann* die Notenbank dessen Höhe perfekt steuern. *Vom Grundsatz her* ist die Geldbasis somit exogen.[103] Etwas anderes ist hingegen die Frage, ob die

[102] Neben Friedman betonen auch andere die Exogenität. Ursprünglich ein Konzept von Newlyn (1964, 1971): „We classify as money those assets which can be drawn upon by their owners so as to produce an increase in aggregate expenditure without causing either a decrease in their aggregate or an cincrease in a demand relative to supply int the market for loans." (Newlyn, 1964, S. 339) wird dies vor allem von Tobin (1980a, S. 319): „... the nominal supply of money is something to which the economy must adapt, not a variable which adapts itself to the economy – unless the policy authorities want it to." und Yeager (1978, S. 6) verwendet: „Briefly, everyone can individually hold as much or as little money as he effectively demands, even though the total of all holdings may be exogenously set; for the total flow of spending adjusts in such a way that the demand for nominal money becomes equal to the exogeneous supply."

[103] Man beachte jedoch, daß die Begründung mittels monopolistischem Anbieter *nur für eine Erhöhung* der Geldbasis gilt. Da eine wachsende Wirtschaft auch einen wachsenden Zentralbankgeldbedarf besitzt, wird sie jedoch häufig verallgemeinert angewendet. Für eine *Erhöhung der Geldbasis* ist es unerheblich, ob die Privaten mehr Zentralbankgeld wollen oder nicht. Fragen sie mehr Zentralbankgeld nach, so kann ihnen die Notenbank dadurch mehr zur Verfügung stellen, daß sie im Zuge von Offenmarktgeschäften Wertpapiere von ihnen erwirbt und diese mit Zentralbankgeld bezahlt. Eine Reduktion der Zentralbankgeldmenge ist jetzt nicht mehr ohne Zustimmung der Notenbank möglich. Es würde einem Offenmarktgeschäft in umgekehrter Richtung entsprechen. Gleiches gilt auch dann, wenn die Notenbank aus Sicht der Privaten die Zentralbankgeldmenge „unaufgefordert" erhöht. Dies ist immer dann der Fall, wenn sie dem Staat Guthaben einräumt, die dieser zum Kauf von Gütern verwendet („Finanzierung durch die Notenpresse"). Auch solch zusätzliches Zentralbankgeld wird erst wieder dann vernichtet, wenn die Notenbank z.B. Wertpapiere verkauft. Immer dann aber, wenn die Notenbank Kredite an die Geschäftsbanken als Grundlage für deren Refinanzierung einsetzt (z.B. Wertpapierpensionsgeschäfte), verliert sie ihre alleinige Macht über die Höhe der Geldbasis. Werden solche Kredite nämlich fällig, so kann es sein, daß die Geschäftsbanken keine neuen Verpflichtungen mehr eingehen wollen. Der Zentralbankgeldumlauf reduziert sich, ohne daß die Notenbank etwas dagegen tun kann. Diese scheinbar nachteilige kreditfinanzierte Refinanzierung hat jedoch dann Vorteile, wenn die Notenbank die *Geldbasis reduzieren* möchte. In diesem Fall prolongiert sie fällig werdende Kredite von sich aus nicht mehr. Die Geldbasis reduziert sich so möglicherweise gegen den Willen der Privaten. Wären Offenmarktgeschäfte die Grundlage der Refinanzierung, so müßte die Notenbank Wertpapiere an die Privaten verkaufen, um die Geldbasis zu reduzieren (man beachte: „reduzieren" bedeutet nicht „weniger stark steigen"). Sie wäre also auf eine Nachfrage der Privaten nach Wertpapieren angewiesen. Die Ausgestaltung des Instrumentenkastens einer Notenbank verrät somit, welchen Schwerpunkt sie bei der Geldbasisversorgung legt. Eher offenmarktorientierte Notenbanken (z.B.

Notenbank die Höhe des Zentralbankgeldes auch tatsächlich steuern *will*, also als „Operating target" verwenden möchte. Es kann Situationen geben, wo ein Festhalten an einem bestimmten Volumen zu schwerwiegenden negativen Auswirkungen führt. Dies ist dann der Fall, wenn es zu einer allgemeinen Finanzkrise und damit zu einem Run auf die Geschäftsbanken kommt. Hier empfiehlt es sich für die Notenbank, als Lender of Last Resort tätig zu werden.[104]

Sieht man einmal von solchen Krisenfällen ab, so dienen Guthaben bei den Geschäftsbanken grundsätzlich auch als Zahlungsmittel. Erfüllen sie aber auch das Kriterium der Exogenität? Dies ist sicher nicht der Fall. Wie Friedman beschrieben hat, kann ein wie auch immer durchgeführter Anstieg der Geldmenge (jetzt im Sinne von M1) auch dazu verwendet werden, Kredite zurückzuzahlen. Werden Sichtguthaben also übertragen, kann es sein, daß ein Zahlungsempfänger den Eingang als gute Gelegenheit empfindet, einen Kredit bei seiner Bank zu tilgen. Schließlich müssen für die Kredite Zinsen gezahlt werden, während die Geldhaltung (in der Regel) unverzinslich ist. Die Rückzahlung gelingt vor allem dann besonders gut, wenn die Kredite jederzeit fällig sind. Sie reduziert aus Sicht der Bank nicht nur ihre Kreditforderung, sondern auch ihre Verbindlichkeit gegenüber dem Einleger. Eine Geldmenge im Sinne von M1 reduziert sich also, Exogenität liegt für die Geldverwender nicht vor. Einer unerwünschten Erhöhung der Geldmenge (im Sinne von M1) können die Geldhalter entgegenwirken.

Die Definition des „Geldes" im Sinne der Geldbasis liefert letztlich auch die einzige plausible Erklärung für den vorausgesetzten unerwarteten Anstieg des „Geld"-bestandes:[105]

- Eine solche schockartige und letztlich ungewollte Erhöhung der Geldbasis läßt sich zum einen mit den Verhältnissen des Goldstandards erklären: Starke Goldfunde führten zu einer starken Ausprägung neuer Goldmünzen und damit zu einer starken Erhöhung der monetären Nachfrage der Gold- bzw. Geldbesitzer.

- In Zeiten einer definitiven Papierwährung führt insbesondere eine starke Ausweitung der notenbankfinanzierten Staatsausgaben zu gleichen Effekten: Der Staat läßt bei der Notenbank „Geld" drucken und entfaltet mit diesem eine zusätzliche Nachfrage nach Gütern und Faktoren („Seigniorage"). In gleichem Maße wie die Verschuldung des Staates bei der Notenbank steigt, steigen auch der Bargeldumlauf oder die Einlagen der Geschäftsbanken bei der Notenbank.

---

die Fed oder die Bank of England) sind tendenziell eher expansiv ausgerichtet, eher kreditorientierte Notenbanken (z.B. die Deutsche Bundesbank) sind tendenziell eher restriktiv ausgerichtet, wobei die tatsächlich betriebene Geldpolitik der grundsätzlichen Tendenz jedoch nicht entsprechen muß.

104 Aber auch darüber hinaus betreiben Notenbanken häufig keine „Geldbasissteuerung", sondern eine „Zinssteuerung". Dies hängt nicht zuletzt mit anderen transmissionstheoretischen Vorstellungen zusammen. Siehe dazu weiter unten.

105 Vgl. Bofinger, Reischle und Schächter, 1996, S. 552f.

II.2.2.3 Die Rolle der realen Geldmenge im quantitätstheoretischen Transmissionsprozess

II.2.2.3.1 Der Realkasseneffekt

Das Kriterium der Exogenität spricht somit ebenfalls für die *Geldbasis* als adäquate Gelddefinition. Gilt dies ebenfalls für die Relevanz des *realen* Geldbestands? Die Rolle der realen Geldmenge (der „Realkasse"[106]) für die Transmission monetärer Impulse betont vor allem Patinkin. Er liefert damit zugleich eine eigene (quantitätstheoretische) Interpretation der Transmission monetärer Impulse.[107] Ausgehend von einer rein güterwirtschaftlichen Betrachtungsweise zeigt er, daß die Überschußnachfragen, die sich entsprechend der gegebenen Präferenzen und Ausstattungen einstellen, in einer Geldwirtschaft von

- den relativen Preisen,
- dem Realeinkommen (im Sinne einer Anfangsausstattung mit Gütern) und
- der Realkasse abhängen.[108]

Dabei ist für Patinkin die Realkasse Teil des (Netto-)Vermögens eines Wirtschaftssubjekts. Sie werde stets von einer Periode zur nächsten übertragen, aber immer nur in einem Umfang gehalten, der für die in der Betrachtungsperiode anfallenden Zahlungen notwendig ist. Die Höhe der Zahlungen bestimme sich nach dem realen Transaktionsvolumen; höhere Preise für die Güter implizieren somit eine höhere *nominale* Geldhaltung.[109]

Patinkin bezieht seine Analyse ausdrücklich auf *private Akteure*, von denen er unterstellt, daß sie an einer Maximierung ihres Nutzens interessiert seien. Entscheidend für seine Argumentation ist jetzt der Umstand, wonach die Realkasse ebenso Vermögen darstelle, wie die reale Ausstattung des Akteurs.[110] Beide Vermögensobjekte können veräußert werden, um Güter zu kaufen. Zusammen bilden sie die Budgetre-

---

[106] Die Bezeichnung „Real balances" verwendet z.B. Patinkin (1965). Er versteht darunter „the purchasing power over commodities which these holdings represent" (Patinkin, 1965, S. 17).

[107] Siehe deshalb für das Folgende Patinkin (1965, insbes. Kapitel II und III).

[108] Vgl. Patinkin, 1965, S. 17f.

[109] vgl. Patinkin, 1965, S. 18f. „... it is with the extent of his liquid command over *real* resources that the individual is concerned." (Patinkin, 1965, S. 19; Hervorhebung im Original; der Verf.)

[110] Patinkin (1965, S. 19f.) wehrt sich gegen den Vorwurf (z.B. von Johnson, 1962, S. 339), er addiere hier Ströme und Bestände. Ein solches Mißverständnis entsteht dann, wenn man die Anfangsausstattung an Gütern des betrachteten Akteurs mit dessen „Einkommen" gleichsetzt. Letzteres bezieht sich stets auf eine bestimmte Periodenlänge und stellt damit eine Stromgröße dar. In diesem Sinne versteht Patinkin die Anfangsausstattung aber nicht. Er unterstellt, daß sie einmalig am Periodenanfang zur Verfügung gestellt wird und nicht im Periodenverlauf entsteht. Sie ist damit ebenso eine zeitraumunabhängige Größe, wie dies z.B. ein zum Geburtstag geschenkter Warenkorb darstellt.

striktion für den Akteur.[111] Die reale Geldhaltung steigt (fällt) mit den aggregierten Verkaufsüberschüssen (-defiziten) des Akteurs auf den Gütermärkten. Die Überschußnachfrage nach realer Kasse stellt somit das Spiegelbild der Gesamtheit aller güterwirtschaftlichen Pläne dar. Sie unterliegt damit den gleichen Einflußfaktoren wie die Überschußnachfragen nach Gütern.

Während im Gleichgewicht jeder einzelne Akteur bei jedem Gut und bei der realen Geldhaltung eine Überschußnachfrage oder ein Überschußangebot besitzen kann, kann dies für die Ökonomie im Ganzen nicht der Fall sein. Im Gleichgewicht ist die aggregierte Überschußnachfrage nach jedem Gut und nach realer Kasse Null. Ein solches Gleichgewicht läßt sich durch die geeignete Setzung der relativen Preise herbeiführen, wobei es genügt, die Gütermärkte ins Gleichgewicht zu bringen; der Geldmarkt befindet sich dann ebenfalls im Gleichgewicht.[112]

Unterstellt man nun, die Ökonomie befinde sich in einem Gleichgewicht, so sind die relativen Preise und die Geldpreise bestimmt. Was aber wird passieren, wenn die nominelle Geldmenge aus Sicht eines jeden Akteurs zunimmt? Zuerst einmal bedeutet dies eine sofortige Erhöhung der *realen* Geldmenge. Dies löst den gleichen Vermögenseffekt aus wie die Veränderung der Anfangsausstattung; die Nachfrage nach Gütern kann zunehmen oder abnehmen.[113] Bei gegebenen Relativpreisen und Geldpreisen entstehen Überschußnachfragen, die Anpassungen auslösen. Unterstellt man, die Überschußnachfragen sind positiv, so werden die Akteure *mehr Geldeinheiten für die Güter bieten* (Zahlungsmittelfunktion des Geldes), die Geldpreise werden steigen. Dies läuft dem ursprünglichen Effekt entgegen, die nominalen Geldbestände werden real weniger wert, der „Realkasseneffekt" der erhöhten realen Geldmenge baut sich ab. Steigen alle Preise proportional an, unterstellt man also konstante Relativpreise, so stellt sich das neue Gleichgewicht gerade dann ein, wenn die Geldpreise um den Prozentsatz gestiegen sind, um den auch die nominale Geldmenge gestiegen ist. Das neue Gleichgewicht entspricht somit exakt dem alten.

Der proportionale Anstieg der Geldpreise stellt sich immer dann ein, wenn die Geldbestände aller Akteure *gleichermaßen zunehmen* und das ursprüngliche Gleichgewicht stabil und eindeutig war.[114] In diesem Fall existiert bei gegebenen Präferen-

---

111 „... every expenditure for commodities must be financed either by the sale of part of his initial endowment of commodities or by the drawing down of his initial endowment of money balances." (Patinkin, 1965, S. 24) Ähnlich Wicksell (1898, S. 36): „Ich suche meine Kasse zu verstärken, was ... nur durch verminderte Nachfrage nach Waren und Leistungen oder durch vermehrtes (vorzeitiges oder unter dem Preis geschehendes) Angebot meiner eigenen Waren, oder durch beides zusammen erzielt werden kann." (Hervorhebung im Original; der Verf.).

112 Für eine Analyse des Anpassungspfades siehe Patinkin (1965, S. 34 ff.). Es muß allerdings vorausgesetzt werden, daß ein solches Gleichgewicht existiert und stabil ist.

113 Den Vermögenseffekt infolge einer Erhöhung der Realkasse nennt Patinkin „Realkasseneffekt" (Patinkin, 1965, S. 20). Eine Zunahme der Güternachfrage infolge des Realkasseneffektes erhält man bei „normalen" Gütern, eine Abnahme bei „inferioren" (vgl. Patinkin, 1965, S. 20).

114 Friedman (1969, S. 4) bedient sich dafür der bekannten Metapher vom „Helikopter-Geld", das heruntersegelt und aufgesammelt wird. Claassen (1980, S. 240) spricht – in Anlehnung an Tobins

zen, Realeinkommen und Realkasse nur ein einziges Relativpreissystem, welches die individuellen Überschußnachfragen miteinander in Einklang bringt und das Gleichgewicht herbeiführt (aggregierte Überschußreserven von Null). Im Zuge der Geldpreissetzung zum Abbau der aggregierten Überschußnachfragen bedeutet jeder neue (höhere) Geldpreis nicht nur einen veränderten Relativpreis, sondern auch eine verringerte Kaufkraft des Geldes und damit eine Reduktion der Realkasse. Das wechselseitige Erhöhen der Geldpreise und damit das Bemühen, *alle* aggregierten Überschußnachfragen zu beseitigen, führt nun letztlich dazu, daß irgendwann die Realkasse der Ausgangssituation erreicht wird, was zugleich das ursprüngliche Relativpreisverhältnis impliziert. Nur dann kann wiederum Gleichgewicht herrschen.[115]

Der proportionale Anstieg *aller* Preise muß jedoch dann nicht erfolgen, wenn sich die Zunahme des nominalen Geldumlaufs *ungleich* auf die Akteure verteilt. Als typische Beispiele für eine solche Situation lassen sich entweder die bereits oben angesprochenen plötzlichen Goldfunde aufführen oder die Finanzierung der Staatsausgaben durch die Emission von Zentralbankgeld.[116] In beiden Fällen kommen die zusätzlichen Geldmittel am Anfang nicht allen gleichmäßig zugute, sondern erst einmal einigen wenigen, die dann anschließend durch ihre Ausgabentätigkeit für eine Diffusion der Geldbestände sorgen. Da diese Diffusion keineswegs gleichmäßig stattfinden muß, werden die Preise der Güter relativ stärker steigen, die von den Akteuren relativ stärker nachgefragt werden, welche von der Geldmengenerhöhung relativ stärker profitieren. Es kommt somit zu einer Verschiebung in der Preisstruktur, die Proportionalität zwischen Geldmengenerhöhung und Anstieg der Preise ist keine rein mechanische Gesetzmäßigkeit.[117]

Kritik an dieser proportionalen Erhöhung der Geldbestände (vgl. Tobin, 1961, S. 111) – hingegen vom „Heinzelmännchen-Experiment".

115 Vgl. Patinkin, 1965, S. 44f. Zum gleichen Ergebnis gelangt I. Fisher (1913, S. 153f.). Er argumentiert ausgehend von einer gewünschten nominalen Geldhaltung, daß sich eine kurzzeitige Veränderung der Umlaufsgeschwindigkeit nur über eine verstärkte Ausgabentätigkeit und über steigende Preise abbauen läßt.

116 Den ersten Fall diskutiert bereits John St. Mill (1881, S. 162f.). Der zweite stellt letztlich nur die Übertragung der Goldfunde in die Zeit des definitiven Papierstandards dar. Die obigen Ausführungen zur Plausibilität der behaupteten Geldmengenerhöhung zeigen, daß es wenig sinnvoll ist, die Wirkungen einer Geldmengenerhöhung unabhängig von der Art der Emission zu analysieren.

117 Mill (1881, S. 162f.) sieht die Ursachen für die Preisstruktureffekte jedoch nicht in der Geldmengenerhöhung, sondern in den unterschiedlichen Präferenzen der Akteure: „Diese Folgen (die unterschiedliche Zunahme der Preise; der Verf.) würden jedoch augenscheinlich nicht aus der bloßen Vermehrung des Geldes, sondern aus begleitenden neuen Umständen hervorgehen." (S. 163). Er vergleicht die Folgen einer Geldmengenerhöhung mit der Veränderung der Präferenzen in der Gesellschaft („... als wenn im Geschmacke und Bedarfe des Gemeinwesens ein Wechsel stattgefunden hätte.", S. 163) und folgert, daß man für die Analyse des isolierten Effekts einer Geldmengenänderung die „Bedürfnisse des Gemeinwesens zusammengenommen" unverändert zu lassen habe (S. 163). Aus diesem Grund betrachtet er in seiner weiteren Analyse ausschließlich eine gleichmäßige Erhöhung aller Geldbestände („Wir wollen ... annehmen, daß jedem Thaler oder Groschen, den jemand besitzt, ein anderer Thaler oder Groschen auf einmal hinzugelegt würde."; S. 163) und gelangt zu dem bekannten Proportionalitätspostulat. Dies auch deshalb, weil er auch für unterschiedliche Preisänderungen einen *im Durchschnitt* proportionalen Anstieg vermutet: „... auch wenn einige Preise mehr, andere weniger steigen, wird der Durchschnitt immer ein

Die Ausführungen zu Patinkins Analyse haben die Bedeutung der *direkten Nachfragewirksamkeit* der realen Geldmenge deutlich gemacht. Konsistent mit der üblichen güterwirtschaftlichen Betrachtungsweise ist ausschließlich die *reale* Geldmenge. Da Patinkin's Ansatz jedoch auf Optimierungsüberlegungen beruht, bezieht er selbst nur den privaten Sektor ein, so daß letztlich nur dessen reale Geldmenge relevant ist.[118] Die Ergebnisse seiner Analyse basieren dabei *zentral* auf den Unterstellungen, wonach diese reale Geldmenge

- Teil des Realvermögens des privaten Sektors sei und
- ausschließlich Zahlungsmittel beinhalte.

Läßt sich aus diesen Voraussetzungen ein Rückschluß auf die implizit vertretene (zahlungsmittelorientierte) Geldmengenabgrenzung ziehen?[119] Gibt es *Zahlungsmittel*, die Vermögen des privaten Sektors darstellen und solche, die es nicht tun? Patinkin selbst hat eine recht einfache Antwort auf diese Frage parat:

> „... the net financial assets of the private sector consist only of the money which it holds: its inside money (dies entspricht weitgehend den Sichtguthaben bei den Geschäftsbanken; der Verf.) is offset by a corresponding debt to the banking system."[120]

Damit implizit im Sinne habend, daß „... die nachfrageanregenden Effekte einer Forderung gleich hoch sind den nachfragedämpfenden Effekten der damit verbundenen Verbindlichkeit, so ... [daß der] »Nettonachfrageeffekt« einer Forderungs-Schulden-Beziehung im Grenzfall mit Null anzusetzen [ist]"[121], betrachtet er im Rahmen seiner Analyse ausschließlich „Geld" in der Definition der Geldbasis.[122] Bei dieser geht er

---

Viertel betragen. Es ist dies eine nothwendige Folge der Thatsache, daß um ein Viertel mehr Geld für eine gleichbleibende Quantität Güter gegeben sein wird." (Mill, 1881, S. 164).

118 „... Thus the preceding analysis has been based on the tacit – though realistic – assumption that the government, alone of all economic units, is unconcerned with the real value of its outstanding (noninterest-bearing) debt, and plans its demand for commodities accordingly." (Patinkin, 1965, S. 288)

119 Friedman und Schwartz (1970, S. 110) nennen diesen grundsätzlichen Versuch, zu einer Gelddefinition zu gelangen „Net-Wealth-Approach". Er geht auf Pesek und Saving (1967) zurück.

120 Patinkin, 1965, S. 296. Patinkin bezeichnet implizit die Geldbasis mit „Outside money". Diese Bezeichnung geht auf Gurley und Shaw (1960, S. 72) zurück und besagt, daß dies ein Geld ist, „... issued by some agency exogenous to the economic system itself." (Patinkin, 1965, S. 15). Konkret: „Außengeld – Geld, das durch Auslands-, Staatstitel oder Gold gedeckt ist sowie ungedecktem Geld, das vom Staat emittiert wurde." (Patinkin, 1974, S. 154). Die Sichteinlagen stellen degegen in weit überwiegendem Maße „inside money" dar, weil sie innerhalb des privaten Sektors geschaffen werden und ihnen eine gleich hohe Schuld gegenübersteht (Gurley und Shaw, 1960, S. 73). Konkret definiert Patinkin (1974, S. 158) „Innengeld" wie folgt: „Innengeld – Geld, das auf privaten, inländischen Wertpapieren basiert".

121 Duwendag et al., 1993, S. 257f. (Hervorhebung im Original; der Verf.).

122 Siehe z.B. Patinkins (1965) Ausführungen auf Seite 15. Für Claassen (1980, S. 241) „... ist die These, wonach das Innengeld kein Vermögen darstellt, zu einem Glaubenssatz unter den Ökonomen geworden."

davon aus, daß ihr Realwert Teil des realen Vermögens des privaten Sektors ist und daß ihre Veränderung zu einer Veränderung dieses Vermögens führt.

Nun ist diese von Gurley und Shaw mit „'net money' doctrine" [123] bezeichnete Sicht, wonach eine Saldierung von Forderungen und Verbindlichkeiten innerhalb des privaten Sektors geboten sei, nicht unwidersprochen geblieben. Vorreiter bei dieser Kritik waren Pesek und Saving, eine kritische Auseinandersetzung mit der „Saldierungsthese" stammt jedoch auch von Johnson.[124] Vor allem dieser argumentiert, daß die Geldverwendung die Produktivität einer Volkswirtschaft erhöhe und damit zu einem steigenden Einkommen beitrage. Dieses höhere Einkommen stelle die Grundlage für eine Zunahme des Nettovermögens des privaten Sektors infolge der Geldemission dar.[125] Dabei sei es für die produktive Rolle des Geldes vollkommen unerheblich, ob es bei dem „Geld" um staatlich emittierte Banknoten oder Einlagen bei der Notenbank gehe (Geldbasis) oder ob für die Zahlungen Sichteinlagen bei privaten Geschäftsbanken verwendet werden würden.[126] Die produktive Rolle der Geschäftsbanken zeige sich deutlich in den Gewinnen, die diese erzielten.

Auch Patinkin akzeptiert später, daß „... dieses Herausstreichen (gemeint ist die Konsolidierung innerhalb des privaten Sektors; der Verf.) nicht in einer solch mechanischen Weise durchgeführt werden [kann]"[127], wenn es um die Ermittlung des Nettovermögens des privaten Sektors geht. Nichtsdestoweniger argumentiert er, daß Sichteinlagen bei Geschäftsbanken immer dann kein Nettovermögen des privaten Sektors darstellen würden, wenn man die üblichen mikroökonomischen Annahmen der vollständigen Konkurrenz und der Existenz positiver „Produktionskosten" von Geschäftsbankengeld treffe. Beide Annahmen gewährleisteten, daß die Banken die „kompetitive Ertragsrate erbringen, (oder genauer) die Ertragsrate, die die Individuen hinsichtlich einer Investition in Banken oder alternativen Industrien indifferent läßt."[128] Dies impliziere zugleich, daß im Gleichgewicht der (Netto-) Wert eines einmal einer Geschäftsbank als Eigenkapital zur Verfügung gestellten Betrages an Zentralbankgeld (der Nennwert der gekauften Aktien) nicht dadurch steigt, daß die

123 Gurley und Shaw, 1960, S. 134.

124 Siehe Pesek und Saving (1967) und Johnson (1969). Wichtige Beiträge stammen auch von Friedman und Schwartz (1970), Laidler (1969) und Buchanan (1974). Während sich Friedman und Schwartz (1970, S. 110ff.) und auch Laidler (1969, S. 512ff.) vor allem mit der Arbeit von Pesek und Saving (1967) auseinandersetzen, wählt Buchanan (1974, S. 150ff.) einen ganz anderen Ansatz.

125 Johnson (1969, S. 31ff.) verwendet einen Vermögensbegriff, bei dem sich der Vermögenswert der Realkasse als diskontierter Strom der zukünftigen Einkommen aus der Geldverwendung ergibt (der Ressourcenersparnis infolge der Geldverwendung). Dieser Vermögensbegriff findet sich bereits bei Pesek und Saving (1967, S. 26).

126 Johnson (1969, S. 34) schreibt: „The two ways (gemeint ist die Situation einer staatlichen Notenbank, die Banknoten emittiert, und die Existenz mehrerer Geschäftsbanken, die Sichteinlagen einräumen; der Verf.) are therefore exactly equivalent in their effects on society's wealth."

127 Patinkin, 1974, S. 170.

128 Patinkin, 1974, S. 164.

Bank ihr Geschäftsvolumen ausweitet, also z.B. den privaten Nichtbanken Kredite gewährt und dafür in gleicher Höhe Sichtguthaben einräumt.[129] Da sich durch die Geldschöpfung der (Netto-) Wert der Banken nicht erhöhe, habe diese auch keinen Einfluß auf das Nettovermögen des gesamten privaten Sektors.[130]

Der zentrale Unterschied zwischen Johnson und Patinkin liegt letztlich darin, daß Johnson implizit unterstellt, die „Geldproduktion" finde (weitgehend) ohne Kosten statt und jede zusätzliche Geldeinheit führe tatsächlich zu einem Produktionsanstieg, der dieser Geldeinheit als Einkommen zugerechnet werden kann.[131] Für ein solches Szenario erkennt auch Patinkin den Nettovermögenscharakter des „Geschäftsbankengeldes" (hier: der Sichteinlagen) an.[132] In dem Moment aber, in dem man davon ausgeht, daß für die „Geldproduktion" in einem „üblichen Maße" Ressourcen eingesetzt werden müssen, so daß im Gleichgewicht die Grenzkosten dem Grenzertrag der Geldschöpfung entsprechen und auch die Banken nur die in der Volkswirtschaft allgemein vorzufindende Ertragsrate auf das ihnen zur Verfügung gestellte Zentralbankgeld erzielen können, ändert sich für die Banken und die privaten Nichtbanken ihr Nettovermögen nicht. Der Wert der Anteile an den Geschäftsbanken entspricht dem von den privaten Nichtbanken dafür aufgewendeten Betrag an Zentralbankgeld (welches Nettovermögen des privaten Sektors darstellt).[133]

Ein eindeutiges Ergebnis bezüglich des Vermögenscharakters von Sichteinlagen erhält man somit *nicht*. Unter der realistischen Annahme, daß die Schaffung von Geschäftsbankengeld (hier: Sichteinlagen) Kosten verursacht, tragen sie jedoch tendenziell *nicht* zu einer Erhöhung des Nettovermögens des privaten Sektors bei. Eine Aufrechnung von Sichteinlagen mit Krediten der Banken an die privaten Nichtbanken ist jetzt zulässig und wäre für die Ermittlung des *Netto*vermögens des privaten Sektors sogar geboten. Unter dieser Voraussetzung spricht damit auch Patinkins' Realkasseneffekt für die *Geldbasis* als der relevanten Geldmengenabgrenzung.[134]

Neben der dominierenden Rolle der realen Geldmenge verlangt der quantitätstheoretische Transmissionsprozeß auch, daß die Geldverwender eine klare Vorstellung

---

[129] Der von den Nichtbanken einzuzahlende Betrag an Zentralbankgeld ist notwendig, um überhaupt Bankgeschäfte vornehmen zu können. Darin kommt letztlich wieder der besondere Charakter des Zentralbankgeldes für die Schaffung von Geschäftsbankengeld zum Ausdruck.

[130] Vgl. Patinkin, 1974, S. 163ff.

[131] Genauer gesagt: Die Grenzkosten der Geldproduktion müssen unter seinem Grenzwert liegen. Dies wird üblicherweise für Zentralbankgeld angenommen.

[132] Vgl. Patinkin, 1974, S. 160.

[133] Können die privaten Nichtbanken damit rechnen, daß die Banken für 1000 GE Zentralbankgeld in der Zukunft gerade eine kompetitive Rendite von 5 % p.a. erlösen, so beträgt der Vermögenswert der Überlassung dieser 1000 GE ebenfalls 1000 GE (=0,05x1.000 GE/0,05).

[134] Dies zeigt auch Patinkin (1974, S. 173ff.), wobei er einschränkend darauf hinweist, daß dies ein Fehlen von Geldillusion voraussetzt. Nur dann sind die realen Betriebskosten proportional zum realen Bestand an Bankengeld, so daß die Bank unabhängig vom Preisniveau die kompetitive Ertragsrate erwirtschaftet und der Vermögenswert der Banken unberührt bleibt.

über die konkrete Höhe ihrer zu halten gewünschten realen Geldbestände haben. Läßt sich keine solche „optimale"[135] Kassenhaltung ableiten, kann auch keine Anpassung in ihre Richtung einsetzen, die schließlich zu einer Veränderung der Preise führt. Die Divergenz zwischen tatsächlicher und gewünschter (optimaler) Geldhaltung ist aber gerade die Triebfeder für die höhere monetäre Nachfrage. Wie sieht es also aus mit der quantitativen Bestimmbarkeit der beiden Aggregate Geldbasis und M1?

II.2.2.3.2 Wege zur quantitativen Geldmengenbestimmung

Bei der quantitativen Ermittlung muß man vorab das grundsätzliche Problem berücksichtigen, daß der Zusammenhang zwischen „Geldbestand" und monetärer Nachfrage dann umso lockerer ist, je mehr „Geld" im Ausland gehalten wird.[136] Dies gilt sowohl für das Bargeld, als auch für Einlagen, die Inländer im Ausland halten. Entscheidend ist damit die sogenannte „inlandswirksame Geldmenge".[137] Während eine Beschränkung auf im Inland gehaltene Einlagen sehr einfach ist, bereitet die konkrete empirische Ermittlung des Bargeldumlaufs im Ausland möglicherweise recht große Schwierigkeiten, wobei das Problem im Grundsatz beherrschbar erscheint.[138]

Die konsequenteste Anwendung der quantitätstheoretischen Idee einer direkten Nachfragewirksamkeit ist die, die Notwendigkeit der doppelten Übereinstimmung der Tauschwünsche Ware gegen Zahlungsmittel bzw. Zahlungsmittel gegen Ware nicht nur artmäßig, sondern auch mengenmäßig zu behaupten. Dabei kann man zum einen unterstellen, daß die Geldbestände so bemessen sein müssen, daß alle Transaktionen einer Periode gleichzeitig durchführbar sind. Dies entspricht dem Vorgehen des Cash-in-Advance-Ansatzes. Demgegenüber berücksichtigt der ältere Cambridge-Cash-Balance-Ansatz eine institutionell vorgegebene Umlaufsgeschwindigkeit des Geldes. Das heißt er geht nicht davon aus, daß alle Zahlungen grundsätzlich gleichzeitig durchführbar sein müssen. Noch einen Schritt weiter gehen solche Ansätze, die auch die Umlaufsgeschwindigkeit endogenisieren. Der wohl bekannteste Ansatz hier basiert auf Arbeiten von Baumol und Tobin.[139]

II.2.2.3.2.1 Cash in Advance-Ansatz

Der Cash-in-Advance-Ansatz geht vor allem auf Arbeiten von Robert Clower zurück.[140] Gemäß seiner Losung „Money buys goods and goods buy money; but goods

---

135 Hier im Sinne eines individuellen Kalküls. Für eine gesamtwirtschaftlich „optimale" Geldhaltung siehe den Anhang zu diesem Kapitel.

136 Vgl. Issing et al., 1993, S. 5.

137 Maier (1987, S. 13) schreibt diese Bezeichnung Gutowski (1976) zu.

138 Einen guten Überblick über die gesamte Problematik eines Bargeldumlaufs im Ausland liefert Seitz (1995), der zu dem Ergebnis kommt, daß sich „inzwischen 30 % bis gut 40 % des gesamten [DM; der Verf.] Bargeldumlaufes außerhalb des Bankensystems im Ausland befinden." (S. 54).

139 Siehe dazu Baumol (1952) und Tobin (1958).

140 Siehe dazu Clower (1967), Clower (1969) und Clower und Howitt (1978).

do not buy goods." überträgt er die Erkenntnis, wonach in einer *Ökonomie ohne Kreditgewährung* bei jeder *einzelnen* Transaktion der Warenwert dem eingesetzten Zahlungsmittelbestand entsprechen muß, auf die makroökonomische Ebene und führt als zusätzliche Nebenbedingung die sogenannte „Clower-Restriktion"[141] ein:

(II.7) $$\sum_{i=1}^{n} p_{i,t} q_{i,t} \leq M_t .$$

Die Summe der Käufe *während* der Periode *t* darf demnach den *in der* Periode *t* gegebenen (durchschnittlichen) Geldbestand M_t nicht übersteigen. Der nachgefragte Geldbestand entspricht damit (mindestens) der Höhe der in der betrachteten Periode geplanten Güterkäufe. Eine solche Vorstellung läßt sich leicht auf das Bargeld (cash) anwenden. Gleiches gilt auch für die Guthaben der Nichtbanken bei den Geschäftsbanken (Sichteinlagen).

Was aber impliziert ein solches Vorgehen? Da es sich bei den Ausgaben um eine Stromgröße und der (durchschnittlich gehaltenen) Geldmenge um eine Bestandsgröße handelt, trifft eine auf der Basis des Cash-in-Advance-Ansatzes abgeleitete Gelddefinition die quantitätstheoretischen Überlegungen nur für den Ausnahmefall einer Umlaufsgeschwindigkeit von Eins. Die Logik der Umlaufsgeschwindigkeit zeigt aber gerade, daß eine Geldeinheit zur Vornahme sehr vieler Transaktionen verwendet werden kann, wenn sie nur schnell genug zirkuliert. Die Clower-Restriktion unterstellt letztlich die Simultanität aller Transaktionen, was extrem restriktiv ist. Deshalb liefert sie keine geeignete Richtschnur zur Bestimmung der geeigneten Geldmengendefinition.[142]

II.2.2.3.2.2 Cambridge-Cash-Balance-Ansatz

Weniger restriktiv ist der Cambridge-Cash-Balance-Ansatz, wonach sich die Geldmenge entsprechend eines gegebenen Kassenhaltungskoeffizienten *k* als Vielfaches der Ausgabensumme für Endprodukte ergibt:[143]

(II.8) $$M_t = k \cdot P_t \cdot Y_t .$$

Ganz offensichtlich ist der Kassenhaltungskoeffizient der Kehrwert der Umlaufsgeschwindigkeit. Trotz dieser simplen Umstellung besteht aber ein logischer Unterschied zwischen dem Ansatz der Gleichung (II.8) und den beiden zuvor behandelten Formen der Quantitätsgleichung (Gleichungen II.4 und II.5). Im Gegensatz zu diesen

---

141 „Clower Constraint"; Blanchard und Fischer (1989, S. 165).

142 Zu diesem Ergebnis kommen auch Blanchard und Fischer (1989, S. 168). Daran ändert sich auch nichts, wenn man Kreditkäufe zuläßt und von den „cash goods" die „credit goods" abzieht, für die per Annahme die Clower-Restriktion nicht gelten soll. Als Beispiel für ein solches „credit good" (nicht-marktlich gehandeltes Gut) nennen Lucas und Stockey (1987, S. 493) die Freizeit.

143 Diese Variante der Quantitätsgleichung geht auf Pigou zurück (vgl. Pigou, 1917, S. 173).

berücksichtigt der Cambridge-Cash-Balance-Ansatz die Geldnachfrage der Akteure. Gleichung (II.8) kann als Geldmarktgleichgewicht interpretiert werden, bei dem das Geldangebot (linke Seite) der Geldnachfrage (rechte Seite) entsprechen muß.[144] Dabei soll der Faktor *k* den Prozentsatz angeben, mit dem der durchschnittliche (repräsentative) Akteur Geld in Relation zum Transaktionsvolumen zu *halten* wünscht. Während die Anhänger der Fisherschen Variante der Quantitätsgleichung die Umlaufsgeschwindigkeit vor allem durch institutionelle Faktoren wie den Gewohnheiten der Geldverwender, der Ausgestaltung des Zahlungssystems und „allgemeinen Ursachen" (insbesondere der Bevölkerungsdichte und der Transportgeschwindigkeit) bestimmt sahen, berücksichtigten die Anhänger des Cambridge-Cash-Balance-Ansatzes die Möglichkeit, einer individuellen Optimierung der Kassenhaltung.[145] Wichtige Entscheidungsvariable ist hier der Zins, den eine verzinsliche Anlage im Unterschied zum „Geld" erbringen soll.[146] Den wohl bekanntesten Ansatz, ein solches Optimierungskalkül darzustellen, lieferten die Arbeiten von Baumol und Tobin.[147]

II.2.2.3.2.3 Baumol-Tobin-Ansatz

Aufbauend auf den Annahmen

- der Unverzinslichkeit des „Geldes" (*M*),
- der Verzinslichkeit einer Alternativanlage („Bond"; *B*),
- der unvollkommenen Synchronisation von Einnahme- und Ausgabeströmen eines gegebenen Transaktionsvolumens in Höhe des nominalen Sozialprodukts (*PY*) und
- der Existenz von nominal partiefixen Transaktionskosten (*z*)

leiten sie mit Hilfe eines lagerhaltungstheoretischen Ansatzes die optimale Geldhaltung eines Wirtschaftssubjektes ab. Es empfiehlt sich dabei, den Sektor der Haus-

144 Vgl. Bordo, 1987, S. 176.

145 Irving Fisher (1913, S. 79): „1. *Habits of the individual.* (a) As to thrift and hoarding. (b) As to book credit. (c) As to the use of checks. 2. *Systems of payments in the community.* (a) As to frequency of receipts and disbursements. (b) As to regularity of receipts and disbursements. (c) As to correspondence between times and amounts of receipts and disbursements. 3. *General Causes.* (a) Density of population. (b) Rapidity of transportation". (Hervorhebungen im Original; der Verf.)

146 Eine Warengeldwirtschaft betrachtend versteht Pigou (1917, S. 166f.) die Größe *k* als Relation der beiden Nutzungsarten einer Ressource. Sie kann entweder als Geld oder als Inputfaktor verwendet werden (vgl. dazu auch den Anhang zu diesem Kapitel). *k* ergibt sich in Abhängigkeit der Bequemlichkeit und Risikobeschränkung infolge des Geldbesitzes, des Produktionsrückgangs, da die Ressource der „produktiven Sphäre" entzogen ist, und des Nutzens, den der sofortige Konsum von Gütern anstelle eines späteren auslöst. Im letzten Aspekt drückt sich die Zeitpräferenz des Akteurs aus, also nichts anderes als der Realzins. Der Vorteil läßt sich aber nur realisieren, wenn das Geld nicht gehalten, sondern ausgegeben wird. Dann kann das Geld aber nicht das Risiko eindämmen. Die aufgelisteten Vorteile ergeben sich also nicht gleichzeitig.

147 Siehe hierzu z.B. die Darstellung in Monissen (1982, S. 165ff.).

halte vom Sektor der Unternehmen zu unterscheiden. Zwischen diesen beiden Sektoren fließen nicht nur Güterströme, sondern auch Geldströme. Am Ende einer jeden Periode ist das gesamte Transaktionsvolumen (*PY*) von den Unternehmen zu den Haushalten übergegangen. Dafür werden die Haushalte ihr gesamtes Periodeneinkommen aufgewendet haben. Unterstellt man, daß die Haushalte dieses Einkommen am Anfang des Monats in Form eines Schecks erhalten, können sie sich den Gegenwert dieses Schecks entweder in bar auszahlen lassen (auf ihrem Sichteinlagenkonto gutschreiben lassen) oder dafür die Alternativanlage erwerben. Die erste Möglichkeit hat den Vorteil, daß sie jederzeit Käufe tätigen und ihren Zahlungspflichten nachkommen können und nicht erneut zur Bank eilen müssen, um vor der Durchführung von Zahlungen erst einmal Bonds zugunsten von Bargeld (Sichteinlagen) zu veräußern („Abhebung“). Jede dieser Abhebungen soll Transaktionskosten in Höhe eines konstanten Geldbetrages (*z*) verursachen. Der Nachteil einer vollständigen Barauszahlung besteht offensichtlich darin, daß den Haushalten dann Zinsen entgehen. Der Zinssatz *R* stellt damit die „Opportunitätskosten der Kassenhaltung“ dar. Es ist deshalb zu erwarten, daß sich die Haushalte weder ihr gesamtes Einkommen in bar auszahlen lassen (ihren Konten gutschreiben lassen), noch daß sie es für die gesamte Periode anlegen und täglich zur Bank gehen. Sie sind vielmehr daran interessiert, den Zinsverlust unter Beachtung der Einsparung der Transaktionskosten zu minimieren. Gibt *n* die Anzahl der Bankbesuche an, so beträgt der *durchschnittliche* Geldbestand der Haushalte M_H

(II.9) $$M_H = \frac{PY}{2n}.$$

Dabei ermittelt sich der optimale Geldbestand aus der Gegenüberstellung der Opportunitätskosten der Kassenhaltung (OK_H), die sich in Höhe des Zinsentgangs ergeben

(II.10) $$OK_H = R \cdot M_H,$$

und den Transaktionskosten (TK_H), die von der Anzahl der Abhebungen abhängen:

(II.11) $$TK_H = n \cdot z = z \cdot \frac{PY}{2M_H}.$$

Während die Opportunitätskosten mit der Geldhaltung steigen, sinken die Transaktionskosten. Das Optimum im Sinne der geringsten Gesamtkosten wird also dort erzielt, wo der Grenzanstieg der Opportunitätskosten dem Grenzrückgang der Transaktionskosten entspricht:

(II.12) $$R = z \cdot \frac{PY}{2M_H^2}.$$

Die optimale reale Geldhaltung der Haushalte ergibt sich damit als Quadratwurzel

$$(II.13)\quad \left(\frac{M}{P}\right)_H = \sqrt{\frac{z}{P}\cdot\frac{Y}{2R}}\,.$$

Neben den realen Umtauschkosten (z/P) beeinflußt auch die Höhe des realen Sozialprodukts die Geldhaltung positiv, wohingegen ein Anstieg des Zinssatzes *R* die Opportunitätskosten steigen läßt und zu einer Reduktion des realen Geldbestandes führt.

Da zu erwarten ist, daß die Unternehmen dem gleichen Kalkül unterliegen, beträgt die gewünschte (nachgefragte) Geldhaltung in der gesamten Volkswirtschaft genau das Doppelte des Betrags der Haushalte:

$$(II.14)\quad \frac{M}{P} = \sqrt{2\frac{z}{P}\cdot\frac{Y}{R}}\,.$$

Obwohl sich dieser Ansatz natürlich noch erweitern und vertiefen läßt, stellt er bereits in seiner einfachen Form recht eingängig ein mögliches Kalkül zur Ermittlung der gewünschten Kassenhaltung dar.[148] Geld wird ausschließlich zu Transaktionszwecken gehalten. Ohne Transaktionen gäbe es keine Geldhaltung, ohne Opportunitätskosten ausschließlich Geldhaltung. Das Kalkül dient der Bestimmung des optimalen „Mittelweges“ und letztlich der Umlaufsgeschwindigkeit des Geldes. Diese beträgt für den gesamten Geldbestand:

$$(II.15)\quad V \equiv \frac{PY}{M} = \sqrt{R\cdot\frac{PY}{2z}}\,.$$

Grundsätzlich ist der Ansatz für alle identifizierten Zahlungsmittelarten gleichermaßen anwendbar, im Gegensatz zur Clower-Restriktion sogar für die Guthaben der Geschäftsbanken bei der Notenbank *und* die Einlagen der Nichtbanken bei den Geschäftsbanken gleichzeitig. Denkbar ist z.B., daß die Nichtbanken ihre gesamte Kasse entsprechend diesem Kalkül planen. Die Aufteilung auf Bargeld und Sichteinlagen werden anhand exogener Faktoren bestimmt. Die Geschäftsbanken werden ihre Guthaben bei der Notenbank genau nach den gleichen Überlegungen ermitteln. Je schwieriger es für sie ist, kurzfristig an Zentralbankgeld zu kommen, d.h. je höher die Transaktionskosten für sie sind, umso mehr (unverzinsliche) Reserven werden sie halten. Gleiches gilt auch für die Höhe der zu erwartenden Salden im Clearing: Je höher diese sind, desto höher wird der Bestand an Reserven sein. Anders hingegen bei der alternativen Anlage: Je höher die möglichen Zinseinkünfte, desto geringer die Reserven. Sind die Transaktionskosten nahezu null, weil keine Gebühren für Ein-

[148] Für solche Erweiterungen und Vertiefungen siehe z.B. Niehans (1980, S. 33ff.). Neuere Ansätze zur *Endogenisierung der cash-in-advance-Restriktion* stellen grundsätzlich nichts anderes dar. Sie arbeiten nicht mit Abhebekosten, sondern z.B. mit Transaktionskosten in Form von Bonitätsprüfungskosten, die bei Kreditbeziehungen entstehen und entfernungsabhängig sein sollen (Schreft, 1992a, S. 61). Siehe auch Schreft (1992b), Lacker und Schreft (1996) und. Prescott (1987).

und Auszahlungen erhoben werden und weil sich die Kreditinstitute jederzeit Zentralbankgeld zum herrschenden Zinssatz beschaffen können, so werden die geplanten Guthaben der Geschäftsbanken bei der Notenbank ebenfalls gegen Null tendieren. Dies erklärt die niedrigen Arbeitsguthaben der Banken.

II.2.2.4 Fazit

Die bisherigen Ergebnisse können wie folgt zusammengefaßt werden:

- Nur die Komponenten der Geldbasis sind wirklich exogen. Dies setzt jedoch eine entsprechende Geldpolitik voraus, die in der Praxis aber in ihrer strikten Form von keiner Notenbank betrieben wird.
- Für die Komponenten der realen Geldbasis gibt es Ansätze, die die zu halten gewünschte Höhe erklären. Dies gilt ebenfalls für M1. Besonders geeignet erscheint hier der Ansatz von Baumol und Tobin.
- Einen Zusammenhang zur Preisentwicklung kann überhaupt nur eine im Inland nachfragewirksam werdende Geldmenge besitzen. Korrekturen sind insbesondere beim Bargeldumlauf notwendig.
- Aussagen über den wichtigen Realvermögenscharakter der Geldbasis- oder M1-Komponenten können nicht eindeutig getroffen werden. Unter der Annahme, daß Geschäftsbanken nur eine wettbewerbliche Rendite erzielen, stellen lediglich die Komponenten der realen Geldbasis Teil des Realvermögens des privaten Sektors dar. Ihre Veränderungen lösen dann die im Rahmen der Quantitätstheorie beschriebenen Wirkungen aus. Der Vermögenscharakter der M1-Komponenten kann jedoch nicht grundsätzlich ausgeschlossen werden.

Trotz gewisser Einschränkungen drängt sich der Eindruck auf, daß die Geldbasis die relevante Geldmengenabgrenzung darstellt. Anders als M1 kann die Geldbasis exogen gesteuert werden und ist definitiv Nettovermögen des privaten Sektors, was für die transmissionstheoretischen Vorstellungen der Quantitätstheorie als unabdingbar angesehen wird. Ist es aber wirklich korrekt, bereits jetzt mit Osborne folgendes Fazit zu ziehen?

> „The money of the monetary theory is the monetary base."[149]

Einer solchen Schlußfolgerung läßt sich der offenkundige Einwand entgegenhalten, daß das Aggregationsproblem bislang vollkommen unbeachtet geblieben ist. Andererseits stellen das Bargeld und die Einlagen bei der Notenbank sehr *enge Substi-*

---

149 Osborne, 1992, S. 606.

tute dar, so daß die (einfache) Addition nicht ungerechtfertigt erscheint.[150] Aber auch jenseits des aggregationstheoretischen Aspekts bestehen noch zwei Einwände:

- Sowohl die Geldbasis als auch die Definition M1 stellen auf die Zahlungsmittelfunktion ab. Ist es aber möglicherweise nicht sinnvoll, im Rahmen der Quantitätstheorie stattdessen die *Tauschmittelfunktion* zu betrachten und noch die verbrieften und übertragbaren *Kredite zwischen den privaten Nichtbanken* (z.B. die Wechselkredite) zu den genannten Komponenten hinzuzufügen? Erklärt ein solches Tauschmittelaggregat das Nachfrageverhalten und damit die Preisentwicklung nicht besser?

- Genügt es, auf die *direkte Nachfragewirksamkeit* des Geldes als Definitionsgrundlage abzustellen? Haben die obigen Ausführungen nicht gezeigt, daß es nur in dem Ausnahmefall einer exzessiven Verschuldung des Staates bei der Notenbank möglich ist, die direkte Nachfragewirksamkeit plausibel zu erklären? Welche Implikationen für eine „geeignete" Geldmengenabgrenzung ergeben sich also, wenn man indirekt wirkende Ansätze ebenfalls berücksichtigt?

Die Anhänger der „Banking-Schule" hätten die Frage des ersten Komplexes eindeutig bejaht.[151] In ihrer Auseinandersetzung mit den Vertretern der „Currency-Schule" verwiesen sie auf den im Vergleich zu den zirkulierenden Zahlungsmitteln viermal höheren Umlauf der Handelswechsel und vertraten die Ansicht, wonach „[i]n einem Handelszustande, wo gewöhnlich viel Credit gegeben wird, [...] die Preise im allgemeinen zu jeder Zeit weit mehr abhängig vom Stande des Credits als von der im Umlaufe befindlichen Quantität Geld [sind]."[152] Etwas vorschnell könnte man darauf wie folgt antworten:[153] Die Kreditgewährung bedeutet in der Periode der Kreditentstehung für den Schuldner zwar eine Ausweitung seiner Budgetrestriktion, stellt für den Gläubiger aber eine Verknappung seiner Ausgabemöglichkeiten dar. Für die Periode der Kreditrückzahlung impliziert die Kreditgewährung den jeweils umgekehrten Effekt auf die Budgetrestriktionen der beiden Akteure. Insgesamt kann deshalb weder für die erste Periode noch für beide Perioden zusammen begründet werden, warum die Kreditgewährung *innerhalb des Nichtbankensektors* zu einer Ausweitung der Nachfrage führen sollte. Kreditverflechtungen innerhalb des Nichtbankensektors werden deshalb nicht die von der Quantitätstheorie behaupteten Preiswirkungen erzeugen, sieht man von Verteilungseffekten ab.

---

150 Das enge Substitutionsverhältnis äußert sich auch in der üblicherweise anzutreffenden Unverzinslichkeit beider Komponenten. In gleicher Weise läßt sich für M1 argumentieren.

151 Zu der hier angesprochenen Kontroverse zwischen der Currency-Schule und der Banking-Schule siehe z.B. Claassen (1980, S. 17ff.). Es zeigt sich, daß diese Debatte letztlich den gleichen Gegenstand hat wie die bisherigen Ausführungen im Rahmen der vorliegenden Arbeit: „In der Abgrenzung, welche Aktiva die Preise beeinflussen und welche nicht, lag der Streitpunkt zwischen Currency- und Banking-Theoretikern." (Claassen, 1980, S. 18).

152 Mill, 1881, S. 186.

153 Vgl. z.B. Ostroy und Starr (1990, S. 51).

Bei dieser recht vereinfachenden Argumentation übersieht man aber, daß die Gläubiger in der ersten Periode offensichtlich einen Teil ihres in Form von Geldzuflüssen ausgedrückten Einkommens nicht konsumieren, sondern sparen wollen. Die Alternative zur Kreditvergabe ist also nicht der Güterkauf, sondern das Halten des Geldes und die anschließende Verausgabung in der zweiten Periode. Die Kreditvergabe hilft hier, die Einzahlungs- und Auszahlungsströme der Akteure im Zeitablauf zu glätten. Nur wenn die Kreditgewährung stattfindet, kann das sonst gehortete Geld überhaupt seine Nachfragewirksamkeit entfalten. Ein *zusätzlicher* Nachfrageeffekt geht von der Kreditgewährung hier aber nicht aus. Entsprechend kann man den Schluß ziehen, daß von einer Kreditausweitung dann keine Zunahme der Nachfrage zu erwarten ist, wenn zugleich die Asynchronitäten zwischen den Ein- und Auszahlungen zunehmen. Dies stellt zwar eine gewisse Einschränkung dar, alles in allem erscheint eine Fokussierung auf die Zahlungsmittel im Rahmen der quantitätstheoretischen Betrachtungen aber gerechtfertigt.[154]

Wenig bis nichts sprach bislang dafür, so wie Barnett die Komponenten einer sehr weiten Abgrenzung in die Überlegungen einzubeziehen.[155] Ein solches Vorgehen ließe sich auch nicht mit einer bislang noch nicht diskutierten Unzulässigkeit der „ungewichteten" Addition bei der Geldbasis begründen. Diese würde lediglich verhindern, von „Geld" im Sinne eines Aggregats einzelner Komponenten zu sprechen. Im Kern muß vielmehr eine fundamental andere Vorstellung von dem vorhanden sein, was mit „Geld" zu bezeichnen ist. Einen Ansatzpunkt hierfür kann möglicherweise die bereits im Rahmen des quantitätstheoretischen Transmissionsprozesses wichtige Eigenschaft des Geldes als *Vermögensobjekt* liefern. Üblicherweise geht man nämlich davon aus, daß sehr viele Anlageformen diese Eigenschaft besitzen. Auf ihr basieren die sogenannten *vermögenstheoretischen Transmissionsprozesse*. Im Gegensatz zur Quantitätstheorie behaupten sie *keine direkten* Nachfragewirkungen einer Geldmengenerhöhung, sondern begründen *indirekte* Preis- und/oder Mengeneffekte anhand der Interdependenzen zwischen den finanziellen Aktiven und dem Sachvermögen. Man setzt damit am zweiten der oben genannten Einwände an und trägt der Tatsache Rechnung, daß in der Realität in den meisten Ländern der empirisch beobachtete Zusammenhang zwischen der Geldbasis (oder M1) und der Preisentwicklung keineswegs so eindeutig ist, wie es die Quantitätstheorie suggeriert.[156]

---

154 Zu diesem Ergebnis kam man auch 1844, als mit der Verabschiedung der Peelschen Bankakte im britischen Unterhaus die Currency-Theoretiker den politischen Sieg davontrugen. Die Peelsche Bankakte stellte ausschließlich auf die umlaufenden Zahlungsmittel ab und verbot die Emittierung von Banknoten durch private Institute (vgl. Claassen, 1980, S. 22f.).

155 In den empirischen Abschnitten seiner grundlegenden Studien von 1980 und 1982 analysiert Barnett Aggregate, die auf der Basis der amerikanischen M3 Abgrenzung gebildet wurden. Diese umfaßt zur Zeit *23* Komponenten (siehe Anhang A.II).

156 Laidler (1969, S. 511) weist darauf hin, daß Ökonomen bereits frühzeitig diesen Aspekt der Geldhaltung ebenfalls in ihre Überlegungen einbezogen haben: „It is simply not true that economists generally accept the propositon that the theory of the demand for money is the theory of the demand for a means of exchange."

Allerdings gilt für die vermögenstheoretischen ebenso wie für die anderen weiter unten behandelten Transmissionsmechanismen, daß sie einer Größe „Geldmenge" wenig Beachtung schenken. Wenn überhaupt Mengen betrachtet werden, so handelt es sich um Kreditvolumina. Diese Tatsache wurde bereits am Anfang zu diesem Teil der Arbeit deutlich gemacht. Deshalb darf es letztlich auch nicht verwundern, wenn man in den nachfolgend behandelten Transmissionsmechanismen letztlich nur sehr vage Andeutungen über die implizit vorhandene Vorstellung bezüglich der Geldmengenbildung findet.

II.3 Transmissionstheoretischer Definitionsversuch II: Vermögenstheoretische Ansätze

Die Ausführungen zum quantitätstheoretischen Transmissionsprozeß haben bereits gezeigt, daß dem Vermögenscharakter der realen Geldmenge eine entscheidende Rolle für die Übertragung monetärer Impulse zukommt. Stellt also auch die Quantitätstheorie nichts anderes dar als eine Spielart des vermögenstheoretischen Transmissionsprozesses? Entscheidend für die gesonderte Betrachtung der Quantitätstheorie ist der Umstand, daß sie im Kern auf dem *Geld „als ein im Austausch für Güter zirkulierendes Zahlungsmittel"* aufbaut. Im Gegensatz dazu ist für die vermögenstheoretischen Ansätze diese Eigenschaft des Geldes vollkommen unerheblich. Wichtig ist vielmehr die Tatsache, daß das „Geld" ebenso Vermögen darstellt wie andere Finanz- und Sachanlagen auch, so daß es sich als Teil eines Portfolios anbietet. Veränderungen der „Geldmenge" bewirken Veränderungen in der Portfoliostruktur der Anleger und lösen Veränderungen der Renditen der verschiedenen Anlageformen aus, die im Rahmen von Anpassungsreaktionen zu Preis- und/oder Mengenänderungen führen können. Entscheidend ist jetzt, daß das „Geld" ein Substitut zu anderen Vermögensanlagen darstellt, also gerade *nicht* dem möglichst schnellen Erwerb von Gütern dient, sondern der Übertragung von Kaufkraft in die Zukunft.[157] Wie gut dies gelingt, hängt davon ab, ob das „Geld" ein guter oder schlechter *Wertspeicher* ist.

II.3.1 Geld und Geldfunktionen II: Die Wertspeicherfunktion des Geldes

Bereits Jevons nannte die Wertspeicherfunktion gleichberechtigt neben der Tauschmittelfunktion als eine der beiden Eigenschaften, die Geld*objekte* erfüllen. Die von Menger genannte „zeitlich möglichst uneingeschränkte Macht über alle übrigen Marktgüter" entspricht dabei auch noch dem heutigen Verständnis eines allgemeinen Wertspeichers. Bei näherem Hinsehen kann man auch sofort feststellen, daß sich diese beiden Funktionen nicht so strikt voneinander trennen lassen, wie dies aus didaktischen Gründen häufig geschieht. Schließlich müssen Tauschmittel (bzw. Zahlungsmittel) die Wertspeicherfunktion erfüllen, um überhaupt als Tauschmittel (bzw.

[157] Vgl. Harrison, 1987, S. 506f. Nicht wenige Autoren sehen gerade darin die entscheidende Begründung für die „Geld"-haltung. Dies ist Kern der bekannten „Overlapping-Generation-Models with Money" die im Anhang A.II.2 kurz diskutiert werden.

Zahlungsmittel) verwendet zu werden. Insbesondere Friedman und Schwartz weisen darauf hin, daß die Verwendung von „Geld" nicht nur die Notwendigkeit der doppelten Übereinstimmung der Tauschwünsche art- und wertmäßig beseitigt, sondern auch zeitmäßig.[158] Diesem Aspekt wurde in den obigen Überlegungen zu den Vorteilen der Geldwirtschaft gegenüber der Tauschwirtschaft Rechnung getragen. Allerdings – und das ist der Kern einer jeden weitergezogenen Geldmengenabgrenzung – muß für Friedman und Schwartz das „Geld", welches als Zahlungsmittel verwendet wird, *nicht* mit dem „Geld" übereinstimmen, das ausschließlich der „temporären Kaufkraftübertragung" dient, ohne zugleich Zahlungsmittel zu sein:[159]

> „Both features (die Verwendung als Zahlungsmittel *und* als Wertspeicher; der Verf.) are necessary to permit the act of purchase to be separated from the act of sale, but the ‚something' that is generally accepted in payment need not coincide with the ‚something' that serves as a temporary abode of purchasing power; the latter may include the former and more besides."

Friedman und Schwartz rechtfertigen die Einbeziehung der Wertspeicherfunktion und die Betrachtung breiter definierter Aggregate als die Geldbasis oder M1 mit dem Verweis, daß bereits die Geldbasis oder M1 Beträge enthielten, die nie für Zahlungszwecke eingesetzt würden. Auch diese Teile des Zahlungsmittelbestandes würden *ausschließlich* aus Gründen der intertemporalen Vermögensübertragung gehalten. Letztlich würden damit auch die Geldbasis und M1 den nachfragewirksamen Bestand an Zahlungsmitteln deutlich zu hoch ausweisen. Sie schätzen ihn auf „less than 1 per cent of its initial value."[160] Die Betrachtung weiter abgegrenzter Aggregate erlaube es nun, die Substitutionsbeziehungen zwischen den Zahlungsmitteln, die aus reinen Anlagemotiven heraus gehalten werden, und den übrigen monetären Anlageformen besser zu berücksichtigen. Dies verspreche eine stabilere (indirekte) Beziehung zwischen der Geldmenge und makroökonomischen Größen wie dem Inlandsprodukt oder dem Preisniveau.[161]

Die aus vermögenstheoretischer Sicht relevante Beziehung zwischen dem „Geld" und den übrigen Anlageformen drückt sich vor allem darin aus, wie gut das „Geld" und die anderen Anlageformen die Wertspeicherfunktion erfüllen. Dabei umfaßt die Wertspeicherfunktion sowohl

- die Realwertsicherheit der Anlagen (einschließlich der Zahlungsmittel) als auch

---

158 Vgl. Friedman und Schwartz, 1970, S. 106ff.

159 Friedman und Schwartz, 1970, S. 106f.

160 Friedman und Schwartz, 1970, S. 107. Auch die geringen Überschußreserven der Geschäftsbanken liefern ein Indiz für diese These.

161 Vgl. Friedman und Schwartz, 1970, S. 106ff.

- die Kapitalwertsicherheit derselben.[162]

Während die Realwertsicherheit angibt, wie gut eine Anlage seinen Besitzer vor inflationsbedingten Realvermögensverlusten schützt, stellt die Kapitalwertsicherheit auf die Höhe des Marktpreises ab, der zum Veräußerungszeitpunkt erzielt werden kann. Da die Realwertsicherheit vor allem vom Sachvermögen recht gut erfüllt wird, weil dort die Marktpreise nicht nominal fixiert sind, sondern permanent neu bestimmt werden, und eine hohe Kapitalwertsicherheit gerade für die nominelle Fixierung des Rückgabepreises spricht und damit für einen relativ schlechten Schutz vor Inflation impliziert (insbesondere im Fall der Unverzinslichkeit), besteht somit tendenziell ein Trade-off zwischen beiden Dimensionen der Wertspeicherfunktion, der Raum für sehr viele verschiedene Anlagen läßt.

Im Kern geht es bei der Erfüllung der Wertspeicherfunktion aber nicht nur um die Höhe der erwarteten realen Rendite, sondern auch um die Unsicherheit, unter der diese reale Rendite erzielt werden kann. Ein Wertspeicher ist bei gleicher erwarteter realer Rendite umso besser, je geringer diese Unsicherheit ist, d.h. je geringer das Risiko der Anlage ist. Erwartete reale Rendite und Risiko bilden zusammen die für die vermögenstheoretischen Ansätze entscheidenden Kennzeichen von Vermögensobjekten.

Anders als die Erfüllung der Zahlungsmittelfunktion stellt die Erfüllung der Wertspeicherfunktion *keine* Null-Eins-Eigenschaft dar:

- Sowohl ihre Zweidimensionalität mit dem genannten Trade-off
- wie auch graduelle Unterschiede in der Erfüllung jeweils einer der beiden Dimensionen

lassen die Wertspeicherfunktion zu einem unscharfen Abgrenzungskriterium werden. Möglicherweise liefert die Betrachtung konkreter vermögenstheoretischer Transmissionsprozesse einen Hinweis auf eine implizit verwendete Geldmengendefinition.

II.3.2 Die Gelddefinition vermögenstheoretischer Transmissionsansätze

II.3.2.1 Darstellung eines vermögenstheoretischen Transmissionsprozesses: Die Portfoliotheorie

Stellvertretend für alle vermögenstheoretischen Ansätze soll hier schwerpunktmäßig die Portfoliotheorie diskutiert werden.[163] Neben dem konkreten makroökonomischen Transmissionsprozeß beinhaltet diese ein Modell der Portfoliowahl. Dabei kommt es

---

[162] Vgl. Claassen, 1980, S. 42.

[163] Markowitz (1952, 1959) und Tobin (1958). Die Portfoliotheorie hat, wie alle anderen vermögenstheoretisch orientierten Ansätze, ihre Wurzeln in einer Arbeit von Metzler (1951), der als Erster den gesamten Wertpapiermarkt (neue und bereits emittierte Wertpapiere) als Einflußgröße für den Zinssatz in die Analyse mit einbezogen hat. Ein neuere Ausformung der Portfoliotheorie stellt das Capital Asset Pricing Model (CAPM) dar (vgl. Barnett, 1991, S. 238).

sowohl auf die Präferenzen des betrachteten (repräsentativen) Akteurs als auch auf die konkrete Erfüllung der Wertspeicherfunktion durch die betrachteten Anlageformen an. Deshalb gilt es vorab, die verschiedenen Anlageformen hinsichtlich ihres Risikos und ihrer erwarteten realen Rendite zu charakterisieren:[164]

Unterstellt man, es gäbe neben einem unverzinslichen, jederzeit zum Nennwert verfügbaren „Geld" gerade ein einziges, mit einer fixen Nominalverzinsung versehenes, nicht unmittelbar fälliges Wertpapier („Bond";*B*), dann soll der (repräsentative) Akteur diesem Wertpapier eine prozentuale Kursveränderung *k* entsprechend einer Normalverteilung

(II.16) $k \sim N\left(\bar{k}, \sigma_k^2\right)$ mit $E[k] = \bar{k}$ und $V[k] = \sigma_k^2$

zurechnen, wobei $\bar{k}$ der Erwartungswert für die zukünftige prozentuale Kursveränderung und σ_k^2 die Varianz derselben sei. Die Standardabweichung σ_k gibt jetzt das *subjektiv empfundene Risiko* der Anlage an.[165] Während sich die erwarteten Gesamteinnahmen I^e aus dem Anlagebetrag *B* als die Summe der (sicheren) Zinsen R_B und der erwarteten Kursänderung ergeben:

(II.17) $I^e = E[R_B + k]B = (R_B + \bar{k})B$,

stellt sich als *pekuniäres Gesamtrisiko* der Bondanlage der Betrag *L* ein:[166]

(II.18) $L = \sigma_k B$.

Mit dem Anlagebetrag *B* gehen somit nicht nur erwartete Gesamteinnahmen einher, sondern auch ein pekuniäres Risiko. Aus den geschilderten Zusammenhängen der beiden Gleichungen (II.17) und (II.18) läßt sich leicht ein Zusammenhang zwischen Gesamteinnahmen und Risiko herleiten:

(II.19) $I^e = \frac{(R_B + \bar{k})}{\sigma_k} L$.

Ein höherer Anlagebetrag verspricht höhere (erwartete) pekuniäre Zinseinnahmen und Kursgewinne, geht aber auch mit einem höheren pekuniären Risiko einher. Zwischen den erwarteten Gesamteinnahmen und dem pekuniären Risiko besteht somit

---

[164] Für das Folgende siehe Branson (1992, S. 320ff.).

[165] Zum Konzept des „repräsentativen Akteurs" siehe Kapitel III.3 dieser Arbeit.

[166] Beträgt der Mittelwert des Kursanstiegs z.B. 10% und die Standardabweichung 0,05, so bedeutet dies für die unterstellte Normalverteilung, daß die Kursentwicklung mit einer Wahrscheinlichkeit *W* von 68% in dem Intervall ($\bar{k} - \sigma_k; \bar{k} + \sigma_k$) liegt. Mit 68 %iger Wahrscheinlichkeit beträgt der Kursanstieg fünf bis fünfzehn Prozent. Werden 100 DM angelegt, so beträgt der Gewinn oder Verlust relativ zu der zu erwartenden Entwicklung mit einer Wahrscheinlichkeit von 68 % fünf DM. Dies läßt sich als Risiko der Anlage auffassen; die fünf DM stellen das pekuniäre Gesamtrisiko dar.

eine positive und konstante Beziehung, die vom Verhältnis der erwarteten Gesamteinnahmen $(R_B + \bar{k})$ zur Standardabweichung σ_k bestimmt ist. Der Akteur muß diesen Umstand stets im Auge behalten. Gleichung (II.19) stellt die Nebenbedingung für seine Anlageentscheidung dar.

Abbildung II.1: Das optimale Portfolio bei Risikoaversion

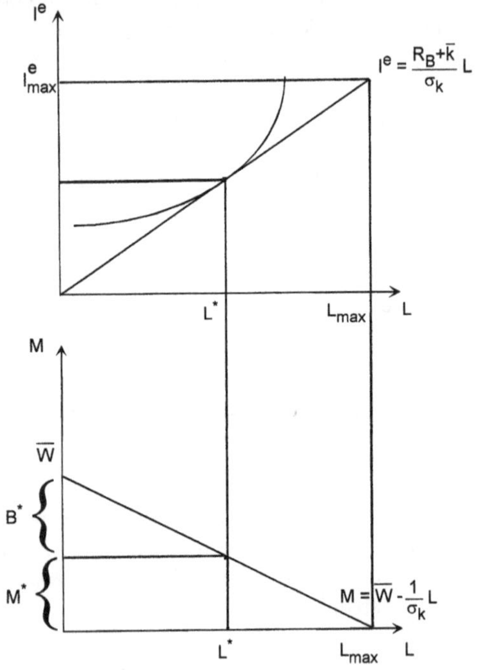

Welches Portfolio nun tatsächlich gewählt wird, hängt aber von den Präferenzen des (repräsentativen) Akteurs ab. Dabei wird unterstellt, daß der Akteur risikoavers ist. Mit steigendem Risiko verlangt er eine überproportionale Kompensation dieses Risikos durch entsprechende erwartete Gesamteinnahmen. Nur wenn diese Bedingung erfüllt ist, kann eine unsicherere Anlage wenigstens gleichwertig einer sichereren sein (z.B. Wertpapier relativ zu Sichteinlagen). Die Indifferenzkurven zwischen den Gesamteinnahmen (im Sinne eines Gutes) und dem Gesamtrisiko (im Sinne eines Übels) verlaufen konvex. Es wird das Anlagebündel gewählt, welches den höchsten Nutzen stiftet. Aus dem so bestimmten optimalen Kapitalwertrisiko L^* kann man dann auf den optimalen Bondbestand B^* schließen (obere Grafik in Abbildung II.1).

Unterstellt man darüber hinaus, ein Anleger habe ein konstantes, in Geldeinheiten ausgedrücktes Finanzvermögen $\overline{W}$, welches er in Geld M oder Bonds B aufteilen kann, dann läßt sich auch die optimale Geldhaltung ermitteln (untere Grafik in Abbildung II.1). Grundlage dafür bietet neben der Identität (Definitionsgleichung)

$$(II.20)\quad \overline{W} \equiv M + B$$

auch die mit Gleichung (II.18) beschriebene Beziehung zwischen dem Gesamtrisiko L und dem Bondbestand B. Damit erhält man die optimale Geldmenge M^* wie folgt:

$$(II.21)\quad M^* = \overline{W} - \frac{1}{\sigma_k} L^* .$$

Gleichung (II.21) hat den Charakter einer *Geldnachfragefunktion*. Die zu halten gewünschte Geldmenge hängt vom gesamten Finanzvermögen, vom pekuniären Gesamtrisiko und von der Unsicherheit über die Kursentwicklung der Bonds ab (der Standardabweichung σ_k).

Um nun den portfoliotheoretischen Transmissionsmechanismus darzustellen, genügt es, eine kurze Wiedergabe der „radikal vereinfachten Darstellung"[167] von Duwendag et al. zu verwenden.[168] Der Transmissionsprozeß wird dabei grundsätzlich durch das Verhältnis zweier Relationen getrieben:[169]

- Die eine entscheidende Größe ist die Ertragsrate für *zusätzliche* Einheiten Realkapital, die zum bestehenden Realkapitalbestand hinzukommen. Unterstellt man einen immer gleichbleibenden Einkommenstrom S aus einer Investition und damit verbundene Anschaffungskosten in Höhe von AK, so ist die Rendite bzw der *„interne Zinsfuß"* i der Investition als Quotient aus periodischem Einkommenstrom zu einmaligen Anschaffungskosten definiert:[170]

$$i = \frac{S}{AK} \qquad (II.22)$$

167 Duwendag et al., 1993, S. 270.

168 Für das Folgende siehe Duwendag et al. (1993, S. 270ff.).

169 Damit beinhaltet die Portfoliotheorie auch wesentliche Elemente der keynesianischen Wirkungsanalyse, die vor allem anhand der IS/LM-Modellwelt betrieben wird. Auf sie wird später noch kurz einzugehen sein.

170 Der „interne Zinsfuß" ist der Zinssatz, bei dem der diskontierte Einkommenstrom aus der Investition gerade den Anschaffungskosten (*AK*) entspricht. Auf Keynes (1936, S. 135) geht das Synonym „Grenzleistungsfähigkeit des Kapitals" zurück. Beide Konzepte sind damit rein projektbezogene Größen und werden gerne für den Vergleich unterschiedlicher Investitionsobjekte herangezogen. Im folgenden geht es jedoch nicht um diesen Vergleich, sondern um die grundsätzliche Frage, ob eine zusätzliche Investition überhaupt getätigt werden soll. In diesem Sinne umfaßt der Begriff „Investition" ausschließlich die Erhöhung eines bestehenden Kapitalstocks. Ein Kapitalstockverzehr und damit notwendige Ersatzinvestitionen werden nicht betrachtet.

Der interne Zinsfuß ist weitgehend realwirtschaftlich determiniert und damit nicht im Einflußbereich der Geldpolitik.

- Die zweite zentrale Größe bezieht sich demgegenüber auf den *bereits bestehenden* Realkapitalbestand. Unterstellt man, dieser wirft den gleichen permanenten Einkommenstrom S ab wie die Investitionen und *MW* sei die Höhe des Marktwertes des bestehenden Sachkapitals, dann ergibt sich die *„Marktertragsrate"* *R* des vorhandenen Realkapitals als:[171]

$$R = \frac{S}{MW} \qquad \text{(II.23)}$$

Vorausgesetzt, der bestehende Realkapitalbestand und die Neuinvestitionen beziehen sich auf das gleiche Investitionsgut, dann besteht ein Gleichgewicht, wenn der Marktwert des bereits existierenden Realkapitalbestands gleich den Anschaffungskosten einer neu hinzukommenden Einheit ist. Immer dann, wenn die Marktertragsrate dem internen Zinsfuß entspricht, wird somit nicht weiter investiert:

$$\text{(II.24)} \quad MW = AK \Leftrightarrow R = i\,.$$

Die Notenbank kann nun also versuchen, diese Gleichgewichtsbeziehung zu stören, um so eine stärkere oder schwächere wirtschaftliche Aktivität auszulösen. Da der interne Zinsfuß *i* für die Geldpolitik weitgehend exogen ist, kann dieser Versuch nur bedeuten, daß die Marktertragsrate *R* beeinflußt wird. Dies läuft auf eine Veränderung der Marktbewertung des bestehenden Realkapitals *MW* hinaus. Ausgehend von der Gleichgewichtssituation führt eine steigende Marktbewertung dazu, daß sie höher ist als die Anschaffungskosten für das neue Kapital. Dies wird eine steigende Nachfrage nach Neuinvestitionen zur Folge haben. Von einer sinkenden Marktbewertung gehen dementsprechend eher dämpfende Effekte aus. Entscheidend ist damit die Relation zwischen dem internen Zinsfuß und der Marktertragsrate. In der Literatur wird sie mit *„Tobins q"* bezeichnet:

$$\text{(II.25)} \quad q \equiv \frac{i}{R}\,.$$

Die bereits genannten Ungleichgewichtssituationen gehen also mit einem *q* ungleich Eins einher. Ist *q* größer Eins, dann ist der interne Zinsfuß höher als die Marktertragsrate des bestehenden Realkapitals, eine Investition lohnt sich. Bei einem *q* kleiner als Eins, würde eine Investition im Vergleich zum vorhandenen Realkapital eine

---

171 Diese etwas abstrakte Größe „Marktertragsrate" *R* entspricht in der Praxis dem Kreditzins bzw. Kapitalmarktzins (vgl. Bofinger, Reischle und Schächter, 1996, S. 556). Wicksell spricht in diesem Zusammenhang ganz allgemein vom „Geldzins" (Wicksell, 1922). Voraussetzung dafür ist, daß die Unternehmen das bestehende Realkapital entsprechend der Ertragswertmethode bewerten und dabei den Kreditzins (Kapitalmarktzins) als Diskontierungsfaktor verwenden, um eine möglichst marktnahe Bewertung zu erhalten.

zu geringe Verzinsung abwerfen, die Investition lohnt sich deshalb nicht. Im Gleichgewicht sind die Ertragsraten des bestehenden Kapitalstocks und der Investition ausgeglichen.

Wie können die Einflußmöglichkeiten der Notenbank nun geartet sein und welche Schlußfolgerungen lassen sich für die Frage nach der impliziten Geldmengendefinition ziehen? Duwendag et al. schreiben über den Transmissionsmechanismus:[172]

> „Eine durch Offenmarktoperationen der Notenbank hervorgerufene Geldmengenexpansion (+ΔM) stört das ursprüngliche Vermögensgleichgewicht im privaten Sektor (Unternehmen, Haushalte, Banken). Der nichtpekuniäre Ertrag der Geldhaltung sinkt ... relativ zu den Ertragssätzen der anderen Vermögensobjekte. Daraufhin werden die Wirtschaftssubjekte zu Lasten ihrer »Überschußkasse« verstärkt verzinsliche Finanzaktiva kaufen, wodurch deren Preise (Kurse) steigen ... und deren Renditen sinken ... . Dies wiederum hat zur Folge, daß sich die Investoren verstärkt dem im bisherigen Transmissionsverlauf renditemäßig noch nicht beeinflußten Realkapital zuwenden. Sie erwerben vorhandenes Realkapital ..., und dessen Preis (Marktwert) steigt (+ΔMW) bzw. dessen Ertragssatz sinkt ($-\Delta r_{RK}$; hier: $-\Delta R$; der Verf.). War ursprünglich $r_{RK} = R$ (hier: $R = i$; der Verf.), so bewirkt dies bei konstanter Rendite einer Neu-Investition ($\overline{R}$; hier: $\overline{i}$; der Verf.), eine verstärkte Nachfrage nach neu produziertem Realkapital ... ."

Vor allem zwei Aspekte des portfoliotheoretischen Transmissionsmechanismus' sind von besonderem Interesse:

- Den Ausgangspunkt bildet ein „Vermögensungleichgewicht" im privaten Sektor. Davon soll offensichtlich das gesamte Portfolio betroffen sein. Entscheidend ist jedoch, ähnlich wie beim quantitätstheoretischen Transmissionsmechanismus, ein ungleichgewichtiger Geldbestand.
- Ein zu hoher Geldbestand wird dadurch abgebaut, daß die Privaten verstärkt Finanzaktiva (Wertpapiere) kaufen, was dazu führen soll, daß die Kurse der Wertpapiere aufgrund der höheren Nachfrage steigen. Der damit verbundene Rückgang der Rendite löst schließlich einen Nachfrageschub bei den Investitionen aus, der sich via Multiplikatoreffekt auf die gesamte Güternachfrage auswirkt und damit zu Preis und/oder Mengenwirkungen führt.[173]

[172] Duwendag et al., 1993, S. 273f.

[173] Claassen (1980, S. 43) bezeichnet dies im Unterschied zu dem quantitätstheoretisch begründeten direkten Effekt auf die Güternachfrage mit „indirektem Geldmengeneffekt".

II.3.2.2 Die Substitutionsbeziehung zwischen Geld und Wertpapieren im Rahmen der Portfoliotheorie

Welche Geldmengenabgrenzung ist also geeignet, die portfoliotheoretischen Anpassungsprozesse auszulösen, d.h. wirksam eine Änderung der Zinsstrukturen herbeizuführen? Um diese Frage beantworten zu können, gilt es als erstes wieder zu klären, ob es monetäre Anlageformen gibt, die Vermögen des privaten Sektors darstellen und solche, die es nicht tun. Analog zu oben kann man dies definit wieder nur für solche Anlageformen beantworten, die *nicht* vom privaten Sektor emittiert wurden, sondern vom Staat oder vom Ausland. Sie besitzen definitiv die Vermögenseigenschaft. Ob auch die Schaffung der verschiedenen Einlageformen bei den Geschäftsbanken zum Nettovermögen des privaten Sektors beiträgt, hängt wieder davon ab, ob die Geschäftsbanken eine marktübliche Rendite erwirtschaften oder ob sie höhere Gewinne erzielen. Im ersten Fall tragen zusätzliche Einlagen nicht zu einem Anstieg des Nettovermögens des privaten Sektors bei, im zweiten Fall schon.[174] Grundsätzlich können also Einlagen bei Banken nicht von vornherein als Teil des Nettovermögens ausgeschlossen werden.[175]

Nachdem auch hier eine ungleichgewichtige Geldmenge Ausgangspunkt für gesamtwirtschaftliche Anpassungsreaktionen sein soll, muß wiederum gewährleistet sein, daß die Akteure eine klare Vorstellung über die Höhe der zu halten gewünschten Geldbestände haben. Da hier *nicht* die Zahlungsmitteleigenschaft im Vordergrund steht, können dafür nicht die oben beschriebenen (quantitätstheoretischen) Ansätze herangezogen werden. Vielmehr liefert der Portfolioansatz die einzig mögliche (vermögenstheoretisch motivierte) Erklärung für die Nachfrage nach Geldbeständen. Dies gilt auch für die Bestimmung der gleichgewichtigen Nachfragemengen nach anderen Finanzanlagen. Dabei vermag der Ansatz aber *nicht* zu erklären, warum Anlageformen gehalten werden, die bei gleichem pekuniären Risiko (z.B. bei einem Kurswertrisiko von Null) renditemäßig von anderen Anlageformen dominiert werden.

Was nun die konkrete *Transmission* betrifft, ist man bei den genannten Parallelitäten zu oben möglicherweise versucht, ebenfalls den Realkasseneffekt von Patinkin anzuwenden. Allerdings setzt der Realkasseneffekt notwendigerweise voraus, daß das „Geld" als Zahlungsmittel eingesetzt wird. Demgegenüber soll diese Funktion hier ja gerade *keine* Rolle spielen. Man muß damit einen anderen Transmissionskanal betrachten:

---

174 Der Zuwachs entspricht dem diskontierten Wert des Teils der zukünftigen Einkommen der Banken, der über dem marktüblichen (kompetetiven) Einkommen liegt. Der Vermögenszuwachs infolge höherer Einlagen weicht üblicherweise vom Nennwert der dieser Einlagen ab.

175 Die „Overlapping-Generations-Models with Money" (Anhang A.II.2) zeigen, daß die Verwendung von „Geld" im Sinne eines Wertspeichers zu einer Steigerung der Wohlfahrt beitragen kann. Wie sich das auf das konkrete Vermögen des privaten Sektors auswirkt, ist allerdings unklar.

Entscheidend ist nicht die bloße Vermögenseigenschaft der Anlagen, sondern ihre Implikationen im Falle eines Portfolioungleichgewichts. Ausgehend von einer Gleichgewichtssituation wählen Duwendag et al. eine *Offenmarktoperation* als Entstehungsursache für das Portfolioungleichgewicht. Dies bedeutet, daß die Geschäftsbanken der Notenbank Wertpapiere verkaufen und dafür Zentralbankgeld erhalten; die Geldbasis steigt. Neben einem höheren Zentralbankgeldbestand sehen sich die Geschäftsbanken somit einer verringerten Wertpapierhaltung ausgesetzt. Berücksichtigt man jedoch, daß Offenmarktgeschäfte stets auf *freiwilliger Basis* getätigt werden, fällt es erst einmal schwer, aus einer solchen Aktion auf ein Portfolio*ungleichgewicht* (bei den Banken) zu schließen. Warum hätten sich die Banken dann auf den Handel einlassen sollen? Man muß deshalb unterstellen, daß die Geschäftsbanken letztlich zu einem solchen Schritt „gezwungen" wurden. Das Offenmarktgeschäft ist damit immer nur Reflex einer Störung andernorts, niemals ursächlicher Auslöser.

Ein Grund für die höhere Zentralbankgeldnachfrage der Banken kann ein gestiegener Bargeldbedarf der privaten Nichtbanken sein, der die Geschäftsbanken zwingt, zu Lasten ihres Wertpapierbestandes Zentralbankgeld zu beschaffen.[176] Tauschen die privaten Nichtbanken ihre Sichteinlagen in Bargeld um, so besitzen die Geschäftsbanken am Ende weniger Sichteinlagen und weniger Wertpapiere. Diese Situation kann tatsächlich Ursache für ein Portfolioungleichgewicht bei den Geschäftsbanken sein, das Reaktionen derselben auslöst, um z.B. wieder eine gleichgewichtige Portfoliostruktur entsprechend der Portfolioanalyse herbeizuführen. Die Transmission eines solchen Impulses kann wie folgt ablaufen:[177] Steigt die Nachfrage der Banken nach Wertpapieren, so wird dies einen Anstieg der Kurse zur Folge haben, wenn die Nichtbanken tatsächlich Wertpapiere verkaufen.[178] Entsprechend wird die Rendite dieser Papiere sinken. Die Nichtbanken können ihre gestiegenen Sichteinlagen nun ebenfalls zum Erwerb anderer Finanzanlagen verwenden, oder sie können Kredite zurückzahlen. Letzteres entspricht einem kompensierenden Effekt. Insgesamt kann man aber davon ausgehen, daß das Halten der anderen Finanzanlagen weniger attraktiv wird. Die Nichtbanken werden nun auch die Ertragsraten des Kapitalbestands berücksichtigen. Relativ zu den Renditen der Finanzanlagen sind die des Sachvermögens noch recht hoch. Die Aussicht auf höhere Renditen läßt den Preis für den bestehenden Kapitalstock ansteigen und die Renditen absinken. Neues Kapital in Form von Investitionen wird attraktiver, die Investitionen können steigen.

---

[176] Man beachte, daß dieser höhere Bargeldbedarf der privaten Nichtbanken nicht portfoliotheoretisch begründet werden darf. Andernfalls würde man die Entstehung eines Portfolioungleichgewichts mit der Existenz eines Portfolioungleichgewichts erklären, was natürlich keinen Sinn macht. Somit kommt die Portfoliotheorie nicht ohne eine zusätzliche Erklärung für die Nachfrage nach Bargeld aus. Hierzu mögen die zahlungsmittelorientierten Ansätze dienen.

[177] Duwendag et al., 1993, S. 264ff. und S. 273ff.

[178] Nur wenn Umsätze getätigt werden, ändern sich die Wertpapierkurse. Auf diese Voraussetzung hat bereits Metzler (1951, S. 192) hingewiesen. Für ihn ist diesbezüglich die gewünschte Portfoliostruktur entscheidend, nicht der Umfang des Wertpapierbesitzes.

Die höhere Nachfrage kann sich in einem höheren Output und/oder höheren Preisen niederschlagen.[179]

Der Transmissionsweg ist jedoch mit Unsicherheiten behaftet. Dies betrifft vor allem die Einwirkungsmöglichkeiten der Notenbank auf die reale Sphäre. Schließlich ist es keineswegs gewährleistet, daß eine Zinssenkung tatsächlich zu einer Ausweitung der Investitionstätigkeit führt. Werden im Extremfall die Zukunftsaussichten allgemein so negativ eingeschätzt, daß die Unternehmen überhaupt keine Einzahlungsüberschüsse aus der Investition erwarten, so hilft auch ein Zinssatz von Null nicht, die Investitionstätigkeit anzuregen.[180] Diese Situation der „Investitionsfalle" macht deutlich, daß der indirekte Nachfrageeffekt im Rahmen eines portfoliotheoretischen Transmissionsprozesses alles andere als eindeutig ist. Darüber hinaus zeigt sich auch, daß für die beschriebenen Zusammenhänge ein „Geld"-marktungleichgewicht überhaupt nicht von Nöten ist. Der in Analogie zum quantitätstheoretischen Transmissionsprozeß behauptete verstärkte Erwerb von Finanzanlagen zum Abbau einer „Überschußkasse" tritt nicht ein, weil eine solche Überschußkasse überhaupt nicht entsteht. Dies wäre nur dann der Fall, wenn man wiederum eine Verdoppelung der Geldbestände über Nacht unterstellen würde. Wie gesehen, würde dies aber konsequenterweise die Exogenität und damit die Definition des „Geldes" im Sinne der Geldbasis implizieren. Einer solchen vorab Einschränkung bedarf es im Rahmen des portfoliotheoretischen Transmissionsprozesses nicht.[181] Stattdessen läuft die gesamte Transmission über den „Wertpapiermarkt". Entscheidend ist damit vordergründig, daß die Privaten dazu gebracht werden, Wertpapiere zu erwerben oder zu verkaufen. Dies muß jedoch nicht durch die Geldpolitik (Offenmarktgeschäfte) erfolgen, sondern kann direkt durch Staatsschuldenpolitik geschehen.[182] Entsprechend folgert Tobin für seinen portfoliotheoretischen Ansatz: „It contains no role for monetary policy."[183]

---

179 Aufgrund der zentralen Voraussetzung, daß die expansive Geldpolitik zu einer Veränderung der Wertpapierkurse führt, wird der Transmissionsweg auch mit „Bestandspreis-Kanal" bezeichnet (vgl. z.B. Borchert, 1997, S. 16).

180 Dieser „floor of zero on nominal rates" (Tobin, 1995, S. 236) stellt zwar nicht zwangsläufig die Untergrenze für den Zinssatz dar, häufig werden negative „Zinsen" aber eher indirekt bewirkt. In Ostdeutschland führten hohe Abschreibungsmöglichkeiten und Investitionszulagen zu negativen Kapitalkosten nach Steuern (vgl. Sinn, 1994, S. 20ff.).

181 Tobin (1961, S. 220f.) lehnt dieses gedankliche Experiment („mental experiment") auch ausdrücklich als Abbild für die „changes in money supply engineered by normal central bank procedures" ab.

182 Wie gesehen, kann eine Kreditaufnahme bei der Notenbank seitens des Staates als Begründung für die unerwartete Erhöhung des Geldbestandes angesehen werden und damit ein Portfolioungleichgewicht herbeiführen. Gelangen die Notenbankguthaben im Wege von Zahlungen zu den privaten Akteuren, kann dies dann die entsprechenden Reaktionen auslösen.

183 Tobin, 1961, S. 225. Da er neben dem Geld nur noch Kapital als Vermögensgegenstand betrachtet, ist für ihn „Geld" und Staatsschuld das gleiche, unabhängig von der Verbriefung oder der Verwendung als Zahlungsmittel: „Money and government debt are one and the same, ... whether it takes the form of media of exchange or money substitute." (Tobin, 1961, S. 224).

Entsprechend unbedeutend ist letztlich auch die Rolle einer Größe „Geldmenge". Will man dennoch den Versuch wagen, eine solche Größe zu identifizieren, und nimmt man dafür als Kriterium die Zuverlässigkeit, mit der die Geldmenge die obigen renditebezogenen Anpassungsprozesse auslöst, so muß man wohl die Geldbasis als die implizit verwendete Geldmengendefinition ansehen. Nur die Geldbasis wird ausdrücklich im Rahmen der transmissionstheoretischen Darstellungen genannt. Ihre Veränderung steht am Anfang des beschriebenen Wirkungsmechanismus'. Darüber hinaus ist sie unverzinslich und besitzt einen festen Kurswert, wie es im Rahmen der Portfoliotheorie meist unterstellt wird.[184]

In das gleiche Horn wie der portfoliotheoretische Transmissionsprozeß stößt die monetaristische Wirkungsanalyse.[185] Sie bedient sich ebenfalls der Substitutionsbeziehung zwischen der Geld- und der Wertpapierhaltung. Daneben werden aber auch noch dauerhafte Konsumgüter und das Humankapital betrachtet. Im Gegensatz zu dem Portfolioansatz können die Substitutionsprozesse zum einen auch die Konsumausgaben erfassen, weil es sich infolge der gesunkenen Renditen nicht mehr im bisherigen Maße lohnt zu sparen. Dies erlaubt einen verstärkten Effekt auf die Preise. Zum anderen können auch verstärkte Investitionen in das Humankapital angeregt werden. Beide Ergänzungen beeinflussen aber den geschilderten Transmissionsprozeß nicht nennenswert.[186] Deshalb vermag auch die monetaristische Wirkungsanalyse keine solidere Grundlage für die Bestimmung einer Geldmengendefinition zu liefern, als es die Portfoliotheorie zu leisten im Stande war.

II.3.2.3 Fazit

Die Ausführungen zu den vermögenstheoretischen Transmissionsmechanismen lassen sich wie folgt zusammenfassen:

- Vermögenstheoretische Transmissionsmechanismen stellen die Wertspeicherfunktion des „Geldes" in den Vordergrund. Da die Erfüllung der Wertspeicherfunktion – anders als die Erfüllung der Zahlungsmittelfunktion – keine Null-Eins-Eigenschaft darstellt, kann sie nicht in eindeutiger Weise zur Identifikation bestimmter monetärer Anlageformen herangezogen werden. Auf der Basis der Wertspeicherfunktion sind damit sehr viele verschiedene Anlageformen als Geldkomponenten denkbar.

- Vermögenstheoretische Transmissionsmechanismen basieren auf einer Substitutionsbeziehung zwischen dem „Geld" und anderen Finanzanlagen. Für die Transmission entscheidend ist die Veränderung der Renditen festverzinslicher

184 Zu diesem letzten Aspekt schreibt Claassen (1980, S. 53f.): „Der Kapitalwert des Geldes (der nicht mit dem Realwert zu verwechseln ist) ist stets gleich seinem Nominalwert, und er kann durch Preisbewegungen nicht verändert werden. Der Kapitalwert der übrigen Aktiva variiert dagegen mit einer Veränderung ihrer Preise (er ist mit ihnen identisch!) ..."

185 Auch hierfür sei auf Duwendag et al. (1993, S. 264ff.) verwiesen.

186 Zu diesem Ergebnis kommen auch Duwendag et al. (1993, S. 274).

Wertpapiere. Nur diese Veränderung setzt Portfolioumschichtungen in Gang und führt möglicherweise dazu, daß mit der geänderten Vornahme von Investitionen reale Effekte eintreten. Da ausschließlich vermögenstheoretische Überlegungen eine Rolle spielen, muß kein direkter Zusammenhang zwischen dem Zahlungsmittelbestand und dem Preisniveau bestehen. Alle Preiseffekte, die erzeugt werden, sind indirekter Natur.

- Da in diesen Ansätzen der Geldmenge keine bedeutende Rolle zukommt, finden sich auch nur sehr vage Hinweise darauf, was man als die relevante Abgrenzung anzusehen hat. Einzig die Geldbasis wird innerhalb der Ansätze hervorgehoben. Ihre Veränderung wird an den Anfang des vermögenstheoretischen Transmissionsprozesses gestellt. Darüber hinaus besitzt sie die häufig in Abgrenzung zu den Wertpapieren genannten Eigenschaften der Unverzinslichkeit und Kurswertsicherheit.

Die beide bislang analysierten Transmissionsprozesse gelangen also trotz ihres unterschiedlichen Ansatzes tendenziell zum selben Ergebnis: die relevante Geldmengenabgrenzung ist die Geldbasis. Während man diese Schlußfolgerung auf der Basis der Quantitätstheorie recht eindeutig ziehen kann (auch wenn man die M1-Abgenzung nicht vernachlässigen darf), hat die Identifikation der Geldbasis auf der Grundlage der vermögenstheoretischen Transmissionsprozesse kein ähnlich stabiles Fundament. Insgesamt wäre es sicherlich eine Überraschung, würde man nur deshalb zu einem anderen Ergebnis gelangen, weil man beide Transmissionsmechanismen im Rahmen eines gemeinsamen Transmissionsprozesses betrachtet. Die bekannteste Synthese des quantitätstheoretischen und des vermögenstheoretischen Ansatzes stellt die IS/LM-Analyse dar.[187]

II.4 Transmissionstheoretischer Definitionsversuch III: Die IS/LM-Analyse

Die traditionelle keynesianische IS/LM-Analyse bedient sich einer „Geld“-nachfrage, die sich üblicherweise aus einer „Transaktionskasse“ und einer „Spekulationskasse“ zusammensetzt.[188] Der Transaktionskasse liegen die quantitätstheoretischen Überlegungen zugrunde, der Spekulationskasse die vermögenstheoretischen. Um die gesamte „Geld“-nachfrage zu erhalten, werden beide Kassen *addiert*. Kann man aus der gleichzeitigen Betrachtung beider Funktionen schließen, daß die keynesianische Gelddefinition ausschließlich auf die Zahlungsmittelfunktion abstellt? Nicht zwingend, denn der keynesianische *Transmissionsprozeß* basiert im wesentlichen auf den gleichen zinsstrukturtheoretischen Überlegungen wie der portfoliotheoretische Ansatz.

---

187 Im eigentlichen Wortsinn handelt es sich bei der keynesianischen IS/LM-Analyse *nicht* um eine Synthese der beiden Ansätze, denn sie wurde bereits *vor* der Portfolioanalyse entwickelt. Der Begriff „Synthese“ meint hier vielmehr, daß die keynesianische Theorie beide Funktionen des Geldes betrachtet.

188 Eine solche Geldnachfrage findet sich z.B. in Monissen (1982, S. 154ff.).

Eine Veränderung der Geldmengen führt ebenso zu einer Veränderung von Zinsrelationen wie dies im portfoliotheoretischen Transmissionsprozeß der Fall ist. Entscheidend ist hier die *indirekte Nachfragewirkung*, nicht die direkte der Quantitätstheorie. Die Berücksichtigung einer „Transaktionskasse" soll lediglich dem Umstand Rechnung tragen, daß die Höhe der zu leistenden Zahlungen über den Umfang der benötigten Zahlungsmittel und damit über die nachgefragte Geldmenge *mit*entscheidet. Dies impliziert aber nicht, daß eine gestiegene Geldmenge zu vermehrten Güterkäufen eingesetzt wird. Vielmehr wird der Anpassungsprozeß auch hier über den versuchten verstärkten Erwerb von Wertpapieren, dem daraus folgenden Kursanstieg und dem Renditerückgang dargestellt.[189] Die zusätzliche Berücksichtigung der Zahlungsmittelfunktion des Geldes ändert nichts am zinsstrukturtheoretischen Charakter der IS/LM-Analyse. Sie hilft immerhin, die oben genannte Schwäche der Portfoliotheorie zu vermeiden, die keine (endogene) Begründung für die, alle Anpassungsprozesse auslösende, höhere Zentralbankgeldnachfrage des privaten Sektors benennen konnte.

Fragt man sich auch im Rahmen der IS/LM-Analyse nach der Geldmengendefinition, die geeignet ist, die Anpassungsprozesse wirksam auszulösen, so erhält man wohl wieder die Geldbasis. Dies liegt natürlich daran, daß letztlich der gleiche Transmissionsprozeß als Grundlage verwendet wird.[190] Allerdings sei an dieser Stelle nochmals betont, daß ein Geldmengenaggregat weder in der Portfoliotheorie noch in der IS/LM-Analyse eine Rolle spielt, so daß es *keine* wirklich eindeutigen Hinweise darauf gibt, welche besonderen Eigenschaften ein Geldmengenaggregat im Rahmen der genannten Theorien besitzen muß, die seiner Definition zugrunde gelegt werden könnten. Dieser Umstand wird auch daran deutlich, daß man auf der Basis einer geringfügig anderen Darstellung der IS/LM-Analyse geneigt sein könnte, ein sehr breites Aggregat zu begründen.

Anders als die traditionelle IS/LM-Analyse stellt man mit einer „kreditorientierten Version der IS/LM-Analyse" nicht auf die Vermögensdisposition, sondern das Verschuldungsverhalten der privaten Nichtbanken ab.[191] Anstelle von Tobins *q* tritt jetzt das Verhältnis aus Kreditzinssatz und der „Grenzleistungsfähigkeit des Kapitals". Der Unterschied zur Portfoliotheorie ist gering, da letztlich die Kreditgewährung durch die Geschäftsbanken ihrem Wertpapiererwerb und die Kreditrückzahlung durch die Nichtbanken der Wertpapiertilgung bzw. dem Wertpapiererwerb durch die Nichtbanken entspricht. Der Kreditmarkt und der Wertpapiermarkt stimmen überein.[192]

---

189 Siehe hierzu z.B. Monissen (1982, S. 162f.) oder Dornbusch und Fischer (1994, S. 136ff.).

190 Für Laidler (1969, S. 511) stellt die Tobinsche Portfolioanalyse nur eine Verfeinerung des keynesschen Spekulationsmotivs dar. Beide Ansätze sind für ihn damit deckungsgleich.

191 Eine solche „kreditorientierte Version der IS/LM-Analyse" findet sich z.B. in Bofinger, Reischle und Schächter (1996, S. 555).

192 Unterschiede in der Praxis sind rein institutionell bedingt. Sie basieren auf Friktionen auf den Finanzmärkten, z.B. auf Informationsasymmetrien (vgl. Bernanke und Gertler, 1995, S. 40).

Tabelle II.2: Bilanzen des Bankensystems

Vereinfachte Notenbankbilanz

Aktiva	Passiva
Kredite der Notenbank • an den Staat • an das Ausland Kredite der Notenbank an inländische Geschäftsbanken	Geldbasis • Bargeldumlauf • Guthaben inländischer Geschäftsbanken Verbindlichkeiten der Notenbank gegenüber dem Ausland Einlagen des Staates bei der Notenbank Saldo sonstige Aktiva und Passiva der Notenbank

Kons. Bilanz der Geschäftsbanken

Aktiva	Passiva
Kredite der Geschäftsbanken • an private inländische Nichtbanken • an den Staat • an das Ausland Kassenbestände der Geschäftsbanken Guthaben der Geschäftsbanken bei der Notenbank	Einlagen inl. Nichtbanken *und* des Auslands bei inländischen Geschäftsbanken • Sichteinlagen • Termineinlagen • Spareinlagen Geldkapital Verbindlichkeiten der Geschäftsbanken gegenüber der Notenbank Saldo sonstige Aktiva und Passiva der Geschäftsbanken

Konsolidierte Bilanz des Bankensystems

Aktiva	Passiva
Kredite des Bankensystems • an private inländische Nichtbanken • an den Staat • an das Ausland	Geldmenge (traditionelle Sichtweise) • Bargeldumlauf (ohne Kassenbestände der Geschäftsbanken) • Einlagen inländischer Nichtbanken bei inländischen Geschäftsbanken Geldkapital Einlagen des Auslands bei inländischen Geschäftsbanken Verbindlichkeiten der Notenbank gegenüber dem Ausland Saldo sonstige Aktiva und Passiva des Bankensystems

Der Umstand, daß in einem Bankensystem

- das Anlageportfolio der inländischen Geschäftsbanken – Zentralbankgeldguthaben, verbriefte Kredite (Wertpapiere im engeren Sinn) und unverbriefte Kredite (Kredite im engeren Sinn) an in- und ausländische Schuldner – ihren hereingenommenen Einlagen, ihren Verbindlichkeiten aus begebenen Wertpapieren (dem „Geldkapital") und ihren Verbindlichkeiten gegenüber der (inländischen) Notenbank entspricht und

- daß bei der (inländischen) Notenbank die Kreditforderungen gegenüber den Geschäftsbanken zuzüglich der – verbrieften oder unverbrieften – Forderungen gegenüber dem Staat und ausländischen Schuldnern mit dem emittierten Bargeld zuzüglich den Einlagen der (inländischen) Geschäftsbanken und des (inländischen) Staates sowie den – verbrieften oder unverbrieften – Verbindlichkeiten gegenüber ausländischen Gläubigern gleich sind,

bedeutet, daß die Kreditvergabe des inländischen Bankensystems (inländische Geschäftsbanken und inländische Notenbank) an die inländischen Nichtbanken (Private und Staat) und die ausländischen Schuldner gerade die Höhe des Bargelds zuzüglich der Einlagen und den Verbindlichkeiten aus den von den Geschäftsbanken begebenen Wertpapieren annimmt (Tabelle II.2). Dieser auf Macleod (1863) zurückgehende und erstmals von Phillips (1921) formalisierte Zusammenhang zwischen „Geld" und „Kredit" findet seinen Niederschlag in der traditionellen Multiplikatortheorie des Geldangebots.[193] Dieser direkte Zusammenhang fällt umso schwächer aus, je enger man die Definition der Geldmenge faßt. Da, wie bereits angesprochen, üblicherweise nur das Bargeld und die Einlagen inländischer Nichtbanken als Teil einer Geldmenge aufgefaßt werden, fällt der Zusammenhang in der Praxis nicht so eng aus wie es hier vereinfachend unterstellt wurde. Dies gilt insbesondere dann, wenn die Guthaben von Ausländern *nicht* Teil der Geldmenge sein sollen.

Während im Rahmen der Portfoliotheorie eine expansive Geldpolitik durch Offenmarktkäufe seitens der Notenbank ausgelöst wurde (einem Anstieg der Geldbasis), kann die Notenbank im Rahmen einer kreditorientierten Betrachtung den Refinanzierungssatz direkt reduzieren (Zinssteuerung). Dies verringert die Refinanzierungskosten der Kreditinstitute und wird tendenziell zu einer Ausweitung des Kreditangebots führen.[194] Die Geschäftsbanken können das gleiche Kreditvolumen zu einem niedrigeren Kreditzinssatz bereitstellen. Dadurch nehmen die Finanzierungskosten der Unternehmen ab. Dies macht eine zusätzliche Kreditaufnahme interessant und kann dazu führen, daß tatsächlich zusätzliche Investitionen durchgeführt werden und daß

---

[193] So schreibt Irving Fisher (1932, S. 3): „Debts are tied in with the money mechanism. In fact what is called the ‚money market' is really the debt market."

[194] Hierbei wird unterstellt, daß der Refinanzierungssatz aus Sicht der Kreditinstitute den Preis für den Inputfaktor „Geldbasis" darstellt. Ein entsprechendes Geldangebotsmodell findet sich in Bofinger, Reischle und Schächter (1996, S. 529ff.).

infolge der gestiegenen gesamtwirtschaftlichen Nachfrage der Output und/oder die Preise zunehmen.[195] Im Ergebnis sind aber nicht nur Output und/oder Preise gestiegen, sondern auch das Kreditvolumen der Banken, die bei ihnen gehaltenen Einlagen und – via eines konstanten Geldschöpfungsmultiplikators – auch die Geldbasis sowie die Verschuldung der Banken bei der Notenbank. Die Wirkungen sind somit die gleichen wie in der Portfoliotheorie.

Auch in einer solchen „kreditorientierten Version der IS/LM-Analyse" drückt sich die expansive Geldpolitik vordergründig in einem Anstieg der Geldbasis aus. Gleichzeitig mit den Krediten der Geschäftsbanken sind aber auch die bei ihnen gehaltenen Einlagen gestiegen, so daß man auf die Idee kommen könnte, die Summe aus Bargeld und Einlagen bei den Geschäftsbanken als die relevante Geldmengenabgrenzung anzusehen. Anstatt einer sehr engen Geldmengendefinition würde man eine sehr weite Abgrenzung erhalten. Gegen eine solche Schlußfolgerung läßt sich jedoch einwenden, daß im Modell keine Unterschiede zwischen den Einlagenarten gemacht werden, so daß auch keine Hinweise auf eine geeignete Abgrenzung gegeben werden. Aus der Bilanzidentität zwischen dem gesamten Kreditbestand des Bankensystems gegenüber den inländischen Nichtbanken und den ausländischen Schuldnern auf der einen Seite und den gesamten Einlagen in- und ausländischer Gläubiger auf der anderen Seite auf die relevante Geldmengenabgrenzung zu schließen, überfordert letztlich die Aussagekraft des Ansatzes.[196]

Darüber hinaus sind Szenarien denkbar, die die Zweckmäßigkeit einer Betrachtung von Mengenaggregaten – ob eng oder weit definiert – im Rahmen der IS/LM-Analyse deutlich in Frage stellen. Tritt z.B. beim oben dargestellten Transmissionsverlauf neben der expansiven Geldpolitik gleichzeitig ein Anstieg des Multiplikators ein, so könnte es dazu kommen, daß die Geldbasis trotz veränderter Zinsstruktur konstant bliebe. Umgekehrt kann eine Veränderung der Geldbasis durch eine entsprechende Veränderung des Multiplikators hinsichtlich ihrer Zinswirkungen gerade neutralisiert werden. Ein sehr weites Aggregat verspricht grundsätzlich auch keinen eindeutigeren Zusammenhang zu der in der IS/LM-Analyse eigentlich relevanten Zinsrelation zwischen dem Kreditzinssatz und der „Grenzleistungsfähigkeit des Kapitals". Benötigen die Nichtbanken, z.B. aufgrund einer Verschlechterung der Zahlungstechnologie, bei gleichem Transaktionsvolumen kurzfristig zusätzliche Zahlungsmittel, die sie nicht aus Umschichtungen gewinnen können, so daß sie ihre Kreditnachfrage ausweiten müssen, und trifft diese höhere Nachfrage gerade auf ein ausgeweitetes Kre-

195 Im Rahmen dieses „Zins-Kanals" ist es keineswegs notwendig, ausschließlich über die Investitionen zu argumentieren. Der Erwerb dauerhafter Konsumgüter oder Wohneigentum sind ebenfalls zinsabhängig (vgl. Mishkin, 1995, S. 4).

196 Nur vor diesem Hintergrund ist Brunner's Bezeichnung der hier dargestellten „kreditorientierten Version der IS/LM-Analyse" mit „Geldmarktmodell" verständlich. Auch für ihn gilt: „Das Geldmarktmodell betrachtet den Kreditmarkt implizit als Spiegelbild des Geldmarktes ..., [es] geht somit als natürliche Erweiterung aus dem keynesianischen System hervor." (Brunner, 1974, S. 115)

ditangebot, so kann es dazu kommen, daß der Kreditzinssatz trotz höherem Kreditvolumen unverändert bleibt.[197]

II.3 Transmissionstheoretischer Definitionsversuch IV: Totale Kreditverfügbarkeit und neuere kreditmarkttheoretische Ansätze

Während im Rahmen des IS/LM-Ansatzes – und damit implizit auch im Portfolioansatz – Mengenaggregate keine besondere Rolle spielen, findet eine Mengenorientierung im Kontext eines anderen Ansatzes größere Beachtung. Dieser Ansatz kommt vor allem im sogenannten „Radcliffe-Report“[198] zum Ausdruck. In diesem Bericht wird die These vertreten, daß die Ausgabeentscheidungen des privaten Sektors nicht vom bestehenden Zahlungsmittelbestand abhängen, sondern vom potentiell möglichen. Die Ausgaben würden vor allem durch die Höhe der zu mobilisierenden Zahlungsmittelzuflüsse bestimmt:

> „The spending is not limited by the amount of money in existence; but it is related to the amount of money people think they can get hold of, whether by receipts of income (for instance from sale), by disposal of capital assets or by borrowing.“[199]

Einwirkungsmöglichkeiten durch die Geldpolitik sehen die Autoren auf zweierlei Wegen:[200]

- durch den eher indirekt wirkenden *Zinseffekt* entsprechend der IS/LM-Analyse und
- durch die sehr direkt wirkende *quantitative Beschränkung* des Zugangs zu Zahlungsmitteln.

Während sie den ersten Kanal „interest incentive effect“ nennen, bezeichnen sie den zweiten Effekt mit „general liquidity effect“.[201] Gerade mit diesem zweiten Effekt wird der Name „Radcliffe-Report“ häufig verbunden, obwohl die Autoren selbst eher dem

197 Das hier beschriebene Szenario könnte tendenziell z.B. dann eintreten, wenn Kreditinstitute Zweigstellen schließen, um damit Kosten einsparen. Dies wird zu einer Ausweitung des Kreditangebots führen. Auf der anderen Seite kann die Schließung bedeuten, daß Bankkunden aus Kostengründen lieber ihr Konto überziehen, anstatt im bisherigen Rhythmus (z.B. täglich) ihre Zahlungsmittelzuflüsse (in Form von Bargeld) zur Bank zu bringen.

198 Gemeint ist der unter dem Vorsitz von Lord Radcliffe durch das „Committee on the Working of the Monetary System“ vorgelegte Bericht aus dem Jahre 1959.

199 Radcliffe-Report, 1959, Textziffer 390, S. 132f.

200 Vgl. Radcliffe-Report, 1959, Textziffer 385, S. 130f.

201 Vgl. Radcliffe-Report, 1959, Textziffer 385, S. 130f. Der Begriff der „Liquidität“ kommt vom lateinischen Ausdruck „liquidus“ und bedeutet „flüssig, fließend“. Es geht damit um die Umwandelbarkeit bestehender Vermögensgegenstände in Zahlungsmittel. Näheres dazu weiter unten.

ersten Effekt den höheren Stellenwert einräumen.[202] Die obige Analyse hat gezeigt, daß möglicherweise auch der „interest incentive effect" dazu führt, daß sich der Zugang zu Zahlungsmitteln verändert. Dies liegt an der Kreditnachfrage der Nichtbanken. Eine geeigneterweise sehr breite Definition von „Geld" würde dies berücksichtigen. Worin unterscheidet sich ein so definierter „Liquiditätsansatz" von der obigen „kreditorientierten Version der IS/LM-Analyse"? Die Verfechter dieses Ansatzes betonen vor allem

- die Betrachtung „anderer finanzieller Institutionen" („nonbank financial intermediaries") als Quelle der Bereitstellung bereits existierender Zahlungsmittel und

- die zusätzliche Berücksichtigung von zugesagten Kreditlinien bei den Geschäftsbanken, die aber durch die Nichtbanken noch nicht in Anspruch genommen wurden. Zusammen mit den monetären Anlageformen konstituieren sie ein sogenanntes *„Liquiditätspotential"*[203].

Der erste Aspekt betrifft die Frage, inwieweit der Zahlungsmittelbestand des Einzelnen eine gesamtwirtschaftliche Restriktion darstellt. Es wird argumentiert, daß die „anderen finanziellen Institutionen" helfen, kurzfristige Zahlungsprobleme zu überwinden, indem sie neben den Geschäftsbanken als Finanzintermediäre auftreten und „inaktives Geld"[204] mobilisierten, welches nicht für Ausgabezwecke vorgesehen sei. Insoweit helfen sie, die Asynchronitäten der Zahlungsströme im privaten Sektor zu korrigieren. Sie üben damit grundsätzlich keine andere Funktion aus als die Banken.[205] Fakt bleibt aber, daß solche Institutionen selbst keine Zahlungsmittel schaffen, sondern nur über bestehende verfügen können. Da man im Rahmen der IS/LM-Analyse aggregierte Größen betrachtet, hat man diesen Effekt letztlich auch dort bereits internalisiert. In diesem Sinne bringt die Einführung solcher Finanzinstitutionen keinen Erkenntnisfortschritt. Eine Unabhängigkeit vom bestehenden Zahlungsmittelbestand können sie nicht herbeiführen, das „Einer-Alle"-Problem, was die Handlungsmöglichkeiten des Einzelnen von denen einer Gruppe unterscheidet, wird nicht beseitigt.[206]

---

202 Sie empfehlen, „the structure of interst rates rather than some notion of the ‚supply of money' as the centre-piece of monetary action" zu betrachten (Radcliffe-Report, 1959, Textziffer 395, S. 134). Deshalb unterlassen sie es auch, eine grundlegende transmissionstheoretische Einbettung ihres Liquiditätskonzepts vorzunehmen. Zwar behaupten sie, daß „[i]t is the whole liquidity position that is relevant to spending decisions" (Textziffer 389, S. 132), sie erläutern ihre Sicht aber nicht. Es fehlt also das transmissionstheoretische Pendant zum Realkasseneffekt.

203 Neubauer, 1976, S. 364.

204 Issing, 1995, S. 175.

205 Die vermittelnde Rolle von solchen „anderen Finanzinstitutionen" (Kreditvermittler, Versicherungen, Bausparkassen, Kapitalanlagegesellschaften usw.) wird insbesondere von Gurley (1960) und Gurley und Shaw (1960) betont.

206 Vgl. Osborne, 1992, S. 602f.

Entscheidend ist vielmehr der zweite Aspekt, der die *zusätzliche* Kreditschöpfung auf Initiative der Nichtbanken anspricht („totale Kreditverfügbarkeit"). *Gegen* die sehr breite Betrachtung einer „*totalen Kreditverfügbarkeit*" läßt sich zweierlei einwenden:

- Setzt man an der Zahlungsfähigkeit der Akteure an, so muß man von den vorhandenen Zahlungsmittelbeständen die jederzeit fälligen Kredite absetzen bzw. von den in der Zukunft freiwerdenden Einlagen die dann fälligen Kredite abziehen.[207] Nur diese fristengerechte Konsolidierung erlaubt eine adäquate Beurteilung, ob ein Akteur jetzt oder in Zukunft Zahlungen vornehmen kann. Die „Liquiditätsbetrachtung" ist also eine *nach Laufzeiten geordnete Saldenbetrachtung*, wobei dazu noch die nicht in Bilanzen enthaltenen Zahlungszugänge und -abgänge zu berücksichtigen sind. Bestenfalls diese Salden können das Ausgabeverhalten beeinflussen.[208]

- Die Inanspruchnahme von Krediten macht Zahlungen in der Zukunft notwendig. Zwar kann eine kurzfristige Kreditinanspruchnahmemöglichkeit plötzlich auftretende Engpässe überbrücken, sie wird aber kaum dauerhaft die Ausgabeentscheidungen der Akteure beeinflussen können. Entscheidend ist nämlich die Bonität der Kreditnehmer. Diese richtet sich nach seiner Vermögensposition (Sicherheiten) und seinen Einkommensaussichten. Damit gilt: „[Die] Liquidität (des Kreditnehmers; der Verf.) folgt der Bonität, nicht umgekehrt."[209]

Will man dennoch einen Liquiditätsansatz verfolgen, der allerdings den ersten Aspekten Rechnung trägt, so wird man an der empirischen Umsetzung scheitern.[210] Aus diesem Grund richten sich die neueren kreditorientierten Transmissionstheorien wieder am *vorhandenen* Kreditbestand der Geschäftsbanken aus. Sie haben *keinen* liquiditätstheoretischen Hintergrund, obwohl sie zum Teil ähnlich argumentieren.[211] In stärkerem Maße enthalten sie aber Aspekte des IS/LM-Ansatzes. Letztlich handelt es sich bei ihnen nur um Hervorhebungen bestehender Hypothesen des ursprünglichen Ansatzes.[212] Auch der sogenannte „Kredit-Kanal" der Geldpolitik setzt an den

---

207 Vgl. Friedman und Schwartz (1970, S. 149f.). Für eine ausreichend hohe Zahlungsfähigkeit ist die Fristenkongruenz entscheidend (vgl. Stützel, 1976, S. 2522).

208 Entscheidend ist damit der „Liquiditätsstatus" oder die „Zahlungsübersichten" des Akteurs (vgl. Stützel, 1976, S. 2521f.).

209 Stützel, 1976, S. 2522. Dabei richtet sich die Bonität nach der Liquidität der im Eigentum des Kreditnehmers befindlichen Vermögensgegenstände (der Sicherheiten). Diese Liquidität kann konjunkturabhängig sein (vgl. Issing, 1995, S. 174). Auf sie wird noch später eingegangen.

210 Vgl. Issing, 1996, S. 191. Selbst Friedman und Schwartz (1970, S. 150) räumen ein: „It may be that our neglect of overdraft facilities, lines of credit, ‚borrowing power', credit cards, and call loans is not the most useful procedure. That is an empirical question, on which unfortunately we have no evidence."

211 Siehe dazu Mishkin (1995, S. 4ff.) und Hubbard (1995, S. 63ff.). Die Ausführungen hier stützen sich auf Borchert (1997, S. 14ff.).

212 Dies gilt auch für die wechselkursorientierten Ansätze, bei denen in Anlehnung an den IS/LM-Ansatz argumentiert wird, daß eine expansive Geldpolitik zu einer Zinsreduktion führt, die nun nicht nur die binnenwirtschaftliche Komponente „Investitionen" erhöht, sondern auch eine Abwer-

Krediten bzw. der Kreditvergabepolitik der Geschäftsbanken an. Als wesentliche Unterscheidungen führt Borchert an, daß er *nicht* primär auf dem geschilderten Effekt der Notenbankpolitik auf „Tobins q" bzw. der Zinsrelation basiert, sondern seine Wirksamkeit vor allem aus Mengen- oder Umschichtungseffekten bezieht. Borchert führt dies wie folgt aus:

> „Die Existenz eines *credit channels* führt bei sich ändernder Geldpolitik
> - zu einem signifikanten Einfluß auf das Investitionsvolumen und das Produktionsvolumen, selbst dann, wenn sich die langfristigen Zinssätze kaum ändern,
> - zu Verteilungseffekten bei Krediten zwischen bankabhängigen (i.d.R. kleinere Firmen) und nicht bankabhängigen Unternehmen,
> - zu einem unterschiedlichen Einfluß auf das Kreditangebotsverhalten von Banken mit weniger liquiden Anlagen und solchen mit umfangreicheren, liquiden Bilanzpositionen."[213]

Der erste Effekt spricht den sogenannten „Bestandsgrößen-Effekt" („Balance sheet channel"[214]) an. Schließlich führt eine geringfügige Erhöhung des kurzfristigen Zinssatzes zu einer Verteuerung aller bereits bestehenden Kredite, sofern sie keiner Zinsbindung unterliegen, sondern eine variable Verzinsung aufweisen. Durch eine Zinsänderung können sich so die Ertragsaussichten drastisch verschlechtern. Darüber hinaus führt eine restriktive Geldpolitik dazu, daß die Assetpreise sinken. Bei einer konstanten Beleihungsquote von Aktien und festverzinslichen Wertpapieren als Sicherheiten läßt dies dann nur noch geringere Kredite an die Unternehmen und Haushalte zu.

Damit analog eine *expansive* Wirkung erzielt wird, müßte man jedoch unterstellen, daß die Privaten bereits bei einer geringfügigen Reduktion der kurzfristigen Zinsen bereit wären, mehr Kredite nachzufragen. Die Kreditnachfrage müßte sehr zinselastisch sein. Dies impliziert die Annahme, daß die privaten Nichtbanken weitgehend kreditrestringiert sind. Damit besitzt der „Balance sheet channel" Ähnlichkeit mit dem (partiellen) „Kreditverfügbarkeitsansatz"[215], der Rationierungen am Kreditmarkt für einen Teil der Akteure unterstellt.[216] Aus Kreditmarktunvollkommenheiten resultieren die Abhängigkeiten kleinerer Unternehmen von der Kreditvergabe der Geschäfts-

---

tung der inländischen Währung nach sich zieht und damit einen Anstieg der Exporte und einen Rückgang der Importe impliziert (vgl. Mishkin, 1995, S. 5).

213 Borchert, 1997, S. 15 (Hervorhebung im Original; der Verf.).

214 Vgl. Bernanke und Gertler, 1995, S. 35.

215 Eckermann,1995, S. 1.

216 Vertreter der älteren Kreditverfügbarkeitsansätze sind z.B. Roosa (1951) und Smith (1956). Neuere Ansätze gehen auf Stiglitz und Weiss (1981), Bernanke (1983) und Blinder und Stiglitz (1983) zurück. Eine Übersicht liefern Gertler (1988) und Kashyap und Stein (1994).

banken.[217] Dies äußert sich nicht nur in einem höheren Zinssatz, sondern führt letztlich auch zu den Rationierungen. Da die Geschäftsbanken ihrerseits nicht in der Lage sind, immer ausreichend Einlagen zu schaffen, müssen sie sich bei ihrer Kreditvergabepolitik zurückhalten.[218]

Zu der hier betrachteten Fragestellung nach einer implizit enthaltenen Geldmengendefinition tragen die neueren kredittheoretischen Ansätze nichts Neues bei. Auch bei ihnen könnte man wieder versucht sein, aus Gründen der Bilanzidentität auf ein sehr breites Aggregate zu schließen. Allerdings sind auch diese Ansätze in der Regel so einfach konzipiert sind, daß es überhaupt nur eine monetäre Anlageform gibt, die dann konsequenterweise mit Geld bezeichnet wird. Auf der Basis solcher Ansätze Aussagen darüber abzuleiten, welche Eigenschaften ein Geldmengenaggregat besitzen muß, ist wenig sinnvoll.

II.3 Die Logik gewichteter Geldmengenaggregate im Kontext transmissionstheoretischer Überlegungen

Die transmissionstheoretischen Überlegungen haben zwei zentrale Ergebnisse erbracht:

- Nur im Rahmen des *quantitätstheoretischen Transmissionsprozesses* spielt die Größe „Geldmenge" eine Rolle. Entscheidend ist hierbei die direkte Nachfragewirksamkeit der Geldmenge, die in zentraler Weise auf der *Zahlungsmitteleigenschaft* des „Geldes" basiert. Als Geldkomponenten kommen damit nur solche Anlageformen in Frage, die als Zahlungsmittel verwendet werden können. Neben dem Bargeld und den Guthaben der Geschäftsbanken bei der Notenbank sind dies die Sichteinlagen der Nichtbanken bei den Geschäftsbanken. Die anderen Transmissionsprozesse berücksichtigen „Geld", wenn überhaupt, nur als Wertspeicher. Von einem „Geld als Wertspeicher" gehen jedoch keine besonderen Effekte aus, die als eine *fundierte* Abgrenzungsgrundlage verwendet werden könnten. Diese Ansätze liefern letztlich keine zusätzlichen Anzeichen für eine makroökonomisch sinnvolle Behandlung des *Klassifikationsproblems*.

- Weder im quantitätstheoretischen noch in den anderen Transmissionsprozessen spielt die Behandlung des *Aggregationsproblems* eine besondere Rolle. Während dies im Rahmen der anderen Transmissionsprozesse nicht weiter überraschen kann, läßt sich die einfache Addition der Zahlungsmittelbestände

---

217 Die Rolle der Banken im Transmissionsprozeß auf der Basis einer effizienteren Informationsverarbeitung analysieren Dale und Haldane (1993).

218 Vgl. Bernanke und Gertler, 1995, S. 40f. Sie weisen jedoch darauf hin, daß die mangelnde Fähigkeit Einlagen zu schaffen, vor allem auf Zinsregulierungen zurückzuführen ist, wie sie z.B. in den USA im Rahmen der „Regulation Q" geherrscht haben. Die Relevanz dieses Aspekts läßt natürlich beträchtlich nach, wenn solche Restriktionen abgeschafft werden. Was in den USA tatsächlich der Fall ist.

im Rahmen der Quantitätstheorie mit dem engen Substitutionsverhältnis der Komponenten begründen. Entsprechend werden im Rahmen der Quantitätstheorie entweder *M1* oder die *Geldbasis* betrachtet, wobei die Geldbasis das Aggregat ist, welches die quantitätstheoretischen Überlegungen deutlicher widerspiegelt.

Die transmissionstheoretischen Überlegungen legen damit weder die Betrachtung breiter Abgrenzungen noch die Gewichtung der betrachteten Komponenten nahe, wie dies im Rahmen des Divisia-Ansatzes geschieht. Eine makroökonomisch fundierte, alternative Gelddefinition stellt er offensichtlich nicht dar. Vordergründig könnte man den Schluß ziehen, der Divisia-Ansatz besitze überhaupt keine makrotheoretische Grundlage.

Eine makroökonomische Interpretationsmöglichkeit kann man jedoch dann herleiten, wenn man sich bei der Gewichtung der betrachteten Komponenten an ihrer *Zahlungsmittelnähe* ausrichtet. In diesem Fall läßt sich das Aggregat als ein *„zu erwartender Zahlungsmittelbestand"* auffassen, der in Zukunft (möglicherweise) nachfragewirksam wird und damit entsprechende Preis- und Mengenwirkungen auslöst.

Eine Gewichtung entsprechend der *Zahlungsmittelnähe* und die Vewendung als ein „zu erwartender Zahlungsmittelbestand" bedeutet, daß das gewichtete Geldmengenaggregat ausschließlich im quantitätstheoretischen Kontext Sinn macht. Daraus folgt zweierlei:

- Da das gewichtete Geldmengenaggregat auch Komponenten enthält, die gegenwärtig noch keine Zahlungsmittel darstellen, sondern in der Zukunft erst in einem bestimmten Umfang in solche umgewandelt werden müssen, läßt sich das Aggregat lediglich zur Vorhersage *zukünftiger Wirkungen* einsetzen.

- Aufgrund des quantitätstheoretischen Ursprungs kann das gewichtete Geldmengenaggregat aus theoretischer Sicht vor allem zur Erklärung von *Preisniveauveränderungen* herangezogen werden.

Eine vorausschauende, mittelfristig angelegte Geldpolitik kann das gewichtete Geldmengenaggregat somit als Instrument der *Inflationsprognose* verwenden. Damit dies überhaupt Sinn macht, muß man allerdings die (faktische) Endogenität der Zahlungsmittelbestände voraussetzen. Andernfalls käme eine Umwandlung monetärer Anlageformen in Zahlungsmittel gar nicht erst zustande, so daß auch eine prognostizierte Preisniveauwirkung nicht eintreten kann.

Im Kern geht es also um die empirische Ermittlung der zu erwartenden „Transaktionskasse" bzw. des zukünftigen „effektiven Geldbestandes zu Transaktionszwekken"[219]. Die hier vorgestellte Interpretation im Sinne einer Inflationsprognose liefert

---

219 Issing et al., 1993, S. 6.

recht schlüssige Anweisungen, wie dabei in bezug auf das Klassifikations- und das Aggregationsproblem *grundsätzlich* zu verfahren ist:

- Der Prognosezeitraum bestimmt darüber, welche Anlageformen überhaupt berücksichtigt werden können. Entscheidend ist die Restlaufzeit oder Kündigungsfrist der Anlagen. Diese gibt an, wie schnell sie sich in Zahlungsmittel umwandeln (lassen).

- Die Gewichtung der Anlageformen hat sich daran zu orientieren, inwieweit die verschiedenen Anlagen innerhalb des Betrachtungszeitraums tatsächlich in Zahlungsmittel getauscht und zu Zahlungszwecken eingesetzt werden.

Würde man sich im Falle Deutschlands also z.B. auf die Betrachtung von Bankeinlagen beschränken und dabei unterstellen, daß bei einer Frist von zwei Jahren alle in dieser Zeit fällig werdenden Einlagen in Zahlungsmittel umgewandelt und für Zahlungen verwendet werden, dann erhält man als „zu erwartenden Zahlungsmittelbestand" weitgehend die Geldmenge M3. Die Tatsache aber, daß in der Vergangenheit in Deutschland die Geldmenge M3 zu einem bestimmten Zeitpunkt immer deutlich höher war als der Zahlungsmittelbestand M1 zwei Jahre später, läßt die getroffenen Annahmen zweifelhaft erscheinen. Offensichtlich werden nicht alle in den nächsten zwei Jahren frei werdenden Einlagen tatsächlich in Zahlungsmittel umgewandelt. Für ein Geldmengenaggregat im Sinne eines „zu erwartenden Zahlungsmittelbestands" ist eine Gewichtung offensichtlich notwendig.

Einen ähnlichen, in seiner Stoßrichtung aber gänzlich unterschiedlichen Ansatz, gewichtete Geldmengenaggregate zu konstruieren, findet man bei Gurley.[220] Auch er setzt an der Substitutionsbeziehung gegenüber dem Zahlungsmittelbestand – an der „Zahlungsmittelnähe" – an, definiert diese allerdings anders. Für Gurley ist nicht die Umwandlung einer Anlage in ein Zahlungsmittel (z.B. in das Bargeld) relevant, sondern die Wirkung der Anlageformen auf die kurzfristigen Zinsen. Als Mitautor des Radcliffe-Reports sieht er in ihrer Veränderung den wesentlichen Auslöser monetärer Impulse. Eine hohe „Zahlungsmittelnähe" weist bei ihm besonders die Anlage auf, die möglichst im gleichen Umfang Einfluß auf den Geldmarktzins besitzt wie das Zahlungsmittel:[221]

> „If the degree of substitutability between each type of nonmonetary liquid asset and money were known, liquid assets could be weighted in such a way that the constancy of this weighted amount would imply constant rates of interest, other things the same."

---

220 Vgl. Gurley, 1960, S. 7.

221 Gurley, 1960, S. 7.

Dabei unterstellt er, daß die Zahlungsmittel („Geld") und das „Nichtgeld" (nonmonetary liquid asset) in einer festen Rate zueinander substituiert werden. Steigt das Nichtgeld um DM 100, dann geht die Geldnachfrage um z.B. DM 50 zurück. Sinkt auch das Geldangebot um DM 50, ist der Geldmarkt im Gleichgewicht und der Zinssatz bleibt konstant. Gewichtet man nun das Nichtgeld mit der Hälfte des Gewichts des Geldes, dann verharrt das (additive) Aggregat „Liquidität" ebenso wie der Zinssatz auf seinem Ursprungswert.

Wendet man dieses Kriterium an, so sind das Bargeld und die Guthaben der Geschäftsbanken bei der Notenbank als perfekte Substitute anzusehen. Was aber ist, wenn man den Kreis der betrachteten Anlageformen weiter zieht? Welche Auswirkungen werden die Veränderungen auf den Geldmarktsatz haben? Diese Frage läßt sich recht einfach beantworten, wenn die Notenbank eine *Zinssteuerung* betreibt. In diesem Fall bestimmt sie selbst weitgehend die Höhe des kurzfristigen Zinssatzes. Zinsänderungen spiegeln damit letztlich immer das Gewicht wider, welches *die Notenbank* den Veränderungen der betrachteten Anlageformen zumißt. Man erhält nichts anderes, als eine auf „monetäre Anlageformen bezogene Reaktionsfunktion der Notenbank". Auch wenn damit der Informationsgehalt für die Notenbank sehr gering ist, wäre dies immerhin für die Außenwelt eine recht nützliche Interpretation eines so gewichteten Geldmengenaggregats.

Die Diskussion in der Literatur über die Reaktionsfunktion von Notenbanken läßt aber kaum die Hoffnung zu, hier tatsächlich stabile Zusammenhänge identifizieren zu können. Zinsänderungen werden von einer Vielzahl von Einflußfaktoren determiniert, unter denen die Höhe der monetären Anlageformen eine recht unbedeutende Rolle spielt. Nicht minder schwierig dürfte die Isolierung eindeutiger Wirkungszusammenhänge sein, wenn die betrachtete Notenbank keine Zinssteuerung, sondern eine *Geldbasissteuerung* betreiben würde. Schließlich zeichnet sich der zinstheoretische Transmissionsprozeß gerade durch eine ausgeprägte Komplexität aus.

Insgesamt erscheint der Vorschlag von Gurley deshalb wenig zweckmäßig zu sein und man muß hoffen, mit der Interpretation der Zahlungsmittelnähe im Sinne der Umwandlung in ein Zahlungsmittel zu einem meßbaren und (makroökonomisch) interpretierbaren Maß für den in Zukunft „zu erwartenden Zahlungsmittelbestand" zu gelangen. In den nun folgenden beiden Kapiteln soll deshalb geklärt werden, in welcher speziellen Form der Divisia-Ansatz diesen (aggregationstheoretischen) Aspekt der Problemstellung angeht und wie dies die Interpretierbarkeit beeinflußt. Während Kapitel III die grundsätzliche Stoßrichtung des Vorgehens von Barnett herleitet und sich hierbei insbesondere mit dem Begriff der „Liquiditätsdienste" und deren Messung mittels der „User costs" auseinandersetzt, ist Kapitel IV der mikroökonomisch motivierten Forderung nach einer „konsistenten" Aggregation und Kapitel VI der Einbeziehung der Indextheorie gewidmet.

III Zum geldtheoretischen Grundverständnis des Divisia-Geldmengenansatzes

III.1 Liquidität und Liquiditätsdienste als Basis gewichteter Geldmengenaggregate

Das geldtheoretische Grundverständnis des Divisia-Ansatzes äußert sich neben der bereits vorgenommenen Einbettung in einen makrotheoretischen Kontext vor allem durch zwei explizit verwendete (mikroökonomisch geprägte) Konzepte. Demnach soll

- die Geldverwendung Nutzen aufgrund der *Liquiditätsdienste* der Anlageformen stiften,
- wobei der Grenznutzen durch die sogenannten (zinsabhängigen) „*User costs*" abgebildet werden soll.

Damit bilden die User costs die Grundlage für die konkrete Gewichtung der verschiedenen Anlageformen im Rahmen des Divisia-Indexes. Die nun folgende kurze Betrachtung der historischen Wurzeln des gewichteten Divisia-Geldmengenaggregats zeigt, daß der zweite Ansatzpunkte einer zinsabhängigen Gewichtung durchaus seine Vorläufer in der Literatur besitzt. Überlegungen im Rahmen der mikroökonomischen Theorie des Geldes dienen im Anschluß daran der Konkretisierung des recht abstrakten Konzepts der „Liquiditätsdienste". Erst der Rückgriff auf mikroökonomische Überlegungen ermöglicht es, auf der Basis eines Optimierungskalküls ökonomisch begründbare Gewichte herzuleiten und den Bogen von den Liquiditätsdiensten zu den User costs zu spannen. Dabei muß man sich aber natürlich die Frage stellen, inwieweit bei einem solchen Vorgehen die makroökonomische Verwendbarkeit des Aggregats berührt wird.

III.1.1 Frühe Überlegungen zu gewichteten Geldmengenaggregaten

Ein erster Versuch, gewichtete Geldmengenaggregate zu bilden, bestand darin, verschiedene Zahlungsmittel mit ihrer Umlaufsgeschwindigkeit zu gewichten. In ihnen sollte sich der unterschiedliche Grad der *Verwendung als Zahlungsmittel* niederschlagen.[1] Dieses Vorgehen geht auf Irving Fisher zurück, der für die Zahlungsmittel Bargeld (M_t) und Sichteinlagen (M_t') unterschiedliche Umlaufsgeschwindigkeiten (V_t und V_t') verwendet:[2]

(III.1) $M_t \cdot V_t + M_t' V_t' = P_t \cdot T_t$.

---

1 Für eine Übersicht über die nachfolgend aufgeführten Ansätze siehe z.B. Belongia (1995, S. 89ff.).

2 Vgl. I. Fisher, 1913, S. 48.

Dieser Gedanke ist später von Spindt wieder aufgegriffen worden, der ausgehend von einer Vielzahl von Anlageformen ($M_{k,t}$, mit $k = 1,...,K$) und der Identität

$$(III.2) \quad \sum_{k=1}^{K} M_{k,t} V_{k,t} = \sum_{i=1}^{n} p_{i,t} q_{i,t} = P_t \cdot T_t$$

die einzelnen Umlaufsgeschwindigkeiten dazu verwendet, um mit ihrer Hilfe einen Geldmengenindex zu konstruieren ($\mathbf{M}_\tau \equiv (M_{1,\tau},...,M_{K,\tau})$ für $\tau = 0,1$):[3]

$$(III.3) \quad \frac{M(\mathbf{M}_1)}{M(\mathbf{M}_0)} = \left(\frac{\mathbf{M}_1 \mathbf{V}_0}{\mathbf{M}_0 \mathbf{V}_0} \cdot \frac{\mathbf{M}_1 \mathbf{V}_1}{\mathbf{M}_0 \mathbf{V}_1} \right)^{1/2} .$$ [4]

Dabei muß jedoch beachtet werden, daß dieses Vorgehen nur für die *Aggregation von Zahlungsmitteln* Sinn macht. Schließlich basiert es auf der Quantitätsgleichung und damit implizit auch auf der Quantitätstheorie, will es nicht tautologisch sein. In diesem Sinn stellt Gleichung (III.2) eine Cash-in-Advance-Restriktion („Clower-Restriktion“) dar, wobei hier jedoch von Eins abweichende Umlaufsgeschwindigkeiten zugelassen sind.[5]

Obwohl ein solches Vorgehen durchaus seinen Reiz besitzt, erweist sich nicht nur seine empirische Umsetzung als schwierig, sondern läßt es auch theoretische Fragen offen. Entscheidend ist nämlich, daß man den Beitrag kennt, den eine bestimmte Geldkomponente zur Bezahlung des nominalen Sozialprodukts (als dem betrachteten Transaktionsvolumen) liefert. Dieser Beitrag ist die Grundlage, um die unterschiedlichen empirisch bestimmten Umlaufsgeschwindigkeiten zu gewichten. Unterstellt man, $D_{k,t}^{PY}$ ($k = 1,...,K$) sei der Beitrag der Komponente k am nominalen Sozialprodukt $P_t Y_t$, der mit dem Zahlungsmittel k bezahlt wird, so gilt für alle Zahlungsmittel:

$$(III.4) \quad \sum_{k=1}^{K} D_{k,t}^{PY} = P_t Y_t .$$

---

3 Vgl. Spindt, 1985a, S. 179 und 1985b, S. 142.

4 Bei dem verwendeten Index handelt es sich um den sogenannten „Fisher-Ideal-Index“. Auf ihn wird im Kapitel V noch näher eingegangen. Entsprechend der amerikanischen Verhältnisse (siehe Anhang A.II.1) besteht der Index für ihn aus sechs Geldkomponenten (vgl. Spindt, 1985a, S. 181): Den in der Geldmengenabgrenzung M1 enthaltenen Bargeld und Reiseschecks, den Sichteinlagen, den anderen Einlagen, über die mit Scheck verfügt werden kann, den Anteilen an Geldmarktfonds (netto), den Geldmarktkonten und den Sparkonten, über die per Telephon verfügt werden kann („bill payer“ accounts).

5 Spindt (1985a, S. 178) schreibt: „The equation of exchange is a useful point of departure for discussing monetary aggregation when the narrow means-of-payment view of money is to be emphasized.“ und „The asymmetric treatment of money and nonmoney goods in this equation reflects the special role as mean of payment assigned to money goods in a monetary economy ...“, wobei er ausdrücklich auf Clower (1967) verweist.

Zugleich muß die Summe der Gewichtungsfaktoren $d_{k,t}$ $(k = 1,...,K)$ Eins betragen:

$$(III.5)\quad \sum_{k=1}^{K} \frac{D_{k,t}^{PY}}{P_t Y_t} = \sum_{k=1}^{K} d_{k,t} = 1.$$

Definiert man die „empirischen Umlaufsgeschwindigkeiten" $\tilde{V}_{k,t}$ $(k = 1,...,K)$ als Quotient aus Bruttosozialprodukt und dem nominalen Anlagenvolumen:

$$(III.6)\quad \tilde{V}_{k,t} \equiv \frac{P_t Y_t}{M_{k,t}},$$

dann wird die Quantitätsgleichung (III.2) zu:[6]

$$(III.7)\quad \sum_{k=1}^{K} M_{k,t} V_{k,t} = \sum_{k=1}^{K} d_{k,t} \tilde{V}_{k,t} M_{k,t} = P_t \cdot Y_t .$$

Die Schwierigkeit besteht nun offensichtlich darin, die Gewichtungsfaktoren empirisch zu bestimmen. Dies scheitert entweder an den zur Verfügung stehenden Daten oder impliziert ein so annahmenintensives Vorgehen, daß die Ergebnisse fast beliebig werden.[7] Da er zudem nur auf Zahlungsmittel bezogen werden kann, vermag er für die hier eigentlich interessierenden Fragestellung nach der zu erwartenden Umwandlung längerfristiger Anlagen in Zahlungsmittel (die „Zahlungsmittelnähe") ohnehin nichts beizutragen.[8]

Nachdem Fisher's Vorgehen kaum Nachahmung gefunden hatte, war es wiederum Milton Friedman zusammen mit seinen Koautoren, der über gewichtete Geldmengenaggregate nachdachte:[9]

> „For money, an alternative approach is to view claims as composite commodities, part money and part non-money, and to seek to include only the money component of each of the claims in what is termed ‚money'. For example, the total called ‚money' could be taken to be a weighted sum of

---

6 Man kann die Umlaufsgeschwindigkeit der Komponenten auch direkt auf den Beitrag $D_{k,t}^{PY}$ $(k = 1,...,K)$ beziehen (vgl. Spindt, 1985a, S. 183). Dann spart man sich zwar die Gewichtung, provoziert aber Mißverständnisse, da die Umlaufsgeschwindigkeit in der Praxis entsprechend Gleichung (III.6) definiert wird. Wie man leicht sehen kann, gewährleisten solche „empirischen Umlaufsgeschwindigkeiten" alleine nicht die in Gleichung (III.2) dargestellte Identität der Quantitätsgleichung.

7 Vgl. Issing et al., 1993, S. 7. Häufig gibt es eben keine verläßlichen Daten über die Zirkulationsgeschwindigkeit von Bargeld oder den Zeitbedarf von Überweisungen. Ohne separat ermittelte Gewichte wird der ganze Ansatz zirkulär (vgl. Goldfeld, 1992, S. 622).

8 An späterer Stelle wird darüber hinaus noch deutlich, daß die von Spindt (1985b, S. 141) genannten Vorteile des Fisher-Ideal-Indexes in diesem Fall nicht zutreffen, so daß auch die Indextheorie nicht für Spindts „Fisher money stock index" (Spindt, 1985a, S. 185) spricht.

9 Friedman und Meiselman, 1963, S.185 und 182.

different components, say currency with a weight of one, adjusted demand deposits with a weight of one, time deposits in commercial banks with a weight of 0,8, other time deposits with a weight of 0,6, savings and loan association shares with a weight of 0,3 and so on." Und

„To put this point differently, the appropriate reason for including time deposits is not simply that they are highly correlated with income but that they are such close substitutes for the other monetary items that it is preferable to threat them as if they were perfect subsitutes than to omit them."

Als entscheidendes Kriterium für die Gewichtung soll der *Grad der Substitutionsbeziehung* dienen, der zwischen einer betrachteten Anlageform und den *Zahlungsmitteln* Bargeld oder Sichteinlagen besteht. Allerdings spezifizieren sie das Kriterium, für das die Substitutionsbeziehung gelten soll, nicht in der Form, daß sie damit eindeutige Gewichte ableiten könnten. Deshalb müssen sie die Gewichtung ad hoc wählen. Friedman und Meiselman räumen selbst ein, daß „[no] sufficiently well determined set of weights is available, however, to make this treatment feasible for our purposes"[10]. Trotzdem greift Friedman (zusammen mit A. Schwartz) die Idee wenige Jahre später nochmals auf. Dabei liefert er zugleich eine mögliche Begründung für die Gewichte:[11]

„The restriction of our attention to these four combinations [die vier Summenaggregate, die Friedman und Schwartz im Rahmen ihrer empirischen Analyse eingehender untersuchen; der Verf.] seems a less serious limitation to us than our acceptance of the common procedure of taking the quantity of money as equal to the aggregate value of the assets it is decided to treat as money. This procedure is a very special case of the more general approach discussed earlier. In brief, the general approach consists of regarding each asset as a joint product having different degrees of ‚moneyness', and defining the quantity of money as the weighted sum of the aggregate value of all assets, the weights for individual assets varying from zero to unity with a weight of unity assigned to that asset or assets regarded as having the largest quantity of ‚moneyness' per dollar of aggregate value. The procedure we have followed implies that all weights are either zero or unity."

---

10 Friedman und Meiselman, 1963, S. 185. Für die Beurteilung, ob eine Substitutionsbeziehung vorliegt, schlagen sie folgendes Kriterium vor: „... an appropriate criterion whether time deposits are sufficiently close substitutes for other items is whether income is more highly correlated with their sum than with each component separately." (S. 182).

11 Friedman und Schwartz, 1970, S. 151.

Entscheidend ist also die *„moneyness“* der Anlageformen.[12] Auf diesem Kriterium der „Geldnähe“ (besser: „Zahlungsmittelnähe“) basieren auch die Überlegungen von Hutt, Kane, Timberlake und Fortson sowie Laumas.[13] Damit versprechen sie allesamt Lösungen für die hier interessierende Fragestellung nach der zu erwartenden Umwandlung in Zahlungsmittel. Für Kane ist dabei die „moneyness a matter of the owner's willingness in the aggregate to make disposals as a need for funds arises.“[14] Dabei unterscheidet er die Zahlungsmittelnähe von der (objektbezogenen) *„Liquidität“* der Anlageformen, die er als „an asset owner's ability to dispose of an asset at known and relatively favorable terms on short notice“ definiert.[15] Eine solche Unterscheidung zwischen der *Fähigkeit* (Liquidität) und der *Bereitschaft* (moneyness) zur Veräußerung wird heute nicht mehr getroffen, denn es wird allgemein die Meinung vertreten, daß die Bereitschaft zur Veräußerung in entscheidender Weise durch die Fähigkeit zum Gebrauch, der „Liquidität“, beeinflußt wird.[16] Man unterstellt deshalb häufig, daß Liquidität und Zahlungsmittelnähe von Anlageformen identisch sind.

Während sich Kane zwar recht umfassend mit gewichteten Aggregaten auseinandersetzt, vermißt man bei ihm jedoch ebenfalls eine konkrete Aussage zur Ermittlung der Gewichte der verschiedenen Anlageformen. Hier gehen sowohl Timberlake und Fortson als auch Laumas einen Schritt weiter. Da die Studien von Laumas bei grundsätzlich gleichem Vorgehen umfassender sind als die von Timberlake und Fortson, sei hier ausschließlich auf sie abgestellt. Ausgehend von einer der deutschen Form recht ähnlichen Abgrenzung verschieden weit definierter monetärer (Summen-)Aggregate,[17] gelangt Laumas auf der Basis einer einfachen Regression zwischen den Veränderungen der einzelnen Komponenten und der Veränderung des nominalen Sozialprodukts zu den folgenden Ergebnissen, die weitgehend die ad hoc gewählten Gewichte von Friedman und Meiselman bestätigen:[18]

- Neben dem Bargeld und den Sichteinlagen weisen auch die Termin- und die Spareinlagen (im weitesten Sinne) „Geldnähe“ in dem Sinn auf, daß ihre Veränderung die Veränderung des nominalen Sozialprodukts mit erklärt.[19]

- Je weiter man das Aggregat definiert, desto geringer ist die Geldnähe. Während die Zahlungsmittel Bargeld und Sichteinlagen den Gewichtungsfaktor 1 erhalten,

---

[12] Der Begriff geht auf Hicks (1946, S. 163) zurück.

[13] Vgl. Hutt (1963, S. 92), Kane (1964, S. 226), Timberlake und Fortson (1967) und Laumas (1968, 1969).

[14] Kane, 1964, S. 227.

[15] Kane, 1964, S. 227.

[16] Dies räumt selbst Kane (1964, S. 227ff.) ein.

[17] Laumas (1968, S. 501) verwendet folgende Abgrenzung: M1 = currency outside banks + demand deposits adjusted, M2 = M1 + commercial bank time deposits, M3 = M2 + mutual savings bank deposits + postal deposits, M4 = M3 + savings and loan share capital.

[18] Vgl. Laumas, 1968, S. 502 und 1969, S. 894.

[19] Die Regressionskoeffizienten weichen von Null ab.

ist der Faktor der Termineinlagen bei den Geschäftsbanken 0,58, der der Spareinlagen (mutual savings bank deposits und postal deposits) 0,5 und der der „Sparbriefe" (savings and loan share capital) 0,3.[20]

Allerdings muß man sich fragen, auf welcher theoretischen Grundlage diese Regression vorgenommen wird. Da keine Zeitverzögerung in der Erfassung der Anlagebestände und der Entwicklung des nominellen Sozialprodukts berücksichtigt wird, können diese Koeffizienten nicht den zu erwartenden Umtausch in Zahlungsmittel angeben.

Das Vorgehen von Hutt ist vor allem aus theoretischer Sicht interessanter. Er teilt Geld in die Summe der reinen (perfekten) Zahlungsmittel („pure money") und in ein Aggregat über die geldnahen Anlageformen („hybrid money") ein.[21] Das „hybrid money" stellt seinerseits die gewichtete Summe der jeweiligen Bestände der geldnahen Anlageformen dar, wobei die Gewichtung entsprechend der „moneyness" dem Zweck dient, das „hybrid money" mit dem „pure money" gleichnamig zu machen, es in der gleichen Geldeinheit auszudrücken:[22]

> „The hybrid money *unit* is an amount equal to the value of a pure money unit out of that proportion of the value of assets which has moneyness (i.e. out of hybrid money). Thus, if the long term rate of interest is 5 percent and the rate of interest on a short term security is 2 1/2 percent, a security worth 1 £ will represent 10/- in pure money equivalent. And if the long term rate of interest is 6 percent, and the interest on a short-term security is 2 percent, then 13/4d. out of each £ 1 security will be money, i.e. two thirds. The marginal return from this type of hybrid money will be pecuniary interest 2 percent, monetary services 4 percent. Because the moneyness increases and the pecuniary yields of securities decline as maturity approaches, *ceteris paribus*, the magnitude M increases as the average life of a given volume of debt in the community is diminished and declines as the average life lengthens."

---

20 Das gewichtete M3-Aggregat von Laumas weist gewisse Ähnlichkeit mit der „Zentralbankgeldmenge in der Definition der Deutschen Bundesbank" auf, die bis 1987 das offizielle Zwischenziel der Deutschen Bundesbank darstellte. Als Gewichte verwendete sie die Mindestreservesätze von Januar 1974, die sich für Sichteinlagen auf 16,6% beliefen, für Termineinlagen auf 12,4% und für Spareinlagen auf 8,1%. Der sehr hohe Anteil des Bargeldes führte „ab Mitte der achtziger Jahre zunehmend ... dazu ..., daß die Zentralbankgeldmenge die Grundtendenz der monetären Expansion nicht nur kurzfristig, sondern für ein ganzes Jahr und noch länger über- oder auch unterzeichnet hat" (Deutsche Bundesbank, 1995, S. 84), weshalb sie ab 1988 durch die Geldmenge M3 abgelöst wurde (vgl. Deutsche Bundesbank, 1995, S. 84).

21 Vgl. Hutt, 1963, S. 91f. Neubauer setzt in ähnlicher Weise an (1976, S. 362f.). Er spricht von den bereits vorhandenen Zahlungsmitteln (im Sinne von M1) als dem „effektiven Geld" und von den zu schaffenden Zahlungsmitteln als dem „potentiellen Geld". Beides zusammen konstituiere das „Geldpotential".

22 Hutt, 1963, S. 92, Fußnote 3.

Hutt's Vorstellungen dessen, was die Geldmenge ausmacht, finden sich auch in der sogenannten „Bargeldäquivalenten Geldmenge". Sie wurde von Rotemberg zum ersten Mal formal dargestellt.[23] Dabei soll $M_{i,t}$ hier wiederum den nominalen Bestand der Anlageform *i* zum Zeitpunkt *t* darstellen ($i = 1,...,n$):

$$(III.8)\quad CE_t = \sum_{i=1}^{n} \frac{(R_t - r_{i,t})}{R_t} M_{i,t}.$$

Die Intuition, die hinter der Bargeldäquivalenten Geldmenge steht, ist recht einfach. Bargeld ist das „perfekte Zahlungsmittel". Alle anderen betrachteten Anlageformen werden weniger stark für Zahlungsmittelzwecke eingesetzt, was bei den meisten daran liegt, daß sie nicht sofort verfügbar sind. Diese geringere Zahlungsmittelnähe (Liquidität) wird nur dann akzeptiert, wenn die Anlageformen im Gegenzug eine höhere Verzinsung aufweisen. Die Zinsdifferenz gegenüber einer vollkommen illiquiden Anlage (der „Referenzanlage"), die niemals übertragbar ist, stellt damit ein „Abgeld" für die höhere Zahlungsmittelnähe dar. Die Zahlungsmittelnähe des (unverzinslichen) Bargeldes bemißt sich dann entsprechend an der Höhe des Zinssatzes (R_t) der Referenzanlage. Die Zinsdifferenz zwischen der Referenzanlage und der betrachteten Anlageform ($R_t - r_{i,t}$) stellt demgegenüber das Maß für die Zahlungsmittelnähe der Anlage *i* dar. Bezieht man diese Zahlungsmittelnähe auf die Zahlungsmittelnähe des Bargeldes, so hat man die Anlage *i* mit dem Bargeld „gleichnamig" gemacht und sie läßt sich zum Bargeld addieren.

Die Bargeldäquivalente Geldmenge gibt das „Zahlungsmittelpotential"[24] jedoch nur dann wieder, wenn folgende implizit getroffenen Annahmen zutreffend sind:

- Die Liquidität ist gleich der Geldnähe und spiegelt damit den für die Zukunft geplanten Umtausch in Zahlungsmittel wider.
- Die Gewichtung orientiert sich nicht nur abstrakt – wie von Friedman und Schwartz, Timberlake und Fortson, Laumas sowie Kane beabsichtigt – an der Zahlungsmittelnähe der Anlageformen, sondern wird durch eine relative *Zinsdifferenz* abgebildet.
- Die Gewichtung bezieht sich auf Anlagen*bestände*, so daß man ein gewichtetes *Summen*aggregat erhält.

Alle Aspekte bedürfen einer kritischen Betrachtung. Im Rahmen der nachfolgenden Ausführungen soll zuerst auf die Liquidität von Anlageformen eingegangen werden.

---

23 Vgl. Rotemberg, 1991, S. 224. Eine ausführliche Auseinandersetzung mit der Bargeldäquivalenten Geldmenge erfolgt in Rotemberg, Driscoll und Poterba (1991, S. 4ff.). Für den deutschsprachigen Raum siehe erstmals Neumann (1992), der sie vollmundig mit „wirkliches Geldmengenaggregat" bezeichnet.

24 Neubauer, 1976, S. 362.

III.1.2 Zum Liquiditätsbegriff

Die bisherigen Ausführungen haben bereits gezeigt, daß sich der Begriff „Liquidität" in dreierlei Formen gebrauchen läßt:[25]

- im Sinne einer Eigenschaft von Vermögensgegenständen („objektbezogene Liquidität"),
- im Sinne einer Eigenschaft von Wirtschaftssubjekten („subjektbezogene Liquidität"),
- im Sinne einer Menge („mengenmäßige Liquidität").

Hier ist offensichtlich der erste Aspekt relevant, nämlich die Liquidität im Sinne einer Eigenschaft von Vermögensgegenständen, konkret der monetären Anlageformen. Im Kern geht es beim Begriff der (objektbezogenen) „Liquidität" um die Frage, ob der betrachtete Vermögensgegenstand bereits Zahlungsmittel ist („absolute" Liquidität) bzw. wie leicht er sich *in Zahlungsmittel* umwandeln läßt, also „flüssig gemacht" werden kann („relative" Liquidität).[26] Für die obigen Überlegungen zur Gewichtung monetärer Anlageformen ist damit vor allem der relative Liquiditätsbegriff interessant. Die relative „geldwirtschaftliche Liquidität"[27] richtet sich ganz allgemein

- nach der „Selbstliquidationsperiode" der Vermögensgegenstände und
- nach ihrer „Abtretbarkeit".[28]

Für die hier betrachteten monetären Anlageformen soll die Selbstliquidationsperiode die Zeitspanne angeben, „die vom Schätztage an verstreicht, bis zu dem Tage, zu dem das Unternehmen als Gläubiger frühestens die Rückzahlung verlangen kann"[29]. Diese Frist wird entweder mit „Restlaufzeit" oder mit „Kündigungsfrist" bezeichnet. Je kürzer sie ist, desto größer ist die Liquidität der Anlageform. Bei manchen Anlageformen muß man aber nicht warten, bis sie fällig sind, sondern man kann sie auch vorzeitig veräußern bzw. abtreten. Voraussetzung dafür ist jedoch ihre Handelbarkeit

---

25 Vgl. Stützel, 1976, S. 2516.

26 Für diese Unterscheidung siehe Hicks (1967, S. 35).

27 Stützel, 1976, S. 2517. Er unterscheidet die geldwirtschaftliche von der güterwirtschaftlichen Liquidität. Hier geht es um die Umwandelbarkeit in andere Vermögensgegenstände bzw. Güter. Im Rahmen einer funktionierenden Geldwirtschaft, bei der also allgemein akzeptierte Zahlungsmittel verwendet werden, wird die güterwirtschaftliche Liquidität weitgehend zur geldwirtschaftlichen, da Naturaltausch kaum mehr vorkommt. Der Zahlungsmittelbezug des Liquiditätsbegriffs wird auch dadurch deutlich, daß häufig Illiquidität mit Zahlungsunfähigkeit gleichgesetzt wird. Was für Makower und Marschak (1938, S. 284) bereits feststand, gilt heute noch: „Thus liquidity is used to denote ‚being like cash'„.

28 Vgl. Stützel, 1976, S. 2518.

29 Stützel, 1976, S. 2518 (Hervorhebung im Original). Daneben beinhaltet die Selbstliquidationsperiode für ihn noch die durchschnittliche Umschlagsdauer des Umlaufvermögens bzw. die Amortisationsperiode beim Anlagevermögen.

(Fungibilität). Diese kann unterschiedlich ausgeprägt sein. Je größer die Markttiefe für die betrachtete Anlageform ist, desto leichter gelingt die Veräußerung/Abtretung, desto geringer sind also die Transaktionskosten.[30] Allerdings unterliegt ein vorzeitiger Verkauf immer auch dem Risiko des Kapitalwertverlusts. Auch die damit drohenden Kosten muß man berücksichtigen, will man die Abtretbarkeit verschiedener Anlageformen miteinander vergleichen.[31]

Keynes bringt die beiden zentralen Aspekte in einer gemeinsamen Beschreibung der (relativen) Liquidität auf den Punkt: Die (relative) Liquidität einer Anlage ist umso höher, je „more certainly realisable at short notice without loss" diese ist.[32] Entscheidend für eine so definierte Liquidität ist damit nicht nur die Frage, ob überhaupt, sondern vor allem zu welchen *Risiken* bzw. *Kosten* kurzfristig umgewandelt werden kann. Dieser Vorbehalt gilt umso mehr, je stärker man sich dafür interessiert, in welchem Umfang bestehende Anlageformen innerhalb des Betrachtungszeitraums wohl in Zahlungsmittel umgewandelt werden.[33] Hier spielen ökonomische Kalküle sicherlich eine Rolle.

Problematisch am relativen Liquiditätsbegriff, der an den *Umwandlungskosten* ansetzt, ist der Umstand, daß er sowohl raum- und zeitabhängig als auch personenbezogen ist. Die relative Liquidität ist damit nicht nur ein „multidimensionales Phänomen"[34], sondern offensichtlich auch ein subjektives.[35] Für Friedman und Schwartz gilt deshalb:

> „Attempts to define ‚liquidity' precisely have failed to produce anything like a consensus. Consequently, the term is usually used without precise definition, different writers stressing different characteristics of assets. Whatever common content there is to the notion of ‚liquidity' at the present stage of development is multidimensional and does not provide an unambiguous way to classify assets by degree of liquidity, ..."[36]

---

30 Vgl. Claassen, 1980, S. 45ff.

31 Vgl. Stützel, 1976, S. 2519f. Neben dem Kapitalwertrisiko und den Transaktionskosten nennt er noch „Risiken, die in Veränderungen des Objekts selbst liegen (immanente Qualitätsrisiken)" und „Risiken, die in Änderungen der Nachfrage nach dem selbst unveränderten Objekt liegen (exogene Preisrisiken)". Beide Aspekte sind für monetäre Anlagen weniger von Bedeutung.

32 Keynes, 1930b, S. 59. Friedman und Schwatz (1970, S. 129) schreiben: „One dimension often stressed in discussions of ‚liquidity is the ability to sell an asset on demand (more precisely, within a specified time interval) for a nominal sum fixed in advance (i.e. to convert the asset into a fixed nominal number of units of ‚money')."

33 Dies entspricht Kane's (1964) Sicht der „moneyness".

34 Vgl. Friedman und Schwartz, 1970, S. 129.

35 Vgl. Claassen, 1980, S. 57ff.

36 Friedman und Schwartz, 1970, S. 129. Sie wiederholen damit, was Makower und Marschak (1938, S. 284) – unter Bezugnahme auf die Geldbezogenheit des Liquiditätsbegriffs – bereits dreißig Jahre vor ihnen schrieben: „However ‚liquidity' has so often been used to cover all properties of money indiscriminately that it seems better not to use it for any of the separate properties of money.

Diesem negativen Urteil kann man jedoch zwei Einwände entgegenhalten:

- Der subjektive und der multidimensionale Aspekt der relativen Liquidität werden umso unbedeutender, je vollkommener die Finanzmärkte sind und je weniger man auf die Eigenschaft der Abtretbarkeit einzugehen hat.

- Darüber hinaus hängt die Relevanz der Multidimensionalität auch von der betrachteten Abgrenzung der Geldmengen ab. Berücksichtigt man im Rahmen eines Geldmengenaggregats ausschließlich Forderungen gegenüber Geschäftsbanken, die *nicht* auf Sekundärmärkten gehandelt werden (also „Einlagen"), so reduziert sich die relative Liquidität dieser Anlagen auf ihre Selbstliquidationsfrist. Mit der Restlaufzeit oder Kündigungsfrist besitzt man hier ein eindeutiges Kriterium. Je länger diese Frist ist, desto geringer ist die Zahlungsmittelnähe.[37]

Je weiter man aber das Aggregat zieht, desto eher tritt das Problem der Multidimensionalität und Subjektivität auf. Eine umfassende Analyse verlangt deshalb nach einem Ansatz, der dem „pekuniären Aspekt" der relativen Liquidität der Anlagen Rechnung trägt und zur Bestimmung der Liquidität einer Anlage die *Kosten ihrer Umwandlung in Zahlungsmittel* verwendet. In diesem Sinne ist die Liquidität umso höher, je geringer diese Kosten sind.[38]

III.1.3 Das Konzept der „Liquiditätsdienste"

Selbst um das Kriterium der Restlaufzeit (oder Kündigungsfristen) im Rahmen eines auf Bankeinlagen beschränkten Ansatzes umsetzen zu können, müßte man wissen, welche Implikationen von den verschieden langen Laufzeiten für die *relativen Positionen* der Anlageformen zueinander ausgehen und welche Schlüsse sich daraus für die Gewichtung ergeben. Man muß den *Grad der Substituierbarkeit* bestimmen. Nur dies erlaubt eine abgestufte Gewichtung der Anlagen. Andernfalls bliebe nur die Entweder-Oder-Entscheidung, wie sie von zahlreichen Notenbanken bereits bei ihrer Definition weitabgegrenzter Aggregate getroffen wird.

We thus resign ourselves to giving up ‚liquidity' as a measurable concept: it is, like the price level, a bundle of measurable properties."

37 Diese Sicht, wonach die Laufzeit entscheidend für die empirische Umsetzung des Kriteriums „Liquidität" ist, wird grundsätzlich auch von Friedman und Schwartz (1970, S. 132f.) geteilt: „The critical distinction to holders of wealth [im Bezug auf die Liquidität; der Verf.] is ... between short-dated and long-dated assets, whether nominal or real (mor fundamentally, assets with ‚low' and ‚high' capital risk)."

38 Lippman und McCall (1986) setzen für ihr „operational measure of liquidity" an „its [the liquidity] most important characteristic – the time until an asset is exchanged for money" an. Sie reduzieren damit das Kostenproblem auf den notwendigen Zeiteinsatz. Für sie ist die Liquidität im Sinne einer Veräußerbarkeit ausschließlich ein Problem der Suche nach einem geeigneten Handelspartner. Diese Suche benötigt Zeit, die ihrerseits den Gegenwartswert der Anlageform reduziert und damit die Umtauschkosten erhöht. Entscheidend ist somit die Zeit, bis die Anlageform veräußert ist (vgl. Lippman und McCall, 1986, S. 45). „Operational" ist ein solches Maß aber nur dann, wenn der Zeiteinsatz für alle Akteure gleich ist und diese identische Nutzenfunktionen besitzen. Die Subjektivität der Liquidität bleibt. Siehe dazu auch die Kritik von Hahn (1990, S. 64f.) am Anspruch von Lippman und McCall (1986).

Entsprechend dem oben Gesagten leuchtet es ein, daß das Gewichtungsproblem noch komplexer wird, wenn man sich nicht ausschließlich an der Restlaufzeit orientieren kann. Der Divisia-Ansatz verspricht hier nun, eine in sich geschlossene (mikroökonomische) Theorie der Gewichtung zu liefern. Ausgangspunkt dafür bildet die Vorstellung, daß die verschiedenen Anlagebestände *„Liquiditätsdienste"*[39] abgeben, die (indirekt) Nutzen stiften. Erläuterungen zu diesem Vorgehen finden sich in der Divisia-Literatur allerdings nur selten. Die gelieferte Begründung ist denkbar knapp gehalten. So führt Barnett aus:[40]

> „... observe that u_t [die Nutzenfunktion, die auch monetäre Anlageformen enthält; der Verf.) can be acquired as a ‚derived' utility function from the ‚true' utility function, which does *not* depend upon monetary assets. The derivation postulates the existence of an arbitrary time-using transactions technology."

Um nun beurteilen zu können, wie hilfreich dieser Ansatz im Kontext der makroökonomischen Interpretierbarkeit eines daraus abgeleiteten gewichteten Aggregats ist, muß man zuerst eine Konkretisierung der „Liquiditätsdienste" herbeiführen und anschließend der Frage nachgehen, ob der mikroökonomische Nutzenansatz im Kontext so spezifizierter Liquiditätsdienste vertretbar und sinnvoll ist oder ob er nicht eher zur Verwirrung beiträgt. Selbst wenn letzteres nicht der Fall wäre, hieße dies nicht zugleich, daß das Aggregat auch makroökonomische Relevanz besitzt.

III.1.3.1 Liquiditätsdienste im Rahmen eines Transaktionsmodells

Was man grundsätzlich benötigt, ist ein umfassendes Transaktionsmodell, welches erklärt, warum es für die Akteure sinnvoll sein kann, monetäre Anlageformen unterschiedlicher Laufzeit entweder zu halten oder (in Zahlungsmittel umzuwandeln und) für Zahlungszwecke einzusetzen. Unterstellt man, es gäbe ein solches Modell, so ließen sich die verschiedenen Anlageformen mit ihrem Anteil gewichten, den sie zum Wohlfahrtsgewinn beisteuern, relativ zu einer Situation ohne sie (Tauschwirtschaft). Dieser Anteil soll im folgenden mit *„Liquiditätsdienst"* bezeichnet werden.

Eine detaillierte Gewichtung verschiedener Anlageformen macht es jetzt nicht nur notwendig, pauschal die Effizienzvorteile der Geldwirtschaft zu ermitteln, sondern auch den *Beitrag* der verschiedenen Anlageformen *zu quantifizieren.* Entscheidend ist also, in welchem Umfang sich die verschiedenen Anlageformen entweder für die Verwendung als Zahlungsmittel eignen oder wie leicht sie in ein solches umge-

---

39 Hierzu Barnett, Fisher und Serletis (1992, S. 2093): „... and **x** is a vector of monetary assets, which provide services such as convenience, liquidity, and information (as in Karl Brunner and Allan Meltzer 1971)."

40 Barnett, 1980, S. 17, Fußnote 13 (Hervorhebung im Original; der Verf.). Bezeichnenderweise finden sich diese Erläuterungen lediglich in einer Fußnote, wie dies auch in einer späteren Arbeiten der Fall ist (Barnett, Fisher und Serletis, 1992, S. 2093, Barnett, 1995, S. 355). Insgesamt verwendet Barnett in allen seinen Publikationen kaum Mühe darauf, sein grundsätzliches Vorgehen zu rechtfertigen.

tauscht werden können. Beides führt zu einer Reduktion des notwendigen Zeit- und Ressourceneinsatzes für den „Tausch als eine faktorverbrauchende Wirtschaftstätigkeit“[41], was sich direkt in einem höheren Konsum und/oder in einer höheren Freizeit niederschlägt.[42] Gerade darin liegt der „Wert“ eines Zahlungsmittels oder der Bereithaltung liquider Mittel begründet. Je näher eine Anlageform den Zahlungsmitteln steht, desto leichter (kostengünstiger) läßt es sich in ein solches umtauschen (liquidieren), desto höher wird die Konsumzunahme oder desto stärker wird Zunahme der Freizeit sein, die mit einem Umtausch *dieser* Anlageform relativ zu den anderen Anlagen verbunden ist. Die Zunahme des Konsums und/oder der Freizeit verschafft dem Wirtschaftssubjekt einen höheren Nutzen. Dieser *Nutzenanstieg* entspricht gemäß obiger Definition den „Liquiditätsdiensten monetärer Anlageformen“.[43]

Das Referenzsystem zur quantitativen Bestimmung so definierter Liquiditätsdienste ist die vollkommen friktionslose neoklassische Welt. Relativ zu dieser treten für jeden Einzelnen in der Tauschwirtschaft die bekannten Transaktionskosten auf, die sich wiederum als Informations- und Tauschkosten äußern können. Im folgenden sollen sie mit „*tauschwirtschaftliche Transaktionskosten*“ bezeichnet werden. Die Verwendung eines allgemein akzeptierten Zahlungsmittels vermag diese Transaktionskosten nun zu reduzieren. Dieser Reduktion stehen aber Kosten entgegen, die mit der Verwendung liquider Mittel verbunden sind. Relativ zur friktionslosen neoklassischen Welt entstehen in der Geldwirtschaft zwei Kostenarten:

- Auch in der Geldwirtschaft werden die Transaktionskosten nicht Null betragen. An die Stelle der Tauschkosten treten hier die Kosten, die mit der Verwendung der unterschiedlichen Anlageformen als Zahlungsmittel oder mit der Umwandlung anderer Anlagen in Zahlungsmittel verbunden sind („*geldwirtschaftliche Transaktionskosten*“).

- Daneben entstehen „*Kosten der Liquiditätsvorhaltung*“. Verglichen mit der neoklassischen Welt äußern sich die Kosten der Liquiditätsvorhaltung in geringeren Zinsen. Man kann davon ausgehen, daß in der (neoklassischen) Welt vollständi-

---

41 Niehans, 1980, S. 122.

42 Theoretisch denkbar sind auch solche Fälle, in denen mit einem *höheren* Konsum (Freizeit) eine *geringere* Freizeit (Konsum) einhergeht, weil dem, infolge der Geldverwendung gestiegenen Produktionsmöglichkeiten (entspricht dem Reallohn), eintretenden negativen Substitutionseffekt auf die Freizeit (Konsum) kein gleich hoher oder höherer Einkommenseffekt gegenübersteht. Im folgenden wird aber stets unterstellt, daß weder der Konsum noch die Freizeit infolge der Geldverwendung zurückgeht. Ein höherer Konsum resultiert dabei aus einem höheren Einkommen. Im Rahmen einer einperiodigen Betrachtung unterstellt man implizit, daß das ganze Einkommen auch konsumiert wird. Legt man eine mehrperiodige Betrachtung zugrunde, so ist die Berücksichtigung von Sparen im Sinne von Konsumverzicht in der Gegenwart zugunsten eines höheren Konsums in der Zukunft möglich. Hier soll jedoch immer unterstellt werden, daß das höhere Einkommen vollständig *während der betrachteten Perioden* konsumiert wird.

43 Diese Interpretation des Begriffs „Dienste“ im Sinne von „Nutzen“ findet sich auch bei Niehans (1980). Dieser verweist im Sachregister (S. 345ff.) seines Buches „Theorie des Geldes“ unter dem Stichwort „Gelddienste“ explizit auf den Eintrag „Nutzen des Geldes“.

ger Information der (realisierte) langfristige Realzins höher ist als in einer Geldwirtschaft ohne vollständige Information. So sind in der Geldwirtschaft Fehlallokationen denkbar, die den (tatsächlichen) Ertrag des Konsumverzichts und damit der Kapitalbereitstellung reduzieren.[44]

Dieser Zinsabschlag wird in der Geldwirtschaft allerdings nicht bei jeder Anlageform gleich hoch sein. Hier ist davon auszugehen, daß Anleger bei einer gleichen Rendite üblicherweise eine Präferenz für eine kurze Laufzeit besitzen, während Kreditnehmer (Wertpapieremittenten) tendenziell wohl eher langfristige Kontrakte abschließen möchten (wiederum bei gleichem Zins). Eine kurze Laufzeit verschafft den Anlegern die Möglichkeit, schnell auf geänderte Informationen zu reagieren, ohne daß dabei zusätzliche Kosten auftreten. Der Wunsch nach einer umfassenden „Flexibilität" seitens der Anleger prägt damit – etwas vereinfachend ausgedrückt – den Wunsch nach einer hohen Liquidität.[45] Kreditnehmer profitieren demgegenüber tendenziell von einer längeren Kreditvergabe. Dies erhöht ihre Planungssicherheit. Ein hoher Bestand an kurzfristig fälligen Krediten kann die Existenz eines Unternehmens gefährden, denn unerwartete Ausfälle von Einzahlungen können zur eigenen Zahlungsunfähigkeit führen.[46]

Für die größere Flexibilität sind die Anleger nun tendenziell bereit, geringere Zinsen in Kauf zu nehmen. Oder anders gewendet: Für eine längere Laufzeit sind die Kreditnehmer bereit, höhere Zinsen zu zahlen. Beides spiegelt die unterschiedlichen Vorstellungen der Anleger und Kreditnehmer wider und impliziert, daß die kurzfristigen Zinsen niedriger sind als die langfristigen. Dies entspricht der Hicksschen „Liquiditätsprämientheorie".[47] Der mit der permanenten Verfügbarkeit von Zahlungsmitteln oder der *baldmöglichen* Umwandlung in ein solches Medium verbundene Zinsentgang (relativ zur neoklassischen Welt) stellt also die *Kosten der Liquiditätsvorhaltung* dar und ist der in Einheiten des Gegenwartskonsums gemessene Preis, der für die *Möglichkeit* einer günstigeren zeitlichen Anordnung des Verbrauchs zu bezahlen ist.[48]

---

44 Der Realzins wird hier jeweils als Wachstumsrate der zukünftigen Konsummöglichkeiten und damit des realen Vermögensbestandes der betrachteten Wirtschaften aufgefaßt. Für diese Interpretation siehe z.B. Monissen (1982, S. 117ff.).

45 Vgl. Hahn, 1990, S. 64. Hierbei muß man aber unterstellen, daß eine permanente vergleichbare Wiederanlage gewährleistet ist. Andernfalls wählt ein Anleger u.U. eine längerfristige Anlage.

46 Auch hier lassen sich sicherlich Einschränkungen finden. Ein Bedarf an einer permanenten (dauerhaften) Fremdfinanzierung ist für das Gesagte z.B. unabdingbar.

47 Hicks (1946, S. 142ff.) unterscheidet zwischen der Liquiditätsprämie und der Risikoprämie. Letztere berücksichtigt das *subjektive* Rückzahlungsrisiko des Kreditnehmers. Die Liquiditätsprämie bildet hingegen die hohe Überschußnachfrage nach langfristigen Krediten ab, die nur durch einen Zinsunterschied abgebaut werden kann. Die Kurzfristorientierung bezeichnet Hicks (1946, S. 146) mit „konstitutioneller Schwäche" des Kapitalmarktes.

48 Vgl. Poterba und Rotemberg, 1987, S. 220 und Niehans, 1980, S. 41.

Die Innovation „Geld" lohnt sich also immer dann, wenn die geldwirtschaftlichen Transaktionskosten (GTrK) und die Liquiditätsvorhaltungskosten (LK) zusammen niedriger sind als die tauschwirtschaftlichen Transaktionskosten (TTrK).

Mit einem solchen Ansatz treten zwei Probleme auf. Ein erstes Problem besteht darin, daß die reale Verzinsung des Konsumverzichts in der neoklassischen Welt empirisch nicht ermittelbar ist. Somit können die Liquiditätsvorhaltungskosten nicht korrekt berechnet werden. Hier hilft eine im folgenden verwendete Annäherung, bei der man darauf verzichtet, den Zinsentgang zu berücksichtigen, der *ausschließlich* infolge der geringeren Informationen der Geld- gegenüber der neoklassischen Wirtschaft auftritt. Man unterstellt also, die langfristige Realverzinsung sei in der neoklassischen und in der Geldwirtschaft gleich hoch. Benchmark-Zins für die Ermittlung der Liquiditätsvorhaltungskosten einer jeden Anlage („*anlagebezogene Liquiditätsvorhaltungskosten*") ist jetzt der Zins der am wenigsten liquiden Anlage innerhalb der Geldwirtschaft. Die so ermittelten Liquiditätsvorhaltungskosten werden häufig auch mit „Opportunitätskosten" bezeichnet.[49]

Ein zweites Problem besteht darin, daß die geldwirtschaftlichen und die tauschwirtschaftlichen Transaktionskosten, anders als die Liquiditätsvorhaltungskosten,

- nicht nur ausschließlich in einem niedrigeren Konsum,
- sondern auch ausschließlich in einer geringeren Freizeit,
- oder in einem niedrigeren Konsum *und* in einer geringeren Freizeit anfallen können.

Für den Vergleich der Geld- mit der Tauschwirtschaft muß man damit drei Fälle unterscheiden:

- Immer dann, wenn sich sowohl die geldwirtschaftlichen als auch die tauschwirtschaftlichen Transaktionskosten ausschließlich in einem *niedrigeren Konsum* niederschlagen, genügt die Betrachtung des *Nettomehrkonsums*, die die Geld- gegenüber der Tauschwirtschaft ermöglicht (Nettovorteil in Konsumeinheiten = TTrK – GTrK – LK jeweils in Konsumeinheiten)
- Äußern sich hingegen sowohl die geldwirtschaftlichen als auch die tauschwirtschaftlichen Transaktionskosten in einer *geringeren Freizeit*, so bedarf es einer Umrechnung der Liquiditätsvorhaltungskosten in Freizeiteinheiten, um sie adäquat berücksichtigen zu können. Hier empfiehlt sich die Betrachtung der individuellen „*Produktionsfunktion*", die angibt, mit welchem Zeiteinsatz der betrachtete Akteur Konsummöglichkeiten erwirtschaften kann bzw. mit welchem Arbeitseinsatz er die infolge der Liquiditätsvorhaltungskosten niedrigeren Konsummöglich-

[49] Vgl. z.B. McCallum, 1989, S. 49.

keiten kompensieren kann (Nettovorteil in Freizeiteinheiten = TTrK – GTrK – LK jeweils in Freizeiteinheiten).

- Schlagen sich die geldwirtschaftlichen und/oder die tauschwirtschaftlichen Transaktionskosten in einem *niedrigeren Konsum und einer geringeren Freizeit* nieder, genügt die reine Betrachtung der Produktionsfunktion nicht. Jetzt muß auch die individuelle *Nutzenfunktion* berücksichtigt werden, um den beiden „Zuständen" gerecht zu werden (Nettovorteil in Nutzeneinheiten = TTrK – GTrK – LK jeweils in Nutzeneinheiten).

Tabelle III.1: Zur begrifflichen Unterscheidung verschiedener „Kosten"-arten

Ökonomie	Kostenbezeichnung	Interpretation	Relation der Kosten
Tauschwirtschaft	Tauschwirtschaftliche Transaktionskosten (TTrK)	Kosten der Informationsbeschaffung und des Tauschaktes	Effizienzvorteil ≡ TTrK – GTrK > 0 Nettovorteil ≡ TTrK – GTrK – LK > 0
Geldwirtschaft	• Geldwirtschaftliche Transaktionskosten (GTrK) • Liquiditätsvorhaltungskosten (LK)	• Kosten der Information und der Transaktion • Summe der entgangenen Zinsen	GTrK + LK > 0
Neoklassische Wirtschaft	Da völlig friktionslose Wirtschaft, fallen keine Kosten an.	--	

Ein (repräsentatives) Wirtschaftssubjekt wird nun im Hinblick auf die verschiedenen Anlageformen bemüht sein, maximale Liquiditätsdienste zu erzielen. Dies bedeutet, daß er den „Effizienzvorteil" der Geld- gegenüber der Tauschwirtschaft in Form geringerer Transaktionskosten (TTrK abzüglich GTrK) unter Beachtung der Liquiditätsvorhaltungskosten und *des zu bewältigenden Transaktionsvolumens* maximieren wird. Betrachtet man dabei den ersten Fall, so soll sich der Effizienzvorteil ausschließlich in einem *Mehrkonsum* niederschlagen. Der *maximale Nettovorteil* als Differenz aus Effizienzvorteil und Liquiditätsvorhaltungskosten (hier: *Netto*mehrkonsum) stellt eine sinnvolle Näherung für die Liquiditätsdienste dar, die mit den Anlageformen verbunden sind. Diese Näherung hat den Vorteil, daß sie *nicht* auf Nutzeneinheiten basiert und damit kardinaler Natur ist.

Aber selbst in dem einfachsten der drei denkbaren Fälle wird der Versuch, den maximalen Effizienzvorteil zu quantifizieren, jedes *einzelne* Wirtschaftssubjekt vor ein schwerwiegendes Problem stellen. So hängt der Umfang der geldwirtschaftlichen Transaktionskosten nicht nur von objektiv meßbaren Faktoren wie den bekannten

Umtauschkosten oder den Kommunikationskosten mit der Bank ab, sondern auch davon, in welchem Umfang andere Wirtschaftssubjekte ein Zahlungsmittel verwenden[50] bzw. wie ausgeprägt die „Markttiefe" und damit die Veräußerbarkeit bei den einzelnen Anlageformen ist.[51] Eine individuelle Zurechnung dieses Aspekts ist aber schwierig, eine gesamtwirtschaftliche Feststellung ist hingegen eher möglich.

Nicht weniger problematisch wird es darüber hinaus sein, die notwendige Bestimmung der tauschwirtschaftlichen Transaktionskosten vorzunehmen. Auch hier ist bestenfalls eine gesamtwirtschaftliche Ermittlung denkbar, wobei jedoch jüngere historische Beispiele für eine reine Naturaltauschwirtschaft sehr selten anzutreffen sind. Es bietet sich letztlich nur die Betrachtung von solchen Volkswirtschaften an, in denen das gesetzliche Zahlungsmittel diese Funktion aufgrund einer Hyperinflation (weitgehend) verloren hat. Da aber auch im Falle einer fortschreitenden Hyperinflation für Transaktionen noch sehr lange das gesetzliche Zahlungsmittel verwendet wird, wird der gesellschaftliche Wohlfahrtsverlust in solchen Ländern immernoch niedriger sein als in einer reinen Tauschwirtschaft. Dies gilt auch deshalb, weil zudem häufig auch die Verwendung einer ausländischen Währung als Ersatzzahlungsmittel beobachtbar ist. Die Differenz des Sozialprodukts vor Auftreten der Hyperinflation und zum Zeitpunkt ihres Höhepunkts stellt somit nur eine sehr grobe Annäherung für den Effizienzvorteil im Rahmen einer funktionierenden Geldwirtschaft dar.[52]

Wenn auch die Quantifizierung des maximalen Nettomehrkonsums und damit die Bestimmung des Niveaus der Liquiditätsdienste scheitert, weil die *tausch*wirtschaftlichen Transaktionskosten unbestimmt bleiben, so muß dies für die *Maximierung* des Effizienzvorteils und die Ermittlung der optimalen Anlagenbestände nicht weiter tragisch sein. Die Maximierung des Nettomehrkonsums läuft jetzt gerade auf die Minimierung der Summe aus geldwirtschaftlichen Transaktionskosten und Liquiditätsvorhaltungskosten hinaus (bei gegebenem Transaktionsvolumen). Voraussetzung für eine solche Reduktion des Problems ist einzig die (plausible) Annahme, daß die Höhe der *tausch*wirtschaftlichen Transaktionskosten nur vom Transaktionsvolumen (Tauschvolumen), nicht aber von der Höhe der – in der Tauschwirtschaft überhaupt nicht existenten – monetären Anlageformen abhängt. Trotz einer Veränderung der Anlagenhöhen bleiben die *tausch*wirtschaftlichen Transaktionskosten konstant. Der marginale Rückgang der *geld*wirtschaftlichen Transaktionskosten entspricht damit dem marginalen Anstieg des Effizienzvorteils in Form eines Mehrkonsums (dem

50 Zur Rolle dieser Externalität siehe Fisher, Hudson und Pradhan (1993, S. 15f.), Pill und Pradhan (1994, S. 7).

51 Auf dieses bereits angesprochene Argument verweisen Lippman und McCall (1986, S. 47).

52 Dies liegt auch daran, daß sich in einem solchen intertemporalen Vergleich in der Regel nicht nur die Funktionsfähigkeit der Geldwirtschaft ändert, sondern daß darüber hinaus auch die institutionellen und sozialen Verhältnisse einer Änderung unterworfen sind. Dies hat wiederum Auswirkungen auf das Einkommen. So kann z.B. ein Krieg eingesetzt haben oder die innenpolitische Stabilität verlorengegangen sein.

„Grenzvorteil"). Exakt diese Logik liegt dem lagerhaltungstheoretischen Ansatz zugrunde, wie er oben bereits im Rahmen des bekannten Modells von Baumol und Tobin diskutiert wurde. Auch dort wurde für ein *gegebenes Transaktionsvolumen* die Summe aus Transaktionskosten und Liquiditätsvorhaltungskosten (dort: „Opportunitätskosten") durch die geeignete Wahl des Zahlungsmittelbestands minimiert.

Wendet man diesen Ansatz an, so erhält man die *Substituierbarkeit* der verschiedenen Anlageformen im Hinblick auf ihre Fähigkeit, die *geld*wirtschaftlichen Transaktionskosten zu reduzieren. Dieser Beitrag entspricht der *Liquidität* der Anlageformen. Die Minimierung der geldwirtschaftlichen Transaktionskosten bedeutet, daß im Optimum die Summe aus geldwirtschaftlichen Transaktionskosten und Liquiditätsvorhaltungskosten nicht weiter gesenkt werden kann. Jede transaktionskostenneutrale Umschichtung der Anlageformen würde die Liquiditätsvorhaltungskosten erhöhen. Die marginale Austauschrate der Anlageformen im Optimum (Relation der Liquidität) drückt bei konstanten geldwirtschaftlichen Transaktionskosten die Substituierbarkeit für die gegebene Höhe der Liquiditätsvorhaltungskosten und die einzelnen Anlagepreise (Zinsdifferenzen) aus. Die Grenzraten der Substitution einer beliebigen Anlageform gegenüber dem Zahlungsmittel „Bargeld" kann man im Rahmen der Bargeldäquivalenten Geldmenge zur Gewichtung verwenden. Diesem Aspekt ist das nächste Kapitel gewidmet.

Stellen die geldwirtschaftlichen Transaktionskosten bei Baumol und Tobin ausschließlich Konsumeinbußen dar, so beziehen die *„shopping-time"-Modelle*[53] die geldwirtschaftlichen Transaktionskosten auf die Freizeit. Im Rahmen solcher Modelle liegt es nahe zu unterstellen, daß sich auch der Effizienzvorteil der Geld- gegenüber der Tauschwirtschaft ausschließlich in einer höheren Freizeit niederschlägt. In diesem Fall kann man als *Approximation für die Liquiditätsdienste* den *maximalen Anstieg der Freizeit* ansehen, der sich durch die Geldverwendung realisieren läßt. Da die näherungsweise Quantifizierung des Effizienzvorteils aber – unabhängig davon, ob sich dieser nun in einem Mehrkonsum oder in einer gestiegenen Freizeit niederschlägt –, schwierig zu bewerkstelligen sein wird, wird das Wirtschaftssubjekt auch hier wiederum die *geld*wirtschaftlichen Transaktionskosten in Abhängigkeit der Liquiditätsvorhaltungskosten minimieren. Da die Liquiditätsvorhaltungskosten allerdings in Konsumeinheiten gemessen werden, empfiehlt es sich, sie in Freizeiteinheiten umzurechnen. Dies erlaubt die individuelle „Produktionsfunktion", die angibt, auf wieviel Freizeiteinheiten anstelle des geringeren Konsums verzichtet werden muß. Nur diese Umrechnung erlaubt es, den marginalen „Grenzvorteil" der Anlageformen (marginale Zunahme der Freizeit aufgrund geringerer geldwirtschaftlicher Transaktionskosten abzüglich der marginalen Abnahme der Freizeit infolge gestiegener Liquiditätsvorhaltungskosten) ausschließlich in einer Dimension (hier der „Freizeit") anzugeben. Dieser „Grenzvorteil" kann wiederum die Basis für die Bestimmung der Grenzraten

53 Poterba und Rotemberg, 1987, S. 220. „Shopping-time"-Modelle gehen auf Saving (1971) zurück. Ein einfaches Modell findet man in McCallum (1989, S. 35ff.).

der Substitution zwischen dem Zahlungsmittel Bargeld und allen anderen Anlageformen darstellen.

Ein Umrechnungsproblem ergibt sich auch immer dann, wenn sich der Effizienzvorteil in einem höheren Konsum *und* in einer gestiegenen Freizeit niederschlägt. In diesem Fall kann die Nutzenfunktion des Wirtschaftssubjekts *nicht* ignoriert werden, sondern es muß auf sie zurückgegriffen werden, um entweder die höhere Freizeit in einen höheren Konsum oder den Konsumanstieg in eine erhöhte Freizeit zu transformieren. Anders als in den beiden bisher betrachteten Fällen ist ein eindimensionaler Vergleich der Tausch- und der Geldwirtschaft jetzt nicht mehr möglich. Ausgedrückt in *Gütereinheiten* erhält man das Äquivalent des Effizienzvorteils dann, wenn man unterstellt, daß das Wirtschaftssubjekt eine gegenüber der Tauschwirtschaft unveränderte Freizeit wünscht und dafür lieber den Konsum so erhöht, daß der Nutzenanstieg infolge der geringeren Transaktionskosten unverändert bleiben.

Muß man jedoch auch hier die *tausch*wirtschaftlichen Transaktionskosten wieder unberücksichtigt lassen, dann wird der Rückgriff auf die Nutzenfunktion nur notwendig, wenn sich die *geld*wirtschaftlichen Transaktionskosten in einem geringeren Konsum und in einer gesunkenen Freizeit niederschlagen. Eine Transformation in Güter- oder „Freizeiteinheiten" kann wiederum nur unter Beibehaltung des gleichen, in der Geldwirtschaft realisierten Nutzenniveaus (also entlang einer Indifferenzkurve) erfolgen. Will man sich jedoch einer Näherung für die geldwirtschaftlichen Transaktionskosten bedienen, die *ohne* die Verwendung einer Nutzenfunktion auskommt, so kann man für die Transformation der Transaktionskosten, die sich in einer geringeren Freizeit niederschlagen, die individuelle „Produktionsfunktion" heranziehen. Man ermittelt mit ihrer Hilfe die Gütereinheiten, die ohne den Freizeitaufwand für die Vornahme von Transaktionen mehr hätten produziert und damit zusätzlich hätten konsumiert werden können. Zu den so ermittelten *geld*wirtschaftlichen Transaktionskosten kann man nun noch die Liquiditätsvorhaltungskosten hinzuzählen und die Summe in Abhängigkeit der monetären Anlageformen minimieren (für ein gegebenes Transaktionsvolumen). Man gelangt also, wenn auch als Approximation, zu dem bekannten „Transaktionskostenansatz".

Dabei ist jedoch zu beachten, daß bei dieser güterwirtschaftlichen Betrachtungsweise die „wahren" (in Nutzeneinheiten ausgedrückten) Liquiditätsdienste in dem Maße zu niedrig ausgewiesen werden, wie die *geld*wirtschaftlichen Transaktionskosten überschätzt werden. Daß die wahren *geld*wirtschaftichen Transaktionskosten in *Nutzeneinheiten* ausgedrückt niedriger sind als oben ermittelt, läßt sich daran ersehen, daß das Wirtschaftssubjekt die Option einer unveränderten Freizeit nicht realisiert, sondern eine andere Lösung vorzieht, bei der es zwar weniger Freizeit genießt, aber mehr konsumiert. Entsprechend werden die wahren *Liquiditätsdienste* der monetären Anlageformen – im Sinne des gestiegenen realisierten Nutzens in der Geld- gegenüber der Tauschwirtschaft (*unbekannte* tauschwirtschaftliche Transaktionskosten *abzüglich* der geldwirtschaftlichen Transaktionskosten und der Liquiditätsvorhaltungskosten) – höher ausfallen, als in der rein güterbezogene Betrachtung.

Schlägt sich der Nettovorteil der Geldverwendung für den Akteur in einem höheren Konsum *und* in einer höheren Freizeit nieder, muß man zur korrekten Ermittlung der Liquiditätsdienste somit die Nutzenfunktion des betrachteten (repräsentativen) Akteurs berücksichtigen. Diese Einsicht mag dazu geführt haben, daß zahlreiche Autoren – einschließlich dem Begründer des Divisia-Geldmengenindexes William A. Barnett – die „Liquiditätsdienste" monetärer Anlageformen *direkt nutzenabhängig* darstellen. Die monetären Anlageformen gehen jetzt als Argumente in die Nutzenfunktion des (repräsentativen) Akteurs ein.[54]

III.1.3.2 Liquiditätsdienste im Rahmen eines Nutzenmodells

Im Rahmen eines auf Samuelson[55], Friedman[56] und Patinkin[57] zurückgehenden, „direct utility of money"-Ansatzes[58] wird unterstellt, daß die monetären Anlageformen ähnlich dauerhaften Konsumgütern permanent Leistungen (häufig mit „Liquiditätsdienste" bezeichnet) abgeben, die dann Ursache für den Nutzen sind.[59] Dabei muß aber erklärt werden, worin dieser Nutzen solcher Liquiditätsdienste – im Sinne einer psychologischen Befriedigung – liegen könnte. In einer Welt mit vollständiger Voraussicht ist es nur schwer vorstellbar, daß monetäre Anlageformen ihren Besitzern einen *direkten* Nutzen stiften. Die in der Literatur mit der Liquiditätshaltung üblicherweise verbundene Sicherheit vor Zahlungsunfähigkeit (Illiquidität) stellt dann einen Vorteil dar, wenn die Akteure ihre zukünftigen Zahlungsströme nicht genau kennen, also unter Risiko oder *Unsicherheit* agieren müssen. Die Geldhaltung kann dann als eine Versicherung gegen die „Verlegenheit" (negativer Nutzen) angesehen werden, die eine Zahlungsunfähigkeit beim Wirtschaftssubjekt auslösen kann, wenn Zahlungen von ihm *unverzüglich* zu leisten sind und eine Kreditgewährung oder eine schnelle Beschaffung mit Zahlungsmitteln nicht möglich ist. Diese Begründung für den „Geldnutzen" führt Patinkin an:[60]

> „Assume also that an individual who runs out of cash during the week can meet the situation in one of two ways. Either he can default temporarily on any payment that he is called upon to make – a course of action that is assumed to generate some embarrassment for him; or he can replenish

---

[54] Für den Unternehmenssektor muß dann natürlich unterstellt werden, daß Geld im Sinne eines Produktionsfaktors in die Produktionsfunktion der Unternehmen eingeht. Dieser Ansatz basiert auf Levhari und Patinkin (1968) und Miller und Orr (1966, 1968).

[55] Samuelson, 1947, S. 117ff.

[56] Friedman, 1956, S. 8ff.

[57] Patinkin, 1965, S. 78ff.

[58] Donovan, 1978, S. 677.

[59] Dabei ist Samuelson aber keineswegs der Meinung, daß das Geld ein Gut wie jedes andere sei. Um dies zu gewährleisten, berücksichtigt er in der Nutzenfunktion auch die Geldpreise. Dies soll die (neoklassische) Neutralität des Geldes sicherstellen und so der besonderen Rolle des Geldes gerecht werden. Seit Patinkins (1965) Analyse kann anstelle der Geldpreise die reale Geldmenge verwendet werden (vgl. D. Fisher (1989, S. 6f.).

[60] Patinkin 1965, S. 79f.

> his balances by achieving an intraweek redemption (at their maturity value) of the bonds he holds – an action which is assumed to necessitate some extra bother on his part."

In einer Welt ohne Unsicherheit stellt demgegenüber einzig die „Protzgeld"-Hypothese von W. Gerloff eine wirkliche Begründung für einen *direkten* Geldnutzen dar.[61] Selbst wenn man das von Gerloff angesprochene Motiv der Geldhaltung als allgemeingültigen Erklärungsansatz akzeptieren würde, so basiert es doch auf der Wertspeichereigenschaft finanzieller Anlageformen und erklärt nicht, warum ausgerechnet zahlungsmittelnahe (liquide) Anlageformen gehalten werden. Ein solcher direkter Nutzen kann kaum *Liquiditäts*diensten zugeordnet werden. Insgesamt muß man für eine Welt der vollständigen Voraussicht die Schlußfolgerung ziehen, daß ein über die Zahlungsmittelnähe definiertes Geldmengenaggregat keinen direkten Nutzen verschafft. Vordergründig erhält man damit das Ergebnis, daß die Nutzentheorie nicht zur Herleitung eines Geldmengenaggregats herangezogen werden kann.[62]

Berücksichtigt man jedoch, die Reduktion der Transaktionskosten, die mit der Verwendung eines allgemein akzeptierten Zahlungsmittels einhergeht, so kann man den „Nutzen des Geldes" als einen *indirekten* oder *„abgeleiteten"* Nutzen auffassen, der aus dem höheren Konsum und/oder der zunehmenden Freizeit resultiert. Die unterschiedliche „Liquidität" der monetären Anlageformen ist damit Ausdruck für die „ungleiche Fähigkeit, die Reibung [im Tauschmechanismus; der Verf.] zu überwinden"[63]. In diesem Sinn können die Anlageformen oder möglicherweise ein Aggregat „Geldmenge" durchaus Bestandteil einer Nutzenfunktion sein.[64]

Im Rahmen eines so spezifizierten Optimierungsproblems wird der Minderkonsum infolge der geldwirtschaftlichen Transaktionskosten nicht in der Budgetrestriktion des Wirtschaftssubjekts berücksichtigt, sondern er fließt als (negativer) Bestandteil eines in einer friktionslosen Welt realisierbaren „Bruttokonsums" in die Nutzenfunktion

---

61 Gerloff (1947) versucht die Entstehung von „Geld" soziologisch zu erklären. Zentrales Motiv für die Geldhaltung ist die „Befriedigung des das soziale Leben beherrschenden Geltungstriebs" (S. 29).

62 Vgl. dazu Laidler (1993, S. 43): „It may look, then, as if utility theory cannot be used as a direct explanation of why money is held, ..." Niehans (1980, S. 28) richtet sein Augenmerk darauf, was die Konstitution eines Geldmengenaggregates viel eher beeinflussen könnte: „In Tat und Wahrheit weiss man einzig, dass die Frage [nach der Eigenschaft einer möglichen Nutzenfunktion; der Verf.] nichts mit individuellen Präferenzen zu tun hat, sehr viel hingegen mit den Friktionen im Tauschsystem."

63 Niehans, 1980, S. 29. Der indirekte Nutzen des Geldes ist der Nutzen, den die aufgrund der Geldverwendung (bei unveränderter Freizeit) *zusätzlich* gekauften Güter abgeben.

64 In den Worten von Niehans (1980, S. 39): „Der Nutzen, der dem Geld beigelegt wird, muss somit indirekter Natur sein, abgeleitet von den günstigeren Verbrauchsplänen, die es ermöglicht." Bei Claassen (1980, S. 91) heißt es: „Die durch die Existenz des Geldes ... ermöglichte Reduktion der Transaktionskosten der Wirtschaft kann nämlich auch als eine Nutzenstiftung des Geldes bzw. als kollektiver Wohlfahrtsgewinn gedeutet werden." Wie gezeigt, verstehen die Verfechter des Divisia-Ansatzes die Verwendung von Geld in der Nutzenfunktion gerade in diesem Sinne.

ein.[65] Von der Logik her reduzieren die Transaktionskosten hier nicht die Konsummöglichkeiten des Wirtschaftssubjekts, die mit einem gegebenen Einkommensstrom in der Geldwirtschaft realisiert werden können, sondern verringern den Bruttokonsum um den Teil, der für die Vornahme von Transaktionen „konsumiert" (d.h. aufgewendet) werden muß. Übrig bleibt auch hier nur der *Nettokonsum*, der bereits im Transaktionsansatz im Mittelpunkt des Interesses stand. Da die Verwendung bzw. Bereithaltung liquider Mittel auch hier den Teil des Bruttokonsums reduzieren soll, der zur Bewerkstelligung von Transaktionen aufzuwenden ist (also die *geld*wirtschaftlichen Transaktionskosten), trägt ein höherer Mittelbestand letztlich zu einer Erhöhung des Nettokonsums bei und erhöht den Effizienzvorteil der Geld- gegenüber der Tauschwirtschaft.[66]

Entscheidet man sich für die Berücksichtigung der monetären Anlageformen in der Nutzenfunktion und maximiert man die Nutzenfunktion über den *Netto*konsum, die Freizeit *und die monetären Anlageformen* unter Berücksichtigung der relevanten Preise und eines (gegebenen) Einkommens abzüglich der anfallenden Liquiditätsvorhaltungskosten („Nutzenansatz"), so erhält man exakt dasselbe Ergebnis, wie wenn man eine Nutzenfunktion ausschließlich über den Nettokonsum und die Freizeit postuliert und diese unter einer Nebenbedingung maximiert, bei der das zur Verfügung stehende Einkommen um die geldwirtschaftlichen Transaktionskosten und die Liquiditätsvorhaltungskosten reduziert ist, die sich beim *optimalen Transaktionsvolumen* und bei der *optimalen Anlagestruktur* einstellen („um die Bestimmung der optimalen Konsum-Freizeit-Kombination erweiterter Transaktionskostenansatz").

Der Nutzenansatz ist damit etwas umfassender als der reine Transaktionsansatz. Er läßt sich zugleich zur Bestimmung der optimalen (Netto-) Konsummengen und der (Netto-) Freizeit heranziehen, während es im Transaktionsansatz lediglich um die Bestimmung der optimalen Anlagevolumina geht (bei gegebenem Transaktionsvolumen, d.h. Konsumbündel). Allerdings setzt die Verwendung des Nutzenansatzes eine strenge Abgrenzung der realen Geldhaltung gegenüber den darüber hinaus zu berücksichtigenden Größen „Nettokonsum" und „Nettofreizeit" voraus. Andernfalls besteht die Gefahr, daß der zusätzliche Konsum bzw. die erhöhte Freizeit, die die Geldwirtschaft gegenüber der Tauschwirtschaft ermöglicht, in der Nutzenfunktion

---

65 Für diese Formulierung des Transaktionskostenansatzes siehe z.B. Feenstra (1986, S. 279ff.) oder D. Fisher (1989, S. 9ff.). Der Ansatz ist äquivalent mit einem Vorgehen, ausgehend von einem/einer *in der Tauschwirtschaft* realisierbaren Konsum/Freizeit den von der Höhe der monetären Alnageformen abhängigen *Effizienzvorteil* der Geld- gegenüber der Tauschwirtschaft in der Nutzenfunktion zu berücksichtigen.

66 In gleicher Weise läßt sich argumentieren, wenn sich die *geld*wirtschaftlichen Transaktionskosten ausschließlich in einer geringeren Freizeit oder in einem niedrigeren Konsum *und* in einer verminderten Freizeit niederschlagen.

doppelt erfaßt wird und damit implizit doch ein eigenständiger Nutzen der monetären Anlageformen behauptet wird.[67]

III.1.3.3 Zusammenhang zwischen Transaktionsansatz und Nutzenansatz

Die Ausführungen haben gezeigt, daß es zwischen dem transaktionsorientierten und dem nutzenorientierten Ansatz recht große Ähnlichkeiten gibt. Dies wird besonders dann deutlich, wenn man auch im Transaktionsmodell *nicht* auf die Spezifizierung der Nutzenfunktion und die Ermittlung des optimalen (Netto-) Konsumbündels verzichtet. Auf Feenstra geht der Beweis zurück, daß beide Ansätze unter recht allgemeinen Bedingungen tatsächlich weitgehend äquivalent sind.[68] Dies läßt sich mittels der Dualität zeigen. Dabei geht eine recht allgemeine Klasse von „Transaktionskostenfunktionen"[69] mit einer breiten Klasse von solchen Nutzenfunktionen einher, die die reale Geldmenge enthalten. Im folgenden soll zuerst Feenstras Analyse beispielhaft für eine „Baumol-Tobin-Welt" dargestellt werden.[70] Dies bedeutet, daß im Rahmen der Beweisführung (aus Vereinfachungsgründen) von der Existenz verschiedener monetärer Anlageformen abstrahiert wird und daß die die Transaktionskosten (ausschließlich) in Konsumeinheiten gemessen werden.[71] Verallgemeinerungen werden daran anschließend vorgenommen.

Ausgangspunkt seien Überlegungen zu den Eigenschaften einer möglichst allgemein gehaltenen Transaktionskostenfunktion, die notwendig sind, plausible Annahmen über die Zahlungstechnologie abzubilden.[72] Die Transaktionskostenfunktion sollte so geartet sein,

---

67 Deutlich wird dies, wenn man ein Szenario betrachtet, bei dem in einer Volkswirtschaft (z.B. durch die Beendigung einer Hyperinflation) ein vorhandenes (gesetzliches) Zahlungsmittel seine allgemeine Akzeptanz zurückerlangt und es damit verstärkt gehalten wird. Geld in der Nutzenfunktion impliziert, daß mit dieser gestiegenen Geldhaltung auch ein höherer Nutzen verbunden ist. Unterstellt man als Ausgangssituation einen Zustand der reinen Tauschwirtschaft, so müssen die Akteure infolge der gestiegenen Geldhaltung weniger Zeit und Ressourcen aufwenden, um ein gegebenes Transaktionsvolumen zu bewältigen. Dieser „Effizienzgewinn" der Geld- gegenüber der Tauschwirtschaft führt nun dazu, daß neben der Geldhaltung auch der beobachtbare Konsum und die Freizeit steigen. Soll Geld keinen eigenständigen, sondern nur einen abgeleiteten Nutzen stiften, so darf der Nutzenzuwachs, der mit dem höheren Konsum und der Freizeit verbunden ist, ceteris paribus nur einmal erfaßt werden: entweder im Sinne eines „Geldnutzens" *oder* bei den Kategorien „Konsum" und „Freizeit". Der Ansatz des abgeleiteten „Geldnutzens" impliziert also, daß der zu berücksichtigende Konsum und die Freizeit den Werten entspricht, die in der reinen Tauschwirtschaft realisiert werden konnten.

68 Vgl. Feenstra, 1986, S. 272ff.

69 Diese Bezeichnung geht auf Brock (1974, S. 768) zurück. Sie steht als Synonym für die Zahlungstechnologiefunktion und soll angeben, in welchem Maße die verschiedenen Anlageformen zur Reduktion der *geld*wirtschaftlichen Transaktionskosten beitragen.

70 Für das Folgende siehe die recht eingängigen Darstellungen der Ergebnisse von Feenstra (1986) bei D. Fisher (1989, S. 9ff.) und Klump (1992, S. 442ff.).

71 Dies impliziert einen zugrundeliegenden Transaktionsansatz. Analoge Ergebnisse leitet Croushore (1993, S. 177ff.) für ein Shopping-Time-Modell ab.

72 Für diese Anforderungen siehe Feenstra (1986, S. 278), aber auch D. Fisher (1989, S. 11).

- daß die Transaktionskosten niemals negativ sind, wobei sie sicher Null betragen sollen, wenn keine Transaktionen vorgenommen werden,
- daß die Transaktionskosten mit einem steigenden realen Transaktionsvolumen (*T*) entweder proportional oder überproportional zunehmen,
- daß die Transaktionskosten mit der Höhe der realen Geldhaltung (*M/P*) entweder proportional oder unterproportional abnehmen, und
- daß die Grenzkosten eines höheren Transaktionsvolumens mit einer höheren realen Geldhaltung abnehmen.

Die Anforderungen leuchten unmittelbar ein: Wenn keine Transaktionen durchgeführt werden, dann sollen die Transaktionskosten Null sein. Dies impliziert zweierlei, zum einen wird von transaktionsunabhängigen Kosten abgesehen („fixe Kosten"), zum anderen drückt sich damit der Unterschied zwischen dem Transaktionsvolumen und der realen Geldhaltung aus. Bei dieser kann nämlich nicht angenommen werden, daß die Transaktionskosten Null sind, wenn sie Null ist.[73] Ganz im Gegenteil, die Transaktionskosten werden jetzt maximal sein. Darüber hinaus ist es wohl plausibel anzunehmen, daß mit der Höhe der durchzuführenden Transaktionen auch die Ressourcen zunehmen, die für ihre Bewältigung aufzuwenden sind. Wenige Transaktionen lassen sich noch relativ leicht bearbeiten. Nimmt jedoch ihr Umfang immer mehr zu, so werden auch die Transaktionskosten ceteris paribus ansteigen. Je mehr Transaktionen vorzunehmen sind (je höher das Transaktionsvolumen ist), desto stärker wird dabei der Kostenanstieg ausfallen.

Demgegenüber soll die Geldverwendung gerade dazu dienen, diesen Ressourcenverbrauch zu senken. Je mehr Geld bei unveränderten Preisen in der Ökonomie vorhanden ist, desto leichter sollten die Transaktionen fallen, umso geringer sollten damit die Transaktionskosten sein. Entscheidend ist somit die Höhe der realen Geldmenge. Allerdings muß man davon ausgehen, daß jede zusätzliche Einheit realer Geldmenge ceteris paribus die Kosten nur unterproportional zu senken vermag. Während die Erhöhung eines relativ geringen (realen) Geldumlaufs die Kosten recht deutlich senken wird, kann die gleiche Erhöhung bei einem relativ hohen (realen) Geldumlauf nur noch wenig zur Kostensenkung beitragen. Variieren sowohl das Transaktionsvolumen als auch die reale Geldhaltung, so soll die Zunahme der Transaktionskosten infolge eines gestiegenen Transaktionsvolumens (Grenzkosten der Transaktion) mit steigender Geldhaltung abnehmen. Auch hierin drückt sich die „dienende Rolle" der Geldhaltung aus.

Stellt $\phi(T;M/P)$ die Transaktionskostenfunktion dar, so soll also gelten:

---

73 Man beachte, daß hier die *geldwirtschaftlichen Transaktionskosten* betrachtet werden, *nicht* die Liquiditätsvorhaltungskosten! Letztere nehmen sicherlich mit einer höhere Geldhaltung zu.

(III.9) $\phi(0;M/P) = 0$ und $\phi \geq 0$; $\partial\phi/\partial T \geq 0$; $\partial\phi/\partial(M/P) \leq 0$;

und $\partial^2\phi/\partial T^2 \geq 0$; $\partial^2\phi/\partial(M/P)^2 \geq 0$; $\partial^2\phi/\partial T\partial(M/P) \leq 0$.

Betrachtet man nun in Anlehnung an die Baumol-Tobin-Darstellung wiederum das Entscheidungsproblem eines Haushalts und unterstellt man, daß *nominale* Transaktionsvolumen entspreche dem realen Konsum (-aggregat) *C* multipliziert mit dem Preisniveau *P*, dann ergibt sich der durchschnittliche Bestand des einzigen Mediums „Geld" M_H in Abhängigkeit der Auszahlungen *n*:[74]

(II.9') $$M_H = \frac{PC}{2n}.$$

Die realen Transaktionskosten TK_H/P ergeben sich dann wie folgt:

(III.10) $$\frac{TK_H}{P} = n \cdot \frac{z}{P} = \frac{z}{P} \cdot \frac{C}{2M_H/P} = \phi_H(C;M_H/P);$$

sie sind also allgemein eine Funktion des realen Konsums (*C*) und der realen Geldmenge (*M/P*). Die Funktion $\phi_H(C;M_H/P)$ weist dabei alle oben geforderten Eigenschaften auf. Bezeichnet man die Summe aus Konsum und Transaktionskosten mit „Bruttokonsum"[75] C_b, dann kann man diesen als Funktion des (Netto-) Konsums (*C*) darstellen:

(III.11) $$C_b \equiv C + \phi_H(C;M_H/P) = C\left(1 + \frac{z}{P} \cdot \frac{1}{2M_H/P}\right).$$

Bildet man die Umkehrfunktion, so hat man die Einflußgrößen für den Konsum:

(III.12) $$C = \frac{C_b}{\left(1 + \frac{z}{P} \cdot \frac{1}{2M_H/P}\right)} = \frac{C_b}{\left(1 + (z/2P) \cdot (M_H/P)^{-1}\right)}.$$

Der Konsum hängt damit

- vom Bruttokonsum (C_b),
- vom Preisniveau (*P*),
- von den nominal fixierten Umtauschkosten (*z*) und
- von der realen Geldmenge (*M/P*) ab.

---

74 Für den Aspekt der Äquivalenz ist es wiederum unwichtig, ob man den Haushaltssektor betrachtet oder den Produktionssektor (vgl. Klump, 1992, S. 443f.).

75 Feenstra, 1986, S. 280. Eine Interpretation wurde weiter oben geliefert.

Für eine vom Konsum abhängige Nutzenfunktion *u(C)* bedeutet dies, daß sie den gleichen Einflußgrößen unterliegt:

$$\text{(III.13)}\quad u(C) = u\left(\frac{C_b}{\left(1+(z/2P)\cdot(M_H/P)^{-1}\right)}\right) = v(C_b;M/P).$$

Unterstellt man, die Nutzenfunktion *u(C)* besitzt die übliche Eigenschaft eines abnehmenden Grenznutzens

$$\text{(III.14)}\quad \frac{\partial u}{\partial C} > 0 \quad \text{und} \quad \frac{\partial^2 u}{\partial C^2} < 0,$$

dann besitzt die indirekte Nutzenfunktion $\psi(C_b;M_H/P)$ die folgenden Eigenschaften:[76]

$$\text{(III.15)}\quad \frac{\partial \psi}{\partial C_b} = \frac{\partial u/\partial C}{\left(1+(z/2P)\cdot(M_H/P)^{-1}\right)} > 0,$$

$$\text{(III.16)}\quad \frac{\partial^2 \psi}{\partial {C_b}^2} = \frac{\partial^2 u/\partial C^2}{\left(1+(z/2P)\cdot(M_H/P)^{-1}\right)^2} < 0,$$

$$\text{(III.17)}\quad \frac{\partial \psi}{\partial (M/P)} = \frac{\partial u/\partial C\cdot(z/2P)\cdot(M_H/P)^{-2}}{\left(1+(z/2P)\cdot(M_H/P)^{-1}\right)^2} > 0,$$

$$\text{(III.18)}\quad \frac{\partial^2 \psi}{\partial (M/P)^2} = \frac{1}{\left(1+(z/2P)\cdot(M_H/P)^{-1}\right)^4}$$

$$\times\left[\frac{\partial^2 u}{\partial C^2}\cdot C_b(z/2P)^2\cdot(M_H/P)^{-4} - 2\frac{\partial u}{\partial C}\cdot C_b(z/2P)\cdot(M_H/P)^{-3}\left(1+(z/2P)\cdot(M_H/P)^{-1}\right)\right] < 0,$$

$$\text{(III.19)}\quad \frac{\partial^2 \psi}{\partial C_b \partial (M/P)} = \frac{1}{1+(z/2P)\cdot(M_H/P)^{-1}}$$

$$\times\left[\frac{\partial u}{\partial C}(z/2P)\cdot(M_H/P)^{-2}\left(1+\frac{\partial^2 u/\partial C^2}{\partial u/\partial C}\cdot C\right)\right] \gtrless 0.$$

---

[76] Die Ableitungen ergeben sich immer als Produkt einer äußeren und einer inneren Ableitung. So gilt z.B. $\frac{\partial v}{\partial C_b} = \frac{\partial u}{\partial C}\frac{\partial C}{\partial C_b}$.

Die Kreuzableitung ist positiv, wenn die Grenznutzenelastizität des Konsums ε_C mit

$$\text{(III.20)} \quad \varepsilon_C \equiv -\frac{\partial^2 u/\partial C^2}{\partial u/\partial C} C$$

kleiner ist als Eins.[77]

Damit weist die indirekte Nutzenfunktion aber genau die Eigenschaften auf, die man einer Nutzenfunktion $v(C_b;M_H/P)$ zuschreiben würde, die sowohl vom Bruttokonsum als auch von der realen Geldmenge abhängen soll.[78] In diesem Fall kann man die indirekte Nutzenfunktion $\psi(C_b;M_H/P)$ also als direkte Nutzenfunktion interpretieren, bei der der Bruttokonsum und die reale Geldhaltung Nutzen stiften. Beide Ansätze sind in dem Sinne äquivalent, als daß der Nutzen in beiden Fällen gleich hoch ist:

$$\text{(III.21)} \quad u(C) = v(C_b;M_H/P).$$

Der Verdienst von Feenstra liegt nun darin, daß er gezeigt hat, daß sich eine „geldabhängige Nutzenfunktion" mit den gewünschten Eigenschaften (III.25 bis III.29) immer genau dann finden läßt, wenn die Transaktionskostenfunktion die in (III.19) beschriebenen Eigenschaften aufweist, wobei der Umkehrschluß auch gilt. Da diese Eigenschaften aber recht allgemein sind, besteht die Äquivalenz relativ leicht. Diese gilt dann auch unabhängig von der konkreten Anzahl der betrachteten monetären Anlageformen. Selbst die oben angeführte Cash-in-advance-Restriktion läßt sich mit einem so begründeten Nutzenansatz erfassen. Sowohl die Transaktionskostenfunktion als auch die „geldabhängige Nutzenfunktion" weisen dabei die Form einer limitationalen Funktion auf. Bei der Transaktionskostenfunktion leuchtet dies auch unmittelbar ein, denn gerade darin kommt die feste Zusammengehörigkeit anstelle der üblichen Substituierbarkeit zum Ausdruck.[79]

Die Äquivalenz beider Ansätze heißt nun nicht, daß es immer gleichermaßen sinnvoll ist, den einen oder den anderen Ansatz zu wählen.[80] Zur Abgrenzung beide Ansätze berücksichtigt man am besten den Umstand, daß die Höhe der (geldwirtschaftlichen) Transaktionskosten eine subjektive und eine objektive (technische) Dimension hat:[81]

---

77 Diesen Fall hält Klump für besonders plausibel (vgl. Klump, 1992, S. 442).

78 Vgl. D. Fisher, 1989, S. 12.

79 Für diesen Fall siehe Klump (1992, S. 442f.).

80 Einen an den Transaktionskosten ausgerichteten Ansatz zur Herleitung gewichteter Geldmengenaggregate findet man in der Literatur bislang nur bei Tödter (1994). Sein Ansatz unterscheidet sich aber von der hier aufgezeigten Vorgehensweise. So nennt Tödter (1994, S. 327) die von ihm verwendete Aggregationsfunktion „Transaktionsfunktion", ohne ihr die hier gezeigte ökonomische Bedeutung zu geben. Eine Bezeichnung mit „Transaktions*kosten*funktion" schließt sich in seinem Ansatz aus, da er diesen Begriff für die mit Hilfe der diskontierten Zinsdifferenzen gemessenen Kosten der Liquiditätsvorhaltung verwendet (S. 324).

81 Hicks (1935, S. 67) bezeichnet die objektive (technische) Dimension als „directly priced", weil sich dieses Element der Transaktionskosten unmittelbar in einem Geldpreis niederschlägt. Als Beispiel

- der Nutzenansatz neigt tendenziell dazu, die subjektive Komponente zu stark in den Vordergrund zu rücken, während
- der Transaktionskostenansatz tendenziell zu sehr die objektive Komponente betont (vor allem wenn man auf die Bestimmung des optimalen Konsumbündels verzichtet).

Ein Schwachpunkt der impliziten Berücksichtigung der Transaktionskosten in der Nutzenfunktion liegt darin, daß der Blick für die technische Dimension der relativen Liquidität einer Anlageform verschleiert wird. Bei korrekter Herleitung ist diese Dimension zwar auch im Nutzenansatz enthalten, nichtsdestoweniger entsteht der Eindruck, Liquidität – als eine Eigenschaft monetärer Anlageformen – sei etwas *ausschließlich* subjektives, etwas was in Abhängigkeit individueller Präferenzen einen eigenständigen „Nutzen" stiftet.[82]

Demgegenüber verdeutlichen die Transaktionskostenansätze (bzw. die shopping-time Modelle) explizit, in welchem Umfang die Verwendung oder Umwandlung der monetären Anlageformen zu Konsumeinbußen (bzw. Freizeitrückgängen) führen. Dabei werden die Transaktionskosten und damit auch der „Transaktionspreis" im Sinne der marginalen Transaktionskosten

- zum einen durch die technische Ausstattung innerhalb der Volkswirtschaft und
- zum anderen durch die Zugangsmöglichkeiten des Einzelnen zu diesen Technologien bestimmt.[83]

Die in einer Volkswirtschaft anzutreffende Zahlungstechnologie stellt für ein einzelnes Wirtschaftssubjekt eine gegebene Größe dar. Es kann die Dichte der Filialnetze der Kreditinstitute, die Anzahl der Bargeldautomaten, die Möglichkeit des Telefonbanking und die Gewährung von Kreditkarten praktisch nicht beeinflussen. Auch die mit der konkreten Inanspruchnahme der verschiedenen Instrumente verbundenen Kosten hängen in der Regel nicht von der Person des Nutzers ab.[84] Anders sieht es

---

führt er Maklergebühren („brokerage charges") und die Börsensteuer bzw. Stempelgebühr („stamp duties") an.

82 So schreibt Barnett über die „Liquiditätsdienste": „...M_S (das Geldmengenaggregat $M(\mathbf{m}_S)$; der Verf.) measures the consumer's subjective evaluation of the services received from holding $\mathbf{m}_S$." (Barnett, 1995, S. 356).

83 Wie bereits weiter oben dargelegt wurde, bestimmen auch institutionelle Regelungen über die Zahlungstechnologie und damit über die Höhe der Transaktionskosten. Diese sogenannte „legal restrictions theory" geht auf Wallace (1983) zurück und wird bei Förster (1994, S. 194ff.) ausführlich diskutiert.

84 Diese Schlußfolgerung setzt vollkommene Konkurrenz voraus: So hat der Einzelne lediglich als Teil einer Gesamtnachfrage einen Einfluß auf die technologische Ausstattung und den damit verbundenen Preis. Aufgrund der unterstellten atomistischen Struktur der Nachfrageseite ist dieser Einfluß aber verschwindend gering. Der einzelne kann die Preise für die Benutzung des Kassenautomaten, des Kontoauszugsdruckers oder der Ausführung von Überweisungen nicht beeinflussen. Darüber hinaus werden diese Preise durch die Kostenfunktionen der Geschäftsbanken mitbestimmt. Dabei wird im Fall der vollständigen Konkurrenz davon ausgegangen, daß es zahlreiche

hingegen bei den Kosten aus, die das Wirtschaftssubjekt aufwenden muß, um die gegebenen technischen Möglichkeiten zu nutzen. Zum Beispiel setzt die Beschaffung von Bargeld entweder einen Bankbesuch oder den Gang zu einem nähergelegenen Bargeldautomaten voraus. Der dafür notwendige Zeitaufwand verursacht bei verschiedenen Akteuren unterschiedlich hohe Opportunitätskosten, die davon abhängen, welche individuellen „Produktionsfunktionen" die Wirtschaftssubjekte besitzen. Ähnlich läßt sich auch für die Vornahme von Überweisungen argumentieren, die entweder einen Bankbesuch oder einen Gang zum nächsten Briefkasten erfordern, wenn man nicht explizit die Möglichkeit des Telefonbanking besitzt.

Der als Aggregationsfunktion verwendeten Transaktionskostenfunktion liegt damit die *individuelle* Zahlungstechnologiefunktion eines (repräsentativen) Akteurs zugrunde.[85] Dies spricht zwar tendenziell für den Nutzenansatz. In einer Zeit, in der Bankgeschäfte mit immer geringer werdendem Zeiteinsatz – z.B. durch das Telefonbanking – vorgenommen werden können, wird die Bedeutung der subjektiven Komponente dieser Technologiefunktion aber eher abnehmen. Die gesamten Transaktionskosten werden damit tendenziell objektiv meßbarer, was die Verwendung einer individuellen Bewertungsfunktion (Nutzenfunktion) eher überflüssig macht. Darüber hinaus werden sich die Transaktionskosten tendenziell angleichen, so daß man letztlich eine für alle Akteure geltende Transaktionskostenfunktion erhält. Aus *didaktischer Sicht* wird der Transaktionskostenansatz damit zunehmend interessanter.[86] Wenn vor allem in den aggregations- und indextheoretischen Teilen der Arbeit dann aber doch immer vom Nutzenansatz ausgegangen wird, so geschieht dies vor allem zur leichteren Bezugnahme auf das Vorgehen in der einschlägigen Literatur und soll nur im Sinne einer sprachlichen Vereinfachung verstanden werden.

Anbieter dieser Leistungen gibt und daß eine wettbewerbliche Angebotsstruktur vorliegt, die zu einem einheitlichen (niedrigst möglichen) Angebotspreis führt. Der Einzelne hat jedoch dann einen Einfluß auf die Nutzungskosten, wenn es sich nicht um das sogenannte „Massengeschäft" handelt und wenn kein vollständiger Wettbewerb herrscht. Gibt es nur einen (Monopson) oder sehr wenige (Nachfrageoligopol) Nachfrager, wie z.B. bei automatischen Kontoglattstellungen von Konzerntöchtern durch die Banken, dann bestimmt die Machtposition des Nachfragers den zu zahlenden Preis. Ein solcher Einfluß auf die Höhe der Transaktionskosten kann aber auch dadurch entstehen, daß der Geschäftsbankensektor nicht wettbewerblich organisiert ist, so daß es zu Preisunterschieden zwischen den verschiedenen Anbietern kommt. In diesem Fall beeinflußt der Einzelne durch die Wahl seiner Bankverbindung den Nutzungspreis. Die Transaktionskosten sind dann verstärkt subjektiv bestimmt.

85 Barnett (1987, S. 118) nennt diese Funktion „consumer's transactions technology"-Funktion. Entsprechend gibt es Ansätze in der Literatur, die bei der Aggregation direkt an der Zahlungstechnologie ansetzen (siehe z.B. Koenig und Fomby, 1990 oder Ford, Peng und Mullineux, 1992). Allerdings werden dabei die hier aufgezeigten mikroökonomischen Zusammenhänge vollständig außer Acht gelassen und lediglich die Auswirkungen diskutiert, die Finanzinnovationen auf die Genauigkeit des Divisia-Indexes haben. Für diese Aspekte siehe Kapitel III.2.

86 Daß aber auch weiterhin Unterschiede in der Liquiditätshaltung und Portfoliostruktur zwischen den Wirtschaftssubjekten bestehen werden, liegt an den unterschiedlichen Transaktionsvolumen und Risikoeinstellungen der Wirtschaftssubjekte. Solche Unterschiede lassen sich mit einem Ansatz, der von der Fiktion eines repräsentativen Akteurs ausgeht, nicht erfassen.

III.1.3.4 Zusammenfassung

Die vorangestellte Diskussion hat also gezeigt, daß es durchaus Ansätze gibt, die verschiedenen Anlageformen *nicht* als gleich anzusehen. Folgende Aspekte/Annahmen sind dabei von besonderer Relevanz:

- Die monetären Anlageformen unterscheiden sich hinsichtlich ihrer Umwandelbarkeit in Zahlungsmittel („(relative) Liquidität" bzw. „Zahlungsmittelnähe"). Die Liquidität der Anlageformen hat eine objektive und eine subjektive Komponente. Von der Liquidität wird angenommen, daß sie maßgeblich die tatsächliche Umwandlung der Anlagen in Zahlungsmittel beeinflußt. Aussagen über die zu erwartende Umwandlung sind wichtig, um die Höhe eines in Zukunft zu erwartenden Zahlungsmittelbestandes abschätzen zu können, der auf der Basis eines quantitätstheoretischen Transmissionsmechanismus' möglicherweise für Inflationsgefahren sorgt.

- Die Verfechter des Divisia-Ansatzes schreiben den monetären Anlageformen unterschiedlich hohe „Liquiditätsdienste" zu. Im Rahmen eines Transaktionsansatzes lassen sich diese „Liquiditätsdienste" als den Beitrag deuten, den auch die Anlageformen, die noch keine Zahlungsmittel darstellen, aber in solche umgewandelt werden können, zum Wohlfahrtsgewinn einer Geld- gegenüber einer Tauschwirtschaft beisteuern. Für ihre Ermittlung kommt es zentral auf die Spezifizierung der tauschwirtschaftlichen und geldwirtschaftlichen Transaktionskosten und der Liquiditätsvorhaltungskosten an. Die Transaktionskosten hängen vor allem von der Transaktionstechnologien in der Tausch- und in der Geldwirtschaft ab. Diese unterliegt möglicherweise auch Einflüssen, die in der Situation eines einzelnen Akteurs begründet sind. Da die tauschwirtschaftlichen Transaktionskosten in der Praxis nicht zu ermitteln sind, kann man unter recht plausiblen Annahmen zur Ermittlung der auf der Basis von Liquiditätsdiensten beruhenden Gewichten der Anlagen ausschließlich auf die geldwirtschaftlichen Transaktions- und Liquiditätsvorhaltungskosten abstellen. Damit die Fokussierung auf die Liquiditätsdienste für die makroökonomische Fragestellung überhaupt Sinn macht, muß man unterstellen, daß ein enger Zusammenhang zwischen den Liquiditätsdiensten, der Liquidität und der zu erwartenden Umwandlung in Zahlungsmittel besteht.

- Um überhaupt Unterschiede in den Liquiditätsdiensten der Anlageformen messen zu können, muß man die (optimale) Situation eines Portfoliogleichgewichts betrachten. Als Maß für die Substituierbarkeit zwischen einer Anlageform und den Zahlungsmitteln kann man die marginale Austauschrate im Optimum zwischen der betrachteten Anlageform und den Zahlungsmitteln (z.B. dem Bargeld) verwenden.

- Alternative Ansätze verwenden anstelle einer Transaktionstechnologie eine Nutzenfunktion. Aber auch sie lassen sich auf einen transaktionsbezogenen

Hintergrund zurückführen. Der Nutzen ist hier indirekter, abgeleiteter Natur. Bei korrekter Anwendung sind beide Ansätze vollkommen äquivalent. Entscheidend ist immer die individuelle Zahlungstechnologiefunktion.

Für eine sinnvolle makroökonomische Interpretierbarkeit eines auf der Basis von *Liquiditätsdiensten* abgeleiteten Geldmengenaggregats ist es wichtig, daß folgende Argumentation zutrifft: Hohe Liquiditätsdienste implizieren eine hohe Liquidität, was bei solchen Anlagen, die noch keine Zahlungsmittel darstellen, mit einer hohen Umwandlungsrate in Zahlungsmittel einhergeht. Ob die Liquiditätsdienste wirklich die Zahlungsmittelnähe abbilden, hängt auch davon ab, wie die Liquiditätsdienste erfaßt werden. Obige Ausführungen implizieren, dafür die *„marginalen (anlagenbezogene) Liquiditätsvorhaltungskosten"* zu wählen, die den *Preis für eine zusätzlich in dieser Anlageform gehaltenen Geldeinheit* widerspiegeln. In der Praxis werden für die Messung der marginalen Liquiditätsvorhaltungskosten die sogenannten *„User costs"* verwendet, die – wie es obige theoretische Überlegungen auch nahelegen – auf einer (diskontierten) Zinsdifferenz basieren. Eine ausführliche Diskussion der User costs würde den Gedankenfluß an dieser Stelle unnötig unterbrechen. Sie wird deshalb in Kapitel III.2 vorgenommen. Für die folgenden Ausführungen wird unterstellt, daß die User costs eine entsprechende Abbildung der marginalen Liquiditätsvorhaltungskosten tatsächlich gewährleisten.

III.1.4 Aggregationstheoretische Implikationen und geldpolitische Interpretierbarkeit

Entscheidend für die Gewichtung der einzelnen Anlageformen ist die individuelle Zahlungstechnologiefunktion. Diese gibt an, welchen Beitrag die verschiedenen monetären Anlageformen zur Bewältigung der Transaktionen leisten. Direkt geben sie die (geldwirtschaftlichen) Transaktionskosten an, indirekt die Kosteneinsparung relativ zur Tauschwirtschaft. Man kann die Zahlungstechnologiefunktion als Grundlage für die Aggregation monetärer Anlagefunktionen verwenden, schließlich nimmt sie eine Gewichtung in einer theoretisch begründbaren Weise vor. Was impliziert ein solches Vorgehen aber für das Aussehen der Aggregationsfunktion und die Aussagekraft des Aggregatswertes?

- Ausgangspunkt sind die Liquiditätsdienste, die von den Anlageformen ausgehen. Diese Liquiditätsdienste (im Sinne einer höheren Wohlfahrt) fallen in jeder Periode immer wieder neu an, so daß das ermittelte Aggregat eine *Stromgröße* und *keine Bestandsgröße* darstellt. Im Zusammenhang mit einem solchen Aggregat vom „gewichteten Geldmengen*bestand*" oder vom „effektiven Geld*bestand* zu Transaktionszwecken" zu sprechen, wäre also verkehrt.

- Eine additiv gebildete individuelle Zahlungstechnologiefunktion (wie sie z.B. Grundlage der Bargeldäquivalenten Geldmenge sein könnte) impliziert, daß für den Akteur alle oder wenigstens ein Teil der Anlageformen hinsichtlich ihrer Fähigkeit, die „Friktionen im Tauschprozeß zu mildern" vollständige Substitute sind. Im Extremfall könnte er also alle Transaktionen mit einer einzigen Anlageform bestreiten.

Im folgenden soll zuerst der zweite Aspekt analysiert werden. Interessant sind hier die Implikationen für das Aussehen einer sinnvollen Aggregationsfunktion.

III.1.4.1 Zum Aussehen der Aggregationsfunktion

III.1.4.1.1 „Ungewichtete" Summenaggregate

Wie bereits im Rahmen der Ausführungen zum Nutzenansatz geschehen, so soll auch weiterhin der *Haushalt* als der typische Verwender von Geld angesehen werden. Es liegt deshalb nahe, für das Folgende die mikroökonomische Theorie des Haushalts bemühen zu wollen. In der mikroökonomischen Theorie des Haushalts wird häufig das folgende Entscheidungsproblem unterstellt: Der Haushalt sucht in Abhängigkeit gegebener Enscheidungsmöglichkeiten das für ihn optimale Konsumbündel. Dabei wird das Entscheidungsproblem durch zwei grundlegende Komponenten bestimmt:

- durch die Nutzenfunktion als Abbild der Präferenzen und
- durch die Budgetrestriktion als Abbild der Konsummöglichkeiten.

Will man nun den obigen Transaktionsansatz auf ein solches typisches Entscheidungsproblem übertragen, dann muß man feststellen, daß das dort beschriebene Optimierungsproblem viel mehr Ähnlichkeit mit dem *Gewinnmaximierungsansatz* der Unternehmenstheorie als mit dem Nutzenmaximierungsansatz der Haushaltstheorie besitzt. Schließlich versucht der Haushalt hier die Summe aus Transaktions- und Liquiditätsvorhaltungs*kosten* (einen „negativen Gewinn") zu minimieren.

Die Analogie zur Unternehmenstheorie entsteht dadurch, weil der Transaktionsansatz (wie der Gewinnmaximierungsansatz) lediglich eine Partialbetrachtung darstellt. Er vermag die optimalen Anlagehöhen nur in Abhängigkeit *gegebener Transaktionsvolumen* (gegebener Konsumbündel) herzuleiten. Eine Bestimmung der optimalen Konsummengen erlaubt er ebenso wenig, wie in der Unternehmenstheorie das tatsächliche Produktionsvolumen ausschließlich auf der Basis der Gewinnmaximierung hergeleitet werden kann. Hier ist dem Transaktionsansatz der Nutzenansatz, bei dem die Anlageformen als Teil der Nutzenfunktion angesehen werden, eindeutig überlegen.

Eine Analogie zur *Haushaltstheorie* läßt sich dann herbeiführen, wenn man unterstellt, daß das *Konsumbündel feststeht*. In diesem Fall

- gibt die individuelle Zahlungstechnologiefunktion die (Transaktionskosten-) Funktion an, deren negativer Wert es zu maximieren gilt,[87] und

[87] Dies entspricht einer Minimierung der Transaktions*kosten*.

- bestimmen die gegebenen Liquiditätsvorhaltungskosten die Budgetrestriktion, unter deren Beachtung die Maximierung nur erfolgen kann.

Im Rahmen der üblichen Haushaltstheorie wird unterstellt, daß die Konsumgüter nicht vollständig substituierbar sind, sondern daß die Akteure von jedem Gut eine noch so geringe Menge konsumieren müssen („beschränkte" oder „periphere" Substituierbarkeit). Dies gewährleistet, daß im Optimum auch tatsächlich alle Güter nachgefragt werden. Andernfalls besteht die Möglichkeit, daß es zu einer sogenannten Randlösung kommt, bei der ausschließlich ein einziges Gut zu konsumieren gewünscht wird. Randlösungen treten voraussichtlich immer dann auf, wenn die Nutzenfunktion „linear-additiv" ist. Im einfachen Zwei-Güter-Fall kann sie z.B. so aussehen:

$$\text{(III.22)} \quad u(c_1;c_2) = ac_1 + bc_2 .$$

Lautet das Entscheidungsproblem dann wie folgt (*E* sei das Einkommen):

$$\text{(III.23)} \quad \max_{c_1;c_2} u(c_1;c_2) = ac_1 + bc_2 \qquad \text{u.d.N.} \qquad E = p_1c_1 + p_2c_2 ,$$

so wird ausschließlich das Konsumgut c_1 nachgefragt, wenn die Grenzrate der Substitution zwischen dem Gut c_1 und dem Gut c_2 – ausgedrückt durch das Verhältnis der Gewichtungsfaktoren *(a/b)* – betragsmäßig größer ist als das Preisverhältnis (p_1/p_2). Im Gegensatz dazu wird bloß das Konsumgut c_2 nachgefragt, falls die Grenzrate der Substitution betragsmäßig kleiner ist als das Preisverhältnis. Entspricht die Grenzrate der Substitution gerade dem Preisverhältnis, dann liegt die Indifferenzkurve auf der Budgetgeraden, so daß der betrachtete Akteur indifferent zwischen allen gerade noch realisierbaren Kombinationen ist. Dieses Standardergebnis der mikroökonomischen Theorie faßt Abbildung III.1 zusammen.

Überträgt man diese Ergebnisse auf die betrachtete Problemstellung, so erkennt man, daß als Grundlage für die „ungewichteten" Summenaggregate eine linear-additive (individuelle) Transaktionskostenfunktion angesehen werden kann, bei der die Gewichtungsfaktoren der monetären Anlageformen alle gleich sind:[88]

$$\text{(III.24)} \quad \phi\left(\bar{c}_{1,t},\ldots,\bar{c}_{k,t};m_{1,t},\ldots,m_{n,t}\right) = \sum_{i=1}^{n} a_{i,t} m_{i,t}\left(\bar{c}_{1,t},\ldots,\bar{c}_{k,t}\right)$$

$$\text{mit} \qquad a_{i,t} = a_{j,t} < 0 \text{ für } i \neq j;\ i,j = 1,\ldots,n.$$

[88] Die Bezeichnung „ungewichtet" ist nicht ganz zutreffend. Strenggenommen müßte man von „gewichteten Aggregaten mit gleichen Gewichtungsfaktoren" sprechen. Da in die Transaktionskostenfunktion die *realen* Werte der monetären Anlageformen einfließen, sei P_t^* ein geeigneter Preisindex für die Konsumgüter. Dieser diene dazu, die nominalen Anlagenbestände $M_{i,t}$ zu deflationieren, so daß $m_{i,t}$ $(i = 1,\ldots,n)$ den realen Anlagewert angibt: $m_{i,t} \equiv M_{i,t}/P_t^*$. Der Balken über den Konsumgütern soll verdeutlichen, daß diese exogen bestimmt seien.

Abbildung III.1: Linear-additive Nutzenfunktion und optimale Konsumbündel

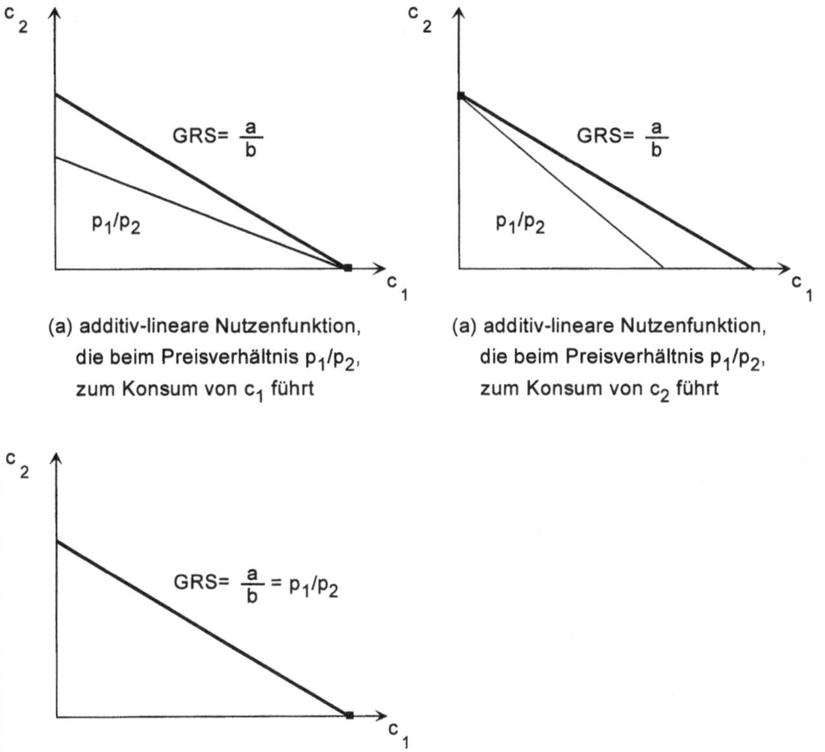

(a) additiv-lineare Nutzenfunktion, die beim Preisverhältnis p_1/p_2, zum Konsum von c_1 führt

(a) additiv-lineare Nutzenfunktion, die beim Preisverhältnis p_1/p_2, zum Konsum von c_2 führt

(a) additiv-lineare Nutzenfunktion, die beim Preisverhältnis p_1/p_2, keine Bestimmung eines optimalen Konsumbündels zuläßt

Stellt Gleichung (III.24) die Zielfunktion dar, deren negativer Wert zu maximieren ist, so bilden die Liquiditätsvorhaltungskosten die Nebenbedingung. Diese sollen durch die Summe der entgangenen Zinsen abgebildet werden, die bei den Anlageformen relativ zu der am wenigsten liquiden Anlageform *B* entstehen („benchmark asset").[89] Dabei sei $r_{i,t}$ die Eigenverzinsung der Anlage *i* und R_t die Verzinsung der Vergleichsanlage. Unterstellt man darüber hinaus, daß die Zinsen am Periodenende gezahlt werden, so müssen die Liquiditätsvorhaltungskosten der einzelnen Anlageformen

89 Hier findet der (pragmatische) „Opportunitätskostenansatz" Anwendung.

noch auf den Gegenwartszeitpunkt diskontiert werden. Man erhält letztlich die sogenannten „User costs" ($\pi_{i,t}$) der Anlageformen.[90] $\overline{E}_t^m$ stellt dabei die (gegebenen) Liquiditätsvorhaltungskosten dar. Diese entsprechen dem Teil des Einkommens, der nach Abzug der Konsumausgaben noch für das Halten monetärer Anlagen zur Verfügung steht:

$$\text{(III.25)}\quad \overline{E}_t^m = \sum_{i=1}^{n} \pi_{i,t} m_{i,t} = \sum_{i=1}^{n} \frac{(R_t - r_{i,t})}{1+R_t} m_{i,t}$$

$$\text{mit}\quad \overline{E}_t^m = E^m(\overline{c}_{1,t},\ldots,\overline{c}_{k,t}) = \overline{E}_t - \sum_{l=1}^{k} p_{l,t}\overline{c}_{l,t} \quad \text{und} \quad \pi_{i,t} \equiv \frac{(R_t - r_{i,t})}{1+R_t}.$$

Ganz offensichtlich liegen somit zwei lineare Funktionen vor, so daß der obigen Logik entsprechend in der Regel nur eine einzige Anlageform nachgefragt wird. Das wird die mit der höchsten Eigenverzinsung sein. Warum sollte man auch andere Anlageformen halten, wenn doch die Effizienzvorteile der Geldwirtschaft grundsätzlich mit einer einzigen Anlageform erzielt werden können. Diese Schlußfolgerung impliziert die unterstellte perfekte Substituierbarkeit. Mit einem solchen Ansatz kann man die Vielfalt der monetären Anlageformen also kaum erklären. Einzig dann, wenn alle Anlagen die gleichen User costs besäßen, wäre der (repräsentative) Akteur zwischen ihnen indifferent und würde möglicherweise eine beliebige Kombination von ihnen wählen. Welche das sein wird, läßt sich aber nicht vorhersagen.

Die Implikationen aus dem Gesagten sind somit folgende: In einer Welt, in der es eine Vielzahl von verschiedenen Anlageformen gibt,

- liegt entweder keine linear-additive Transaktionskostenfunktion vor, so daß die Anlagen nur beschränkt substituierbar sind,
- oder weisen alle Anlageformen die gleichen User costs auf, so daß die Anleger indifferent sind.

Bildet die diskontierte Zinsdifferenz (die User costs) tatsächlich die marginalen Liquiditätsvorhaltungskosten der einzelnen Anlageformen korrekt ab, dann muß die zweite Folgerung aus empirischen Gründen verworfen werden. Unabhängig von der gewählten Referenzanlage kann man ganz unterschiedliche Zinsdifferenzen beobachten. Es bleibt also nur die erste Folgerung übrig. Die mit einer linearen Aggrega-

---

90 Zu den User costs der einzelnen Anlageformen siehe genauer Abschnitt III.2.1. Strenggenommen macht das Diskontieren dann keinen Sinn, wenn man sich ausschließlich in einer zeitstetigen Betrachtung befindet (wie dies bei jeder Marginalbetrachtung der Fall ist). Hier geht die relevante Zeitspanne und damit der anzuwendende Zinssatz gegen Null, so daß der Nenner den Wert Eins annimmt. Auf die explizite Unterscheidung in „zeitdiskrete" (mit Diskontierung) und „zeitstetige" (ohne Diskontierung) User costs wird im folgenden aus Vereinfachungsgründen verzichtet. Dies hat keine Konsequenzen für die Interpretation der im folgenden betrachteten Ansätze.

tionsfunktion behauptete vollständige Substituierbarkeit aller Anlageformen – möglichst noch mit gleichen Gewichten wie dies die einfache Aufsummierung unterstellt – läßt sich empirisch nicht halten. Die Aggregationsfunktion muß eine andere Gestalt besitzen.[91]

III.1.4.1.2 Bargeldäquivalente Geldmenge

Rotemberg et al. legen ihrer Herleitung der Bargeldäquivalenten Geldmengen eine etwas andere Zahlungstechnologie zugrunde.[92] Ausgehend vom Nutzenansatz unterstellen sie, daß der Konsum von Gütern und die *reale* Geldmenge M_t der Periode t Nutzen stiften:[93]

$$(\text{III.26}) \quad u_t = u(c_{1,t},\ldots,c_{k,t};M_t).$$

Dabei soll das monetäre Aggregat M_t die „Aggregationsfunktion der Liquiditätsdienste“[94] darstellen. Es soll nicht nur unabhängig („schwach separierbar“) von den Konsumgütern sein, sondern auch linearhomogen und additiv („additiv bzw. strikt separierbar“) im Bargeld ($m_{1,t}$) und der Gruppe der restlichen monetären Anlageformen ($m_{2,t},\ldots,m_{n,t}$):[95]

$$(\text{III.27}) \quad M_t = f(m_{1,t},\ldots,m_{n,t}) = h(m_{1,t}) + g(m_{2,t},\ldots,m_{n,t}) \qquad \text{mit}$$

$$\kappa[h(m_{1,t}) + g(m_{2,t},\ldots,m_{n,t})] = h(\kappa m_{1,t}) + g(\kappa m_{2,t},\ldots,\kappa m_{n,t}).$$

Die „quasi-lineare Struktur“[96] der Transaktionskostenfunktion begründen Rotemberg et al. mit der besonderen Rolle, die das Bargeld im Zahlungsprozeß spielt. Sie unterstellen, daß grundsätzlich alle Zahlungen mit Bargeld durchgeführt werden könnten, so daß damit die Effizienzvorteile der Geldwirtschaft ausschließlich mit dem Halten von Bargeld realisiert werden können.[97] Wie bereits ausführlich gezeigt wurde, läßt sich dies zum einen mit dem rechtlichen Status des Bargelds als *staatlich* emittierter Anlageform erklären, für die ein allgemeiner Annahmezwang besteht („gesetzliches Zahlungsmittel“). Zum anderen trägt die Unverzinslichkeit ihren Teil dazu bei, denn

---

91 Vgl. Barnett, 1997, S. 1176.

92 Für das Folgende siehe Rotemberg et al. (1991, S. 4ff.).

93 Zur Rolle „zeitseparierbarer“ Nutzenfunktionen und der daraus folgenden rein einperiodigen Betrachtungsweise siehe Kapitel IV.2.3.1.1.

94 Rotemberg et al., 1991, S. 4. Offensichtlich handelt es sich hierbei nicht um „Liquiditätsdienste“ gemäß obiger Definition, sondern wohl eher um die *Effizienzvorteile* der Geldwirtschaft.

95 Vgl. Rotemberg et al., 1991, S. 4f. Sie weisen zurecht darauf hin, daß es nicht so sehr auf die Linearhomogenität ankommt, sondern vielmehr auf die Homothetik. Zur Relevanz dieser Voraussetzung, aber auch zur Rolle der additiven Separierbarkeit, siehe das Kapitel IV dieser Arbeit, welches sich ausführlich mit der Aggregationstheorie auseinandersetzt.

96 Quasi-lineare Funktionen werden ausführlich bei Monissen (1996) diskutiert.

97 Vgl. Rotemberg et al., 1991, S. 5.

sie gewährleistet eine einfache und schnelle (freiwillige) Übertragung der Gläubigereigenschaft.

Die unterstellte Linearhomogenität erlaubt hingegen die Anwendung des Eulerschen Theorems, wonach die Höhe des Geldmengenaggregats gerade der Summe der partiellen Ableitungen multipliziert mit den Anlagevolumina entspricht:[98]

$$\text{(III.28)}\quad M_t = \sum_{i=1}^{n} \frac{\partial f}{\partial m_{i,t}} m_{i,t} .$$

Da für das Bargeld die partielle Ableitung des Geldmengenaggregats mit der Ableitung der Teilfunktion $h(m_{1,t})$ nach dem Bargeld $m_{1,t}$ übereinstimmt:

$$\text{(III.29)}\quad \frac{\partial f}{\partial m_{1,t}} = \frac{\partial h}{\partial m_{1,t}} ,$$

ist aufgrund von Gleichung (III.28) und der unterstellten Additivität zwischen dem Bargeld und der Gruppe der restlichen Anlageformen das Eulersche Theorem auch auf die Teilfunktion für das Bargeld $h(m_{1,t})$ anwendbar, so daß man folgende Beziehung erhält:[99]

$$\text{(III.30)}\quad h(m_{1,t}) = \frac{\partial f}{\partial m_{1,t}} m_{1,t} = \frac{\partial h}{\partial m_{1,t}} m_{1,t} .$$

Dies impliziert, daß die Teilfunktion $h(m_{1,t})$ linear im Bargeld $m_{1,t}$ ist, so daß die in Gleichung (III.29) betrachteten ersten Ableitungen konstant sind.

Betreibt der Akteur Nutzenmaximierung in bezug auf seine Portfolioentscheidung, so muß entsprechend der Bedingungen erster Ordnung im Gleichgewicht der Grenznutzen einer zusätzlich gehaltenen Einheit ihrem Preis, d.h. den marginalen Liquiditätsvorhaltungskosten und damit den User costs, multipliziert mit dem Lagrangemultiplikator λ_t entsprechen.[100] Für eine beliebige Anlageform $m_{i,t}$ $(i = 1,...,n)$ gilt damit folgende Bedingung erster Ordnung:

---

98 Für das Eulersche Theorem siehe z.B. Henderson und Quandt (1985, S. 109ff.).

99 Leitet man Gleichung (III.28) nach $m_{1,t}$ ab, so erhält man aufgrund der unterstellten funktionalen Strukturen folgende Gleichung: $\frac{\partial f}{\partial m_{1,t}} = \frac{\partial f}{\partial m_{1,t}} + \sum_{i=1}^{n} \frac{\partial^2 f}{\partial m_{i,t} \partial m_{1,t}} m_{i,t} = \frac{\partial f}{\partial m_{1,t}} + \frac{\partial^2 f}{\partial m_{1,t}^2} m_{i,t}$. Da die Kreuzableitungen der anderen Anlageformen $i = 2,...,n$ unabhängig vom Bargeld sind, bleibt letztlich nur die zweite Ableitung nach dem Bargeld übrig. Damit die Gleichheit gilt, muß diese zweite Ableitung jedoch auch Null sein, so daß man daraus schließen kann, daß die Teilfunktion $h(m_{1,t})$ linear ist. Damit gilt auch für die Teilfunktion wieder wie bei jeder linearhomogenen Funktion das Eulersche Theorem. Dies drückt das erste Gleichheitszeichen in Gleichung (III.30) aus.

100 Man beachte, daß die User costs hier als (empirisches) Maß für die marginalen Liqiditätsvorhaltunskosten verwendet werden. Der Lagrangemultiplikator ergibt sich als Ableitung der Nutzenfunktion nach dem Teil des Einkommens, welches für das Halten von monetären Anlageformen

$$\text{(III.31)}\quad \frac{\partial u}{\partial M_t}\frac{\partial f}{\partial m_{i,t}} = \lambda_t \frac{\left(R_t - r_{i,t}\right)}{1+R_t}.$$

Für das Bargeld mit einer Eigenverzinsung von Null gilt damit analog:

$$\text{(III.32)}\quad \frac{\partial u}{\partial M_t}\frac{\partial f}{\partial m_{1,t}} = \lambda_t \frac{R_t}{1+R_t}.$$

Der „Trick" der Bargeldäquivalenten Geldmenge liegt nun darin, alle monetären Anlageformen auf das Bargeld zu beziehen. Dazu wird die Aggregationsfunktion $f(m_{1,t},...,m_{n,t})$ so normiert, daß die partielle Ableitung nach dem Bargeld exakt den Wert Eins annimmt:[101]

$$\text{(III.33)}\quad \frac{\partial f}{\partial m_{1,t}} = 1.$$

Mit Gleichung (III.33) und im Vergleich der genannten Bedingungen erster Ordnung für das Bargeld und einer beliebigen Anlageform $m_{i,t}$ ($i = 1,...,n$) erhält man für diese Anlage folgenden Wert der partiellen Ableitung:

$$\text{(III.34)}\quad \frac{\partial f}{\partial m_{i,t}} = \frac{\left(R_t - r_{i,t}\right)}{R_t}.$$

Diesen Wert kann man nun in Gleichung (III.28) einsetzen, so daß sich das Aggregat M_t entsprechend des Eulerschen Theorems wie folgt ergibt:

$$\text{(III.35)}\quad M_t = \sum_{i=1}^{n} \frac{\partial f}{\partial m_{i,t}} m_{i,t} = \sum_{i=1}^{n} \frac{\left(R_t - r_{i,t}\right)}{R_t} m_{i,t}.$$

Das Aggregat entspricht damit exakt dem Realwert der Bargeldäquivalenten Geldmenge:[102]

verausgabt wird: $\lambda_t = \left(\partial u/\partial M_t\right)\left(\partial f/\partial E_t^m\right) = \partial u/\partial E_t^m$. Er gibt damit an, wie sich der Gesamtnutzen ändert, wenn sich das für die Haltung monetärer Anlageformen aufzuwendene Einkommen ändert. Es bildet den Grenznutzen dieses Einkommensteils ab.

101 Infolge der unterstellten Funktionsstruktur ist dies weitgehend unproblematisch. Ein solches Vorgehen bedeutet lediglich, daß man die Funktion f mit dem konstanten Wert $\partial f/\partial m_{1,t}$ dividieren muß. Dies stellt eine monotone Transformation dar, die auf die Eigenschaften und die optimalen Anlagenvolumina keinen Einfluß hat. Allerdings ändert sich der Niveauwert des Aggregats. Auch wenn dieser „Fehler" zu jedem Betrachtungszeitpunkt auftritt und damit den Vergleich zweier Zeitpunkte unberührt läßt, muß er bei der Interpretation der Niveauwerte berücksichtigt werden.

102 Neumann (1992) leitet die Bargeldäquivalente Geldmenge in Anlehnung an das Konzept des „Gegenwartsnutzens der Geldhaltung" von Saving (1970, S. 95) dadurch ab, daß er unterstellt, die Zinsdifferenzen fielen dauerhaft im Sinne „ewiger Renten" an, die dann mit dem Vergleichszins R_t auf den Gegenwartszeitpunkt zu diskontieren seien (Neumann unterstellt implizit die Geldschaffungskosten seien Null). Anschließend verwendet er diese diskontierten Zinsdifferenzen als Gewichte für die Addition der Anlagenbestände. Damit erhält er zwar offensichtlich auch die Bar-

$$\text{(III.36)} \quad M_t = \sum_{i=1}^{n} \frac{(R_t - r_{i,t})}{R_t} m_{i,t} = \sum_{i=1}^{n} \frac{(R_t - r_{i,t})}{R_t} \frac{M_{i,t}}{P_t^*} \equiv \frac{CE_t}{P_t^*}.$$

Der große Vorteil der Bargeldäquivalenten Geldmenge liegt in ihrer relativ einfachen Ermittlung. Ausschließlich Mengen und Preise (Zinssätze) sind für die empirische Umsetzung vonnöten. Die Bargeldäquivalente Geldmenge stellt damit eine *statistische Indexformel* dar. Einer Spezifizierung der Zahlungstechnologiefunktion bedarf es nicht. Der Unterschiedlichkeit der Anlageformen ist Rechnung getragen.[103] Die wesentlichen Voraussetzungen für die Herleitung der Bargeldäquivalenten Geldmenge waren jedoch

- die Unabhängigkeit („schwache Separierbarkeit") der monetären Anlageformen von den Konsumgütern,
- die Linearhomogenität der monetären Aggregationsfunktion und
- die Additivität („additive Separierbarkeit") zwischen dem Bargeld und der Gruppe der restlichen Anlageformen.

Hinsichtlich dem noch spezielleren Fall, der zu „ungewichteten" Summenaggregaten führt, unterscheiden sich diese Voraussetzungen lediglich im dritten Aspekt. Hier implizieren die „ungewichteten" Summenaggregate, daß die Additivität zwischen allen Anlageformen vorliegen muß. Schließlich gewährleistet gerade das die vollständige Substituierbarkeit zwischen den Anlagen. Die Bargeldäquivalente Geldmenge verlangt hingegen nur die Additivität des Bargeldes. Was aber, wenn bezogen auf die monetären Anlagen überhaupt keine Additivität gegeben ist? Diesen üblicherweise in der Mikroökonomie unterstellten Fall der eingeschränkten bzw. peripheren Substituierbarkeit betrachtet Barnett, der zeigt, daß man dann den Divisia-Geldmengenindex erhält.[104]

---

geldäquivalente Geldmenge, allerdings in einer weitgehend atheoretischen Art und Weise. Was er ermittelt, ist nichts anderes als der Gegenwartswert der Liquiditätsvorhaltungskosten. Dieser entspricht natürlich nur dann dem „Gegenwartsnutzen der Geldhaltung" (gemessen anhand der Transaktionskostenfunktion), wenn die Transaktionskostenfunktion linear-additiv ist. Die Vernachlässigung solch elementarer aggregationstheoretischer Überlegungen führt dann dazu, daß Neumann (zusammen mit Weigand) später als Gewichtung die (zeitdiskreten) User costs $(R_t - r_{i,t})/(1+R_t)$ verwendet und dieses Aggregat „monetäres Reinvermögen" nennt (vgl. Neumann und Weigand, 1996, S. 226ff.). Dieses Aggregat ist aus theoretischer Sicht genauso sinnvoll wie „ungewichtete" Summenaggregate.

103 Bei quasi-linearen Aggregationsfunktionen ist grundsätzlich die Randlösung einer ausschließlichen Bargeldverwendung möglich. Im Gegensatz zur linear-additiven Aggregationsfunktion stellt sich die Randlösung aber nicht automatisch ein (sieht man vom Fall der vollständigen Indeterminiertheit ab). Ob sie eintritt, hängt von den User costs aller monetären Anlageformen ab. Hier müßte die Steigung der Budgethyperebene betragsmäßig überall größer sein als die der Indifferenzhyperebene.

104 Für das Folgende siehe Barnett (1983a, S. 349ff.).

III.1.4.1.3 Divisia-Geldmengenindex

Ausgehend von den Annahmen der Unabhängigkeit der monetären Anlagen von den Konsumgütern und der Linearhomogenität der Aggregationsfunktion über die Anlageformen erhält man aus dem Optimierungsansatz heraus die in Gleichung (III.31) dargestellten Bedingungen erster Ordnung, wobei sich der Lagrangemultiplikator als Grenznutzen des Teils des Einkommens interpretieren läßt, der für die Haltung von monetären Anlageformen aufgewendet wird:

$$\text{(III.37)} \quad \lambda_t = \frac{\partial u}{\partial M_t} \frac{\partial f}{\partial E_t^m}.$$

Die Veränderung des Geldmengenaggregats in Abhängigkeit geänderter Liquiditätsvorhaltungskosten (dem Einkommen, welches für monetäre Anlageformen eingesetzt wird) liefert hingegen die Erklärung für die Höhe eines „modifizierten Lagrangemultiplikators" $\tilde{\lambda}_t$:

$$\text{(III.38)} \quad \tilde{\lambda}_t \equiv \frac{\lambda_t}{\partial u / \partial M_t} = \frac{\partial f}{\partial E_t^m}.$$

Darüber hinaus bekommt man das folgende totale Differential:

$$\text{(III.39)} \quad dM_t = \sum_{i=1}^{n} \frac{\partial f}{\partial m_{i,t}} dm_{i,t}.$$

Die gesamte (absolute) Geldmengenänderung ergibt sich als Funktion der gewichteten (absoluten) Veränderungen der einzelnen Anlageformen. Als Gewichtung der Anlageformen dienen die partiellen Ableitungen des Aggregats nach den Anlagen. Berücksichtigt man die Bedingungen erster Ordnung, kann man diese partiellen Ableitungen durch die (diskontierte) Zinsdifferenz der Anlage *i* (*i* = *1,...,n*) – die *User costs* $\pi_{i,t}$ – multipliziert mit dem modifizierten Lagrangemultiplikator $\tilde{\lambda}_t = \lambda_t / (\partial u / \partial M_t)$ ersetzen:

$$\text{(III.40)} \quad dM_t = \sum_{i=1}^{n} \frac{\lambda_t}{\partial u / \partial M_t} \pi_{i,t} dm_{i,t}.$$

Da der modifizierte Lagrangemultiplikator eine Konstante ist, kann er auf die andere Seite gebracht werden. Man erhält folgende aggregierte Bedingung:

$$\text{(III.41)} \quad \frac{dM_t}{\lambda_t \Big/ \frac{\partial u}{\partial M_t}} = \sum_{i=1}^{n} \pi_{i,t} dm_{i,t}.$$

Mit dieser Gleichung läßt sich noch nicht sehr viel anfangen. Man muß versuchen, den modifizierten Lagrangemultiplikator zu ersetzen. Dies ermöglicht die Annahme der Linearhomogenität der Aggregationsfunktion $f(m_{1,t},...,m_{n,t})$. Die Linearhomogenität impliziert zweierlei:

- Ändern sich alle Anlageformen um den Faktor κ, dann ändert sich auch das Aggregat M_t (die Geldmenge) um diesen Faktor:

$$\kappa M_t = \kappa f(m_{1,t},...,m_{n,t}) = f(\kappa m_{1,t},...,\kappa m_{n,t}) \qquad \text{(III.42).}$$

- Bei linearhomogenen Funktionen existieren *lineare Einkommenskonsumpfade*, die aus dem Ursprung kommen. Dies bedeutet, daß eine direkte Proportionalität zwischen dem für das Halten der monetären Anlageformen aufgewendeten Einkommen (den Liquiditätsvorhaltungskosten) und den optimalen Anlagevolumen besteht. Für die (optimale) Menge $m^*_{i,t}$ einer beliebigen Anlageform *i* $(i = 1,...,n)$ gilt:[105]

$$m^*_{it} = m^*_i(E^m_t;\pi_{1,t},...,\pi_{n,t}) = \psi_i(\pi_{1,t},...,\pi_{n,t})E^m_t \qquad \text{(III.43).}$$

Die beiden genannten Eigenschaften linearhomogener Funktionen bedeuten nun, daß man den Aggregatswert M_t auch folgendermaßen erhält:

$$\text{(III.44)}\quad M_t = f(m^*_{1,t},...,m^*_{n,t}) = f(\psi_1(\pi_{1,t},...,\pi_{n,t})E^m_t,...,\psi_n(\pi_{1,t},...,\pi_{n,t})E^m_t) =$$

$$= E^m_t f(\psi_1(\pi_{1,t},...,\pi_{n,t}),...,\psi_n(\pi_{1,t},...,\pi_{n,t})) = E^m_t f(\psi_{1,t},...,\psi_{n,t}).$$

Der Aggregatswert ergibt sich damit als Produkt aus den Liquiditätsvorhaltungskosten E^m_t und dem Aggregatswert, den man erhält, wenn man nur die Volumen der Anlagen berücksichtigt, die sich im Optimalfall bei Liquiditätsvorhaltungskosten von Eins einstellen $(E^m_t=1)$. Diese Anlagenvolumina werden gerade durch die Funktionen $\psi_i(\pi_{1,t},...,\pi_{n,t})$ wiedergegeben $(i = 1,...,n)$.

Leitet man nun Gleichung (III.44) nach den Liquiditätsvorhaltungskosten E^m_t ab und berücksichtigt man darüber hinaus die oben getroffene Interpretation des modifizierten Lagrangemultiplikators als Veränderung des Geldmengenaggregats in Abhängigkeit geänderter Liquiditätsvorhaltungskosten (Gleichung III.38), dann bekommt man jetzt eine zweite Interpretation des modifizierten Lagrangemultiplikators:

[105] Zu dieser Implikation linearhomogener Funktionen siehe das Modul zur Haushaltstheorie. Daß die optimalen Anlagevolumina tatsächlich nur vom Einkommensteil E^m_t und von den User costs $\pi_{1,t}$, ..., $\pi_{n,t}$ abhängen, liegt an den getroffenen Annahmen der schwachen Separierbarkeit und der Linearhomogenität. Dies wird im vierten Hauptteil der Arbeit deutlich.

Er entspricht dem Aggregatswert, der sich bei Liquiditätsvorhaltungskosten E_t^m von Eins einstellt:

$$\text{(III.45)}\quad \frac{\partial f}{\partial E_t^m} = \frac{\lambda_t}{\partial u / \partial M_t} = f\left(\psi_{1,t},\ldots,\psi_{n,t}\right).$$

Für das Mengenaggregat M_t gilt damit:

$$\text{(III.46)}\quad M_t = f\left(\overset{*}{m}_{1,t},\ldots,\overset{*}{m}_{n,t}\right) = \frac{\lambda_t}{\partial u / \partial M_t} E_t^m .$$

Anders gewendet bedeutet dies, daß sich der modifizierte Lagrangemultiplikator damit als Quotient von Mengenaggregat M_t und Liquiditätsvorhaltungskosten E_t^m ergibt. Setzt man nun an der aggregierten Bedingung der Gleichung (III.41) an und erweitert man die rechte Seite dabei mit $\frac{\overset{*}{m}_{i,t}}{\overset{*}{m}_{i,t}}$:

$$\text{(III.47)}\quad \frac{dM_t}{\lambda_t \Big/ \frac{\partial u}{\partial M_t}} = \frac{dM_t}{M_t / E_t^m} = \sum_{i=1}^{n} \pi_{i,t} \overset{*}{m}_{i,t} \frac{d\overset{*}{m}_{i,t}}{\overset{*}{m}_{i,t}},$$

so erhält man abschließend die Veränderung des zeitstetigen Divisia-Indexes:[106]

$$\text{(III.48)}\quad \frac{dM_t}{M_t} = \sum_{i=1}^{n} \frac{\pi_{i,t} \overset{*}{m}_{i,t}}{\sum_{j=1}^{n} \pi_{j,t} \overset{*}{m}_{j,t}} \frac{d\overset{*}{m}_{i,t}}{\overset{*}{m}_{i,t}}.$$

Die Wachstumsrate des Mengenaggregats entspricht der gewichteten Wachstumsrate der einzelnen monetären Anlageformen. Die Gewichtung bildet der prozentuale Teil der Liquiditätsvorhaltungskosten (der prozentuale Einkommensteil), der durch das Halten der jeweiligen Anlage verursacht wird. Ähnlich wie bei der Bargeldäquivalenten Geldmenge sind auch hier zur Ermittlung nur Preise und Mengen vonnöten. Deshalb handelt es sich beim Divisia-Index wiederum um eine statistische Indexformel. Im Unterschied zu einem „ungewichteten" Summenaggregat oder zur Bargeldäquivalenten Geldmenge findet hier jedoch *keine* Aggregation der Bestände statt, sondern nur eine der Veränderungsraten. Anders als es der sprachliche Gebrauch suggeriert, beziehen sich die „Gewichte" deshalb auch nicht auf Bestände, sondern

[106] Diese Indexform wird dem französischen Mathematiker François Divisia (1925, S. 39f.) zugeschrieben. Eine ähnliche Indexform verwendete vorher bereits T.L. Bennet (1920, S. 461). Im Gegensatz zu Divisia betrachtete er jedoch nicht die relative, sondern die absolute Veränderung eines Aggregats (z.B. der Geldmenge M_t).

nur auf die Wachstumsraten der Anlageformen. Die obige Analyse hat gezeigt, daß additive Mengenaggregate eine additive (additiv separierbare) Zahlungstechnologiefunktion voraussetzen. Diese impliziert jedoch immer die vollständige Substituierbarkeit der Anlageformen. Umgekehrt bedeutet dies, daß sinnstiftende Mengenaggregate immer nicht-linear sein müssen, wenn die vollständige Substituierbarkeit nicht gegeben ist. Würde man nun unterstellen, die Zahlungstechnologie wäre tatsächlich additiv, und die User costs gäben tatsächlich die marginalen Liquiditätsvorhaltungskosten korrekt wieder, dann müßte sich immer dann eine Randlösung einstellen, wenn die User costs nicht bei allen Anlageformen gleich sind. In diesem Fall wird ausschließlich die Anlage mit den geringsten User Costs gehalten. Da weder eine solche Konzentration auf eine Anlageform zu beobachten ist, noch die User costs tatsächlich alle gleich sind, müssen einfache Summenaggregate im Sinne einer Abbildung der Zahlungstechnologiefunktion als theoretisch unbefriedigend verworfen werden.[107]

So wie der Divisia-Index definiert ist, vermag er nur die *Veränderung des Geldmengenaggregats* wiederzugeben. Diese Einsicht ist wenig überraschend, drückt sie sich doch bereits in der Bezeichnung „Index" aus. Den Wert des Divisia-Indexes erhält man dadurch, daß man ausgehend von einem Anfangswert zum Zeitpunkt *0* die bis zum Beobachtungszeitpunkt *t* (dem Gegenwartszeitpunkt) aufgelaufenen Veränderungen addiert. Ausgehend von folgender Differentialgleichung:[108]

$$\text{(III.49)} \quad \frac{d\ln M(m_i(\tau),\ldots,m_n(\tau))}{d\tau} = \sum_{i=1}^{n} s_i(\tau)\frac{d\ln m_i^*(\tau)}{d\tau} \quad \text{mit} \quad s_i(\tau) \equiv \frac{\pi_i(\tau) m_i^*(\tau)}{\sum_{j=1}^{n} \pi_j(\tau) m_j^*(\tau)}$$

erhält man im Rahmen einer zeitstetigen Betrachtung die kumulierten Veränderungen als Lösung eines Kurvenintegrals:[109]

---

107 Mit den Worten von Barnett (1983a, S. 352) ausgedrückt klingt dies etwas technischer: „When components are not perfect substitutes, economic aggregates always are nonlinear and therefore cannot be completely strongly separable („additive"). Without additivity, the concept of weights in levels has no meaning." Dies bezieht sich natürlich auch auf Summenaggregate mit einer willkürlichen Gewichtung: Beispiel hierfür ist die „Zentralbankgeldmenge in der Definition der Deutschen Bundesbank" aber auch das bereits angesprochene „monetäre Reinvermögen" von Neumann und Weigand (1996, S. 226) als Summe der mit ihren (zeitdiskreten) User costs gewichteten Anlagenvolumina.

108 Da hier der Faktor „Zeit" für die Darstellung eine ganz wesentliche Rolle spielt, wird für die folgenden beiden Gleichungen eine Darstellung gewählt, bei der die Anlagevolumina und die User costs Funktionen der Zeit sind. τ steht dabei für die stetige Zeitvariable, im Unterschied zu *t*, das einen Zeitpunkt (konkret: den Betrachtungszeitpunkt) angeben soll.

109 Vgl. Hulten (1973, S. 1020) oder Barnett (1983a, S. 352). Kurvenintegrale stellen eine Verallgemeinerung der bestimmten Integrale dar. Bei ihnen wird anstatt über eine Funktion über eine sich im Zeitintervall *[0,t]* einstellende Kurve integriert (vgl. Bronstein und Semendjajew, 1983, S. 318). Der Zeit-Index *0* steht dabei für den Ausgangszeitpunkt, *t* für den Betrachtungszeitpunkt. Eine Diskussion des zeitstetigen Divisia-Indexes erfolgt im Anhang A.V.

$$\text{(III.50)}\quad D(\Gamma) = \exp\left\{\int_0^t \sum_{i=1}^{n}\left(s_i(\tau)\frac{d\ln m_i^*(\tau)}{d\tau}\right)d\tau\right\} = \int_\Gamma v\,d\alpha(\tau)$$

$$\text{mit}\quad v = \left(\frac{\pi_1(\tau)}{\sum_{j=1}^{n}\pi_j(\tau)m_j^*(\tau)},\ldots,\frac{\pi_n(\tau)}{\sum_{j=1}^{n}\pi_j(\tau)m_j^*(\tau)}\right).$$

$\alpha(\tau)$ soll dabei den (Zeit-) Pfad angeben, den die Mengen $m_1,\ldots,m_n$ im Zeitintervall $[0,t]$ zurück gelegt haben. Γ stellt die Kurve dar, die durch den Pfad $\alpha(\tau)$ im Intervall $[0,t]$ beschrieben wird, v den Vektor der mit dem für das Halten monetärer Anlageformen verausgabten Einkommen $E^m(\tau)$ normierten einzelnen User costs $\pi_i(\tau)$ $(i = 1,\ldots,n)$

Die Tatsache, daß man den Anfangswert des Zeitpunkts *0* nicht kennt, bedeutet nun, daß man nur die mit dem Ausgangswert normierten kumulierten Veränderungen erfassen kann. Dies ist gerade die Logik des Divisia-Indexes. Dabei ist jedoch der Index*wert* weitgehend wertlos. Entscheidend ist vielmehr die Veränderung des (zeitstetigen) Divisia-Indexes, so wie sie in Gleichung (III.49) dargestellt ist. Sie liefert die Grundlage für eine entsprechende empirische Umsetzung, die notwendigerweise mit zeitdiskreten Beobachtungswerten arbeiten muß. Eine *mögliche Form* der Umsetzung stellt die im Rahmen der Problemstellung bereits genannte logarithmische Version der zeitdiskreten Törnqvist-Theil-Approximation der Veränderung des zeitstetigen Divisia-Indexes dar:[110]

$$\text{(III.51)}\quad \ln M_t - \ln M_{t-1} = \sum_{i=1}^{n} s_{i,t}^*\left(\ln m_{i,t} - \ln m_{i,t-1}\right) \quad \text{mit}\quad s_{i,t}^* = \frac{s_{i,t} + s_{i,t-1}}{2}$$

$$\text{und}\quad s_{i,t} = \frac{\pi_{i,t}\cdot m_{i,t}}{\sum_{j=1}^{n}\pi_{j,t}\cdot m_{j,t}}.$$

Unabhängig davon, ob man nun die zeitstetige oder eine spezielle zeitdiskrete Variante der Veränderung des Divisia-Indexes betrachtet, drängen sich doch mehrere Fragen auf, die die geldpolitische Interpretierbarkeit entweder direkt betreffen oder die getroffenen Annahmen problematisieren, was die Aussagekraft des Divisia-Indexes indirekt berührt:

---

110 Vgl. Diewert, 1981, S. 196. Der Törnqvist-Theil-Index wird allgemein Leo Törnqvist (1936, S. 1ff.) zugeschrieben, wobei er schon von I. Fisher (1927, S. 473) unter der Formelnummer 124 analysiert wird. Später wird der Törnqvist-Indexformel vor allem von Henri Theil (1965, S. 70 und 1967, S. 137f.) „wiederentdeckt". Die hier präsentierte Form erhält man durch Logarithmierung des eigentlichen Törnqvist-Theil-Indexes.

- Welche grundsätzlichen Aussagen erlaubt der Divisia-Index? Welche Rolle spielen dabei die Zinssätze, die in den Divisia-Index eingehen und genügt es überhaupt, lediglich ein Maß für die *Veränderung* eines gewichteten Geldmengenaggregats zu besitzen? Benötigt man nicht vielmehr ein interpretierfähiges Bestandsmaß?

- Liefern die User costs tatsächlich ein korrektes Maß für die marginalen Liquiditätsvorhaltungskosten? Welche Einschränkung muß man hier möglicherweise treffen?

- Was ist zu tun, wenn die Voraussetzungen der Unabhängigkeit von den Konsumgütern und der Linearhomogenität der Aggregationsfunktion nicht gegeben sind? Was impliziert dies für die Geldmengenbildung?

- Wenn doch die Törnqvist-Theil-Approximation nur *eine* denkbare Möglichkeit darstellt, die Veränderung des zeitstetigen Divisia-Indexes zu approximieren, gelangt man durch die Wahl einer anderen Approximation möglicherweise zu grundlegend anderen Aussagen? Wie hoch ist also die Güte der Törnqvist-Theil-Approximation?

Dieser letzte Problembereich wird im indextheoretischen Kapitel (Teil V) dieser Arbeit umfassend behandelt. Eine genaue Klärung der Rolle der getroffenen Annahmen bezüglich des Aussehens der Zahlungstechnologiefunktion findet im Kapitel IV statt. Dem nächsten Kapitel (Kapitel III.2) ist hingegen die Auseinandersetzung mit der Messung der marginalen Liquiditätsvorhaltungskosten gewidmet. Im nun folgenden Abschnitt wird die Aussagekraft des Divisia-Indexes unter der Annahme analysiert, daß die genannten Voraussetzungen vorliegen und daß es mit der Törnqvist-Theil-Approximation tatsächlich eine hinreichend gute Näherung gibt.

III.1.4.2 Zur geldpolitischen Interpretierbarkeit des Divisia-Indexes

Der zentrale Vorteil des Divisia-Indexes liegt gerade darin, daß anstelle zu schätzender Grenzprodukte (marginaler Effizienzvorteile) Preise verwendet werden, die empirisch leicht zu ermitteln sind. Selbst wenn man unterstellt, daß diese Preise die Grenzprodukte exakt widerspiegeln, muß man sich aber nach der makroökonomischen Aussagekraft dieses Aggregats fragen. Schließlich war es das Ziel, mittels der Gewichtung der verschiedenen Anlageformen ein Geldmengenaggregat zu finden, welches einen zukünftig „zu erwartenden Zahlungsmittelbestand" angibt, um daraus auf der Basis quantitätstheoretischer Überlegungen Vorhersagen über die zukünftige Veränderungen des Preisniveaus herzuleiten.

Diesem Ziel wird der Divisia-Index möglicherweise aus zwei Gründen nicht gerecht:

- zum einen stellt der Divisia-Index nur auf Ströme und nicht auf Bestände ab,

- zum anderen muß zwischen einem Aggregat auf der Basis von Liquiditätsdiensten und einem zukünftig „zu erwartenden Zahlungsmittelbestand“ kein Zusammenhang bestehen.

III.1.4.2.1 Strom- versus Bestandsbetrachtung

Die Tatsache, daß der Divisia-Index überhaupt nur die *Veränderung* eines Geldmengenaggregats vorherzusagen in der Lage ist, erscheint insgesamt relativ unproblematisch zu sein. Dies liegt an der Einbettung des gesuchten Zahlungsmittelaggregats in den quantitätstheoretischen Transmissionsmechanismus. Hier steht die Zahlungsmitteleigenschaft und die Zahlungsmittelnähe (Liquidität) der monetären Anlageformen in direktem Zusammenhang mit den volkswirtschaftlichen Stromgrößen „Produktion“ und „Konsum“. Zahlungen müssen sowohl bei der Entlohnung der Produktionsfaktoren („Produktion“) als auch beim Erwerb der Endprodukte („Konsum“) getätigt werden.[111] Wie bereits ausführlich gezeigt wurde, wird dieser Zusammenhang durch die Einkommensform der Quantitätsgleichung abgebildet. Da das nominale Sozialprodukt eine Stromgröße ist, müssen die üblicherweise betrachteten Bestände in Ströme transformiert werden. Dies entfällt, wenn man auch beim Geldmengenaggregat auf eine Stromgröße abstellt. Im Kontext mit der Quantitätsgleichung ist eine Stromgrößenbetrachtung somit besonders gerechtfertigt.

Ein Interesse an Anlagen*beständen* – und damit möglicherweise auch an einem Geldmengenbestand – findet sich allerdings vor allem auf dem Gebiet der Wertpapierhaltung. Dabei läßt sich unterstellen, daß Wertpapiere gerade deshalb gehalten werden, um Vermögen am Ende einer Periode in die nächste zu transferieren. Man fokussiert hier also nicht auf die Zahlungsmittelfunktion der monetären Anlageformen, sondern auf die Wertspeicherfunktion. Geld im Sinne einer Bestandsgröße ist nur dann relevant, wenn ausschließlich Vermögenseffekte diskutiert werden sollen.[112]

Auch wenn im Rahmen der Quantitätstheorie Bestandswerte nicht zwingend erforderlich sind, so bedeutet die *ausschließliche* Fokussierung auf Veränderungsraten doch einen Informationsverzicht gegenüber einer Betrachtung von Niveauwerten.[113] Soll deshalb ein Geldbestand ermittelt werden, so schlägt Barnett den *„ökonomischen Geldbestand“* vor, der durch die auf den Gegenwartszeitpunkt diskontierte

---

[111] Dies gilt beispielhaft; natürlich müssen darüber hinaus noch Zahlungen vorgenommen werden, insbesondere im Bereich des Vorprodukthandels oder bei der Veräußerung von Vermögensgegenständen.

[112] Vgl. Barnett, 1991, S. 238.

[113] Monticelli und Papi (1996, S. 105) argumentieren auf der Basis der ökonometrischen Methodik und weisen darauf hin, daß z.B. im Rahmen der Kointegrationsanalyse langfristiger Beziehungen auf Niveauwerte abgestellt wird.

Summe der jetzt und in Zukunft anfallenden Liquiditätsvorhaltungskosten ausgedrückt wird:[114]

$$(III.52)\quad W_t^m = \sum_{s=t}^{\infty}\sum_{i=1}^{n} \frac{R_s - r_{i,s}}{\prod_{u=t}^{s}(1+R_u)} \cdot m_{i,s}\,.$$

Die zunehmenden Effizienzvorteile der Geldwirtschaft entsprechen an der Grenze der Abnahme der Transaktionskosten, die ihrerseits an der Grenze betragsmäßig mit den marginalen Liquiditätsvorhaltungskosten und somit mit der (diskontierten) Zinsdifferenz (den User costs) übereinstimmen. Der Zähler des Bruchs gibt den Zinsentgang der Anlage *i* zu jedem beliebigen zukünftigen Zeitpunkt *s* an. Der Nenner dient ausschließlich der Diskontierung dieses Nutzungspreises auf den Gegenwartszeitpunkt *t*. Dabei muß bei jeder Anlageform der zum Zeitpunkt *s* ermittelte Zinsentgang durch das Produkt der Diskontierungsfaktoren vom Gegenwartszeitpunkt *t* bis zum jeweiligen Zukunftszeitpunkt *s* geteilt werden. Als Diskontierungssatz wird dabei – wie stets – die in jeder Periode *u* geltende Referenzverzinsung R_u verwendet. Der Quotient muß anschließend mit dem realen Geldbestand (m_s) multipliziert werden, damit man die marginalen realen Liquiditätsvorhaltungskosten der Anlage *i* erhält. Der Gegenwartswert aller zukünftigen Liquiditätsvorhaltungskosten ergibt sich, indem man über alle *n* Anlageformen und über alle denkbaren Zeitpunkte addiert.[115]

Unterstellt man statische Erwartungen in bezug auf die zukünftigen Werte, dann impliziert dies, daß das Wirtschaftssubjekt von konstanten Zinssätzen und Anlagevolumina ausgeht. Damit erhält man den realen „ökonomischen Geldbestand“ wie folgt:

$$(III.53)\quad W_t^m = \sum_{i=1}^{n}\left[\frac{R_t - r_{i,t}}{R_t} \cdot m_{i,t}\right].$$ [116]

Der hier dargestellte „ökonomische Geldbestand“ entspricht exakt dem Realwert der Bargeldäquivalenten Geldmenge. In diesem Sinne kann die Bargeldäquivalente Geldmenge also als ein (ökonomisch begründbares) Bestandsmaß interpretiert werden. Dabei gibt sie aber lediglich die unter der recht restriktiven Annahme statischer

---

[114] Vgl. Barnett, 1991, S. 232. Die Bezeichung „ökonomisch“ bezieht sich dabei auf die Anwendung der Ertrags- oder Kapitalwertmethode zur Ermittlung des gesamtwirtschaftlichen Vermögensbestandes, wie sie sich bereits bei Pesek und Saving (1967, S. 26) findet und von Usher (1981, S. 17) grundsätzlich mit „Realvermögensansatz“ bezeichnet wird.

[115] Vgl. Barnett, 1991, S. 233.

[116] Vgl. Barnett, 1991, S. 234. Für $R_u = R_t$ $(u = t,...,s)$ gilt, daß $1\Big/\prod_{u=t}^{s}(1+R_u)$ gleich $1/(1+R_t)^{s-t+1}$ ist $(s \neq t)$ und daß letzteres aufsummiert über die zu betrachtenden Perioden *t* bis unendlich $(s \to \infty)$ gerade $1/R_t$ ergibt.

Erwartungen abgeleitete Summe der mit den Anlageformen jetzt und in der Zukunft verbundenen Liquiditätsvorhaltungskosten an.

Diese Interpretation der Bargeldäquivalenten Geldmenge zeigt nun auch, unter welchen Voraussetzungen die „ungewichtete Addition" im Sinne eines *„buchhalterischen Geldbestandes"* ökonomisch gerechtfertigt ist. Ganz offensichtlich reduziert sich Gleichung (III.53) auf die „ungewichtete" Addition der (realen) Anlagebestände, wenn die Eigenverzinsung bei jeder Anlageform Null ist:

$$\text{(III.54)} \quad W_t^m = \sum_{i=1}^{n} m_{i,t} \cdot$$

Allerdings wird mit der Unverzinslichkeit aller Anlageformen das im Rahmen dieser Arbeit zu behandelnde Problem wegdefiniert, nämlich der unterschiedlichen Zahlungsmittelnähe der Anlageformen gerecht werden zu müssen.[117] Die Unverzinslichkeit der monetären Anlageformen mag vielleicht in der Vergangenheit bestanden haben, in Zeiten zunehmender Finanzinnovationen mit immer komplexeren Anlagemöglichkeiten, wird die ungewichtete Addition auch zur Messung des „ökonomischen Geldbestands" immer unglaubwürdiger.[118]

Man erhält eine ungewichtete Geldmenge aber auch dann, wenn man zum „ökonomischen Geldbestand" auch den Gegenwartswert der gesamten Zinszahlungen addiert:

$$\text{(III.55)} \quad \sum_{i=1}^{n} m_{i,t} = \sum_{i=1}^{n} \left[\frac{R_t - r_{i,t}}{R_t} \cdot m_{i,t} \right] + \sum_{i=1}^{n} \left[\frac{r_{i,t}}{R_t} \cdot m_{i,t} \right].$$

Die einfache Addition gibt den „ökonomischen Geldbestand" somit nicht nur dann korrekt an, wenn alle monetären Anlagen unverzinslich sind, sondern auch dann, wenn der Strom der Zinszahlungen der Anlageformen als Abbild relevanter „Gelddienste" angesehen wird. Neben der „Liquiditätskomponente" wird auch die „Ertragskomponente" der monetären Anlageformen erfaßt. Letztere soll lediglich das Entgelt für den Verzicht auf Gegenwartskonsum erfassen. Eine solche Bestandsgröße basiert damit auch auf der Berücksichtigung der Wertspeicherfunktion des Geldes und nicht nur auf ihrer Zahlungsmittelnähe. Die Überlegungen zeigen den restriktiven Charakter ungewichteter Summenaggregate.[119]

---

117 Vgl. Barnett, 1991, S. 235ff.

118 White (1987, S. 450) berichtet unter Berufung auf Adam Smith, daß private Banken bereits im Rahmen des schottischen „free banking"-Systems (1716 – 1844) Zinsen auf die bei ihnen gehaltenen Guthaben („promissory notes") gezahlt haben. Die Zeiten vollkommen unverzinslicher monetärer Anlageformen müssen also schon sehr lange zurückliegen.

119 Wenn Barnett und Zhou (1994, S. 56) schreiben: „Yet it is difficult to think of any macroeconomic school of thought which has ever viewed the interest yield on monetary assets to be a monetary

Lehnt man die ausdrückliche Berücksichtigung der Wertspeicherfunktion ab, so muß man mit Barnett die nachstehende Schlußfolgerung ziehen:

> „Under no circumstances should the simple sum monetary aggregates be used to measure either the flow or stock, except perhaps in investigating the distant economic past, when money maybe did not yield interest. The simple sum monetary aggregates are an anachronism."[120]

III.1.4.2.2 Zum grundsätzlichen Vorgehen

Barnett sieht im Divisia-Index ein Abbild für den „Strom der Liquiditätsdienste" der monetären Anlageformen, der von ihnen nur den Teil berücksichtigt, der *nicht* der dauerhaften Wertanlage dient, sondern offensichtlich zur Liquiditätsvorhaltung für die spätere Verwendung als Zahlungsmittel vorgesehen ist.[121] Auf der Basis theoretischer Überlegungen zu einer sinnvollen Interpretation der Liquiditätsdienste der Anlageformen wurden dabei die marginalen Liquiditätsvorhaltungskosten als der relevante Preis der Anlageformen ermittelt. In der Praxis wird dieser durch die User costs dargestellt.

Für das makroökonomisch interessante Aggregat bedeutet dies, daß der Divisia-Ansatz nur dann ein korrektes Abbild der Veränderung des „zukünftig zu erwartenden Zahlungsmittelbestandes" darstellt, wenn

- ein direkter Zusammenhang zwischen der Höhe der Liquiditätsdienste und der Wahrscheinlichkeit besteht, daß die betrachtete Anlageform in ein Zahlungsmittel umgewandelt und für Zahlungen verwendet wird, und wenn

- die User costs die marginalen Liquiditätsvorhaltungskosten korrekt wiedergeben.

Die Grundlogik des Divisia-Ansatzes beruht letztlich auf dem Konzept der Liquiditätsdienste. Im Rahmen der obigen Ausführungen wurde argumentiert, daß die Liquiditätsdienste der Anlageformen im Sinne des Nettomehrkonsums der Geldwirtschaft gegenüber der Tauschwirtschaft (approximativ) durch (den negativen Wert) der Summe der Transaktions- und Liquiditätsvorhaltungskosten abgebildet werden können. Werden die in der Geldwirtschaft entstehenden Kosten minimiert, werden die Liquiditätsdienste maximiert.

---

service.", dann liegt die Antwort auf die implizit enthaltene Frage in der Definition der „Gelddienste".

120 Barnett, 1991, S. 238f.

121 Vgl. Barnett, 1997, S. 1181. In beiden Fällen wird der Teil aus dem gesamten Leistungs*strom* herausgerechnet, den Barnett (1983a, S. 354) mit „investment (or store of value) services" bezeichnet und der auf dem Teil der Anlagen*bestände* basiert, der ausschließlich zur Erzielung von Zinseinnahmen gehalten wird. Der Rest sind die „other services, such as the transaction services".

In welcher Beziehung stehen die geldwirtschaftlichen Transaktionskosten und die Liquiditätsvorhaltungskosten nun zueinander? Die Antwort auf diese Frage ist eng mit den obigen Überlegungen zur „Liquidität" von Anlageformen verknüpft. Spontan ist man versucht zu sagen, daß die Transaktionskosten einer Anlageform umso geringer sind, je höher ihre Liquidität ist. Diese Aussage ist aber inhaltsleer, denn das relevante Maß für die „Liquidität" ist hier gerade die Höhe der Transaktionskosten. Wie sieht es bei den Liquiditätsvorhaltungskosten bzw. ihrem empirischen Meßkonzept den User costs π_i aus? Die nachfolgende Diskussion der User costs zeigt, daß sie sich tendenziell an der Frist ausrichten, die bis zur vereinbarten Umwandlung der Anlageform in Zahlungsmittel verstreicht (Restlaufzeit oder Kündigungsfrist). In den meisten Fällen wird dabei eine kürzere Zeitspanne bis zur vereinbarten Umwandlung mit geringeren Kosten der vorzeitigen Verfügung einhergehen als eine längere, so daß *von der Tendenz her* zwischen den Transaktionskosten und den Liquiditätsvorhaltungskosten eine inverse Beziehung besteht.[122]

Müssen jetzt Zahlungen vorgenommen werden, so weist die Verwendung einer sehr liquiden Anlage gegenüber einer weniger liquiden Anlage den Vorteil auf, daß nicht nur die Transaktionskosten geringer sind, sondern daß auch die Anlage mit den höheren anlagenbezogenen Liquiditätsvorhaltungskosten (User costs) eingesetzt wird. Der Zinsverlust, der aus der Reduktion des „Finanzvermögens" eines betrachteten Akteurs resultiert, fällt dadurch geringer aus. Ein rationaler Akteur wird deshalb für die Zahlung zuerst seine gesamten Zahlungsmittel verwenden, um erst anschließend die anderen Anlagen (vorzeitig) in Zahlungsmittel umzuwandeln. Dabei wird er bei den Anlageformen beginnen, die die geringsten anlagenbezogenen Transaktionskosten und die höchsten User costs besitzen.

Besteht also tatsächlich die inverse Beziehung zwischen den Transaktionskosten und den Liquiditätsvorhaltungskosten, so wird der „Liquidität" – im Sinne der Transaktionskosten" – wohl tendenziell die Umwandlung in Zahlungsmittel folgen. Die Frage ist nur, ob man daraus auch auf die Veränderung des „Bestandes an zukünftig zu erwartenden Zahlungsmitteln" schließen kann? Dies fällt sicherlich sehr schwer, was vor allem daran liegt, daß das in Zukunft zu bewältigende Transaktionsvolumen unbekannt ist. Eine kostengünstige Möglichkeit zur Umwandlung in das Zahlungsmittel impliziert nicht zugleich, daß von dieser Möglichkeit auch tatsächlich Gebrauch gemacht wird. Denkbar ist vielmehr, daß eine mit einer bestimmten Befristung ausgestattete Anlage in gleicher Form immer wieder verlängert wird, weil die Umwandlungsfrist als hinreichend kurz angesehen wird, die Anlage im Bedarfsfall schnell in

---

[122] Monticelli und Papi (1996, S. 95) weisen darauf hin, daß die Höhe der Transaktionskosten einer bestimmten Anlage auch von der vereinbarten Laufzeit und nicht von der Restlaufzeit abhängen kann. Dies ist vor allem bei Wertpapieren denkbar, die an Sekundärmärkten gehandelt werden. Denkbar ist z.B., daß (staatlich emittierte) Wertpapiere mit einer zehnjährigen Laufzeit anders als achtjährige Papiere Objekte für Termingeschäfte sind, so daß hier eine zusätzliches Nachfragesegment hinzukommt, die möglicherweise dazu beiträgt, die Rendite zehnjähriger Papiere (temporär) unter die der achtjährigen zu drücken.

Zahlungsmittel umzuwandeln. Ob jedoch dieser Bedarfsfall eintritt, vermag der Divisia-Ansatz nicht zu sagen. Im Rahmen des bislang diskutierten Modellrahmens besteht kein *quantitativer* Zusammenhang zwischen der Höhe der Liquiditätsvorhaltungskosten (bzw. der User costs) und dem Anteil der monetären Anlageformen, der im betrachteten Zeitraum tatsächlich in Zahlungsmittel umgeschichtet werden wird. Die User costs sind letztlich kein zuverlässiges Maß für die Umschlagshäufigkeit der Anlagen. Mit dem Divisia-Aggregat erhält man zwar eine gewichtete Geldmenge, die makroökonomisch interessante Interpretation im Sinne eines zukünftig „zu erwartenden Zahlungsmittelbestands" ist aber nicht mit letzter Sicherheit möglich.

Allerdings muß man den Divisia-Ansatz nicht grundsätzlich verdammen. Im Unterschied zu den ungewichteten, breit definierten Geldmengenaggregaten, die üblicherweise von Notenbanken betrachtet werden, versucht dieser Ansatz immerhin den *qualitativen* Unterschieden zwischen den Anlageformen in nachvollziehbarer Weise Rechnung zu tragen.[123] Dies erlaubt sicherlich eine differenzierter Sicht von Veränderungen im Anlageverhalten der Nichtbanken, als es anhand ungewichteter Aggregate möglich ist. Selbst wenn er der ehrgeizigen Anforderung, eine Größe für den „zukünftig zu erwartenden Zahlungsmittelbestand" zu stellen, nicht vollständig entsprechen kann, steht er dank seiner Mikrofundierung und dem tendenziell gültigen Zusammenhang zwischen Liquidität und wahrscheinlicher Umwandlung dem in Zukunft vorherrschenden Zahlungsmittelbestand möglicherweise näher, als es ungewichtete Aggregate vermögen.

Entscheidend ist dabei sicher, daß die Substitutionsbeziehung zwischen dem Zahlungsmittel und den anderen Anlageformen möglichst genau abgebildet wird. Dies ist nicht nur eine Frage der Abbildungsgenauigkeit der User costs, sondern stellt möglicherweise auch Anforderungen an die Auswahl der zu berücksichtigenden Anlageformen, an die Klassifikation mit „Geldkomponente". Während für die Klassifikation im Rahmen der makroökonomischen Betrachtung der Blickwinkel einer Notenbank in der Form des Zeithorizonts ihrer Inflationsprognose relevant war, empfiehlt es sich der mikroökonomischen Logik des Divisia-Ansatzes entsprechend für die Klassifikation auf den Blickwinkel der Anleger abzustellen. Ander als bislang, folgt daraus eine „mikroökonomisch fundierte" Klassifikation, die für die Geldmengenbildung nun nicht nur auf die Gewichtung abstellt, sondern auch die Auswahl der Anlagen einschließt, den „Präferenzen" der Akteure somit mehr Gewicht verleiht. Diesen Ansatz verfolgt Barnett mit seinem Kriterium der „konsistenten Aggregation". Es liefert aus Sicht der Anleger die Trennungslinie zwischen dem, was als Geldkomponente anzusehen ist, und dem, was besser unberücksichtigt bleiben sollte, da es wichtige Substitutionsbeziehungen nicht mit den Zahlungsmitteln teilt. Eine solche Abgrenzung schafft zwar keinen theoretisch stringenten, quantitativ eindeutigen Zusammenhang zum in Zukunft gehaltenen Zahlungsmittelbestand, er stellt möglicherweise aber einen glaubwürdigeren Prognosewert dar als die ungewichteten Summen breiter Abgrenzungen.

---

[123] Damit unterscheidet er sich von den älteren Ansätzen.

Ob das Divisia-Aggregat wenigstens diesem qualitativ formulierten Anspruch genügt, hängt entscheidend von der Stringenz seiner mikroökonomischen Grundlagen ab.

Bevor man sich nun dem Konzept der „konsistenten Aggregation" und der Ermittlung der Substitutionsbeziehungen zwischen den Anlageformen (insbesondere gegenüber dem Bargeld) zuwenden kann, muß man vorab noch die Genauigkeit der User costs prüfen. Hier sind möglicherweise Korrekturen notwendig, damit sie in zuverlässigerer Weise die Liquidität der verschiedenen Anlageformen angeben.

III.1.5 Zusammenfassung

- Als Ausgangspunkt für die Bildung gewichteter monetärer Aggregate kann die (individuelle) Zahlungstechnologiefunktion eines (repräsentativen) Akteurs angesehen werden. Sie erklärt, mit welchen Transaktionskosten die einzelnen Anlageformen zur Bewältigung von Transaktionen jetzt oder später beitragen. Berücksichtigt man darüber hinaus noch die Kosten, die die realisierten Transaktionen in einer Tauschwirtschaft ohne Geld verursacht hätten, dann gibt die Differenz den sogenannten „Effizienzvorteil der Geld- gegenüber der Tauschwirtschaft" wieder. Mit dieser Konzeption ist ein solches Geldmengenaggregat eine Stromgröße.

- Berücksichtigt man neben dem Effizienzvorteil noch die Liquiditätsvorhaltungskosten, die in der Geldwirtschaft infolge eines Zinsentgangs entstehen, so erhält man mit dem Nutzen aus dem Nettomehrkonsum und/oder der gestiegenen Freizeit eine sinnvolle Interpretation für die Liquiditätsdienste der monetären Anlageformen.

- Sind die tauschwirtschaftlichen Transaktionskosten nicht zu quantifizieren, können die geldwirtschaftlichen Transaktions- und Liquiditätsvorhaltungskosten immer als Approximation für die Liquiditätsdienste herangezogen werden, sofern die tauschwirtschaftlichen Transaktionskosten unabhängig von der Höhe der monetären Anlageformen sind. Davon kann ausgegangen werden. Bei einem gegebenen Transaktionsvolumen liegt das Maximum der Liquiditätsdienste dort, wo die Summe der geldwirtschaftlichen Transaktions- und Liquiditätsvorhaltungskosten ihr Minimum besitzt.

- In diesem Fall ist eine Maximierung der Liquiditätsdienste – bei gegebenem Transaktionsvolumen – gleichbedeutend mit einer Minimierung der geldwirtschaftlichen Transaktionskosten relativ zu den Liquiditätsvorhaltungskosten. Die marginalen Transaktionskosten einer Anlageform entsprechen damit an der Grenze den marginalen Liquiditätsvorhaltungskosten. Diese lassen sich als die (diskontierten) entgangenen Zinsen auffassen, die mit dem Besitz einer weiteren Geldeinheit dieser Anlage relativ zu einer Einheit der Referenzanlage verbunden sind. Die marginalen Liquiditätsvorhaltungskosten einer Anlageform werden durch die User costs ausgedrückt.

- Unterstellt man eine Zahlungstechnologiefunktion, die lediglich eine eingeschränkte Substituierbarkeit zwischen den monetären Anlageformen zuläßt, bei der monetäre Anlageformen unabhängig („schwach separierbar") von Konsumgütern sind und in einer linearhomogenen Aggregationsfunktion zusammengefaßt werden können, dann liefert der Divisia-Index ein Maß für die prozentuale Veränderung einer gewichteten Geldmenge.

- Im Rahmen des Divisia-Indexes bilden die prozentualen User costs einer Anlage das Gewicht, mit dem die Veränderung der Anlageform zur Veränderung des Geldmengenaggregats beiträgt. Diese Gewichtung erhält man dadurch, daß man das Grenzprodukt einer jeden Anlageform durch die User costs ersetzt. Damit erhält man eine parameterfreie statistische Indexformel, die sich recht leicht empirisch ermitteln läßt.

- Nur dann, wenn man eine vollständige oder teilweise Additivität der Anlageformen unterstellt, lassen sich additive Stromgrößenaggregate ökonomisch rechtfertigen. Geht man zudem von statischen Erwartungen aus, d.h. erwartet man unveränderte Zinsen und Mengen, dann erhält man mit der „Bargeldäquivalenten Geldmenge" einen „ökonomische Geldbestand", der mit der Divisia-Logik kompatibel ist.

- „Ungewichtete" Summenaggregate können nur dann eine „ökonomische" Bestandsgröße sein, wenn alle Anlageformen unverzinslich sind oder wenn man neben der Zahlungsmittelnähe auch auf die Erfüllung der Wertspeicherfunktion abstellt. In diesem Fall müßten auch die Zinszahlungen als „Gelddienste" berücksichtigt werden. Im Kontext mit der Zahlungstechnologiefunktion macht dies keinen Sinn.

- Wenn auch eine inverse Beziehung zwischen den anlagenbezogenen Transaktionskosten und Liquiditätsvorhaltungskosten besteht, so daß Anlageformen mit niedrigeren Transaktionskosten bei Bedarf eher liquidiert und für Zahlungen eingesetzt werden als andere Anlageformen, sagt der Ansatz doch nichts über die konkrete Höhe des „in Zukunft zu erwartenden Zahlungsmittelbestandes" aus. Diese makroökonomisch sinnvolle Interpretation des Divisia-Aggregats ist daher aus theoretischer Sicht nicht möglich. Die Betrachtung „konsistenter Aggregate" vermag diesen Mangel zwar nicht grundsätzlich zu heilen, verspricht aber gegenüber ungewichteten Summen ein Aggregat, das stärker die Präferenzen der Anleger widerspiegelt.

III.2 Das Konzept der „User costs" als „Preis" monetärer Anlageformen

Im vorherigen Teil wurde immer wieder darauf hingewiesen, welche Bedeutung den User costs als empirische Umsetzung des theoretischen Konzepts der „marginalen Liquiditätsvorhaltungskosten" für die Stringenz des Divisia-Ansatzes zukommt. Im Rahmen des Divisia-Literatur werden die User costs üblicherweise als „Preis" für die „Liquiditätsdienste" der monetären Anlageformen angesehen, die einem repräsentativen Akteur Nutzen stiften sollen. In Abschnitt III.1.4.1.3 wurde gezeigt, wie in diesem Rahmen die User costs dazu verwendet werden, den (unbekannten) Grenznutzen solcher „Liquiditätsdienste" zu ersetzen. Gerade erst dieses Vorgehen führte zum Divisia-Index. Die Genauigkeit des Divisia-Ansatzes hängt somit entscheidend von der Abbildungsgenauigkeit der User costs ab.

Nun findet sich jedoch in der Divisia-Literatur so gut wie nie eine Konkretisierung dessen, was mit „Liquiditätsdienst" bezeichnet wird. Die intensive Diskussion des Konzepts der „Liquiditätsdienste" im vorangegangenen Kapitel hat versucht, diesem Begriff einen – wenn auch immer noch recht abstrakten – ökonomischen Inhalt zu geben. Die Liquiditätsdienste einer Anlageform wurden als der Beitrag definiert, den diese Anlage zum Wohlfahrtsgewinn der Geld- gegenüber der Tauschwirtschaft beizusteuern in der Lage ist. Im Rahmen einer solchen Definition schließen die Liquiditätsdienste die Liquiditätsvorhaltungskosten mit ein. Insofern ist die oben genannte häufig anzutreffende Interpretation der User costs als Preis der Liquiditätsdienste schon aus logischen Gründen nicht adäquat. Vielmehr *sollen* die User costs das adäquate Abbild der marginalen (anlagenbezogenen) Liquiditätsvorhaltungskosten darstellen und damit zugleich dem Preis für den Beitrag der monetären Anlageformen entsprechen, den diese im Rahmen einer Zahlungstechnologiefunktion zur Senkung der Transaktionskosten der Geld- gegenüber der Tauschwirtschaft leisten. Ob sie dies tatsächlich tun, wird die anschließende Analyse zeigen.

Für die nachfolgende Diskussion der User costs erweist es sich als hilfreich, für diesen Beitrag der einzelnen Anlageformen einen knappen Begriff zu kreieren, der sich zwar hinreichend vom Begriff der „Liquiditätsdienste" unterscheidet, um Mißverständnisse zu vermeinden, aber trotzdem den (transaktions-) kostensenkenden Charakter der monetären Anlageformen zum Ausdruck bringt. Da die Differenz der tauschwirtschaftlichen und geldwirtschaftlichen Transaktionskosten mit Effizienzvorteil (der Geldwirtschaft gegenüber der Tauschwirtschaft) bezeichnet wurde, soll der Anteil einer einzelnen Anlageformen im folgenden mit *„Effizienzbeitrag"* bezeichnet werden.[124] Bezogen auf eine Geldeinheit, die in eine Anlageform zusätzlich investiert wird, handelt es sich dann um den *„marginalen (anlagenbezogenen) Effizienzbei-*

[124] Bei einer konsequenten Anwendung des Nutzenansatzes spiegelt dieser „Effizienzbeitrag" letztlich genau das wider, was im Rahmen der Divisia-Literatur möglicherweise unter „Liquiditätsdienst" verstanden wird.

trag". Berücksichtigt man neben der unterstellten Unabhängigkeit der tauschwirtschaftlichen Transaktionskosten von den monetären Anlageformen noch den Umstand, daß die *Liquidität* einer Anlagen immer eine Kostendimension besitzt (in Freizeit und/oder Konsumeinheit gemessen), so entspricht letztlich der marginale Effizienzbeitrag der Liquidität der betrachteten Anlageform.

Im Rahmen der bisherigen Ausführungen wurde nur knapp auf die ökonomische Ratio der User costs eingegangen. Diese Lücke soll nun geschlossen werden. Nach grundsätzlichen Überlegungen zur theoretischen Herleitung der „User costs monetärer Anlageformen" erfolgt anschließend die Behandlung von Modifikationen, die notwendig sind, damit die (so modifizierten) User costs tatsächlich als glaubwürdige empirische Abbildung der marginalen Liquiditätsvorhaltungskosten angesehen werden können.

III.2.1 Modelltheoretische Herleitung der User costs

Die nachfolgende Analyse geht auf Barnett zurück.[125] Sie wird unter der vereinfachenden Annahme vorgenommen, daß es *n* monetäre Anlageformen und eine Referenzanlage *B* gebe, die ausschließlich zur intertemporalen Verteilung von Konsum dienen soll und damit den geringsten Beitrag zur Reduktion von Transaktionskosten (den geringsten Effizienzbeitrag) besitze. Diese Anlage wird im folgenden mit „Wertpapier" bezeichnet.

Für das Entscheidungsproblem eines (repräsentativen) Akteurs sind folgende Größen von Bedeutung:

$\mathbf{c}_s$ = Vektor der geplanten Konsummengen während der Periode *s*;[126]

$\mathbf{p}_s$ = Vektor der erwarteten Güterpreise während der Periode *s*;[127]

$\mathbf{m}_s$ = Vektor der geplanten realen Bestände der monetären Anlageform während der Periode *s*;

$\mathbf{m}^*_s$ = Vektor der geplanten realen *Geld*bestände während der Periode *s*;

$\mathbf{r}_s$ = Vektor der erwarteten nominalen Ertragsraten (Renditen) der realen Bestände der monetären Anlageformen während der Periode *s*;

π_s = Vektor der nominalen User costs während der Periode *s*;

b_s = geplanter *realer* Bestand der Referenzanlage während der Periode *s* (B_s stellt den geplanten nominalen Bestand dieser Anlage dar);

---

125 Siehe erstmals Barnett (1978, S. 146ff.). Hier wird auf Barnett (1987, S. 116ff.) zurück gegriffen.

126 Auf eine Unterscheidung in Güter und Dienstleistungen wird verzichtet.

127 Der Vektor der geplanten Preise enthält auch Nutzungspreise dauerhafter Konsumgüter.

R_s = erwartete nominale Ertragsrate (Rendite) der Referenzanlage während der Periode *s*;[128]

P_s^* = erwarteter Preisindex während der Periode *s*, der geeignet ist, nominale Größen in reale zu transformieren;

L_s^S = geplantes Arbeitsangebot während der Periode *s*;

F_s = geplante Freizeit während der Periode *s*, die sich als Differenz aus der gesamten, während einer Periode zur Verfügung stehenden, Zeit $\bar{L}$ und der geplanten Arbeitszeit L_s^S ergibt;

ℓ_s = erwarteter nominaler Lohnsatz während der Periode *s*;

I_s = andere erwartete nominale Einkommensströme während der Periode *s*;[129] und

V_t = gesamter Nutzen über die Perioden *t* bis *t+T* hinweg.

Unterstellt man einen Betrachtungs- oder Planungszeitraum von Periode *t* (Gegenwartsperiode) bis Periode *t+T* (Endperiode) so existieren genau *T+1* Budgetrestriktionen, die alle zusammen die Entscheidungsmöglichkeiten des Akteurs einschränken. Für die jede Periode *s* $(t \leq s \leq T)$ gilt z.B. folgender Planungsansatz:

$$\text{(III.56)} \quad \mathbf{p}_s\mathbf{c}_s = \ell_s L_s^S + \left(\sum_{i=1}^{n} r_{i,s-1} P_{s-1}^* m_{i,s-1} + R_{s-1} P_{s-1}^* b_{s-1} \right) + I_s$$
$$+ \sum_{i=1}^{n} \left[P_{s-1}^* m_{i,s-1} - P_s^* m_{i,s} \right] + \left[P_{s-1}^* b_{s-1} - P_s^* b_s \right].$$

Die geplanten Konsumausgaben während der Periode *s* (linke Seite von Gleichung III.56) werden durch folgende geplante Zahlungsmittelzuflüsse finanziert (rechte Seite von III.56):

---

128 Ebenso wie die Ertragsraten der anderen monetären Anlageformen soll diese neben der Nominalverzinsung der Referenzanlageform auch realisierte und nichtrealisierte Kursgewinne enthalten und sich auf genau eine Periodeneinheit (z.B. ein Jahr) beziehen (vgl. Barnett, 1980a, S. 17). Alternativ dazu kann man anstelle der Renditen die Nominalverzinsung verwenden. Um den tatsächlichen Ertrag der Anlageformen korrekt zu erfassen, muß man dann aber zusätzlich unterstellen, daß der Akteur seine Anlagenbestände jeweils am Ende jeder Periode vollständig verkauft und anschließend zu neuen, möglicherweise geänderten Konditionen wieder kauft. Aus der Differenz zwischen dem Einstandskurs am Beginn der Periode und dem Verkaufskurs am Ende, entstehen dem Akteur für die nächste Periode zusätzliche Kapitaleinkommen oder -verluste, die seinen Handlungsspielraum erweitern oder einschränken. Für eine solche Variante siehe Barnett (1978, S. 146ff.).

129 Mit dieser Größe sollen insbesondere staatliche Transferzahlungen erfaßt werden. Aber auch ein mögliches Einkommen aus Unternehmertätigkeit (Gewinne) oder sonstige Zuwendungen (Schenkungen, Erbschaften) fallen in diese Kategorie.

- Das Arbeitseinkommen der laufenden Periode *s*: $\ell_s L_s^S$.
- Das „Zinseinkommen" der Periode *s*: $\sum_{i=1}^{n} r_{i,s-1} P_{s-1}^{*} m_{i,s-1} + R_{s-1} P_{s-1}^{*} b_{s-1}$. Dies berücksichtigt auch realisierte und nichtrealisierte Kapitalgewinne oder -verluste, von denen angenommen wird, daß sie am Beginn dieser Periode ausgezahlt werden und sich ausschließlich auf die in der Vorperiode gehaltenen Bestände und Kurse der monetären Anlageformen beziehen.[130]
- Die sonstigen Einkommensströme während der Periode *s*: I_s.
- Die gesamte Verringerung der nominalen Anlagebestände $\sum_{i=1}^{n} \left(P_{s-1}^{*} m_{i,s-1} - P_s^{*} m_{is}\right)$ wie der Wertpapierhaltung $\left(P_{s-1}^{*} b_{s-1} - P_s^{*} b_s\right)$ gegenüber der Vorperiode *s-1*.

Denkbar ist jedoch auch eine positive Vermögensbildung. Diese erfolgt dann, wenn die Summe aus Arbeits-, Zins- und sonstigem Einkommen die Konsumausgaben übersteigt. Sie kann sich in höheren nominalen Anlage- und/oder Wertpapierbeständen niederschlagen, wobei grundsätzlich ein höherer Bestand monetärer Anlageformen auch mit einer niedrigeren Wertpapierhaltung einhergehen kann. Daß es sich bei der dargestellten Budgetrestriktion um die Variante handelt, die mit dem obigen Nutzenansatz (Abschnitt III.1.3.3) kompatibel ist, sieht man daran, daß hier ausschließlich der *Netto*konsum zu finanzieren ist. Im Rahmen eines Transaktionsansatzes müßte der Bruttokonsum verwendet werden, also die Zahlungstechnologiefunktion in der Budgetrestriktion erscheinen. Dies erscheint für die hier angestellten Überlegungen wenig geeignet.

Um nun die *T+1* Budgetrestriktionen zu einer einzigen intertemporalen Budgetgleichung zu verschmelzen, eliminiert man schrittweise die geplante nominale Wertpapierhaltung $P_s{}^*b_s$ der Perioden *t* bis *t+T-1*.[131] Die geplante nominale Wertpapierhaltung der Ausgangsperiode *t* ergibt sich somit als:

---

[130] Dabei unterstellt man implizit, daß die Bestände der monetären Anlageformen nur am Periodenende verändert werden. Finanztransaktionen während einer Periode würden eine genauere Zinsrechnung erfordern, was die Argumentation nur unnötig erschwert. Im Extremfall beträgt eine Periodenlänge genau einen Tag. Entsprechend wird aus Vereinfachungsgründen ebenfalls unterstellt, daß sich die Zinsen und Preise nur an der Periodengrenze ändern können (vgl. Barnett, 1981, S. 193).

[131] Die Wertpapierhaltung dient ausschließlich der Übertragung von Vermögen von einer Periode in die nächste. Im Rahmen eines mehrperiodigen Ansatzes ist damit letztlich nur der Wertpapierbestand der letzten Periode *t+T* wirklich relevant (vgl. Barnett,1980a, S. 17). Wenn auch das Motiv zur Vermögensübertragung innerhalb eines *T*-periodigen Betrachtungszeitraums fehlt, so bedeutet dies nicht, daß die Wertpapierhaltung in den Perioden *t* bis *t+T-1* Null beträgt. Eine Veräußerung der Wertpapiere würde zwar die Konsummöglichkeiten und/oder die Bestandshaltung der monetären Anlageformen in der Gegenwart erhöhen, ginge aber einseitig zu Lasten des Konsums und/

$$\text{(III.57)}\quad P_t^* b_t = -\mathbf{p}_t \mathbf{c}_t + \ell_t L_t^S + \left(\sum_{i=1}^{n} r_{i,t-1} P_{t-1}^* m_{i,t-1} + R_{t-1} P_{t-1}^* b_{t-1} \right) + I_t$$

$$+ \sum_{i=1}^{n} \left[P_{t-1}^* m_{i,t-1} - P_t^* m_{i,t} \right] + P_{t-1}^* b_{t-1} .$$

Analog plant der Akteur seine Wertpapierhaltung in der Periode *s* anhand folgender Gleichung:

$$\text{(III.58)}\quad P_s^* b_s = -\mathbf{p}_s \mathbf{c}_s + \ell_s L_s^S + \left(\sum_{i=1}^{n} r_{i,s-1} P_{s-1}^* m_{i,s-1} + R_{s-1} P_{s-1}^* b_{s-1} \right) + I_s$$

$$+ \sum_{i=1}^{n} \left[P_{s-1}^* m_{i,s-1} - P_s^* m_{i,s} \right] + P_{s-1}^* b_{s-1} ,$$

Dabei empfiehlt es sich für das schrittweise Ersetzen, die erwartete Zinszahlung und die geplante Bestandsveränderung der Referenzanlage b_s und der Bestände der monetären Anlageformen $m_{i,s}$ zusammenzufassen:

(III.58')

$$P_s^* b_s = -\mathbf{p}_s \mathbf{c}_s + \ell_s L_s^S + \sum_{i=1}^{n} \left[(1 + r_{i,s-1}) P_{s-1}^* m_{i,s-1} - P_s^* m_{i,s} \right] + (1 + R_{s-1}) P_{s-1}^* b_{s-1} + I_s .$$

Ausgangsbasis für das Ersetzen bildet schließlich die Budgetrestriktion für die letzte Periode *t+T*, die im Beobachtungszeitraum enthalten ist. Auch hier ist es wieder hilfreich, die erwartete Zinszahlung und die geplante Bestandsveränderung der Referenzanlage b_{t+T} und der monetären Anlageformen zusammenzufassen:

$$\text{(III.59)}\quad \mathbf{p}_{t+T} \mathbf{c}_{t+T} = \ell_{t+T} L_{t+T}^S + \sum_{i=1}^{n} \left[(1 + r_{i,t+T-1}) P_{t+T-1}^* m_{i,t+T-1} - P_{t+T}^* m_{i,t+T} \right]$$

$$+ \left[(1 + R_{t+T-1}) P_{t+T-1}^* b_{t+T-1} - P_{t+T}^* b_{t+T} \right] + I_{t+T} .$$

Setzt man in Gleichung (III.59) nun die geplante Wertpapierhaltung der vorletzten Periode b_{t+T-1} ein, so ergibt sich eine Budgetrestriktion für die beiden Perioden *t+T* und *t+T-1*:

oder der Bestandshaltung der monetären Anlageformen in den nächsten Perioden, da auf Zinseinnahmen verzichtet werden müßte und der geplante Wertpapierbestand, der am Ende des Betrachtungszeitraums transferiert werden soll, spätestens in der letzten Periode erworben werden müßte. Der Akteur wird somit zur intertemporalen Verteilung der Lasten entsprechend der erwarteten Preise und Ertragsraten auch in den Perioden *t* bis *t+T-1* einen Wertpapierbestand halten.

(III.60)

$$\mathbf{p}_{t+T}\mathbf{c}_{t+T} + (1+R_{t+T-1})(\mathbf{p}_{t+T-1}\mathbf{c}_{t+T-1}) = \ell_{t+T}L^S_{t+T} + (1+R_{t+T-1})\ell_{t+T-1}L^S_{t+T-1}$$

$$+ \sum_{i=1}^{n}\left[(1+r_{i,t+T-1})P^*_{t+T-1}m_{i,t+T-1} - P^*_{t+T}m_{i,t+T}\right]$$

$$+ (1+R_{t+T-1})\sum_{i=1}^{n}\left[(1+r_{i,t+T-2})P^*_{t+T-2}m_{i,t+T-2} - P^*_{t+T-1}m_{i,t+T-1}\right]$$

$$+ \left[(1+R_{t+T-2})(1+R_{t+T-1})P^*_{t+T-2}b_{t+T-2} - P^*_{t+T}b_{t+T}\right] + I_{t+T} + (1+R_{t+T-1})I_{t+T-1}$$

Dividiert man Gleichung (III.60) durch $(1 + R_{t+T-1})$ und diskontiert man damit die Konsumausgaben, Einkommensströme und Vermögensbestände der Perioden $t+T$ auf die Periode $t+T-1$, so erhält man nach einer Umgruppierung folgende intertemporale Budgetrestriktion für die beiden Perioden:[132]

(III.61)

$$\frac{\mathbf{p}_{t+T}\mathbf{c}_{t+T}}{(1+R_{t+T-1})} + (\mathbf{p}_{t+T-1}\mathbf{c}_{t+T-1}) + \frac{P^*_{t+T}b_{t+T}}{(1+R_{t+T-1})}$$

$$+ \sum_{i=1}^{n}\left[P^*_{t+T-1} - \frac{(1+r_{i,t+T-1})P^*_{t+T-1}}{(1+R_{t+T-1})}\right]m_{i,t+T-1} + \sum_{i=1}^{n}\frac{P^*_{t+T}m_{i,t+T}}{(1+R_{t+T-1})}$$

$$= \frac{\ell_{t+T}L^S_{t+T}}{(1+R_{t+T-1})} + \ell_{t+T-1}L^S_{t+T-1} + \frac{I_{t+T}}{(1+R_{t+T-1})} + I_{t+T-1}$$

$$+ (1+R_{t+T-2})P^*_{t+T-2}b_{t+T-2} + \sum_{i=1}^{n}(1+r_{i,t+T-2})P^*_{t+T-2}m_{i,t+T-2}\,.$$

Nachdem man nun die Wertpapierhaltung soweit wie möglich ersetzt hat, erhält man folgende intertemporale Budgetrestriktion für den gesamten Betrachtungszeitraum:

---

[132] Als Zinssatz zur Diskontierung der Transaktionen der Periode *t+T* wird hier die Ertragsrate der Referenzanlageform der Vorperiode *t+T-1* verwendet. Denn die Referenzanlage dient gerade der Vermögensübertragung von einer Periode in die nächste und ihr Zinssatz gibt die Rate an, um die die Einkommensströme oder Bestände der Periode *t+T* niedriger sein könnten, wenn sie nicht erst in Periode *t+T*, sondern bereits in *t+T-1* anfallen würden. Da hier unterstellt wird, daß die Zinszahlungen der Periode *t+T* zu Beginn dieser Periode ausgezahlt werden, sich aber an dem Zinssatz und der Bestandshöhe der *Vorperiode* ausrichten, muß zur Diskontierung der Ströme und Bestände der Periode *t+T* die Ertragsrate der Vorperiode *t+T-1* verwendet werden. Nur so erhält man ein in Einheiten der Referenzanlage ausgedrücktes (fiktives) Äquivalent, welches in der Periode *t+T-1* angelegt, in der Folgeperiode *t+T* gerade einen Zahlungsstrom in exakt der Höhe der tatsächlich erwarteten und geplanten Ströme und Bestände zur Folge hätte.

$$\text{(III.62)}\quad \sum_{s=t}^{t+T}\frac{\mathbf{p}_s\mathbf{c}_s}{\rho_s}+\sum_{s=t}^{t+T-1}\sum_{i=1}^{n}\left[\frac{P_s^*}{\rho_s}-\frac{P_s^*(1+r_{i,s})}{\rho_{s+1}}\right]m_{i,s}+\sum_{i=1}^{n}\frac{P_{t+T}^*m_{i,t+T}}{\rho_{t+T}}+\frac{P_{t+T}^*b_{t+T}}{\rho_{t+T}}$$

$$=\sum_{s=t}^{t+T}\frac{\ell_s L_s^S}{\rho_s}+\sum_{s=t}^{t+T}\frac{I_s}{\rho_s}+\sum_{i=1}^{n}(1+r_{i,t-1})P_{t-1}^*m_{i,t-1}+(1+R_{t-1})P_{t-1}^*b_{t-1}.$$

Ebenso wie im zweiperiodigen Fall richtet sich der Diskontierungsfaktor ρ_s nach den Ertragsraten der Referenzanlageform. Er ist wie folgt definiert:

$$\text{(III.63)}\quad \rho_s=\begin{cases}1, & \text{für } s=t\\ \prod_{u=t}^{s-1}(1+R_u), & \text{für } t+1\le s\le t+T\end{cases}$$

Gleichung (III.62) stellt die relevante mehrperiodige Budgetrestriktion für das Entscheidungskalkül des Akteurs dar. Mit ihrer Hilfe ist es dem Akteur möglich, die optimalen Konsumausgaben und Anlagen- und Wertpapierbestände für die gegenwärtige Periode *t*, unter Berücksichtigung aller innerhalb des Betrachtungszeitraums *[t, T]* erwarteten Datenänderungen zu ermitteln. Geht man – so wie Barnett – von einem Nutzenansatz aus, so kommt es neben Gleichung (III.62) dabei auch auf die intertemporale Nutzenfunktion an:

(III.64)

$$V_t=\bar{v}(c_{1,t},\dots,c_{k,t};\dots;c_{1,t+T},\dots,c_{k,t+T};m_{1,t},\dots,m_{n,t};\dots;m_{1,t+T},\dots,m_{n,t+T};F_t,\dots,F_{t+T};b_{t+T})$$

$$=\bar{v}(\mathbf{c}_t,\dots,\mathbf{c}_{t+T};\mathbf{m}_t,\dots,\mathbf{m}_{t+T};F_t,\dots,F_{t+T};b_{t+T}).$$

Im Rahmen des Optimierungskalküls werden neben dem gegenwärtigen (realisierten) Konsumgüterbündel $\mathbf{c}_t$ also auch die geplanten zukünftigen Gütermengen $(\mathbf{c}_{t+1},\dots,\mathbf{c}_{t+T})$ berücksichtigt. Gleiches gilt für die Bestände der monetären Anlageformen $\mathbf{m}_s$ für $s = t,\dots,t+T$ (Nutzenansatz der Geldverwendung) und die Freizeit F_s für $s = t,\dots,t+T$. Daß darüber hinaus auch der in der letzten Periode $t+T$ zu halten beabsichtigte Bestand der vollkommen illiquiden Referenzanlage b_{t+T} Nutzen stiften soll, überrascht auf den ersten Blick vor allem dann, wenn man den Zweck der Wertpapierhaltung – im Unterschied zur Geldhaltung – ausschließlich in der intertemporalen Allokation von Konsummöglichkeiten sieht. Der Wertpapierbestand der letzten Periode schafft jedoch die Verbindung zu den Perioden jenseits des unterstellten Betrachtungszeitraums. Würde man ihn in der Nutzenfunktion vernachlässigen, so hätte dies zwangsläufig einen Bestand in Höhe von Null in der letzten Periode zur Folge.

Da der Akteur die Entscheidung über die zu konsumierenden bzw. zu halten gewünschten Größen in jeder Periode neu trifft, kann es zu Unterschieden zwischen den tatsächlich realisierten und den vormals für diese Periode geplanten Werten kommen. Nur wenn

- sich die Präferenzen nicht ändern,
- eine im bezug auf die Zeit streng separierbare Nutzenfunktion,
- eine konstante Zeitpräferenzrate und
- korrekte Erwartungen vorliegen,

stimmen die geplanten und die tatsächlich realisierten Werte immer überein.[133]

Die intertemporale Budgetrestriktion erlaubt eine Interpretation im Sinne einer persönlichen Einzahlung-Auszahlung-Rechnung (cash-flow-Rechnung). Dabei spiegelt die linke Seite die auf den Beginn des Betrachtungszeitraums diskontierten Auszahlungen (Mittelverwendung) wider. Dementsprechend findet man auf der rechten Seite die diskontierten Einzahlungen (Mittelherkunft). So verfügt der Akteur im gesamten Betrachtungszeitraum über folgende tatsächliche oder geplante Mittel:[134]

- Der Akteur geht davon aus, daß er in jeder Periode des betrachteten Zeitraums ein Arbeitseinkommen erzielen wird. Dieses läßt sich zu einem konsolidierten Gegenwartswert zusammenfassen: $\sum_{s=t}^{t+T} \frac{\ell_s L_s^S}{\rho_s}$.
- Ebenso berücksichtigt er in seinem Kalkül einen kontinuierlich auftretenden Strom sonstiger Einkommen, dessen Gegenwartswert die Höhe $\sum_{s=t}^{t+T} \frac{I_s}{\rho_s}$ annehmen wird.
- Zudem hält der Akteur am Beginn des Betrachtungszeitraums einen Bestand an monetären Anlageformen und einen Wertpapierbestand, der darüber hinaus noch in der ersten Periode Zinseinkünfte verschafft. Die zwei letzten Terme auf der rechten Seite von Gleichung (III.62) stellen somit das planungsunabhängige Anfangsvermögen dar.

Diese Mittel können während des betrachteten Zeitraums für folgende tatsächliche oder fiktive Transaktionen eingesetzt werden:

- Der Akteur plant, in jeder Periode Güter zu konsumieren. Der Gegenwartswert dieser geplanten Konsumausgaben $\sum_{s=t}^{t+T} \frac{\mathbf{p}_s \mathbf{c}_s}{\rho_s}$ stellt eine wesentliche Verwendung der vorhandenen oder voraussichtlich zufließenden Mittel dar.

---

133 Vgl. Barnett, 1981, S. 195ff. Dazu im nachfolgenden Abschnitt näheres.

134 Vgl. Barnett, 1978, S. 148.

- Am Ende des Betrachtungszeitraums plant der Akteur in einem bestimmten Umfang monetäre Anlageformen $\left(\frac{P^*_{t+T} m_{i,t+T}}{\rho_{t+T}}\right)$ und die Referenzanlage $\left(\frac{P^*_{t+T} b_{t+T}}{\rho_{t+T}}\right)$ zu halten. Mit beiden Anlagekategorien transferiert er Vermögen, welches er innerhalb des Betrachtungszeitraums für Konsumzwecke hätte einsetzen können.

- Die geplante Haltung der monetären Anlageformen leistet dem Akteur nicht nur Dienste (Effizienzbeiträge), sondrn verursacht auch Kosten, von denen aber lediglich die in den Perioden *t* bis *t+T-1* entstehenden Kosten in den Planungszeitraum fallen. Der auf die Gegenwartsperiode *t* diskontierte Wert dieser Gesamtkosten beträgt $\sum_{s=t}^{t+T-1} \sum_{i=1}^{n} \left[\frac{P^*_s}{\rho_s} - \frac{P^*_s(1 + r_{i,s})}{\rho_{s+1}}\right] m_{i,s}$. Um den Charakter dieser Kosten besser zu erkennen, empfiehlt es sich, die darin enthaltenen diskontierten *Kosten pro gehaltener Geldeinheit* im folgenden genauer zu betrachten.

Die Kosten einer in der Periode *s* gehaltenen Einheit der Anlageform *i* ergeben sich als:

$$\text{(III.65)} \quad \pi_{i,s} = \frac{P^*_s}{\rho_s} - \frac{P^*_s(1 + r_{i,s})}{\rho_{s+1}}.$$

Berücksichtigt man die Definition des Diskontierungsfaktors (siehe Gleichung III.63), so läßt sich Gleichung (III.65) wie folgt umformen:

$$\text{(III.66)} \quad \pi_{i,s} = \frac{P^*_s(1 + R_s)}{\rho_{s+1}} - \frac{P^*_s(1 + r_{i,s})}{\rho_{s+1}} = \frac{P^*_s(R_s - r_{i,s})}{\rho_{s+1}}.$$

Die auf den Gegenwartszeitpunkt *t* diskontierte Zinsdifferenz $\pi_{i,t}$ entspricht den obigen nominalen „User costs". Diese User costs stellen somit den „Preis" der monetären Anlageformen dar.[135] Sie spiegeln den Grenznutzen einer zusätzlichen Geldeinheit wider, die in die Anlage *i* investiert wird.[136] Dabei handelt es sich allerdings nicht um einen Marktpreis, sondern um einen Schattenpreis. In der Theorie wird dieser Preis zumindest nicht kleiner Null sein, weil dort die Referenzverzinsung R_s nie kleiner als die Eigenverzinsung der monetären Anlage $m_{i,s}$ sein kann. Da der ausschließliche Grund für das Halten der Referenzanlage die Vermögensübertragung

---

135 Jorgenson (1963, S. 248f.) hat einen ähnlich aussehenden Preis für die Kapitalnutzung hergeleitet. Auf ihn geht die Bezeichnung „User costs" zurück.

136 Wie oben gezeigt, erhält man dies durch Ableiten der Nutzenfunktion und der Budgetrestriktion. Den Grenznutzen muß man jedoch noch mit einem Lagrangemultiplikator dividieren.

von der gegenwärtigen in die zukünftige Periode sein sollte, wird ein rationales Wirtschaftssubjekt als Medium dafür gerade die Anlageform auswählen, die die höchste Ertragsrate verspricht. Aufgrund ihrer Definition muß die Referenzanlage damit der monetären Anlageform entsprechen, die die maximale erwartete Ertragsrate während der Periode *s* verspricht. Alle anderen Anlageformen weisen keine höheren Verzinsungen auf, die Zinsdifferenz kann nicht kleiner Null werden.

Die (nominalen) User costs der Anlageform *i* in der Ausgangsperiode *t* betragen damit:

(III.67) $$\pi_{i,t} = \frac{R_t - r_{i,t}}{1 + R_t} P_t^* .$$

Durch eine reine Betrachtung von Identitätsgleichungen gelangt man somit exakt zum selben Ergebnis, wie man es unter Anwendung der obigen Überlegungen zu den Liquiditätsvorhaltungskosten intuitiv hergeleitet hatte. Das hier präsentierte Vorgehen hat den (scheinbaren) Vorteil, daß man bei ihm vollständig darauf verzichten konnte, Annahmen über die Gründe für das Halten monetärer Anlageformen zu treffen. Von einer sinnvollen Interpretation von „Gelddiensten“, die möglicherweise Nutzen stiften, konnte man völlig abstrahieren. Es leuchtet unmittelbar ein, daß dieser Ansatz flexibel genug ist, den „Preis“ einer jeden monetären Anlage abzubilden. Gerade diese Flexibilität macht es jedoch unmöglich, im Rahmen dieses Ansatzes die Frage zu beantworten, *wofür* die User costs eigentlich den Preis darstellen. Eine Gleichsetzung der User costs mit den *„marginalen Liquiditätsvorhaltungskosten“* bedarf einer theoretischen Rechtfertigung. Der Ansatz macht also die Überlegungen der vorherigen (und nachfolgenden) Kapitel keineswegs überflüssig, insbesondere erlaubt er keine Klassifikation monetärer Anlageformen in „Geld“ und „Nichtgeld“. Diese muß im Rahmen der soeben beschriebenen Vorgehensweise als exogen gegeben angenommen werden.

Eine Unterscheidung der monetären Anlageformen ist in diesem Kontext ohnehin vollkommen irrelevant. Dies läßt sich leicht zeigen: Unterstellt man also, daß es unter den *n* monetären Anlageformen zuzüglich der Referenzanlage gerade h_s Geldkomponenten $m_s{}^*$ gibt, dann können ihre Bestände und die darauf gezahlten Zinsen im Rahmen der intertemporalen Budgetrestriktion gesondert betrachtet werden. Damit können die Konsumausgaben der Periode *s* auch durch die erwarteten Zinseinkünfte dieser Anlageformen und durch einen Bestandsabbau derselben finanziert werden. Die Budgetrestriktion dieser Periode *s* ändert sich damit wie folgt:

(III.68)
$$\mathbf{p}_s\mathbf{c}_s = \ell_s L_s^S + \left(\sum_{i=1}^{n-h_s} r_{i,s-1} P_{s-1}^* m_{i,s-1} + \sum_{j=1}^{h_s} r_{j,s-1} P_{s-1}^* m_{j,s-1}^* + R_{s-1} P_{s-1}^* b_{s-1} \right) + I_s$$

$$+\sum_{i=1}^{n-h_s}\left[P^*_{s-1}m_{i,s-1}-P^*_s m_{i,s}\right]+\sum_{j=1}^{h_s}\left[P^*_{s-1}m^*_{j,s-1}-P^*_s m^*_{j,s}\right]+\left[P^*_{s-1}b_{s-1}-P^*_s b_s\right].$$

Löst man auch jetzt Gleichung (III.68) wieder nach dem nominalen Bestand der Referenzanlage b_S auf und führt eine Rückwärtssubstitution durch, so führt dies dazu, daß auf der linken Seite von Gleichung (III.62) neben den Kosten der Geldhaltung auch die Kosten berücksichtigt werden müssen, die mit der Haltung der anderen monetären Anlageformen verbunden sind. Die intertemporale Budgetrestriktion lautet nun:

$$\text{(III.69)}\quad \sum_{s=t}^{t+T}\frac{p_s c_s}{\rho_s}+\sum_{s=t}^{t+T-1}\sum_{i=1}^{n-h_s}\left[\frac{P^*_s}{\rho_s}-\frac{P^*_s\left(1+r_{i,s}\right)}{\rho_{s+1}}\right]m_{i,s}+\sum_{s=t}^{t+T-1}\sum_{j=1}^{h_s}\left[\frac{P^*_s}{\rho_s}-\frac{P^*_s\left(1+r_{j,s}\right)}{\rho_{s+1}}\right]m^*_{j,s}$$

$$+\sum_{i=1}^{n-h_s}\frac{P^*_{t+T}m_{i,t+T}}{\rho_{t+T}}+\sum_{j=1}^{h_s}\frac{P^*_{t+T}m^*_{j,t+T}}{\rho_{t+T}}+\frac{P^*_{t+T}b_{t+T}}{\rho_{t+T}}$$

$$=\sum_{s=t}^{t+T}\frac{\ell_s L^S_s}{\rho_s}+\sum_{s=t}^{t+T}\frac{l_s}{\rho_s}+\sum_{i=1}^{n-h_s}\left(1+r_{i,t-1}\right)P^*_{t-1}m_{i,t-1}$$

$$+\sum_{j=1}^{h_s}\left(1+r_{j,t-1}\right)P^*_{t-1}m^*_{j,t-1}+\left(1+R_{t-1}\right)\cdot P^*_{t-1}b_{t-1}.$$

Durch die Einführung zusätzlicher Anlageformen ändert sich in bezug auf die User costs somit nichts. Das Konzept läßt sich auch auf solche Anlageformen übertragen, die – warum auch immer – nicht mit „Geld“ klassifiziert werden können.

III.2.2 Notwendige Modifikationen der User costs

Die oben präsentierte Historie gewichteter Geldmengenaggregate hat gezeigt, daß die theoretische Überlegenheit gewichteter Geldmengenaggregate gegenüber den traditionellen (ungewichteten) Aggregaten häufig in dem Versuch gesehen wird, die Eigenschaft der Zahlungsmittelnähe (Liquidität) in den Mittelpunkt der Überlegungen zu rücken. Dabei soll der Liquiditätsgrad über das Gewicht der Anlagen im Aggregat entscheiden. Der traditionelle „Ganz-oder-gar-nicht“-Ansatz in der Geldmengenbildung wird durch ein flexibles Vorgehen abgelöst. Wählt man als Ausgangspunkt für die Aggregation die unbekannte Zahlungstechnologiefunktion eines repräsentativen Akteurs, so wird im Rahmen des Divisia-Ansatzes das unbekannte Grenzprodukt einer jeden Anlage (im Sinne des marginalen Effizienzbeitrages) durch den Preis ersetzt, der an der Grenze für diese marginale Kosteneinsparung relativ zur Tauschwirtschaft zu bezahlen ist. Den User costs als dem empirischen Maß für diesen Preis (den marginalen Liquiditätsdienste) kommt somit eine zentrale Bedeutung zu. Bei ihrer Ermittlung ist deshalb besondere Sorgfalt geboten.

Betrachtet man die in Gleichung (III.67) dargestellten User costs einer monetären Anlageform *i*, so wird eine notwendige Modifikation sofort deutlich: Sowohl die Referenzverzinsung R_t als auch die Eigenverzinsung $r_{i,t}$ setzen an der Bruttoverzinsung an. Betrachtet man jedoch die obige Logik der Budgetrestriktion eines (repräsentativen) Haushalts, dann trägt nicht der Zinsertrag vor Steuern, sondern die *Zinseinnahmen nach Steuern* (Nettoverzinsung) zu seinem verfügbaren Einkommen bei. Gibt T_t den marginalen Einkommensteuersatz in der Periode *t* an, so bleibt dem Akteur von einer zusätzlich eingenommenen D-Mark Zinsen gerade $(1 - \mathrm{T}_t)$ D-Mark nach Steuern übrig. Dies gilt unabhängig davon, für welche Anlageform er sich entscheidet. Sowohl die Referenzverzinsung als auch die Eigenverzinsung müssen somit als Nettogröße in die User cost-Formel einfließen. Berücksichtigt man diesen Umstand im Rahmen der obigen intertemporalen Budgetrestriktion, dann ergibt sich für die User costs-Formel folgende Modifikation:[137]

$$\text{(III.70)} \quad \pi_{i,t} = \frac{(R_t - r_{i,t})(1 - \mathrm{T}_t)}{1 + R_t(1 - \mathrm{T}_t)} P_t^* .$$

Im folgenden soll nun gezeigt werden, daß man es aber auch bei dieser User costs-Formel nicht belassen kann, sondern daß man darüber hinaus noch diverse Korrekturen vornehmen muß. Alle Korrekturen setzen an dem Problem an, daß die beobachtbaren Marktzinsen $(R_t; r_{1,t}, \ldots, r_{n,t})$ in der Realität nicht nur als Preis für den marginalen Effizienzbeitrag anzusehen sind, sondern daß sie eine Art „summary statistic"[138] darstellen und damit noch anderen Einflußgrößen unterliegen, die es auszuschließen gilt. Es werden folgende Problembereiche angesprochen:[139]

- Die Interpretierbarkeit der Marktzinssätze im Sinne einer „Liquiditätsprämie" ist dadurch eingeschränkt, daß aufgrund eines nicht-preislichen Wettbewerbs und einer fortschreitenden Produktdifferenzierung die Gewährung von Zinsen bzw. die Nichtgewährung derselben zur Subventionierung bzw. Finanzierung anderer Leistungen beitragen, die nicht mit einer Liquidität im obigen Sinn in Verbindung gebracht werden können. Dieser Mischkalkulation der Geschäftsbanken muß Rechnung getragen werden.

- Marktzinssätze enthalten auch immer eine Komponente, die dem Inflationsausgleich dient. Unterschiedlich lang laufende Anlagen bedingen möglicherweise auch unterschiedlich hohe Inflationskomponenten, die die „Liquiditätsprämie"

---

137 Vgl. Barnett, 1980a, S. 19.

138 Bank of England, 1993, S. 242.

139 Eine recht umfassende Auflistung der genannten Modifikationsnotwendigkeiten findet sich bei Fisher, Hudson und Pradhan (1993, S. 18ff.), Gaab (1996, S. 167f.), Mullineux (1996, S. 4ff.) und Gaab und Mullineux (1996, S. 78ff.). Siehe aber auch Bank of England (1993, S. 241ff.) oder Anderson, Jones und Nesmith (1997c, S. 53ff.). Die mit den Modifikationen verbundene Problematik firmiert häufig unter dem Begriff der „empirischen Umsetzungsprobleme", was insofern irreführend ist, weil es sich hierbei sehr wohl um theoretische Notwendigkeiten handelt.

überdecken können. Eine Bereinigung um die Inflationskomponente ist deshalb notwendig.

- Es bestehen – ähnlich den Transaktionskosten – Portfolioanpassungs- und/oder Informationskosten, die dazu führen, daß sich die Mengen entweder gar nicht oder nur recht langsam auf geänderte Preise einstellen. Die auf der Basis gegenwärtiger Marktzinsen ermittelten User costs bilden damit nicht die Grundlage für die gehaltenen Anlagevolumina, sie stellen also auch nicht den adäquaten Preis für den Effizienzbeitrag dar.

- Die Veränderung der Zahlungstechnologie verlangt dann eine Modifikation der User costs, wenn sie sich nicht adäquat in den Zinssätzen niederschlägt. In diesem Fall entfernt sich der Divisia-Index immer weiter von der wahren Transaktionstechnologie (und damit von dem Effizienzbeitrag der Anlageformen).

- Die Unsicherheit über die Entwicklung der Marktzinssätze macht es unter bestimmten Voraussetzungen notwendig, ebenfalls Korrekturen bei den User costs vorzunehmen. Neben der Berücksichtigung der Erwartungswerte der Zinssätze ist eine weitergehende Modifikation möglicherweise dann notwendig, wenn der Akteur risikoavers ist.

III.2.2.1 Auswirkungen der Preisgestaltung der Geschäftsbanken auf die Aussagefähigkeit der User costs

Das Preissetzungsverhalten der Geschäftsbanken kann es notwendig machen, für die monetären Anlageformen „implizite Eigenverzinsungen" zu ermitteln. Der einfachste Fall ist der, bei dem die Bank gestaffelte Zinsen zahlt, aus denen ein gemeinsamer Zins zu errechnen ist. Eine „implizite Eigenverzinsung" wird aber auch dann notwendig, wenn ein nicht-preislicher Wettbewerb und/oder Produktdifferenzierungen dazu führen, daß die Anlagen zwischen Banken nicht mehr vergleichbar werden und daß der tatsächlich gezahlte Zinssatz nur noch eine schlechte Richtschnur für den Effizienzbeitrag der Anlageform darstellt.[140] Um den zweiten Aspekt zu beleuchten, sei an dieser Stelle auf das Beispiel der verzinslichen und der unverzinslichen Sichteinlagen verwiesen.[141] Grundsätzlich impliziert die Logik der User costs, daß die verzinslichen Sichteinlagen weniger liquide sind (einen geringeren Effizienzbeitrag besitzen) als die unverzinslichen. Allerdings könnte es auch sein, daß sich die Bank, bei der man sein Guthaben nur unverzinslich anlegen kann, durch eine besondere Beratungsqualität auszeichnet, in deren Genuß man (unentgeltlich)

140 Besonders deutlich wird dies für die USA, in denen den Geschäftsbanken lange Zeit durch die Banking Acts von 1933 und 1935 verboten worden war, für Sichteinlagen Zinsen zu zahlen. In ähnlicher Weise schrieb die sogenannte „Regulation Q" für Spareinlagen Höchstsätze vor (vgl. Anderson, Jones und Nesmith (1997, S. 62ff.).

141 Für das Folgende siehe Bank of England (1993, S. 242).

kommt, wenn man dort ein Konto unterhält. Jetzt stellt der Zinsverzicht nichts anderes dar als den impliziten Preis für die Beratungstätigkeit der Bank.[142]

Man könnte nun (vorschnell) den Schluß ziehen, daß die mit der Unverzinslichkeit einhergehenden User costs nur noch ein schlechter Indikator für den tatsächlichen (marginalen) Effizienzbeitrag dieser Einlage sind. Die Verwendung der Marktzinssätze wäre jedoch dann gerechtfertigt, wenn es sich zeigen ließe, daß die Beratung als „Beitrag zur Reduktion von Transaktionskosten" verstanden werden kann. Ob dies so ist, hängt sicherlich vom Einzelfall ab. Entscheidend ist dabei der Zusammenhang der angebotenen Leistung zur Vornahme einer Zahlung bzw. zur Erleichterung einer solchen. Bezieht sich die Beratung z.B. auf Anlageempfehlungen oder auf die Erstellung von Plänen für die private Altersvorsorge, so fällt die Herstellung einer solchen direkten Beziehung sicherlich schwer. Anders ist dies jedoch zu werten, wenn es sich um spezialisierte Beratungsdienste handelt (z.B. im Auslandszahlungsverkehr), die die Durchführung und die Abwicklung einer Zahlung erleichtern oder beschleunigen. Hierbei handelt es sich ganz offensichtlich um einen „Beitrag zur Reduktion von Transaktionskosten".[143]

Ein unterschiedliches Preissetzungsverhalten zwischen den Banken erschwert darüber hinaus die Vergleichbarkeit. Unterstellt man anknüpfend am obigen Beispiel, zwei Geschäftsbanken bieten identische Beratungsdienste an, die sich zudem auf die „Vornahme einer Zahlung bzw. die Erleichterung einer solchen" beziehen, so kann es doch sein, daß die eine Geschäftsbank ihren Einlegern zwar Zinsen zahlt, dafür aber für die Beratung Gebühren abverlangt, während die andere Bank die Unverzinslichkeit als indirekte Finanzierung der Beratungsleistungen einsetzt. Für einen Kunden, der die Beratung in Anspruch nimmt, sind die Kosten letztlich hier wie dort gleichhoch. Anders sieht es jedoch für solche Kunden aus, die niemals solche Zahlungen (z.B. ins Ausland) vornehmen und deshalb für etwas zahlen, was sie nicht in Anspruch nehmen. Diese Zahlungen fließen in *ihre* Zahlungstechnologiefunktion überhaupt nicht ein, gleichwohl müssen sie höhere Liquiditätsvorhaltungskosten tragen als vergleichbare Kunden der anderen Bank. Eine Ausrichtung an den Marktzinsen zerstört also die Vergleichbarkeit. Eine klare Zuordnung solcher Beratungsgebühren zu den Transaktionskosten wäre wünschenswert, gleichwohl das hier ge-

---

[142] Anderson, Jones und Nesmith (1997c, S. 62) beschreiben dies alternativ so: „[F]inancial institutions ... have paid implicit interest on demand deposits in the form of free or reduced-cost bank services, or perhaps easier access to credit."

[143] Bankgebühren werden neben der Bank of England (1993, S. 245) auch von Anderson, Jones und Nesmith (1997c, S. 62ff.) berücksichtigt. Diese (S. 62ff.) setzen an der sogenannten „Klein-Formel" impliziter Zinssätze für Sichteinlagen an. Diese geht auf Klein (1974) zurück und besitzt ihre Grundlage in der indirekten Definition impliziter Zinssätze mittels der Grenzkosten-Preis-Regel der vollständigen Konkurrenz. Die Grenzkosten der Produktion von Sichteinlagen (Gk_{SE}) müssen dem Preis der Sichteinlagen entsprechen, wobei sich letzterer als Differenz des Zinssatzes einer Referenzanlage (R_t) und der impliziten Eigenverzinsung $(\tilde{r}_{SE,t})$ ergibt: $R_t - \tilde{r}_{SE,t} = Gk_{SE}$. Die Grenzkosten der Produktion von Sichteinlagen (Gk_{SE}) ermittelt Klein (1974) als Produkt aus Referenzverzinsung und Mindestreservesatz c: $R_t(1-c) = \tilde{r}_{SE,t}$.

nannte Problem letztlich ursächlich auf die Subjektivität der Zahlungstechnologiefunktion zurückzuführen ist.

In ähnlicher Weise ist der häufig anzutreffende Fall gelagert, in dem die Bank, bei der man sein Guthaben nur unverzinslich anlegen kann, im Gegenzug keine kostendeckenden Gebühren für den Zahlungsverkehr erhebt.[144] Diese indirekte Subventionierung von Sichteinlagen muß grundsätzlich als impliziter Zins berücksichtigt werden, denn er steht in direktem Zusammenhang zur Vornahme von Zahlungen. Verzinsliche und unverzinsliche Sichteinlage weisen den selben Effizienzbeitrag auf.

III.2.2.2 Das Problem unterschiedlicher laufzeitabhängiger Inflationserwartungen

Neben der Liquiditätsprämientheorie gibt es noch eine andere Theorie der Zinsstruktur, die das Verhältnis kurzfristiger und langfristiger Zinsen beschreibt. Dies ist die Erwartungstheorie, die auf Irving Fisher zurückgeht.[145] Demnach entspricht der langfristige Zinssatz dem geometrischen Durchschnitt der für die Zukunft erwarteten kurzfristigen Zinssätze. Einem Anleger, der zum Zeitpunkt *t* einen bestimmten Betrag (z.B. 1 DM) für drei Jahre anlegen möchte, bieten sich zwei Möglichkeiten:

- Entweder er legt den Betrag von 1 DM von vornherein für die drei Jahre an. Dies garantiert ihm einen festen per annum Zinssatz r_{lang}.
- Oder er legt den Betrag von 1 DM immer nur für ein Jahr an, wobei er dabei für die Jahre *t+1* und *t+2* nur mit erwarteten jährlichen Zinssätzen operieren kann.

Im ersten Fall ergeben sich die Zinseinnahmen $Z_{lang,t}$ wie folgt:

$$\text{(III.71)} \quad Z_{lang,t} = 1 \cdot (1 + r_{lang,t})(1 + r_{lang,t})(1 + r_{lang,t}) = (1 + r_{lang,t})^3 .$$

Im zweiten Fall erhält er folgende Zinseinnahmen $Z_{kurz,t}$:

$$\text{(III.72)} \quad Z_{kurz,t} = 1 \cdot (1 + r_{kurz,t})(1 + r^{e_t}_{kurz,t+1})(1 + r^{e_t}_{kurz,t+2}) .$$

Ausgehend von Arbitrageüberlegungen zwischen den Teilmärkten für jährliche Anlagen und dreijährige Anlagen wird nun gefolgert, daß im Gleichgewicht beide Anlagestrategien den gleichen Ertrag erbringen müssen. Andernfalls ist mit massiven Umschichtungen in die ertragreichere Alternative zu rechnen, was zu einem Zinsrückgang führen wird. Es muß also gelten:

$$\text{(III.73)} \quad (1 + r_{lang,t})^3 = (1 + r_{kurz,t})(1 + r^{e_t}_{kurz,t+1})(1 + r^{e_t}_{kurz,t+2}) .$$

---

[144] Diesen Fall betrachten Gaab und Mullineux (1996, S. 79).

[145] Weiterentwicklungen dieses Ansatzes von Irving Fisher (1930) finden sich bei Lutz (1941) und Hicks (1946).

Dies impliziert für den langfristigen Jahreszinssatz $r_{lang,t}$:

$$\text{(III.74)} \quad r_{lang,t} = \sqrt[3]{(1+r_{kurz,t})(1+r^{e_t}_{kurz,t+1})(1+r^{e_t}_{kurz,t+2})} - 1.$$

Ganz offensichtlich kann es damit zu Abweichungen zwischen dem in der Periode t vorherrschenden kurzfristigen Zinssatz $r_{kurz,t}$ und dem vorherrschenden langfristigen Zinssatz $r_{lang,t}$ kommen. Dies hat seine Ursache immer in Zinsänderungserwartungen für die Zukunft.

Unterstellt man nun, daß die beiden obigen Alternativen *keine* perfekten Substitute sind, sondern daß der Akteur bei gleichem Gesamtertrag lieber die kurzfristige Variante wählt, weil sie ihm die höhere Flexibilität verspricht, dann erhält man offensichtlich die Liquiditätsprämientheorie. Vereinfachend kann man unterstellen, daß μ_t die Liquiditätsprämie sei, die dem Anleger im Falle einer langfristigen Anlage zu zahlen ist, damit er gerade zwischen beiden Alternativen indifferent ist. Sie führt also das Gleichgewicht auf beiden Teilmärkten herbei. In diesem Fall gilt damit:

$$\text{(III.75)} \quad r_{lang,t} = \sqrt[3]{(1+r_{kurz,t})(1+r^{e_t}_{kurz,t+1})(1+r^{e_t}_{kurz,t+2})} - 1 + \mu_t.$$

In Zeiten unveränderter kurzfristiger Zinssätze führt die Liquiditätsprämie dazu, daß der langfristige Zinssatz exakt um die Liquiditätsprämie höher ist als der kurzfristige ($r_{lang,t} = r_{kurz,t} + \mu_t$). Erwartet der Anleger jedoch für die Zukunft massive Zinssenkungen, so kann es dazu kommen, daß damit die Liquiditätsprämie überkompensiert wird, der langfristige Zinssatz niedriger ist als der kurzfristige. Man spricht in diesem Fall davon, daß eine „inverse Zinsstruktur" vorliegt.

Zukünftige Änderungen des kurzfristigen Zinssatzes können zwei Ursachen haben:

- Die Geldpolitik ändert sich, die Notenbank versucht mit der Änderung des kurzfristigen Zinssatzes ihre Zwischen- oder Endzielgrößen zu erreichen.
- Die Inflationsrate ändert sich und damit auch der Teil des Nominalzinses, der vor dem Kaufkraftverlust schützen soll.

Welchen Einfluß die Notenbank auf den betrachteten Zinssatz ausübt, hängt davon ab, ob dieser das Operating target der Notenbank darstellt, oder ob die Anlage ein enges Substitut zu der Steuerungsvariablen darstellt. Je unterschiedlicher die betrachtete Anlage gegenüber dem Operating target ist, desto mittelbarer und unsicherer wird der Einfluß. Auch aus Gründen der einfacheren Darstellung sollen im folgenden deshalb unterschiedliche Inflationserwartungen als Ursache für die sich ändernden kurzfristigen Zinssätze angesehen werden.[146] Die obige Gleichgewichtsbedingung der Erwartungstheorie (Gleichung III.74) läßt sich unter Einbeziehung der zum Zeitpunkt t gebildeten Inflationserwartungen $g_P^{e_t}$ wie folgt darstellen:

[146] Die folgenden Ausführungen gelten im Kern auch für geldpolitisch bedingte Zinsänderungen.

$$(III.76)\quad \left(1+r_{lang,t}^{real}\right)\left(1+g_{P,lang,t}^{e_t}\right)=$$

$$=\sqrt[3]{(1+r_{kurz,t}^{real})(1+r_{kurz,t+1}^{real,e_t})(1+r_{kurz,t+2}^{real,e_t})}\cdot\sqrt[3]{(1+g_{P,kurz,t}^{e_t})(1+g_{P,kurz,t+1}^{e_t})(1+g_{P,kurz,t+2}^{e_t})}$$

Bildet der Akteur die erwartete langfristige Inflationsrate aus dem geometrischen Durchschnitt der erwarteten kurzfristigen Inflationsraten der drei Perioden, so läßt sich das Nominalzinskalkül auf eine Realzinsbetrachtung reduzieren. Der langfristige Realzins ergibt sich als geometrischer Durchschnitt der erwarteten kurzfristigen Realzinsen. Unterstellt man auch hier wieder eine Vorliebe für kurzfristige Anlagen, dann muß man zum geometrischen Durchschnitt der erwarteten kurzfristigen Realzinsen noch eine (reale) Liquiditätsprämie addieren (μ_t^{real}):

$$(III.77)\quad r_{lang,t}^{real}=\sqrt[3]{(1+r_{kurz,t}^{real})(1+r_{kurz,t+1}^{real,e_t})(1+r_{kurz,t+2}^{real,e_t})}-1+\mu_t^{real}.$$

Geht man nun von unveränderten kurzfristigen Realzinsen aus, so bildet die Differenz zwischen dem langfristigen Realzins und dem kurzfristigen Realzins offensichtlich die (reale) Liquiditätsprämie ab:

$$(III.78)\quad r_{lang,t}^{real}-r_{kurz,t}^{real}=\mu_t^{real}.$$

Es kommt somit entscheidend darauf an, die Inflationserwartungen zu kennen, die die Marktteilnehmer ihren Anlageentscheidungen zugrunde legen. Bildet man mit ihrer Hilfe die Realzinsen und unterstellt man darüber hinaus konstante kurzfristige Realzinsen, so kann man die Liquiditätsprämie ermitteln. Das entscheidende Problem besteht darin, die Inflationserwartungen zu ermitteln. Häufig wird dabei der gravierende Fehler gemacht, dazu an Zinssätzen anzusetzen: Ein beliebtes Vorgehen sieht so aus, für eine standardisierte Anlage eines einheitlichen Emittenten – in der Regel werden Staatsanleihen verwendet – die Differenz der Zinssätze zweier unterschiedlicher Laufzeiten als Maß für die unterschiedlichen Inflationserwartungen anzusehen.[147] Eine wesentliche Annahme bei einem solchen Bereinigungsverfahren liegt aber gerade in der Annahme, daß der beobachtbare laufzeitabhängige Zinsunterschied bei den Staatspapieren *ausschließlich* durch die Inflationserwartungen verursacht wird und daß es somit *keinen* Unterschied hinsichtlich der Liquidität (bzw. dem Effizienzbeitrag) gibt, die eine von Null abweichende Liquiditätsprämie rechtfertigen würde. Die für die Divisia-Logik zentrale Hypothese, wonach sich die verschie-

[147] Für eine solche Zinsbereinigung siehe z.B. Barnett, Offenbacher, Spindt (1984, S. 1053f.), Farr und Johnson (1985, S.5ff) und Anderson, Jones und Nesmith (1997c, S. 70f.). Die Wahl eines einheitlichen Emittenten ist deshalb wichtig, um Unterschiede in der Bewertung des Rückzahlungsrisikos auszuschließen. Vergleicht man unterschiedliche Schuldner, so können solche Bonitätsunterschiede zu einer Divergenz der Zinssätze sonst gleicher Anlageformen führen, die man fälschlicherweise als Liquiditätsprämie interpretieren könnte. In bezug auf Einlagen bei Banken dürften die Unterschiede in der Risikoprämie jedoch sehr gering sein, so daß sie im folgenden vernachlässigt werden.

denen Anlageformen nach ihrer Zahlungsmittelnähe unterscheiden, wird hier also vollkommen ignoriert. Bestehen allerdings doch Unterschiede hinsichtlich der Liquidität, dann enthalten so gemessene Inflationserwartungen damit auch immer die Liquiditätsprämie und führen dazu, daß alle Zinssätze auch um die Liquiditätsprämie bereinigt werden.[148] Ein solches Maß für die Inflationserwartung ist also in dem hier betrachteten Kontext vollkommen unbrauchbar.[149]

III.2.2.3 Das Problem verzögerter Portfolio-Anpassungen

Die Ausführungen haben gezeigt, daß es für die Interpretation der Zinssätze letztlich notwendig ist, den Begriff des „Effizienzbeitrags" konkreter zu fassen, als dies in der theoretischen Diskussion bislang geschehen ist. Aber diese „direkte Identifikation" des Effizienzbeitrags erweist sich gerade als das entscheidende Problem des Divisia-Ansatzes.[150] Deshalb ist es auch sehr schwierig, die Referenzanlage eindeutig zu bestimmen. Aus theoretischer Sicht muß dies eine Anlageform sein, die den geringsten Effizienzbeitrag und damit die geringste Liquidität aufweist, also nur mit den höchsten Kosten in Zahlungsmittel umwandelbar ist. Dies trifft in heutiger Zeit am ehesten noch auf das Humankapital zu.[151] Da aber die Ertragsrate des Humankapitals keine empirisch meßbare Größe darstellt, wird als Approximation häufig die Umlaufsrendite festverzinslicher Wertpapiere gewählt. Mit dieser Wahl tritt jedoch die Gefahr auf, daß es zu der bereits oben angesprochenen inversen Zinsstruktur kommt, bei der die Umlaufsrendite niedriger ist als die Verzinsung kurzfristiger Anlageformen (insbesondere die der kurzfristigen Termineinlagen). Eine inverse Zinsstruktur und ein Festhalten an der Umlaufsrendite als Referenzanlage würde für die Ermittlung des Divisia-Indexes nun bedeuten, daß die Veränderungsraten bestimmter Anlageformen mit einem negativen Gewicht in den Index eingehen würden. Ein möglicherweise ausschließlich auf dem Wertspeichermotiv beruhender starker Anstieg der kurzfristigen (höchstverzinslichen) Anlageform würde nicht einfach ignoriert, sondern würde sogar dazu führen, daß der inflationäre Impuls, der sich aus der gewichteten Summe der Wachstumsrate der anderen Anlageformen ergibt, abgeschwächt wird. Dies macht keinen Sinn und eine theoretische Rechtfertigung für eine negative Gewichtung bestimmter Anlageformen läßt sich kaum vorstellen. Um in

148 Anderson, Jones und Nesmith (1997c, S. 70) haben diesen Punkt zwar sehr wohl erkannt, bereinigen die Zinssätze aber dennoch, um sie „vergleichbar zu machen": „Own rates for monetary assets that have different maturities may have different term premiums, and hence are not directly comparable. Therefore ... we need to remove a liquidity, or term, premium from each own rate." Hier liegt eine gravierende Nichtbeachtung der Divisia-Logik vor.

149 Vgl. Fisher, Hudson und Pradhan, 1993, S. 21.

150 Wie gesehen, geht die Divisia-Literatur üblicherweise davon aus, daß die monetären Anlageformen „Liquiditätsdienste" erbringen. Dabei bleibt die Konkretisierung dieses Begriffs noch weit hinter der zurück, die mit der Gleichsetzung des „Effizienzbeitrags" und dem „Beitrag zur Reduktion der Transaktionskosten der Geld- gegenüber der Tauschwirtschaft" geleistet wird. Gleichwohl ist sicherlich auch diese Interpretation noch rein theoretischer Natur.

151 „[T]he benchmark return should reflect the return on a completely illiquid asset, such as the rate of return on human capital in a world without slavery." (Belongia, 1995, S. 93)

empirischen Arbeiten deshalb negative Gewichte zu vermeiden, wird häufig eine beliebige Konstante zur Umlaufsrendite hinzugezählt. Dies erscheint jedoch sehr willkürlich.[152]

Berücksichtigt man hingegen die Divisia-Logik mit ihrer mikroökonomischen Herleitung der User-costs, dann erscheint eine andere Lösung auf den ersten Blick viel naheliegender. Hier stellt die inverse Zinsstruktur (scheinbar) kein wirkliches Problem dar und die Handlungsanweisung ist denkbar einfach: Man muß immer nur die Anlageform mit der jeweils höchsten Verzinsung als Referenzanlage verwenden. Schließlich soll die Referenzanlage ausschließlich der Vermögensübertragung von einer Periode in die nächste dienen, wofür ein rationales Wirtschaftssubjekt gerade die Anlageform verwenden wird, die einen maximalen Ertrag erwarten läßt.[153] Dies setzt aber zweierlei voraus:

- Zum einen darf die Intention des Akteurs *nicht* darin bestehen, das Vermögen über mehr als eine Periode hinweg transferieren zu wollen. In diesem Fall spielt auch die erwartete Verzinsung der nächsten Periode, übernächsten Periode usw. eine Rolle bei der Wahl der Referenzverzinsung. Die Orientierung an der höchsten Verzinsung in der gegenwärtigen Periode würde damit zu kurz greifen.

- Zum anderen muß man auch unterstellen, daß sich das Portfolio eines jeden Anlegers stets im Gleichgewicht befindet, sich die Finanzmärkte also unendlich schnell neuen Gegebenheiten anpassen. Nur dann besteht die Chance, daß Zinsstrukturänderungen Aussagen über die Veränderung der Effizienzbeiträge zulassen.[154]

Von einer solchen unendlich hohen Anpassungsgeschwindigkeit kann man aber nicht ausgehen.[155] Für ein Beispiel sei hier wieder auf die Entstehung verzinslicher Sichteinlagen und die lange Koexistenz mit den unverzinslichen Sichteinlagen verwiesen.[156] Selbst dann, wenn man hierfür andere Gründe anführen mag, so suggeriert die User cost-Logik dennoch, daß mit der Zinszahlung – ceteris paribus – der marginale Effizienzbeitrag der Sichteinlagen gesunken ist. Geht dies auch mit einer Zunahme der verzinslichen Sichteinlagen einher, dann spricht dies nicht gegen den Divisia-Ansatz. Kann man nun jedoch über einen längeren Zeitraum hinweg ausschließlich steigende Zinsen beobachten, während die Sichteinlagen unverändert

---

152 Vgl. Gaab und Mullineux, 1996, S. 79.

153 Vgl. Belongia, 1995, S. 93f.

154 Vgl. Fisher, Hudson und Pradhan, 1993, S. 21.

155 Siehe z.B. Pill und Pradhan (1994, S. 5), die auf die guten Ergebnisse der Literatur über die Geldnachfrage hinweisen, welche Fehler-Korrektur-Modelle verwenden, also mit Verzögerungen arbeiten.

156 Siehe dazu z.B. die Studie von Spencer (1994, S. 130 u. S. 143), die zeigt, wie lange es in Großbritannien gedauert hat, bis sich der Anteil der verzinslichen Sichteinlagen gegenüber den unverzinslichen nennenswert erhöht hat.

bleiben oder gar zurückgehen, so spricht dies tendenziell gegen eine sehr genaue zeitgleiche Übereinstimmung von User costs und marginalem Effizienzbeitrag.[157] Vielmehr liegt es nahe, ähnlich den Transaktionskosten die Existenz von Portfolioanpassungs- und/oder Informationskosten zu unterstellen, die dazu führen, daß die in der Periode *s* gehaltenen Mengen nicht nur eine Funktion der in Periode *s* vorliegenden User costs sind, sondern auch die User costs der Vorperiode(n) eine Rolle spielen, weil sie die Ausgangsbestände beeinflussen.[158] Die User-costs der Vergangenheit müssen ebenfalls berücksichtigt werden.[159]

Selbst bei den monetären Anlagen, für die eine Portfolioumstrukturierung nur mit einem relativ geringen Aufwand verbunden ist, ist der für die Divisia-Logik extrem wichtige Zusammenhang zwischen Preis und Menge also allem Anschein nach empirisch nur recht schwach ausgeprägt. Dies kann entweder darin begründet liegen, daß die User costs nicht der tatsächlich entscheidungsrelevante Preis sind oder daß für die Beschaffung und Verarbeitung der neu aufgetretenen Informationen Zeit benötigt wird. Liegen solche „Informationskosten" vor, so geben die gegenwärtigen User-costs die entscheidungsrelevanten marginalen Liquiditätsvorhaltungskosten nur unzureichend wieder. Die tatsächlich gehaltenen Anlagebestände basieren auf Portfolioentscheidungen der Vorperiode(n). Für eine adäquate Berücksichtigung der User costs dieser Perioden müßte nun bekannt sein, wie schnell die Anleger ihre Portfolios anpassen. Erkenntnisse darüber würden es erlauben, z.B. durch eine geeignete Glättung der User-costs zu einem engeren Zusammenhang zwischen (modifizierten) User costs und dem aktuellen Anlagevolumen zu gelangen. Das zentrale Problem besteht aber darin, dieses „geeignete" Glättungsschema theoretisch herzuleiten. Alle verwendeten Glättungen sind deshalb mehr oder weniger willkürlich.[160]

Der Zeitbedarf für die Beschaffung und Verarbeitung neu aufgetretener Informationen ist jedoch kaum geeignet, die dauerhafte Koexistenz einer dominierten und einer dominierenden Anlageform zu erklären. Ein anderer Ansatz besteht deshalb darin, entsprechend der Transaktionskosten Portfolioanpassungskosten zu modellieren.[161]

---

157 Auf einen fehlenden Zusammenhang zwischen „Menge und Preis" kann man natürlich nur dann schließen, wenn alle anderen Variablen konstant bleiben. Da davon nicht auszugehen ist, kann nur eine Tendenzaussage getroffen werden. Die Koexistenz zwischen verzinslichen und unverzinslichen Sichteinlagen ist aber wohl nicht anders erklärbar als mit sehr trägen Anpassungen.

158 Eine scharfe Trennung zwischen den Transaktionskosten und den Portfolioanpassungskosten dürfte in der Praxis kaum möglich sein. Da Transaktionen immer monetäre Anlageformen ansprechen, beinhalten sie auch Elemente der Portfolioanpassungskosten.

159 Um die Verzögerung zu modellieren könnten alternativ dazu auch Veränderungsraten der Konsummengen oder Anlagenvolumina in die Nutzenfunktion eingeführt werden, dies stünde dann aber im Konflikt mit einer Zeitadditivität der Nutzenfunktion (vgl. Pill und Pradhan, 1994, S. 5).

160 Ein solches „smoothing" findet sich bei Spencer (1994, S. 133) und Herrmann, Reimers und Tödter (1994). Bei ihnen sind die Glättungsschemata und damit die unterstellten Anpassungsprozesse nach rein statistischen Überlegungen bestimmt.

161 Einen solchen Ansatz wählt Leuchtmann (1996, S. 2ff.). Anpassungskosten werden auch bei Dutkowsky und Dunsky (1998, S. 248f.) modelliert. Diese interpretieren sie direkt als Maß für die Liquidität der Anlageformen. Damit hat ihr Ansatz starke Ähnlichkeit mit dem bereits angesproche-

Ausgehend von obiger intertemporaler Budgetrestriktion (Gleichung III.62) ließe sich das dadurch bewerkstelligen, daß man neben dem Konsum und einer möglichen Erhöhung der Bestände (linke Seite von Gleichung III.62) auch die Portfolioanpassungskosten berücksichtigt. Leuchtmann schlägt dafür folgenden Term vor, der sich wiederum über die Integration der periodenbezogenen Budgetrestriktionen zu einer intertemporalen ergibt:[162]

$$\text{(III.79)}\quad \sum_{s=t}^{t+T}\sum_{i=1}^{n}\frac{P_s^*}{\rho_s}\varphi^i\left(m_{i,s},m_{i,s-1}\right).$$

Die Funktion $\varphi^i(m_{i,s},m_{i,s-1})$ soll dabei die Kosten angeben, die die Anpassung des in der Periode *s-1* gehaltenen Bestandes der Anlage *i* in Periode *s* verursacht. Durch ein solches Vorgehen ändern sich die User costs der Anlage *i* in der Periode *s* wie folgt:[163]

$$\text{(III.80)}\quad \tilde{\pi}_{i,s}=\left(\frac{P_s^*}{\rho_s}-\frac{P_s^*\left(1+r_{i,s}\right)}{\rho_{s+1}}\right)+\frac{P_s^*}{\rho_s}\frac{\partial\varphi^i\left(m_{i,s},m_{i,s-1}\right)}{\partial m_{i,s}}+\frac{P_{s+1}^*}{\rho_{s+1}}\frac{\partial\varphi^i\left(m_{i,s+1},m_{i,s}\right)}{\partial m_{i,s}}.$$

Die Höhe der modifizierten User costs bestimmt sich damit auch entsprechend der marginalen Portfolioanpassungskosten. Diese hängen entscheidend von der Modellierung der Portfolioanpassung ab. Im Gegensatz zum üblichen Divisia-Vorgehen, benötigt man hier eine parametrische Spezifizierung, denn für die Quantifizierung der beiden partiellen Ableitungsterme in Gleichung (III.80) muß die konkrete Anpassungsfunktion bestimmt werden. Ein wesentlicher Vorteil des Divisia-Indexes geht damit also verloren, wohingegen der empirische Gewinn selbst bei deutlichen Anpassungskosten eher bescheiden ist.[164]

Versuche, auf der Basis des Informationskostenansatzes oder des Anpassungskostenansatzes Modifikationen vorzunehmen sind aus theoretischer Sicht zwar reizvoll, in ihrer empirischen Umsetzung aber sehr willkürlich. Der „Gewinn" durch sie ist zudem in der Regel recht gering. Was bleibt, ist lediglich ein Ansatz, die ermittelten Werte als ein langfrisitig angestrebtes Gleichgewicht zu interpretieren, welches kurz-

nen Vorgehen von Lippman und McCall (1986). Da sich der Leuchtmann-Ansatz jedoch besser als Teil der Diskussion über die „korrekten" User costs eignet, wird auf ihn und nicht auf die genannte Studie von Dutkowsky und Dunsky abgestellt.

162 Siehe dazu Leuchtmann (1996, S. 3f.). Würde dieser Term die Transaktionskosten erfassen, so hätte man es mit einer so modifizierten Budgetrestriktion offensichtlich mit dem in III.1.3.3 behandelten Transaktionsansatz zu tun.

163 Diese (modifizierten) User costs erhält man wiederum als partielle Ableitung der Budgetrestriktion nach dem Anlagevolumen $m_{i,s}$.

164 Zu diesem Ergebnis gelangt Leuchtmann (1996, S. 20), der für seine Anpassungsfunktion eine maximale Abweichung zwischen Divisia-M3 und dem modifizierten Divisia-M3 in Höhe von 0,4% gegenüber dem üblichen Divisia-M3 Aggregat erhält.

fristig nicht erreicht wird. Die Bestimmung der Anpassungsgeschwindigkeit ist dann ein rein empirisches Problem.[165]

III.2.2.4 Divisia-Index und Finanzinnovationen

Aber auch das Auftreten von *Finanzinnovationen* kann eine Korrektur der User costs notwendig machen.[166] Barnett sieht im Divisia-Index ein Maß für die Veränderung des Stroms der „Liquiditätsdienste", der von den Anlageformen ausgeht. Übertragen auf die hier verwendete Terminologie bedeutet dies, daß ein auf einer (individuellen) Zahlungstechnologiefunktion basierender Divisia-Index stellvertretend für die Veränderung des Stroms der Effizienzbeiträge der Anlageformen steht. Entscheidend für die Übereinstimmung des Divisia-Indexes mit der Entwicklung der Zahlungstechnologiefunktion ist die Abbildungsgenauigkeit der marginalen Effizienzbeiträge durch die User costs. Schließlich wurde im Rahmen der Herleitung des Divisia-Indexes gezeigt, daß der Divisia-Index gerade dadurch entsteht, daß die marginalen Effizienzbeiträge durch die User costs ersetzt werden. Im folgenden wird es sich nun zeigen, daß der Divisia-Index ungenau wird, wenn sich der Zusammenhang zwischen der Höhe einer Anlageform und ihrem Effizienzbeitrag, d.h. ihrem Anteil an der Transaktionskostenreduktion der Geld- gegenüber der Tauschwirtschaft, ändert. Solche Änderungen der Produktivität der Anlagen bedürfen einer Korrektur, für die man an den User costs ansetzen kann.[167]

Um die Bedeutung solcher Produktivitätsveränderungen herausarbeiten zu können, genügt es nicht, eine Zahlungstechnologiefunktion zu verwenden, die nur die Gesamtheit des zusätzlichen Konsums und/oder der Freizeit betrachtet. Vielmehr müssen jeder Anlageform ihre „Dienste" in der Form der Effizienzbeiträge direkte zugeordnet werden. Es ist also notwendig, die „objektive Komponente" in der Zahlungstechnologiefunktion explizit zu modellieren. Von der grundsätzlichen Divisia-Logik her ist dabei zu erwarten, daß es für die Höhe der Effizienzbeiträge sehr wohl einen Unterschied macht, ob man eine zusätzlich Geldeinheit in Sichteinlagen oder in langfristige Spareinlagen investiert. Während im ersten Fall die zusätzliche Einsparung von Transaktionskosten wohl recht hoch sein dürften, wird sie im zweiten Fall eher gering sein. Dieser Unterschied zwischen den Anlageformen soll wie folgt erfaßt

---

165 Für diese Interpretation siehe z.B. Pill und Pradhan (1994, S. 5).

166 Die in einer Volkswirtschaft vorzufindende Zahlungstechnologie hat nicht nur marktmäßige Ursachen, die sich in einer bestimmten technischen Ausstattung niederschlagen, sondern auch institutionelle, die die Bereitstellung bestimmter Lösungen möglicherweise verhindert. Liegen Regulierungen bezüglich der Verwendung verschiedener Anlageformen als Zahlungsmittel vor, so beeinflussen diese die Zahlungsgewohnheiten und damit die Zahlungstechnologie in einer Volkswirtschaft. Die Liquidität der Anlageformen wird hier also auch institutionell bestimmt; Änderungen der rechtlichen Bestimmungen wirken also ähnlich, wie Änderungen der technischen Ausstattung in einer Volkswirtschaft (vgl. Petersen, 1995, S. 34f.). Die Erklärung der Zahlungsgewohnheiten mit Hilfe von rechtlichen Regelungen ist Gegenstand der sogenannten „Legal Restrictions-Theory" und wurde bereits weiter oben diskutiert.

167 Zum folgenden siehe Fomby und Koenig (1990, S. 3ff.). Ähnliche Überlegungen finden sich auch in Ford, Peng und Mullineux (1992, S. 88ff.) und Ford und Mullineux (1996, S. 15ff.).

werden: Der Effizienzbeitrag $x_{i,t}$ einer Anlageform *i* zum Zeitpunkt *t* sei eine Funktion des Bestands dieser Anlage zum Zeitpunkt *t* ($x_{i,t} = h(m_{i,t})$). Aus Vereinfachungsgründen soll unterstellt werden, daß die Anlagenbestände eine konstante Produktivität hinsichtlich ihres Beitrags an der Einsparung von Transaktionskosten aufweisen, so daß stets eine lineare Beziehung zwischen dem Anlagebestand und dem Effizienzbeitrag besteht ($i = 1,...,n$)

$$\text{(III.81)} \quad x_{i,t} = a_{i,t} \cdot m_{i,t}.$$

Die Zahlungstechnologiefunktion – die wie stets als Aggregationsfunktion interpretiert werden soll – ergibt sich damit wie folgt:

$$\text{(III.82)} \quad M_t = f(x_{1,t},...,x_{n,t}) = f(a_{1,t}m_{1,t},...,a_{n,t}m_{n,t}).$$

Das Geldmengenaggregat ändert sich immer dann, wenn sich entweder die Anlagenbestände oder deren Produktivität ändern:

$$\text{(III.83)} \quad dM_t = \sum_{i=1}^{n} \frac{\partial f}{\partial x_{i,t}} dx_{i,t} = \sum_{i=1}^{n} \frac{\partial f}{\partial (a_{i,t}m_{i,t})} (da_{i,t}m_{i,t} + a_{i,t}dm_{i,t}).$$

Wendet man wieder die Divisia-Logik an, d.h.

- unterstellt man, daß die Aggregationsfunktion linearhomogen in den Effizienzbeiträgen $x_{i,t}$ ($i = 1,...,n$) ist und

- faßt man die User costs $\pi_{i,t} = (R_t - r_{i,t})/(1 + R_t)$ weiterhin als den Preis für eine zusätzlich gehaltene Währungseinheit auf, so daß der Quotient aus User costs und Produktivitätsfaktor ($(R_t - r_{i,t})/(1 + R_t)\, a_{i,t}$) den Preis für den marginalen Effizienzbeitrag (die Liquidität) der Anlage *i* angibt,

dann kann man aufgrund der Bedingungen erster Ordnung den marginalen Effizienzbeitrag ($\partial f/\partial x_{i,t}$) durch das Produkt aus (modifizierten) User costs und Lagrangemultiplikator λ_t ersetzen:

$$\text{(III.84)} \quad dM_t = \sum_{i=1}^{n} \lambda_t \frac{(R_t - r_{i,t})}{(1-R_t)a_{i,t}} dx_{i,t} = \sum_{i=1}^{n} \lambda_t \frac{(R_t - r_{i,t})}{(1-R_t)a_{i,t}} (m_{i,t}da_{i,t} + a_{i,t}dm_{i,t}).$$

Die Linearhomogenität der Aggregationsfunktion in den Effizienzbeiträgen impliziert, daß der Lagrangemultiplikator durch den Quotienten aus Mengenaggregat M_t und dem für das Halten der monetären Anlagen aufgewendeten Betrag E_t^m (den Liquiditätsvorhaltungskosten)

$$\text{(III.85)} \quad E_t^x = \sum_{i=1}^{n} \frac{\pi_{i,t}}{a_{i,t}} x_{i,t} = \sum_{i=1}^{n} \frac{\pi_{i,t}}{a_{i,t}} a_{i,t}m_{i,t} = \sum_{i=1}^{n} \pi_{i,t}m_{i,t} = \sum_{i=1}^{n} \frac{(R_t - r_{i,t})}{(1-R_t)} m_{i,t} = E_t^m$$

ersetzt werden kann ($\lambda_t = M_t/E_t^m$).[168] Die prozentuale Veränderung des Mengenaggregats erhält man damit als:

$$\text{(III.86)}\quad \frac{dM_t}{M_t} = \sum_{i=1}^{n} \frac{(R_t - r_{i,t})/(1-R_t)a_{i,t}}{E_t^m} dx_{i,t} = \sum_{i=1}^{n} \frac{(\pi_{i,t}/a_{i,t})x_{i,t}}{E_t^m} \cdot \frac{dx_{i,t}}{x_{i,t}} =$$

$$= \sum_{i=1}^{n} \frac{(R_t - r_{i,t})/a_{i,t}}{(1-R_t)\cdot E_t^m} (da_{i,t}m_{i,t} + a_{i,t}dm_{i,t}) = \sum_{i=1}^{n} \left(\frac{(\pi_{i,t}/a_{i,t})a_{i,t}m_{i,t}}{E_t^m} \cdot \frac{(da_{i,t}m_{i,t} + a_{i,t}dm_{i,t})}{a_{i,t}m_{i,t}} \right) =$$

$$= \sum_{i=1}^{n} \frac{\pi_{i,t}m_{i,t}}{\sum_{j=1}^{n} \pi_{j,t}m_{j,t}} \frac{dm_{i,t}}{m_{i,t}} + \sum_{i=1}^{n} \frac{\pi_{i,t}m_{i,t}}{\sum_{j=1}^{n} \pi_{j,t}m_{j,t}} \frac{da_{i,t}}{a_{i,t}}.$$

In den üblichen Untersuchungen zum Divisia-Index berücksichtigt man häufig ausschließlich die User costs und die Anlagenvolumina

$$\text{(III.87)}\quad \frac{dD_t}{D_t} = \sum_{i=1}^{n} \frac{\pi_{i,t}m_{i,t}}{\sum_{j=1}^{n} \pi_{j,t}m_{j,t}} \frac{dm_{i,t}}{m_{i,t}}.$$

Damit erfaßt man also nur einen Teil der „korrekten" Geldmengenveränderung. Die Ungenauigkeit des Divisia-Indexes besteht darin, daß dieser den gewichteten Durchschnitt der Produktivitätszuwachsraten vernachlässigt:

$$\text{(III.88)}\quad \frac{dM_t}{M_t} = \frac{dD_t}{D_t} + \sum_{i=1}^{n} \frac{\pi_{i,t}m_{i,t}}{\sum_{j=1}^{n} \pi_{j,t}m_{j,t}} \frac{da_{i,t}}{a_{i,t}}.$$

Implizit trifft man mit einem solchen „offiziellen Geldmengenindex" die Annahme, daß sich die Produktivitäten der Anlageformen nicht ändern ($a_{i,s} = a_{i,s+1}$ für alle $i = 1,\dots,n$ und $s = t,\dots,t+T$). Nur dann ist der zweite Summand auf der rechten Seite von Gleichung (III.88) gleich Null. Veränderung der Zahlungstechnologie können also die Genauigkeit des Divisia-Indexes zerstören.[169]

Es zeigen sich somit zwei wichtige Ergebnisse:

---

168 Dies wird bei der Erläuterung der Divisia-Logik im vorhergehenden Kapitel vorgeführt. Man beachte, daß entsprechend obiger Annahme die User costs hier nicht direkt von der Höhe der Effizienzbeiträge abhängen, sondern von den gehaltenen Anlagenvolumina. Produktivitätsänderungen haben somit keine unmittelbaren Auswirkungen auf die User costs. Darin unterscheidet sich die hier gewählte Darstellung von dem Vorgehen bei Ford, Peng und Mullineux (1992, S. 90) und Ford und Mullineux (1996, S. 21).

169 Vgl. Fomby und Koenig, 1990, S. 4.

- Besitzen die Anlageformen unterschiedliche Produktivitäten, dann müssen diese bei der Gewichtung der Wachstumsrate der Anlageform *nicht* zusätzlich berücksichtigt werden. Der Divisia-Index mit seiner Gewichtung mittels des Ausgabeanteils ist auch in diesem Fall exakt. Voraussetzung hierfür ist allerdings, daß der Quotient aus User costs und Produktivitätsfaktor (multipliziert mit dem Lagrangemultiplikator) das Grenzprodukt der Anlageform korrekt wiedergibt.

- Verändern sich die Produktivitäten in einer Periode mit gleichen („neutraler technischer Fortschritt") oder unterschiedlichen Änderungsraten („nicht-neutraler technischer Fortschritt"), dann weicht der offizielle Divisia-Index in dieser Periode vom korrekten Maß für die aggregierten Effizienzbeiträge ab.[170]

Berücksichtigt man den Umstand, daß gerade die massiv aufgetretenen Finanzinnovationen Anfang der achtziger Jahre und die ständig fortschreitenden technischen Neuerungen auf dem Gebiet der Zahlungsverkehrsabwicklung (z.B. durch zusätzliche Bargeldautomaten oder die direkte Belastung der Konten mittels Zahlung per Scheckkarte) letztlich der eigentliche Grund waren, warum man sich von einfachen Summenaggregaten wie der Geldmenge M1 abgewandt und gewichteten Aggregaten wie dem Divisia-Index zugewandt hat, so scheint man resignierend feststellen zu müssen, daß man vom Divisia-Index offensichtlich auch keinen wesentlichen Erkenntnisfortschritt erwarten darf. Er ist ebenso verzerrt wie die Summenaggregate. Diesem Problem kann man jedoch auf zweierlei Weise beikommen.

- Entweder man versucht, die Zahlungstechnologiefunktion explizit zu modellieren,

- oder man nimmt am Divisia-Index, konkret bei den User costs, Korrekturen vor.

Den ersten Weg schlagen Fomby und Koenig ein.[171] Sie betrachten ausschließlich zwei Kategorien von Zahlungsmitteln und verwenden zu ihrer Aggregation eine Funktion mit konstanter Substitutionselastizität (CES-Funktion). Der technische Fortschritt schlägt sich bei ihnen in einer geänderten relativen Gewichtung der einen Kategorie gegenüber der anderen nieder. Ein solches Vorgehen hat jedoch alle die Nachteile, die mit einer parametrischen Modellierung der Aggregationsfunktion einhergehen. Darüber hinaus ist die gewählte Funktion sehr speziell. Im aggregationstheoretischen Teil (Kapitel IV) der Arbeit werden andere Funktionstypen diskutiert, die ebenfalls die notwendigen Eigenschaften aufweisen, aber sehr viel variabler sind.

Der zweite Weg wird von Ford, Peng und Mullineux beschritten. Ausgehend von der geschilderten Situation, in der man aufgrund der fortschreitenden Technisierung des Zahlungsverkehrs erwarten kann, daß die Produktivität der traditionellen Zahlungs-

---

[170] Die Veränderung mit gleicher Rate ist aus aggregationstheoretischer Sicht zwar relativ unproblematisch, impliziert aber dennoch eine Abweichung zwischen dem offiziellen und dem korrekten Geldmengenindex. Zur aggregationstheoretischen Behandlung dieses Falls siehe Kapitel V.2.2.

[171] Vgl. Fomby und Koenig, 1990, S. 5.

mittel Bargeld und Sichteinlagen erheblich zugenommen hat, versuchen sie, eine Korrektur der User costs vorzunehmen, die dieser Entwicklung Rechnung trägt.[172] Sie bilden einen Index *e*, der die normierte Anzahl der Bargeldautomaten und die normierte Anzahl der Kreditkarten erfaßt und verwenden diesen, um „modified user costs"[173] zu ermitteln:

$$\text{(III.89)} \quad \pi_{i,t}^{m} = \pi_{i,t}(1+e).$$

Ein solches Vorgehen ist natürlich ebenfalls kritisierbar, weil dem verwendeten Index *e* die theoretische Grundlage fehlt. Dieser Kritik läßt sich jedoch entgegnen, daß der Grund für die Korrektur gerade in dem nur unvollständig bekannten Zusammenhang zwischen Anlagebestand und dazugehörigem Effizienzbeitrag besteht. Jede überprüfbare Hypothese über die Beziehung zwischen diesen beiden Größen stellt somit tendenziell einen Fortschritt in dem Bestreben dar, die Zahlungstechnologie genauer zu erfassen.

Finanzinnovationen bedeuten nun aber nicht nur eine veränderte Zahlungstechnologie bestehender Anlageformen, sondern auch die Einführung vollständig neuer Anlagemöglichkeiten. Eine sofortige Berücksichtigung dieser vollkommen neuen Anlageformen kann weder im zeitstetigen Divisia-Ansatz noch bei der zeitdiskreten Törnqvist-Theil-Approximation vorgenommen werden. Nicht nur, daß beide Versionen auf Wachstumsraten basieren, darüber hinaus stehen auch keine User-costs zur Verfügung, um die Gewichte zu bilden. Beide Schwächen werden insbesondere bei der Törnqvist-Theil-Approximation deutlich, die ganz offensichtlich jeweils mit Werten der Vorperiode arbeitet, die in diesem Fall eben nicht vorliegen. Abhilfe schafft da zum einen die Verwendung einer anderen statischen Indexformel, die des Fisher-Ideal-Indexes. Dieser weist eine sehr enge numerische Übereinstimmung mit der Törnqvist-Theil-Approximation auf.[174] Die für die Indexbildung notwendigen User-costs der Vorperiode lassen sich darüber hinaus nur so approximieren, daß man die User-costs enger Substitute verwendet.[175] Insbesondere unter diesen notwendigen Anpassungen leidet jedoch die Glaubwürdigkeit der ausgewiesenen Aggregatswerte.

III.2.2.5 Divisia-Index und Risikoaversion

Wie bereits weiter oben ausführlich dargestellt wurde, können unsichere Erwartungen über die zukünftige Zinsentwicklung es notwendig machen, die üblichen User costs zu korrigieren. Dabei geht es nicht nur darum, Marktzinsen um Inflationserwartungen zu bereinigen, sondern darüber hinaus die Unsicherheit über die Zinseinnahmen bzw. den Rückzahlungswert auch dann adäquat zu berücksichtigen, wenn

---

[172] Siehe dazu Ford, Peng und Mullineux (1992, S. 92ff.).

[173] Ford, Peng und Mullineux, 1992, S. 92.

[174] Näheres dazu findet sich im indextheoretischen Teil dieser Arbeit (Kapitel IV).

[175] Vgl. Farr und Johnson, 1985, S. 18. Siehe auch Anderson, Jones und Nesmith (1997c, S. 77).

der Akteur nicht risikoneutral, sondern risikoavers ist. Diesem Aspekt sind die nun folgenden Ausführungen gewidmet.

Verzinsliche monetäre Anlageformen weisen drei Dimensionen auf, in denen sie sich unterscheiden können:[176]

- in der Höhe des Zinssatzes,
- in der Unsicherheit über die Verzinsung bzw. den Rückzahlungswert,
- in ihrer „Liquidität" bzw. in ihrem Beitrag, die Transaktionskosten der Geld- gegenüber der Tauschwirtschft zu reduzieren (also ihrem Effizienzbeitrag).

Das unterschiedliche Risiko der Anlageformen ist neben der unterschiedlichen Verzinsung zweites konstitutives Merkmal der Wertspeicherfunktion. Nur beide Eigenschaften zusammen entscheiden darüber, inwieweit eine Anlageform geeignet ist, Vermögen von einer Periode in die nächste (sicher *und* rentabel) zu übertragen. Dies ist der Ansatzpunkt für die Portfolioansätze, wobei diese jedoch die spezifische Eigenschaft der monetären Anlageformen vernachlässigen, liquide zu sein. Hier setzt der Divisia-Ansatz mit der Gewichtung der verschiedenen Anlageformen entsprechend ihrer User costs an. Daß dabei aber die Verzinsung einer Anlage von ihrem Effizienzbeitrag zu unterscheiden ist, wurde bereits weiter oben gezeigt. Daß darüber hinaus aber auch der Risikoaversion Rechnung zu tragen ist, soll im folgenden deutlich werden. Schließlich beeinträchtigt das Risiko im Falle der Risikoaversion ebenfalls die Übereinstimmung der User costs mit dem marginalen Effizienzbeitrag.

Ausgangspunkt soll wiederum das obige Nutzenmodell sein, bei dem ein repräsentativer Akteur seinen (erwarteten) Nutzen aus dem Konsum, der Freizeit und den monetären Anlageformen über die Zeit hinweg zu maximieren wünscht. Darüber hinaus soll eine zeitadditive intertemporale Nutzenfunktion vorliegen:[177]

$$\text{(III.90)} \quad V_t = \bar{v}(\mathbf{c}_t,\ldots,\mathbf{c}_{t+T};\mathbf{m}_t,\ldots,\mathbf{m}_{t+T};F_t,\ldots,F_{t+T};b_{t+T}) = \sum_{s=t}^{t+T-1} \rho^{s-t} u(\mathbf{m}_s;F_s;\mathbf{c}_s) + \rho^T u(\mathbf{m}_{t+T};F_{t+T};\mathbf{c}_{t+T};b_{t+T}).$$

Der Parameter ρ soll dabei den Diskontierungsfaktor darstellen, der konstant sei.

Ist die Nutzenfunktion tatsächlich zeitadditiv, dann sieht sich der Akteur in jeder Periode einer Einkommensrestriktion gegenüber, entsprechend der er sein Arbeits-, Zins- und sonstiges Einkommen entweder für den Kauf von Konsumgütern, die Aufstockung der monetären Anlageformen oder die Anschaffung der Referenzanlage verwenden kann:

---

[176] Vgl. Barnett et al., 1994, S. 63.

[177] Siehe zum folgenden Barnett (1995, S. 355).

$$(III.91)\quad \mathbf{p_s c_s} = \ell_s L_s^S + \left(\sum_{i=1}^{n} r_{i,s-1} P_{s-1}^* m_{i,s-1} + R_{s-1} P_{s-1}^* b_{s-1} \right) + I_s$$

$$+ \sum_{i=1}^{n} \left[P_{s-1}^* m_{i,s-1} - P_s^* m_{i,s} \right] + \left[P_{s-1}^* b_{s-1} - P_s^* b_s \right] \qquad \text{für } s = t,...,T.$$

Was impliziert nun die Maximierung der obigen Nutzenfunktion zum Zeitpunkt *t* unter Beachtung der *T+1* Nebenbedingungen?[178] Unterstellt man, die Einkommen lägen fest, dann kann ein zusätzlicher Konsum C_t in der Gegenwartsperiode *t* nur durch die Veräußerung der Referenzanlage und/oder einer monetären Anlageform finanziert werden.[179] Entscheidet sich der Akteur, die Referenzanlage abzubauen, so hat dies ganz offensichtlich zweierlei Auswirkungen auf den Zukunftskonsum:

- Der Akteur entspart. Er besitzt nun nur noch einen geringeren in der Zukunft für Konsumzwecke nutzbaren Vermögensbestand.
- Dem Akteur entgehen Zinseinkünfte in Höhe der Referenzverzinsung.

Verwendet der Akteur also in der Periode *t* eine Geldeinheit für den Erwerb von Gegenwartskonsum, statt sie für den Kauf der Referenzanlage einzusetzen, dann verzichtet er auf $(1+R_t)$ Einheiten Zukunftskonsum. R_t stellt dabei den Zinssatz der Referenzanlage dar, der ihm in der Periode *t+1* ebenso entgeht, wie die eine Geldeinheit, die er bereits in *t* für Konsumzwecke verwendet hat. Dies wird deutlich, wenn man die folgende „Euler-Gleichung" betrachtet:[180]

$$(III.92)\quad E_t\left[\frac{\partial u}{\partial C_t} - \rho \frac{P_t^*(1+R_t)}{P_{t+1}^*} \frac{\partial u}{\partial C_{t+1}} \right] = 0$$

Dem Nutzenzuwachs in der Gegenwart steht der gewichtete Nutzenentgang in der nächsten Periode gegenüber.

Erwirbt der Akteur anstelle des zusätzlichen Gegenwartskonsums hingegen eine zusätzliche Einheiten einer monetären Anlageform zu Lasten der Referenzanlage, so erwirbt er zwar im Unterschied zu gerade eben Vermögen, nimmt aber nichtsdestoweniger einen Zinsentgang – und damit einen geringeren zukünftigen Konsum – in Kauf. Die Konsummöglichkeiten in der Periode *t+1* reduzieren sich in Höhe des Zinsentgangs, den eine monetäre Anlageform gegenüber der Referenzanlage aufweist $(R_t - r_{i,t})$. Für die entsprechende Euler-Gleichung bedeutet dies $(i = 1,...,n)$:

---

[178] Für die folgende Interpretation siehe Poterba und Rotemberg (1987, S. 222f.).

[179] C_t sei ein konsistentes Aggregat über die Konsummengen. Zu konsistenten Aggregaten siehe Kapitel IV.

[180] Vgl. Barnett, 1995, S. 361. Die Euler-Gleichung ist der Erwartungswert der Bedingung erster Ordnung. Solche Euler-Gleichungen finden sich z.B. auch bei Barnett et al. (1994;S. 57ff.); Rotemberg (1991, S. 224); Poterba und Rotemberg (1987, S. 222ff).

$$(III.93)\quad E_t\left[\frac{\partial u}{\partial m_{i,t}} - \rho\frac{P_t^*(R_t - r_{i,t})}{P_{t+1}^*}\frac{\partial u}{\partial C_{t+1}}\right] = 0\,.$$

Unter vollständiger Sicherheit ist es nun auch denkbar, daß der repräsentative Akteur einen Erwerb zusätzlicher Einheiten einer monetären Anlageform nicht durch einen Verkauf der Referenzanlage finanziert, sondern daß er dafür bereit ist, direkt auf Gegenwartskonsum zu verzichten. Den Preis, den er gemessen in Einheiten des Gegenwartskonsums bereit ist zu zahlen, geben gerade die User-costs an. Ein höherer Bestand einer monetären Anlageform zu Lasten der Referenzanlage reduziert den Zukunftskonsum in Höhe der Zinsdifferenz $(R_t - r_{i,t})$. Ein geringerer Gegenwartskonsum zugunsten der Referenzanlage erhöht den Zukunftskonsum um $(1 + R_t)$. Schichtet man also eine Geldeinheit vom Gegenwartskonsum via Referenzanlage in die monetäre Anlageform um, dann benötigt ein um eine Geldeinheit höherer Bestand der monetären Anlage einen in Höhe der User-costs niedrigeren Gegenwartskonsum.[181] Die diskontierte Zinsdifferenz gibt in diesem Fall somit die „Opportunitätskosten der Liquiditätshaltung" an, gemessen in Einheiten des Gegenwartskonsums:

$$(III.94)\quad \frac{\partial u}{\partial m_{i,t}} - \frac{(R_t - r_{i,t})}{(1+R_t)}\frac{\partial u}{\partial C_t} = 0\,.$$

Wie sieht es aber mit der Substitution von monetärer Anlageform und Gegenwartskonsum aus, wenn *keine* vollständige Sicherheit vorliegt? Grundsätzlich muß man zweierlei Arten von Risiko unterscheiden:

- das Risiko bezogen auf die Preise und/oder die Verzinsung der Gegenwartsperiode t und
- das Risiko bezogen auf die zukünftigen Preise und/oder Zinsen $(s = t+1,...,t+T)$.

Nur dann, wenn ein Risiko bezogen auf die gegenwärtigen Preise und/oder die aktuelle Verzinsung in Periode t vorliegt, muß die Risikoeinstellung des repräsentativen Akteurs berücksichtigt werden. Besteht lediglich ein Risiko bezüglich der zukünftigen Preise und/oder Zinsen der monetären Anlageformen und der Referenzanlage, so ist dies für die Approximationseigenschaften des Divisia-Indexes vollkommen unschädlich.[182]

Aus den beiden Euler-Gleichungen (III.92) und (III.93) folgt in diesem Fall:

$$(III.95)\quad \frac{\partial u}{\partial C_t} - \rho P_t^*(1+R_t)E_t\left[\frac{1}{P_{t+1}^*}\frac{\partial u}{\partial C_{t+1}}\right] = 0 \text{ und}$$

[181] Dies entspricht einer „cross-rate-Logik".

[182] Vgl. Barnett, 1995, S. 364f.

(III.96) $$\frac{\partial u}{\partial m_{i,t}} - \rho P_t^* (R_t - r_{i,t}) E_t\left[\frac{1}{P_{t+1}^*}\frac{\partial u}{\partial C_{t+1}}\right] = 0.$$

Kombiniert man beide Euler-Gleichungen, dann stellt sich gerade Gleichung (III.94) ein. Die User costs behalten also auch im Falle eines so formulierten Risikos ihre volle Gültigkeit. Eine Modifikation ist nicht notwendig.

Anders sieht es aber möglicherweise dann aus, wenn aktuelle Werte unsicher sind. Diese Unsicherheit kann z.B. in bezug auf die tatsächliche Verzinsung einer monetären Anlageformen bestehen. Dies ist immer dann der Fall, wenn die Anlage variabel verzinslich ist, wenn sie innerhalb der betrachteten Periode fällig ist und neu angelegt werden muß oder wenn sie einen schwankenden Kurswert aufweist. Insgesamt betrifft dieser Aspekt der Unsicherheit also eine ganze Reihe üblicherweise betrachteter monetärer Anlageformen. Besteht eine Unsicherheit bezogen auf die tatsächliche Verzinsung der monetären Anlagen und der Referenzverzinsung, dann weiß ein Akteur, der in der Gegenwartsperiode *t* einen höheren Bestand monetärer Anlagen zu Lasten des Gegenwartskonsums plant, erst in der nächsten Periode (*t+1*) genau, auf wieviel Konsum er zugunsten der erkauften Effizienzbeiträge wirklich verzichten muß. Anders als in der Welt der vollkommenen Voraussicht besteht somit *nicht* die Möglichkeit, daß der Akteur eine Zunahme seiner Anlagenbestände durch einen niedrigeren Konsum in der Gegenwartsperiode *t sofort* vollständig ausgleicht und damit den Zukunftskonsum unbeeinflußt läßt. Man benötigt also sowohl eine Beziehung zwischen der Erhöhung der monetären Anlage in der Periode *t* und dem Konsumverzicht in der Periode *t+1* als auch zwischen der Erhöhung des Gegenwartskonsums und dem Konsumverzicht in der Periode *t+1*. Diese beiden Beziehungen kommen gerade in den Euler-Gleichungen (III.92) und (III.93) zum Ausdruck, die mit dem Erwartungswert der Bedingung erster Ordnung arbeiten. Euler-Gleichung (III.93) kann man wie folgt umschreiben:

(III.97) $$E_t\left[\frac{\partial u}{\partial m_{i,t}}\right] = E_t\left[(R_t - r_{i,t})\frac{\rho P_t^*}{P_{t+1}^*}\frac{\partial u}{\partial C_{t+1}}\right].$$

Um weitere Aussagen treffen zu können, muß man auf die Wahrscheinlichkeitsrechnung zurückgreifen. Dabei gibt die Kovarianz zweier zufälliger Variablen ξ_1 und ξ_2 grundsätzlich die Beziehung an, die zwischen beiden Größen besteht. Sie ist wie folgt definiert:[183]

(III.98) $$Cov[\xi_1;\xi_2] \equiv E_t[(\xi_1 - E_t(\xi_1))(\xi_2 - E_t(\xi_2))].$$

[183] Vgl. Pindyck und Rubinfeld, 1991, S. 21.

Den Erwartungswert des Produkts der beiden zufälligen Variablen erhält man damit als Produkt der beiden Erwartungswerte der zufälligen Variablen zuzüglich der Kovarianz:[184]

$$\text{(III.99)}\quad E_t[\xi_1 \cdot \xi_2] = E_t(\xi_1) \cdot E_t(\xi_2) + Cov[\xi_1; \xi_2].$$

Wendet man dies nun auf die Euler-Gleichung (III.99) an, so erhält man den Erwartungswert des Grenznutzens der Anlageform $m_{i,t}$ entsprechend folgender Gleichung:

$$\text{(III.100)}\quad E_t\left[\frac{\partial u}{\partial m_{i,t}}\right] = E_t\left[(R_t - r_{i,t})\frac{\rho P_t^*}{P_{t+1}^*}\frac{\partial u}{\partial C_{t+1}}\right] = E_t\left[R_t\frac{\rho P_t^*}{P_{t+1}^*}\frac{\partial u}{\partial C_{t+1}} - r_{i,t}\frac{\rho P_t^*}{P_{t+1}^*}\frac{\partial u}{\partial C_{t+1}}\right] =$$

$$= E_t\left[\frac{\rho P_t^*}{P_{t+1}^*}\frac{\partial u}{\partial C_{t+1}}\right](E_t[R_t] - E_t[r_{i,t}]) + Cov_t\left[R_t; \frac{\rho P_t^*}{P_{t+1}^*}\frac{\partial u}{\partial C_{t+1}}\right] - Cov_t\left[r_{i,t}; \frac{\rho P_t^*}{P_{t+1}^*}\frac{\partial u}{\partial C_{t+1}}\right].$$

Analog gilt für die Euler-Gleichung (III.92):

$$\text{(III.101)}\quad E_t\left[\frac{\partial u}{\partial C_t}\right] = E_t\left[\frac{\rho P_t^*}{P_{t+1}^*}\frac{\partial u}{\partial C_{t+1}}\right] + E_t[R_t]E_t\left[\frac{\rho P_t^*}{P_{t+1}^*}\frac{\partial u}{\partial C_{t+1}}\right] + Cov_t\left[R_t; \frac{\rho P_t^*}{P_{t+1}^*}\frac{\partial u}{\partial C_{t+1}}\right].$$

Faßt man die Gleichungen (III.100) und (III.101) dadurch zusammen, daß man Gleichung (III.101) nach dem Erwartungswert des modifizierten Grenznutzens des Zukunftskonsums auflöst und anschließend in Gleichung (III.100) einsetzt, so stellt sich folgende Beziehung zwischen dem Erwartungswert des Grenznutzens der Anlage $m_{i,t}$ und dem erwarteten Grenznutzen des Gegenwartskonsums ein:

$$\text{(III.102)}\quad E_t\left[\frac{\partial u}{\partial m_{i,t}}\right] = \frac{E_t\left[\frac{\partial u}{\partial C_t}\right] - Cov_t\left[R_t; \frac{\rho P_t^*}{P_{t+1}^*}\frac{\partial u}{\partial C_{t+1}}\right]}{1 + E_t[R_t]}(E_t[R_t] - E_t[r_{i,t}])$$

$$+ Cov_t\left[R_t; \frac{\rho P_t^*}{P_{t+1}^*}\frac{\partial u}{\partial C_{t+1}}\right] - Cov_t\left[r_{i,t}; \frac{\rho P_t^*}{P_{t+1}^*}\frac{\partial u}{\partial C_{t+1}}\right] =$$

$$= \frac{(E_t[R_t] - E_t[r_{i,t}])}{1 + E_t[R_t]}E_t\left[\frac{\partial u}{\partial C_t}\right] + \frac{(1 + E_t[r_{i,t}])}{1 + E_t[R_t]}Cov_t\left[R_t; \frac{\rho P_t^*}{P_{t+1}^*}\frac{\partial u}{\partial C_{t+1}}\right] - Cov_t\left[r_{i,t}; \frac{\rho P_t^*}{P_{t+1}^*}\frac{\partial u}{\partial C_{t+1}}\right].$$

Sind nun der modifizierte Grenznutzen des Zukunftskonsums und die beiden Zinssätze R_t und $r_{i,t}$ *(i = 1,...,n) unabhängige* zufällige Variable, dann sind die beiden Kovarianzen gleich Null:[185]

---

[184] Vgl. Pindyck und Rubinfeld, 1991, S. 41.

[185] Dies bedeutet, daß der Erwartungswert des Produkts zweier zufälliger Variablen gerade dem Produkt der Erwartungswerte entspricht (vgl. Pindyck und Rubinfeld, 1991, S. 23).

$$(\text{III}.103)\quad Cov_t\left[R_t;\frac{\rho P_t^*}{P_{t+1}^*}\frac{\partial u}{\partial C_{t+1}}\right]=Cov_t\left[r_{i,t};\frac{\rho P_t^*}{P_{t+1}^*}\frac{\partial u}{\partial C_{t+1}}\right]=0.$$

Der Term $\frac{(E_t[R_t]-E_t[r_{i,t}])}{1+E_t[R_t]}$ stellt wiederum die User costs $\pi_{i,t}$ dar, in die jetzt allerdings die Erwartungswerte der Zinssätze Eingang finden.

Diese Modifikation reicht offensichtlich nicht aus, wenn die Größen keine unabhängigen zufälligen Variablen sind. Hier müssen die korrekten User costs zusätzlich um eine Komponente $\chi_{i,t}$ bereinigt werden:

$$(\text{III}.104)\quad \chi_{i,t}=\frac{1}{E_t\left[\frac{\partial u}{\partial C_t}\right]}\left(\frac{(1+E_t[r_{i,t}])}{1+E_t[R_t]}Cov_t\left[R_t;\frac{\rho P_t^*}{P_{t+1}^*}\frac{\partial u}{\partial C_{t+1}}\right]-Cov_t\left[r_{i,t};\frac{\rho P_t^*}{P_{t+1}^*}\frac{\partial u}{\partial C_{t+1}}\right]\right).$$

Damit gilt dann:

$$(\text{III}.105)\quad E_t\left[\frac{\partial u}{\partial m_{i,t}}\right]=(\pi_{i,t}+\chi_{i,t})E_t\left[\frac{\partial u}{\partial C_t}\right].$$

Welche Rolle spielt nun die Risikoeinstellung des Akteurs? Um dies zu erkennen, empfiehlt es sich, den Nutzen V_t (Gleichung III.90) als Erwartungsnutzen zu interpretieren und die Nutzenfunktion als Erwartungsnutzenfunktion aufzufassen.[186] Für eine zeitadditive Nutzenfunktion $\bar{u}$ ergibt sich der Nutzen in der Periode t u_t in Abhängigkeit des eintretenden Umweltzustandes z *(z = 1,...,Z)*:[187]

$$(\text{III}.106)\quad u_t=\bar{u}\left(\mathbf{c}_t^1,\ldots,\mathbf{c}_t^z,\ldots,\mathbf{c}_t^Z;\mathbf{m}_t^1,\ldots,\mathbf{m}_t^z,\ldots,\mathbf{m}_t^Z;F_t^1,\ldots,F_t^z,\ldots,F_t^Z\right).$$

Ist ω_z nun die Wahrscheinlichkeit, mit der der Umweltzustand z *(z = 1,...,Z)* eintritt, und hat die Nutzenfunktion $\bar{u}$ folgende additive Gestalt

$$(\text{III}.107)\quad u_t=\bar{u}(\cdot)=f\left(\omega_1 u\left(\mathbf{c}_t^1;\mathbf{m}_t^1;F_t^1\right)+\ldots+\omega_z u\left(\mathbf{c}_t^z;\mathbf{m}_t^z;F_t^z\right)+\ldots+\omega_Z u\left(\mathbf{c}_t^Z;\mathbf{m}_t^Z;F_t^Z\right)\right),$$

dann maximiert der Akteur eine positive Funktion seines erwarteten Nutzens $E_t[u(\mathbf{c}_t;\mathbf{m}_t;F_t)]$:

$$(\text{III}.108)\quad u_t=f\left(\sum_{z=1}^{Z}\omega_z u\left(\mathbf{c}_t^z;\mathbf{m}_t^z;F_t^z\right)\right)=f(E_t[u(\mathbf{c}_t;\mathbf{m}_t;F_t)]).$$

---

[186] Für das Konzept der Erwartungsnutzenfunktion siehe z.B. Deaton und Muellbauer (1980, S. 381ff.).

[187] Diese Teilnutzenfunktionen gelten für jede Periode s mit $s = t,\ldots,t+T-1$. Für die Endperiode muß zusätzlich noch der Bondbestand b_{t+T} berücksichtigt werden.

Vernachlässigt man aus Vereinfachungsgründen die positive Transformation *f* und unterstellt man, es treten nur zwei Umweltzustände ein z = *1,2*, dann läßt sich die Erwartungsnutzenfunktion wie folgt vereinfachen:

$$\text{(III.109)}\quad u_t = E_t[u(\mathbf{c}_t;\mathbf{m}_t;F_t)] = \omega_1 u\left(\mathbf{c}_t^1;\mathbf{m}_t^1;F_t^1\right) + (1-\omega_1)u\left(\mathbf{c}_t^2;\mathbf{m}_t^2;F_t^2\right).$$

Unterstellt man darüber hinaus, die Unsicherheit beziehe sich *ausschließlich* auf die Höhe der monetären Anlageformen *i* ($m_{i,t}$), dann erhält man den Erwartungswert dieser monetären Anlage als gewichteten Durchschnitt der eintretenden Anlagehöhen:

$$\text{(III.110)}\quad E_t\left[m_{i,t}\right] = \omega_1 m_{i,t}^1 + (1-\omega_1)m_{i,t}^2.$$

Man kann nun drei Fälle unterscheiden:

- Der Akteur ist risikoavers. Der Nutzen aus der erwarteten Anlagehöhe $E_t[m_{i,t}]$ und den zustandsunabhängigen Anlagehöhen, Konsum- und Freizeitmengen ist höher als der Erwartungswert des Nutzens der beiden Zustände. Dies bedeutet, der Akteur zieht eine sichere Position (die erwartete Anlagehöhe $E_t[m_{i,t}]$) einer unsicheren Position vor, die die gleiche Anlagenhöhe erwarten läßt. Er beurteilt Unsicherheit immer negativ.

- Der Akteur ist risikoneutral. Der Nutzen aus der erwarteten Anlagehöhe $E_t[m_{i,t}]$ und den zustandsunabhängigen Anlagehöhen, Konsum- und Freizeitmengen ist genauso hoch wie der Erwartungswert des Nutzens der beiden Zustände. Der Akteur ist indifferent gegenüber einer sicheren Position und einer unsicheren, die die gleiche Anlagenhöhe erwarten läßt.

- Der Akteur ist risikofreudig. Der Nutzen aus der erwarteten Anlagehöhe $E_t[m_{i,t}]$ und den zustandsunabhängigen Anlagehöhen, Konsum- und Freizeitmengen ist geringer als der Erwartungswert des Nutzens der beiden Zustände. Der Akteur zieht der sicheren Position (die erwartete Anlagehöhe $E_t[m_{i,t}]$) die unsichere Position vor, die die gleiche Anlagenhöhe erwarten läßt. Er beurteilt Unsicherheit immer positiv.

Risikoaversion bedeutet nun, daß folgender Zusammenhang gilt:

(III.111)

$$E_t[u(\mathbf{c}_t;\mathbf{m}_t;F_t)] = \omega_1 u\left(\mathbf{c}_t;m_{1,t},\dots,m_{i,t}^1,\dots,m_{n,t};F_t\right) + (1-\omega_1)u\left(\mathbf{c}_t;m_{1,t},\dots,m_{i,t}^2,\dots,m_{n,t};F_t\right)$$

$$< u\left(\mathbf{c}_t;m_{1,t},\dots,E\left[m_{i,t}\right],\dots,m_{n,t};F_t\right).$$

Der Erwartungswert des Nutzens ist geringer als der Nutzen, der eintritt, wenn sich der Erwartungswert $E_t[m_{i,t}]$ einstellt (siehe Abbildung III.2a). Dies bedeutet, die Risikonutzenfunktion ist konkav.

Abbildung III.2: Risikonutzenfunktion bei unterschiedlichen Risikoneigungen

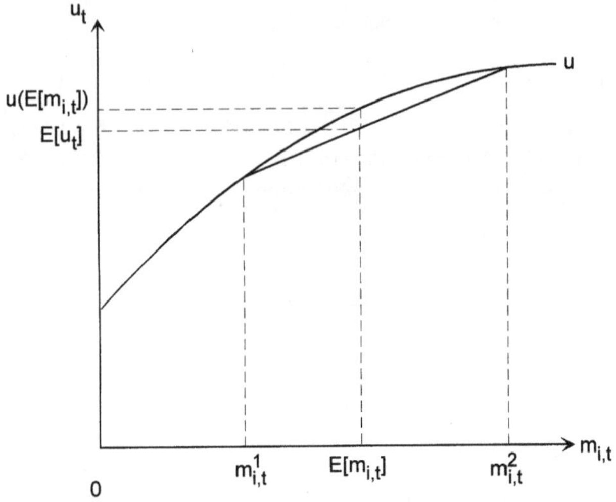

(a) Konkave Risikonutzenfunktion bei Risikoaversion

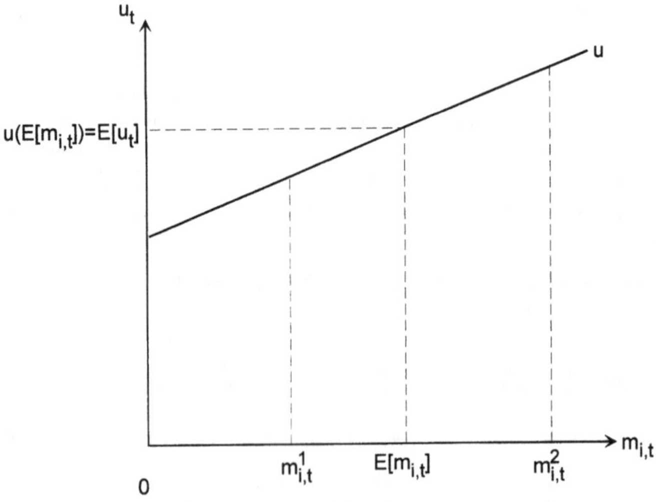

(b) Lineare Risikonutzenfunktion bei Risikoneutralität

Im Falle der Risikoneutralität wird Ungleichung (III.111) zur Gleichung. Dem Akteur ist es gleich, ob er eine „sichere" Anlage in Höhe des Erwartungswerts $E_t[m_{i,t}]$ erhält oder ob er sich mit den beiden unsicheren Ereignissen zufrieden geben muß (siehe Abbildung III.2b):

(III.112)

$$E_t[u(\mathbf{c}_t;\mathbf{m}_t;F_t)] = \omega_1 u(\mathbf{c}_t;m_{1,t},\dots,m_{i,t}^1,\dots,m_{n,t};F_t) + (1-\omega_1)u(\mathbf{c}_t;m_{1,t},\dots,m_{i,t}^2,\dots,m_{n,t};F_t)$$

$$= u(\mathbf{c}_t;m_{1,t},\dots,E[m_{i,t}],\dots,m_{n,t};F_t) .$$

Für die graphische Darstellung (Abbildung III.2) impliziert dies also, daß die Risikonutzenfunktion eine Gerade ist. Der Grenznutzen der monetären Anlageform $m_{i,t}$ ist konstant.

Ist der Akteur risikofreudig, präferiert er den Erwartungswert der Nutzen gegenüber dem Nutzen des Erwartungswertes. Die ökonomischen Konsequenzen laufen darauf hinaus, daß der Akteur bereit wäre, für eine Lotterie mit einem erwarteten Gewinn von DM 100 mehr als DM 100 zu bezahlen. Der übersteigende Betrag ist das Entgelt für die genossene „Spielfreude". In bezug auf ökonomische Entscheidungen wird eine solche Verhaltensweise auf die meisten Menschen wohl nicht zutreffen, sie werden maximal den erwarteten Auszahlungsbetrag einsetzen. Dies macht auch deutlich, warum der Fall der Risikofreudigkeit in der ökonomischen Theorie allgemein relativ wenig Beachtung findet.

Überträgt man das Gesagte auf die Frage nach der notwendigen Modifikation der User costs und unterstellt man Risikoneutralität in bezug auf alle Anlageformen, Konsumgüter und die Freizeit, so ist die Nutzenfunktion *u* linear in den Anlageformen, den Konsumgütern und der Freizeit (siehe entsprechend Grafik b)). Die Grenznutzen sind jeweils konstant. Im Fall der Risikoneutralität sind die zufälligen Variablen „Grenznutzen des Konsums" und „Zinssätze" damit unabhängig voneinander, die Kovarianzen sind Null und es müssen „lediglich" die Erwartungswerte der Zinssätze in der bekannten User cost-Formel verwendet werden. Eine weitergehende Modifikation ist nicht notwendig.

Anders liegen die Dinge hingegen, wenn Risikoaversion vorliegt. Hier kann nicht von der Unabhängigkeit der zufälligen Variablen ausgegangen werden. Dies drückt sich im konkaven Verlauf der Risikonutzenfunktion aus. Die Kovarianzen können positiv oder negativ sein:

- Die Kovarianz zwischen der Verzinsung einer Anlageform ($m_{i,t}$ oder b_t) und dem modifizierten Grenznutzen des Zukunftskonsum ist positiv, wenn der Zinssatz und der Zukunftskonsum negativ korreliert sind. In diesem Fall wird der Akteur für den geringeren zukünftigen Konsum wenigstens mit höheren Zinseinnahmen (Konsummöglichkeiten) entschädigt. Da die Risikonutzenfunktion konkav ist, folgt aus einem geringeren zukünftigen Konsum ein steigender modifizierter Grenznutzen des zukünftigen Konsums.[188]

- Die Kovarianz zwischen der Verzinsung einer Anlageform ($m_{i,t}$ oder b_t) und dem modifizierten Grenznutzen des Zukunftskonsums ist negativ, wenn der Zinssatz und der Zukunftskonsum positiv korreliert sind. Höhere gegenwärtige Zinseinnahmen gehen mit einem höheren zukünftigen Konsum einher. Als Folge der Konkavität der Risikonutzenfunktion nimmt mit der steigenden Verzinsung und dem steigenden zukünftigen Konsum der modifizierte Grenznutzen des zukünftigen Konsums ab.

Während im ersten Fall die Volatilität des Zinssatzes die Unsicherheit bezüglich des zukünftigen Konsums reduziert, wird sie im zweiten Fall erhöht. Müßte ein Akteur zwischen zwei Anlageformen wählen, die zwar die gleichen Zinseinnahmen erwarten lassen, aber sich hinsichtlich der Auswirkungen auf die Unsicherheit des zukünftigen Konsums unterscheiden, so wird der Akteur im Falle der Risikoaversion immer die Anlage wählen, die die geringere Unsicherheit verspricht. Mit dem Erwerb dieser Anlage erlangt der Akteur gleichsam eine Absicherung gegen die Unsicherheit des zukünftigen Konsums.[189] Der erwartete Zinssatz dieser Anlage beinhaltet eine solche „Versicherungsprämie" jedoch noch nicht. Die korrekte (implizite) Eigenverzinsung der Anlage muß deshalb höher angesetzt werden. Für eine gegebene Referenzverzinsung sinken somit die User costs als Preis für die Anlage. Gerade diese Bereinigung kommt durch die zweite Komponente in Gleichung (III.104) zum Ausdruck.

Trägt die Anlage zu einer Erhöhung der Unsicherheit bei, so müssen die User costs ebenfalls angepaßt werden. Auch dies gewährleistet die zweite Komponente in Gleichung (III.104). Die User costs steigen. Genau entgegengesetzt erfolgt die Korrektur in bezug auf die Referenzanlage. Ihr erwarteter Zinssatz stellt den Zinsentgang dar, der deshalb entsteht, weil die Anlage *nicht* gehalten wird. Eine „Versicherungsprämie" der Referenzanlage erhöht nun die User costs. Dies gewährleistet die erste Komponente in Gleichung (III.104).

Die Ausführungen haben folgendes gezeigt:

- Eine Berücksichtigung der Risikoeinstellung eines Akteurs ist nur notwendig, wenn sich die Unsicherheit auf die gegenwärtige Verzinsung der Anlageformen oder den Grenznutzen der Anlageformen oder des Konsums der aktuellen Periode bezieht. Sind lediglich die Werte der zukünftigen Perioden unsicher, dann

---

188 Die Preisindizes werden als gegeben unterstellt.

189 In einem etwas anderen Kontext gelangen Blanchard und Fischer (1989, S. 292) zum gleichen Ergebnis. Sie ermitteln den Wert einer Unternehmung mit Hilfe des hier vorgestellten Ansatzes und schreiben zum Vergleich zweier Unternehmen mit den gleichen erwarteten Erträgen: „The first firm (one which has returns positively correlated with $U'(C_{t+1})$; der Verf.) will be worth more because it enables its owners to hedge against low consumption."

ist dies für eine jetzt zu treffende Anlageentscheidung irrelevant und damit für die User costs unerheblich.

- Ist der Akteur risikoneutral, dann genügt es, in der üblichen User costs-Formel anstelle sicherer Zinssätze den Erwartungswert derselben zu verwenden. Eine weitergehende Modifikation ist nicht notwendig.

- Ist der Akteur jedoch risikoavers, so müssen die erwarteten Zinsen um eine „Versicherungsprämie" erhöht werden, falls die Anlageform dazu beiträgt, die Unsicherheit über den zukünftigen Konsum zu reduzieren, oder sie müssen um einen Abschlag reduziert werden, falls die Anlageform die Unsicherheit über den zukünftigen Konsum erhöht.

Trotz der aufwendigen theoretischen Überlegungen wird die grundsätzliche Logik des Divisia-Ansatzes durch die Einbeziehung der Risikoaversion nicht in Frage gestellt. Wie sieht es nun aber mit der quantitativen Bedeutung der Modifikation aus? Ausgehend von einer Aggregationsfunktion über die monetären Anlageformen, die eine konstante Substitutionselastizität besitzt und ihrerseits Teil einer Cobb-Douglas Funktion über das Geldmengenaggregat und die Konsumgüter ist, kommen Barnett, Hinich und Yue für eine Risikonutzenfunktion mit konstanter relativer Risikoaversion zu dem Ergebnis, daß die Unschärfe, die mit der Ermittlung der User-costs anhand von Marktzinsen verbunden ist, in Bezug auf das Problem der Risikoaversion relativ gering ist. Dabei werten sie ihr Ergebnis jedoch selbst eher als den Versuch einer „Illustration" eines möglichen Vorgehens.[190] Allerdings wird es auch von späteren Studien gestützt, so daß der Aspekt der Risikoaversion bislang noch keinen Eingang in die empirische Indexbildung gefunden hat.[191]

III.2.2.6 Zusammenfassung

Die Analyse der verschiedenen Aspekte, die eine notwendige Modifikation der User costs vermuten lassen, haben folgende Ergebnisse gebracht:

- Die Ermittlung einer impliziten Eigenverzinsung als Ausgangspunkt für die Berechnung des Preises des Effizienzbeitrages einer Anlageform ist dann notwendig, wenn z.B. mit einem Zinsverzicht (insbesondere bei den Sichteinlagen) Lei-

190 Für das methodische Vorgehen und die Schätzergebnisse siehe Barnett, Hinich und Yue (1991, S. 203ff.). Sie fassen ihre Untersuchung wie folgt zusammen (S. 209): „In general, the risk neutrality assumption implied by the Divisia index was found to be an adequate approximation for purposes of monetary aggregation." Dies relativieren sie jedoch: „Hence the results ..., which we emphasize, should be viewed only as an illustration." (S. 212) Auf die verschiedenen Funktionstypen wird später genauer eingegangen. Zur relativen Risikoaversion siehe z.B. Deaton und Muellbauer (1980, S. 399).

191 Anderson, Jones und Nesmith (1997b, S. 48) sprechen den Aspekt der Risikoaversion zwar an, verneinen aber unter Hinweis auf neuere Studien seine empirische Relevanz. Deshalb werden die „Monetary Services Indexes" der Federal Reserve Bank of St. Louis auch unter der Annahme der Risikoneutralität gebildet. Für einen Überblick über das „Monetary Services Index Projekt" der Federal Reserve Bank of St. Louis siehe Anderson, Jones und Nesmith (1997a, 1997b und 1997c).

stungen finanziert werden, die *nicht* der Erleichterung oder der Beschleunigung von Zahlungen dienen und damit *nicht* im Zusammenhang mit den Zahlungsmittelnähe der betrachteten Anlageform stehen. Aufgrund der Subjektivität der individuellen Zahlungstechnologiefunktion dürfte es in der Praxis aber schwierig sein, solche indirekt finanzierten Leistungen pauschal als „liquiditätsrelevant" bzw. „-irrelevant" einzuordnen. Damit leidet natürlich auch eine glaubwürdige Berechnung impliziter Eigenverzinsungen.

- Neben der Liquiditätsprämientheorie als Erklärung für das Verhältnis der Zinssätze zweier unterschiedlich lang laufender Anlagen („Zinsstruktur") gibt es die Erwartungstheorie, wonach der langfristige Zinssatz stets dem (geometrischen) Durchschnitt der erwarteten kurzfristigen Zinssätze entspricht. Erwartet ein Akteur nun im Zeitablauf stark sinkende kurzfristige Zinsen, so kann der langfristige Zinssatz trotz einer Liquiditätsprämie niedriger sein als der gegenwärtige kurzfristige. Die Zinsstruktur ist „invers". Für die Ermittlung des Preises des Effizienzbeitrages einer Anlageform ist die Differenz aus langfristigem und kurzfristigem Zinssatz in diesem Fall ein denkbar schlechtes Maß. Betrachtet man unterschiedliche Inflationserwartungen als Ursache der verschieden hohen Zinssätze, so ist eine Bereinigung um die Inflationserwartungen grundsätzlich wünschenswert. Glaubwürdige Methoden zur Ermittlung der Inflationserwartungen, die nicht auch um die Liquiditätsprämie bereinigen würden, fehlen jedoch, so daß diese Korrektur scheitern muß.

- Insbesondere die in einigen Ländern bereits seit langer Zeit bestehende Koexistenz zwischen verzinslichen und unverzinslichen Sichteinlagen, aber auch die im Vergleich zu den Anlagevolumen recht hohe Volatilität der Zinssätze hat Zweifel daran geweckt, daß die Anleger ihre Portfolios perfekt und schnell an geänderte Bedingungen anpassen. Deshalb erscheint eine grundsätzliche Berücksichtigung von Informations- und Portfolioanpassungskosten notwendig. Die empirische Umsetzung dieser Modifikation weist jedoch wiederum Schwächen auf, so daß die resultierenden User costs ebenfalls recht beliebig werden.

- Der Divisia-Index verliert seine Genauigkeit immer dann, wenn sich die Produktivität der Anlageformen ändert. „Finanzinnovationen" müssen also adäquat berücksichtigt werden. Gerade dies stellt aber ein Problem dar. In der Literatur zu findende Modifikationen sind ad hoc formuliert und nur eingeschränkt verwendbar. Darüber hinaus sind Anpassungen auch dann notwendig, wenn vollkommen neue Anlageformen auftreten. Da sowohl der zeitstetige Divisia-Index als auch die zeitdiskrete Törnqvist-Theil-Approximation mit Veränderungsraten arbeiten, ist eine sofortige Berücksichtigung nicht möglich. Ein Rückgriff auf andere Indexformeln ist notwendig.

- Modifikationen der üblichen User costs-Formel müssen aus theoretischer Sicht auch dann vorgenommen werden, wenn man davon ausgehen muß, daß Risikoaversion vorliegt und sich die Unsicherheit auf die in der gegenwärtigen Periode gezahlten Zinsen bezieht. Dabei können Zu- oder Abschläge notwendig werden, je nachdem, ob die Anlage die Unsicherheit über den zukünftigen Konsum erhöht oder reduziert. Allerdings ist die konkrete Vorschrift für die Korrektur intuitiv nur schwer nachvollziehbar, so daß der Divsia-Index einen Teil seiner Attraktivität einbüßt, sollten modifizierte User costs verwendet werden. Darüber hinaus ist der empirische Gewinn einer solchen Anpassung relativ gering.

Die Liste der Punkte, die eine Anpassung der User costs aus theoretischer Sicht notwendig machen, veranlassen Gaab und Mullineux zu einem wenig ermutigenden Fazit, welches das ganze Dilemma des Divisia-Ansatzes zum Ausdruck bringt:[192]

> „In our view these measurement problems are so severe, especially in times of rapid financial innovation, that a great deal of further work needs to be done before reliable Divisia monetary indices can be derived."

Im Rahmen der nachfolgenden aggregationstheoretischen (Kapitel IV) und indextheoretischen (Kapitel V) Teile der Arbeit soll nun der Frage nachgegangen werden, ob die scheinbare Stringenz des Divisia-Ansatzes nicht unabhängig von den hier diskutierten Problembereichen noch weiter relativiert werden muß, wenn man neben den geldtheoretischen Grundlagen auch die zugrunde liegende Aggregations- und Indextheorie analysiert.

---

[192] Gaab und Mullineux, 1996, S. 78.

IV Die aggregationstheoretischen Grundlagen des Divisia-Geldmengenansatzes

IV.1 Überblick

Der Vorschlag von William A. Barnett zur adäquaten Definition eines Geldmengenaggregats enthält zwei aggregationstheoretische Problembereiche:

- Verschiedene Anlageformen („Geldkomponenten") müssen zu einem gemeinsamen Aggregat („Geldmenge") zusammengefaßt werden. Das Kriterium, welches Barnett dafür vorsieht, ist das der „konsistenten Aggregation". Demnach muß das Aggregat so beschaffen sein, daß es im Rahmen des betrachteten Entscheidungsproblems so aufgefaßt werden kann, „als wäre es ein einzelnes Gut". Nur dadurch sei gewährleistet, daß durch die Verwendung des Aggregatswertes anstelle der einzelnen Anlageformen keine relevanten Informationen verlorengehen. Im folgenden wird sich zeigen, daß dieses anlagenbezogene Aggregationsproblem nicht nur die Aspekte der Klassifikation und Aggregation umfaßt, sondern daß diese Kriterium bei entsprechender Anwendung auch der Berücksichtigung der Zahlungsmittelnähe dient.

- Als relevantes Entscheidungsproblem betrachtet Barnett primär die Nutzenmaximierung eines repräsentativen Akteurs unter der Beachtung einer gegebenen Budgetrestriktion. Die Verwendung des Konstrukts eines „repräsentativen Akteurs" ist notwendig, um die Mikrofundierung der Größe „Geldmenge" auf die Makroebene zu übertragen. Allerdings ist eine solcher Ansatz nicht unproblematisch. Die mit diesem Vorgehen verbundenen theoretischen Probleme – in Analogie zu den anlagebezogenen Aggregationsproblemen mit „personenbezogenem Aggregationsproblem" bezeichnet – belasten damit auch die Stringenz und Interpretierbarkeit eines anhand des Kriteriums der „konsistenten Aggregation" gefundenen Geldmengenindexes.

Ausgehend von der Fiktion eines repräsentativen Akteurs sollen zunächst die Aspekte einer konsistenten Aggregation diskutiert werden. Gerade in der Betonung solcher anlagebezogenen Aggregationsüberlegungen wird der große Verdienst des Barnettschen Vorschlags gesehen. Immer häufiger findet sich in der Literatur deshalb auch der Begriff der „Barnett-Kritik". Damit ist stets die Forderung Barnetts gemeint, daß (auch) Geldmengenaggregate dem Kriterium der konsistenten Aggregation gerecht werden müssen.[1] Nach den anlagebezogenen Aggregationsproblemen werden anschließend die personenbezogenen diskutiert. Diese führen insbesondere

---

1 Bei einer konsequenten Anwendung des Nutzenansatzes spiegelt dieser „Effizienzbeitrag" letztlich genau das wider, was im Rahmen der Divisia-Literatur möglicherweise unter „Liquiditätsdienst" verstanden wird.Andrew, 1899, S. 219, zitiert in Osborne, 1984, S. 1.

dazu, daß die empirischen Ergebnisse in bezug auf die konsistente Aggregation nur eingeschränkte Aussagekraft genießen und damit die von Barnett geforderte theoretisch exakte weil mikroökonomisch fundierte Abgrenzung in der Praxis nicht möglich ist.

IV.2 Aggregation verschiedener Anlageformen zu einem konsistenten Geldmengenaggregat

IV.2.1 Der Begriff der „konsistenten Aggregation"

Die Herleitung notwendiger und hinreichender Bedingungen für die Zulässigkeit der Aggregation verschiedener Anlageformen und der Beweis der „Konsistenz" der Aggregation kann immer nur im Kontext mit einem bestimmten Entscheidungsproblem erfolgen. Vorab muß also dieses Entscheidungsproblem eindeutig bestimmt werden. Deshalb soll hier, analog zu Kapitel II.3.1.2, unterstellt werden, daß ein repräsentativer Akteur an der intertemporalen Maximierung seines Nutzens V_t interessiert sei. Im Betrachtungszeitraum der Perioden t bis $t+T$ soll dabei neben dem Konsum $\mathbf{c}_s$ $(s = t,...,T)$ der k Güter nicht nur die Freizeit F_s Nutzen stiften, sondern auch das Halten der realen Bestände der n monetären Anlageformen $\mathbf{m}_s$. Dieser Nutzenansatz soll nichts anderes darstellen, als eine mögliche Form der Erfassung dessen, was in der Divisia-Literatur wohl unter den „Liquiditätsdiensten" verstanden wird und im Rahmen der obigen Ausführungen mit „Effizienzbeitrag" bezeichnet wurde. Mit der Wahl des Nutzenansatzes wird dem allgemeinen Vorgehen in der Divisia-Literatur gefolgt.

Die intertemporale Nutzenfunktion für den Betrachtungszeitraum von Periode t (Ausgangsperiode) bis Periode $t+T$ (Endperiode) läßt sich wie folgt schreiben:

(IV.1)

$$V_t = \bar{v}(c_{1,t},...,c_{k,t};...;c_{1,t+T},...,c_{k,t+T};m_{1,t},...,m_{n,t};...;m_{1,t+T},...,m_{n,t+T};F_t,...,F_{t+T};b_{t+T})$$

$$= \bar{v}(\mathbf{c}_t,...,\mathbf{c}_{t+T};\mathbf{m}_t,...,\mathbf{m}_{t+T};F_t,...,F_{t+T};b_{t+T}).$$

Im Rahmen des Optimierungskalküls werden neben dem gegenwärtigen (realisierten) Konsumgüterbündel $\mathbf{c}_t$ also auch die geplanten zukünftigen Gütermengen $(\mathbf{c}_{t+1},...,\mathbf{c}_{t+T})$ berücksichtigt. Gleiches gilt für die Bestände der monetären Anlageformen $\mathbf{m}_s$ für $s = t,...,t+T$ und die Freizeit F_s für $s = t,...,t+T$.[2] Darüber hinaus soll auch der in der letzten Periode $t+T$ zu halten beabsichtigte reale Bestand der Referenzanlage b_{t+T} – also der Anlageform, die nur mit den höchsten Kosten liquidiert werden kann und damit den geringsten Effizienzbeitrag abgibt (im folgenden verein-

2 Die Formulierung von Gleichung (IV.1) verdeutlicht darüber hinaus, daß auf eine *ausdrückliche* Berücksichtigung der „Effizienzbeiträge" $\mathbf{x}_s$ (im Sinne eines zusätzlichen Konsums und/oder einer zusätzlichen Freizeit) in der Nutzenfunktion an dieser Stelle verzichtet wird. Produktivitätsänderungen werden im folgenden deshalb nicht betrachtet.

fachend mit „(illiquides) Wertpapier" bezeichnet), – Nutzen stiften. Dies gewährleistet, daß der Wertpapierbestand der letzten Periode nicht automatisch Null beträgt. Da diese Wertpapierhaltung ausschließlich dem Zweck der intertemporalen Allokation von Konsummöglichkeiten dienen soll, gäbe es sonst keinen Grund für den Akteur, in der letzten Periode Wertpapiere zu halten.

Das Entscheidungsproblem eines nutzenmaximierenden Akteurs wird aber auch durch die Nebenbedingung bzw. Budgetrestriktion definiert. Dabei soll wiederum unterstellt werden, daß der Akteur neben seinem periodisch auftretenden Arbeitseinkommen $\ell_s L_s^S$ auch sonstige Einkommen I_s $(s = t,...,t+T)$ erzielt. Damit ergibt sich die intertemporale Budgetrestriktion unter Berücksichtigung der aus der Vorperiode $t\text{-}1$ transferierten Vermögensbestände und Zinsansprüche $\left(\sum_{i=1}^{n}\left[(1+r_{i,t-1})P_{t-1}^{*}m_{i,t-1}\right]+\left[(1+R_t)P_{t-1}^{*}b_{t-1}\right]\right)$ zu folgender Gleichung:[3]

$$(\text{IV.2})\quad \sum_{s=t}^{t+T}\frac{p_s c_s}{\rho_s}+\sum_{s=t}^{t+T-1}\sum_{i=1}^{n}\left[\frac{P_s^*}{\rho_s}-\frac{P_s^*(1+r_{i,s})}{\rho_{s+1}}\right]m_{i,s}+\sum_{i=1}^{n}\frac{P_{t+T}^* m_{i,t+T}}{\rho_{t+T}}+\frac{P_{t+T}^* b_{t+T}}{\rho_{t+T}}=$$

$$=\sum_{s=t}^{t+T}\frac{\ell_s L_s^S}{\rho_s}+\sum_{s=t}^{t+T}\frac{I_s}{\rho_s}+\sum_{i=1}^{n}(1+r_{i,t-1})P_{t-1}^* m_{i,t-1}+(1+R_{t-1})P_{t-1}^* b_{t-1}.$$

ρ_s bezeichnet dabei den Diskontierungsfaktor der Ströme und Bestände und P^*_s einen Preisindex, der geeignet ist, reale Größen in nominale zu transformieren.

Eine so formulierte Problemstruktur zeigt nun zwei Anwendungsmöglichkeiten für die Aggregationstheorie:

- Zum einen können die diskontierten geplanten Konsummengen eines Gutes c_l $(l=1,...,k)$ oder die geplanten Volumina einer Anlageform m_i $(i=1,...,n)$ über den gesamten Betrachtungszeitraum hinweg aggregiert werden, um den Beitrag dieses Konsumgutes oder dieser Anlageform zum gesamtwirtschaftlichen Vermögensbestand zu bestimmen.[4] Die ökonomische Sinnhaftigkeit in bezug auf einzelne Güter oder Anlageformen mag auf den ersten Blick fraglich erscheinen. Ein solches Vorgehen macht vor allem dann Sinn, wenn man sich vorab die zweite Anwendungsmöglichkeit der Aggregationstheorie verdeutlicht.

---

3 Siehe dazu die Ausführungen zur modelltheoretischen Herleitung der User costs.

4 In bezug auf die monetäre Anlageform sei auf die oben geführte Diskussion verwiesen. Im Rahmen einer mikroökonomischen Sicht kann man argumentieren, daß die Tatsache, nach der monetäre Anlageformen die Transaktionskosten der Geld- gegenüber der Tauschwirtschaft reduzieren, dazu führen muß, daß neben den Konsummengen auch die diskontierten „Geldleistungen" als Teil des Vermögensbestandes eines Akteurs zu berücksichtigen sind. Bei der Agregation zum Vermögen des privaten Sektors ist jedoch zu bedenken, daß diesem „Vermögen" gleich hohe Verbindlichkeiten gegenüber stehen (ohne das Ausland). Für die Verdeutlichung der aggregationstheoretischen Problemstellung sind solche Überlegungen aber zweitrangig.

- Zum anderen besteht die Möglichkeit, gleichartige Güter oder Anlageformen zu Gruppen zusammenzufassen. Solche Aggregate lassen sich dann ihrerseits im intertemporalen Kontext möglicherweise zu einer einzigen Größe „Vermögen" zusammenfassen. Dabei sind die Bedingungen für eine konsistente Aggregation über Güter oder Anlageformen exakt die gleichen, die auch eine konsistente intertemporale Aggregation erlauben.[5]

Im folgenden interessiert der zweite Aspekt. Die „konsistente Aggregation" von Anlageformen setzt im Rahmen der intertemporalen Betrachtung voraus, daß es im Hinblick auf das geschilderte Entscheidungsproblem keinen Unterschied macht, ob der Akteur seinen Nutzen in Abhängigkeit des Geldmengenaggregats oder der einzelnen Geldkomponenten maximiert. Man hat sich das wie folgt vorzustellen:

- Auf einer ersten Stufe maximiert der Akteur seinen gesamten intertemporalen Nutzen dadurch, daß er den einzelnen Perioden bestimmte optimale Ausgabensumme E_s $(s = t,...,t+T)$ zuweist. Diese Maximierung erfolgt in Abhängigkeit von periodenabhängigen Teilnutzenfunktionen u_s $(s = t,...,t+T)$. Dies erlaubt anstelle der intertemporalen eine rein periodenbezogene Betrachtung.

- Auf der zweiten Stufe wählt der Akteur nun in Abhängigkeit der optimalen Periodenausgaben E_s $(s = t,...,t+T)$ die nutzenmaximale Aufteilung auf die Konsumgüter, die Freizeit und die monetären Anlageformen. Diese Maximierung soll ihrerseits in Abhängigkeit von Aggregatswerten erfolgen. Konsistente Aggregation setzt voraus, daß das Aggregat über die monetären Anlageformen (Konsumgüter) gerade so gebildet werden kann, daß die Ausgaben E_s^m $(s = t,...,t+T)$ für das Geldmengenaggregat (E_s^c für das Konsumgüteraggregat) genau den Ausgaben entsprechen, die sich dann eingestellt hätten, hätte man auf die Aggregatsbildung verzichtet und die Aufteilung anhand der einzelnen Geldkomponenten (Konsumgüter) vorgenommen.

- Auf der dritten und letzten Stufe erfolgt nun die Aufteilung der Gruppenausgaben auf die einzelnen Anlageformen (Konsumgüter). Hier impliziert konsistente Aggregation, daß die optimalen Volumen der monetären Anlageformen exakt den entsprechen, die sich bei einer „einstufigen" Maximierung der intertemporalen Nutzenfunktion eingestellt hätten.

Auf allen drei Stufen erfolgt damit die Aufteilung des Einkommens mit verringerten Informationen, wobei im Vergleich mit der einstufigen Maximierung trotzdem „perfekte Ergebnisse"[6] erzielt werden.[7] Gerade der verringerte Bedarf an Informationen

5 Zu einem solchen vermögenstheoretischen Ansatz siehe z.B. Monissen (1968, S. 209ff.).

6 Vgl. Deaton und Muellbauer, 1980, S. 123. „Perfekt" bedeutet in diesem Kontext gerade, daß die Aufteilungen des Einkommens auf die Perioden, die Gruppen und die Güter bzw. Anlageformen bei der einstufigen und der dreistufigen Maximierung identisch sind (vgl. Deaton und Muellbauer, 1980, S. 123).

macht die Verwendung von Aggregaten attraktiv. Eine wesentliche Voraussetzung für die „mehrstufige Maximierung" ist, daß die Aggregation die Aufteilung der Ausgaben unverändert läßt. Die intertemporalen Überlegungen außer acht lassend faßt Strotz dies wie folgt zusammen:[8]

> „A decision is first made as to how income should be allocated among the budget branches (given all prices). Each budget allotment is then spent optimally on the commodities in its branch, with no further references to pruchases in other branches."

Die Möglichkeit, das intertemporale Entscheidungsproblem als einen dreistufigen Maximierungsprozeß darzustellen, ist aber nur notwendig für ein konsistentes Aggregat, nicht hinreichend. Sie sichert lediglich die *Existenz* von Aggregaten, nicht ihre *Konsistenz*.[9] Die Konsistenzbedingung im Sinne der Definition „als wäre es ein einziges Gut (Anlageform)" setzt neben der Möglichkeit der Verwendung eines dreistufigen Maximierungsprozesses zusätzlich voraus, daß das Mengenaggregat und das duale Preisaggregat linearhomogen sind. Nur dies gewährleistet, daß das Produkt eines rein von Mengen abhängigen Mengenaggregats mit einem rein von Preisen abhängigen (dualen) Preisaggregat die optimalen Gruppenausgaben ergibt.[10]

Damit gilt als folgende begriffliche Festlegung:

- Ein (mikro-) ökonomisches Mengenaggregat existiert (die *Existenz*bedingung ist erfüllt), wenn der Entscheidungsprozeß als ein dreistufiger Maximierungsprozeß dargestellt werden kann. Die optimalen Mengen sind identisch, unabhängig davon, ob man die Nutzenfunktion erst in Abhängigkeit des Aggregats oder direkt in Abhängigkeit der einzelnen Komponenten maximiert.

- Ein (mikro-) ökonomisches Mengenaggregat ist konsistent (die *Konsistenz*bedingung ist erfüllt), wenn ein (mikro-) ökonomisches Mengenaggregat existiert und darüber hinaus linearhomogen ist.

Um die nachfolgende Diskussion der aggregationstheoretischen Voraussetzungen nicht unnötig kompliziert zu machen, ist es hilfreich, das obige intertemporale Entscheidungsproblem zu vereinfachen:

---

7 Vereinfachend wird hier von drei Stufen gesprochen, obwohl weiter unter auch rekursive Strukturen diskutiert werden, die noch mehr Aggregationsstufen zulassen.

8 Strotz, 1957, S. 271.

9 Für die Unterscheidung von „Existenz" und „Konsistenz" siehe Barnett (1982a, S. 695f.).

10 Diese Überlegungen werden an späterer Stelle nochmals aufgegriffen und vertieft. Man beachte, daß in der Literatur häufig bereits dann von „konsistenten Aggregaten" gesprochen wird, wenn diese durch einen zweistufigen Maximierungsprozeß (ohne die intertemporale Betrachtung) zustande gekommen sein können, ohne die zusätzliche Bedingung der Gleichheit des Produkts aus Mengen- und Preisaggregat mit der Ausgabensumme zu berücksichtigen. Diese zu enge Auslegung von „Konsistenz" geht auf McManus (1956) zurück und stellt ausschließlich auf die einzelnen Nachfragemengen als dem Ergebnis des Maximierungsprozesses ab. Wenn sie übereinstimmen, dann liegt in diesem Sinn eine „konsistente Aggregation" vor, ohne jedoch danach zu fragen, ob ein solches Aggregat wirklich vollständig als ein „einziges Gut" angesehen werden kann.

- Zum einen soll auf eine gesonderte Berücksichtigung der Freizeit in der Nutzenfunktion verzichtet werden. Die Freizeit wird im folgenden wie ein Konsumgut behandelt, wobei der Preis der Freizeit dem Nominallohn entsprechen soll.[11]

- Zum anderen soll der intertemporale Ansatz auf ein rein periodenbezogenes Entscheidungsproblem reduziert werden. Die dreistufige Betrachtung wird zu einer zweistufigen.[12]

Die Berücksichtigung der Freizeit als „Konsumgut" hat sowohl Konsequenzen für die Nutzenfunktion als auch für die Budgetrestriktion. Die Nutzenfunktion, die es zu maximieren gilt, besitzt nun folgende Gestalt:

$$\text{(IV.3)}\quad V_t = \bar{v}\left(c_{0,t},\dots,c_{k,t};\dots;c_{0,t+T},\dots,c_{k,t+T};m_{1,t},\dots,m_{n,t};\dots;m_{1,t+T},\dots,m_{n,t+T};b_{t+T}\right)$$

$$\text{mit}\quad c_{0,s} \equiv F_s \qquad (s = t,\dots,t+T).$$

Damit die Erfassung der Freizeit als Konsumgut nicht zu einer falschen Budgetrestriktion führt, muß als „Arbeitseinkommen" nun der Betrag angesetzt werden, den der Akteur verdienen könnte, würde er vollständig auf den Genuß von Freizeit verzichten und stattdesen immer die gesamte Zeit $\bar{L}$ einsetzen.[13] Für den modifizierten Konsumvektor $\boldsymbol{c}_s = (c_{0,s},\dots,c_{k,s})$ mit $s = t,\dots,t+T$ gilt somit:

$$\text{(IV.4)}\quad \sum_{s=t}^{t+T}\frac{\mathbf{p}_s\mathbf{c}_s}{\rho_s} + \sum_{s=t}^{t+T-1}\sum_{i=1}^{n}\left[\frac{P_s^*}{\rho_s} - \frac{P_s^*\left(1+r_{i,s}\right)}{\rho_{s+1}}\right]m_{i,s} + \sum_{i=1}^{n}\frac{P_{t+T}^* m_{i,t+T}}{\rho_{t+T}} + \frac{P_{t+T}^* b_{t+T}}{\rho_{t+T}} =$$

$$= \sum_{s=t}^{t+T}\frac{\ell_s\bar{L}}{\rho_s} + \sum_{s=t}^{t+T}\frac{l_s}{\rho_s} + \sum_{i=1}^{n}\left(1 + r_{i,t-1}\right)P_{t-1}^* m_{i,t-1} + \left(1 + R_{t-1}\right)P_{t-1}^* b_{t-1}.$$

Um nun die intertemporale Betrachtung auf eine rein periodenbezogene zu reduzieren, kann man im einfachsten Fall unterstellen, der Akteur sei nur an einer Maximierung des Nutzens der gegenwärtigen Periode *t* interessiert. Um eine solche Annahme zu rechtfertigen, läßt sich argumentieren, daß sich der Akteur – möglicherweise als Folge einer unsicheren Zukunft – gerade so verhält, als wäre die Zukunft irrelevant.[14] Intertemporale Aspekte der Nutzenmaximierung bleiben damit unberücksichtigt. Dies hat wiederum Konsequenzen für die Nutzenfunktion, die nun ausschließlich Variablen der betrachteten Periode *t* enthält:

---

11 Ein solches Vorgehen wählen z.B. auch Deaton und Muellbauer (1980, S. 87).

12 Dies entspricht dem üblichen Vorgehen in der Literatur.

13 Technisch gesprochen bedeutet dies, daß man die Budgetrestriktion (Gleichung IV.2) auf beiden Seiten um die Summe der diskontierten monetären Gegenwerte der im Laufe der Betrachtungzeitraums *[t;t+T]* konsumierten Freizeit $\sum_{s=t}^{t+T}\frac{\ell_s F_s}{\rho_s}$ erweitert, wobei diese auf der Verwendungsseite den Konsumausgaben zugeschlagen wird.

14 Vgl. Barnett, 1981, S. 15.

(IV.5) $u_t = u(c_{0,t},...,c_{k,t};m_{1,t},...,m_{n,t}).$

Aber auch die Budgetrestriktion ist betroffen. Die ausschließliche Betrachtung einer einzigen Periode bedeutet nun zum einen, daß Mengenveränderungen gegenüber einer vorherigen Periode als Bestandteil der Budgetrestriktion unberücksichtigt bleiben müssen und zum anderen, daß man unterstellen muß, daß der Akteur die User costs als einen zu zahlenden Preis der monetären Anlageformen in seinem Optimierungskalkül berücksichtigt. Bedenkt man, daß Zinszahlungen – und damit auch ein Zinsentgang – immer nur im intertemporalen Kontext Sinn machen, so ist es keineswegs klar, daß der Akteur bei einer einperiodigen Betrachtung nicht ausschließlich die Anlageform hält, die die höchsten Liquiditätsdienste abgibt. Damit im Rahmen einer einperiodigen Betrachtung die Geldhaltung bzw. der Erwerb von Liquiditätsdiensten für den Akteur überhaupt zu einem Entscheidungsproblem wird, ist die obige Annahme also notwendig. Unterstellt man zudem vereinfachend, daß der Akteur neben dem Arbeitseinkommen keine weiteren Einkünfte bezieht, dann besitzt die Budgetrestriktion des Haushalts folgendes Aussehen:

(IV.6) $\mathbf{p}_t\mathbf{c}_t + \boldsymbol{\pi}_t\mathbf{m}_t = E_t^c + E_t^m = \ell_t\bar{L} = E_t.$

Das in der Periode *t* gegebene Einkommen E_t soll vollständig für den Konsum von Gütern (einschließlich der Freizeit F_t) und den „Erwerb von Effizienzbeiträgen" eingesetzt werden.

Den gleichen Effekt erzielt man, wenn man die weniger restriktive Annahme trifft, daß die intertemporale Nutzenfunktion $\bar{v}$ zeitadditiv ist:

(IV.7)

$$V_t = \bar{v}(\mathbf{c}_t,...,\mathbf{c}_{t+T};\mathbf{m}_t,...,\mathbf{m}_{t+T};b_{t+T}) = \sum_{s=t}^{t+T-1} \rho^{s-t}u(\mathbf{m}_s;\mathbf{c}_s) + \rho^T u(\mathbf{m}_{t+T};\mathbf{c}_{t+T};b_{t+T}).$$

Hier spielen zukünftige Konsummengen und Anlagevolumina zwar eine Rolle für den Gesamtnutzen V_t, die Maximierung der Nutzenfunktion $\bar{v}$ in Abhängigkeit der für die Periode *t* zu wählenden Konsum-/Freizeitmengen sowie Anlagevolumina läuft jedoch ebenfalls auf die Maximierung des ausschließlich auf Periode *t* bezogenen Teilnutzens u_t hinaus (Gleichung IV.5).

Ein besonderes Problem stellt jetzt jedoch eine sinnstiftende Aufteilung der intertemporalen Budgetrestriktion dar. Natürlich existiert eine auf Periode *t* bezogene Budgetrestriktion. Aus den *t+T+1* periodenbezogenen Restriktionen wurde schließlich die intertemporale Budgetrestriktion hergeleitet. Allerdings enthält keine dieser einzelnen Budgetbeschränkungen die User costs als Preis der Anlageformen. Diese ergeben sich erst aus der Verknüpfung von mindestens zwei Perioden. Will man also die „Geldhaltung" mit Hilfe der User costs erklären, so muß man an obiger intertemporaler Budgetrestriktion ansetzen. Hier stehen aber die nicht periodenendogen ermittelbaren Anfangsbestände (inklusive der Zinsansprüche) einer exakten Zuordnung im Wege. Anders als bei den Konsumgütern, muß im Fall der monetären Anlageformen (und der Wertpapierhaltung) nie der gesamte Bestand aus dem laufenden Einkommen einer Periode finanziert werden, sondern es geht immer nur um die Veränderung der Bestände gegenüber der Vorperiode.

Um dieses Aufteilungsproblem eindeutig zu lösen, empfiehlt es sich, die Einkommensentstehungsseite der intertemporalen Budgetrestriktion außer acht zu lassen und stattdessen auf die entscheidende Eigenschaft der dreistufigen Maximierung zurückzugreifen:[15] Ist die dreistufige Maximierung möglich, d.h. existiert ein ökonomisches, periodenbezogenes Mengenaggregat, dann stimmen die Mengen, die man im Wege der dreistufigen Maximierung erhält, mit denen überein, die man als Folge einer einstufigen bekommt. Da die Preise und User costs exogen gegeben sind, müssen dann auch die Ausgabenanteile übereinstimmen, die der Akteur für den Konsum und das Halten monetärer Anlageformen verausgabt. Stellen $\tilde{c}_{l,t}$ und $\tilde{m}_{i,t}$ die optimalen Mengen dar *(l = 0,...,k; i = 1,...,n)*, die sich als Lösung im Rahmen der einstufigen Maximierung für die Periode *t* einstellen, dann kann man die Budgetrestriktion für die Periode *t* wie folgt formulieren:

$$(\text{IV.8}) \quad \mathbf{p}_t\mathbf{c}_t + \boldsymbol{\pi}_t\mathbf{m}_t = E_t \quad \text{mit} \quad E_t \equiv \tilde{E}_t^c + \tilde{E}_t^m$$

$$\text{und} \quad \tilde{E}_t^c \equiv \mathbf{p}_t\tilde{\mathbf{c}}_t = \sum_{l=0}^{k} p_{l,t}\tilde{c}_{l,t} \quad \text{sowie} \quad \tilde{E}_t^m \equiv \boldsymbol{\pi}_t\tilde{\mathbf{m}}_t = \sum_{i=1}^{n} \pi_{i,t}\tilde{m}_{i,t} \,.$$

Welche Bedingungen müssen nun erfüllt sein, damit alle oder wenigstens ein Teil der *n* monetären Anlageformen in *konsistenter Weise* zu einer einzigen Größe $M(\mathbf{m}_t)$ zusammengefaßt werden können? Was gewährleistet, daß es zum einen in bezug auf das Ergebnis des durch die Gleichungen (IV.5) und (IV.8) definierten Entscheidungsproblems des Akteurs keinen Unterschied macht, ob dieser seinen Nutzen in Abhängigkeit des Aggregats oder der einzelnen Anlageformen maximiert, und daß zum anderen das Produkt aus einem rein mengenabhängigen Mengenaggregat und seinem dualen rein preisabhängigen Preisindex gerade dem für die monetärer Anlageformen aufgewendeten Einkommensteil E_t^m entspricht?

Es lassen sich zwei Bedingungen unterscheiden, die *unabhängig voneinander* eine konsistente Aggregation monetärer Anlageformen ermöglichen:

- Die erste Bedingung bezieht sich auf die Veränderung der User costs. Es können solche Anlageformen konsistent aggregiert werden, deren User costs sich stets proportional zueinander ändern. Diese Bedingung ist Kern der sogenannten „Hicksschen Aggregation".

15 Für dieses Vorgehen siehe z.B. Barnett (1987, S. 118) oder Anderson, Jones und Nesmith (1997b, S. 38).

- Die zweite Bedingung bezieht sich auf die Struktur der Nutzenfunktion. Die periodenbezogene Nutzenfunktion *u* muß schwach separierbar in einer Gruppe monetärer Anlageformen sein, wobei die Teilnutzenfunktion, die diese Gruppe bildet, mindestens homothetisch (wenn nicht linearhomogen) ist.

IV.2.1 Die Hickssche Aggregation

Das „**Hicks'-Composite-Commodity-Theorem**"[16] besagt nun, daß eine hinreichende Bedingung für die konsistente Aggregation eine Situation ist, in der sich die Preise der betrachteten monetären Anlagen proportional zueinander entwickeln.[17] Dies bedeutet, daß die User costs $\pi_{i,t}$ einer jeden Anlageform *i* das λ_t-fache ihres Basiswertes $\pi_{i,0}$ sind ($i = 1,...,n$):[18]

$$\text{(IV.9)} \quad \pi_{i,t} = \lambda_t \pi_{i,0}.$$

In diesem Fall kann das Aggregat M_t als die Summe der mit den User-costs $\pi_{i,0}$ der Basisperiode *0* gewichteten (gegenwärtigen) Anlagebeständen $m_{i,t}$ definiert werden:

$$\text{(IV.10)} \quad M_t \equiv \sum_{i=1}^{n} \pi_{i,0} m_{i,t}.$$

Daß eine solche Aggregation unschädlich für die Ergebnisse bezüglich des obigen Entscheidungsproblems ist, läßt sich leicht unter zur Hilfenahme der Ausgabenfunktion zeigen:[19] Die Ausgabenfunktion e_t für das obige Entscheidungsproblem ist ganz allgemein gesprochen eine Funktion des Nutzenniveaus u_t, der Güterpreise $\boldsymbol{p}_t$ und User costs im Fall der monetären Anlageform (und der Wertpapierhaltung), $\boldsymbol{\pi}_t$.[20] Berücksichtigt man die unterstellte Proportionalität der User costs, dann reduziert sich der Einfluß der User costs auf die Höhe der (minimalen) Ausgaben auf den Proportionalitätsfaktor λ_t. Die sich nicht ändernden User costs der Basisperiode $\boldsymbol{\pi}_0 = (\pi_{1,0},...,\pi_{n,0})$ können als eigenständige Einflußvariablen vernachlässigt werden:

$$\text{(IV.11)} \quad e_t = e(u_t; p_{0,t},...,p_{k,t}; \pi_{1,t},...,\pi_{n,t}) = e(u_t; p_{0,t},...,p_{k,t}; \lambda_t \pi_{1,0},...,\lambda_t \pi_{n,0}) =$$
$$= e^*(u_t; p_{0,t},...,p_{k,t}; \lambda_t).$$

16 Diewert, 1993, S. 1.

17 Für diese *hinreichende* Bedingung einer konsistenten Aggregation siehe Hicks (1946, S. 33 und S. 312ff.). Ähnlich läßt sich auch ein Aggregat herleiten, wenn sich alle Mengen mit einem identischen Proportionalitätsfaktor ändern. Dies geht auf Leontief (1936) zurück und wird mit Leontief-Aggregationstheorem bezeichnet (vgl. Diewert, 1993, S. 17ff.).

18 Vereinfachend wird hier unterstellt, die Proportionalität treffe auf alle monetären Anlagen zu. Diese Vereinfachung beeinträchtigt die hier getroffene Schlußfolgerung in keiner Weise.

19 Für diese Beweisführung siehe Deaton und Muellbauer (1980, S. 121). Varian (1994, S. 148 ff.) wählt hingegen eine Beweisführung unter Verwendung der indirekten Nutzenfunktion.

20 Siehe genauer das Modul zur Haushaltstheorie.

Leitet man die Ausgabenfunktion nach λ_t ab, dann erhält man unter Anwendung von Shephards Lemma gerade das in Gleichung (IV.10) definierte Mengenaggregat:[21]

$$\text{(IV.12)}\quad \frac{\partial e_t}{\partial \lambda_t} = \sum_{i=1}^{n} \frac{\partial e_t}{\partial \pi_{i,t}} \cdot \frac{\partial \pi_{i,t}}{\partial \lambda_t} = \sum_{i=1}^{n} m_{i,t}\pi_{i,0} = M_t .$$

Definiert man den Proportionalitätsfaktor λ_t als Preisaggregat Π_t aller Anlageformen

$$\text{(IV.13)}\quad \Pi_t \equiv \lambda_t ,$$

dann hängt die (modifizierte) Ausgabenfunktion e^* vom Preisaggregat Π_t ab: $e^*(u_t;p_0,...p_k;\Pi_t)$. Aus der Tatsache, daß Ausgabenfunktion und Nutzenfunktion nur zwei alternative Darstellungsformen desselben Entscheidungsproblems sind, kann man nun darauf schließen, daß mit der (modifizierten) Ausgabenfunktion $e^*(u_t;$ $p_0,...p_k;\Pi_t)$ eine direkte Nutzenfunktion u^* kompatibel ist, in die neben den konsumierten Gütermengen $c_{l,t}$ $(l = 0,...,k)$ gerade das Geldmengenaggregat M_t eingeht:[22]

$$\text{(IV.14)}\quad u_t = u^*\left(c_{0,t},...,c_{k,t};M_t\right).$$

Die unterstellte proportionale Entwicklung in den User costs sichert nicht nur die Existenz eines Aggregates, sondern gewährleistet auch, daß das Produkt aus Mengen- und Preisaggregat exakt der Ausgabensumme für die Geldbestände bzw. die von ihnen abgegebenen Dienste entspricht:

$$\text{(IV.15)}\quad E_t^m \equiv \sum_{i=1}^{n} \pi_{i,t} m_{i,t} = \sum_{i=1}^{n} \lambda_t \pi_{i,0} m_{i,t} = \lambda_t \sum_{i=1}^{n} \pi_{i,0} m_{i,t} = \Pi_t M_t .$$

Neben der Existenzbedingung ist im Falle der Hicksschen Aggregation also auch die Konsistenzbedingung erfüllt. Man beachte, daß dies nicht nur unabhängig vom konkreten Aussehen der periodenbezogenen Nutzenfunktion *u* gilt, sondern auch davon, ob die obige Annahme der Zeitadditivität der intertemporalen Nutzenfunktion tatsächlich erfüllt ist. Die Hickssche Aggregation setzt ausschließlich an den Preisen an, nicht an der Struktur der Zielfunktion!

Welchen Beitrag kann die Hickssche Aggregation nun zur Lösung des Klassifikations- und Aggregationsproblems liefern? Offensichtlich sind die Aussagen der Hicksschen Aggregation über die zu wählende Aggregationsform. Sie verlangt die gewichtete Addition der monetären Anlageformen, wobei die User costs einer Basis-

21 Zu Shephard's Lemma siehe wiederum oben angesprochenes Modul. Es besagt, daß die Ableitung der Ausgabenfunktion nach dem Preis stets der Menge entspricht. Ein Umstand, der auch so sein sollte, schließlich gilt gleiches immer, wenn man die Budgetrestriktion nach dem Preis ableitet.

22 Die Umkehrfunktion der Ausgabenfunktion bildet die indirekte Nutzenfunktion, aus der wiederum die direkte Nutzenfunktion hergeleitet werden kann. Eine ausführliche Diskussion der Dualität findet sich im Modul zur Haushaltstheorie (Abschnitt 3).

periode *0* die Gewichte liefern. Eine inhärente Lösung des Klassifikationsproblems vermag die Hickssche Aggregation nicht bereitzustellen. Es ist klar, daß ein *Geld*mengenaggregat $M^* \equiv M(\boldsymbol{m}^*_t)$ nur einen Teil der monetären Anlageformen umfassen kann, wenn man den Gleichlauf der User costs zur Definition der *Geld*komponenten nutzen möchte, sich diese im Zeitablauf aber unterschiedlich entwickeln. Zur Klassifikation in Geldkomponenten benötigt man ein (zusätzliches) Kriterium, das darüber entscheidet, welcher der (möglicherweise) unterschiedlichen Proportionalitätsfaktoren $\lambda_{i,t}$ $(i = 1,...,n)$ relevant sein soll. Definiert man „Geld" anhand der Zahlungsmittelnähe, so sollte jedes Aggregat, das mit „Geld" bezeichnet wird, zumindest das Bargeld enthalten. Dies berücksichtigt bereits Barnett in seinem Vorschlag.[23] Schließlich stellt gerade das Bargeld das gesetzlich vorgesehene Zahlungsmittel dar, dessen man sich zur Erfüllung seiner Zahlungsverpflichtungen auch dann bedienen kann, wenn dies der Zahlungsempfänger *nicht* wünscht, aber nichts anderes vereinbart wurde.[24] Das Bargeld dient in diesem Sinne somit als ein „*Kristallisationspunkt*" für die Klassifikation. Verdeutlicht man sich nun, daß die User costs die auf den Gegenwartszeitpunkt *t* diskontierte Differenz zwischen einer Referenzverzinsung und der Eigenverzinsung einer Anlageform darstellen, und daß das Bargeld grundsätzlich unverzinslich ist, so kommen nun zum Bargeld auf alle Fälle noch die Anlageformen hinzu, die ebenfalls unverzinslich sind. Hiermit hat man also eine theoretische Begründung für das *Kriterium der Unverzinslichkeit*, welches lange Zeit für die Definition von Geld herangezogen wurde.[25]

Grundsätzlich sind jedoch aber auch solche Anlageformen denkbar, deren User costs zwar nicht mit denen des Bargelds identisch sind, die sich aber dennoch proportional zu diesen entwickeln. Betrachtet man verzinsliche Anlageformen, so läuft die Hickssche Aggregation mit dem Kristallisationspunkt „unverzinsliches Bargeld" darauf hinaus, daß sich die Eigenverzinsung und die Referenzverzinsung stets proportional zueinander entwickeln müssen: Stellt $m_{1,t}$ wiederum die reale Bargeldhaltung in der Periode *t* dar, dann bezeichnet $\lambda_{1,t}$ den Proportionalitätsfaktor der User costs des unverzinslichen Bargeldes:

---

23 Siehe dazu die Ausführungen zum Vorschlag von Barnett am Anfang dieser Arbeit. Für ihn stellt das Bargeld „hard core money" dar und muß demzufolge stets Bestandteil eines Geldmengenaggregats sein (vgl. Barnett, 1982a, S. 697). Swofford (1995, S. 156) formuliert es so: „If V(m) is to be thought of as a monetary aggregate, then it should contain currency." Ohne einen solchen Fixpunkt kann keine Gelddefinition gefunden werden.

24 Die obigen Ausführungen zur Zahlungsmittelfunktion des Bargelds haben gezeigt, daß dieser gesetzliche Annahmezwang in der Bundesrepublik Deutschland insbesondere für Banknoten (§14 Abs. 1 BBankG) gilt, wobei er in etwas abgeschwächter Form auch für die Geldmünzen (§ 2 Münzgesetz) zutrifft.

25 So gilt für Irving Fisher (1913, S. 9) das Diktum: „Money never bears interest except in the sense of creating convenience in the process of exchange." Die Unverzinslichkeit findet sich auch bei Hicks (1946, S. 163): „Those kinds of securities which are money differ from those which are not money by the fact that they bear no interest;...".

$$(IV.16)\quad \lambda_{1,t} \equiv \frac{\pi_{1,t}}{\pi_{1,0}} = \frac{\dfrac{R_t}{1+R_t}}{\dfrac{R_0}{1+R_0}}.$$

Entsprechend ergibt sich der Proportionalitätsfaktor $\lambda_{i,t}$ einer beliebigen monetären Anlageform $m_{i,t}$ wie folgt:

$$(IV.17)\quad \lambda_{i,t} \equiv \frac{\pi_{i,t}}{\pi_{i,0}} = \frac{\dfrac{R_t - r_{i,t}}{1+R_t}}{\dfrac{R_0 - r_{i,0}}{1+R_0}}.$$

Die Hickssche Aggregation verlangt nun, daß die Proportionalitätsfaktoren der Anlageformen, die mit dem Bargeld aggregiert werden sollen, gleich sind. Dies bedeutet, daß sich der Quotient aus Eigenverzinsung und Referenzverzinsung im Zeitablauf nicht ändert:

$$(IV.18)\quad \lambda_{1,t} = \lambda_{i,t}\colon \frac{\dfrac{R_t}{1+R_t}}{\dfrac{R_0}{1+R_0}} = \frac{\dfrac{R_t - r_{i,t}}{1+R_t}}{\dfrac{R_0 - r_{i,0}}{1+R_0}} = \frac{R_0 - r_{i,0}}{R_0} = \frac{R_t - r_{i,t}}{R_t} \quad \Leftrightarrow \quad \frac{r_{i,0}}{R_0} = \frac{r_{i,t}}{R_t}.$$

Da sich der Proportionalitätsfaktor des Bargeldes mit der Referenzverzinsung ändert, muß sich auch der Proportionalitätsfaktor der verzinslichen Anlage *i* mit diesem Satz ändern. Dies ist aber nur dann der Fall, wenn die Eigenverzinsung $r_{i,t}$ mit der gleichen Rate steigt/sinkt wie die Referenzverzinsung R_t.

Neben dem Kriterium der Unverzinslichkeit beinhaltet die Hickssche Aggregation (mit dem Kristallisationspunkt „unverzinsliches Bargeld") somit noch ein zweites Klassifikationskriterium: Das *Kriterium des Zinsgleichlaufs* mit der Referenzanlage B_t Dieses Kriterium erweist sich jedoch für die Definition von *Geld*mengenaggregaten als wenig überzeugend, denn es impliziert möglicherweise eine kuriose Auswahl von monetären Anlageformen. Entsprechend der theoretischen Intention ist die („illiquide") Referenzanlage B_t eine Anlageform, die nur mit den höchsten Kosten liquidiert werden kann. Damit steht die Referenzanlage diametral entgegengesetzt zum Bargeld, von dem angenommen wird, daß es das „perfekte" Zahlungsmittel darstellt und dementsprechend die höchsten Effizienzbeiträge abwirft. Für die Referenzanlage wird in der Regel ein langfristiges festverzinsliches Wertpapier gewählt. Fragt man sich nun, welche Anlageformen eine besonders ähnliche Zinsentwicklung wie eine so bestimmte Referenzanlage aufweisen dürften, dann ist dabei zuerst an enge Substitute solch langfristiger Wertpapiere zu denken. Diese werden ebenfalls langfristiger Natur sein. Das bedeutet also, daß man entsprechend dem Zinsgleichlauf tendenziell nicht die Anlageformen selektiert, die eine große Ähnlichkeit mit dem Bargeld aufweisen –

also eine hohe Zahlungsmittelnähe besitzen –, sondern umgekehrt gerade die, die besonders enge Substitute zur illiquiden Referenzanlage darstellen. Solche Anlagen aber mit Geldkomponente zu klassifizieren, stellt die Logik der Geldmengendefinition anhand der Zahlungsmittelnähe vollständig auf den Kopf, denn diese Anlageformen werden nur einen wenig höheren Effizienzbeitrag besitzen, als die Referenzanlage. Das Kriterium des Zinsgleichlaufs leistet also vermutlich eher eine adverse Selektion als eine vernünftige Auswahl solcher Anlagen, die eine große Zahlungsmittelnähe besitzen und entsprechend hohe Liquiditätsdienste zur Verfügung stellen. Daran ändert auch die Tatsache nichts, daß solche Anlagen nur mit einem sehr geringen Gewicht in das Aggregat eingehen werden.

Um zweifelhafte Aggregate *gänzlich* zu vermeiden, empfiehlt es sich, auf das Kriterium des Zinsgleichlaufs für die Klassifikation zu verzichten. Andernfalls erhält man entweder zweifelhafte Aggregate oder man muß anhand eines anderen Kriteriums entscheiden, ob die betrachtete Anlageform berücksichtigt werden kann oder ob nicht. Damit verläßt man aber das Terrain der Hicksschen Aggregation.[26] Faktisch läuft die Hickssche Aggregation somit darauf hinaus, die *Geldkomponenten* tatsächlich entsprechend ihrer *Unverzinslichkeit* auszuwählen.

Diese theoretisch notwendige Einschränkung der Anwendbarkeit der Hicksschen Aggregation auf die Berücksichtigung unverzinslicher Komponenten wird möglicherweise dadurch gegenstandslos, daß es in der Praxis ohnehin schwierig sein wird, überhaupt Anlageformen zu finden, deren Zinssätze sich vollständig parallel zu dem der Referenzanlage entwickeln. Dies gilt umso stärker, je mehr man an *mittel- bis langfristig stabilen* Geldmengendefinitionen interessiert ist, die sich aus denselben Komponenten zusammensetzen. Es kann nicht das Ziel sein, Geldmengen auf der Basis eines einperiodig gültigen Zinsgleichlaufs zu definieren. Eine zeitliche Kontinuität ist in der Geldmengenbildung vonnöten, andernfalls ist mit einem geringen Vertrauen der Privaten in die Geldpolitik zu rechnen. Berücksichtigt man darüber hinaus noch den Umstand, daß es sich bei den verwendeten Zinssätzen um Prognosewerte handeln muß, will man das Geldmengenaggregat für eine *in die Zukunft gerichtete Geldpolitik* verwenden, dann dürfte es klar sein, daß sich im Rahmen einer mittelfristigen Betrachtung der Gleichlauf der User costs mit denen des Bargelds überhaupt nur bei den unverzinslichen Anlageformen einstellen wird.

Unterstellt man einmal, daß es zum Zeitpunkt t j_t $(1 \leq j_t \leq n)$ unverzinsliche monetäre Anlageformen gibt, dann wird aus obigem Entscheidungsproblem (Gleichung IV.5 und Gleichung IV.8) eines mit j_t Geldkomponenten und n-j_t monetären Anlagefor-

26 Ein solches Kriterium könnte z.B. ein guter empirischer „Fit" des so bestimmten Aggregats mit einer makroökonomischen Variable (z.B. dem Preisniveau) sein. Für die Diskussion eines solchen Auswahlverfahrens siehe weiter unten.

men, die nicht mit „Geld“ klassifiziert werden können.[27] Das Entscheidungsproblem des Haushalts zum Zeitpunkt *t* ergibt sich als:[28]

$$\text{(IV.19)}\quad \max_{\mathbf{c}_t;\mathbf{m}_t} u_t = u_t\left(c_{0,t},\ldots,c_{k,t};m_{1,t},\ldots,m_{n-j_t,t};m^*_{1,t},\ldots,m^*_{j_t,t}\right) =$$

$$= u_t^*\left(c_{0,t},\ldots,c_{k,t};m_{1,t},\ldots,m_{n-j_t,t};M^*_t\right)$$

unter der Nebenbedingung

$$\text{(IV.20)}\quad \mathbf{p}_t\mathbf{c}_t + \boldsymbol{\pi}_t\mathbf{m}_t + \boldsymbol{\pi}^*_t\mathbf{m}^*_t = \sum_{l=0}^{k} p_{l,t}c_{l,t} + \sum_{i=1}^{n-j_t} \pi_{i,t}m_{i,t} + \sum_{z=1}^{j_t} \pi^*_{z,t}m^*_{z,t} =$$

$$= \sum_{l=0}^{k} p_{l,t}c_{l,t} + \sum_{i=1}^{n-j_t} \pi_{i,t}m_{i,t} + \sum_{z=1}^{j_t} \lambda_t\pi_{z,0}m^*_{z,t} = \sum_{l=0}^{k} p_{l,t}c_{l,t} + \sum_{i=1}^{n-j_t} \pi_{i,t}m_{i,t} + \Pi_t M_t = E_t.$$

Dabei bezeichnet π^*_t den Vektor der User costs der Geldkomponenten.

Die Unverzinslichkeit impliziert nicht nur den Gleichlauf der User costs, sondern sogar ihre vollständige Übereinstimmung. Sie ergeben sich stets als diskontierte Referenzverzinsung R_t $(z = 1,\ldots,j_t)$:

$$\text{(IV.21)}\quad \pi^*_{z,t} = \pi^*_{1,t} = \frac{R_t}{1+R_t}.$$

Dieser Umstand ermöglicht es nun, die Preis- und Mengenaggregate etwas anders zu definieren, als es durch Gleichung (IV.10) für das Geldmengenaggregat und Gleichung (IV.13) für das Aggregat der User costs vorgegeben wird. Es liegt nahe, in diesem Fall die einheitlichen User costs zum Preisaggregat Π^*_t zu definieren:[29]

$$\text{(IV.22)}\quad \Pi^*_t \equiv \pi^*_{j,t} = \frac{R_t}{1+R_t}.$$

Das Mengenaggregat ergibt sich dann als die Summe der mit dem Faktor Eins gewichteten Mengen der einzelnen Geldkomponenten:

27 Beachte, daß nicht nur die Anzahl der *Geld*komponenten zeitpunktabhängig ist, sondern auch die konkrete Klassifizierung derselben. Selbst wenn zu zwei Zeitpunkten die gleiche Anzahl an Komponenten mit „Geld“ klassifiziert wird, müssen dies nicht dieselben Anlageformen sein.

28 Der Stern (*) symbolisiert die Klassifikation in Geldkomponente.

29 Technisch gesprochen bedeutet dies, daß man in Gleichung (IV.20) nicht nur den Proportionalitätsfaktor vor das Summenzeichen zieht, sondern auch die bei allen Geldkomponenten gleichen User costs der Basisperiode *0*.

$$\text{(IV.23)} \quad M_t^* \equiv \sum_{z=1}^{j_t} m_{z,t}^* .$$

Die Hickssche Aggregation liefert damit eine theoretische Begründung für die gängige Praxis von Notenbanken, die Geldmenge M1 durch eine einfache Summation der Geldkomponenten zu bilden. In theoretisch konsistenter Weise können alle unverzinslichen Anlageformen zu einer einheitlichen Größe addiert werden.[30] Darin liegt der unbestreitbare Wert der Hicksschen Aggregation, den man sich im Rahmen empirischer Untersuchungen leicht zunutze machen kann.[31] Dagegen vermag die Hickssche Aggregation für das eigentlich spannende Klassifikationsproblem verzinslicher Anlageformen keinen wirklich fruchtbaren Beitrag zu leisten. Obige Plausibilitätsüberlegungen zur Anwendbarkeit der Hicksschen Aggregation auf verzinsliche Anlagen haben gezeigt, daß sie ausschließlich eine Verwendung für unverzinsliche Anlageformen empfiehlt. Folgt man diesem Weg, so ist klar, daß man damit nur sehr eng gefaßte Geldmengenaggregate definieren kann. Wenn überhaupt, dann werden diese dem offiziellen M1-Aggregat entsprechen, da neben dem Bargeld meist nur noch die Sichteinlagen unverzinslich sind. Enthalten die offiziellen M1-Aggregate jedoch auch verzinsliche Komponenten, wie z.B. verzinsliche Sichteinlagen oder jederzeit veräußerbare Geldmarktpapiere, so muß ein plausibles konsistentes Hicks-Aggregat noch enger gefaßt werden.[32] Eine Berücksichtigung der Zahlungsmittelnähe solcher Anlageformen, die keine Zahlungsmittel darstellen, ist bei einer solchen Hicksschen Aggregation somit faktisch nicht möglich. Sie trägt damit dem oben genannten Problem der „Entweder-Oder"-Entscheidung der Klassifikation in keiner überzeugenden Weise Rechnung, sondern läuft auf die bekannte Formel hinaus, „Geld" mit dem Bestand an (unverzinslichen) Zahlungsmitteln gleichzusetzen. Damit der Divisia-Ansatz überhaupt Sinn macht, ist es somit notwendig, alternative (hinreichende) Bedingungen für eine konsistente Aggregation zu identifizieren.

---

30 Entsprechend dem gerade Gesagten können selbstverständlich auch alle die verzinslichen Komponenten in „ungewichteter Form" addiert werden, die gleichhohe User costs aufweisen. Das resultierende Mengenaggregat darf jedoch nicht mit „Geld"-mengenaggregat bezeichnet werden, solange das Bargeld unverzinslich ist bzw. generell anderslautende User costs aufweist.

31 Siehe dafür z.B. Spencer (1995, S. 7), der die Hickssche Aggregation ausdrücklich als Rechtfertigung für die Addition des Bargelds und der unverzinslichen Sichteinlagen anführt.

32 Dies ist z.B. für die USA und das Vereinigte Königreich der Fall, in denen die offizielle M1-Definition explizit verzinsliche (Sicht-)Einlagen enthält. Siehe dazu den Anhang A.II.

IV.2.3 Schwache Separierbarkeit und Homothetik als hinreichende Bedingung für die Klassifikation und die konsistente Aggregation

IV.2.3.1 Das Konzept der schwachen Separierbarkeit und sein Beitrag zur Klassifikation monetärer Anlageformen

IV.2.3.1.1 Die Schwache Separierbarkeit im Rahmen symmetrischer Präferenzstrukturen

Liegen die Bedingungen für die Hickssche Aggregation nicht vor, dann besteht unter Umständen dennoch die Möglichkeit, eine Klassifikation der monetären Anlageformen in „Geldkomponenten“ und eine konsistente Aggregation derselben vorzunehmen. Eine solche Klassifikation und Aggregation muß dann durch die Präferenzordnung der Akteure direkt vorgegeben werden. Läßt sich z.B. eindeutig eine Präferenzstruktur identifizieren, in der das Bargeld mit anderen Anlageformen eine eigene, von den anderen Anlageformen unabhängige Gruppe bildet, so bietet es sich im Rahmen der Divisia-Logik an, gerade die Anlageformen dieser Gruppe mit „Geldkomponente“ zu klassifizieren und sie in geeigneter Weise zu aggregieren. Eine notwendige Bedingung für die Aggregierbarkeit *und* die Existenz eines *konsistenten* Aggregats ist die sogenannte „Separierbarkeit“ der Nutzenfunktion. Nur dann ist es möglich, die Präferenzen über die Elemente einer Gruppe unabhängig von den Mengen der Elemente ausserhalb dieser Gruppe zu beschreiben. Übertragen auf das oben formulierte einperiodige Entscheidungsproblem des Akteurs (Entscheidungsproblem 1), wonach dieser die Nutzenfunktion

(IV.24) $u_t = u\left(c_{0,t},\ldots,c_{k,t};m_{1,t},\ldots,m_{n,t}\right)$

unter der Nebenbedingung

(IV.25) $\mathbf{p}_t\mathbf{c}_t + \boldsymbol{\pi}_t\mathbf{m}_t = \tilde{E}_t^c + \tilde{E}_t^m = E_t$

durch die geeignete Wahl der Konsumgütermengen $c_{l,t}$ (im folgenden immer inklusive der Freizeit) und der monetären Anlagebestände $m_{i,t}$ *($l = 0,\ldots,k$ und $i = 1,\ldots,n$)* maximieren möchte, bedeutet dies dann unter der vereinfachenden Annahme, nach der *alle* monetären Anlageformen Mitglied genau einer solchen separierbaren Gruppe sind, daß man die Nutzenfunktion folgendermaßen schreiben kann:[33]

(IV.26) $u_t = \bar{u}\left(c_{0,t},\ldots,c_{k,t};u^m\left(m_{1,t},\ldots,m_{n,t}\right)\right).$

Die Funktion u_t^m (mit $u_t^m = u^m\left(m_{1,t},\ldots,m_{n,t}\right)$) wird dabei im folgenden „Teilnutzenfunktion“ genannt und liefert nicht nur eine Klassifikationsmöglichkeit, sondern auch

[33] Es entspreche Konsumgut $c_{0,t}$ wieder der Freizeit F_t und der Preis $p_{0,t}$ dem Nominallohn ℓ_t.

eine mögliche Aggregationsvorschrift für die monetären Anlagebestände zu einem Aggregat M_t:

(IV.27) $M_t \equiv u^m(m_{1,t},...,m_{n,t})$.

Die zulässige Aggregation der monetären Anlageformen (Aggregierbarkeit) führt dazu, daß das obige Entscheidungsproblem des Akteurs auch wie folgt geschrieben werden kann (Entscheidungsproblem 2):

(IV.28) $\max_{\mathbf{c}_t;\mathbf{m}_t} u_t = \bar{u}(c_{0,t},...,c_{k,t};M_t)$ unter der Nebenbedingung

(IV.29) $\mathbf{p}_t\mathbf{c}_t + \boldsymbol{\pi}_t\mathbf{m}_t = \tilde{E}_t^c + \tilde{E}_t^m = E_t$.

Liegt die Separierbarkeit der monetären Anlageformen von den Konsumgütern und der Freizeit vor, lassen sich also die Präferenzen über die Geldkomponenten unabhängig von den Mengen der Elemente ausserhalb dieser Gruppe beschreiben, so impliziert dies, daß zwischen jeder monetären Anlageform $m_{i,t}$ ($i = 1,...,n$) und einem beliebigen Konsumgut $c_{l,t}$ ($l = 0,...,k$) die gleiche Substitutions- oder Komplementärgütereigenschaft bestehen muß.[34] Im Bezug auf die Klassifikation bedeutet dies, daß letztlich nur solche Anlageformen in die Gruppe der Geldkomponenten eingeordnet werden dürfen, die die gleichen Substitutionsbeziehungen wie das Bargeld besitzen. Diese Übereinstimmung läßt sich als eine Form der „Zahlungsmittelnähe" auffassen. In diesem Sinn gewährleistet die Forderung nach Separierbarkeit bzw. nach einer konsistenten Aggregation im Rahmen eines solchen „präferenzorientierten" Ansatzes die Berücksichtigung der entscheidenden Vorbedingung für die makroökonomische Interpetierbarkeit gewichteter Aggregate. Wichtig sind hierbei aber nicht die Substitutionsbeziehungen zwischen den Geldkomponenten, sondern die gegenüber den Konsumgütern und den anderen Anlageformen.

Grundsätzlich gibt es zwei Formen der Separierbarkeit, die „additive (strikte) Separierbarkeit" und die „schwache Separierbarkeit". *Additive Separierbarkeit* liegt dann vor, wenn die Präferenzen über die monetären Anlageformen und Konsumgüter additiv sind. Unterstellt man, daß neben den monetären Anlagen auch die Konsumgüter genau eine additiv separierbare Gruppe bilden, so läßt sich die Nutzenfunktion u als Funktion der beiden additiv zusammengefaßten Teilnutzenfunktionen schreiben:[35]

---

[34] Vgl. Deaton und Muellbauer, 1980, S. 124. Eine detaillierte Erläuterung erfolgt weiter unten.

[35] Deaton und Muellbauer (1980, S. 137) weisen ausdrücklich darauf hin, daß additive Präferenzen nicht zugleich eine additive Nutzenfunktion bedeuten müssen. So repräsentieren sowohl die Nutzenfunktion $u_t = u^c(c_{0,t},...,c_{k,t}) + u^m(m_{1,t},...,m_{n,t})$, als auch die Funktion $u_t = exp[u^c(c_{0,t},...,c_{k,t})] \cdot exp[u^m(m_{1,t},...,m_{n,t})]$ dieselben additiven Präferenzen. Sie unter-

(IV.30) $$u_t = u\left(u^c\left(c_{0,t},\ldots,c_{k,t}\right) + u^m\left(m_{1,t},\ldots,m_{n,t}\right)\right).$$

In diesem Fall ist es ganz offensichtlich, daß die Präferenzen über die monetären Anlageformen u^m unabhängig von den Konsumgütermengen $\boldsymbol{c}_t$ darstellbar sind. Eine Veränderung bei den Konsumgütern hat keine Auswirkungen auf den Teilnutzen, den die monetären Anlageformen stiften. Die additive Separierbarkeit ist somit hinreichend für eine solche getrennte Behandlung der monetären Anlagen und Konsumgüter. Allerdings ist sie ausgesprochen restriktiv. Unterstellt man im Gegensatz zum einfachsten aller Fälle, daß es v Gruppen von monetären Anlageformen und z Gruppen von Konsumgütern gibt, dann stellt sich eine additive Nutzenfunktion wie folgt dar $(2 \leq z \leq k+1;\ 2 \leq v \leq n)$:

(IV.31) $$u_t = u\left(u_1^c\left(c_{1,t}^1,\ldots,c_{k_1,t}^1\right) + \ldots + u_z^c\left(c_{1,t}^z,\ldots,c_{k_z,t}^z\right) + u_1^m\left(m_{1,t}^1,\ldots,m_{n_1,t}^1\right) + \ldots + u_v^m\left(m_{1,t}^v,\ldots,m_{n_v,t}^v\right)\right).$$

Aufgrund der additiven Verknüpfung der verschiedenen Gruppen ist es grundsätzlich möglich, aus *jeder* Kombination von Gruppen eine neue zu bilden. Da eine Zusammenfassung verschiedener Anlageformen und/oder Güter zu einer Gruppe ökonomisch nur dann Sinn macht, wenn diese gegenüber dritten gleiche Substitutions- oder Komplementaritätseigenschaften besitzen, impliziert die Verwendung additiver Präferenzen die Annahme, daß es überhaupt keine unterschiedlichen gruppenspezifischen Eigenschaften von Anlageformen oder Gütern gibt.[36] Dabei ist nicht nur die implizit zum Ausdruck gebrachte Vermutung der Gleichartigkeit der monetären Anlageformen mit den Konsumgütern wie auch die zwischen den monetären Anlageformen untereinander äußerst zweifelhaft, sondern darüber hinaus macht die Verwendung additiver Präferenzen den Versuch überflüssig, Geldkomponenten entsprechend bestimmter Eigenschaften als Gruppe eindeutig abgrenzen zu wollen.

Wenn überhaupt, dann macht das Konzept der additiven Separierbarkeit im intertemporalen Kontext Sinn. Dieser Umstand wurde bereits an vorheriger Stelle genutzt. Die Zeitadditivität impliziert, daß der Nutzen der Periode t ausschließlich von den Konsummengen und den Anlagevolumina in dieser Periode abhängt. Diese Annahme erscheint sowohl für die Konsumgüter als auch für die Effizienzbeiträge plausibel. Da Konsumgüter im Zuge des Konsums untergehen, liegt es nahe, den Nutzen aus diesem Konsum gerade der Periode zuzuordnen, in der das Gut verbraucht wird.[37] Während Konsumgüter also nur in einer einzigen Periode Nutzen stiften kön-

scheiden sich lediglich in dem für die ordinale Nutzentheorie ohnehin belanglosen Nutzenniveauwert u_t.

36 Vgl. Deaton und Muellbauer, 1980, S. 138.

37 Die hier betrachteten Konsumgüter sind kurzlebiger Natur. Für dauerhafte Konsumgüter lassen sich Nutzungspreise ableiten, die den hier verwendeten User costs sehr ähnlich sind. Siehe dafür z.B. Deaton und Muellbauer (1980, S. 105ff.).

nen, fallen Liquiditätsdienste – im Sinne eines zusätzlichen Nutzens aus der Verwendung der Anlage als Zahlungsmittel bzw. die Umwandlung in solche – per Annahme in jeder Periode an, in der die Anlage verwendet wird. Ausgehend von einer Situation, in der der Akteur in Periode t sein gesamtes Portfolio $\boldsymbol{m}_t$ erwirbt, könnte man nun versucht sein, dem Bestand zum Zeitpunkt t auch den Nutzen in $t+1$, $t+2$,... zuordnen oder das Portfolio $\boldsymbol{m}_t$ als Erklärungsursache der Nutzen der nachfolgenden Perioden heranziehen zu wollen. Gegen ein solches Vorgehen sprechen aber zwei Argumente:

- Zum einen muß man Portfolioänderungen berücksichtigen. So hängt der Nutzen u_{t+1}^m, den die Anlagenbestände in $t+1$ abgeben, nicht vom Portfolio $\boldsymbol{m}_t$ ab, sondern vom Portfolio $\boldsymbol{m}_{t+1}$, welches in Periode $t+1$ gehalten wird. $\boldsymbol{m}_t$ ist somit nur insofern Erklärungsursache für u_{t+1}^m, wie es das Portfolio $\boldsymbol{m}_{t+1}$ bestimmt. Diese Korrelation der Anlagenbestände widerspricht aber nicht einer periodenbezogenen Zuordnung.
- Zum anderen basiert ein solches Vorgehen auf der Vorstellung, die Effizienzbeiträge müßten nur einmal erworben werden und fielen dann in jeder Periode immer wieder *kostenlos* an. Betrachtet man jedoch die periodenbezogene Zerlegung der intertemporalen Budgetrestriktion, so stellt man fest, daß der Akteur für die erzielten Effizienzbeiträge *in jeder Periode* zu zahlen hat, sofern er positive Anlagevolumina hält und die User costs größer als Null sind. Somit können die Effizienzbeiträge analog zu den Konsumgütern behandelt werden und der jeweiligen Periode zugeordnet werden, in der die Anlagebestände gehalten werden.

Während die additive Separierbarkeit für die intertemporale Betrachtung nicht allzu restriktiv erscheint, gilt dies für eine anlagenbezogene nicht. Obige Überlegungen haben gezeigt, daß die Additivität verschiedener Gruppen von Anlageformen als Ausgangspunkt für den Divisia-Ansatz wenig geeignet ist. Glücklicherweise ist die additive Separierbarkeit nun nicht der einzige Weg, um die Präferenzen über Geldkomponenten unabhängig von den anderen monetären Anlageformen oder den Konsumgütern beschreiben zu wollen. Notwendige und hinreichende Bedingung für die Aggregation ist die weit weniger restriktive Eigenschaft der *schwachen Separierbarkeit.*

Um die (formale) Anforderung der schwachen Separierbarkeit, als Kriterium für die Klassifikation und Aggregation, besser verstehen zu können, wird diese anhand eines kleinen Beispiels hergeleitet.[38] Betrachtet werde ein Akteur, der sich ernähren und kleiden muß, und dem dazu drei Konsumgüter zur Verfügung stehen sollen: das Konsumgut „Reis" (R), das Konsumgut „Hose" (H) und das Konsumgut „Jacke" (J).

---

[38] Hierbei handelt es sich um eine analoge Übertragung des von Solow stammenden und in Green zitierten produktionstheoretischen Beispiels (vgl. Green, 1964, S. 11ff.).

Die beiden Konsumgüter „Hose" und „Jacke" sollen zu einem gemeinsamen „Gut" „Kleidung" (K) aggregiert werden. Dabei darf offensichtlich das gewählte Aggregationverfahren bei unterschiedlichen Kombinationen von *H* und *J* nur dann zu einem gleichen Wert für *K* gelangen, wenn alle diese Kombinationen zusammen mit einem identischen Konsumumfang von *R* zu einem gleichhohen Nutzen *u* führen.[39] Beträgt der Reiskonsum 500 Einheiten, dann sollen zwei Kombinationen von *H* und *J* – z.B. (3;1) und (2;2) – denselben Nutzen *u* in Höhe von 1000 Einheiten erbringen:

Tabelle IV.1: Gleicher Nutzen bei unterschiedlichem Konsum von Hosen und Jacken und einem Reiskonsum von 500 Einheiten

	Hose	Jacke	Reis	Nutzen
Kombination 1	3	1	500	1000
Kombination 2	2	2	500	1000

Tabelle IV.2: Gleicher Nutzen bei unterschiedlichem Konsum von Hosen und Jacken und einem Reiskonsum von 1.000 Einheiten

	Hose	Jacke	Reis	Nutzen
Kombination 1	3	1	1000	1800
Kombination 2	2	2	1000	1800

Die Aggregation zu einer gemeinsamen Größe *K* macht aber auch nur dann Sinn, wenn gewährleistet ist, daß den zwei angesprochenen Kombinationen von *H* und *J* – (3;1) und (2;2) – immer ein gleichhoher Aggregatswert zugeordnet werden kann, unabhängig von der Höhe des Reiskonsums *R*. Dies impliziert, daß die beiden Kombinationen (3;1) und (2;2) auch dann zum selben Nutzenniveau *u* führen müssen, wenn der Reiskonsum z.B. auf 1000 Einheiten verdoppelt wird.

Führen beide Kombinationen bei einem Reiskonsum von 1000 Einheiten hingegen zu unterschiedlichen Nutzenniveaus *u*, dann sind sie offensichtlich nicht mehr äquivalent. Die der Aggregation der beiden Güter „Hose" und „Jacke" zugrunde liegende (Teil-) Nutzenfunktion ist nicht unabhängig von der Höhe des Reiskonsums. Dies

39 Graphisch gesprochen bedeutet dies, daß alle Kombinationen von *H* und *J* auf einer gemeinsamen (Teil-)Indifferenzkurve liegen müssen. Das Aggregationsproblem besteht darin, dieser (Teil-)Indifferenzkurve einen geeigneten kardinalen Wert zuzuordnen, der unter Zugrundelegung einer übergeordneten Nutzenfunktion mit dem unverändert bleibenden Reiskonsum gerade den Nutzen *u* erbringt.

schlägt sich in der Grenzrate der Substitution zwischen den beiden Bekleidungsgegenständen *H* und *J* nieder, die bei dem höheren Reiskonsum offensichtlich eine andere ist als die obige von einer Einheit von *H* zugunsten einer Einheit von *J*. Unterstellt man, Kombination 2 verschafft ihm jetzt einen höheren Nutzen als Kombination 1, dann schätzt er Jacken gegenüber Hosen nun offensichtlich höher ein, als in der Situation, als er nur 500 Einheiten Reis konsumierte.

Tabelle IV.3: Ungleicher Nutzen bei unterschiedlichem Konsum von Hosen und Jacken und einem Reiskonsum von 1.000 Einheiten

	Hose	Jacke	Reis	Nutzen
Kombination 1	3	1	1.000	1800
Kombination 2	2	2	1.000	2000

Die Möglichkeit, die Teilnutzenfunktion über die Konsumgüter „Hose" und „Jacke" unabhängig vom Reiskonsum zu beschreiben, setzt damit notwendigerweise die Unabhängigkeit der Grenzrate der Substitution zwischen den beiden Bekleidungsgegenständen und dem Reiskonsum voraus. Generell gilt also, daß die Grenzrate der Substitution zwischen zwei Elementen innerhalb eines Aggregates unabhängig von der Höhe der Elemente außerhalb des Aggregates sein muß.

Dieser Sachverhalt läßt sich auch graphisch darstellen.[40] Wählt man wiederum obiges Beispiel der drei Güter, dann besteht das grundsätzliche Problem, daß man eine vierdimensionale Darstellung wählen müßte. Da dies aber die Möglichkeiten der graphischen Darstellung sprengt, erfolgt eine Ausblendung der vierten Dimension – des Nutzens – dadurch, daß man in die Überlegungen immer die Gesamtheit der Kombinationen von *H* und *J* einbezieht, die bei unverändertem Reiskonsum $(\bar{R})$ *mindestens* das Nutzenniveau einer Referenzkombination der drei Konsumgüter $(\bar{H}, \bar{J}, \bar{R})$ stiften. Projiziert man diese Kombinationen auf die Grundfläche, so befinden sie sich *rechts* der Indifferenzkurve zwischen den Konsumgütern „Hose" und „Jacke", also im schattierten Bereich von Abbildung IV.1. Dies ist Ausfluß der Nichtsättigungshypothese, die in der Haushaltstheorie üblicherweise unterstellt wird, und nach der der Nutzen steigt, wenn die Konsummenge eines Gutes erhöht wird, während sich der Konsum der anderen Güter nicht ändert.

40 Für die graphische Darstellung siehe Blackorby, Primont und Russell (1978, S. 43ff.).

Abbildung IV.1: Schwache Separierbarkeit im Drei-Güter-Fall

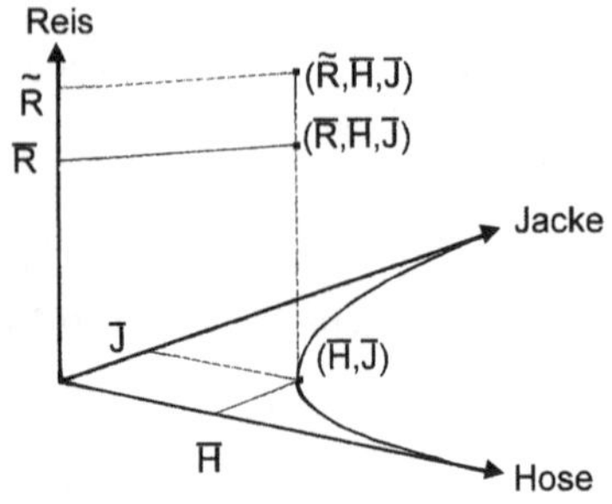

Entsprechend dem oben Gesagten, verlangt die schwache Separierbarkeit, daß die Grenzrate der Substitution bei jeder Kombination von H und J – also z.B. $\left(\bar{H},\bar{J}\right)$ gleich (3,1) – unabhängig von R ist, also entlang der vertikalen Linie aus $\left(\bar{H},\bar{J}\right)$ stets gleich ist. Dies bedeutet auch, daß die Kombinationen von H und J, die der Kombination $\left(\bar{H},\bar{J}\right)$ gegenüber vorgezogen werden, bei jeder Höhe von R die gleichen sind. Die Präferenzen lassen sich also unabhängig von R darstellen. Andernfalls würde man für $\bar{R}$ und $\tilde{R}$ zwei unterschiedliche Indifferenzkurven zwischen H und J erhalten. Die Indifferenzkurven schneiden sich (siehe Abbildung IV.2).

Abbildung IV.2: Die Verletzung der schwachen Separierbarkeit im Drei-Güter-Fall

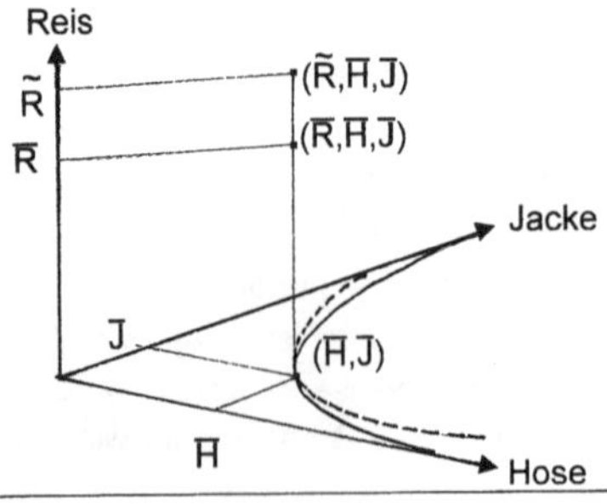

Solche Schnittpunkte verhindern, daß Aussagen über die Vorteilhaftigkeit verschiedener Kombinationen von H und J unabhängig von der Höhe des Reiskonsums R gemacht werden können. Ob die Kombination $\left(\bar{H},\bar{J}\right)$ einer Kombination $\left(\tilde{H},\tilde{J}\right)$ vorgezogen wird oder nicht, hängt nun ganz entschieden von der Höhe von R ab. Konsumiert der Akteur gerade $\bar{R}$, so wird er $\left(\bar{H},\bar{J}\right)$ gegenüber $\left(\tilde{H},\tilde{J}\right)$ präferieren, denn

$(\tilde{H},\tilde{J})$ liegt links der relevanten Indifferenzkurve. Beträgt der Reiskonsum hingegen $\tilde{R}$, so wird er sich aus der gleichen Logik heraus für $(\tilde{H},\tilde{J})$ und nicht für $(\overline{H},\overline{J})$ entscheiden (siehe Abbildung IV.3)

Für das betrachtete Nutzenmaximierungsproblem über Konsumgüter und monetäre Anlageformen impliziert das Gesagte, daß eine unabhängige Präferenzstruktur über monetäre Anlageformen und die Aggregation dieser monetären Anlagenbestände zu einer Größe M_t nur dann zulässig ist, wenn die Grenzraten der Substitution zwischen zwei beliebigen Geldkomponenten unabhängig von den Konsumgütermengen sind. Nur dann, wenn gilt *(i,r = 1,...,n; l = 0,...,k)*:

$$\text{(IV.32)} \quad \frac{\partial}{\partial c_{l,t}}\left(\frac{\partial u}{\partial m_{i,t}} \Big/ \frac{\partial u}{\partial m_{r,t}}\right) = 0,$$

kann die Nutzenfunktion (Gleichung IV.24) in Form von Gleichung (IV.28) geschrieben werden.

Abbildung IV.3: Die Verletzung der schwachen Separierbarkeit und ihr Einfluß auf das Wahlverhalten eines Akteurs

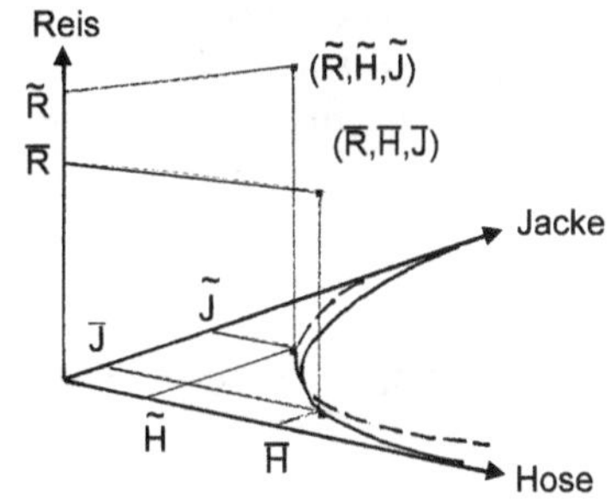

Es läßt sich dabei zeigen, daß die in Gleichung (IV.32) enthaltene Bedingung notwendig *und* hinreichend für die Gruppierung der monetären Anlageformen ist. Ist die Bedingung erfüllt, so besitzt die Nutzenfunktion *u* die Eigenschaft der „schwachen Separierbarkeit" bzw. der „funktionalen Separierbarkeit"[41], ein Teil ihrer Komponenten bildet einen „schwach separierbaren Block". Diese Eigenschaft einer Funktion muß bei allen Preis- und Einkommenskonstellationen gelten und impliziert bei homothetischen Funktionen zugleich, daß sich das Verhältnis, in dem die beiden Anla-

[41] Diese Bezeichnung geht auf Leontief (1947) zurück und wird häufig als Synonym für die schwache Separierbarkeit gebraucht, z.B. bei Green (1964, S. 12) oder Varian (1994, S. 150).

geformen $m_{i,t}$ und $m_{r,t}$ gehalten werden, nicht ändert, wenn sich die Konsummenge $c_{l,t}$ ändert.[42]

Schwache Separierbarkeit der monetären Anlageformen von den Konsumgütern und der Freizeit bedeutet, daß man die Nutzenfunktion $u_t = u(c_{0,t},...,c_{k,t};m_{1,t},...,m_{n,t})$ durch die Funktion $u_t = \bar{u}\,(c_{0,t},...,c_{k,t};u^m(m_{1,t},...,m_{n,t}))$ ersetzen kann. Notwendige und hinreichende Bedingung für die schwache Separierbarkeit der monetären Anlageformen von den Konsumgütern und der Freizeit ist, daß die Grenzrate der Substitution zwischen zwei monetären Anlageformen unabhängig von der Höhe der Konsumgüter und der Freizeit ist. Es muß also die Bedingung

$$\left(\frac{\partial u}{\partial m_{i,t}} \Big/ \frac{\partial u}{\partial m_{r,t}}\right) = f_{i,r}\left(m_{1,t},...,m_{n,t}\right) \qquad \text{bzw.} \qquad \frac{\partial}{\partial c_{l,t}}\left(\frac{\partial u}{\partial m_{i,t}} \Big/ \frac{\partial u}{\partial m_{r,t}}\right) = 0$$

für alle monetären Anlageformen und Konsumgüter erfüllt sein $(i,r = 1,...,n;$ $l = 0,...,k)$.[43]

Die Bedingung gilt analog auch für die Konsumgüter. Ihre schwache Separierbarkeit liegt dann vor, wenn die Grenzrate der Substitution zwischen zwei Konsumgütern $c_{l,t}$ und $c_{j,t}$ ausschließlich eine Funktion $f_{l,j}(c_{0,t},...,c_{k,t})$ der Konsumgüter ist.

Liegt sowohl die schwache Separierbarkeit der monetären Anlageformen als auch der Konsumgüter vor, weist die Nutzenfunktion eine *symmetrische* Struktur auf. In diesem Fall gilt also $(l,j = 0,...,k;\ i,r = 1,...,n)$

$$\text{(IV.33)} \quad \left(\frac{\partial u}{\partial c_{l,t}} \Big/ \frac{\partial u}{\partial c_{j,t}}\right) = f^c_{j,k}\left(c_{0,t},...,c_{k,t}\right) \quad \text{und} \quad \left(\frac{\partial u}{\partial m_{i,t}} \Big/ \frac{\partial u}{\partial m_{r,t}}\right) = f^m_{i,r}\left(m_{1,t},...,m_{n,t}\right),$$

so daß sich das Nutzenmaximierungsproblem unter Verwendung der beiden Aggregate $M_t = u^m(m_{1,t},...,m_{n,t})$ und $C_t = u^c(c_{0,t},...,c_{k,t})$ wie folgt formulieren läßt (Entscheidungsproblem 3):

$$\text{(IV.34)} \quad \max_{\mathbf{c}_t;\mathbf{m}_t} u_t = u^\circ\left(C_t;M_t\right)$$

unter der Nebenbedingung

42 Bei homothetischen Funktionen, die monotone Transformationen linearhomogener Funktionen darstellen, entspricht die Grenzrate der Substitution zwischen zwei Anlageformen immer gerade dem Verhältnis dieser beiden Anlageformen. Dies schlägt sich in einer linearen, aus dem Ursprung kommenden, Einkommenskonsumkurve („Engelkurve") nieder, was besagt, daß sich alle Mengen stets um den gleichen Prozentsatz ändern, wenn sich das Einkommen ändert. Dies impliziert darüber hinaus zusammen mit der Budgetrestriktion, daß die prozentuale Mengenänderung gleich der prozentualen Einkommensänderung ist.

43 Vgl. Green, 1964, S. 12. Ein Beweis dieser Aussage findet sich dort (siehe aber auch Geary und Morishima, 1973, S. 88ff. oder Reischle, 1998a). Die genannte Bedingung geht auf Leontief (1947) und Sono (1961) zurück.

(IV.35) $\mathbf{p}_t\mathbf{c}_t + \boldsymbol{\pi}_t\mathbf{m}_t = \tilde{E}_t^c + \tilde{E}_t^m = E_t$.

Das oben aufgezeigte Klassifikationsproblem unterstellt nun aber eine Präferenzstruktur, bei der schwache Separierbarkeit nur für einen Teil oder nur für bestimmte Kombinationen der monetären Anlagenformen und der Konsumgüter gegeben ist, so daß man *z* Aggregate von Konsumgütern und *v* Aggregate von monetären Anlageformen erhält. In seiner allgemeinsten Form kann das Entscheidungsproblem damit wie folgt geschrieben werden *($1 \le z \le k+1$; $1 \le v \le n$)* (Entscheidungsproblem 4):[44]

(IV.36) $\max_{\mathbf{c}_t;\mathbf{m}_t} u_t = u^\bullet\left(C_{1,t},...,C_{z,t};M_{1,t},...,M_{v,t}\right)$

unter der Nebenbedingung *($g = 1,...,z$; $h = 1,...,v$)*

(IV.37) $\sum_{g=1}^{z}\mathbf{p}_{g,t}\mathbf{c}_{g,t} + \sum_{h=1}^{v}\boldsymbol{\pi}_{h,t}\mathbf{m}_{h,t} = \sum_{g=1}^{z}\tilde{E}_{g,t}^c + \sum_{h=1}^{v}\tilde{E}_{h,t}^m = E_t$.

Der für die monetären Anlageformen relevante Teil von Entscheidungsproblem 4 findet seine graphische Repräsentation in Abbildung IV.4.

Abbildung IV.4: Mögliche symmetrische Präferenzstruktur über monetäre Anlageformen

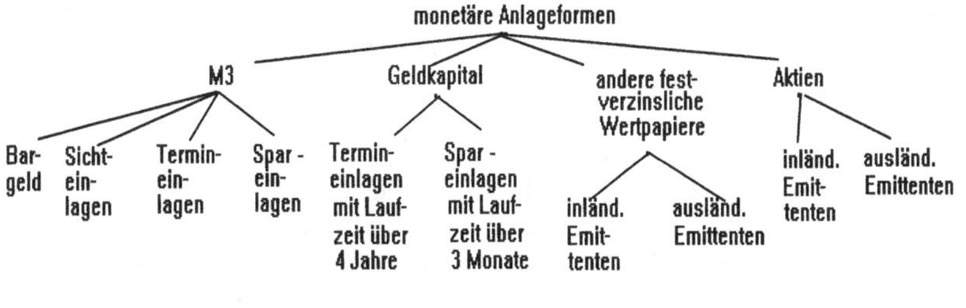

44 Bei den genannten „Entscheidungsproblemen" handelt es sich strenggenommen um alternative Darstellungsformen ein und desselben Maximierungsproblems. Dabei sind Entscheidungsproblem 1 bis 3 Sonderfälle von Formulierung 4. Wenn z.B. die Gruppenanzahl der Konsumgüter *(z)* bzw. der monetären Anlageformen *(v)* mit der Anzahl der Konsumgüter *(k+1)* bzw. der monetären Anlageformen *(n)* übereinstimmt, dann entspricht Entscheidungsproblem 4 exakt dem Entscheidungsproblem 1. Eine Gruppierung kann also nicht in zulässiger Weise vorgenommen werden. Die drei betrachteten Sonderfälle stellen nur einen Bruchteil aller denkbaren Gruppierungsmöglichkeiten dar. Würde man keine „natürliche" Trennlinie zwischen den *n* monetären Anlageformen und den *k+1* Konsumgütern berücksichtigen, dann gäbe es für $n,k+1 \ge 2$ genau $2^{n+k+1} - (n+k+1)$ mögliche Einteilungen. Dabei kann manche „Gruppe" aber nur aus einem einzigen Element bestehen. Schließt man jedoch Gruppierungen von monetären Anlageformen und Konsumgütern aufgrund von Adhoc-Überlegungen von vornherein aus – so wie dies bei der Formulierung von Entscheidungsproblem 4 erfolgte –, dann erhält man $(2^n - n)(2^{k+1} - k+1)$ Einteilungsmöglichkeiten (für $n,k+1 \ge 2$). Dies sind erheblich weniger als im unrestringierten Fall.

Für das Klassifikationsproblem bedeutet eine solche zweistufige und symmetrische Präferenzstruktur, daß man genau die Anlagefomen mit „Geldkomponente" klassifizieren kann, die zusammen mit dem Bargeld eine gemeinsame Gruppe bilden. In Abbildung IV.4 wären dies die Sicht-, Termin- und Spareinlagen.

Unglücklicherweise gelingt es nicht immer, eine *eindeutige* Identifikation der Präferenzstrukturen vorzunehmen. Wie im Modul zur Haushaltstheorie ausführlich dargelegt wird, gibt es vier verschiedene Arten, eine bestimmte Präferenzordnung abzubilden. Eine davon stellt die bislang vorgenommene Betrachtung der direkten Nutzenfunktion dar. Alternativ dazu kann man als Repräsentation der Präferenzordnung auch die indirekte Nutzenfunktion, die Ausgabenfunktion und die Distanzfunktion wählen.[45] Während in die direkte Nutzenfunktion die Konsummengen eingehen, fließen in die indirekte Nutzenfunktion die Güterpreise und das Einkommen ein. Demgegenüber hängt die Ausgabenfunktion von den Preisen und dem zugrunde gelegten Nutzenniveau ab, und die Distanzfunktion wird durch die Mengen und ebenfalls durch das zugrunde gelegte Nutzenniveau bestimmt. Darüber hinaus sind die Ausgabenfunktion bzw. die Distanzfunktion immer (positiv) linearhomogen in den Preisen bzw. in den Mengen, ein Umstand also, den man für die direkte und indirekte Nutzenfunktion nicht behaupten kann. Ganz offensichtlich bestehen somit zumindest zwischen direkter und indirekter Nutzenfunktion auf der einen Seite und Ausgabenfunktion und Distanzfunktion auf der anderen Seite erhebliche Unterschiede, die sich in der Regel auch in ihren funktionalen Formen und Strukturen niederschlagen. Es läßt sich nun zeigen, daß die Struktur der Ausgabenfunktion und der Distanzfunktion nur dann vom Nutzenniveau unabhängig ist, wenn die zugrunde gelegte direkte Nutzenfunktion homothetisch ist.[46] In diesem Fall nähert sich auch die Struktur der direkten und indirekten Nutzenfunktion stark der der Ausgaben- und Distanzfunktion an, denn homothetische Funktionen sind monotone Transformationen linearhomogener Funktionen und können durch linearhomogene Funktionen abgebildet werden.[47] Darüber hinaus kann gezeigt werden, daß die Ausgabenfunktion und die Distanzfunktion stets „self-dual" sind, d.h. daß sie nicht nur gleiche funktionale Formen aufweisen, sondern auch in identischen Aufteilungen schwach separierbar sind, sofern überhaupt schwach separierbare Teilnutzenfunktionen existieren.[48] Dies liegt wiederum in der Linearhomogenität der Ausgabenfunktion und der Distanzfunktion begründet.[49] Linearhomogenität oder zumindest Homothetik wird damit zur zentralen

45 Siehe dazu den Abschnitt 3 im Modul zur Haushaltstheorie.

46 In Abschnitt 5 des Moduls zur Haushaltstheorie wird dies für die Ausgabenfunktion gezeigt.

47 Dies wird weiter unten in diesem Abschnitt ausführlich gezeigt.

48 Vgl. Blackorby, Primont und Russell, 1978, S. 86. In der Literatur wird die schwache Separierbarkeit der Ausgabenfunktion auch mit „impliziter Separierbarkeit" bezeichnet, z.B. bei Blackorby, Primont und Russell (1978, S. 86) und Deaton und Muellbauer (1980, S. 133ff.).

49 Ist eine Nutzenfunktion linearhomogen, so muß auch jede Teilnutzenfunktion linearhomogen sein. Im Modul zur Haushaltstheorie (Abschnitt 6) wird auf die Rolle der Linearhomogenität für die „self-duality" am Beispiel der Ausgaben- und Distanzfunktion eingegangen.

Voraussetzung für die self-duality. Im Kontext mit der direkten und indirekten Nutzenfunktion sind vielleicht Überlegungen hilfreich, die als Ausgangspunkt eine Situation (Einkommenshöhe) besitzen, bei der die direkte und die indirekte Nutzenfunktion tatsächlich schwach separierbar in einer identischen Aufteilung sind. Während die schwache Separierbarkeit der direkten Nutzenfunktion nicht preis- und einkommensabhängig ist, enthält die indirekte Nutzenfunktion einen Optimierungsgrad. Sie ist stets für nutzenmaximale Bündel definiert. Ist die direkte Nutzenfunktion nicht homothetisch, so ändert sich mit dem Einkommen auch die Struktur der nachgefragten Mengen und es ist nun keineswegs mehr plausibel anzunehmen, daß die Komponenten der indirekten Nutzenfunktion (die Preise) nach einer Einkommensänderung in derselben Aufteilung schwach separierbar sind wie vor der Einkommensänderung. Nur dann, wenn die Nutzenfunktion homothetisch ist, bleiben die Ausgabenanteile der Komponenten und damit die Verbrauchsstruktur konstant. Ein Unterschied zwischen der schwachen Separierbarkeit der direkten und der indirekten Nutzenfunktion ist nun nicht zu erwarten. Dies spricht somit für die Homothetik der direkten Teilnutzenfunktion als Voraussetzung der „self-duality" aller vier Repräsentationen. In bezug auf die Separierbarkeit der Teilnutzenfunktion spricht man deshalb von der Notwendigkeit der „homothetischen Separierbarkeit".[50]

Letztlich liefert die schwache Separierbarkeit der (direkten) Nutzenfunktion somit nur dann ein eindeutiges Kriterium für die Klassifikation der monetären Anlageformen, wenn die Teilnutzenfunktion, die das Bargeld enthält, auch homothetisch ist. Homothetik wird damit zu einer notwendigen und hinreichenden Bedingung für die *zweifelsfreie Klassifikation.* Vor einer Diskussion der notwendigen und hinreichenden Bedingungen für eine *konsistente Aggregation* dieser Anlageformen wird noch auf den Fall asymmetrischer Präferenzstrukturen eingegangen.

IV.2.3.1.2 Die Schwache Separierbarkeit im Rahmen asymmetrischer (rekursiver) Präferenzstrukturen

Ebenso wie in Entscheidungsproblem 3 weist auch die in Entscheidungsproblem 4 unterstellte Nutzenfunktion eine vollständig symmetrische Struktur auf. Die Teilnutzenfunktion $u_{h,t}^{m}$ ist schwach separierbar von der Teilnutzenfunktion $u_{r,t}^{m}$ und vice versa. Denkbar ist aber auch, daß keine Symmetrie vorliegt und der Umkehrschluß nicht zulässig ist, so daß zwar $u_{h,t}^{m}$ von $u_{r,t}^{m}$ schwach separierbar ist, nicht aber $u_{r,t}^{m}$

50 Der exakte Beweis, daß die Homothetik der direkten Teilnutzenfunktion tatsächlich notwendige und hinreichende Bedingung für die schwache Separierbarkeit der vier Funktionen in einer identischen Aufteilung ist, ist umfassend und komplex. Auf eine detaillierte Darstellung im Rahmen dieser Arbeit muß verzichtet werden. Es sei jedoch nochmals darauf hingewiesen, daß im Modul zur Haushaltstheorie (Abschnitt 6) auf die Rolle der Linearhomogenität für die „self-duality" von Ausgaben- und Distanzfunktion eingegangen wird. Für den ausführlichen Beweis siehe Blackorby, Primont und Russell (1978, Theorem 3.8 und 3.9, S. 94ff.).

von $u^{m}_{h,t}$. In diesem Fall spricht man von „Rekursivität" der Nutzenfunktion.[51] Praktische Beispiele für ein solches rekursives Geldaggregat stellen z.B. die Geldmengen M2 und M3 dar (siehe dazu den linken Ast in Abbildung IV.5).

Abbildung IV.5: Mögliche rekursive Präferenzstruktur über monetäre Anlageformen

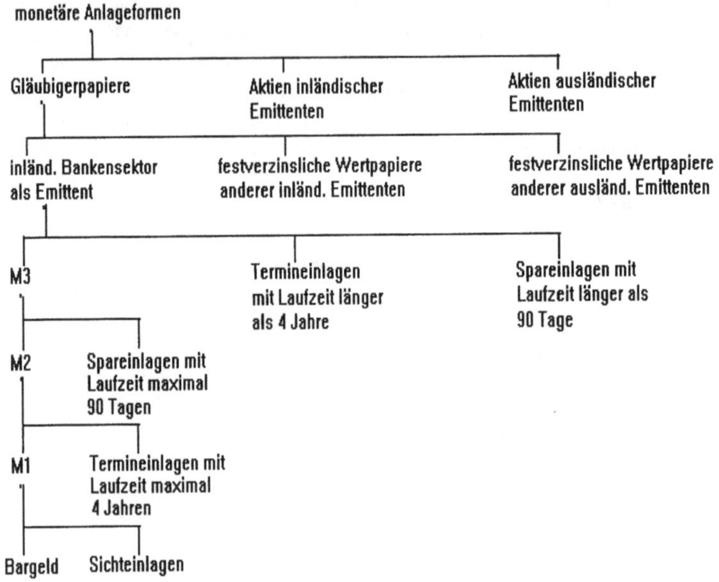

Allgemein läßt sich ein mögliches Entscheidungsproblem, bei dem rekursive Strukturen vorliegen, wie folgt formulieren (Entscheidungsproblem 5):[52]

---

51 Strenggenommen bezeichnet man den hier behandelten Fall der Rekursivität mit „strikt rekursiv" bzw. „vollständig rekursiv" (Blackorby, Primont und Russell, 1975). „Strikte Rekursivität" liegt somit immer dann vor, wenn die Variablen in den Aggregaten ab einer bestimmten Aggregationsebene *r* schwach separierbar von denen sind, die in den höheren (numerisch niedrigeren) Aggregationsebenen *1,...,r-1* zusätzlich hinzukommen."(Schwache) Rekursivität" alleine verlangt entsprechend der Definition von Blackorby, Primont und Russell (1978, S. 237) demgegenüber nicht, daß die Teilnutzenfunktion auf einer Aggregationsebene *r* ausschließlich eine Funktion bestimmter Anlageformen dieser Teilebene ($\boldsymbol{m}_{(r),t}$) und einer einzigen nachfolgenden Teilnutzenfunktion ist. Präferenzordnungen, die der „(schwachen) Rekursivität" zugrunde liegen, machen im Kontext monetärer Aggregate wenig Sinn. Deshalb wird auf die Zusätze „strikt" oder „vollständig" im folgenden verzichtet. Für die grundsätzlichen Überlegungen zur Rekursivität siehe Blackorby, Primont und Russell (1975, S. 35ff. und 1978, S. 217ff.).

52 Die Klammern um die Ziffer, die die Aggregationsebene angibt, sollen zum Ausdruck bringen, daß die Mengen oder Aggregate im Rahmen rekursiver Strukturen zu ermitteln sind.

(IV.38) $\max\limits_{\mathbf{c}_{(1),t};\mathbf{m}_{(1),t}} u_t = u_{(1)}\left(\mathbf{c}_{(1),t}, \mathbf{m}_{(1),t}, u_{(2),t}\right)$

mit $u_{(r),t} = \max\limits_{\mathbf{c}_{(r),t}, \mathbf{m}_{(r),t}} u_{(r)}\left(\mathbf{c}_{(r),t}, \mathbf{m}_{(r),t}, u_{(r+1),t}\right)$ für $r = 2,...,a-1,$

sowie $u_{(a),t} = u_{(a)}\left(\mathbf{c}_{(a),t}, \mathbf{m}_{(a),t}\right)$

unter der Nebenbedingung

(IV.39) $\sum\limits_{r=1}^{a}\left(\mathbf{p}_{(r),t}\mathbf{c}_{(r),t} + \boldsymbol{\pi}_{(r),t}\mathbf{m}_{(r),t}\right) = E_t.$

Dabei seien $\boldsymbol{c}_{(r),t}$ bzw. $\boldsymbol{m}_{(r),t}$ die Konsumgüter (inklusive der Freizeit) bzw. Anlageformen, die *ausschließlich* der Aggregationsebene *r* angehören, aber keiner vorherigen, und *a* sei die maximale Anzahl der Aggregationsebenen. Grundsätzlich bezeichne *r = 1* die höchste Aggregationsebene, also die, die *alle* Konsumgüter und Anlageformen erfasse.

Die in Gleichung (IV.38) dargestellte Präferenzordnung unterstellt, daß auf jeder Aggregationsebene sowohl Konsumgüter als auch monetäre Anlageformen in die Teilnutzenfunktionen einfließen. Der besondere Charakter des „Geldes" kommt hier also nicht zur Geltung. Für die Suche nach einem monetären Aggregat würde dies bedeuten, daß es möglicherweise auch von Konsumgütern abhängt. Dies macht jedoch wenig Sinn. Entsprechend der bislang stets unterstellten Struktur reiner Konsumgüteraggregate und reiner Anlageaggregate ergäbe sich folgende rekursive Struktur (Entscheidungsproblem 6):[53]

(IV.38') $\max\limits_{\mathbf{c}_{(1),t};\mathbf{m}_{(1),t}} u_t = u_{(1)}\left(\mathbf{c}_{(1),t}, u^c_{(2),t}; \mathbf{m}_{(1),t}, u^m_{(2),t}\right)$

mit $u^c_{(g),t} = \max\limits_{\mathbf{c}_{(g),t}} u^c_{(g)}\left(\mathbf{c}_{(g),t}, u^c_{(g+1),t}\right)$ für $g = 2,...,z-1,$

sowie $u^c_{(z),t} = u^c_{(z)}\left(\mathbf{c}_{(z),t}\right)$

und $u^m_{(h),t} = \max\limits_{\mathbf{m}_{(h),t}} u^m_{(h)}\left(\mathbf{m}_{(h),t}, u^m_{(h+1),t}\right)$ für $h = 2,...,v-1,$

53 In bezug auf die Separierbarkeit der Konsumgüter von den monetären Anlageformen soll hier aus Gründen einer einfacheren Darstellung weiterhin eine symmetrische schwache Separierbarkeit unterstellt werden. Für die Bildung von Geldmengenaggregaten wäre es jedoch hinreichend, wenn die monetären Anlageformen von den Konsumgütern separierbar sind. Das Gegenteil ist nicht notwendig.

sowie $u^m_{(v),t} = u^m_{(v)}\left(\mathbf{m}_{(v),t}\right)$.

Als Nebenbedingung gilt jetzt:

$$\text{(IV.39')} \quad \sum_{g=1}^{z} \mathbf{p}_{(g),t}\mathbf{c}_{(g),t} + \sum_{h=1}^{v} \boldsymbol{\pi}_{(h),t}\mathbf{m}_{(h),t} = E_t .$$

Wird im folgenden von einer „rekursiven Präferenzstruktur" gesprochen, so soll dies immer heißen, daß für den relevanten Bereich der monetären Anlageformen eine solche Struktur besteht. Dabei wird Entscheidungsproblem 6 nur aus Gründen der vereinfachten Darstellung benutzt und beansprucht keineswegs, einzig denkbare Abbildung rekursiver Strukturen zu sein.

Es leuchtet ein, daß es bei rekursiven Strukturen im Unterschied zum Fall symmetrischer Strukturen sehr stark von der Anordnung der Gruppen abhängt, ob eine rekursive Struktur zu erkennen ist, oder ob nicht. Im folgenden soll zunächst aus Vereinfachungsgründen unterstellt werden, daß die korrekte rekursive Struktur bekannt ist.[54] Anders als im Fall symmetrischer Strukturen besitzt die Ausgabensumme auf der *r*-ten Ebene der Aggregation monetärer Anlageformen oder Konsumgüter nun eine andere Bedeutung. Sie umfaßt nämlich auch die Ausgaben, die für die Komponenten aller geringeren (numerisch höheren) Aggregationsebenen (*r+1,...,z* oder *r+1,...,v*) anfallen (${}_{r,t}\boldsymbol{c}$ oder ${}_{r,t}\boldsymbol{m}$):

$$\text{(IV.40)} \quad Y^c_{(r),t} = \sum_{g=r}^{z} \mathbf{p}_{(g),t}\mathbf{c}_{(g),t} = {}_{r,t}\mathbf{p}\cdot{}_{r,t}\mathbf{c} \quad \text{mit} \quad {}_{r,t}\mathbf{c} = \bigcup_{s=r}^{z} \mathbf{c}_{(s),t} \quad \text{und} \quad {}_{r,t}\mathbf{p} = \bigcup_{s=r}^{z} \mathbf{p}_{(s),t}$$

$$\text{(IV.40')} \quad Y^m_{(r),t} = \sum_{h=r}^{v} \boldsymbol{\pi}_{(h),t}\mathbf{m}_{(h),t} = {}_{r,t}\boldsymbol{\pi}\cdot{}_{r,t}\mathbf{m} \quad \text{mit} \quad {}_{r,t}\mathbf{m} = \bigcup_{s=r}^{v} \mathbf{m}_{(s),t} \quad \text{und} \quad {}_{r,t}\boldsymbol{\pi} = \bigcup_{s=r}^{v} \boldsymbol{\pi}_{(s),t} .$$

Die Vektoren $\boldsymbol{c}_{(r),t}$ bzw. $\boldsymbol{m}_{(r),t}$ geben dementsprechend die Güter bzw. Anlageformen wieder, die der Aggregationsebene *r* angehören (*r = 1,...,z-1* oder *r = 1,...,v-1*), nicht aber einer geringeren (numerisch höheren) Aggregationsebene (*r+1,...,z* oder *r+1,...,v*).

Die Summe dieser Ausgabenvolumina ergibt natürlich nicht das Gesamtbudget E_t. Vielmehr gilt entsprechend dem Gesagten im Optimum:

---

54 Zur empirischen Identifikation solcher Strukturen siehe weiter unten. Rekursive Teilnutzenfunktionen, wie auch die aus ihnen abgeleiteten Aggregate, sind im Unterschied zum symmetrischen Fall durch eine Numerierung in Klammern gekennzeichnet. Diese gibt somit die Aggregationsebene wieder. Man beachte, daß anders als in der geldpolitischen Praxis dabei $M_{(1)}$ eine höhere – nämlich die höchste rein monetäre – Aggregationsebene darstellt als z.B. $M_{(3)}$.

$$(IV.41)\quad \sum_{g=1}^{z} \mathbf{p}_{g,t}\mathbf{c}_{g,t} + \sum_{h=1}^{v} \boldsymbol{\pi}_{h,t}\mathbf{m}_{h,t} = Y^{c}_{(1),t} + Y^{m}_{(1),t} = E_t$$

Auch bei rekursiven Strukturen besteht wieder ein Eindeutigkeitsproblem. Die Identifikation solcher Strukturen hängt letztlich wieder davon ab, welche Repräsentation der Präferenzen gewählt wird. So wie im Fall symmetrischer Strukturen bedeutet z.B. die Rekursivität der indirekten Nutzenfunktion nicht notwendigerweise die Rekursivität der direkten Nutzenfunktion und umgekehrt. Einzig die rekursiven Ausgaben- und Distanzfunktionen sind self-dual. Notwendige und hinreichende Voraussetzung für die Übereinstimmung in den Strukturen der verschiedenen Repräsentationen ist wiederum die Homothetik der rekursiven Teilnutzenfunktionen.[55] Später zeigt es sich, daß der Homothetik im Fall rekursiver Strukturen noch eine entscheidende Bedeutung für die zulässige Aggregation (die Existenz von rekursiven Aggregaten) zukommt.

Abschließend sei darauf hingewiesen, daß eine Präferenzordnung nicht nur ausschließlich symmetrischer oder nur ausschließlich rekursiver Natur sein muß. Denkbar sind auch Mischformen aus diesen Strukturen. In Abbildung IV.6 wird eine häufig implizit unterstellte Präferenzordnung abgebildet, in der nur für einen Teil der Anlageformen eine rekursive Struktur behauptet wird, während für einen anderen Teil eine symmetrische für plausibler gehalten wird. Andererseits ist es auch möglich, daß die monetären Anlageformen eine rekursive Struktur bilden, so wie sie in Abbildung IV.5 zum Ausdruck kommt, langfristige Wertpapiere aber nicht schwach separierbar von z.B. dauerhaften Konsumgütern sind, sondern ein gemeinsames Aggregat mit diesen bilden.[56] Um ein rein monetäres Geldmengenaggregat rechtfertigen zu können, ist es deshalb wichtig, daß neben dem Bargeld noch weitere Anlageformen (z.B. Sichteinlagen, Termineinlagen, ...) zu den „besonderen" Anlageformen zählen, die im Rahmen solcher Strukturen von allen anderen (übergeordneten) Anlageformen und Konsumgütern schwach separierbar sind.

Solche gemischten Präferenzen stellen eine Kombination aus symmetrischen und rekursiven Teilen dar. Entsprechend finden die Aussagen, die im folgenden für symmetrische Präferenzen gemacht werden, dann Anwendung, wenn es um das Verhältnis zweier symmetrischer Gruppen geht, unabhängig davon, ob sich eine dieser Gruppen möglicherweise rekursiv aufgliedern läßt. Im Kontext der in Abbildung IV.6 dargestellten Struktur bedeutet dies, daß Symmetrie zwischen der höchsten Aggregationsebene des rekursiven Aggregats M3 und den Gruppen Geldkapital, andere festverzinsliche Wertpapiere und Aktien besteht. Demgegenüber beschränken sich die Aussagen in bezug auf rekursive Präferenzen ausschließlich auf die Analyse der verschiedenen Gruppen innerhalb des rekursiven Aggregats M3.

---

[55] Vgl. Blackorby, Primont und Russell, 1978, Theorem 6.5, S. 232.

[56] Für solche Verbindungen zwischen den langfristigen Anlageformen und den dauerhaften Konsumgütern siehe z.B. D. Fisher (1989, S. 23ff.).

Abbildung IV.6: Mögliche gemischte Präferenzstruktur über monetäre Anlageformen

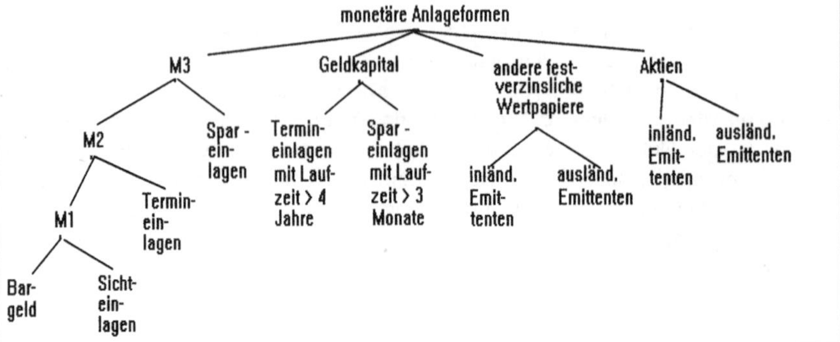

Was implizieren rekursive oder gemischte Präferenzstrukturen nun für das Klassifikationsproblem? Auch hier muß die Klassifikation mit Hilfe der schwachen Separierbarkeit erfolgen. Ebenso wie im Fall symmetrischer Präferenzstrukturen muß das Geldmengenaggregat nicht nur schwach separierbar gegenüber den Konsumgütern sein, sondern die Grenzrate der Substitution zwischen zwei Geldkomponenten muß auch unabhängig von der Höhe der anderen monetären Anlageformen sein. Die zusätzliche Schwierigkeit besteht nun darin, die theoretisch korrekte Aggregationsebene zu bestimmen. Ganz offensichtlich genügt es nun nicht mehr, nur das Bargeld als Kristallisationspunkt für die Klassifikation auszuwählen. Es muß zudem darüber entschieden werden, ob beispielsweise bei der in Abbildung IV.6 dargestellten Präferenzordnung neben den Sichteinlagen auch die Termineinlagen oder gar die Spareinlagen in „Geldkomponente" klassifiziert werden sollen.[57] Eine „richtige" – im Sinne von intersubjektiv verbindlich zu machende und damit „theoretisch korrekte" – Antwort auf diese Frage gibt es nicht.[58] Für die niedrigste Aggregationsebene spricht die größtmögliche Übereinstimmung der so bestimmten Geldkomponenten mit dem Bargeld und die große Ähnlichkeit der Geldkomponenten untereinander. Die Grenzrate der Substitution zwischen ihnen (inklusive dem Bargeld) ist unabhängig von allen anderen monetären Anlageformen (und natürlich auch von den Konsumgütern). Anders sieht es hingegen bei weitergefaßten (und zulässigen) Aggregaten aus. Hier gibt es offensichtlich aus Sicht der Akteure Unterschiede zwischen den Anlageformen, die nur dem Aggregat $M_{(r),t}$ angehören, und solchen Anlagemöglichkeiten, die

57 Um die makroökonomische Interpretierbarkeit zu gewährleisten, kann das Spektrum der zu betrachtenden Anlagen nur solche enthalten, die im Betrachtungszeitraum auch in Zahlungsmittel umgewandelt werden können. Der Prognosezeitraum der Notenbank ist somit wichtig.

58 Man könnte argumentieren, daß man die Aggregationsebene zu wählen hat, die ein *konsistentes* Aggregat liefert. Da dies im Falle rekursiver Strukturen aber sowohl die Rekursivität (also die entsprechende Form der schwachen Separierbarkeit) als auch die Homothetik voraussetzt, sind alle Aggregate, die existieren auch konsistent.

auch einer niedrigeren (numerisch höheren) Aggregationsebene $M_{(r+i),t}$ zugeordnet werden können. Wie sich später zeigt, finden diese Unterschiede ihren Ausdruck in *numerisch* anderen Substitutionselastizitäten gegenüber den Konsumgütern und den gänzlich anderen monetären Anlageformen, die auch bei maximal zulässigem Aggregationsumfang nicht zum Geldmengenaggregat hinzugezählt werden könnten. Im obigen Beispiel sind dies die langfristigen Termin- und Spareinlagen und die von Inländern oder Ausländern emittierten festverzinslichen Wertpapiere oder Aktien. Andererseits gibt es zwischen den Anlageformen, die der maximal zulässigen Aggregationsebene angehören (hier M3), auch Gemeinsamkeiten, die trotz gewisser Unterschiede eine Gruppierung im Rahmen einer rekursiven Struktur erlauben. Diese Gemeinsamkeit erstreckt sich auf das *Vorzeichen* der Substitutionselastizität. Nicht nur im Rahmen symmetrischer Präferenzstrukturen, sondern auch bei einem asymmetrischen Präferenzaufbau können in eine gemeinsame Gruppe bzw. Aggregat nur solche Anlageformen integriert werden, die gegenüber den Konsumgütern oder den Anlageformen außerhalb dieser Gruppe die gleiche Substitutions- oder Komplementaritätsbeziehung aufweisen.[59] Letztlich hängt die Wahl der Aggregationsebene davon ab, ob man den Unterschied oder die Gemeinsamkeit stärker gewichtet. Dabei spricht die grundsätzliche Problemstellung, bei der der unterschiedlichen „Zahlungsmittelnähe" der Anlageformen gerade Rechnung getragen werden soll, tendenziell für die maximal zulässige Aggregationsebene. Nur dann werden auch Anlageformen berücksichtigt, die zwar zur Zeit kein Zahlungsmittel sind, diesem aber hinreichend nahe stehen, um im Rahmen eines vorgegebenen Betrachtungszeitraums (dem Prognosezeitraum der Notenbank) tatsächlich in Zahlungsmittel umgewandelt zu werden.[60] Da die breitest zulässige Aggregationsebene auch den empirischen Aufwand reduziert, ohne daß dabei Einbußen bei der Aussagefähigkeit bezüglich der zurunde gelegten Problemstellung hingenommen werden müssen, wird im folgenden das breitest mögliche zulässige Aggregate präferiert.[61]

IV.2.3.2 Die Idee der zwei- oder mehrstufigen Maximierung im Kontext schwach separierbarer Präferenzen

Stellt die schwache Separierbarkeit noch das entscheidende Kriterium für die *Klassifikation* der monetären Anlageformen dar, ist ihr Vorliegen doch nicht hinreichend, um eine konsistente *Aggregation* zu gewährleisten. Selbst dann, wenn man die Geldkomponenten zweifelsfrei klassifizieren könnte, müssen zur konsistenten Aggregation derselben bestimmte Voraussetzungen erfüllt sein. Dabei soll „konsistente Aggregation" entsprechend der obigen Definition genau dann vorliegen, wenn man

59 Es sei auch hier auf die Aussagen weiter unten verwiesen, in denen ausführlich auf die Rolle solcher Beziehungen eingegangen wird.

60 Für möglichst breite Aggregate spricht sich auch Rotemberg (1991, S. 227) aus. Sie enthalten aus seiner Sicht die meisten Informationen.

61 Für diese eher technische Argumentationsweise siehe Barnett (1982a, S. 699ff.). Man bedenke bei der Würdigung der obigen Schlußfolgerung wiederum, daß die Zulässigkeit der Aggregation hier automatisch die Konsistenz impliziert.

die Aggregate so behandeln kann, „als wären sie ein einziges Gut (bzw. eine einzige Anlageform)". Analog zu dem bereits Gesagten, verlangt dies im Kontext mit dem hier verwendeten rein periodenbezogenen Nutzenmaximierungsansatz zweierlei:[62]

- Es darf in bezug auf das Ergebnis des betrachteten Entscheidungsproblems keinen Unterschied machen, ob der Akteur seinen Nutzen in Abhängigkeit der Aggregate oder der einzelnen Geldkomponenten bzw. Konsumgüter maximiert. Dies impliziert, daß man sich die Nutzenmaximierung grundsätzlich als einen *zweistufigen* (bei symmetrischer Präferenzstruktur) oder gar mehrstufigen (bei rekursiven Strukturen) *Prozeß* vorstellen kann. Die zweistufige Nutzenmaximierung erfolgt derart, daß der Akteur auf der *ersten Stufe* seinen Nutzen in Abhängigkeit der verschiedenen monetären Aggregate und Konsumgüteraggregate maximiert und dabei das Gesamtbudget entsprechend *geeignet definierter Preisindizes* der Gruppen auf die monetären Aggregate und die Konsumgüteraggregate aufteilt. Daran anschließend maximiert er auf der *zweiten Stufe* die Teilnutzenfunktionen $u^m_{h,t}$ und $u^c_{g,t}$ in Abhängigkeit der gegebenen Teilbudgets $E^m_{h,t}$ und $E^c_{g,t}$ $(g = 1,...,z;\ h = 1,...,v)$. Hier werden also die Ausgabenanteile der *einzelnen* Geldkomponenten und Konsumgüter bestimmt. Analoges läßt sich auch für die mehrstufige Maximierung sagen, wobei im Rahmen eines v-stufigen rekursiven Maximierungsprozesses die vollständige Aufteilung des Einkommens auf die Anlageformen und Konsumgüter jedoch der Durchführung aller v Schritte bedarf. Voraussetzung für die zweistufige Nutzenmaximierung ist, daß man solche Preisaggregate $\Pi_{h,t}$ bzw. $P_{g,t}$ findet, die nicht nur ausschließlich von Preisen ($\boldsymbol{\pi}_{h,t}$ bzw. $\mathbf{p}_{g,t}$) abhängen, sondern auch gewährleisten, daß das Produkt aus Mengenaggregat $M_{h,t}$ bzw. $C_{g,t}$ und dualem Preisindex $\Pi_{h,t}$ bzw. $P_{g,t}$ dem für diese Gruppe vorgesehenen Einkommensteil $E^m_{h,t}$ bzw. $E^c_{g,t}$ entspricht.

  Nur diese Eigenschaft erlaubt es, auch in der Nebenbedingung die Summe der Ausgaben für die einzelnen Elemente einer Gruppe ($\boldsymbol{\pi}_{h,t}\mathbf{m}_{h,t}$ bzw. $\mathbf{p}_{g,t}\mathbf{c}_{g,t}$ mit $h = 1,...,v;\ g = 1,...,z$) durch das Produkt aus Mengenaggregat und Preisindex zu ersetzen ($M_{h,t}\Pi_{h,t}$ bzw. $C_{g,t}P_{g,t}$ mit $h = 1,...,v;\ g = 1,...,z$), was notwendig ist, um die erste Stufe der zweistufigen Maximierung durchführen zu können. Gleiches gilt analog wiederum auch im Fall der mehrstufigen Maximierung einer rekursiven Funktion.

- Konsistente Aggregation verlangt darüber hinaus aber auch, das die Preis- und Mengenaggregate *linearhomogen* sind. Ändern sich alle Mengen um das λ-fache, so ändern sich bei gegebenen Preisen auch die Ausgaben um den Faktor λ. Hängt das Preisaggregat ausschließlich von Preisen ab, dann ändert es sich nicht, wenn alle Preise konstant bleiben. Soll also stets Gleichheit des Pro-

[62] Für eine recht intuitive Darstellung der zweistufigen Maximierung siehe z.B. Deaton und Muellbauer (1980, S. 122ff. und S. 129ff.).

dukts aus Preis- und Mengenaggregat und der Ausgabensumme herrschen, so muß sich entsprechend das Mengenaggregat um den Faktor λ ändern. Dies gilt unabhängig davon, ob man symmetrische oder rekursive Präferenzen betrachtet. Die daraus folgenden Implikationen werden im nächsten Kapitel analysiert.

IV.2.3.2.1 Symmetrische Präferenzstrukturen

Eine korrekte formale Formulierung des Problems der zweistufigen Maximierung muß sich der indirekten Nutzenfunktion bedienen. Der *maximale* Nutzen, der sich bei Entscheidungsproblem 1 erzielen läßt, ergibt sich als Funktion der Güterpreise, der User costs und des Gesamteinkommens:

$$\text{(IV.42)} \quad u_t = \psi(p_{1,t},\dots,p_{k,t};\pi_{1,t},\dots,\pi_{n,t};E_t).$$

Ist eine Gruppierung zulässig, d.h. ist die direkte Nutzenfunktion schwach separierbar, kann man die direkte Nutzenfunktion als Funktion der Mengenaggregate $M_{h,t}$ und $C_{g,t}$ und des Einkommens E_t schreiben *(h = 1,...,v; g = 1,...,z)*. Jede dieser Aggregate repräsentiert gerade den Nutzen $u^m_{h,t}$ oder $u^c_{g,t}$, der aus den Anlageformen oder Gütern gezogen werden kann, *die der jeweiligen Gruppe angehören*. So wie die schwache Separierbarkeit Grundvoraussetzung für die Aggregation ist, ist sie auch hinreichende und notwendige Bedingung dafür, daß die auf der *zweiten Stufe* des oben geschilderten zweistufigen Maximierungsprozeßes vorgenommene Aufteilung eines *gegebenen* Gruppeneinkommens auf die jeweiligen Komponenten möglich ist.[63] Blackorby, Primont und Russell nennen dies eine „Dezentralisierbarkeit" der Entscheidung.[64] Dies impliziert, daß man den maximalen Teilnutzen einer beliebigen Gruppe von Anlageformen *h* oder von Konsumgütern *g (g = 1,...,z; h = 1,...,v)* in indirekter Form als Funktion einer *gegebenen* Ausgabensumme für diese Gruppe $E^m_{h,t}$ oder $E^c_{g,t}$ und der n_h User costs oder der k_g Konsumgüterpreise der jeweiligen Gruppenelemente schreiben kann. Schließlich gewährleistet die schwache Separierbarkeit einer direkten Nutzenfunktion $u_t = u(c_{0,t},\dots,c_{k,t};m_{1,t},\dots,m_{n,t})$, daß der gesamte Nutzen bei einer *gegebenen* Einkommensaufteilung auf die Gruppen dann maximiert wird, wenn die Teilnutzenfunktionen $u^m_h\left(m^h_{1,t},\dots,m^h_{n_h,t}\right)$ und $u^c_g\left(c^g_{1,t},\dots,c^g_{k_g,t}\right)$ *(h = 1,...,v; g = 1,...,z)* in Abhängigkeit *ihrer* Elemente maximiert

---

63 Für die folgende Argumentation siehe Deaton und Muellbauer (1980, S. 124).

64 Blackorby, Primont und Russell (1975, S. 32 und 1978, S. 177ff.) unterscheiden strenggenommen zwei Arten der Dezentralisierbarkeit. „Strikte Dezentralisierbarkeit" liegt dann vor, wenn die Mengen ausschließlich eine Funktion der absoluten Preise und der Gruppenausgaben sind. „Schwache Dezentralisierbarkeit" bedeutet hingegen, daß die Mengen lediglich in Abhängigkeit der mit den Gesamtausgaben normierten Preisen und Gruppenausgaben bestimmt werden können. Im folgenden wird auf die strikte Dezentralisierbarkeit abgestellt.

werden. Andernfalls wäre eine Nutzensteigerung ohne eine Verletzung der Budgetrestriktion möglich, was der Vorstellung der zweistufigen Maximierung auf der Basis der schwachen Separierbarkeit widerspricht. Da in die relevante Budgetrestriktion einer jeden Gruppe somit neben den Mengen nur die Preise der eigenen Komponenten einfließen *($h = 1,...,v$; $g = 1,...,z$; $i = 1,...,n_h$; $l = 1,...,k_g$)*:

$$\text{(IV.43)} \quad E^m_{h,t} = \sum_{i=1}^{n_h} \pi^h_{i,t} m^h_{i,t} \quad \text{und} \quad E^c_{g,t} = \sum_{l=1}^{k_g} p^g_{l,t} c^g_{l,t},$$

hängt auch eine jede Marshallsche Nachfragefunktion nach monetären Anlageformen nur von den User costs der Anlageformen in der jeweils betrachteten Gruppe und des für diese Gruppe gültigen Ausgabevolumens ab. Ganz analog ist die Marshallsche Nachfragefunktion der Konsumgüter eine Funktion der Konsumgüterpreise der jeweiligen Gruppe und der entsprechenden Ausgabensumme. Schwache Separierbarkeit erlaubt somit Dezentralisierbarkeit *($h = 1,...,v$; $g = 1,...,z$; $i = 1,...,n_h$; $l = 1,...,k_g$)*:

$$\text{(IV.44)} \quad m^h_{i,t} = m^h_i\left(\pi^h_{1,t},...,\pi^h_{n_h,t}; E^m_{h,t}\right) \quad \text{und} \quad c^g_{l,t} = c^g_l\left(p^g_{1,t},...,p^g_{k_g,t}; E^c_{g,t}\right).$$

Eingesetzt in die jeweiligen direkten Teilnutzenfunktionen der Gruppen ergeben sich dann indirekte Teilnutzenfunktionen, die nur von den User costs der Anlageformen oder den Konsumgüterpreisen der Elemente in dieser Gruppe und dem Gruppeneinkommen abhängen.[65] Schwache Separierbarkeit impliziert somit nicht nur Dezentralisierbarkeit, sondern erlaubt auch folgende Schreibweise *($h = 1,...,v$; $g = 1,...,z$)*:[66]

$$\text{(IV.45)} \quad \psi^m_{h,t} = \psi^m_h\left(E^m_{h,t}; \pi^h_{1,t},...,\pi^h_{n_h,t}\right) \quad \text{und} \quad \psi^c_{g,t} = \psi^c_g\left(E^c_{g,t}; p^g_{1,t},...,p^g_{n_g,t}\right).$$ [67]

Die indirekte Nutzenfunktion (Gleichung IV.42) ergibt sich als Funktion der indirekten Teilnutzenfunktionen der verschiedenen Gruppen. Entsprechend erhält man für die Nutzenfunktion des vollständig symmetrischen Entscheidungsproblems 4 (Gleichung IV.36) eine Formulierung, die man mit „bedingte indirekte Nutzenfunktion" bezeichnet:[68]

---

65 Für die dezentrale Entscheidung genügt bereits die schwache Dezentralisierbarkeit. Für diese ist die schwache Separierbarkeit der *indirekten* Nutzenfunktion notwendige und hinreichende Bedingung (Blackorby, Primont und Russell, 1975, S. 35).

66 Vgl. Green, 1964, S. 20 und Deaton und Muellbauer, 1980, S. 124.

67 Es gilt: $\sum_{h=1}^{v} n_h = n$ und $\sum_{g=1}^{z} k_g = k+1$.

68 Eine solche indirekte Nutzenfunktion heißt deshalb „bedingt", da die Nutzenmaximierung unter der Bedingung *gegebener* Gruppenausgaben erfolgt. Jeder Lösungsvektor hängt somit von der unterstellten Aufteilung der Gesamtausgaben ab. Die bedingte indirekte Nutzenfunktion ist die duale

(IV.46) $$u_t = \max_{\mathbf{c}_t, \mathbf{m}_t}\left(u(\mathbf{c}_t, \mathbf{m}_t) : \mathbf{p}_t^g \mathbf{c}_t^g = E_{g,t}^c \cap \boldsymbol{\pi}_t^h \mathbf{m}_t^h = E_{h,t}^m, g = 1,\dots,z, h = 1,\dots,v\right) =$$

$$= \psi\left(\psi_{1,t}^m, \dots, \psi_{v,t}^m; \psi_{1,t}^c, \dots, \psi_{z,t}^c\right).$$

So wie die Mengen im Falle einer zulässigen Aggregation zu einer einheitlichen Größe zusammengefaßt werden können, können auch die Preise aggregiert werden. Gerade an diese Preisaggregate (bzw. -indizes) stellt die zweistufige Nutzenmaximierung besondere Anforderungen. Im Fall einer symmetrischen Struktur der Präferenzordnung muß es möglich sein, *linearhomogene* Preisaggregate so zu definieren, daß die Ausgabensumme eines jeden Aggregats $E_{g,t}^c$ bzw. $E_{h,t}^m$ zu einer Funktion des Gesamtbudgets und aller Preisaggregate wird. Blackorby, Primont und Russell nennen dies „strikte Preisaggregation".[69] Es muß also folgende Bedingung gelten *(g = 1,...,z; h = 1,...,v)*:

(IV.47)

$$E_{g,t}^c = E_g^c\left(E_t; P_{1,t}, \dots, P_{z,t}; \Pi_{1,t}, \dots, \Pi_{v,t}\right) \text{ und } E_{h,t}^m = E_h^m\left(E_t; P_{1,t}, \dots, P_{z,t}; \Pi_{1,t}, \dots, \Pi_{v,t}\right)$$

$$\text{mit} \quad P_{g,t} = P_g\left(p_{1,t}^g, \dots, p_{k_g,t}^g\right) \quad \text{und} \quad \Pi_{h,t} = \Pi_h\left(\pi_{1,t}^h, \dots, \pi_{n_h,t}^h\right).$$

Nur wenn diese Bedingung erfüllt werden kann, ist gewährleistet, daß die für die *erste Ebene* der zweistufigen Maximierung notwendigen Informationen vorliegen. Es läßt sich nun zeigen, daß neben der schwachen Separierbarkeit der Nutzenfunktion noch eine weitere Bedingung gegeben sein muß, damit die strikte Preisaggregation möglich ist. Die Bedingung setzt an der Anzahl der Teilaggregate, der Gestalt derselben oder der Gestalt der Nutzenfunktion an. Die aggregationstheoretische Literatur nennt für den Fall symmetrischer Präferenzstrukturen vier (alternative) Bedingungen:[70]

i) Die strikte Preisaggregation liegt immer dann vor, wenn es überhaupt nur zwei schwach separierbare Gruppen gibt (z.B. Entscheidungsproblem 3).

Nutzenfunktion zur direkten Nutzenfunktion. Direkte und bedingte indirekte Nutzenfunktion sind in der identischen Aufteilung schwach separierbar.

69 Blackorby, Primont und Russell, 1975, S. 31. „Schwache" Preisaggregation liegt dann vor, wenn die Preisindizes der Gruppen nicht von den absoluten Preisen, sondern von den mit den Gesamtausgaben E_t normierten Preisen abhängen.

70 Siehe dafür Theorem 3 in Green (1964, S. 21ff.). Ein vollständiger Beweis dieser Aussagen findet sich erstmals bei Gorman (1959) und Strotz (1959). Eine Anwendung der Aggregationstheorie auf die hier untersuchte Fragestellung findet sich in Reischle (1998a).

ii) Jedes Mengenaggregat ergibt sich als homothetische Funktion der Mengen seiner Komponenten („strikte homothetische Separierbarkeit").[71]

iii) Es gibt nur ein einziges Mengenaggregat, das keine homothetische Funktion seiner Mengen ist.

iv) Existiert mehr als ein Mengenaggregat, das keine homothetische Funktion seiner Mengen ist, dann müssen diese Aggregate untereinander und gegenüber den homothetischen Gruppen (die sich zu einem gemeinsamen Aggregat zusammenfassen lassen) *additiv* separierbar sein.[72]

Der erste der genannten Fälle ist sehr restriktiv. Berücksichtigt man, daß es vermutlich einen Unterschied zwischen monetären Anlageformen und (kurzlebigen) Konsumgütern gibt, dann läßt sich ein solcher Ansatz für die Auswahl einzelner monetärer Anlageformen (den Geldkomponenten) aus der Gesamtheit aller monetärer Anlagen nicht verwenden. Diesen Fall hier zu diskutieren macht somit wenig Sinn. Auch der letzte Fall erscheint ziemlich restriktiv zu sein, da er wenigstens für einen Teil der Gruppen nicht nur schwache, sondern sogar additive Separierbarkeit verlangt. Betrifft die Notwendigkeit additiver Separierbarkeit gerade Gruppen monetärer Anlageformen, entstehen die oben geschilderten Abgrenzungsprobleme, die additive Strukturen grundsätzlich auszeichnen. Besonders interessant scheinen der zweite und dritte Fall zu sein, bei denen es vor allem auf die Homothetik der einzelnen Gruppen ankommt. Fall ii) wird deshalb im folgenden kurz diskutiert.[73]

Es wurde gezeigt, daß für die Aufteilung *gegebener* Gruppenausgaben auf die verschiedenen Gruppen die schwache Separierbarkeit notwendige und hinreichende Bedingung ist. Die Mengen einer Gruppe hängen nur von den Gruppenausgaben und den Preisen der Gruppenkomponenten ab („Dezentralisierbarkeit"). Die zweistufige Maximierung bezieht ihren Reiz aber gerade daraus, daß die Ermittlung der Gruppenausgaben ausschließlich anhand von Preisaggregaten erfolgen kann, also auf dieser ersten Stufe mit geringeren Informationen auskommt, als sie im Fall der einstufigen Maximierung notwendig wären. Gerade für die Bestimmung solcher Preisaggregate ist die Homothetik hilfreich.[74] Existieren mehr als zwei Gruppen (Entscheidungsproblem 4) und liegt schwache Separierbarkeit vor, lassen sich also *v*

---

71 Blackorby, Primont und Russell (1978, S. 86) sprechen allgemein dann von „homothetischer Separierbarkeit" einer Teilnutzenfunktion $u^m_{h,t}$ oder $u^c_{g,t}$, wenn die Nutzenfunktion *u* in dieser Teilnutzenfunktion schwach separierbar ist und wenn diese Teilnutzenfunktion homothetisch ist. Man beachte, daß dies nicht notwendigerweise die Homothetik der (Gesamt-)Nutzenfunktion impliziert. Dies ist nur dann der Fall, wenn – so wie in Punkt ii) angenommen – *alle* Teilnutzenfunktionen homothetisch sind („strikte homothetische Separierbarkeit"; Blackorby, Primont und Russell, 1975, S. 26).

72 Im Gegensatz zur schwachen Separierbarkeit bezeichnet man solche Gruppen mit „*additiv* separierbarer Block" (vgl. Blackorby, Primont und Russell, 1978, S. 126).

73 Fall iii) ist eine Kombination aus Fall i) und Fall ii). Auf seine Darstellung wird hier verzichtet.

74 Die folgende Argumentation orientiert sich an Deaton und Muellbauer (1980, S. 129ff.).

Gruppen von monetären Anlageformen und z Gruppen von Konsumgütern bilden, so bestehen nicht nur $z+v$ indirekte Nutzenfunktionen (Gleichung IV.45), sondern auch $z+v$ Teilausgabefunktionen $(h = 1,\ldots,v;\ g = 1,\ldots,z)$:

$$\text{(IV.48)}\quad e_h^m\left(u_{h,t}^m;\pi_{1,t}^h,\ldots,\pi_{n_h,t}^h\right) = \min_{\mathbf{m}_{h,t}}\left[\mathbf{m}_{h,t}\boldsymbol{\pi}_{h,t} : u_h^m\left(m_{1,t}^h,\ldots,m_{n_h,t}^h\right) = u_{h,t}^m\right] \quad \text{und}$$

$$\text{(IV.48')}\quad e_g^c\left(u_{g,t}^c;p_{1,t}^g,\ldots,p_{k_g,t}^g\right) = \min_{\mathbf{c}_{g,t}}\left[\mathbf{c}_{g,t}\mathbf{p}_{g,t} : u_g^c\left(c_{1,t}^g,\ldots,c_{k_g,t}^g\right) = u_{g,t}^c\right].$$

Die Nebenbedingung von Entscheidungsproblem 4 läßt sich damit wie folgt darstellen:

$$\text{(IV.49)}\quad \sum_{h=1}^{v} e_h^m\left(u_{h,t}^m;\pi_{1,t}^h,\ldots,\pi_{n_h,t}^h\right)+\sum_{g=1}^{z} e_g^c\left(u_{g,t}^c;p_{1,t}^g,\ldots,p_{k_g,t}^g\right) = E_t.$$

Soll die zweistufige Nutzenmaximierung möglich sein, so müssen sich die Ausgaben einer Gruppe als Produkt eines Mengenaggregates und eines Preisaggregates ergeben. Man muß sich also nur nach Bedingungen fragen, wann eine solche Zerlegung möglich ist. Im Modul zur Haushaltstheorie wird gezeigt, daß sich die Ausgabenfunktion in einen rein nutzenabhängigen und einen rein preisabhängigen Teil zerlegen läßt, wenn die direkte Teilnutzenfunktion homothetisch ist. Homothetische Funktionen sind positive Transformationen linearhomogener „Basisfunktionen". Ähnlich wie bei einer linearhomogenen Funktion ergibt sich die Ausgabenfunktion einer homothetischen Teilnutzenfunktion über eine Gruppe monetärer Anlageformen als $(h = 1,\ldots,v)$

$$\text{(IV.50)}\quad e_h^m\left(u_{h,t}^m;\pi_{1,t}^h,\ldots,\pi_{n_h,t}^h\right) = \xi_h^m\left(u_{h,t}^m\right)\cdot \tilde{e}_h^m\left(\pi_{1,t}^h,\ldots,\pi_{n_h,t}^h\right),$$

wobei $\tilde{e}_h^m\left(\pi_{1,t}^h,\ldots,\pi_{n_h,t}^h\right)$ die „Einheitsausgabenfunktion der Basisnutzenfunktion" ist und damit ihrerseits linearhomogen ist. Es leuchtet unmittelbar ein, daß man diese Einheitsausgabenfunktion als Preisaggregat $\Pi_{h,t}$ und die positive Transformation des Nutzenwertes $u_{h,t}^m$ als Mengenaggregat $M_{h,t}$ betrachten kann $(h = 1,\ldots,v)$:

$$\text{(IV.51)}\quad \Pi_{h,t} \equiv \tilde{e}_h^m\left(\pi_{1,t}^h,\ldots,\pi_{n_h,t}^h\right) \qquad \text{und} \qquad M_{h,t} \equiv \xi_h^m\left(u_{h,t}^m\right).$$

Unterstellt man, daß *alle* Teilnutzenfunktionen über monetäre Anlageformen und Konsumgüter homothetisch sind und wendet man dieses Prinzip durchgängig an, so ist Entscheidungsproblem 1 gleichbedeutend mit der Maximierung der schwach separierbaren Nutzenfunktion

(IV.52)

$$u_t = u\left(u_1^c\left(c_{1,t}^1,\ldots,c_{k_1,t}^1\right),\ldots,u_z^c\left(c_{1,t}^z,\ldots,c_{k_z,t}^z\right);u_1^m\left(m_{1,t}^1,\ldots,m_{n_1,t}^1\right),\ldots,u_v^m\left(m_{1,t}^v,\ldots,m_{n_v,t}^v\right)\right)=$$

$$= u\left(\xi_1^{c^{-1}}(C_{1,t}),\ldots,\xi_z^{c^{-1}}(C_{z,t});\xi_1^{m^{-1}}(M_{1,t}),\ldots,\xi_v^{m^{-1}}(M_{v,t})\right),$$

unter der Nebenbedingung

(IV.53)

$$\sum_{h=1}^{v} e_h^m\left(u_{h,t}^m;\pi_{1,t}^h,\ldots,\pi_{n_h,t}^h\right)+\sum_{g=1}^{z} e_g^c\left(u_{g,t}^c;p_{1,t}^g,\ldots,p_{k_g,t}^g\right)=\sum_{h=1}^{v}\Pi_{h,t}M_{h,t}+\sum_{g=1}^{z}P_{g,t}C_{g,t}=E_t.$$

Diese sogenannte „homothetische Separierbarkeit" ist somit hinreichend für die Durchführbarkeit der ersten Stufe der zweistufigen Maximierung. Die strikte Preisaggregation im Sinne der Gleichung (IV.47) kann vorgenommen werden. Man beachte allerdings, daß die homothetische Separierbarkeit nicht die einzige Möglichkeit ist, im Falle symmetrischer Präferenzstrukturen eine zweistufige Maximierung vorzunehmen. Alle anderen Fälle sind jedoch mit sehr restriktiven Annahmen verbunden.

IV.2.3.2.2 Rekursive Präferenzstrukturen

Die mehrstufige Maximierung im Rahmen rekursiver Strukturen verlangt, daß man auf jeder Ebene die jeweils optimale Ausgabenhöhe $Y_{(h),t}^m$ oder $Y_{(g),t}^c$ $(g = 2,\ldots,z;$ $h = 2,\ldots,v)$ als Funktion der Ausgabenhöhe der vorherigen (numerisch niedrigeren) Aggregationsebene $Y_{(h-1),t}^m$ oder $Y_{(g-1),t}^c$, der Preise der Anlageformen $(\boldsymbol{\pi}_{h-1,t})$ oder Güter $(\mathbf{p}_{g-1,t})$, die dieser vorherigen Aggregationsebene angehören, aber keiner niedrigeren (numerisch höheren), und des Preisaggregats der betrachteten Ebene h oder g $(\Pi_{(h),t}$ oder $P_{(g),t})$ ermitteln kann („rekursive strikte Preisaggregation"):[75]

(IV.54) $$Y_{(1),t}^m = \overline{Y}_{(1)}^m\left({}_{1,t}\boldsymbol{\pi},{}_{1,t}\mathbf{p},E_t\right)= Y_{(1)}^m\left(\mathbf{p}_{(1),t},\boldsymbol{\pi}_{(1),t},P_{(1),t},\Pi_{(1),t},E_t\right),$$

$$Y_{(h),t}^m = Y_{(h)}^m\left(\boldsymbol{\pi}_{(h-1),t},\Pi_{(h),t},Y_{(h-1),t}^m\right) \quad \text{für} \quad h = 2,\ldots,v,$$

$$\text{mit} \quad \Pi_{(h),t} = \Pi_{(h)}\left(\boldsymbol{\pi}_{(h),t},\Pi_{(h+1),t}\right) \text{ für } \quad h = 2,\ldots,v\text{-}1,$$

$$\text{sowie} \quad \Pi_{(v),t}=\Pi_{(v)}\left(\boldsymbol{\pi}_{(v),t}\right).$$

Für die Konsumgüter gilt:

75 Vgl. Blackorby, Primont und Russell, 1975, S. 35ff. Diese Bezeichnung erfolgt analog zum symmetrischen Fall.

$$(IV.54')\quad Y^{c}_{(1),t} = \overline{Y}^{c}_{(1)}\left({}_{1,t}\boldsymbol{\pi},{}_{1,t}\mathbf{p},E_t\right) = Y^{c}_{(1)}\left(\mathbf{p}_{(1),t},\boldsymbol{\pi}_{(1),t},P_{(1),t},\Pi_{(1),t},E_t\right),$$

$$Y^{c}_{(g),t} = Y^{c}_{(g)}\left(\mathbf{p}_{(g-1),t},P_{(g),t},Y^{c}_{(g-1),t}\right) \quad \text{für} \quad g = 2,\ldots,v,$$

$$\text{mit} \quad P_{(g),t} = P_{(g)}\left(\mathbf{p}_{(g),t},P_{(g+1),t}\right) \quad \text{für } g = 2,\ldots,z\text{-}1,$$

$$\text{sowie} \quad P_{(z),t} = P_{(z)}\left(\mathbf{p}_{(g),t}\right).$$

Die Gleichungen (IV.54) und (IV.54') leiten sich aus einem Vorgehen ab, nach dem die Ausgaben der Aggregationsebene *h-1* oder *g-1* auf die Komponenten, die dieser Aggregationsebene und keiner niedrigeren (numerisch höheren; *g,...,z* oder *h,...,v*) angehören ($\boldsymbol{m}_{(h-1),t}$ oder $\boldsymbol{c}_{(g-1),t}$), und auf das Aggregat der nächst niedrigeren Aggregationsstufe *g* oder *h* entsprechend der Preise ($\pi_{(h),t}$ oder $\boldsymbol{p}_{(g),t}$) bzw. des Preisaggregates ($\Pi_{(h),t}$ oder $P_{(g),t}$) aufgeteilt werden. Es läßt sich nun zeigen, daß die in den Gleichungen (IV.54) und (IV.54') ausgedrückte rekursive strikte Preisaggregation immer dann erfüllt ist, wenn „homothetische Rekursivität" vorliegt, d.h. das betrachtete Teilaggregat $u^{m}_{(h),t}$ oder $u^{c}_{(g),t}$ homothetisch ist, was gleichzeitig bedeutet, daß auch die darin enthaltenen Teilaggregate $u^{m}_{(i),t}$ oder $u^{c}_{(j),t}$ ($i = h+1,\ldots,v;$ $j = g+1,\ldots,z$) ebenfalls alle homothetisch sind.[76]

Um den Beweis dieser Aussage liefern zu können, müßte man den rekursiven Lösungsalgorithmus diskutieren, der notwendig ist, um die Bestimmung der optimalen Ausgabenhöhen vornehmen und die Rolle der Homothetik herausarbeiten zu können. Dies würde den Umfang der Arbeit an dieser Stelle über Gebühr strapazieren. Festzuhalten bleibt somit, daß die rekursive strikte Preisaggregation immer die Homothetik aller Teilaggregate voraussetzt. Während die Homothetik im Falle symmetrischer Strukturen noch eine unter mehreren hinreichenden Bedingungen darstellte, muß sie im Falle asymmetrischer Strukturen zwingend vorliegen.

IV.2.3.3 Konsistente Aggregation bei linearhomogenen oder homothetischen Teilnutzenfunktionen

Während die Bedingung der schwachen Separierbarkeit lediglich die Grenzrate der Substitution zwischen zwei möglichen Komponenten ein und derselben Gruppe in ihrem Verhältnis gegenüber einem Konsumgut oder einer Anlageform außerhalb dieser Gruppe bestimmten Restriktionen unterworfen hat, so wurde bereits im vorherigen Abschnitt gezeigt, daß in der Regel die schwache Separierbarkeit alleine *nicht* einmal hinreichend ist, um die der konsistenten Aggregation zugrunde liegende zwei- oder mehrstufige Maximierung zu gewährleisten. Neben der schwachen Separierbarkeit müssen die Teilnutzenfunktionen ein bestimmtes Aussehen besitzen, um

---

76 Vgl. Blackorby, Primont und Russell, 1978, Theorem 6.14, S. 251. Siehe auch Reischle (1998a).

wenigstens die zwei- oder mehrstufige Maximierung zu ermöglichen. Während die Homothetik *aller* Teilnutzenfunktionen sowohl bei symmetrischen wie auch bei rekursiven Präferenzen genügt, besteht im Fall symmetrischer Präferenzstrukturen noch die Möglichkeit, die Bedingung der Homothetik aller Teilnutzenfunktionen durch die Forderungen nach einer Einschränkung der Anzahl der Teilaggregate oder der Additivität der direkten Nutzenfunktion zu ersetzen. Konsistente Aggregation geht aber noch einen Schritt weiter als die zwei- oder mehrstufige Maximierung; sie verlangt darüber hinaus, daß *das betrachtete* Mengenaggregat (bzw. die zugrunde liegende Aggregationsfunktion) linearhomogen in den Mengen ist. Diese Linearhomogenität ist notwendige und hinreichende Bedingung dafür, daß das Produkt aus Mengenaggregat und dualem Preisindex gerade den für die Elemente dieser Gruppe getätigten Ausgaben entspricht. Blackorby, Primont und Russell nennen die Aggregation bei linearhomogenen Mengen- und Preisaggregaten „additive Preisaggregation".[77] Dabei läßt sich zeigen, daß die Linearhomogenität der *Aggregations*funktion notwendigerweise die Homothetik der *Teilnutzen*funktion voraussetzt.

Im Fall symmetrischer Strukturen muß für ein Aggegat monetärer Anlageformen also gelten *(h = 1,...,v)*:

$$\text{(IV.55)} \quad \Pi_h(\boldsymbol{\pi}_{h,t}) \cdot M_h(\mathbf{m}_{h,t}) = \sum_{i=1}^{n_h} \pi_{i,t}^h m_{i,t}^h = E_{h,t}^m .$$

Ganz analog läßt sich diese Bedingung für den Fall asymmetrischer Strukturen formulieren. Auf jeder der *v* Aggregationsebenen *(v ≥ 3)* muß entsprechend gelten:

$$\text{(IV.56)} \quad \Pi_{(h)}({}_{h,t}\boldsymbol{\pi}) \cdot M_{(h)}({}_{h,t}\mathbf{m}) = \sum_{r=h}^{v} \boldsymbol{\pi}_{(r),t}\mathbf{m}_{(r),t} = Y_{(h),t}^m .$$

Während von Gleichung (IV.56) bereits bei der Herleitung der Bedingungen für die strikte rekursive Preisaggregation Gebrauch gemacht wurde, ist die Bedingung für die konsistente Aggregation im Fall symmetrischer Präferenzen restriktiver als die der strikten Preisaggregation. Dabei läßt sich zeigen, daß die Linearhomogenität *aller* Aggregationsfunktionen *(h = 1,...,v; g = 1,...,z)* notwendige und hinreichende Bedingung dafür ist, daß (i) für jedes Mengenaggregat $M_{h,t}$ $(M_{(h),t})$ oder $C_{g,t}$ $(C_{(g),t})$ ein Preisindex $\Pi_{h,t}$ $(\Pi_{(h),t})$ oder $P_{g,t}$ $(P_{(g),t})$ existiert, der die Durchführung der zwei- oder mehrstufigen Maximierung gewährleistet, und daß (ii) das Produkt aus Mengen- und Preisaggregat gerade der Ausgabensumme $E_{h,t}^m$ $\left(Y_{(h),t}^m\right)$ oder $E_{g,t}^c$ $\left(Y_{(g),t}^c\right)$ entspricht („additive Preisaggregation"). Diese Bedingung für die konsistente Aggregation gilt sowohl symmetrische als auch rekursive Strukturen.[78]

---

77 Blackorby, Primont und Russell, 1975, S. 32 und 1978, S. 180.

78 Vgl. Green, 1964, Theorem 4, S. 25.

Daß die Linearhomogenität aller Aggregationsfunktionen hinreichend ist, um die Existenz von Preisaggregaten zu gewährleisten, die die zweistufige Maximierung erlauben, ist unmittelbar einsichtig (Punkt (i)). Berücksichtigt man, daß die homothetische Separierbarkeit die zweistufige Maximierung ermöglicht und homothetische Teilnutzenfunktionen positive Transformationen linearhomogener „Basisfunktionen" sind, so behalten alle Ergebnisse ihre Gültigkeit, denn man kann einfach eine eins-zu-eins Transformation zwischen homothetischer Teilnutzenfunktion und linearhomogener Aggregationsfunktion annehmen.

Da die zwei- und mehrstufige Maximierung (Punkt (i)) auch bei weniger restriktiven Anforderungen als der der Linearhomogenität *aller* Aggregationsfunktionen möglich ist (insbesondere im Falle der Homothetik), kann sich die Notwendigkeit der Linearhomogenität der Aggregationsfunktionen nur auf Punkt (ii) beziehen. Sie ist ebenfalls offensichtlich, denn sie folgt direkt aus der Linearhomogenität der Budgetrestriktion: Ändern sich alle Mengen um den Faktor λ und bleiben die Preise konstant, so ändern sich auch die Ausgaben um das λ-fache. Da sich aber das Preisaggregat nicht ändert, wenn die Preise konstant bleiben, muß sich das Mengenaggregat um den Faktor λ ändern, soll die Gleichheit mit den Ausgaben fortbestehen. Die Veränderung aller Mengen um λ impliziert somit gerade die Notwendigkeit der Linearhomogenität des Mengenaggregats.

Dabei ist die Linearhomogenität der Aggregationsfunktion jedoch nicht nur notwendig für die Existenz *linearhomogener* Preis- und Mengenaggregate, sondern auch hinreichend. Unterstellt man wiederum eine linearhomogene Teilnutzenfunktion, so gewährleistet diese bei einer Ausgabenänderung dieser Gruppe um den Faktor λ, daß sich sowohl alle nachgefragten Mengen dieser Gruppe um den Faktor λ ändern, wie auch der Aggregats- (Teilnutzen-)wert selbst.[79]

Bei unveränderten Preisen und einem konstant bleibenden Preisaggregat, ist die Übereinstimmung des Ausgabenniveaus mit dem Produkt aus linearhomogener Aggregationsfunktion und dualem Preisaggregat also immer gewährleistet. Die Linearhomogenität der Aggregationsfunktion gewährleistet darüber hinaus, daß auch das Preisaggregat linearhomogen ist. Erhöhen sich alle Preise einer bestimmten Gruppe um den Faktor λ, dann impliziert dies, daß sich aufgrund der unveränderten Preisstruktur alle nachgefragten Mengen dieser Gruppe um den Faktor λ reduzieren. Aufgrund der Linearhomogenität der Aggregationsfunktion sinkt das Mengenaggregat bei unveränderter Ausgabensumme auf das $1/\lambda$-fache seines Ausgangswertes. Da eben gezeigt wurde, daß im Fall einer linearhomogenen Aggregationsfunktion die Übereinstimmung des Ausgabenniveaus mit dem Produkt aus linearhomogener Aggregationsfunktion und dualem Preisaggregat immer gewährleistet ist, folgt daraus,

---

79 Nachfragefunktionen, die aus linearhomogenen Nutzenfunktionen abgeleitet werden, sind linearhomogen im Einkommen. Dies schlägt sich in den linearen, aus dem Ursprung kommenden Einkommenskonsumkurve nieder; siehe Abschnitt 5 im Modul zur Haushaltstheorie

daß das Preisaggregat um den Faktor λ zunehmen muß, das Preisaggregat somit linearhomogen in den Preisen ist.

Die Linearhomogenität der *Aggregations*funktion ist das eine, das notwendige Aussehen der ihr zugrunde liegenden *Teilnutzen*funktion das andere. In der obigen Argumentation wurde unterstellt, daß die Aggregationsfunktion mit der Teilnutzenfunktion übereinstimmt. Dies muß aber keineswegs so sein, wie die Ausführungen zur rekursiven Preisaggregation bereits gezeigt haben. Im folgenden werden die verschiedenen Möglichkeiten detailliert behandelt. Dabei wird am Beispiel symmetrischer Strukturen argumentiert, wobei die Ergebnisse (soweit zulässig) vollständig auf den Fall rekursiver Strukturen übertragbar sind.

IV.2.3.3.1 Konsistente Aggregation bei linearhomogenen Teilnutzenfunktionen

Im Fall symmetrischer Strukturen wurde bislang stets unterstellt, daß die Teilnutzenfunktion $u_{h,t}^m$ zugleich als Aggregationsfunktion dient (siehe Gleichung IV.27). Entsprechend der eben gezeigten Anforderung an konsistente Aggregate ist dies jedoch nur dann die richtige Wahl, wenn die Teilnutzenfunktion u_h^m tatsächlich linearhomogen ist. In diesem Fall ergibt sich als duale Aggregationsfunktion der Preise die Einheitsausgabenfunktion $\bar{e}_{h,t}^m$ in bezug auf die Teilnutzenfunktion u_h^m:[80] Betrachtet man die zur Teilnutzenfunktion u_h^m duale Ausgabenfunktion $\bar{e}_h^m$, so gibt diese an, wie hoch die minimalen Ausgaben sind, die man bei den gegebenen User costs $\left(\pi_{1,t}^h,\ldots,\pi_{n_h,t}^h\right)$ dieser Gruppe aufwenden muß, um gerade das Teilnutzenniveau $u_{h,t}^m$ realisieren zu können. Diese Ausgabenfunktion ist wie folgt definiert $(h = 1,\ldots,v)$:

$$\text{(IV.57)}\quad e_{h,t}^m = e_h^m\left(u_{h,t}^m;\pi_{1,t}^h,\ldots,\pi_{n_h,t}^h\right).$$

Aufgrund der Dualität zwischen dem Nutzenmaximierungsansatz und dem Ausgabenminimierungsansatz entspricht sie in ihrer Höhe exakt den tatsächlichen Ausgaben $E_{h,t}^m$:

$$\text{(IV.58)}\quad e_{h,t}^m = e_h^m\left(u_{h,t}^m;\pi_{1,t}^h,\ldots,\pi_{n_h,t}^h\right) = E_{h,t}^m.$$

Im Fall der Linearhomogenität der Teilnutzenfunktion läßt sich die Ausgabenfunktion in das Produkt aus Einheitsausgabenfunktion $\bar{e}_{h,t}^m$ und Niveauwert der Teilnutzen-

80 Die hier verwendete Argumentation findet sich in Varian (1994, S. 151).

funktion $u^m_{h,t}$ aufspalten, wobei sich der Wert der Einheitsausgabenfunktion zum Preisaggregat und der Teilnutzenwert zum Mengenaggregat definieren läßt:[81]

(IV.59)

$$e^m_{h,t} = e^m_h\left(u^m_{h,t};\pi^h_{1,t},\ldots,\pi^h_{n_h,t}\right) = u^m_{h,t}\cdot \bar{e}^m_h\left(\pi^h_{1,t},\ldots,\pi^h_{n_h,t}\right) = M_{h,t}\Pi_{h,t} = \sum_{i=1}^{n_h}\pi^h_{i,t}m^h_{i,t} = E^m_{h,t}.$$

Alternativ zur Einheitsausgabenfunktion wird als Preisaggregat häufig auch der Lagrangemultiplikator $\lambda_{h,t}$ verwendet, den man im Zuge eines Nutzenmaximierungsansatzes erhält. Entsprechend der Bedingung erster Ordnung gilt für jede Anlageform $m^h_{i,t}$ $(h = 1,\ldots,v;\ i = 1,\ldots,n_h)$:[82]

(IV.60) $$\frac{\partial u^m_h}{\partial m^h_{i,t}} = \lambda_{h,t}\pi^h_{i,t}.$$

Multipliziert man die Gleichung (IV.60) mit der jeweiligen Menge $m^h_{i,t}$ $(i = 1,\ldots,n_h)$ und addiert man über alle Anlageformen der Gruppe h, so erhält man:

(IV.61) $$\sum_{i=1}^{n_h} m^h_{i,t}\frac{\partial u^m_h}{\partial m^h_{i,t}} = \lambda_{h,t}\sum_{i=1}^{n_h} m^h_{i,t}\pi^h_{i,t} = \lambda_{h,t}E^m_{h,t}.$$

Berücksichtigt man den Umstand, daß linearhomogene Funktionen das Euler-Theorem erfüllen und daß die Ausgaben für die Komponenten gerade dem Produkt aus Preis- und Mengenaggregat entsprechen müssen, so zeigt es sich, daß man den Kehrwert des Lagrangemultiplikators als Preisaggregat verwenden kann:

(IV.62) $$u^m_{h,t} = \sum_{i=1}^{n_h} m^h_{i,t}\frac{\partial u^m_h}{\partial m^h_{i,t}} = \lambda_{h,t}E^m_{h,t} = \lambda_{h,t}M_{h,t}\Pi_{h,t}$$

$$\text{mit } \Pi_{h,t} = 1/\lambda_{h,t} \text{ und } u^m_{h,t} = M_{h,t}.$$

IV.2.3.3.2 Konsistente Aggregation bei homothetischen Teilnutzenfunktionen

Anders ist zu verfahren, wenn eine Teilnutzenfunktion nicht linearhomogen, sondern „nur" homothetisch ist. In diesem Fall besteht ein Unterschied zwischen der Teilnutzenfunktion und der Aggregationsfunktion, denn die reine Logik der Verwendung von

---

81 Diese Eigenschaft der Ausgabenfunktion wird im Modul zur Haushaltstheorie (Abschnitt 5) ausführlich gezeigt.

82 Für ein solches alternatives Vorgehen siehe z.B. Green (1964, S. 26f.).

Aggregaten anstelle einzelner Komponenten gebietet es, daß die Aggregationsfunktion linearhomogen ist. Wachsen alle Komponenten um einen bestimmten Prozentsatz, so muß auch das Mengenaggregat um eben diesen Prozentsatz zunehmen.

Die Homothetik der Teilnutzenfunktionen als *hinreichende Bedingung* für die zweistufige Maximierung gewährleistet, daß das Produkt aus Mengen- und Preisindex dem Ausgabenvolumen entspricht. Der entscheidende Vorteil der Homothetik ist, daß sich die Ausgabenfunktion $e^m_{h,t}$ des zum Nutzenmaximierungsansatzes dualen Entscheidungsproblems als Produkt aus einem rein nutzenabhängigen und einem rein preisabhängigen Teil formulieren läßt. Als (duales) Preisaggregat ergibt sich in diesem Fall die „Einheitsausgabenfunktion" $\tilde{e}^m_{h,t}$ in bezug auf die „Basisfunktion" $\tilde{u}^m_{h,t}$. Diese gibt an, wieviele Geldeinheiten für eine Einheit der „Basisfunktion" aufzuwenden sind. Da sich der nutzenabhängige Teil der Ausgabenfunktion der Umkehrfunktion der Teilnutzenfunktion bedient, ergibt sich die duale Ausgabenfunktion einer homothetischen Teilnutzenfunktion als Produkt aus linearhomogener „Basisfunktion" $\tilde{u}^m_{h,t}$ und dazugehöriger „Einheitsausgabenfunktion" $\tilde{e}^m_{h,t}$, $(h = 1,...,v)$:[83]

$$\text{(IV.63)}\quad e^m_{h,t} = e^m_h\left(u^m_{h,t}, \boldsymbol{\pi}_{h,t}\right) = u^{m^{-1}}_h\left(u^m_h\left(\tilde{u}^m_h\left(\mathbf{m}_{h,t}\right)\right)\right)\cdot \tilde{e}^m_h\left(\boldsymbol{\pi}_{h,t}\right) = \tilde{u}^m_h\left(\mathbf{m}_{h,t}\right)\cdot \tilde{e}^m_h\left(\boldsymbol{\pi}_{h,t}\right).$$

Da aufgrund der Dualität wiederum die minimalen Ausgaben gerade den tatsächlichen Ausgaben entsprechen, gewährleistet obige Definition der Preis und Mengenaggregate, daß das Produkt aus Mengen- und Preisindex dem Ausgabenvolumen für die monetären Anlageformen entspricht:

$$\text{(IV.64)}\quad E^m_{h,t} = M_h\left(\mathbf{m}_{h,t}\right)\cdot \Pi_h\left(\boldsymbol{\pi}_{h,t}\right) \text{ mit } \quad M_{h,t} = \tilde{u}^m_h\left(\mathbf{m}_{h,t}\right) \quad \text{und} \quad \Pi_{h,t} = \tilde{e}^m_h\left(\boldsymbol{\pi}_{h,t}\right).$$

Homothetik ist aber nicht nur hinreichend, um eine konsistente Aggregation zu gewährleisten, sondern auch notwendig. Konsistente Aggregation verlangt nicht nur die Möglichkeit zur zweistufigen Maximierung, sondern auch die Existenz linearhomogener Preis- und Mengenaggregate. Es soll also gelten:

$$\text{(IV.65)}\quad E^m_{h,t} = M_h\left(\mathbf{m}_{h,t}\right)\cdot \Pi_h\left(\boldsymbol{\pi}_{h,t}\right)$$
$$\text{mit } \lambda M_h\left(\mathbf{m}_{h,t}\right) = M_h\left(\lambda \mathbf{m}_{h,t}\right); \quad \lambda \Pi_h\left(\boldsymbol{\pi}_{h,t}\right) = \Pi_h\left(\lambda \boldsymbol{\pi}_{h,t}\right)$$

Schwache Separierbarkeit ermöglicht grundsätzlich die Dezentralisierbarkeit der Entscheidung, wonach sich die optimalen Mengen $m^h_{1,t},\dots,m^h_{n_h,t}$ einer Gruppe h

[83] Genaueres ist dem Modul zur Haushaltstheorie zu entnehmen (Abschnitt 5).

ausschließlich nach den Preisen dieser Komponenten $\pi^h_{1,t},\ldots,\pi^h_{n_h,t}$ und dem für diese Gruppe bestimmten Ausgabenvolumen $E^m_{h,t}$ richten *(h = 1,...,v; i = 1,...,n$_h$)*:

$$\text{(IV.66)}\quad m^h_{i,t} = m^h_i\left(\pi^h_{1,t},\ldots,\pi^h_{n_h,t};E^m_{h,t}\right).$$

Im Kontext mit der konsistenten Aggregation bedeutet dies, daß gelten muß:

$$\text{(IV.67)}\quad E^m_{h,t} = M_h\left(m^h_1\left(\pi^h_{1,t},\ldots,\pi^h_{n_h,t};E^m_{h,t}\right),\ldots,m^h_{n_h}\left(\pi^h_{1,t},\ldots,\pi^h_{n_h,t};E^m_{h,t}\right)\right)\cdot\Pi_h\left(\boldsymbol{\pi}_{h,t}\right).$$

Nehmen nun auf der linken Seite der Gleichung (IV.67) die Ausgaben, die für die Gruppe *h* vorgesehen sind, um den Faktor λ zu, so muß entsprechend der Forderung der konsistenten Aggregation auch das Mengenaggregat $M_{h,t}$ auf der rechten Seite um gerade diesen Faktor zunehmen, da das Preisaggregat $\Pi_{h,t}$ bei unveränderten Preisen konstant bleibt. Da das Mengenaggregat linearhomogen in den (optimalen) Mengen sein soll, müssen auch die (optimalen) Mengen linearhomogen in den Gruppenausgaben sein. Dies sind sie aber nur dann, wenn die zugrunde liegende Teilnutzenfunktion mindestens homothetisch ist. Nur dann besitzt die Gruppe *h* eine aus dem Ursprung kommende lineare Einkommenskonsumkurve, so daß sich die Konsumstruktur bei einer Ausgabenänderung nicht ändert und die Bedingung der „additiven Preisaggregation" erfüllt ist *(h = 1,...,v)*:

$$\text{(IV.68)}\quad \lambda E^m_{h,t} = M_h\left(m^h_1\left(\pi^h_{1,t},\ldots,\pi^h_{n_h,t};\lambda E^m_{h,t}\right),\ldots,m^h_{n_h}\left(\pi^h_{1,t},\ldots,\pi^h_{n_h,t};\lambda E^m_{h,t}\right)\right)\cdot\Pi_h\left(\boldsymbol{\pi}_{h,t}\right) =$$

$$= M_h\left(\lambda\mathbf{m}_{h,t}\right)\cdot\Pi_h\left(\boldsymbol{\pi}_{h,t}\right) = \lambda M_h\left(\mathbf{m}_{h,t}\right)\cdot\Pi_h\left(\boldsymbol{\pi}_{h,t}\right).$$

Festzuhalten bleibt somit, daß nur dann, wenn die schwache Separierbarkeit der Nutzenfunktion *und* zumindest die Homothetik *aller* Teilnutzenfunktionen vorliegt, das einstufige Entscheidungsproblem 1 in konsistenter Weise in zwei oder mehrere voneinander unabhängige Teilentscheidungsbereiche zerlegt werden kann.[84] Für den Fall symmetrischer Präferenzstrukturen läßt sich somit festhalten, daß homothetische Separierbarkeit die Durchführung einer solchen zweistufigen Maximierung erlaubt, die sich ausschließlich linearhomogener Mengen- und Preisaggregate bedient: Auf der ersten Stufe erfolgt die Aufteilung der Gesamtausgaben auf die Gruppen (Entscheidungsproblem 7a). Relevant für diese Entscheidung sind ausschließlich die Preisindizes der *z+v* Gruppen und die Gesamtausgaben. Somit gilt *(h = 1,...,v; g = 1,...,z)*:

---

[84] Notwendige und hinreichende Bedingung für diese „additive Preisaggregation" ist damit die homothetische Separierbarkeit. Da die Homothetik der Teilnutzenfunktionen auch Voraussetzung für die mehrstufige Maximierung rekursiver Funktionen war, zeigt sich damit, daß im Fall der Rekursivität die additive Preisaggregation und die strikte Preisaggregation zusammenfallen.

$$\text{(IV.69)} \quad \max_{\substack{C_{1,t},\ldots,C_{z,t} \\ M_{1,t},\ldots,M_{v,t}}} u_t = u^{\bullet}\left(C_{1,t},\ldots,C_{z,t};M_{1,t},\ldots,M_{v,t}\right)$$

unter der Nebenbedingung

$$\text{(IV.70)} \quad \sum_{g=1}^{z} P_{g,t}C_{g,t} + \sum_{h=1}^{v} \Pi_{h,t}M_{h,t} = \sum_{g=1}^{z} E_{g,t}^{c} + \sum_{h=1}^{v} E_{h,t}^{m} = E_t .$$

Auf der zweiten Stufe findet die Zuordnung des Gruppeneinkommens auf die monetären Anlageformen bzw. Güter statt (Entscheidungsproblem 7b). Dies bedeutet *($h = 1,\ldots,v$; $g = 1,\ldots,z$; $i = 1,\ldots,n_h$; $l = 1,\ldots,k_g$)*:

$$\text{(IV.71)} \quad \max_{\mathbf{m}_{h,t}} M_{h,t} = u_h^m\left(m_{1,t}^h,\ldots,m_{n_h,t}^h\right) \quad \text{bzw.} \quad \max_{\mathbf{c}_{g,t}} C_{g,t} = u_g^c\left(c_{1,t}^g,\ldots,c_{k_g,t}^g\right)$$

unter den Nebenbedingungen

(IV.72)

$$\boldsymbol{\pi}_{h,t}\mathbf{m}_{h,t} = \sum_{i=1}^{n_h} \pi_{i,t}^h m_{i,t}^h = \Pi_{h,t}M_{h,t} = E_{h,t}^m \quad \text{bzw.} \quad \mathbf{p}_{g,t}\mathbf{c}_{g,t} = \sum_{l=1}^{k_g} p_{l,t}^g c_{l,t}^g = P_{g,t}C_{g,t} = E_{g,t}^c .$$

Was aber ist zu tun, wenn die strikte homothetische Separierbarkeit nicht erfüllt ist? Berücksichtigt man, daß die strikte homothetische Separierbarkeit im Falle symmetrischer Strukturen nicht die einzige Möglichkeit für die zulässige zweistufige Maximierung war, so sieht ein Fazit wie folgt aus: Sind manche Teilnutzenfunktionen *nicht* homothetisch, so verhindert dies für die betroffenen Gruppen zwar die Bildung sinnstiftender (linearhomogener) Preis- und Mengenaggregate auf der Basis von Teilnutzen- und Einheitsausgabenfunktionen, hat auf die Bildung eines konsistenten Geldmengenaggregats aber nur dann einen Einfluß, wenn die Gruppe der relevanten monetären Anlageformen entweder zu den nicht-homothetischen Teilnutzenfunktionen zählt oder wenn keine der drei, neben der Homothetik genannten Bedingungen für eine zulässige zweistufige Maximierung gegeben sind. Die Verwendung eines eigenständigen *konsistenten* Geldmengenaggregats ist dann *generell* nicht möglich.

Immer dann aber, wenn im Fall symmetrischer Strukturen die betrachtete Teilnutzenfunktion nicht-homothetisch ist, aber sonst alle Bedingungen für eine zweistufige Maximierung erfüllt sind, gibt es einen Weg, doch zu einer linearhomogenen Aggregationsfunktion zu gelangen, ohne auf die Konsistenz verzichten zu müssen. Ein solcher Lösungsansatz liegt darin, anstelle der direkten Teilnutzen- oder „Basis"-funktion die Distanzfunktion als Aggregationsfunktion zu verwenden.

IV.2.3.4 Die Distanzfunktion als Aggregationsfunktion im Falle nicht-homothetischer Teilnutzenfunktionen

Konsistente Aggregation setzt die Linearhomogenität der Aggregationsfunktion voraus. Ist die Teilnutzenfunktion der ausgewählten Gruppe oder Aggregationsebene *nicht* mindestens homothetisch, so läßt sich aus der direkten Teilnutzenfunktion heraus keine geeignete konsistente Aggregationsfunktion finden. In diesem Fall schlägt Barnett vor, anstelle der direkten Teilnutzenfunktion die Distanzfunktion in bezug auf das Teilnutzenniveau zu wählen.[85] Die Wahl dieser Funktion gewährleistet auf alle Fälle die Linearhomogenität der Aggregationsfunktion. Verwendet man als dualen Preisindex darüber hinaus die Ausgabenfunktion, so ergibt das Produkt aus Distanzfunktion und dualer Ausgabenfunktion genau die Ausgabensumme für diese Gruppe von Anlageformen oder diese Aggregationsebene, sofern die (Teil-) Nutzenfunktion homothetisch ist.[86] Im nicht-homothetischen Fall ist diese für die Aggregation notwendige Bedingung zwar nicht erfüllt, im Rahmen einer *zweiperiodigen* Betrachtung ist der Mangel aber insoweit heilbar, als daß dann die Relation der beiden Produkte aus Distanzwert und minimalen Ausgaben gerade dem Verhältnis der tatsächlichen Ausgaben entspricht.[87] Ein fundamentaler Nachteil der vorgeschlagenen Aggregationsfunktionen liegt allerdings darin, daß sowohl die Aggregationsfunktion der Mengen (Distanzfunktion) als auch die der Preise (Ausgabenfunktion) von einem konkreten (Referenz-) Teilnutzenniveau abhängen.

Der Distanzwert $d_{h,t}^{m}$ gibt an, um wieviel man die zum Zeitpunkt t realisierten Mengen einer beliebigen Gruppe monetärer Anlageformen h dividieren muß, um ein bestimmtes Nutzenniveau $u_{h,0}^{m}$ zu erreichen. Graphisch gesprochen bedeutet dies, daß man sich ausgehend von einem gegebenen Güterbündel auf einem Fahrstrahl durch den Ursprung in Richtung der Indifferenzkurve des angestrebten Nutzenniveaus bewegt.[88] Der Distanzwert wird damit zu einer Funktion des betrachteten Güterbündels und des Referenznutzenniveaus. Betrachtet man der Einfachheit halber symmetrische Präferenzstrukturen, so ist er für eine beliebige Gruppe h monetärer Anlageformen in folgender impliziter Weise definiert $(h = 1,...,v)$:

---

85 Vgl. Barnett, 1987, S. 145ff. Für eine ausführliche Diskussion der Distanzfunktion, aber auch der Ausgabenfunktion, siehe das Modul zur Haushaltstheorie (Abschnitt 4).

86 Auf diese Dualität von Distanzfunktion und Ausgabenfunktion wird in Abschnitt 4 des Moduls zur Haushaltstheorie ebenfalls eingegangen.

87 Dies wird durch die geeignete Wahl eines Referenzteilnutzens $u_{h,0}^{m}$ erreicht, auf den man Distanzwert und minimale Ausgabensumme bezieht. Siehe dazu genauer den Anhang zur Indextheorie.

88 Der Fahrstrahl spiegelt gerade die proportionale Veränderung aller Mengen wider. Die Distanzfunktion ist somit nicht nur in bezug auf ein Referenznutzenniveau, sondern auch für eine bestimmte Verbrauchsstruktur definiert.

$$\text{(IV.73)}\qquad u_h^m\left(\frac{m_{1,t}^h}{d_h^m\left(u_{h,0}^m;m_{1,t}^h,\ldots,m_{n_h,t}^h\right)};\ldots;\frac{m_{n_h,t}^h}{d_h^m\left(u_{h,0}^m;m_{1,t}^h,\ldots,m_{n_h,t}^h\right)}\right)=u_{h,0}^m.$$

Gleichung (IV.73) macht nicht nur deutlich, wie man den Distanzwert ermittelt, sondern auch, daß die Distanzfunktion linearhomogen in den Mengen ist. Verdoppelt man zum Beispiel die Mengen der betrachteten Anlageformen $\left(m_{1,t}^h,\ldots,m_{n_h,t}^h\right)$ so muß man die Mengen auch mit einem doppelt so hohen Distanzwert dividieren, um wieder genau das Referenznutzenniveau $u_{h,0}^m$ zu erhalten. Der Distanzwert $d_{h,t}^m$ ändert sich natürlich auch dann, wenn man das Referenznutzenniveau verändert. Ist die zugrunde gelegte Teilnutzenfunktion (positiv) linearhomogen, dann kann man den Distanzwert $d_{h,t}^m$ besonders leicht ermitteln, denn er ergibt sich als Quotient aus dem beim Bündel $\left(m_{1,t}^h,\ldots,m_{n_h,t}^h\right)$ realisierten Nutzenniveau $u_{h,t}^m$ und dem Referenznutzenniveau $u_{h,0}^m$. Dies bedeutet, daß die Distanzfunktion dann (negativ) linearhomogen im Referenznutzen ist; eine Verdopplung des Referenznutzens führt zu einer Halbierung des Distanzwertes *(h = 1,...,v)*:[89]

$$\text{(IV.74)}\qquad d_h^m\left(u_{h,0}^m;m_{1,t}^h,\ldots,m_{n_h,t}^h\right)=\frac{u_h^m\left(m_{1,t}^h;\ldots;m_{n_h,t}^h\right)}{u_{h,0}^m}$$

$$\text{für}\qquad \lambda u_h^m\left(m_{1,t}^h,\ldots,m_{n_h,t}^h\right)=u_h^m\left(\lambda m_{1,t}^h,\ldots,\lambda m_{n_h,t}^h\right).$$

Linearhomogenität der Teilnutzenfunktion bedeutet also, daß sich der Distanzwert im Fall von Mengenänderungen mit derselben Wachstumsrate ändert, wie der Teilnutzen, vorausgesetzt, der Referenznutzen ändert sich nicht.

Die duale Funktion zur Distanzfunktion ist die Ausgabenfunktion. Ausgabenfunktion und Distanzfunktion weisen große Ähnlichkeiten auf, so hängen beide Funktionen unter anderem vom Referenzteilnutzenniveau ab. Um die Funktionen somit miteinander in Verbindung zu bringen, muß man den gleichen Referenznutzen $u_{h,0}^m$ betrachten. Im Gegensatz zur Distanzfunktion ist die Ausgabenfunktion aber abhängig von den Preisen und nicht von den Mengen. Die Logik der Ausgabenfunktion fragt nach dem Anlageportfolio, das ein vorgegebenes Referenznutzenniveau bei ebenfalls gegebenen User costs zu minimialen Ausgaben realisiert *(h = 1,...,v)*:

89 Im Fall der Linearhomogenität kann man den Kehrwert des Distanzwertes *d* als Proportionalitätsfaktor λ interpretieren und entsprechend aus der Funktion herausziehen. Für Details siehe den Anhang zum Kapitel zur Indextheorie.

$$\text{(IV.75)}\quad e_h^m\left(u_{h,0}^m;\pi_{1,t}^h,\ldots,\pi_{n_h,t}^h\right)=\min_{\mathbf{m}_{h,t}}\left(\sum_{i=1}^{n_h} m_{i,t}^h\pi_{i,t}^h : u_h^m\left(m_{1,t}^h,\ldots,m_{n_h,t}^h\right)=u_{h,0}^m\right).$$

Da der Distanzwert $d_{h,t}^m$ gerade dann den Wert Eins annimmt, wenn das optimale Anlageportfolio $\boldsymbol{m}_{h,t}$ exakt den Referenznutzen $u_{h,0}^m$ stiften würde, kann man die Ausgabenfunktion auch in Abhängigkeit der Distanzfunktion formulieren:

$$\text{(IV.76)}\quad e_h^m\left(u_{h,0}^m;\pi_{1,t}^h,\ldots,\pi_{n_h,t}^h\right)=\min_{\mathbf{m}_{h,t}}\left(\sum_{i=1}^{n_h} m_{i,t}^h\pi_{i,t}^h : d_h^m\left(u_{h,0}^m;m_{1,t}^h,\ldots,m_{n_h,t}^h\right)=1\right).$$

Es läßt sich nun zeigen, daß sich auch die Distanzfunktion vollkommen symmetrisch zur Ausgabenfunktion definieren läßt. In diesem Fall muß man die User costs $\left(\pi_{1,t}^h,\ldots,\pi_{n_h,t}^h\right)$ so variieren, daß das Referenznutzenniveau $u_{h,0}^m$ exakt bei der zum Zeitpunkt t herrschenden Mengenstruktur zu minimalen Ausgaben realisiert wird:[90]

$$\text{(IV.77)}\quad d_h^m\left(u_{h,0}^m;m_{1,t}^h,\ldots,m_{n_h,t}^h\right)=\min_{\boldsymbol{\pi}_{h,t}}\left(\sum_{i=1}^{n_h} m_{i,t}^h\pi_{i,t}^h : e_h^m\left(u_{h,0}^m;\pi_{1,t}^h,\ldots,\pi_{n_h,t}^h\right)=1\right).$$

Da sowohl die Distanz- als auch die Ausgabenfunktion die geforderte Eigenschaft der Linearhomogenität in den Mengen (Distanzfunktion) bzw. in den Preisen (Ausgabenfunktion) besitzen, eignen sie sich somit hervorragend als Mengenaggregat (Distanzfunktion) und Preisaggregat (Ausgabenfunktion). Drei bereits erwähnte Einschränkungen müssen aber nochmals ins Gedächtnis gerufen werden:[91]

- Das Produkt aus Ausgabenfunktion und Distanzfunktion entspricht im Falle einer nicht-homothetischen (Teil-) Nutzenfunktion *nicht* der tatsächlich aufgewendeten Ausgabensumme. Dieses Problem wird jedoch in dem Moment gegenstandslos, in dem man zwei Perioden (z.B. t und $t\text{-}1$) betrachtet und das Referenzteilnutzenniveau $u_{h,0}^m$ adäquat bestimmt.

- Sowohl der Wert der Ausgabenfunktion als auch der Distanzwert hängen vom betrachteten Referenzteilnutzenniveau $u_{h,0}^m$ ab. Damit ist dann sowohl der Distanzwert als auch der Ausgabenwert grundsätzlich eine ordinale Größe, die stark durch die Wahl des Referenzteilnutzens beeinflußt wird. In bezug auf das Mengenaggregat läßt sich dieses Problem dadurch lösen, daß man wiederum zwei Perioden (t und $t\text{-}1$) gegenüberstellt, die Distanzfunktion durch eine „verall-

---

90 Auf die Ratio dieser Definition wird im Modul zur Haushaltstheorie näher eingegangen.

91 Details finden sich im Anhang zur Indextheorie (A. V.3).

gemeinerte Translog-Funktion“[92] approximiert und sich mit der Ermittlung des geometrischen Durchschnitts der zwei, jeweils die Zeitpunkte *t* oder *t-1* zur Referenzperiode erklärenden Relationen der Distanzwerte begnügt.[93]

- Die Verwendung der Distanzfunktion führt nur dann zu einem konsistenten linearhomogenen Mengenaggregat, wenn die Bedingung der zweistufigen Maximierung erfüllt sind. Hier bedeutet dies insbesondere, daß alle nicht-homothetischen Teilnutzenfunktionen additiv verknüpft sind. In allen anderen Fällen liefert die Distanzfunktion zwar eine mögliche Aggregationsfunktion, führt aber zu *keinem konsistenten* Aggregat.

Unterstellt man wiederum, daß die Teilnutzenfunktion linearhomogen ist, so wurde in Gleichung (IV.59) gezeigt, daß sich die Ausgabenfunktion in das Produkt aus Einheitsausgabenfunktion (der Teilnutzenfunktion) $\bar{e}^m_{h,t}$ und Referenznutzenniveau $u^m_{h,0}$ aufspalten läßt $(h = 1,\ldots,v)$:

$$\text{(IV.78)}\quad e^m_h\left(u^m_{h,0};\pi^h_{1,t},\ldots,\pi^h_{n_h,t}\right) = u^m_{h,0}\cdot\bar{e}^m_h\left(\pi^h_{1,t},\ldots,\pi^h_{n_h,t}\right)$$

$$\text{für}\quad \lambda u^m_h\left(m^h_{1,t},\ldots,m^h_{n_h,t}\right) = u^m_h\left(\lambda m^h_{1,t},\ldots,\lambda m^h_{n_h,t}\right).$$

Multipliziert man also Distanzfunktion und dazugehörige Ausgabenfunktion, so erhält man gerade wieder das in Gleichung (IV.59) dargestellte Produkt aus tatsächlichem Nutzenniveau $u^m_{h,t}$ und Einheitsausgabenfunktion $\bar{e}^m_{h,t}$:

$$\text{(IV.79)}\quad d^m_{h,t}e^m_{h,t} = \frac{u^m_{h,t}}{u^m_{h,0}}\cdot u^m_{h,0}\bar{e}^m_{h,t} = \Pi_h(\boldsymbol{\pi}_{h,t})M_h(\mathbf{m}_{h,t}) = \sum_{i=1}^{n_h}\pi^h_{i,t}m^h_{i,t} = E^m_{h,t}.$$

Die Wahl der Distanzfunktion als Aggregationsfunktion ist im Fall einer linearhomogenen Teilnutzenfunktion damit gleichbedeutend mit der direkten Berücksichtigung der Teilnutzenfunktion als Aggregationsfunktion für die Mengen. Es läßt sich leicht zeigen, daß die Wahl der Distanz- bzw. Ausgabenfunktion als Aggregationsfunktion der Mengen bzw. Preise auch im Fall homothetischer Nutzenfunktionen zu dem im vorherigen Abschnitt geschilderten Ergebnis führt, wonach man als Aggregationsfunktion der Mengen die linearhomogene „Basisfunktion“ der homothetischen Teilnutzenfunktion wählen sollte und als Aggregationsfunktion der Preise die „Einheitsausgabenfunktion“, die mit der „Basisfunktion“ verbunden ist.

---

92 Die Translog-Funktion wird im nächsten Kapitel genauer diskutiert.

93 Diese Relation bildet den „Malmqvist-Index“. Auf ihn wird im Rahmen der indextheoretischen Ausführungen näher eingegangen.

Tabelle IV.4: Zusammenfassung der aggregationstheoretischen Ergebnisse

Eigenschaft der Teilnutzenfunktion	Aggregationsfunktion für das Mengenaggregat $M_h(\mathbf{m}_{h,t})$	Aggregationsfunktion für das Preisaggregat $\Pi_h(\boldsymbol{\pi}_{h,t})$
linearhomogen	Teilnutzenfunktion: $u^m_{h,t} = u^m_h\left(m^h_{1,t},\dots,m^h_{n_h,t}\right)$	Einheitsausgabenfunktion: $\bar{e}^m_{h,t} = \bar{e}^m_h\left(\pi^h_{1,t},\dots,\pi^h_{n_h,t}\right)$
homothetisch	linearhomogene „Basisfunktion" der homothetischen Teilnutzenfunktion: $\tilde{u}^m_{h,t} = \tilde{u}^m_h\left(m^h_{1,t},\dots,m^h_{n_h,t}\right)$	„Einheitsausgabenfunktion der linearhomog. Basisfunktion": $\tilde{e}^m_{h,t} = \tilde{e}^m_h\left(\pi^h_{1,t},\dots,\pi^h_{n_h,t}\right)$
beliebig (insbesondere nicht-homothetisch)	Distanzfunktion: $d^m_h\left(u^m_{h,0}; m^h_{1,t},\dots,m^h_{n_h,t}\right) = \min\limits_{\boldsymbol{\pi}_{h,t}}\left(\sum_{i=1}^{n_h} m^h_{i,t}\pi^h_{i,t} : e^m_h\left(u^m_{h,0}; \boldsymbol{\pi}_{h,t}\right) = 1\right)$	Ausgabenfunktion: $e^m_h\left(u^m_{h,0}; \pi^h_{1,t},\dots,\pi^h_{n_h,t}\right) = \min\limits_{\mathbf{m}_{h,t}}\left(\sum_{i=1}^{n_h} m^h_{i,t}\pi^h_{i,t} : d^m_h\left(u^m_{h,0}; \mathbf{m}_{h,t}\right) = 1\right)$

Wäre es zusammenfassend also korrekt, davon zu sprechen, daß die zentrale Voraussetzung für die *konsistente Aggregation* verschiedener monetärer Anlageformen zu einem gemeinsamen Aggregat „Geld" die schwache Separierbarkeit der darin enthaltenen Anlageformen von den anderen Anlagen und den Konsumgütern (einschließlich der Freizeit) ist und daß die Eigenschaft der Linearhomogenität bzw. Homothetik lediglich über die Wahl der Aggregationsfunktion entscheidet?[94] Die Antwort muß Nein lauten. Sowohl im Fall symmetrischer als auch im Fall nicht-symmetrischer Präferenzstrukturen müssen zusätzliche Anforderungen erfüllt werden, damit ein *konsistentes* Aggregat existiert. Für die mehrstufige Maximierung ist sogar ganz explizit die Homothetik verlangt. Sicher, im Falle der schwachen Separierbarkeit existiert eine Teilnutzenfunktion über bestimmte Anlageformen. Eine *konsistente* Aggregation erlaubt dieser Umstand aber nicht zwingend.

Liegen die Bedingungen für die zwei- bzw. mehrstufige Maximierung vor, kann man sich die Frage nach der geeigneten Wahl der konsistenten Aggregationsfunktion stellen. Ist die betreffende Teilnutzenfunktion linearhomogen, so kann sie zugleich als Aggregationsfunktion dienen. Ist sie „nur" homothetisch, so empfiehlt es sich, die

---

94 Für eine solche Schlußfolgerung siehe Barnett, Fisher und Serletis (1992, S. 2113): „Since we see that homotheticity of utility is not needed at all – ... – we are left with the weak separability condition as the key indispensable assumption."

linearhomogene „Basisfunktion", auf die sich jede homothetische Funktion zurückführen läßt, zur Aggregationsfunktion zu erklären. Im schlechtesten aller Fälle, der letztlich nur im Fall symmetrischer Präferenzsstrukturen unter recht restriktiven Annahmen auftreten kann, muß als Aggregationsfunktion die Distanzfunktion über die schwach separierbare Gruppe monetärer Anlageformen verwendet werden. Im Unterschied zu den beiden vorher genannten Fällen hat die Distanzfunktion den Nachteil, daß sie von einem Referenznutzenniveau abhängt. Tabelle IV.4 faßt die aggregationstheoretischen Ergebnisse kurz zusammen.

Der Fall der linearhomogenen und der Fall der homothetischen Teilnutzenfunktion unterscheiden sich im Lichte der Aggregationstheorie nicht voneinander. Entscheidend ist, daß sich eine linearhomogene Aggregationsfunktion finden läßt, die ausschließlich von den Mengen (Mengenaggregat) oder Preisen (Preisaggregat) abhängt. Ob diese Funktion dann den Teilnutzen (die Einheitsausgaben) oder den „Basisteilnutzen" (die „Einheitsausgaben des Basisteilnutzens") abbildet, ist vollkommen uninteressant. Wichtig ist einzig die Eigenschaft der Linearhomogenität der Aggregationsfunktion, nicht die konkrete nutzenmäßige Interpretation. Liegt diese nicht vor, so ist eine grundsätzlich andere Funktion (die Distanzfunktion) als Aggregationsfunktion zu wählen. Im folgenden wird deshalb nur der homothetische Fall vom nicht-homothetischen unterschieden.

Im Falle nicht-homothetischer Teilnutzenfunktionen besteht zudem ein Klassifikationsproblem, da dann die verschiedenen Repräsentationen der Präferenzordnung nicht mehr in den gleichen Aufteilungen schwach separierbar sein müssen. Möglicherweise spielt es eine Rolle, ob man z.B. an der direkten oder indirekten Nutzenfunktion ansetzt. Eine eindeutige Klassifikation entsprechend des Kriteriums der schwachen Separierbarkeit setzt Homothetik voraus. Die Verwendung der Distanzfunktion hilft nur insoweit, als daß sie für ein vorab identifiziertes Aggregat eine linearhomogene Aggregationsfunktion liefert.

Die Suche nach einem konsistenten *Mengen*aggregat spricht zwar tendenziell dafür, in Fällen der Nicht-Homothetik an der direkten Nutzenfunktion anzusetzen, da nur in sie (und in die Distanzfunktion) Mengen eingehen, einen allgemeiner Konsens über eine solche Festlegung besteht aber nicht. Deshalb ist es keineswegs gerechtfertigt, bei der Suche nach einer korrekten Aggregation *und* Klassifikation die Eigenschaft der Homothetik so zu vernachlässigen, wie dies in Literatur häufig getan wird.[95] Im Fall der recht häufig betrachteten rekursiven Strukturen erweist sich die Nichtberücksichtigung der Homthetik sogar als grundsätzlicher Fehler, da dann unter Umständen die notwendige Voraussetzung für die mehrstufige Aggregation nicht gegeben ist.

95 Beispielhaft hierfür sei an das in der vorherigen Fußnote gemachte Zitat von Barnett, Fisher und Serletis (1992, S. 2113) erinnert.

IV.2.4 Die theoretischen Grundlagen für eine empirische Überprüfung der konsistenten Aggregation

IV.2.4.1 Zwei Ansatzpunkte für eine empirische Analyse

Im vorhergehenden Abschnitt wurde ausführlich dargelegt, daß im Rahmen des mikroökonomischen Blickwinkels eine wesentliche Voraussetzung für die Aggregierbarkeit von monetären Anlageformen zu einer gemeinsamen Größe „Geldmenge" die schwache Separierbarkeit dieser Anlageformen gegenüber anderen Anlagen und den Konsumgütern (einschließlich der Freizeit) ist. Um darüber hinaus konsistente Aggregate zu gewährleisten, muß die in Frage kommende Teilnutzenfunktion über die identifizierten Anlageformen mindestens homothetisch sein, will man keine von einem Referenznutzenniveau abhängigen Aggregatswerte. Das Vorliegen dieser beiden Voraussetzungen muß empirisch überprüft werden. Dazu stehen grundsätzlich zwei unterschiedliche Wege zur Verfügung:

- Dem obigen Vorgehen entsprechend, kann man zum einen eine *funktionale Spezifizierung* der zugrunde gelegten Nutzenfunktion vornehmen. Aus der Nutzenfunktion werden allgemein die einzelnen Nachfragefunktionen für die monetären Anlageformen abgeleitet und anschließend die Parameter der Nutzenfunktion – und damit zugleich die der verschiedenen Nachfragefunktionen – anhand der empirisch verfügbaren Daten geschätzt. Dabei müssen die Parameter der Anlageformen, die eine gemeinsame Gruppe bilden sollen, bestimmte Eigenschaften erfüllen, um das Vorliegen der schwachen Separierbarkeit und der Homothetik zu gewährleisten. So verlangt die schwache Separierbarkeit, daß die Grenzrate der Substitution zwischen zwei solchen Anlageformen unabhängig von der Höhe der Konsumgüter und solchen Anlageformen ist, die nicht der Gruppe angehören sollen. Homothetik liegt demgegenüber dann vor, wenn die Ausgabenanteile der verschiedenen Anlageformen innerhalb des Aggregats konstant bleiben, wenn sich nur die Höhe der Gruppenausgaben ändert und nicht die Preise der Komponenten. Alternativ zu diesem Vorgehen besteht die Möglichkeit, die Nutzenfunktion durch eine *Funktion mit flexibler funktionaler Form* zu approximieren. Anstatt allgemeine Aussagen über die schwache Separierbarkeit bestimmter monetärer Anlageformen und die Homothetik des Aggregates zu treffen, gelten die empirisch bestimmten Eigenschaften in der Regel ausschließlich im *Approximationspunkt*, sind also nur lokaler Natur. Der Vorteil eines solchen Vorgehens liegt darin, falsche Aussagen aufgrund von Spezifikationsfehlern bei der Bestimmung der Nutzenfunktion zu vermeiden. Man kann aber auch gänzlich auf eine Spezifizierung der Nutzenfunktion verzichten, und direkt an den Nachfragefunktionen anzusetzen. Bei diesem Verfahren greift man entweder auf die Marshallschen oder an die Hicksschen Nachfragefunktionen zurück und bedient sich ebenfalls einer Approximationsfunktion. Auch hier lassen sich bestimmte Parameterrestriktionen aufstellen, die erfüllt sein müssen, damit eine Gruppe von Anlageformen schwach separierbar ist und eine homothetische Teilnutzenfunktion besitzt.

- Ein vollkommen anderer Weg wird dann beschritten, wenn man ohne jede empirische Spezifizierung oder Approximation der Nutzenfunktion oder Nachfragefunktionen auszukommen versucht. Hier bedient man sich dem Instrumentarium der *nichtparametrischen Nachfrageanalyse*. Wie bereits gezeigt wurde, impliziert schwache Separierbarkeit, daß man die Präferenzen über eine Gruppe von monetären Anlageformen unabhängig von der Höhe der anderen Anlagen und der Konsumgüter beschreiben kann. Dies wiederum setzt voraus, daß die Teilpräferenzordnung über diese Anlageformen den grundlegenden Axiomen der Haushaltstheorie gerecht wird, insbesondere dem Rationalitätsprinzip. Schwache Separierbarkeit liegt somit dann vor, wenn es gelingt, für eine Gruppe von Anlageformen entsprechend den empirischen Daten eine konsistente Präferenzordnung zu bilden, die nicht dem Rationalitätsprinzip widerspricht. Dabei müssen gemäß der Theorie offenbarter Präferenzen alle zu den verschiedenen Zeitpunkten beobachteten Bündel solcher Anlageformen kompatibel mit der unterstellten Teilpräferenzordnung sein. Ansonsten muß die Hypothese der schwachen Separierbarkeit gerade dieser Gruppe von Anlageformen abgelehnt werden. Ähnliches gilt auch in bezug auf die geforderte Homothetik.

Im folgenden sollen beide Ansatzpunkte diskutiert werden. Der Anfang wird dabei mit der Spezifizierung der Nutzenfunktion gemacht.

IV.2.4.2 Bestimmung der parametrischen Voraussetzungen für das Vorliegen der schwachen Separierbarkeit und Homothetik

IV.2.4.2.1 Flexible funktionale Formen als Nutzenfunktion

IV.2.4.2.1.1 Zum Begriff der flexiblen funktionalen Form

Wählt man die Nutzenfunktion als Basis für die Herleitung der Voraussetzungen für die schwache Separierbarkeit, dann muß als erstes eine Spezifizierung der funktionalen Form der Nutzenfunktion erfolgen.[96] Diese Spezifizierung muß jedoch so allgemein sein, daß die hier zu testenden Eigenschaften der schwachen Separierbarkeit und der Homothetik *nicht* a priori vorausgesetzt oder ausgeschlossen werden. Grundsätzlich sind jedoch unendlich viele solcher funktionaler Formen denkbar, so daß das Problem der Aggregierbarkeit der monetären Anlageformen damit entscheidend von der Plausibilität der getroffenen Wahl der funktionalen Form abhängt. Gibt es nun Kriterien, anhand derer man diese Plausibilität überprüfen kann, oder sind womöglich alle denkbaren Formen gleich zu beurteilen? In diesem Fall würde sich die Frage der Aggregierbarkeit monetärer Anlageformen einer wissenschaftlichen Beurteilung immer dann entziehen, wenn sich nur zwei mögliche funktionale Formen

96 Für das Folgende siehe Blackorby, Primont und Russell, 1978, S. 290ff.

finden lassen, die zu entgegengesetzten Aussagen hinsichtlich der verlangten Eigenschaften kommen.

Erstrebenswert ist eine funktionale Form, die möglichst allgemeingültig ist, d.h. sehr viele konkrete Spezifikationen annehmen kann. Auf einen solchen allgemeinen Funktionstyp wird man sich wohl leichter verständigen können, als auf eine sehr spezielle funktionale Ausgestaltung. Darüber hinaus sollte dieser gewählte Funktionstyp nicht den üblicherweise im Rahmen der Haushaltstheorie getroffenen Axiomen (Vollständigkeit, positive Monotonie und Quasi-Konkavität der Präferenzordnung) widersprechen. Dies würde die empirischen Ergebnisse sofort diskreditieren. Außerdem ist auch eine leichte empirische Umsetzbarkeit in bezug auf die Nachfragefunktionen wünschenswert. Erst dies gewährleistet die empirische Verwertbarkeit der Nutzenfunktion. Eine wichtige Voraussetzung dafür ist die Linearität der Funktion in ihren Parametern.[97]

Diewert faßt die meisten der genannten Kriterien folgendermaßen zusammen:

> „...the functional form contains precisely the number of parameters needed to provide a *second order approximation* to an arbitrary twice differentiable ... function satisfying the appropriate regularity conditions..."[98]

Funktionen, die diese Eigenschaften aufweisen, besitzen gemäß Diewert eine „flexible funktionale Form".[99] Konkret sind sie entsprechend seiner Definition dadurch gekennzeichnet, daß bei geeigneter Parameterwahl der Funktionswert, der Wert der ersten und der Wert der zweiten Ableitung von tatsächlicher und gewählter Funktion bei jeder Mengenkombination der $T+1$ Beobachtungszeitpunkte übereinstimmen. Diese Bedingung soll gewährleisten, daß die gewählte Repräsentation des Präferenzsystems $\tilde{u}$ die tatsächliche Ordnung u hinreichend genau beschreibt.[100] Formal ausgedrückt bedeutet diese Interpretation von „Approximation zweiter Ordnung" $(s = t-T, t-T+1, \ldots, t)$:

---

97 Für diese Interpretation siehe Diewert (1971, S. 482ff.) und Lau (1974, S. 186ff.). Mittlerweile wird darunter jedoch mehr gefaßt. So umschreibt Lau (1986, S. 1545ff) den Aspekt der leichten empirischen Umsetzbarkeit mit „computational facility". Darunter versteht er neben der Linearität der Nutzenfunktion in den Parametern auch die Forderung, daß alle Funktionen in expliziter Form ableitbar sind und daß die abgeleiteten Nachfragefunktionen alle die gleiche Gestalt besitzen. Darüber hinaus soll die Anzahl der Parameter minimal sein, um die Flexibilität der Funktion gerade noch zu gewährleisten. Dieser Aspekt wird in der Literatur mit „parsimonious" bezeichnet. Dies geht auf Fuss, McFadden und Mundlak (1978, S. 224) zurück. Im folgenden soll als Anforderung die breitere Perspektive gewählt werden.

98 Diewert, 1973a, S. 285 (Hervorhebung im Original).

99 In diesem Sinne bereits Diewert, 1971, S. 506. Man beachte, daß die Wahl einer solchen Funktion *nicht* bedeuten muß, daß diese Funktion als *Approximations*funktion verwendet wird. Eine ausführliche Diskussion dieses Aspekts erfolgt im nächsten Abschnitt.

100 T bezeichnet die Anzahl der vorliegenden Vergangenheitswerte. t sei der Gegenwartszeitpunkt. Auf diesen werden im folgenden alle Aussagen bezogen, wobei die Ergebnisse auch für jeden anderen Beobachtungszeitpunkt s gelten $(s = t- T, t- T+1, \ldots, t)$.

Definition A

$$u(\mathbf{m}_S,\mathbf{c}_S) = \tilde{u}(\mathbf{m}_S,\mathbf{c}_S),$$

$$\nabla u(\mathbf{m}_S,\mathbf{c}_S) = \nabla\tilde{u}(\mathbf{m}_S,\mathbf{c}_S),$$

$$\nabla^2 u(\mathbf{m}_S,\mathbf{c}_S) = \nabla^2\tilde{u}(\mathbf{m}_S,\mathbf{c}_S).$$ [101]

Unglücklicherweise ist in der Literatur jedoch der Term „flexible funktionale Form" nicht hinreichend eindeutig definiert. Auch gibt es nicht nur die in Definition A dargestellte Ausformulierung der Eigenschaft, „Approximation zweiter Ordnung" zu sein. Unabhängig von dieser Eigenschaft liegt für Caves und Christensen eine „flexible funktionale Form" z.B. gerade dann vor, wenn die Einkommenselastizitäten und alle Preis- und Kreuzpreiselastizitäten der beiden Funktionen übereinstimmen.[102] Auch dies sichert ihrer Meinung nach eine hinreichend genaue Beschreibung der zugrunde liegenden Präferenzordnung. Aufgrund des Zusammenhangs zwischen diesen Elastizitäten und der Substitutionselastizität muß dies dann auch in dem Fall gelten, in dem die Übereinstimmung der Substitutionselastizitäten gefordert wird.[103] Aber selbst dann, wenn die Eigenschaft, „Approximation zweiter Ordnung" zu sein, als konstituierendes Merkmal einer flexiblen Funktion angesehen wird, besteht auch hier das Problem, daß es noch eine zweite Definition von „Approximation zweiter Ordnung" gibt. Im Sinne einer *mathematischen Definition* ist eine Funktion $g^*(x)$ dann eine Approximation zweiter Ordnung der Funktion $g(x)$, wenn gilt:[104]

$$\text{(IV.80)} \qquad \frac{g^*(\mathbf{x})-g(\mathbf{x})}{\|\mathbf{x}-\mathbf{x}_0\|^2} \to 0 \qquad \text{für} \qquad \mathbf{x} \to \mathbf{x}_0.$$

Aufgrund der Quadrierung strebt der Nenner bei *kleinen Abweichungen* des Vektors $\boldsymbol{x}$ vom Vektor $\boldsymbol{x}_0$ (Approximationspunkt) tendenziell schneller gegen Null als der Zähler, so daß sich der Quotient eher von Null entfernt, anstatt dem Wert Null zuzu-

101 Man beachte, daß die Übereinstimmung für *jedes* Portfolio oder Güterbündel $\boldsymbol{m}_s$ und $\boldsymbol{c}_s$ gelten soll. $\nabla u(\mathbf{m}_S,\mathbf{c}_S)$ wird dabei auch mit „Gradient der Funktion u" bezeichnet. Er stellt den Vektor der ersten Ableitungen exakt bei den Mengen $\boldsymbol{m}_s$ und $\boldsymbol{c}_s$ dar (vgl. Takayama, 1985, S. 82.).

102 Vgl. Caves und Christensen, 1980.

103 Für diese Interpretation siehe Diewert (1971, S. 506). Die beiden zuletzt genannten Definitionen besitzen deshalb eine starke Ähnlichkeit, weil die Substitutionselastizität stets aus den Einkommens- und Preis- bzw. Kreuzpreiselastizitäten hergeleitet werden kann. Dies wird an späterer Stelle genauer gezeigt.

104 Vgl. Barnett, 1983b, S. 12.Der Nenner von Gleichung (IV.80) erfaßt dabei den Betrag (Norm, Länge) des Vektors, der im n-dimensionalen Raum von Bündel $\boldsymbol{x}_0$ zum Bündel $\boldsymbol{x}$ führt. Dieser Betrag ist wie folgt definiert: $\|\mathbf{x}-\mathbf{x}_0\| \equiv \sqrt{(\mathbf{x}-\mathbf{x}_0)'(\mathbf{x}-\mathbf{x}_0)}$ (vgl. Bronstein und Semendjajew, 1983, S. 146). Er stellt die n-dimensionale Variante des bekannten geometrischen Lehrsatzes von Pythagoras dar, wonach bei einem rechtwinkeligen Dreieck das Quadrat der Länge der Hypothenuse gerade der Summe der quadrierten Längen der Katheden entspricht ($c^2 = a^2 + b^2$).

streben. Die Approximation muß deshalb schon sehr gut sein, damit der Zähler stärker als der Nenner Null anstrebt, so daß die obige Bedingung erfüllt ist. Bei kleinen Abweichungen wirkt die Quadrierung des Nenners somit restriktiv und erhöht die Anforderungen an die Approximationsfunktion.

Diese Formulierung im Sinn habend unterstellen Christensen, Jorgenson und Lau implizit die folgende Umsetzung:[105]

Definition B

$$u(\overline{\mathbf{m}},\overline{\mathbf{c}}) = \tilde{u}(\overline{\mathbf{m}},\overline{\mathbf{c}}),$$

$$\left|u(\mathbf{m}_t,\mathbf{c}_t) - \tilde{u}(\mathbf{m}_t,\mathbf{c}_t)\right| \leq \frac{K\left\|(\mathbf{m}_t,\mathbf{c}_t) - (\overline{\mathbf{m}},\overline{\mathbf{c}})\right\|^3}{\left\|(\overline{\mathbf{m}},\overline{\mathbf{c}})\right\|^3},$$

für (m_t, c_t) in der Umgebung des Approximationspunktes $(\overline{m},\overline{c})$ und *K* als beliebiger Konstante. Der Approximationsfehler muß also hinreichend klein sein.

Barnett zeigt nun, daß die Diewertsche Definition von „Approximation zweiter Ordnung" (Definition A) nicht nur die technischen Aspekte der Definition von „flexibler funktionaler Form" abdeckt, sondern daß sie auch gleichbedeutend mit den beiden an den Elastizitäten ausgerichteten Definitionen ist.[106] Sie ist darüber hinaus auch notwendige aber nicht hinreichende Bedingung für die mit Definition B gelieferte Version von „Approximation zweiter Ordnung".[107] Da Definition A für Definition B nicht hinreichend ist, stellt Definition B eine strengere Form dar als Definition A. Diese sichert lediglich ein gewisses Maß an Allgemeingültigkeit der verwendeten flexiblen Funktion und bildet zusammen mit der von Diewert geforderten Parameterfreiheit einen „Minimalkonsens" darüber, welche Eigenschaften flexible Funktionen besitzen sollten.[108] Demgegenüber basiert Definition B auf dem Konzept der Taylor-Approximation an beliebige Funktionen und verlangt, daß der Approximationsfehler dem Fehlerterm einer Taylor-Reihe zweiter Ordnung entspricht. Dies erlaubt eine *numerische Quantifizierung* des Approximationsfehlers.[109]

---

105 Vgl. Christensen, Jorgensen und Lau (1973). Für eine konkrete Darlegung ihrer Vorstellung von „Approximation zweiter Ordnung" siehe Lau (1974, S. 183ff.) und für den Zusammenhang zwischen dieser und der mathematischen Definition siehe Barnett (1983b, S. 12ff.).

106 Vgl. Barnett, 1983b, S. 19ff., Barnett, 1983c, S. 31ff. und Barnett, 1985, S. 35ff.

107 Vgl. Barnett, 1983b, S. 13.

108 Vgl. Barnett, 1985, S. 36.

109 Vgl. Lau, 1974, S. 183. Er nennt Approximationsfunktionen, die auf der Taylor-Reihenentwicklung basieren, deshalb auch „second order *numerical* approximations", im Gegensatz zu „second order *differential* approximations", die entsprechend der Diewertschen Definition konstituiert werden (vgl. Lau, 1974, S. 184,. Hervorhebungen durch den Verf.).

Zur Herleitung einer Taylor-Expansion sei darauf hingewiesen, daß sich eine jede Nutzenfunktion

$$\text{(IV.81)} \quad u_t = u\left(c_{0,t},\ldots,c_{k,t};m_{1,t},\ldots,m_{n,t}\right)$$

auch folgendermaßen schreiben läßt:

$$\text{(IV.82)} \quad u\left(c_{0,t},\ldots,c_{k,t};m_{1,t},\ldots,m_{n,t}\right) = \overline{u}\left(f_0^c\left(c_{0,t}\right),\ldots,f_k^c\left(c_{k,t}\right);f_1^m\left(m_{1,t}\right),\ldots,f_n^m\left(m_{n,t}\right)\right).$$

Dabei seien $f_0^c,\ldots,f_k^c;f_1^m,\ldots,f_n^m$ beliebige zweifach differenzierbare Transformationen der entsprechenden Variablen $c_{0,t},\ldots,c_{k,t};m_{1,t},\ldots,m_{n,t}$, und die Funktion $\overline{u}$ ist entsprechend Gleichung (IV.82) so definiert, daß sie gerade den Nutzenwert u_t ergibt. Betrachtet man zusätzlich eine zweifach differenzierbare monotone Transformation $\varphi = \varphi(u_t)$ von Gleichung (IV.82), so erhält man folgende Verkettung:

(IV.83)

$$\varphi \circ u\left(c_{0,t},\ldots,c_{k,t};m_{1,t},\ldots,m_{n,t}\right) = \varphi \circ \overline{u}\left(f_0^c\left(c_{0,t}\right),\ldots,f_k^c\left(c_{k,t}\right);f_1^m\left(m_{1,t}\right),\ldots,f_n^m\left(m_{n,t}\right)\right).$$

Eine solche Umformulierung der ursprünglichen Nutzenfunktion stellt die Grundlage für eine Taylor-Expansion dar.[110] In bezug auf einen beliebigen Approximationspunkt gilt dann für die tatsächlichen Beobachtungswerte jedes beliebigen Zeitpunkts t die folgende Taylor-Expansion einer verketteten Funktion $\varphi \circ u(\boldsymbol{c}_t;\boldsymbol{m}_t)$ um den Beobachtungspunkt $\left(f_0^c(\overline{c}_0),\ldots,f_k^c(\overline{c}_k);f_1^m(\overline{m}_1),\ldots,f_n^m(\overline{m}_n)\right)$

$$\begin{aligned}
\text{(IV.84)} \quad \varphi \circ u(\mathbf{c}_t;\mathbf{m}_t) &= \varphi \circ \overline{u}\left(f_0^c(\overline{c}_0),\ldots,f_k^c(\overline{c}_k);f_1^m(\overline{m}_1),\ldots,f_n^m(\overline{m}_n)\right) \\
&+ \sum_{i=0}^{k+n}\left(\frac{\partial}{\partial f_i^w(w_{i,t})}\left[\varphi \circ \overline{u}\left(f_0^c(\overline{c}_0),\ldots,f_k^c(\overline{c}_k);f_1^m(\overline{m}_1),\ldots,f_n^m(\overline{m}_n)\right)\right]\right)\left[f_i^w(w_{i,t}) - f_i^w(\overline{w}_i)\right] \\
&+ \frac{1}{2}\sum_{i=0}^{k+n}\sum_{j=0}^{k+n}\left(\frac{\partial^2}{\partial f_i^w(w_{i,t})\partial f_j^w(w_{j,t})}\left[\varphi \circ \overline{u}\left(f_0^c(\overline{c}_0),\ldots,f_k^c(\overline{c}_k);f_1^m(\overline{m}_1),\ldots,f_n^m(\overline{m}_n)\right)\right]\right) \\
&\qquad \times \left[f_i^w(w_{i,t}) - f_i^w(\overline{w}_i)\right]\cdot\left[f_j^w(w_{j,t}) - f_j^w(\overline{w}_j)\right] \\
&+ \ldots ,
\end{aligned}$$

110 Zur Taylor-Reihenentwicklung von Funktionen mehrerer Variablen siehe z.B. Allen (1972, S. 478). Die Ausführungen hier orientieren sich an Blackorby, Primont und Russell (1978, S. 292f.).

wobei die Hilfsvariable $w_{i,t}$ ($w_{j,t}$) entweder ein Konsumgut oder eine monetäre Anlage repräsentiert.[111]

Der obigen Aufsummierung liegt eine einfache Transformation zugrunde, die gewährleisten soll, daß stets klar ist, ob es sich bei $w_{i,t}$ ($w_{j,t}$) um ein Konsumgut oder eine Anlageform handelt. Demnach sollen erst alle Konsumgüter *(0,...,k)* und anschließend alle monetären Anlageformen *(1,...,n)* erfaßt werden, wobei letztere entsprechend den Index *(k+1,...,k+n)* erhalten. Mit dieser Festlegung gilt für die Menge $w_{i,t}$ zum Zeitpunkt *t* und zu jedem anderen Zeitpunkt:

Definition C

$$w_{i,t} \equiv \begin{cases} c_{i,t} \text{ für } i = 0,\dots,k \text{ mit } c_{i,t} \in \{c_{0,t},\dots,c_{k,t}\} \\ m_{i-k,t} \text{ für } i = k+1,\dots,k+n \text{ mit } m_{i-k,t} \in \{m_{1,t},\dots,m_{n,t}\} \end{cases} \quad \text{und}$$

$$f_i^w(w_{i,t}) \equiv \begin{cases} f^c(c_{i,t}) \text{ für } i = 0,\dots,k \text{ mit } c_{i,t} \in \{c_{0,t},\dots,c_{k,t}\} \\ f^m(m_{i-k,t}) \text{ für } i = k+1,\dots,k+n \text{ mit } m_{i-k,t} \in \{m_{1,t},\dots,m_{n,t}\} \end{cases},$$

sowie $w_{j,t}$ und $f_j^w(w_{j,t})$ analog.

Verwendet man mit $\overline{\alpha}_0, \overline{\alpha}_i$ und $\overline{\beta}_{ij}$ (*i,j = 0,...,k+n*) nun konkrete Werte für die transformierende Funktion $\varphi \circ \overline{u}$, die ersten und zweiten Ableitungen im Bündel $(\overline{\mathbf{c}}, \overline{\mathbf{m}})$, dann erhält man auf der Basis der Taylor-Expansion anstelle von Gleichung (IV.84) folgende allgemeine Approximationsfunktion:

$$\text{(IV.85)} \quad \varphi \circ u(\mathbf{c}_t;\mathbf{m}_t) = \overline{\alpha}_0 + \sum_{i=0}^{k+n} \overline{\alpha}_i \left[f_i^w(w_{i,t}) - f_i^w(\overline{w}_i)\right]$$

$$+ \sum_{i=0}^{k+n} \sum_{j=0}^{k+n} \overline{\beta}_{i,j} \left[f_i^w(w_{i,t}) - f_i^w(\overline{w}_i)\right] \cdot \left[f_j^w(w_{j,t}) - f_j^w(\overline{w}_j)\right]$$

$$+ \dots,$$

mit den Festlegungen $w_{i,t} = \begin{cases} c_{i,t} \text{ für } i = 0,\dots,k \text{ mit } c_{i,t} \in \{c_{0,t},\dots,c_{k,t}\} \\ m_{i-k,t} \text{ für } i = k+1,\dots,k+n \text{ mit } m_{i-k,t} \in \{m_{1,t},\dots,m_{n,t}\} \end{cases}$ und

111 Ein Approximationspunkt kann z.B. ein zu einem beliebigen Zeitpunkt *s* bestehendes Güterbündel und Anlagenportfolio sein. Allerdings muß dies nicht so sein. Es kann sich auch um fiktive Gütermengen und Anlagevolumina handeln, wobei dann gewährleistet sein muß, daß die verwendeten Mengen im Definitionsbereich der einzelnen Komponenten liegen.

$w_{j,t}$ analog, sowie $f_i^w(w_{i,t}) \equiv \begin{cases} f^c(c_{i,t}) \text{ für } i=0,\dots,k \text{ mit } c_{i,t} \in \{c_{0,t},\dots,c_{k,t}\} \\ f^m(m_{i-k,t}) \text{ für } i=k+1,\dots,k+n \text{ mit } m_{i-k,t} \in \{m_{1,t},\dots,m_{n,t}\} \end{cases}$

und der Symmetrieannahme $\overline{\beta}_{ij} = \overline{\beta}_{ji}$.

Die hier vorgenommene Vereinfachung der Bezeichnung erleichtert nicht nur die nachfolgende Diskussion in formaler Hinsicht, sondern scheint auch aus theoretischer Sicht gerechtfertigt. Denkbar sind zum Beispiel auch schwach separierbare Blöcke, die sich aus langlebigen Konsumgütern und langfristigen monetären Anlageformen zusammensetzen, so daß eine a priori getroffene Unterscheidung zwischen Gruppen monetärer Anlageformen und Gruppen von Konsumgütern nicht gerechtfertigt ist. Die Darstellung hier ist allgemein genug, solche gemischten Gruppen grundsätzlich zuzulassen.

Vernachlässigt man in Gleichung (IV.85) die Terme der dritten und höheren Ordnung vollständig und formt man die Gleichung um, so erhält man mit Gleichung (IV.86)

$$\text{(IV.86)} \quad \varphi \circ u(\mathbf{c}_t;\mathbf{m}_t) = \left(\overline{\alpha}_0 - \sum_{i=0}^{k+n} \overline{\alpha}_i f_i^w(\overline{w}_i) + \frac{1}{2}\sum_{i=0}^{k+n}\sum_{j=0}^{k+n} \overline{\beta}_{ij} f_i^w(\overline{w}_i) f_j^w(\overline{w}_j)\right)$$

$$+ \sum_{i=0}^{k+n}\left(\overline{\alpha}_i - \sum_{j=0}^{k+n} \overline{\beta}_{ij} f_j^w(\overline{w}_j)\right) f_i^w(w_{i,t}) + \frac{1}{2}\sum_{i=0}^{k+n}\sum_{j=0}^{k+n} \overline{\beta}_{ij} f_i^w(w_{i,t}) f_j^w(w_{j,t})$$

$$= \alpha_0 + \sum_{i=0}^{k+n} \alpha_i f_i^w(w_{i,t}) + \frac{1}{2}\sum_{i=0}^{k+n}\sum_{j=0}^{k+n} \beta_{ij} f_i^w(w_{i,t}) f_j^w(w_{j,t}),$$

gerade eine Taylor-Approximation zweiter Ordnung der Funktion $\varphi \circ \overline{u}$. Dabei ergeben sich die Parameter als

$$\text{(IV.87)} \quad \alpha_0 = \overline{\alpha}_0 - \sum_{i=0}^{k+n} \overline{\alpha}_i f_i^w(\overline{w}_i) + \frac{1}{2}\sum_{i=0}^{k+n}\sum_{j=0}^{k+n} \overline{\beta}_{ij} f_i^w(\overline{w}_i) f_j^w(\overline{w}_j),$$

$$\text{(IV.88)} \quad \alpha_i = \overline{\alpha}_i - \sum_{j=0}^{k+n} \overline{\beta}_{ij} f_j^w(\overline{w}_j) \quad \text{und}$$

$$\text{(IV.89)} \quad \beta_{ij} = \overline{\beta}_{ij},$$

wobei wiederum die obigen Beschränkungen oder Definitionen für *i*, *j* und $w_{i,t}$ und $w_{j,t}$ gelten sollen. Jede Funktion, die entsprechend der rechten Seite von Gleichung (IV.86) geschrieben werden kann, kann damit als eine *(Taylor-)Approximation zweiter Ordnung* an eine beliebige monotone Transformation einer „wahren" Funktion verwendet werden. Die Allgemeingültigkeit einer solchen Funktion wird noch dadurch gesteigert, daß sie als Argumente nicht die Mengenvariablen, sondern Transformationen derselben verwendet.

Die vier gebräuchlichsten (Taylor-)Approximationen zweiter Ordnungen sind:[112]

- die quadratische Funktion ($f_i^w(w_{i,t}) = w_{i,t}$ und $\varphi(u) = u$):

$$u(\mathbf{c}_t;\mathbf{m}_t) = \alpha_0 + \sum_{i=0}^{k+n}\alpha_i w_{i,t} + \frac{1}{2}\sum_{i=0}^{k+n}\sum_{j=0}^{k+n}\beta_{ij}w_{i,t}w_{j,t} \quad \text{(IV.90)}$$

- die verallgemeinerte Leontief-Funktion ($f_i^w(w_{i,t}) = \sqrt{w_{i,t}}$ und $\varphi(u) = u$):[113]

$$u(\mathbf{c}_t;\mathbf{m}_t) = \alpha_0 + \sum_{i=0}^{k+n}\alpha_i\sqrt{w_{i,t}} + \frac{1}{2}\sum_{i=0}^{k+n}\sum_{j=0}^{k+n}\beta_{ij}\sqrt{w_{i,t}}\sqrt{w_{j,t}} \quad \text{(IV.91)}$$

- das verallgemeinerte quadratische Mittel der Ordnung ρ ($f_i^w(w_{i,t}) = w_{i,t}^{\rho/2}$ und $\varphi(u) = u^{1/\rho}$):

$$u(\mathbf{c}_t;\mathbf{m}_t) = \left(\alpha_0 + \sum_{i=0}^{k+n}\alpha_i w_{i,t}^{\rho/2} + \frac{1}{2}\sum_{i=0}^{k+n}\sum_{j=0}^{k+n}\beta_{ij}w_{i,t}^{\rho/2}w_{j,t}^{\rho/2}\right)^{\rho} \quad \text{(IV.92)}$$

- die transzendente logarithmische (Translog-) Funktion ($f_i^w(w_{i,t}) = \ln w_{i,t}$ und $\varphi(u) = \ln u$):

$$\ln u(\mathbf{c}_t;\mathbf{m}_t) = \alpha_0 + \sum_{i=0}^{k+n}\alpha_i \ln w_{i,t} + \frac{1}{2}\sum_{i=0}^{k+n}\sum_{j=0}^{k+n}\beta_{ij}\ln w_{i,t}\ln w_{j,t} \quad \text{(IV.93)}$$

(Taylor-)Approximationen zweiter Ordnung erfüllen zugleich die Diewertsche Definition von „Approximation zweiter Ordnung". Bildet man von Gleichung (IV.84) jeweils die erste und die zweite Ableitung nach einem beliebigen Konsumgut oder einer beliebigen monetären Anlageform w_i, so verbleiben gerade die partiellen Ableitungs-

[112] Siehe Blackorby, Primont und Russell (1978, S. 294ff.), wobei wiederum die oben getroffenen Festlegungen in bezug auf *i*, *j* und w_i und w_j gelten sollen.

[113] Obwohl diese Bezeichnung häufig gebraucht wird, ist sie jedoch irreführend. Besser ist die Bezeichnung „verallgemeinerte lineare Nutzenfunktion", die auf Diewert (1971, S. 505 und 1973a, S. 295) zurückgeht. Nur dann, wenn die in Gleichung (IV.91) dargestellte funktionale Form im Kontext mit einer *Ausgaben*funktion gebraucht wird, impliziert sie eine Leontief-Präferenzstruktur, wonach sich der Nutzen wie folgt ergibt (υ_i = konstant für $i = 0,...,k+n$): $u_t = u(w_{0,t},...,w_{k+n,t}) = \min(\upsilon_0 w_{0,t},...,\upsilon_{k+n}w_{k+n,t})$. Andernfalls ergibt sich bei Linearhomogenität ($\alpha_0 = \alpha_j = 0$ für $j = 0,...,k+n$) und vollständiger Substituierbarkeit ($\beta_{ji} = 0$ für $i \neq j$) der Nutzen als gewichtete Summe der Mengen (vgl. Blackorby, Primont und Russell, 1978, S. 296).

terme (multipliziert mit der „inneren Ableitung"), vorausgesetzt man betrachtet den Wert der Ableitungen exakt beim Referenzgüterbündel bzw. -portfolio $(\overline{w}_0,\ldots,\overline{w}_{k+n}) = (\overline{c}_0,\ldots,\overline{c}_k;\overline{m}_1,\ldots,\overline{m}_n)$:

$$\text{(IV.94)} \quad \frac{\partial}{\partial w_{i,t}}(\varphi \circ u(\overline{\mathbf{c}};\overline{\mathbf{m}})) = \frac{\partial}{\partial f_i(w_{i,t})}[\varphi \circ \overline{u}(\ldots)] \cdot \frac{\partial f_i^w(w_{i,t})}{\partial w_{i,t}}$$

$$+ \sum_j \left(\frac{\partial^2}{\partial f_i(w_{i,t}) \partial f_j(w_{j,t})}[\varphi \circ \overline{u}(\ldots)] \right) \cdot \left(f_i^w(\overline{w}_j) - f_i^w(\overline{w}_j) \right) \cdot \frac{\partial f_i^w(w_{i,t})}{\partial w_{i,t}}$$

$$= \frac{\partial}{\partial w_{i,t}}[\varphi \circ \overline{u}(\ldots)] \quad \text{und}$$

$$\text{(IV.95)} \quad \frac{\partial^2}{\partial w_{i,t} \partial w_{j,t}}[\varphi \circ u(\overline{\mathbf{c}};\overline{\mathbf{m}})] = \frac{\partial^2}{\partial f_i^w(w_{i,t}) \partial f_j^w(w_{j,t})}[\varphi \circ \overline{u}(\ldots)] \cdot \frac{\partial f_i^w(w_{i,t})}{\partial w_{i,t}} \cdot \frac{\partial f_j^w(w_{j,t})}{\partial w_{j,t}},$$

unter Berücksichtigung der oben getroffenen Festlegungen für *i*, *j* und $w_{i,t}$ und $w_{j,t}$.

Demgegenüber gibt es auch Funktionen, die zwar keine Interpretation im Sinne einer Taylor-Approximation erlauben, trotzdem aber die weniger strenge Diewertsche Definition von „flexibler funktionaler Form" erfüllen. Beispiele hierfür sind die „verallgemeinerte Cobb-Douglas-Funktion", das „Mittel der Ordnung zwei" und das „quadratische Mittel der Ordnung zwei".[114]

Alle die genannten Spezifikationen sind von vornherein weder separierbar, noch homothetisch. Diese Eigenschaften lassen sich jedoch durch die geeignete Wahl der Parameter ebenso herbeiführen, wie die Erfüllung der obigen Axiome, die eine konsistente Präferenzordnung konstituieren (Regularitätsbedingungen).[115] Die funktionalen Formen weisen zudem den Vorteil auf, daß sie alle linear in den Parametern sind. Die Translog-Funktion und die verallgemeinerte Leontief-Funktion benötigen darüber hinaus nur eine minimale Anzahl von Parametern, um die Flexibilität zu gewährleisten.[116] Das grundsätzliche Vorgehen bei einem parametrischen Testen auf schwache Separierbarkeit und Homothetik soll im folgenden anhand der Translog-Funktion nachvollzogen werden. Dabei fällt die Wahl aus zwei Gründen auf die Translog-Funktion: Zum einen wird sie am häufigsten verwendet, zum anderen spielt sie im Rahmen der Indextheorie eine bedeutende Rolle.

---

114 Für die ersten beiden Funktionen siehe z.B. Blackorby, Primont und Russell (1978, S. 294). Die letzte Funktion wird später noch ausführlicher diskutiert.

115 Zu den speziellen Problemen der verschiedenen Ausprägungen der Taylor-Approximation siehe Blackorby, Primont und Russell (1978, S. 297ff.).

116 Vgl. Lau, 1986, S. 1546.

IV.2.4.2.1.2 Parametrische Tests mit Hilfe der Translog-Funktion

Unterstellt man, der repräsentative Akteur maximiere eine Translog-Nutzenfunktion, so hat diese entsprechend Gleichung (IV.93) folgendes Aussehen:

$$\text{(IV.96)} \quad \ln u_t = \alpha_0 + \sum_{i=0}^{k+n} \alpha_i \ln w_{i,t} + \frac{1}{2} \sum_{i=0}^{k+n} \sum_{j=0}^{k+n} \beta_{ij} \ln w_{i,t} \ln w_{j,t} \, .$$

Dabei kann $w_{i,t}$ ($w_{j,t}$) wiederum entweder ein Konsumgut $c_{i,t}$ ($c_{j,t}$) ($i = 0,...,k$) oder eine Anlageform $m_{i,t}$ ($m_{j,t}$) darstellen ($i = k+1,...,k+n$). Die Verwendung einer Translog-Funktion erlaubt relativ leicht die Bestimmung der nutzenmaximalen Ausgabenanteile der einzelnen Konsumgüter und Anlageformen:[117] Betreibt ein Akteur unter Berücksichtigung eines gegebenen Einkommens Nutzenmaximierung, so gilt

$$\text{(IV.97)} \quad \max_{c_{l,t};m_{i,t}} \ln u\left(c_{0,t},...,c_{k,t};m_{1,t},...,m_{n,t}\right)$$

$$\text{u. d. N.} \qquad E_t = \sum_{l=0}^{k} p_{l,t} c_{l,t} + \sum_{r=1}^{n} \pi_{r,t} m_{r,t} = \sum_{j=0}^{k+n} \wp_{j,t} w_{j,t} \, ,$$

wobei $\wp_{j,t}$ entweder ein Konsumgüterpreis ist ($j = 0,...,k$) oder die User-costs einer bestimmten monetären Anlageform sind ($j = k+1,...,k+n$).

Es ergeben sich folgende $k+n+1$ Bedingungen erster Ordnung:

$$\text{(IV.98)} \quad \frac{\partial u}{\partial w_{j,t}} = \lambda_t \wp_{j,t} \, .$$

Dabei ist λ_t der Lagrangemultiplikator und dieser entspricht zugleich dem Grenznutzen des Einkommens E_t ($\lambda_t = \partial u_t / \partial E_t$).

Transformiert man die Bedingungen erster Ordnung in logarithmische Terme, um eine Anwendung der Translog-Funktion zu ermöglichen, dann erhält man:

$$\text{(IV.99)} \quad \frac{\partial \ln u}{\partial \ln w_{j,t}} = \lambda_t \frac{\wp_{j,t} w_{j,t}}{u_t} \, .$$

Unter Berücksichtigung der Tatsache, daß im Optimum die Summe der mit ihren Preisen bewerteten Mengen gerade dem Einkommen entspricht (die Nebenbedingung in Gleichung (IV.86)), ergibt sich entsprechend der (modifizierten) Bedingungen erster Ordnung

---

[117] Für das Folgende siehe Christensen, Jorgenson und Lau (1975, S. 369ff.).

$$(IV.100)\quad \frac{\lambda_t}{u_t} = \frac{1}{E_t}\left(\sum_{i=0}^{k+n} \frac{\partial \ln u}{\partial \ln w_{i,t}}\right),$$

wobei sich die linke Seite dieser Gleichung gemäß Gleichung (IV.99) ersetzen läßt, so daß sich folgendes Ergebnis einstellt *(j = 0,...,k+n)*:

$$(IV.101)\quad \frac{\partial \ln u}{\partial \ln w_{j,t}} = \frac{\wp_{j,t} w_{j,t}}{E_t}\left(\sum_{i=0}^{k+n} \frac{\partial \ln u}{\partial \ln w_{i,t}}\right).$$

Damit ergibt sich der Ausgabenanteil $\theta_{j,t}$ eines Konsumgutes oder einer monetären Anlageform *j* zum Zeitpunkt *t* ganz allgemein wie folgt *(j = 0,...,k+n)*:

$$(IV.102)\quad \theta_{j,t} \equiv \frac{\wp_{j,t} w_{j,t}}{E_t} = \frac{\frac{\partial \ln u}{\partial \ln w_{j,t}}}{\left(\sum_{i=0}^{k+n} \frac{\partial \ln u}{\partial \ln w_{i,t}}\right)}.$$

Unter Zugrundelegung der Translog-Funktion erhält man die Ausgabenanteile dann als *(j = 0,...,k+n)*:

$$(IV.103)\quad \theta_{j,t} \equiv \frac{\wp_{j,t} w_{j,t}}{E_t} = \frac{\alpha_j + \sum_{i=0}^{k+n} \beta_{ij} \ln w_{i,t}}{\left(\sum_{r=0}^{k+n}\left(\alpha_r + \sum_{i=0}^{k+n} \beta_{ir} \ln w_{i,t}\right)\right)}.$$

Damit erhält man *k+n* unabhängige Bestimmungsgleichungen der Ausgabenanteile, die eine empirische Ermittlung der Parameter α_j und $\beta_{i,j}$ (für *i,j = 0,...,k+n-1*) erlauben.[118] Der Ausgabenanteil der *k+n*-ten Anlageform und die mit ihm verbundenen Paramter α_{k+n} und β_{k+n} ergeben sich aus der Budgetrestriktion, wonach die Summe der Ausgabenanteile Eins betragen muß. Da die Ausgabenanteile zudem homogen vom Grade Null in den Parametern sind, muß darüber hinaus noch eine Normierung derselben vorgenommen werden. Christensen, Jorgenson und Lau unterstellen dabei, daß die Summe der α_j betragsmäßig gerade Eins entspricht:[119]

[118] Man beachte wiederum, daß es aufgrund der Berücksichtigung der Freizeit bei den Konsumgütern *k+1* verschiedene Komponenten gibt, so daß die Anzahl der betrachteten Güter (einschließlich der Freizeit) und Anlageformen *k+n+1* beträgt. Davon können *k+n* Parameter frei bestimmt werden.

[119] Vgl. Christensen, Jorgenson und Lau, 1975, S. 370.

$$\text{(IV.104)}\quad \sum_{j=0}^{k+n} \alpha_j = 1.$$

Als Alternative zu dem geschilderten Vorgehen wird häufig an einer indirekten Translog-Funktion angesetzt:[120]

$$\text{(IV.105)}\quad \ln u_t = \ln \psi\left(\frac{\wp_{0,t}}{E_t}, \ldots, \frac{\wp_{k+n,t}}{E_t}\right) = \gamma_0 + \sum_{i=0}^{k+n} \gamma_i \ln \frac{\wp_{i,t}}{E_t} + \frac{1}{2}\sum_{i=0}^{k+n}\sum_{j=0}^{k+n} \nu_{ij} \ln \frac{\wp_{i,t}}{E_t} \ln \frac{\wp_{j,t}}{E_t}.$$

Unter Verwendung von Roy's Identität *(j = 0,...,k+n)*[121]

$$\text{(IV.106)}\quad \theta_{j,t} \equiv \frac{\wp_{j,t} w_{j,t}}{E_t} = -\frac{\partial \ln \psi / \partial \ln \wp_{j,t}}{\partial \ln \psi / \partial \ln E_t}$$

gelangt man zu einer Funktion der Ausgabenanteile, die im Unterschied zu Gleichung (IV.103) nicht von den Mengen, sondern von den einkommensnormierten Preisen abhängt, ansonsten aber die gleiche Struktur aufweist *(j = 0,...,k+n)*:[122]

$$\text{(IV.107)}\quad \theta_{j,t} \equiv \frac{\wp_{j,t} w_{j,t}}{E_t} = \frac{\gamma_j + \sum_{i=0}^{k+n} \nu_{ij} \ln \frac{\wp_{i,t}}{E_t}}{\left(\sum_{r=0}^{k+n}\left(\gamma_r + \sum_{i=0}^{k+n} \nu_{ir} \ln \frac{\wp_{i,t}}{E_t}\right)\right)}.$$

Dabei müssen auch die γ_j Parameter wieder so normiert werden, daß ihre Summe betragsmäßig Eins ergibt: $\sum_{r=0}^{k+n} \gamma_r = \gamma_m = 1$. Die Summe $\sum_{i=0}^{k+n} \nu_{ir} = \nu_{m,r}$ entspricht dabei der Einkommenselastizität.[123]

Unabhängig davon, welchen Ansatz man als Grundlage für die empirische Untersuchung wählt, setzt diese immer voraus, daß man in den *k+n* unabhängigen Bestimmungsgleichungen (siehe Gleichung IV.103) auch jeweils eine zufällige Abweichung berücksichtigt. Üblicherweise wird dabei für jeden dieser Ausgabenanteile die Exi-

---

120 So z.B. bereits Christensen, Jorgenson und Lau (1975, S. 370) und später vor allem bei Pollak und Wales (1992, S. 53ff.), die die hier dargestellte Form der indirekten Translog-Funktion als „Basisfunktion" für insgesamt fünf Spezialfälle der indirekten Translog-Funktion verwenden. Siehe aber auch Ewis und Fisher (1984, S. 38ff.), D. Fisher (1989, S. 85ff.) und Drake (1992, S. 224ff.). Demgegenüber gehen Sims, Takayama und Chao (1987, S. 118ff.) und Gauger und Schroeter (1990,S. 248ff.)) von einer Translog-Ausgabenfunktion aus.

121 Siehe dazu das Modul zur Haushaltstheorie (Abschnitt 2).

122 Gerade die Anwendbarkeit von Roy's Identität macht die Verwendung der indirekten Translog-Funktion so attraktiv (vgl. Pollak und Wales, 1992, S. 57). Die mit einem solchen Vorgehen verbundenen Probleme werden weiter unten diskutiert.

123 Vgl. D. Fisher, 1989, S. 87.

stenz eines additiven Störterms $\omega_{j,t}$ unterstellt, der auf einer unabhängigen, normalverteilten zufälligen Variablen basiert *(j = 0,...,k+n)*:[124]

(IV.108) $E[\omega_{j,t}] = 0$.

Da jedoch die Summe der Ausgabenanteile wiederum Eins ergibt, muß die Summe der Störterme Null betragen:

(IV.109) $\sum_{i=0}^{k+n} \omega_{i,t} = 0$,

so daß man mittels dieser Bedingung den Störterm der letzten Anlageform ermitteln kann.[125]

Die Modellspezifikation hängt aber auch entscheidend davon ab, welche intertemporale Beziehung zwischen den Störtermen bestehen soll. Üblicherweise unterstellt man, daß zwischen den verschiedenen Perioden keinerlei (Korrelations-)Beziehungen bestehen. Stellt ω_t den (Spalten-)Vektor der Störterme zum Zeitpunkt *t* dar, dann impliziert dies für zwei beliebige Zeitpunkte *s* und *t* folgendes *(s = t-T, t-T+1,...,t)*:

(IV.110) $E[\omega_s \omega_t'] = \begin{cases} \Omega \text{ für } s = t \\ 0 \text{ für } s \neq t \end{cases}$.

Alternativ dazu ist aber auch die Modellierung autoregressiver Strukturen denkbar. Dies soll möglichen Anpassungsfriktionen Rechnung tragen.[126]

Welche Parameterrestriktionen werden nun durch die geforderte schwache Separierbarkeit und Homothetik verursacht? Ausgangspunkt soll die Definition der schwachen Separierbarkeit sein. Schwache Separierbarkeit liegt dann vor, wenn gilt *(i,j,r = 0,...,k+n)*:

(IV.111) $\frac{\partial}{\partial w_{r,t}}\left(\frac{\partial u / \partial w_{i,t}}{\partial u / \partial w_{j,t}}\right) = 0$.

Unter Verwendung der direkten Translog-Funktion ergibt sich die Grenzrate der Substitution zwischen den Komponenten *i* und *j* als *(i,j,l,r = 0,...,k+n)*:[127]

---

124 Dies ist z.B. bei Ewis und Fisher (1984), Serletis und Robb (1986), Serletis (1987a,b und 1991) und Drake (1992) der Fall.

125 Vgl. Christensen, Jorgenson und Lau, 1975, S. 371.

126 Eine detaillierte Diskussion der empirischen Umsetzungsprobleme findet sich in Barnett (1981, S. 69ff.), Ewis und Fisher (1984), Serletis und Robb (1986), Serletis (1987a,b und 1991) und Drake (1992).

$$\text{(IV.112)} \quad \frac{\partial u/\partial w_{i,t}}{\partial u/\partial w_{j,t}} = \frac{\partial \ln u/\partial \ln w_{i,t}}{\partial \ln u/\partial \ln w_{j,t}} \cdot \frac{w_{j,t}}{w_{i,t}} = \frac{Z_{i,t}(\mathbf{w}_t)\cdot w_{j,t}}{Z_{j,t}(\mathbf{w}_t)\cdot w_{i,t}} \quad \text{mit} \quad Z_{r,t} \equiv \alpha_r + \sum_{l=0}^{k+n} \beta_{lr} \ln w_{l,t} .$$

Zusammen mit Gleichung (IV.111) impliziert dies, daß im Falle der schwachen Separierbarkeit gelten muß:

$$\text{(IV.113)} \quad Z_{j,t}(\mathbf{w}_t)\frac{\partial Z_{i,t}(\mathbf{w}_t)}{\partial w_{r,t}} - Z_{i,t}(\mathbf{w}_t)\frac{\partial Z_{j,t}(\mathbf{w}_t)}{\partial w_{r,t}} = 0$$

Unter Berücksichtigung der Definitionsgleichungen der beiden Hilfsgrößen $Z_{i,t}$ und $Z_{j,t}$ und den sich daraus ergebenden Ableitungen erhält man dann *(i,j,l,r = 0,...,k+n)*:

$$\text{(IV.114)} \quad \alpha_j\beta_{ir} - \alpha_i\beta_{jr} + \sum_{l=0}^{k+n}\left(\beta_{jl}\beta_{ir} - \beta_{il}\beta_{jr}\right)\ln w_{l,t} = 0 .$$

Schwache Separierbarkeit der beiden Komponenten *i* und *j* von der Komponente *r* impliziert somit *(i,j,l,r = 0,...,k+n)* das Vorliegen der Bedingungen:[128]

(a) $\alpha_j\beta_{ir} - \alpha_i\beta_{jr} = 0$ *und*

(b) $\beta_{jl}\beta_{ir} - \beta_{il}\beta_{jr} = 0$. (IV.115)

Die Parameter α_i und $\beta_{i,j}$ (für *i,j = 0,...,k+n-1*) werden somit zusätzlichen Restriktionen unterworfen. Empirischen Untersuchungen obliegt es dann zu testen, ob die Daten über die Ausgabenanteile wohl eher von einem Nachfragesystem mit oder einem ohne diese zusätzlichen Restriktionen erzeugt worden sind. Grundlage für einen solchen Test können der Likelihood Ratio-Test, der Wald-Test oder der Lagrangian Multiplier-Test sein.[129]

127 Für das Folgende siehe Blackorby, Primont und Russell (1978, S. 298ff.).

128 Für eine produktionstheoretische Fragestellung und unter der Annahme, Unternehmen erzielten keine Gewinne, leitet Yuhn (1991, S. 233ff.) Bedingungen ab, die auf der *indirekten* Translog-Funktion basieren und starke Änlichkeit mit den in den Gleichungen (IV.151a und b) aufgestellten Bedingungen aufweisen. Es muß gelten: $\theta_j \frac{\partial \theta_i}{\partial \ln \wp_k} = \theta_i \frac{\partial \theta_j}{\partial \ln \wp_k}$. Auf die Nutzentheorie übertragen bedeutet die Annahme, daß die Unternehmen keine Gewinne erzielen, daß die verwendete Herleitung dieser Bedingung nur im Falle linearhomogener direkter Nutzenfunktionen vorgenommen werden kann. In diesem Fall sind direkte und indirekte Nutzenfunktion self-dual, so daß es tatsächlich unerheblich ist, ob man den einen oder den anderen Ansatz wählt.

129 Vgl. Madalla, 1992, S. 199ff. Für den Likelihood Ratio-Test benötigt man die Likelihood-Funktion, die in Abhängigkeit konkreter Parameterwerte (zuzüglich der Varianz) die maximale Wahrscheinlichkeit ausweist, daß gerade mit diesen Parametern die beobachtbaren Variablenwerte generiert wurden. Der Likelihood Ratio-Test bildet dann das Verhältnis der maximalen Wahrscheinlichkeit des restringierten Modells zu der des unrestringierten. Dieses Verhältnis muß stets kleiner als Eins sein, denn die allgemeine Form muß der spezielleren immer überlegen sein. Weicht das Verhältnis signifikant von 1 ab, so müssen die Hypothesen über die Parameter, die die Grundlage

Es muß aber bereits an dieser Stelle ausdrücklich darauf hingewiesen werden, daß die Translog-Funktion *nicht* geeignet ist, eine Approximation zweiter Ordnung für *jede beliebige* separierbare Funktion zu liefern. Welche Implikationen eine schwach separierbare Translog-Funktion beinhaltet, soll deshalb im folgenden gezeigt werden.[130]

Betrachtet man die in Gleichung (IV.115) enthaltenen Bedingungen (a) und (b) für das Vorliegen der schwachen Separierbarkeit der Güter oder Anlageformen (*i* und *j*) einer bestimmten Gruppe (Teilmenge) aller Güter oder Anlagen (I^h), so sind diese entweder erfüllt,

(i) wenn $\beta_{ir} = \beta_{jr} = 0$ ist,[131] *oder*

(ii) wenn die Güter oder Anlageformen *i* und *j* von *jeder* anderen Variablen l $(i \neq j \neq l)$ schwach separierbar sind, insbesondere auch von *jeder* anderen Variablen in einer Gruppe I^h $(i,j,l \in I^h)$.

Daß diese beiden Bedingungen hinreichend sind, ergibt sich direkt aus den in Gleichung (IV.115) formulierten Parameterrestriktionen (a) und (b), die die schwache Separierbarkeit implizieren (Fall i), und der Tatsache, daß die beiden Koponenten auch gegenüber der Komponente *r* schwach separierbar sind, wenn sie dies gegenüber *allen* Komponenten sind (Fall ii). Weniger offensichtlich ist jedoch, daß diese beiden Bedingungen nicht nur hinreichend, sondern auch (alternativ) notwendig sind. Dieser Umstand läßt sich wie folgt prüfen: Ist Bedingung (i) *nicht* erfüllt, d.h. sind β_{ir} und β_{jr} ungleich Null $(\beta_{ir} \neq 0; \beta_{jr} \neq 0)$, dann ist Bedingung (b) in Gleichung (IV.115) nur erfüllt, wenn in bezug auf eine beliebige Komponente *l* entweder

(i') $\beta_{il} = \beta_{jl} = 0$ *oder*

(b) $\beta_{jl}\beta_{ir} - \beta_{il}\beta_{jr} = 0$ (IV.116)

gilt,[132] vorausgesetzt die Parameter α_i und α_j sind ungleich Null $(\alpha_i \neq 0; \alpha_j \neq 0)$.[133] Beide Bedingungen implizieren die schwache Separierbarkeit der Komponente *l* von den beiden Komponenten *i* und *j*. Im Fall von Bedingung (i') ist dies wiederum offen-

für die restringierte Version darstellten, abgelehnt werden. Der Wald-Test und der Lagrangian Multiplier (LM)-Test basieren auf einem ähnlichen Prinzip, wobei der Wald-Test direkt auf den Regressionsfehlern des restringierten und des unrestringierten Modells basiert und der LM-Test untersucht, inwieweit sich der Fehler des restringierten Modells durch die Variablen des unrestringierten erklären lassen.

130 Für das Folgende siehe Blackorby, Primont und Russell (1978, S. 300ff.).

131 Die Bedingung, daß die beiden Kreuzableitungsterme Null sind bedeutet nicht nur, daß die Komponente *r* und die beiden Komponenten *i* und *j* jeweils Element einer anderen Gruppe sind, sondern darüber hinaus, daß die beiden Gruppen additiv separierbar sind.

132 Der zweite Fall ist tautologisch, aber für das Folgende aus systemmatischen Gründen nötig.

133 Die Parameter α_i und α_j sind immer ungleich Null, wenn die Komponenten *i* und *j* Einfluß auf die Höhe des Nutzens haben.

sichtlich, wenn man die Voraussetzung für die schwache Separierbarkeit (Gleichung IV.114) betrachtet. Ist Bedingung (i') nicht gegeben, so impliziert Bedingung (b) aus Gleichung (IV.115) zusammen mit Bedingung (a), die ja ebenfalls vorliegen muß:[134]

$$\text{(IV.117)} \quad \frac{\beta_{ir}}{\beta_{jr}} = \frac{\beta_{il}}{\beta_{jl}} = \frac{\alpha_i}{\alpha_j}.$$

Das führt dazu, daß auch die Bedingung (a') für die schwache Separierbarkeit der Komponente *l* von den beiden Komponenten *i* und *j* erfüllt ist:

$$\text{(a')} \quad \alpha_j\beta_{il} - \alpha_i\beta_{jl} = 0. \qquad \text{(IV.118)}$$

Zusammen mit (b) bedeutet (a') somit, daß die Komponenten *i* und *j* von der beliebigen Komponente *l* schwach separierbar sind. Die schwache Separierbarkeit der beiden Komponenten *i* und *j* von jedem beliebigen Gut oder Anlageform ist also dann notwendige Voraussetzung für die schwache Separierbarkeit gegenüber der konkreten Komponente *r*, wenn die Kreuzableitungen β_{ir} und β_{jr} nicht Null sind.

Welche Implikation hat dies nun für die Struktur der Nutzenfunktion? Schwache Separierbarkeit einer Gruppe von Gütern oder Anlageformen $(i,j \in I^h)$ gegenüber einer anderen Variablen *r* außerhalb dieser Gruppe $(r \notin I^h)$ impliziert entweder,

- daß die Gruppe I^h additiv separierbar von allen Variablen außerhalb der Gruppe ist, *oder*
- daß die Teilnutzenfunktion u^h der Gruppe I^h als lineare Funktion der Logarithmen der Komponenten $(i,j,l \in I^h)$ geschrieben werden kann.[135]

Die additive Separierbarkeit einer Gruppe I^h von den Variablen, die nicht dieser Gruppe I^h angehören sollen, folgt direkt aus Bedingung (i). Die Forderung nach einer Kreuzableitung von Null bedeutet, daß die Veränderung des Gesamtnutzens u_t – und damit auch die des Teilnutzens u_t^h – infolge der Änderung einer Komponente *i* innerhalb der Gruppe I^h nicht von der Höhe der Komponenten *r* außerhalb der Gruppe abhängt. Diese Bedingung ist nur dann erfüllt, wenn sich der Gesamtnutzen als Funktion der Summe aus verschiedenen Teilnutzenfunktionen bildet, wobei die Komponenten *i* und *r* nicht der gleichen Teilnutzenfunktion angehören dürfen. Eine solche Struktur impliziert gerade die additive Separierbarkeit der Gruppe I^h von allen Gütern oder Anlageformen außerhalb der Gruppe.

Liegt Bedingung (i) nicht vor, dann impliziert die schwache Separierbarkeit der Komponenten *i* und *j* $(i,j \in I^h)$ von einer beliebigen Komponente *r* außerhalb der Gruppe I^h

---

[134] Für diese Bedingung siehe bereits Berndt und Christensen (1973a, S. 86).

[135] Die Komponenten sind „unabhängig" voneinander. Die „Unabhängigkeit" ist ein der schwachen Separierbarkeit artverwandtes Konzept, setzt aber an der Veränderung der *logarithmierten* Grenzrate der Substitution an (vgl. Blackorby, Primont und Russell, 1978, S. 163)..

($r \notin I^h$), daß Bedingung (b) vorliegt. Da Bedingung (b) für *alle beliebigen Kombinationen* von Komponenten der Gruppe I^h gegenüber *allen anderen* Gütern oder Anlageformen gelten muß, impliziert diese umfassende schwache Separierbarkeit, daß alle Komponenten innerhalb der Gruppe I^h eine eigene Teilfunktion bilden, die zusammen linear miteinander verbunden sind. Im Kontext der Translog-Funktion führt dies zu einer gewichteten Summierung der logarithmierten Komponenten.[136] Dies impliziert zugleich die Homogenität der Teilnutzenfunktion. Die Änderung des Teilnutzens ergibt sich als bestimmtes Vielfaches der Änderung aller Komponenten. Entsprechend dem totalen Differential ergibt sich diese Änderung als Summe der partiellen Ableitungen und damit entsprechend ihrer Definition als Summe über die α_i. Bei obiger Normierung der Parameter, wonach die Summe gerade Eins ergeben soll, folgt dann daraus sogar die Linearhomogenität. Schwache Separierbarkeit im Rahmen der Translog-Funktion bedeutet also, daß asymmetrische Strukturen (z.B. die der Rekursivität) bei nicht-homothetischen Teilnutzenfunktionen mit der Translog-Funktion überhaupt nicht dargestellt werden können.[137]

Studien, die somit rekursive Strukturen mit Hilfe der Translog-Funktion abbilden, unterstellen also von vornherein, daß die Teilnutzenfunktionen (mindestens) homothetisch sind.[138] Diese restriktive Annahme über die Gestalt der Teilnutzenfunktionen bedarf jedoch einer vorherigen empirischen Überprüfung. Hierfür muß man auf ähnlichem Wege Parameterrestriktionen ableiten, wie dies für die schwache Separierbarkeit erfolgte: Betrachtet man die direkte Nutzenfunktion u als die umfassendste Funktion, so liegt Homothetik derselben dann vor, wenn man sie als monotone Transformation einer linearhomogenen Funktion $\tilde{u}$ schreiben kann:[139]

$$\text{(IV.119)} \quad u = \xi(\tilde{u}(\mathbf{w}_t)) \qquad \text{mit} \qquad \tilde{u}(\lambda \mathbf{w}_t) = \lambda \tilde{u}(\mathbf{w}_t).$$

Übertragen auf die logarithmischen Strukturen der Translog-Funktion empfiehlt sich jedoch folgende Schreibweise:[140]

$$\text{(IV.120)} \quad \ln u = \xi(\ln \tilde{u}(\mathbf{w}_t)),$$

wobei die („Basis"-) Funktion $\tilde{u}(\boldsymbol{w}_t)$ jedoch weiterhin linearhomogen sein soll.

136 Vgl. Blackorby, Primont und Russell, 1978, S. 309. Strukturen, bei denen jede Komponente eine eigene Teilnutzenfunktion bildet, stellen gerade die Grundlage für die additive Separierbarkeit dar.

137 Blackorby, Primont und Russell (1978, S. 300) bezeichnen diesen Umstand mit „separability-inflexibility" flexibler funktionaler Formen, die auf obigem Taylorschem Entwicklungsprinzip basieren. Sie zeigen zudem, daß die beiden anderen häufig verwendeten flexiblen Funktionen – verallgemeinerte Cobb-Douglas-Funktion und das Mittel der Ordnung zwei – noch eingeschränkter in ihrer Verwendbarkeit sind. Sie können *überhaupt keine* asymmetrischen Strukturen abbilden (vgl. Blackorby, Primont und Russell, 1978, S. 312ff.).

138 Als Beispiel seien hier die Arbeiten von Serletis (1987b und 1991) genannt.

139 Im obigen Teil wurde diese Funktion mit „Basis(teil)nutzenfunktion" bezeichnet.

140 Vgl. Christensen, Jorgenson und Lau, 1975, S. 372.

Der Parameter α_i aus Gleichung (IV.93) ergibt sich dann als *(i = 0,...,k+n)*:

$$\text{(IV.121)} \quad \frac{\partial \ln u}{\partial \ln w_{i,t}} = \frac{\partial \xi}{\partial \ln \tilde{u}} \frac{\partial \ln \tilde{u}}{\partial \ln w_{i,t}} = \alpha_i .$$

Dementsprechend erhält man den Parameter $\beta_{i,j}$ als (für *i,j = 0,...,k+n-1*):

$$\text{(IV.122)} \quad \frac{\partial^2 \ln u}{\partial \ln w_{i,t} \partial \ln w_{j,t}} = \frac{\partial \xi}{\partial \ln \tilde{u}} \frac{\partial^2 \ln \tilde{u}}{\partial \ln w_{i,t} \partial \ln w_{j,t}} + \frac{\partial^2 \xi}{\partial \ln \tilde{u}^2} \frac{\partial \ln \tilde{u}}{\partial \ln w_{i,t}} \frac{\partial \ln \tilde{u}}{\partial \ln w_{j,t}} = \beta_{ij} .$$[141]

Die Linerarhomogenität der „Basisfunktion" impliziert nun, daß entsprechend dem Euler Theorem die Summe der Elastizitäten gerade Eins ergibt *(i,j = 0,...,k+n)*:[142]

$$\text{(IV.123)} \quad \sum_{i=0}^{k+n} \frac{\partial \ln \tilde{u}}{\partial \ln w_{i,t}} = 1.$$

Leitet man Gleichung (IV.123) nach der Veränderung des Logarithmus eines beliebigen Konsumgutes oder Anlageform $w_{j,t}$ ab, so impliziert die Linearhomogenität zusätzlich:

$$\text{(IV.124)} \quad \sum_{i=0}^{k+n} \frac{\partial^2 \ln \tilde{u}}{\partial \ln w_{i,t} \partial \ln w_{j,t}} = 0 .$$

Berücksichtigt man die in Gleichung (IV.104) getroffene Normierung, wonach sich alle α_i zu Eins addieren, dann erhält man damit im Fall der Homothetik der Nutzenfunktion *k+n+1* zusätzliche Parameterrestriktionen *(i,j = 0,...,k+n)*:

$$\text{(IV.125)} \quad \sum_{i=0}^{k+n} \beta_{ij} = \sigma \alpha_j = 0 \qquad \text{mit} \qquad \sigma \equiv \frac{\partial^2 \xi}{\partial \ln \tilde{u}^2} .$$

Betrachtet man die in Gleichung (IV.93) dargestellte Struktur der direkten Translog-Funktion, so wird deutlich, daß diese aufgrund der Addition der Kreuzableitungen nur dann homothetisch sein kann, wenn sie homogen ist, d.h. die Kreuzableitungen sich jeweils zu Null addieren. Da die Parameter α_j keineswegs alle Null sein müssen, impliziert die Homothetik der Nutzenfunktion, daß die Hilfsvariable σ, als die zweite Ableitung der logarithmierten Nutzenfunktion $\xi(\tilde{u}(\boldsymbol{w}_t))$ nach dem Logarithmus der „Basisfunktion" $\tilde{u}(\boldsymbol{w}_t)$, Null ist. Dies impliziert, daß die Ableitung der logarithmierten

---

141 Strenggenommen müßten die Parameter α_j und β_{ij} noch mit einem Zeitindex versehen werden, denn obige Gleichungen sind für einen konkreten Zeitpunkt formuliert. Da es sich aber um Überlegungen handelt, die die Grundlage für eine empirische Bestimmung der Parameter bilden, wird im allgemeinen auf die Zeitindizes verzichtet. Zu den Problemen, die mit dieser Zeitpunktbetrachtung verbunden sind, siehe weiter unten

142 Vgl. Henderson und Quandt, 1985, S. 109.

Nutzenfunktion nach dem Logarithmus der „Basisfunktion" konstant und die Nutzenfunktion somit homogen ist. Da sich der Homogenitätsfaktor aber gerade als Summe der α_j ergibt und die α_j Parameter so normiert wurden, daß ihre Summe den Wert Eins annimmt, ist eine Translog-Funktion mit einem σ von Null und einer solchen Normierung nicht nur homogen, sondern sogar linearhomogen.[143] Tests auf Homothetik bedeuten bei einer so normierten Translog-Funktion also immer eine Überprüfung der restriktiveren Annahme der Linearhomogenität.[144]

Eine solche Implikation ist aber grundsätzlich kein Nachteil. Wie im vorherigen Abschnitt IV.2.3.3.2 bereits dargelegt wurde, läuft im Rahmen der schwachen Separierbarkeit die Homothetik der Teilnutzenfunktion stets darauf hinaus, daß als konkrete Aggregationsfunktion die linearhomogene „Basisfunktion" zu verwenden ist. Unterstellt man, daß die betrachtete Funktion Teil eines Gesamtsystems ist, dann kann eine homothetische Teilnutzenfunktion durch eine linearhomogene „Basisteilnutzenfunktion" ersetzt werden, ohne daß es irgendeinen Unterschied für den Gesamtnutzen macht. Im Rahmen von Aggregationsüberlegungen, bei denen die konkrete Höhe des Teilnutzens letztlich uninteressant ist und nur die Linearhomogenität der Aggregationsfunktion von Bedeutung ist, implizieren Tests auf Homothetik konsequenterweise immer Tests auf Linearhomogenität. Widersprechen die Daten der Hypothese der Linearhomogenität, dann kann die betrachtete Funktion zwar als Teilnutzenfunktion, nicht aber als „Basisteilnutzenfunktion" interpretiert werden. Sie kann deshalb auch nicht als Aggregationsfunktion verwendet werden. In diesem Fall ist die Verwendung der entsprechenden Distanzfunktion als Aggregationsfunktion angezeigt.

Linearhomogene – wie auch homothetische – Nutzenfunktionen implizieren nun, daß die Einkommenselastizität aller Komponenten stets Eins beträgt und die Ausgabenanteile damit bei jeder Einkommenshöhe konstant bleiben. Dies ist eine sehr restriktive Bedingung. Verzichtet man auf ein Testen der Homothetikeigenschaft, so wird anstelle einer homothetischen Nutzenfunktion häufig eine weniger strenge quasihomothetische verwendet.[145] Quasi-homothetische Nutzenfunktionen zeichnen sich

143 Auch dies ist wiederum Ausfluß des Euler Theorems. Dies findet seinen Niederschlag in den Gleichungen (IV.118), (IV.120) und (IV.104). Sie implizieren sofort, daß immer $\frac{\partial \xi}{\partial ln\tilde{u}}=1$ gelten muß. Aus diesem Grund wird die Bedingung $\sum_{i=0}^{k+n}\beta_{ij}=0$ auch häufig als Bedingung für die Linearhomogenität genannt (siehe z.B. Ewis und Fisher, 1984, S. 39, Serletis, 1987a, S. 172). Die entstehende Funktion entspricht bei der vorgenommenen Normierung $\sum_{i=0}^{k+n}\alpha_j=1$ einer Cobb-Douglas-Nutzenfunktion.

144 Verwendet man die indirekte Translog-Funktion, so lautet die Bedingung für Linearhomogenität: $\sum_{i=0}^{k+n}\nu_{ir}=0$ (vgl. D. Fisher, 1989, S. 89).

145 Für einen solchen Ansatz siehe z.B. Barnett (1980), Serletis und Robb (1986, S. 434) und Serletis (1987a).

zwar ebenfalls durch lineare Einkommenskonsumkurven („Engelkurven") aus, diese verlaufen aber nicht durch den Ursprung, so daß sich die Ausgabenanteile bei einer Veränderung des Einkommens verschieben. Aufgrund der Linearität der Engelkurven spricht man auch davon, daß quasi-homothetische Nutzenfunktionen homothetisch in bezug auf einen bestimmten „Punkt" sind, der nicht der Ursprung ist.[146] Dieser „Punkt" kann nun unterschiedlich erklärt werden. Üblicherweise wird er in der Haushaltstheorie durch das Güterbündel bestimmt, welches zur Erhaltung des Existenzminimums notwendig ist.[147] Da eine Übertragung eines solchen Ansatzes in bezug auf monetäre Anlageformen nur wenig Sinn macht, interpretiert Barnett diesen Punkt als die Mengen, die gewohnheitsmäßig gehalten werden.[148]

IV.2.4.2.2 Kritik an der parametrischen Spezifizierung von Nutzenfunktionen

Die bisherigen Ausführungen sollten auch dazu dienen, die zahlreichen Annahmen und „Fußangeln" aufzudecken, die mit einer parametrischen Bestimmung konsistenter Geldmengenaggregate verbunden sind. Die Kritik an einem solchen Vorgehen muß dementsprechend an diesen Schwachpunkten ansetzen.

Ein erstes Problem entsteht dann, wenn man anstatt an der direkten Nutzenfunktion an der indirekten ansetzt. Nicht nur, daß einem die indirekte Nutzenfunktion keine Aggregationsfunktion der *Mengen* zu liefern vermag, es können sich auch andere Ergebnisse in bezug auf die Klassifikation der monetären Anlageformen mit „Geld" ergeben. Schließlich wurde im vorherigen Kapitel deutlich gemacht, daß eine in einer bestimmten Aufteilung schwach separierbare direkte Nutzenfunktion und eine in derselben Aufteilung schwach separierbare indirekte Nutzenfunktion nur dann die gleichen Präferenzen widerspiegeln, wenn die direkte Nutzenfunktion homothetisch ist. Eine direkte und eine indirekte Translog-Funktion repräsentieren somit unter Umständen völlig unterschiedliche Präferenzen. Ein Aspekt, der dahingehend interpretiert werden kann, die direkte Translog-Funktion zu verwenden, da nur sie zugleich das Aggregationsproblem zu lösen vermag.

Darüber hinaus wurde oben bereits gezeigt, daß flexible funktionale Formen, die auf einer Taylor-Expansion basieren, nicht in der Lage sind, alle möglichen Präferenzstrukturen abzubilden. Rekursivität impliziert Homothetik. Die „Flexibilität" flexibler funktionaler Formen ist somit grundsätzlich eingeschränkt.

---

146 Für diese Formulierung siehe z.B. Serletis und Robb (1986, S. 434).

147 So z.B. bei Deaton und Muellbauer (1980, S. 65). Die daraus resultierenden Subsistenzausgaben werden zur Ausgabenfunktion hinzuaddiert. Man erhält dann die sogenannte „Gorman Polar Form", nach der sich die Gesamtausgaben wie folgt zusammensetzen: $e(u,\wp) = g(\wp) + \vartheta(u) \cdot f(\wp)$. Entscheidungsrelevant ist dann nur noch der Einkommensteil, der die Subsistenzausgaben übersteigt.

148 Vgl. Barnett, 1980, S. 20. Demgegenüber scheinen Serletis und Robb (1986, S. 434) mehr die traditionelle Sichtweise zu pflegen.

Neben dieser eingeschränkten Verwendbarkeit der flexiblen funktionalen Formen fallen aber auch die praktischen Grenzen für die Verwendung flexibler (Teil-) Nutzenfunktionen auf. Die Anzahl der zu schätzenden Parameter beträgt annähernd das Quadrat der betrachteten Anlageformen und Gütermengen, sofern man keine Beschränkungen bezüglich der Symmetrie, Linearhomogenität oder schwachen Separierbarkeit voraussetzt. Um die notwendigen Freiheitsgrade für eine hinreichend genaue ökonometrische Bestimmung der Parameter zu besitzen, kann ein solcher Ansatz nur für eine relativ kleine Anzahl von Komponenten verwendet werden. Es ist eine Illusion zu meinen, man könne ein gesamtes Nachfragesystem über alle Güter und Anlageformen unter dem Dach einer gemeinsamen Nutzenfunktion konstruieren. Selbst dann, wenn man die schwache Separierbarkeit der monetären Anlageformen von den Konsumgütern (und der Freizeit) a priori unterstellt, wäre ein solcher Ansatz noch zu parameterintensiv, um alle Anlagen zu berücksichtigen. Diesem Dilemma kann man auf zwei verschiedenen Wegen begegnen. Entweder man schließt manche Anlageformen von vornherein aus, oder man verzichtet auf die Flexibilität der verwendeten Funktion.[149] Beide Lösungswege sind unbefriedigend und die Wahlmöglichkeit läßt es insgesamt unwahrscheinlich erscheinen, daß man auf diesem Wege zu einer allgemein akzeptierten Definition von Geld gelangt.

Aber selbst dann, wenn man nur die Zulässigkeit der Aggregation eines Bruchteils aller Anlageformen untersuchen will oder gänzlich vom Klassifikationsproblem absieht, verbleiben noch genügend Schwierigkeiten beim Aggregationsproblem, die der Verwendung von flexiblen (Teil-) Nutzenfunktionen einen Großteil ihrer Attraktivität raubt. Insbesondere diesen Problemen sind die nun folgenden Ausführungen in diesem Abschnitt gewidmet.

So läßt sich als ein weiterer zentraler Kritikpunkt an den flexiblen (Teil-) Nutzenfunktionen anführen, daß es „die" zu wählende Aggregationsfunktion nicht gibt, was die Eindeutigkeit des parametrischen Verfahrens weiter reduziert. Alleine bei den aus einer Taylor-Expansion folgenden flexiblen Funktionen werden in der Literatur die vier oben genannten Typen diskutiert. Zusätzliche funktionale Formen sind denkbar, wenn man von der Taylor-Entwicklung absieht und „lediglich" die Diewertsche Definition von „flexibler funktionaler Form" unterstellt.[150] So verwendet Barnett z.B. eine auf der Laurent-Erweiterung basierende verallgemeinerte Leontief-Funktion.[151] Im

149 Der erste Ansatz wird von allen den bereits genannten Autoren gewählt, die flexible funktionale Nutzenfunktionen in ihren Untersuchungen verwenden. So wird von einer Berücksichtigung der Gütermengen und der Freizeit stets abgesehen, aber auch häufig die Liste der betrachteten Anlageformen mit der Begründung eingeschränkt, man wolle das neue Aggregat mit den bestehenden Summenaggregaten vergleichen. Auf die Verwendung flexibler funktionaler Formen verzichten zum einen Chetty (1969) und Denny und Fuss (1977), die jeweils eine CES-Funktion wählen, aber auch Diewert und Wales (1987), die eine semiflexible Form propagieren. Diese zeichnet sich dadurch aus, daß der Rang der Matrix der zweiten Ableitungen reduziert wird.

150 Einen Überblick über die verschiedenen Ansätze liefert Deaton (1986, S. 1788ff.).

151 Diese Bezeichnung stammt von Barnett (1985, S. 34), wobei auch hier wieder „verallgemeinerte lineare Funktion" besser wäre. Für den Ansatz siehe z.B. auch Barnett (1983b, S. 14ff.).

Gegensatz zur Taylor-Erweiterung entsteht eine Laurent-Erweiterung um einen beliebigen Approximationspunkt $\overline{\boldsymbol{w}}$ eines Bündels $\boldsymbol{w}_t$ wie folgt:

$$\text{(IV.126)}\quad u(\mathbf{w}_t) = \sum_{n=-\infty}^{+\infty} \alpha_n (\mathbf{w}_t - \overline{\mathbf{w}})^n .$$

Selbst dann, wenn man nur eine recht geringe Anzahl von Variablen betrachtet, wird die Funktion schnell sehr komplex und es müssen zahlreiche Parameter geschätzt werden. In der Regel zu viele, in Relation zu der Anzahl der Beobachtungswerte. Deshalb sind Vereinfachungen im Sinne von Parametervorgaben notwendig. Barnett nennt ein so restringiertes System „Minflex Laurent Modell".[152]

Auch Ewis und Fisher verwenden nicht die Translog-Funktion, sondern eine „Fourier flexible form".[153] Die Fourier-Entwicklung[154]

$$\text{(IV.127)}\quad u(\mathbf{w}_t) = \frac{\alpha_0}{2} + \sum_{j=1}^{\infty} \left(\alpha_j \cos(j \cdot \mathbf{w}_t) + \beta_j \sin(j \cdot \mathbf{w}_t) \right)$$

würde zu ähnlich komplexen Funktionen wie die auf der Laurent-Erweiterung basierende verallgemeinerte Leontief-Funktion von Barnett führen. Deshalb wird die Fourierreihe an einer bestimmten Stelle abgebrochen und stellt dann eine Approximation einer Funktion durch ein trigonometrisches Polynom dar.[155]

Bezogen auf eine *indirekte* Nutzenfunktion $\psi(v)$ mit $v_i = \pi_i/E^m$ ($i = 0,..,k+n$) erhält man:[156]

$$\text{(IV.128)}\quad \psi_K(\mathbf{v}) = \alpha_0 + \boldsymbol{\beta}'\mathbf{v} + 1/2\mathbf{v}'\mathbf{C}\mathbf{v} + \sum_{z=1}^{Z} \left\{ \alpha_{0z} + 2\sum_{j=1}^{J} \left[\alpha_{jz} \cos(j\mathbf{k}_z'\mathbf{v}) - \varphi_{jz} \sin(j\mathbf{k}_z'\mathbf{v}) \right] \right.$$

$$\text{mit}\quad \mathbf{C} = -\sum_{z=1}^{Z} \alpha_{0z}\mathbf{k}_z\mathbf{k}_z' .$$

Dabei sind α_0, α_z, β und φ Vektoren zu schätzender Parameter und $\mathbf{k}'_z$ ein „Multi-Index", der die partiellen Ableitungen erfaßt ($z = 1,..,Z$) und als Gewichte der ein-

---

[152] Barnett, 1983b.

[153] Vgl. Ewis und Fisher, 1985, S. 156ff. Siehe auch D. Fisher (1989, S.94ff. und 1992, S. 145ff.) und Fleissig (1997, S. 181ff.) Die „Fourier flexible form" geht auf Gallant (1981) zurück. Sie ist ungleich komplexer als die auf der Taylor-Expansion basierenden Funktionen und sie übersteigt darin sogar noch die Minflex-Funktion.

[154] Für die Funktion einer Variablen siehe Bronstein und Semendjajew (1983, S. 607).

[155] Vgl. Bronstein und Semendjajew, 1983, S. 607.

[156] Vgl. Fisher und Fleissig, 1994, S. 118.

kommensnormierten Preise interpretiert werden kann.[157] Z erfaßt dabei die Anzahl der Terme, die berücksichtigt werden sollen, und J den Approximationsgrad. Ewis und Fisher verwenden für Z den Wert 6 und für J den Wert 1.[158] Unter Anwendung von Roy's Identität kann man dann wieder Schätzgleichungen für die Ausgabenanteile ermitteln.

Der Vorteil der „Fourier-flexiblen Form" wird zum einen darin gesehen, daß sie es erlaubt, anders als die Translog-Funktion, die Abweichungen der geschätzten von den tatsächlichen partiellen Ableitungen der Nutzenfunktion nach den Anlageformen zu ermitteln. Immer dann, wenn man auf die Substitutionsbeziehungen zwischen den Anlageformen abstellt, spielt dies eine große Rolle.[159] Da die Substitutionselastizitäten ganz wesentlich von diesen partiellen Ableitungen abhängen, kann man jetzt die Zuverlässigkeit der ermittelten Werte besser abschätzen. Darüber hinaus kann die „Fourier-flexible Form" dynamisch erweitert werden.[160] Die Berücksichtigung verzögerter Variablenwerte ist dann vorteilhaft, wenn man bei der zugrunde gelegten Periodenlänge unterstellen muß, daß der (repräsentative) Akteur sein Portfolio nicht vollständig anpaßt. Fisher und Fleissig sehen deshalb die „Fourier-flexible Form" vor allem bei Untersuchungen auf der Basis von Monatswerten als überlegen an.[161]

Einen alternativen Ansatz wählen Barnett und Jonas und später Yue.[162] Sie approximieren eine beliebige indirekte Nutzenfunktion $\psi(\nu)$ (mit $\nu_i = \pi_i/E^m$ für $i = 0,..,k+n$) mit einer Müntz-Szatz Reihe der Ordnung K:[163]

$$(IV.129)\quad \psi = \alpha_0 + \sum_{\kappa=1}^{K}\sum_{i=0}^{k+n}\alpha_{i\kappa}\nu_i^{\xi(\kappa)} + \sum_{\kappa=1}^{K}\sum_{\upsilon=1}^{K}\left[\sum_{j=0}^{k+n}\sum_{i=0}^{k+n}\alpha_{ij\kappa\upsilon}\nu_i^{\xi(\kappa)}\nu_j^{\xi(\upsilon)}\right] + \sum_{\kappa=1}^{K}\sum_{\upsilon=1}^{K}\sum_{\eta=1}^{K}\left[\sum_{l=0}^{k+n}\sum_{j=0}^{k+n}\sum_{i=0}^{k+n}\alpha_{ijl\kappa\upsilon\eta}\nu_i^{\xi(\kappa)}\nu_j^{\xi(\upsilon)}\nu_l^{\xi(\eta)}\right] + \ldots$$

157 Vgl. Fisher und Fleissig, 1994, S. 118.

158 Ewis und Fisher (1985, S. 157) begründen dies wie folgt: „In the present study we choose $A = 6$ (hier: Z) and $J = 1$ primarily in order to get a sufficient number fo terms (A; hier Z) and because higher values of J resulted in a significant loss of degrees of freedom. ... $J = 1$ has the easy intuition that it enables us to capture the influence of changes in relative prices, values of J greater than that have no intuition that we can think of."

159 Vgl. Fleissig, 1997, S. 181. Siehe auch Ewis und Fisher (1985, S. 158f.). Die Beziehung zwischen Substitutionselastizität und schwacher Separierbarkeit wird im nächsten Abschnitt dargestellt.

160 Diesen Ansatz findet man in Fisher und Fleissig (1994, S. 119ff. und 1997, S.464ff.). Im Vektor ν befinden sichdann nicht nur gegenwärtige, sondern auch verzögerte ausgabennormierte User costs.

161 Vgl. Fisher und Fleissig, 1997, S. 464.

162 Barnett und Jonas (1983, S. 337ff.) und Yue (1991, S. 40ff.). Diesen Ansatz verwenden auch Barnett und Yue (1988), Barnett, Geweke und Yue (1991) und Fleissig und Swofford (1996, S. 372ff.).

163 Vgl. Fleissig und Swofford, 1996, S. 373.

Dabei stellen die αs zu schätzende Parameter dar und die Funktion $\xi(\kappa)$ ($\kappa = 1,\ldots,K$) entspricht $\xi(\kappa) = 2^{-\kappa}$. Der Expansionsgrad K muß idealerweise dabei solange erhöht werden, bis sich diese Funktion asymptotisch der wahren Nutzenfunktion angenähert hat. Deshalb wird diese Funktion auch mit „Asymptotisch Ideales Modell" bezeichnet („Asymptotically Ideal Model"; AIM).[164]

Einer unendlich langen Reihe sind selbstverständlich Grenzen in der praktischen Umsetzung gesetzt. Wählt man deshalb eine „Approximation ersten Grades" ($K = 1$), dann lautet die Reihe für vier Anlageformen oder Konsumgüter folgendermaßen:[165]

$$\text{(IV.130)}\quad \psi(\mathbf{v}) = \alpha_1 v_1^{1/2} + \alpha_2 v_2^{1/2} + \alpha_3 v_3^{1/2} + \alpha_4 v_4^{1/2}$$

$$+ \alpha_5 v_1^{1/2} v_2^{1/2} + \alpha_6 v_1^{1/2} v_3^{1/2} + \alpha_7 v_1^{1/2} v_4^{1/2} + \alpha_8 v_2^{1/2} v_3^{1/2} + \alpha_9 v_2^{1/2} v_4^{1/2} + \alpha_{10} v_3^{1/2} v_4^{1/2}$$

$$+ \alpha_{11} v_1^{1/2} v_2^{1/2} v_3^{1/2} + \alpha_{12} v_1^{1/2} v_2^{1/2} v_4^{1/2} + \alpha_{13} v_1^{1/2} v_3^{1/2} v_4^{1/2} + \alpha_{14} v_2^{1/2} v_3^{1/2} v_4^{1/2}$$

$$+ \alpha_{15} v_1^{1/2} v_2^{1/2} v_3^{1/2} v_4^{1/2}$$

Auch mit Hilfe einer solchen Funktion kann man wieder Ausgabenanteile ermitteln und daraus Elastizitäten herleiten, die Auskünfte über die Substitutionsbeziehungen zwischen den Anlageformen geben. Ebenso wie die beiden zuvor genannten Funktionen ist auch dieses Vorgehen ausgesprochen parameterintensiv.

Diese Ausführungen zeigen, daß der Kreis der möglichen Funktionen, die für die Überprüfung der Zulässigkeit der Aggregation geeignet sind, somit ungleich größer ist, als die wenigen Funktionen, die bislang genannt oder diskutiert wurden.

Worin kann nun aber die Ratio liegen, die eine Funktion der anderen vorzuziehen? Entscheidend dafür ist ein Umstand, der bei der Herleitung der flexiblen funktionalen Formen zwar bereits genannt, danach aber eher wieder Hintergrund gedrängt wurde. Die angesprochenen Funktionen besitzen nämlich alle eine approximationstheoretische Herkunft, so daß sie nicht nur zur konkreten *Spezifikation* der Nutzenfunktion dienen müssen, sondern auch im Sinne einer *Approximations*funktion zweiter Ordnung an eine beliebige Nutzenfunktion verwendet werden können. Diese unterschiedliche Verwendung hat sowohl Auswirkungen in bezug auf die zu testenden Parameterrestriktionen, wie auch für die Interpretation der Ergebnisse. Während die bereits oben diskutierte *globale* Spezifikation der Nutzenfunktion das *generelle* Testen der möglichen Separierbarkeits- und Homothetikeigenschaft erlaubt, gelten die Ergebnisse im Falle der Verwendung als Approximationsfunktion häufig nur *lokal*, d.h. in der Umgebung des Approximationspunkts (eines bestimmten Güterbündels und Portfolios). Dies gilt für alle solche Funktionen, die aus der Taylor-Expansion

---

164 Barnett und Jonas, 1983, S. 337.

165 Genau dieses Reihe verwendet Yue, 1991, S. 41.

heraus entstanden sind. In Grenzen gilt dies auch für die Funktion die aus der Müntz-Szatz-Erweiterung resultieren. Damit diese Funktion im Sinne einer indirekten Nutzenfunktion interpretiert werden können, müssen alle Parameter positiv sein. Damit ist die Funktion nicht mehr in der Lage, *jede* beliebige Funktion zu approximieren. Sie ist also nicht mehr vollständig flexibel, sondern nur asymptotisch global flexibel.[166] Die einzige der genannten Funktionen, die tatsächlich global flexibel ist, ist die Fourier-flexible Funktion.[167] Auf ihre Schwächen muß weiter unten eingegangen werden.

Für die in der Literatur so häufig anzutreffende Translog-Funktion impliziert die Verwendung als lokale Approximation in bezug auf die schwache Separierbarkeit sogar eine etwas schwächere Parameterrestriktion als die in (a) und (b) von Gleichung (IV.115) genannte. Eine *lokale* Betrachtung verlangt die Erfüllung der Diewertschen Kriterien nur im Approximationspunkt. Welches Güterbündel und Anlagenportfolio kann aber den Approximationspunkt darstellen? Wählt man als Approximationspunkt das Bündel, bei dem die Parameter α_i und β_{ij} den Schätzungen der ersten und zweiten Ableitung der Nutzenfunktion entsprechen $(\overline{\alpha}_i$ und $\overline{\beta}_{ij})$, so wie dies die Taylor-Entwicklung auch suggeriert, dann impliziert dies aufgrund der Definition von α_i und β_{ij}, daß im Rahmen der Translog-Funktion für jedes Gut und jede Anlage gerade dort liegen muß, wo gilt $(i = 0,...,k+n)$:[168]

(IV.131) $\ln \overline{w}_i = 0$.

Als Approximationspunkt kommt bei der Translog-Funktion also gerade das Bündel {1,1,...,1} in Frage. Hier muß bei schwacher Separierbarkeit (lokal) nur noch gelten:

(IV.132) $\alpha_j \beta_{ir} - \alpha_i \beta_{jr} = 0$.[169]

Die Verwendung einer solchen (Taylor-) flexiblen funktionalen Form als Approximationsfunktion bedeutet nun, daß man das Vorliegen der Eigenschaften nur noch am Approximationspunkt testet („lokale Approximation"). Auf den ersten Blick hin wirkt dies relativ zum Ansatz einer globalen Spezifikation unbefriedigend. Auf den zweiten Blick zeigt es sich jedoch, daß sich beide Ansätze nicht wirklich voneinander unterscheiden. Auch die *globale* Spezifikation löst das grundlegende Problem nicht, wonach die tatsächliche Funktion unbekannt ist. Die konkrete Spezifizierung mit Hilfe einer flexiblen funktionalen Form kann diesen Umstand bestenfalls verschleiern. Sie unterliegt ebenso einem Spezifizierungsfehler wie eine Approximationsfunktion, und

166 Vgl. Yue, 1991, 40.

167 Vgl. Fisher und Fleissig, 1994, S. 118.

168 Siehe insbesondere die Gleichung (IV.88).

169 Dies ergibt sich unmittelbar aus der in Gleichung (IV.111) dargestellten Bedingung für die schwache Separierbarkeit. Diese Bedingung läßt sich ausschließlich auf partielle erste und zweite Ableitungen reduzieren:

sie beinhaltet darüber hinaus alle die Probleme, die mit einer *globalen Approximation* verbunden sind. Die zentrale Frage, die mit der globalen *Approximation* – und damit mit der globalen Spezifizierung – verbunden ist, lautet: Wie aussagefähig ist ein Ergebnis, wonach eine *flexible* Approximationsfunktion im Approximationspunkt (lokal) schwach separierbar ist? Kann man davon ausgehen, daß die schwache Separierbarkeit auch bei zukünftigen Konsummengen und Anlagevolumina gilt?

Die Approximation beliebiger Funktionen mit Hilfe anderer Funktionen weckt grundsätzlich die Befürchtung, daß es vielleicht möglich ist, nicht separierbare Funktionen hinreichend genau durch separierbare zu approximieren. Was für die Makrotheorie generell von Vorteil wäre, würde den Versuch, monetäre Anlageformen anhand ihrer gemeinsamen Separierbarkeitseigenschaft mit dem Bargeld zu „Geld" zu klassifizieren, ad absurdum führen.

Da nun die Leontief-Bedingung der schwachen Separierbarkeit auf die Veränderung der Grenzrate der Substitution zweier Komponenten infolge der Mengenänderung einer dritten Komponente abstellt, sind Approximationsfunktionen, die gemäß der Diewertschen Definition von „Approximation zweiter Ordnung" stets die Übereinstimmung der Funktionswerte und der ersten und zweiten Ableitungen im Approximationspunkt erfüllen, im Hinblick auf die ausgewiesene Eigenschaft der schwachen Separierbarkeit *im Approximationspunkt* immer vollkommen zuverlässig. In Anlehnung an eine Arbeit von F. Fisher[170] zeigt Mak darüber hinaus, daß dieses Ergebnis weitgehend auch dann gilt, wenn die Approximationsfunktion nicht flexibel ist. Grundlage dafür ist ein allgemeines Maß für die Abweichung einer Funktion von der Eigenschaft, separierbar in einer bestimmten Gruppe (Teilnutzenfunktion) zu sein.[171] Das Maß setzt an der Steigung der Indifferenzkurven der Teilnutzenfunktion an. Wie bereits gesehen, impliziert die schwache Separierbarkeit, daß bei jeder vorgegebenen Konstellation der Komponenten innerhalb des Aggregates („Aggregatsbündel"), die Steigung der Indifferenzkurve zwischen ihnen immer den gleichen Wert annimmt, unabhängig von der Höhe der Komponenten außerhalb des Aggregates. Das Maß ist so konstruiert, daß es gerade den Wert Null annimmt, wenn die Steigungen im Approximationspunkt bei zwei beliebigen Konstellationen der Komponenten außerhalb des Aggregates gleich sind. Andernfalls weicht der Wert von Null ab. Dies impliziert, daß die Steigungen bei einem gegebenen „Aggregatsbündel" mit unterschiedlicher Höhe der Komponenten außerhalb des Aggregates variiert, was gegen die Hypothese der schwachen Separierbarkeit spricht. Mak zeigt nun, daß eine beliebige, in einem beliebigen „Aggregatsbündel" schwach separierbare Funktion eine andere, nicht in diesem Bündel separierbare Funktion, nur bis zu einer gewissen Grenze *numerisch* approximieren kann. Die Abweichung der beiden Funktionswerte hängt entscheidend von der Größe des gewählten Betrachtungsbereichs um den Approximationspunkt ab. Je größer dieser ist, desto größer ist auch die numerische Abwei-

170 F. Fisher, 1969.

171 Vgl. Mak, 1988, S. 202.

chung, wobei die Differenz aber auch bei beliebig kleinen Abweichungen positiv ist.[172] Separierbare Funktionen können nichtseparierbare Funktionen somit nie vollständig numerisch approximieren. Die Zuverlässigkeit der *lokalen* Ergebnisse ist damit gewährleistet.

Anders sieht es hingegen dann aus, wenn man sich vom Approximationspunkt entfernt, also auf die *globalen* Eigenschaften von Approximationsfunktionen abstellt. Entsprechend ihrer Konstruktion handelt es sich bei den Taylor-flexiblen Funktionen ausschließlich um *lokale* Approximationsfunktionen, so daß eine globale Übereinstimmung von Funktionswert, erster und zweiter Ableitung keineswegs gewährleistet sein muß. Dieser Umstand liegt in der *Konstanz der Parameter* begründet. Dies impliziert, daß die Parameter nur im Approximationspunkt dem Funktionswert und den Werten der ersten und zweiten Ableitungen entsprechen. Andere Güterbündel und Portfolio würden andere Parameterwerte verlangen. Nur dann, wenn sich die Parameter automatisch anpassen, erhielte man eine *global gültige* Approximation. Zeitabhängige Parameter widersprechen aber dem üblichen – und hier gewählten – ökonometrischen Vorgehen, eine Nutzenfunktion (oder Nachfragefunktion) zu ermitteln.[173] Konstante Parameter sind immer dann problematisch sind, wenn die Daten einen Trend aufweisen oder gar Strukturbrüche vorliegen.[174]

Damit hat eine mögliche Abweichung vom Approximationspunkt unter anderem auch Auswirkungen in bezug auf die schwache Separierbarkeit. Eine im Approximationspunkt ausgewiesene schwach separierbare Konstellation der Güter und Anlageformen muß in einem anderen Punkt schon nicht mehr gültig sein. Während eine Ablehnung der getesteten Eigenschaften im Approximationspunkt also grundsätzlich zu einer globalen Ablehnung führt, vermag man aus einer Nichtablehnung keine Schlußfolgerung mehr zu ziehen.

Tatsächlich läßt sich zeigen, daß die Güte der Taylor-Approximation umso geringer wird, je weiter man sich vom Approximierungspunkt entfernt.[175] Dies impliziert zugleich einen ansteigenden Spezifizierungsfehler. Solche *numerischen* Abweichungen stehen hier jedoch nicht im Vordergrund, sondern die Frage, wie es sich mit der Eigenschaft der schwachen Separierbarkeit verhält. Mit den *globalen* Eigenschaften verschiedener flexibler funktionaler Formen hat sich erstmals Wales auseinandergesetzt.[176] So hat er anhand der Translog-Funktion und der verallgemeinerten Leontief-Funktion gezeigt, daß diese flexiblen funktionalen Formen zwar lokale Approximationen einer vorgegebenen Funktion sind, sie aber nicht notwendigerweise über

---

172 Vgl. Mak, 1988, S. 204ff. Die Verwendung von Abweichungen vom Approximationspunkt ist notwendig, weil sich infinitesimale Veränderungen nicht für ein empirisches Maß eignen.

173 Vgl. Barnett, 1984, S. 286.

174 Vgl. Barnett, 1981, S. 71f.

175 Vgl. z.B. Chiang, 1984, S. 260.

176 Wales, 1977.

den gesamten Bereich der Beobachtungswerte auch „gute" Approximationen derselben darstellen.[177] Seine Untersuchung, die sich mit Tests von Hypothesen über die funktionale Form – insbesondere der Quasikonkavität – auseinandersetzen, dokumentiert eindrucksvoll, daß die Verwendung der beiden flexiblen Funktionen tendenziell zu einer zu leichten Ablehnung dieser Hypothese führt, obwohl der statistische Erklärungsgehalt dieser Funktionen generell sehr hoch ist.[178] Auf das Problem der schwachen Separierbarkeit läßt sich diese Studie deshalb übertragen, weil die Quasikonkavität und die schwache Separierbarkeit gemeinsame Wurzeln besitzen. Die Quasikonkavität trifft ebenso Aussagen über die Krümmung von Indifferenzkurven, wie die schwache Separierbarkeit. Die gemeinsame Klammer stellt die Slutsky-Matrix oder die abgeleitete Substitutionselastizität dar, weshalb häufig die Frage, ob Quasikonkavität vorliegt, durch die Betrachtung der Substitutionselastizitäten zu beantworten versucht wird.[179]

Die Ausgangsbasis für die Untersuchung von Wales bildet eine CES-Funktion. Diese generiert die Daten und wird durch eine Translog-Funktion und eine verallgemeinerte Leontief-Funktion approximiert.[180] Kriterium für die Güte der Approximation ist die ausgewiesene Verletzung der Regularitätsbedingungen, insbesondere die der Quasikonkavität. Diese sichert, daß die Präferenzen den Axiomen der Haushaltstheorie gerecht werden und sie beinhaltet auch Aussagen über die Krümmung der Indifferenzkurven. Die Translog-Funktion büßt ihre Zuverlässigkeit in bezug auf die Übereinstimmung der strukturellen Eigenschaften umso stärker ein, je stärker die tatsächliche Substitutionselastizität von Eins abweicht (in beide Richtungen). Dies wird besonders deutlich für (tatsächliche) Substitutionselastizitäten um Null. Da Wales den Zwei-Güter-Fall betrachtet, impliziert die Quasikonkavität stets eine positive Substitutionselastizität zwischen den Gütern. Demgegenüber weist die Translog-Funktion bei einer kleinen (tatsächlichen) Substitutionselastizität in über vierzig Prozent der Beobachtungswerte eine negative (approximierte) Substitutionselastizität auf. Auch die verallgemeinerte Leontief-Funktion weist eine unterschiedliche Güte auf. Je größer die (tatsächliche) Substitutionselastizität ist, desto häufiger behauptet sie fälsch-

---

177 Vgl. Wales, 1977, S. 185ff.

178 Vgl. Wales, 1977, S. 185ff. Diese Ergebnisse werden in ähnlichen Studien von Gallant (1981) und Guilkey und Lovell (1980, 1983) bestätigt.

179 Vgl. z.B. die o.a. Studie von Wales (1977). Der Zusammenhang zwischen Quasikonkavität und schwacher Separierbarkeit läßt sich am einfachsten anhand einer Betrachtung der Ausgabenfunktion verdeutlichen, die eine duale Darstellung der Präferenzordnung bildet (siehe das Modul zur Haushaltstheorie, Abschnitt 3). Mit einer quasikonkaven (direkten) Nutzenfunktion geht eine konkave Ausgabenfunktion einher. Die Ausgabenfunktion ist aber nur dann konkav, wenn die Slutsky-Matrix negativ semidefinit ist, d.h. alternierende Vorzeichen der $k+n-1$ ersten Hauptminoren aufweist (vgl. Takayama, 1985, S. 141). Der Slutsky-Koeffizient als Element der Slutsky-Matrix bestimmt nun wiederum weitgehend die Substitutionselastizität, so daß zwischen dieser und der Quasikonkavität der (direkten) Nutzenfunktion ein direkter Zusammenhang besteht. Für Details diesbezüglich siehe wiederum das Modul zur Haushaltstheorie. Die Implikationen, die die schwache Separierbarkeit für die Substitutionselastizität oder das Element der Slutsky-Matrix beinhaltet, werden im nächsten Abschnitt hergeleitet.

180 Es handelt sich somit um eine sogenannte „Monte-Carlo Studie" (vgl. Barnett, 1983b, S. 15).

licherweise eine Verletzung der Quasikonkavitätsbedingung. Es zeigt sich damit zweierlei: Die schwache Separierbarkeit einer Gruppe von Gütern oder Anlageformen muß nicht notwendigerweise für jede beliebige Konstellation gültig sein, und weder die flexible Translog-Funktion noch die verallgemeinerte Leontief-Funktion besitzen global korrekte Krümmungseigenschaften.[181]

Die Ergebnisse von Wales werden von Caves und Christensen bestätigt.[182] Neben den Fällen einer homothetischen „wahren" Nutzenfunktion bei zwei und drei Gütern untersuchen sie auch den einer nichthomothetischen bei zwei Gütern. Demnach verhält sich die verallgemeinerte Leontief-Funktion dann besonders gut, wenn die „wahren" Präferenzen möglichst homothetisch sind und die Substituierbarkeit zwischen den Gütern gering ist. Auch die Translog-Funktion liefert eine besonders gute Approximation der „wahren" Präferenzordnung dann, wenn diese annähernd homothetisch ist. Im Unterschied zur verallgemeinerten Leontief-Funktion wird die Approximationsgüte jedoch dann gesteigert, wenn die Substitutionselastizität nahe bei Eins liegt. Diese Ergebnisse sind nicht überraschend.[183] Wie gesehen, wird die Translog-Funktion zur Cobb-Douglas-Funktion, wenn man Homothetik unterstellt. Cobb-Douglas-Funktionen zeichnen sich aber gerade durch Substitutionselastizitäten von Eins aus. Es ist somit nicht verwunderlich, daß die Translog-Funktion bei Substitutionselastizitäten um Eins besonders zuverlässige Approximationswerte liefert. Ähnlich läßt sich auch für die verallgemeinerte Leontief-Funktion argumentieren. Wie der Name bereits verrät, basiert die verallgemeinerte Leontief-Funktion auf einer Leontief-Struktur, die gerade durch Linearhomogenität und eine fehlende Substituierbarkeit gekennzeichnet ist.[184] Unterstellt man bei der verallgemeinerten Leontief-Funktion neben der Homothetik auch eine geringe Substitutionalität, so wird sie gerade zur üblichen Leontief-Funktion.[185] Es ist also auch hier nicht erstaunlich, daß

181 Vgl. Wales, 1977, S. 185ff. Solche Ergebnisse finden sich auch in den Studien von Gallant (1981), Guilkey und Lovell (1980) und Guilkey, Lovell und Sickles (1983). Auch sie verneinen die globale Gültigkeit der Quasikonkavität.

182 Vgl. Caves und Christensen, 1980, S. 424ff.

183 Für diesen Einwurf vgl. Barnett und Lee, 1985, S. 1422.

184 Eine Leontief-Nutzenfunktion würde wie folgt lauten: $u = \min(\gamma_0 w_0, \ldots, \gamma_{k+n} w_{k+n})$. In diesem Extrem macht eine solche Funktion wenig Sinn, denn sie widerspricht den grundlegenden Axiomen der Haushaltstheorie. Andererseits vermag die Leontief-Funktion feste Verbrauchsrelationen darzustellen, wie sie in der Realität zumindest zwischen bestimmten Gütern beobachtbar sind. Die Leontief-Funktion und die verallgemeinerte Leontief-Funktion haben ihre Berechtigung also gerade da, wo die Substituierbarkeit sehr gering (oder Null) ist (vgl. Deaton, 1986, S. 1771).

185 Gemeint ist hier eine verallgemeinerte Leontief-Funktion, die für eine Ausgabenfunktion definiert ist. Berücksichtigt man, daß die Ausgabenfunktion stets linearhomogen in den Preisen ist (die obigen Parameter α_0 und α_j für $j = 0,\ldots,k+n$ sind gleich Null zu setzen), so ergibt sich die verallgemeinerte Leontief-Ausgabenfunktion als: $e(u, \wp_t) = \lambda(u) \sum_{j=0}^{k+n} \sum_{i=0}^{k+n} \beta_{ji} \wp_{j,t}^{1/2} \wp_{i,t}^{1/2}$. Linearhomogenität impliziert: $\lambda(u) = u$, und die fehlende Substituierbarkeit zwischen den Komponenten impliziert

eine verallgemeinerte Leontief-Funktion eine homothetische Funktion mit geringer Substituierbarkeit zwischen den Komponenten gut zu approximieren vermag.

Die getroffenen Aussagen implizieren aber nicht nur, daß (Taylor-) flexible funktionale Formen möglicherweise nicht nur schlechte Approximationen sind, wenn man sich nur weit genug vom Approximationspunkt entfernt, sondern auch, daß sowohl die Translog-Funktion als auch die verallgemeinerte Leontief-Funktion es nicht vermögen, die Regularitätsbedingungen *global* zu erfüllen. Lau hat diesen Umstand auch theoretisch nachgewiesen und gezeigt, daß die Resultate der empirischen Untersuchung von Wales und Caves und Christensen kein Zufall sind, sondern daß eine flexible Translog-Funktion und eine verallgemeinerte Leontief-Funktion niemals über alle denkbaren Variablenwerte hinweg *global* korrekte Krümmungen aufweisen können.[186] Diese für die „theoretische Konsistenz" von Funktionen wichtige Eigenschaft kann zwar durch eine geeignete Wahl der Parameter stets herbeigeführt werden, führt aber immer zum Verlust der Flexibilität. Im Fall der Translog-Funktion implizieren solche Parameterrestriktionen dann, daß die Substituierbarkeit zwischen den Gütern tendenziell zu hoch ausgewiesen wird, während sie bei der verallgemeinerten Leontief-Funktion jegliche Komplementärbeziehungen zwischen den Gütern verhindern.[187]

Betrachtet man damit die obige Forderung, wonach die gewählte Funktion stets „theoretisch konsistent"[188] sein soll, so muß man beide Formen trotz ihrer (lokalen) Flexibilität und ihrer einfachen empirischen Umsetzbarkeit ablehnen. Diese Schlußfolgerung beinhaltet aber auch einen positiven Aspekt. So ist es vielleicht möglich, das Kriterium der korrekten *globalen* Krümmungseigenschaften als ein Selektionsmerkmal zwischen verschiedenen *flexiblen* funktionalen Formen zu verwenden. Diese Hoffnung muß allerdings enttäuscht werden, denn es gibt im Kontext der Haushaltstheorie bislang noch keine flexible funktionale Form, die die theoretisch vorgegebene Krümmung global erfüllt. Eine von Diewert und Wales verwendete Alternative zur Translog-Funktion oder verallgemeinerten Leontief-Funktion weist

---

Substitutionselastizitäten von Null, also Kreuzableitungen von Null $\left(\frac{\partial e^2}{\partial \wp_{j,t} \partial \wp_{i,t}} = \beta_{ji} = 0\right)$ für $i \neq j$ $(i,j = 0,...,k+n)$. Entsprechend Shephard's Lemma ergibt sich die optimale Menge dann als: $\partial e / \partial \wp_{j,t} = \beta_{ji} u_t = w_{j,t}$. Das feste Verhältnis zwischen Konsummenge und Nutzenniveau entspricht gerade einer Leontief-Struktur.

186 Lau, 1986, S. 1527ff.

187 Vgl. Diewert und Wales, 1987, S. 48 und S. 50. Die Einschränkung der Flexibilität des „Asymptotisch Idealen Modells" basiert auf dem gleichen Prinzip. Da negative Parameter dazu führen können, daß die so dargestellte indirekte Nutzenfunktion nicht mehr die Regularitätsbedingungen erfüllt („sich neoklassisch verhält"), müssen solche Werte ausgeschlossen werden. Dadurch verliert diese Funktion ihre (globale) Flexibilität (vgl. Yue, 1991, S. 40).

188 Lau, 1986, S. 1520.

zwar immer korrekte Krümmungseigenschaften auf, ist aber notwendigerweise quasihomothetisch, also nur beschränkt flexibel.[189]

Deshalb liegt es nahe, trotz der eingeschränkten Interpretierbarkeit der Ergebnisse mit den (beiden) traditionellen (Taylor-) flexiblen funktionalen Formen zu arbeiten. Hier lassen sich immerhin Bereiche bestimmen, in denen die Krümmungseigenschaft erfüllt ist. Dieser Ansatz geht auf Caves und Christensen zurück.[190] Dabei hängt dieser Bereich sowohl bei der Translog-Funktion als auch der verallgemeinerten Leontief-Funktion von der Variation der Variablen und der „wahren“ Substitutionselastizität im Approximationspunkt ab. Wenn auch die Bereiche bei beiden Funktionen im allgemeinen recht groß sind, so können sie sich doch in Abhängigkeit von der Höhe der Substitutionselastizität unterscheiden. Dies ist bei einer homothetischen (Teil-) Nutzenfunktion der Fall. Hier hat die verallgemeinerte Leontief-Funktion wiederum einen Vorteil bei niedrigen Substitutionselastizitäten und die Translog-Funktion bei hohen. Kenntnisse über die wahre Substitutionselastizität können also helfen, eine bessere – wenn auch nicht perfekte – funktionale Form einer schlechteren vorzuziehen. Dabei muß die Substitutionselastizität aber ohne Verwendung flexibler (Teil-) Nutzenfunktionen bestimmt werden. Eine solche Möglichkeit wird im nächsten Abschnitt diskutiert.

Bei solchen Vergleichen der Substitutionselastizität darf aber nicht übersehen werden, daß es bei mehr als zwei Gütern bzw. Anlageformen in der Regel nicht nur eine einzige Substitutionselastizität gibt, sondern möglicherweise sehr viele unterschiedliche. Maximal beträgt diese Anzahl $(k+n+1)(k+n)/2$. Treten dabei hohe und niedrige Substitutionselastizitäten zugleich auf, so ist es a priori vollkommen unklar, welche funktionale Form die überlegene ist. In diesem Fall gibt es nur die Möglichkeit, beide Funktionen numerisch zu bestimmen, um diejenige mit dem größeren Regularitätsbereich auszuwählen.

Ein für die Frage nach einer mikroökonomisch konsistenten Klassifikation und Aggregation von monetären Anlageformen mit „Geld“ mindestens ebenso wichtiges Ergebnis der Untersuchung von Wales ist zudem der Umstand, daß sich die Translog-Funktion und die verallgemeinerte Leontief-Funktion durchaus unterschiedlich verhalten. Zwei denselben Wurzeln verhaftete – und damit ähnlich plausibel erscheinende – flexible Funktionen vermögen *keine* übereinstimmenden und damit eindeutigen Aussagen über die Substituierbarkeit und damit über die Separierbarkeit der betrachteten Güter bzw. Anlageformen zu machen.[191] Die Beliebigkeit des bisher

---

189 Bei der angesprochenen Funktion handelt es sich um eine normierte quadratische Ausgabenfunktion, bei der ein Teil der Parameter vorab festgelegt wird (vgl. Diewert und Wales, 1988 und 1993). Im produktionstheoretischen Zusammenhang verwenden die genannten Autoren eine verallgemeinerte McFadden-Funktion (vgl. Diewert und Wales, 1987 und 1995).

190 Caves und Christensen, 1980, S. 424ff.

191 Der Zusammenhang von Substitutionalität und Separierbarkeit wird im nächsten Abschnitt genauer analysiert.

praktizierten Klassifikations- und Aggregationsvorgehens wird damit abgelöst durch die Beliebigkeit in der Wahl der flexiblen funktionalen Form.

Daran ändert sich letztlich auch nichts, wenn man anstelle der auf einer Taylor-Erweiterung basierenden flexiblen Funktionen eine den anderen oben genannten Funktionstypen angehörende Funktion verwendet. Zwar ist die Fourier-flexible funktionale Form (in der Theorie) global flexibel, nichtsdestoweniger erfüllt auch sie die Regularitätsbedingungen in der Praxis *nicht* global. Dies liegt an der Verwendung der Sinus- und der Cosinus-Funktion, die weder monoton steigend noch strikt quasikonkav sind. Da man in der Praxis keine Möglichkeiten besitzt, unendlich lange Reihen zu bilden, muß man verringerte Versionen benutzen, bei denen es nicht mehr zu einem internen Ausgleich der Verzerrungen kommen kann, die durch die – für mikroökonomische Überlegungen letztlich ungeeigneten – Sinus- und Cosinus-Funktionen auftreten.[192] Zwar besitzen sowohl das Minflex-Laurent-Modell als auch die Fourier-flexible funktionale Form und das Aymptotisch Ideale Modell grundsätzlich bessere Approximationseigenschaft als die Taylor-Approximationen, dies wird allerdings mit ihrer überaus großen Komplexität erkauft. So stehen häufig für eine genaue empirische Bestimmung der notwendigen Parameter nur relativ wenige Beobachtungswerte zur Verfügung, was die Zuverlässigkeit der Ergebnisse deutlich schmälert.[193]

Die bisherigen Ergebnisse zeigen damit, daß der Versuch, eine eindeutige – im Sinne einer „theoretisch korrekten" oder „allgemein akzeptierten" – Klassifikation und Aggregation mit Hilfe der Spezifizierung oder Approximation einer parametrisch bestimmten Nutzenfunktion vorzunehmen, insgesamt nur wenig Aussicht auf Erfolg hat. Die Anzahl der notwendigen Parameter verhindert zumeist eine umfassende Analyse und selbst dann, wenn man sich auf einige wenige Anlageformen beschränkt, führen unterschiedliche flexible (Teil-) Nutzenfunktionen zu unterschiedlich definierten Aggregaten. Dabei besitzen die gefundenen Abgrenzungen zudem häufig nur *lokale* Gültigkeit, da die flexiblen (Teil-) Nutzenfunktionen in der Regel nur *lokale* Approximationsfunktionen darstellen.[194] Dies hat auch dann Konsequenzen, wenn man völlig vom Klassifikationsproblem absieht und die flexiblen Funktionen ausschließlich als Lösung für das Aggregationsproblem verwenden möchte. Die am häufigsten verwendeten flexiblen funktionalen Formen weisen keine *global* korrekten Krümmungseigenschaften auf und sind deshalb für eine globale Approximation bzw. Spezifikation nur im Rahmen ihres Regularitätsbereichs geeignet. Es kann grundsätzlich nicht

192 Vgl. Yue, 1991, S. 40.

193 Vgl. Deaton, 1986, S. 1793.

194 In den meisten Studien wird diesem Umstand bei der Interpretation der Ergebnisse Rechnung getragen. In bezug auf die Aggregation von monetären Anlageformen gilt dies z.B. für Denny und Fuss (1977), Ewis und Fisher (1984), Serletis und Robb (1986), Serletis (1987a,b und 1991), Drake (1992) und D. Fisher (1989).

verhindert werden, daß zukünftige Beobachtungswerte jenseits der Regularitätsgrenzen liegen.[195]

IV.2.4.2.3 Flexible funktionale Formen als Nachfragefunktion

Grundlage für die empirische Schätzung der Nutzenfunktion waren im obigen Ansatz die aus der Nutzenfunktion allgemein abgeleiteten Nachfragefunktionen bzw. die Gleichungen der optimalen Ausgabenanteile $\theta_{i,t}$. Es stellt sich damit die Frage, ob man zur Lösung des Klassifikations- und Aggregationsproblems nicht auf die Bestimmung einer Nutzenfunktion gänzlich verzichten kann, um stattdessen direkt an den Nachfragefunktionen anzusetzen. In bezug auf das Aggregationsproblem wird ein solches Unterfangen befremdlich anmuten, denn wie will man Elemente aggregieren, wenn man keine Aussagen über die Aggregationsfunktion macht? Schraubt man jedoch den Untersuchungsanspruch etwas herab und interessiert sich nur für die *Veränderungsrate* konsistenter Aggregate, so ist der Verzicht auf eine Aggregationsfunktion in einem solchen „Aggregationsproblem im weiteren Sinne" durchaus denkbar. Die einzige Voraussetzung hierfür ist die Linearhomogenität der zugrunde liegenden Teilnutzen- oder Basisteilnutzenfunktion, die die Konstruktion einer parameterfreien statistischen Indexzahl erlaubt. Dies wurde an vorheriger Stelle bereits gezeigt, als es um die Herleitung des Divisia-Indexes ging.[196] Liegt die Linearhomogenität nicht vor, so benötigt man auch zur Bestimmung der Veränderungsrate eines Aggregates dessen Niveauwert. Es muß somit geprüft werden, ob sich auch für die Nachfragefunktionen Parameterrestriktionen formulieren lassen, die die schwache Separierbarkeit *und* die Linearhomogenität gewährleisten. Im Fall der Linearhomogenität erscheint die Überprüfung besonders einfach zu sein, denn hier muß man offensichtlich nur testen, ob bei jeder Anlageform die Einkommenselastizität gerade gleich Eins ist und sich so im Zeitablauf stets gleichbleibende Ausgabenanteile ergeben.

Wählt man als Ausgangspunkt die Marshallsche Nachfragefunktion der Komponente *j*, so ist die nachgefragte Gütermenge $c_{i,t}$ (oder monetäres Anlagevolumen $m_{i,t}$) eine Funktion des Einkommens E_t und der Preise $p_{j,t}$ und User costs $\pi_{j,t}$ $(i,j = 0,...,k+n)$. Unter Beibehaltung der oben eingeführten begrifflichen Vereinfachung, wonach die Variable $w_{i,t}$ entweder als Konsumgut oder als monetäre Anlageform anzusehen ist, ergibt sich die Marshallsche Nachfragefunktion zu jedem Zeitpunkt als $(j = 0,...,k+n)$:

(IV.133) $w_{j,t} = w_{j,t}(\wp_t;E_t)$ mit

---

195 Dies gilt für die Translog-Funktion wie auch für die in jüngerer Vergangenheit besonders bevorzugte Fourier-flexible Funktion.

196 Siehe Abschnitt III.2.4.1.3. Welche Möglichkeiten es gibt, den zeitstetigen Divisia-Index durch eine zeitdiskrete Indexformel zu approximieren, wird im indextheoretischen Teil der Arbeit dargestellt.

$$w_{j,t} = \begin{cases} c_{j,t} \text{ für } j = 0,\ldots,k \text{ mit } c_{j,t} \in \{c_{0,t},\ldots,c_{k,t}\} \\ m_{j-k,t} \text{ für } j = k+1,\ldots,k+n \text{ mit } m_{j-k,t} \in \{m_{1,t},\ldots,m_{n,t}\} \end{cases}$$

und
$$\wp_{j,t} = \begin{cases} p_{j,t} \text{ für } j = 0,\ldots,k \text{ mit } p_{j,t} \in \{p_{0,t},\ldots,p_{k,t}\} \\ \pi_{j-k,t} \text{ für } j = k+1,\ldots,k+n \text{ mit } \pi_{j-k,t} \in \{\pi_{1,t},\ldots,\pi_{n,t}\} \end{cases}.$$

Bildet man das totale Differential von Gleichung (IV.133), so erhält man:[197]

$$\text{(IV.134)} \quad dw_{j,t} = \frac{\partial w_{j,t}}{\partial E_t} dE_t + \sum_{i=0}^{k+n} \frac{\partial w_{j,t}}{\partial \wp_{i,t}} d\wp_{i,t}.$$

Ausgedrückt in Veränderungen des Logarithmus der Variablen erhält man dann:[198]

$$\text{(IV.135)} \quad w_{j,t} d\ln w_{j,t} = \frac{\partial w_{j,t}}{\partial E_t} E_t d\ln E_t + \sum_{i=0}^{k+n} \frac{\partial w_{j,t}}{\partial \wp_{i,t}} \wp_{i,t} d\ln \wp_{i,t}.$$

Dividiert man Gleichung (IV.135) mit der Menge $w_{j,t}$ und berücksichtigt man die Definition der Einkommenselastizität $\varepsilon_{j,t}$ und der Kreuzpreiselastizität ϕ_{ji}, dann wird die Gleichung zu:

$$\text{(IV.136)} \quad d\ln w_{j,t} = \varepsilon_{j,t} d\ln E_t + \sum_{i=0}^{k+n} \phi_{ji} d\ln \wp_{i,t} \quad \text{mit } \varepsilon_{j,t} \equiv \frac{\partial w_{j,t}/w_{j,t}}{\partial E_t/E_t} \quad \text{und } \phi_{ji} \equiv \frac{\partial w_{j,t}/w_{j,t}}{\partial \wp_{i,t}/\wp_{i,t}}.$$

Aus Gründen, die bei der Bestimmung der Parameterrestriktionen für die schwache Separierbarkeit und die Linearhomogenität deutlich werden, empfiehlt es sich aber, bereits hier anstelle der Kreuzpreiselastizität die einkommenskompensierte Kreuzpreiselastizität ϕ^*_{ji} zu verwenden. Zwischen beiden Elastizitäten besteht eine Beziehung, die durch die Slutsky-Gleichung bestimmt wird:[199]

$$\text{(IV.137)} \quad \phi_{ji} = \phi^*_{ji} - \theta_{i,t}\varepsilon_{j,t} \qquad \text{mit} \qquad \theta_{i,t} \equiv \frac{\wp_{i,t} w_{i,t}}{E_t}.$$

Die prozentuale Veränderung der Komponente $w_{j,t}$ ergibt sich damit als:

$$\text{(IV.138)} \quad d\ln w_{j,t} = \varepsilon_{j,t} \cdot \left(d\ln E_t - \sum_{r=0}^{k+n} \theta_{r,t} d\ln \wp_{r,t} \right) + \sum_{i=0}^{k+n} \phi^*_{ji} d\ln \wp_{i,t}.$$

---

197 Für die nachfolgend präsentierte Herleitung siehe Deaton und Muellbauer (1980, S. 68). Eine ähnliche Vorgehensweise findet sich auch in Fayyad (1986, S. 20ff.).

198 Es gilt: $dw_{j,t} = w_{j,t} d\ln w_{j,t}$.

199 Siehe Abschnitt 7 des Moduls zur Haushaltstheorie.

Dabei läßt sich der Klammerterm sehr schön als die Veränderungsrate des verausgabten *Real*einkommens $\tilde{E}_t$ interpretieren, denn die Summe der mit ihrem Ausgabenanteil gewichteten prozentualen Preisänderungen stellt gerade die Veränderung eines Divisia-Preisindexes dar.[200]

Um Symmetrie zwischen zwei beliebigen Komponenten zu gewährleisten multipliziert man die Gleichung (IV.138) noch mit dem Ausgabenanteil $\theta_{j,t}$, so daß man abschließend die Ausgangsgleichung des sogenannten „Rotterdam Modells" bekommt:[201]

$$\text{(IV.139)}\quad \theta_{j,t} d\ln w_{j,t} = \alpha_j d\ln\tilde{E}_t + \sum_{i=0}^{k+n}\beta_{ji} d\ln \wp_{i,t} \quad \text{mit} \quad d\ln\tilde{E}_t = d\ln E_t - \sum_{r=0}^{k+n}\theta_{r,t} d\ln \wp_{r,t}\,.$$

Da in Gleichung (IV.139) jedoch stetige Veränderungen Eingang finden, in der Realität aber nur diskrete Werte vorliegen, kann eine Spezifizierung der empirischen Schätzgleichung wie folgt aussehen:[202]

$$\text{(IV.140)}\quad \theta^*_{j,t}\left(\ln w_{j,t} - \ln w_{j,t-1}\right) = \alpha_j\left(\ln\tilde{E}_t - \ln\tilde{E}_{t-1}\right) + \sum_{i=0}^{k+n}\beta_{ji}\left(\ln\wp_{i,t} - \ln\wp_{i,t-1}\right) + \omega_{j,t}$$

$$\text{mit} \quad \left(\ln\tilde{E}_t - \ln\tilde{E}_{t-1}\right) = \left(\ln E_t - \ln E_{t-1}\right) - \sum_{r=0}^{k+n}\theta^*_{r,t}\left(\ln\wp_{r,t} - \ln\wp_{r,t-1}\right)$$

$$\text{und} \quad \theta^*_{j,t} = \frac{\theta_{j,t} + \theta_{j,t-1}}{2}$$

Dabei muß man zur empirischen Bestimmung der Parameter α_j und β_{ji} noch bei den $k+n$ Schätzgleichungen jeweils einen Störterm $\omega_{j,t}$ zusätzlich berücksichtigen. Von diesem wird wiederum angenommen, daß er normalverteilt und über die Zeit hinweg unkorreliert sei *(s = t-T,t-T+1,...,t)*:[203]

$$\text{(IV.141)}\quad E\left[\omega_{j,t}\right] = 0 \text{ für } j = 0,\ldots,k+n \qquad \text{und} \qquad E\left[\omega_s \omega'_t\right] = \begin{cases}\Omega \text{ für } s = t\\ 0 \text{ für } s \neq t\end{cases}.$$

Darüber hinaus muß auch hier wieder gelten:

$$\text{(IV.142)}\quad \sum_{j=0}^{k+n}\omega_{j,t} = 0\,,$$

---

[200] Zur Definition und Erklärung des Divisia-Indexes siehe weiter unten.

[201] Dieses Modell geht zurück auf Theil (1965, 1971) und Barten (1969).

[202] Vgl. Byron, 1984, S. 274.

[203] Zur empirischen Spezifizierung des Rotterdam-Modells im hier beschriebenen Kontext siehe Barnett (1981, S. 52) und Fayyad (1986, S. 69ff.). *E[]* steht hier für den Erwartungswert.

was sich mit den Restriktionen über die Parameter α_j und β_{ji} begründen läßt, die von den Regularitätsbedingungen ausgehen:[204] Grundsätzlich zeigt der Übergang von Gleichung (IV.138) zu Gleichung (IV.139), daß der Parameter α_j die Interpretation im Sinne der „marginalen Ausgabenänderung für das Gut *j*" erlaubt. Zu jedem Zeitpunkt *t* gibt der Parameter α_j an, wie sich die Ausgaben, die für das Gut *j* aufgewendet werden, infolge einer Einkommensänderung ändern, wenn man von konstanten Preisen (bzw. User costs) ausgeht. Diese Veränderung entspricht dem Produkt aus Einkommenselastizität $\varepsilon_{j,t}$ und Ausgabenanteil $\theta_{j,t}$ des Gutes *j*:[205]

$$(IV.143)\quad \alpha_j = \varepsilon_{j,t}\theta_{j,t} = \frac{\partial w_{j,t}}{\partial E_t}\wp_{j,t}\,.$$

Die Adding-up-Bedingung, nach der das Einkommen im Optimum vollständig verausgabt wird, verlangt dann, daß die Summe der α_j gerade Eins ergibt:[206]

$$(IV.144)\quad \sum_{j=0}^{k+n}\alpha_j = 1.$$

Der Parameter β_{ji} entspricht hingegen dem „Slutsky-Koeffizienten"[207], der vor allem das Element s_{ji} der Slutsky-Matrix enthält und somit auch mit Hilfe der *einkommens-kompensierten* Kreuzpreiselastizität ϕ^*_{ji} und dem Ausgaben*anteil* $\theta_{i,t}$ des Gutes *i* geschrieben werden kann:

$$(IV.145)\quad \beta_{ji} = \phi^*_{ji}\theta_{i,t} = \frac{\wp_{j,t}\wp_{i,t}}{E_t}\cdot\left.\frac{\partial w_{j,t}}{\partial\wp_{i,t}}\right|_{u=\text{konst.}} = s_{ji}\frac{\wp_{j,t}\wp_{i,t}}{E_t}\,.$$

Dies macht zudem deutlich, warum man Gleichung (IV.138) noch mit dem Ausgabenanteil multiplizieren mußte, um Symmetrie zu gewährleisten. Andernfalls wäre β_{ji} ungleich β_{ij}.

Aus dem Umstand, daß die einkommenskompensierte Nachfragefunktion stets homogen vom Grade Null in den Preisen ist, folgt nun für die Parameter β_{ji}, daß diese über ein beliebiges Gut *j* addiert den Summenwert Null besitzen müssen:[208]

---

[204] Zum Folgenden siehe Barnett (1981, S. 51) und Fayyad (1986, S. 22ff), aber auch das Modul zur Haushaltstheorie.

[205] Es ist klar, daß diese Gleichheit nur dann gilt, wenn die Schätzfunktion die empirischen Daten zu jedem Zeitpunkt exakt abbildet. Da aber die Schätzgleichungen zufällige Abweichungen berücksichtigen, gilt die Gleichheit nur im Durchschnitt. Dies gilt auch für die weiter unten hergeleitete Interpretation des Parameters β_{ij}.

[206] Diese Bedingung erhält man, wenn man die Budgetrestriktion nach dem Einkommen ableitet und die in Gleichung (IV.143) gelieferte Interpretation des Parameters α_j verwendet.

[207] Barnett, 1981, S. 52.

[208] Dies gilt unter Berücksichtigung der Restriktion für den Parameter α_j.

(IV.146) $$\sum_{j=0}^{k+n} \beta_{ji} = 0.$$

Schließlich muß nicht nur die Symmetriebedingung erfüllt sein:

(IV.147) $$\beta_{ji} = \beta_{ij},$$

sondern die Matrix $[\beta_{ji}]$ muß auch negativ semidefinit sein. Letzteres liegt darin begründet, daß entsprechend der Axiome des Konsumentenverhaltens für die Nutzenfunktion eine Gestalt unterstellt wird, nach der die Slutsky-Matrix ebenfalls negativ semidefinit ist.[209]

Diese Parameterrestriktionen führen wiederum dazu, daß für die empirische Spezifikation des Nachfragesystems nur *k+n* unabhängige Schätzgleichungen zur Verfügung stehen. Die *k+n+1* Gleichung wird so bestimmt, daß die Regularitätsbedingungen eingehalten werden. Addiert man außerdem Gleichung (IV.139) über alle *j*, so implizieren diese Parameterbeschränkungen die in Gleichung (IV.142) genannte Bedingung, wonach die Summe der Störterme exakt Null sein muß.[210]

Welche zusätzlichen Restriktionen entstehen nun für die Parameter α_j und β_{ji} durch die möglicherweise bestehende schwache Separierbarkeit einer Gruppe von Gütern oder Anlageformen und der Linearhomogenität der durch sie konstituierten Teilnutzenfunktion?

Wie bereits weiter oben dargelegt wurde, impliziert die schwache Separierbarkeit, daß abgesehen von Einkommenseffekten die Preisänderung einer Komponente *l* der Gruppe *g* $(l = 1,\ldots,m_g)$ die Menge einer anderen Komponente *i* der Gruppe *r* $(g \neq r)$ nur in der gleichen Weise beeinflussen kann, wie die Preisänderung eines jeden anderen Mitglieds der Gruppe *g*. Eine Substitutions- oder Komplementärbeziehung zwischen einer Komponente $w_{i,t}^r$ $(i = 1,\ldots,m_r)$ und einer Komponente $w_{l,t}^g$ $(l = 1,\ldots,m_g;\ g \neq r)$ muß für alle Anlageformen der Gruppe *g* gleichermaßen gelten. Aus der Perspektive der Anlageform $w_{i,t}^r$ betrachtet, kann die Gruppe *g* also nur Substitute oder Komplementäre beinhalten. Gerade an diesen Substitutionsbeziehungen kann man für die empirische Überprüfung der Hypothese der schwachen Separierbarkeit ansetzen.[211]

Schwache Separierbarkeit impliziert, daß man die Marshallschen Nachfragefunktionen $w_{l,t}^g$ $(j = 1,\ldots,m_g)$ in einer jeden Gruppe $(g = 1,\ldots,z+v)$ als Funktion der Preise der

---

209 Genaueres kann wiederum dem Modul zur Haushaltstheorie (Abschnitt 7) entnommen werden.

210 Man beachte, daß stets gilt: $d\ln E_t = \sum_{i=0}^{k+n} \theta_{i,t} d\ln w_{i,t} + \sum_{i=0}^{k+n} \theta_{i,t} d\ln \wp_{i,t}$.

211 Für die folgende Argumentation siehe Deaton und Muellbauer (1980, S. 128ff.).

Güter oder Anlageformen dieser Gruppe und des für diese Gruppe vorgesehenen Ausgabenvolumens schreiben kann:

$$\text{(IV.148)}\quad w_{j,t}^{g} = w_{j,t}^{g}\left(\wp_{1,t},\ldots,\wp_{n_g,t};E_t^g\right) \qquad \text{mit} \qquad E_t^g = E_t^g\left(E_t;\wp_{1,t},\ldots,\wp_{n_g,t}\right).$$

Wie verändert sich dieser optimale Anlagenbestand, wenn sich der Preis $\wp_{l,t}^{r}$ eines beliebigen anderen Gutes l ($j = 1,\ldots,m_r$) ändert, man das Nutzenniveau u_t^g aber unverändert hält ($r \neq g$)? Da die Preise der Gruppe r nicht direkt in die Nachfragefunktionen der Gruppe g einfließen, können sie ausschließlich über eine Änderung der optimalen Ausgaben E_t^g auf die Menge $w_{j,t}^{g}$ einwirken. Die Mengenänderung – bei unverändertem Nutzenniveau u_t – ergibt sich bei schwacher Separierbarkeit als:

$$\text{(IV.149)}\quad s_{jl} = \left.\frac{\partial w_{j,t}^{g}}{\partial E_t^g}\cdot\frac{\partial E_t^g}{\partial \wp_{l,t}^{r}}\right|_{u_t=\text{konst.}} .$$

Die gesuchte Preisreaktion der Menge $w_{j,t}^{g}$ wird dann gerade vom Element s_{jl} der Slutsky-Matrix wiedergegeben.[212] Diese Matrix wird zwar anhand der Hicksschen Nachfragefunktionen $w_{j,t}^{g}= h_{j,t}^{g}\left(u_t,\wp_t\right)$ gebildet ($j = 1,\ldots,m_g$), da in Gleichung (IV.149) aber von einem unveränderten Nutzenniveau ausgegangen wird, muß aufgrund der Dualität gelten:

$$\text{(IV.150)}\quad \frac{\partial h_{j,t}^{g}\left(u_t,\wp_t\right)}{\partial \wp_{l,t}^{r}} = \left.\frac{\partial w_{j,t}^{g}}{\partial E_t^g}\cdot\frac{\partial E_t^g}{\partial \wp_{l,t}^{r}}\right|_{u_t=\text{konst.}} = s_{jl}.$$

Nun zeichnet sich die Slutsky-Matrix durch ihre Symmetrieeigenschaft aus. Es gilt:

$$\text{(IV.151)}\quad s_{lj} = \left.\frac{\partial w_{l,t}^{r}}{\partial E_t^r}\cdot\frac{\partial E_t^r}{\partial \wp_{j,t}^{g}}\right|_{u_t=\text{konst.}} = \left.\frac{\partial w_{j,t}^{g}}{\partial E_t^g}\cdot\frac{\partial E_t^g}{\partial \wp_{l,t}^{r}}\right|_{u_t=\text{konst.}} = s_{jl}.$$

Durch eine geringfügige Umstellung der Terme in Gleichung (IV.151) erhält man

$$\text{(IV.152)}\quad \left.\frac{\partial w_{l,t}^{r}/\partial E_t^r}{\partial E_t^g/\partial \wp_{l,t}^{r}}\right|_{u_t=\text{konst.}} = \left.\frac{\partial w_{j,t}^{g}/\partial E_t^g}{\partial E_t^r/\partial \wp_{j,t}^{g}}\right|_{u_t=\text{konst.}} .$$

---

212 Zur Slutsky-Matrix und ihrer Eigenschaften siehe ebenfalls das Modul zur Haushaltstheorie (Abschnitt 7).

Hier hängt weder die linke Seite von Komponente j, noch die rechte Seite von Komponente l ab, so daß beide Seiten jeweils eine beliebige konstante Zahl $1/\lambda_{gr}$ ergeben.[213] Für die Veränderung der Ausgabenhöhe der Gruppe g $\left(E_t^g\right)$ infolge einer Preisänderung der Komponente l der Gruppe r erhält man nun bei konstantem Nutzenniveau:

$$\text{(IV.153)} \quad \left.\frac{\partial E_t^g}{\partial \wp_{l,t}^r}\right|_{u_t=\text{konst.}} = \lambda_{gr} \cdot \frac{\partial w_{l,t}^r}{\partial E_t^r}.$$

Das Element s_{jl} der Slutsky-Matrix läßt sich unter Verwendung von Gleichung (IV.153) dann wie folgt schreiben ($j = 1,...,m_g$; $l = 1,...,m_r$; $g,r = 1,...,z+v$; $g \neq r$):

$$\text{(IV.154)} \quad s_{jl} = \frac{\partial w_{j,t}^g}{\partial E_t^g} \cdot \left.\frac{\partial E_t^g}{\partial \wp_{l,t}^r}\right|_{u_t=\text{konst.}} = \lambda_{gr} \cdot \frac{\partial w_{j,t}^g}{\partial E_t^g} \cdot \frac{\partial w_{l,t}^r}{\partial E_t^r}.$$

Eine leichte Modifikation von Gleichung (IV.154) führt zu einem Term μ_{gr}, der die Beziehung zwischen den beiden *Gruppen* exakt erfaßt. Es gilt:

$$\text{(IV.155)} \quad s_{jl} = \mu_{gr} \cdot \frac{\partial w_{j,t}^g}{\partial E_t} \cdot \frac{\partial w_{l,t}^r}{\partial E_t} \qquad \text{mit} \qquad \lambda_{gr} = \mu_{gr} \cdot \frac{\partial E_t^g}{\partial E_t} \cdot \frac{\partial E_t^r}{\partial E_t}.$$

Dabei muß der Term μ_{gr} für alle Elemente einer Gruppe gleich sein. Dies bedeutet für die Gruppe r, daß sie in bezug auf die Elemente der Gruppe g ($g = 1,...,z+v$; $g \neq r$) nur Substitute oder Komplemente enthält. Schwache Separierbarkeit liegt also dann und nur dann vor, wenn die Elemente der Slutsky-Matrix in Form von Gleichung (IV.155) geschrieben werden können.[214]

Welche Konsequenz hat dies nun für die Parameter α_j und β_{ji} des Rotterdam-Modells? Wie die Definition des Parameters β_{ji} zeigt, wird dieser maßgeblich durch das entsprechende Element der Slutsky-Matrix s_{ji} bestimmt (Gleichung IV.155). Macht man sich neben dieser Definition auch die des Parameters α_j zunutze (Gleichung IV.153), so ergibt sich im Falle der schwachen Separierbarkeit folgende Beziehung zwischen den Parametern α_j^g, α_l^r und β_{jl}:[215]

---

[213] Betrachtet man nicht die Gruppen g und r, sondern z und v, so wird sich diese Konstante ändern. Deshalb muß sie mit einem Index der betreffenden Gruppen versehen werden.

[214] Dieser Zusammenhang geht auf Goldman und Uzawa (1964, S. 392) zurück.

[215] Siehe dazu auch Fayyad (1986, S. 29ff.).

$$\text{(IV.156)}\quad \beta_{jl}=s_{jl}\frac{\wp^{g}_{j,t}\wp^{r}_{l,t}}{E_t}=\mu_{gr}\cdot\frac{\partial w^{g}_{j,t}}{\partial E^{k}_{t}}\cdot\frac{\partial w^{r}_{l,t}}{\partial E^{r}_{t}}\cdot\frac{\wp^{g}_{j,t}\wp^{r}_{l,t}}{E_t}=\kappa_{gr}\alpha^{g}_{j}\alpha^{r}_{l}\quad \text{mit}\quad \kappa_{gr}\equiv\frac{\mu_{gr}}{E_t}.$$

Schwache Separierbarkeit liegt somit nur zwischen den Anlageformen vor, deren empirisch bestimmte Parameter α_j und β_{jl} diese Bedingung erfüllen. κ_{gr} stellt dabei eine beliebige Konstante dar, die für alle Elemente der Gruppen *g* und *r* gleichermaßen gelten muß. Klar ist auch, daß mit dieser Bedingung sowohl symmetrische als auch asymmetrische Präferenzstrukturen identifiziert werden können. Empirischen Untersuchungen obliegt es wiederum zu testen, ob die Daten über die Nachfragemengen wohl eher von einem Nachfragesystem mit oder einem ohne diese zusätzliche Restriktion erzeugt worden sind.[216]

Für die Möglichkeit, *Veränderungen* eines Aggregates auch ohne die konkrete Spezifikation der Aggregationsfunktion angeben zu können, ist es bedeutsam, daß eine schwach separierbare Gruppe von Komponenten eine linearhomogene Teilnutzen- oder Basisteilnutzenfunktion besitzen könnte. Zwar trifft das Rotterdam-Modell keine Aussagen über die mögliche Gestalt der Nutzen- und Teilnutzenfunktionen, nichtsdestoweniger kann man Parameterrestriktionen bestimmen, die die Parameter α_j und β_{jl} dann und nur dann erfüllen, wenn die zugrunde liegende Teilnutzenfunktion linearhomogen ist.

Welche Parameterrestriktionen impliziert also die Linearhomogenität im Fall des Rotterdam-Modells? Ansatzpunkt für die Beantwortung dieser Frage ist die sogenannte Substitutionselastizität zwischen zwei beliebigen Komponenten. Mit Hilfe der Substitutionselastizität sollen die Substitutionsbeziehungen zwischen Gütern (Haushaltstheorie) oder Produktionsfaktoren (Theorie der Unternehmung) quantitativ erfaßt werden. Die Substitutionselastizität stellt ein Maß für die Krümmung der Indifferenzkurve dar und basiert ähnlich wie der Parameter β_{jl} auf dem entsprechenden Element der Slutsky-Matrix s_{jl}. Unterstellt man wieder, man interessiere sich für die Änderung einer Komponente *j* der Gruppe *g* infolge einer Preisänderung der Komponente *l* der Gruppe *r*, dann ergibt sich die Substitutionselastizität als ($j = 1,\dots,m_g$; $l = 1,\dots,m_r$; $g,r = 1,\dots,z+v$; $g \neq r$):[217]

$$\text{(IV.157)}\quad \sigma_{jl}=\frac{\phi^{*}_{jl}}{\theta^{r}_{l,t}}\quad \text{mit}\quad \phi^{*}_{jl}=\left.\frac{\partial w^{g}_{j,t}/w^{g}_{j,t}}{\partial \wp^{r}_{l,t}/\wp^{r}_{l,t}}\right|_{u_t=\text{konst.}}\quad \text{und}\quad \theta^{r}_{l,t}=\frac{\wp^{r}_{l,t}w^{r}_{l,t}}{E_t}.$$

---

216 Fayyad (1986, S. 77ff.) verwendet dazu Barten (1969) folgend die bereits weiter oben angesprochene Maximum Likelihood-Methode.

217 Siehe das Modul zur Haushaltstheorie, Abschnitt 7.

Dabei besteht zwischen der Substitutionselastizität und dem Element der Slutsky-Matrix eine Beziehung, die sich unter Verwendung der Einkommenselastizität $\varepsilon^{g}_{j,t}$ der Komponente j der Gruppe g wie folgt formulieren läßt:

$$\text{(IV.158)}\quad \sigma_{jl} = s_{jl} \cdot \frac{\wp^{r}_{l,t}}{w^{g}_{j,t}} \cdot \frac{1}{\theta^{r}_{l,t}} = \mu_{gr} \cdot \frac{\partial w^{g}_{j,t}}{\partial E_t} \cdot \frac{\partial w^{r}_{l,t}}{\partial E_t} \cdot \frac{\wp^{r}_{l,t}}{w^{g}_{j,t}} \cdot \frac{1}{\theta^{r}_{l,t}} =$$

$$= \mu_{gr} \cdot \frac{\partial w^{g}_{j,t} / w^{g}_{j,t}}{\partial E_t / E_t} \cdot \frac{\partial w^{r}_{l,t}}{w^{r}_{l,t}} = \mu_{gr} \cdot \varepsilon^{g}_{j,t} \cdot \frac{\partial w^{r}_{l,t}}{w^{r}_{l,t}} \qquad \text{mit} \qquad \varepsilon^{g}_{j,t} \equiv \frac{\partial w^{g}_{j,t} / w^{g}_{j,t}}{\partial E_t / E_t}.$$

Betrachtet man nun anstelle der Substitutionselastizität σ_{jl} zwischen den Komponenten j der Gruppe g und der Komponente l der Gruppe r die Substitutionselastizität σ_{sl} zwischen einer anderen Komponente s der Gruppe g ($j,s = 1,\dots,m_g$; $j \neq s$) und der Komponente l der Gruppe r ($l = 1,\dots,m_r$), so ändert sich gegenüber Gleichung (IV.158) nur die Einkommenselastizität $\varepsilon^{g}_{r,t}$. Die Substitutionselastizität σ_{rl} ergibt sich als ($s = 1,\dots,m_g$; $l = 1,\dots,m_r$; $g,r = 1,\dots,z$; $g \neq r$):

$$\text{(IV.159)}\quad \sigma_{sl} = \mu_{gr} \cdot \varepsilon^{g}_{s,t} \cdot \frac{\partial w^{r}_{l,t}}{w^{r}_{l,t}} \qquad \text{mit} \qquad \varepsilon^{g}_{s,t} \equiv \frac{\partial w^{g}_{s,t} / w^{g}_{s,t}}{\partial E_t / E_t}.$$

Die beiden Substitutionselastizitäten stimmen also genau dann überein, wenn sich das Verhältnis der Anlagevolumina infolge einer Ausgabenänderung nicht verändert, also die Einkommenselastizitäten der beiden Anlageformen gleich sind. Dies ist jedoch nur dann der Fall, wenn die Engelkurve (bzw. „Einkommenskonsumkurve") der betrachteten Gruppe g eine Gerade aus dem Ursprung darstellt. Genau diese Anforderung erfüllen linearhomogene Funktionen. Linearhomogene Teilnutzenfunktionen implizieren bei schwacher Separierbarkeit somit die Gleichheit der Substitutionselastizitäten gegenüber den Komponenten außerhalb der betrachteten Gruppe ($j,s = 1,\dots,m_g$; $j \neq s$; $l = 1,\dots,n_r$; $g,r = 1,\dots,z{+}v$; $g \neq r$):[218]

---

218 Der Zusammenhang zwischen schwacher Separabilität und Substitutionselastizität wurde erstmals von Berndt und Christensen (1973b, S. 403ff.) aufgezeigt, wobei sie ausschließlich homothetische Funktionen betrachteten. Russell (1975) hat darüber hinaus gezeigt, daß die Homothetik der Teilnutzenfunktionen nicht nur hinreichende, sondern auch *notwendige* Bedingung dafür ist, daß die Gleichheit der Substitutionselastizitäten schwache Separierbarkeit impliziert. Eine etwas umfassendere Beweisführung findet sich in Blackorby, Primont und Russell (1978, S. 264ff.). Hier wird mit Hilfe der Ausgabenfunktion argumentiert und die auf ihr basierende Definition der Substitutionselastizität verwendet: $\sigma_{jl} = \frac{\partial^2 e}{\partial \wp^{r}_{l,t} \partial \wp^{g}_{j,t}} \cdot e(u;\wp_t) \Big/ \frac{\partial e}{\wp^{r}_{l,t}} \cdot \frac{\partial e}{\partial \wp^{g}_{j,t}}$ (vgl. auch Takayama, 1985, S. 145). Die Notwendigkeit der Homothetik der Teilnutzenfunktion läßt sich damit begründen, daß die Ausgabenfunktion und die direkte Teilnutzenfunktion nur in den gleichen Gruppen von Preisen (Ausgabenfunktion) und Mengen (direkte Nutzenfunktion) schwach separierbar sind,

(IV.160) $\sigma_{jl} = \sigma_{sl}$.

Entsprechend der in Gleichung (IV.159) gewählten Schreibweise der Substitutionselastizität impliziert die aus der linearhomogenen schwachen Separierbarkeit folgende Gleichheit der Substitutionselastizitäten, daß die Einkommenselastizitäten ebenfalls gleich sein müssen. Unter Verwendung der Definition der α_i^g-Parameter (Gleichung IV.153) bedeutet dies zugleich, daß dann das Verhältnis der α_i^g-Parameter zweier Gruppenmitglieder gerade dem Verhältnis ihre Ausgabenanteile entspricht *(j,s = 1,...,m_g; j ≠ s)*:

(IV.161) $$\frac{\alpha_j^g}{\alpha_s^g} = \frac{\theta_{j,t}^g}{\theta_{s,t}^g}.$$

Der Umkehrschluß, wonach das Vorliegen von Gleichung (IV.161) schwache Separierbarkeit *und* Linearhomogenität der Teilnutzenfunktion bedeutet, wäre jedoch falsch.[219] Nicht nur linearhomogene Funktionen weisen lineare, aus dem Ursprung kommende Engelkurven auf, sondern auch homothetischen Funktionen. Auch bei ihnen ist somit die schwache Separierbarkeit einer homothetischen Teilnutzenfunktion gleichbedeutend mit der Gleichheit der Substitutionselastizitäten der Elemente dieser Gruppe gegenüber allen anderen Elementen außerhalb der Gruppe. Dies leuchtet unmittelbar ein, denn schließlich trifft die Substitutionselastizität nur Aussagen über die Krümmung der Indifferenzkurve und berücksichtigt *nicht* das Niveau der Teilnutzenfunktion. Dies müßte sie aber, wollte sie Aussagen über die Veränderung des Teilnutzenniveaus bei proportionalen Mengenänderungen machen.[220] Nur dann, wenn die Nutzenfunktion schwach separierbar ist und alle Komponenten die in Gleichung (IV.161) enthaltene Parameterbeschränkung erfüllen, kann man auf *homothetische* schwache Separierbarkeit schließen.

Entgegen der eingeschränkten Interpretationsfähigkeit wird zur Überprüfung der Hypothese der schwachen Separierbarkeit häufig direkt an der Substitutionselastizitität angesetzt. Dies setzt dann jedoch voraus, daß das Vorliegen einer homothetischen Teilnutzenfunktion apriori unterstellt wird.[221] Da die Substitutionselastizität aber

wenn die direkte Nutzenfunktion homothetisch ist (vgl. Blackorby, Primont und Russell, 1978, Theorem 4.5, S. 124, oder Blackorby und Russell, 1976, S. 288f.).

219 Für eine solche Schlußfolgerung siehe z.B. Barnett (1981, S. 217) oder Barnett (1987, S. 145).

220 Rekonstruktionen von Nutzenfunktionen anhand empirisch beobachtbarer Konsummengen können niemals zwischen linearhomogenen und homothetischen Nutzenfunktionen unterscheiden, denn beide Funktionen führen zu gleichem Marktverhalten. Ein ähnliches Phänomen findet man auch später bei der Behandlung der offenbarten Präferenzen.

221 Ein solches Vorgehen wählen z.B. Denny und Fuss (1977), Ewis und Fisher (1984), Serletis und Robb (1986), Serletis (1987b) und Drake (1992). Alle genannten Studien verwenden jedoch nicht das Rotterdam Modell, sondern leiten die Nachfragefunktionen aus einer spezifizierten Nutzenfunktion ab.

ebenso wie die Elemente der Slutsky-Matrix auf der Hicksschen (einkommenskompensierten) Nachfragefunktion basiert, stellt sie keine Größe dar, die man direkt messen kann. Notwendig ist deshalb eine Verwendung der Marshallschen Nachfragefunktion. Eine solche Transformation vollzieht die sogenannte „Slutsky-Gleichung", nach der jedes Element der Slutsky-Matrix wie folgt geschrieben werden kann ($j = 1,...,m_g$; $l = 1,...,m_r$; $g \neq r$):

$$\text{(IV.162)} \quad s_{jl} = \frac{\partial w_{j,t}}{\partial E_t} \cdot w_{l,t} + \frac{\partial w_{j,t}}{\partial \wp_{l,t}}.$$ [222]

Berücksichtigt man die Slutsky-Gleichung in der obigen Definition der Substitutionselastizität (Gleichung IV.158) und verwendet man dabei die Kreuzpreiselastizität ϕ_{jl}, die Einkommenselastizität $\varepsilon_{j,t}$ der Marshallschen Nachfragefunktion, sowie den Ausgabenanteil $\theta_{j,t}$, so erhält man:[223]

$$\text{(IV.163)} \quad \sigma_{jl} = \varepsilon_{j,t} + \frac{\phi_{jl}}{\theta_{l,t}}.$$

Anhand von Gleichung (IV.163) läßt sich die Substitutionselastizität leicht empirisch schätzen und damit die Hypothese der schwachen Separierbarkeit überprüfen. Voraussetzung ist die Spezifizierung konkreter Nachfragefunktionen und das Vorliegen der Homothetik der verwendeten direkten Nutzenfunktion.

IV.2.4.2.4 Kritik an der parametrischen Spezifizierung von Nachfragefunktionen

Auch im Anschluß an die Darstellung des Rotterdam-Modells muß man sich wiederum fragen, welchen Beitrag ein solcher Ansatz für eine eindeutige Klassifikation und Aggregation monetärer Anlageformen zu leisten vermag. An eine Lösung des „Aggregationsproblems im engeren Sinne" ist dabei ganz offensichtlich nicht zu denken, denn im Rahmen des Rotterdam-Modells werden keine hinreichenden Aussagen über die zu verwendenen (Teil-)Nutzenfunktionen gemacht. Einzig die Frage, ob die Teilnutzenfunktion über eine schwach separierbare Gruppe homothetisch ist oder nicht, kann durch die Überprüfung einer zusätzlichen Parameterrestriktion beantwortet werden.

Es muß also vorausgesetzt werden, daß man sich nur für die Veränderung konsistenter Aggregate interessiert („Aggregationsproblem im weiteren Sinn"). Hier ist es in der Tat so, daß das Rotterdam-Modell viel weniger annahmenintensiv ist als z.B. die Verwendung der Translog-Funktion.[224] Vor allem kann man auf die Verwendung

[222] Für diese Beziehung siehe das Modul zur Haushaltstheorie, Abschnitt 7.

[223] Von dieser Transformation machen z.B. Ewis und Fisher (1984, S. 43ff.), Serletis und Robb (1986, S. 436), Serletis (1987b, S. 577) und Drake (1992, S. 227ff.) Gebrauch.

[224] Für dieses Argument siehe z.B. Barnett (1981, S. 73 und 319ff.) und Fayyad (1986, S. 53).

einer gesellschaftlichen Wohlfahrtsfunktion verzichten.[225] Für die Lösung des Klassifikationsproblems ist dies tatsächlich ein Vorteil, für die Lösung des Aggregationsproblems nur dann, wenn die Hypothese der Homothetik nicht abgelehnt werden kann. Ist dies nicht der Fall, benötigt man selbst zur Bestimmung der Veränderungsraten der Aggregate stets eine konkrete Aggregationsfunktion.

Ungeachtet der eingeschränkten Aussagefähigkeit des Rotterdam-Modells bezüglich des Aggregationsproblems (im engeren *und* möglicherweise im weiteren Sinn), lassen sich aber auch die Ergebnisse in bezug auf das Klassifikationsproblem kritisieren. So stellt das Rotterdam-Modell keineswegs den einzigen Weg dar, Nachfragesysteme abzubilden. Das einfachste – wenn auch das restriktivste – Modell ist das sogenannte „lineare Ausgabensystem", demgemäß die Ausgaben für ein Gut *j* eine lineare Funktion des Einkommens und der Preise aller Güter sind:[226]

$$\text{(IV.164)}\quad \wp_{j,t} w_{j,t} = \beta_j E_t + \sum_{i=0}^{k+n} \beta_{ji} \wp_{i,t}\,.$$

Ein solches lineares Ausgabensystem erfüllt die Regularitätsbedingungen in Form der Adding-up-, Homogenitäts- und Symmetrierestriktion nur, wenn man es wie folgt darstellt:[227]

$$\text{(IV.165)}\quad \wp_{j,t} w_{j,t} = \wp_{j,t}\gamma_{j,t} + \beta_j \left(E_t - \sum_{i=0}^{k+n} \wp_{i,t}\gamma_{i,t} \right).$$

Die Parameter $\gamma_{j,t}$ lassen sich dabei als die Subsistenzmengen interpretieren, die mindestens erworben werden müssen, um das Existenzminimum zu gewährleisten. Der Teil des Einkommens E_t, der die Summe der Subsistenzausgaben übersteigt, wird jeweils in einem konstanten Verhältnis β_j auf das betreffende Gut *j* verteilt ($j = 0,\ldots,k+n$).[228]

Die sehr restriktive Natur eines solchen Nachfragesystems beruht vor allem darauf, daß zwischen dem Gut *j* und jedem anderen Gut *i* ($i \neq j$) zwingend eine Substitutionsbeziehung bestehen muß. Dies folgt aus Gleichung (IV.165) und der Tatsache, daß Nutzenfunktionen, die den Axiomen der Haushaltstheorie gerecht werden sollen,

---

[225] Fayyad, 1986, S. 53.

[226] Siehe dazu Deaton und Muellbauer (1980, S. 65) oder z.B. auch Varian (1994, S. 213).

[227] Vgl. Deaton und Muellbauer, 1980, S. 65.

[228] Das lineare Nachfragesystem läßt sich aus einer Stone-Geary-Nutzenfunktion ableiten (vgl. Varian, 1994, S. 213). Die Stone-Geary-Nutzenfunktion geht auf Stone (1954) und Geary (1949/50) zurück. Im hiesigen Kontext hat sie folgendes Aussehen: $u = \sum_i \beta_i (w_{i,t} - \gamma_{i,t})$. Barten (1977, S. 38ff.) zeigt, daß auch die Stone-Geary-Nutzenfunktion als Spezialfall einer sehr viel allgemeineren Nutzenfunktion angesehen werden kann, die erweitert um einen quadratischen Term und unter Beachtung bestimmter Parameterkonstellationen auch die Translog-Funktion generieren kann.

stets implizieren, daß nie alle Güter Komplementäre zueinander darstellen können, sondern daß zwischen mindestens zwei Gütern eine Substitutionsbeziehung bestehen muß. Da sich in Gleichung (IV.165) die Substitutionsbeziehung im β_j niederschlägt und gegenüber allen Güter gleich ist, müssen alle relativ zu Gut j Substitute sein.

Eine solche restriktive Implikation vermeidet man, wenn man das logarithmierte Nachfragesystem von Stone verwendet:[229]

$$\text{(IV.166)} \quad \ln w_{j,t} = \upsilon_j + \varepsilon_{j,t} \ln E_t + \sum_{i=0}^{k+n} \phi_{ji} \ln \wp_{i,t} \,,$$

wobei $\varepsilon_{j,t}$ wieder die Einkommenselastizität und ϕ_{ji} die Preis- $(i = j)$ oder Kreuzpreiselastizität ist $(i \neq j)$. Der Parameter υ_j spiegelt alle die Einflüsse auf die Nachfragemenge wider, die nicht auf der Preis- oder Einkommenshöhe basieren. Im Gegensatz zum linearen Ausgabensystem stellt das logarithmierte Nachfragesystem von Stone überdies eine Approximation erster Ordnung an jede beliebige Nachfragefunktion dar. Es handelt sich bei ihr somit um eine flexible funktionale Form.[230]

Analog zur Herleitung der flexiblen funktionalen Formen als Nutzenfunktion läßt sich jede Marshallsche Nachfragefunktion in Abhängigkeit monotoner Transformationen der Einflußvariablen darstellen $(j = 0,\ldots,k+n)$:[231]

$$\text{(IV.167)} \quad w_{j,t} = g_j(E_t; \wp_t) = \overline{g}_j\big(f_E(E_t); f_0(\wp_{0,t}),\ldots,f_{k+n}(\wp_{k+n,t})\big).$$

Betrachtet man wieder eine monotone Transformation φ_j der Nachfragemenge $w_{j,t}$:

$$\text{(IV.168)} \quad \varphi_j \circ w_{j,t} = \varphi_j \circ \overline{g}_j\big(f_E(E_t); f_0(\wp_{0,t}),\ldots,f_{k+n}(\wp_{k+n,t})\big),$$

so ergibt sich diese folgendermaßen als Taylor-Entwicklung erster Ordnung um einen „Approximationspunkt“ $\big(\overline{E}; \overline{\wp}_0,\ldots,\overline{\wp}_{k+n}\big)$:

$$\text{(IV.169)} \quad \varphi_j \circ w_{j,t} = \varphi_j \circ \overline{g}_j\big(f_E(\overline{E}); f_0(\overline{\wp}_0),\ldots,f_{k+n}(\overline{\wp}_{k+n})\big)$$

$$+ \frac{\partial}{\partial f_E(E_t)} \varphi_j \circ \overline{g}_j\big(f_E(\overline{E}); f_0(\overline{\wp}_0),\ldots,f_{k+n}(\overline{\wp}_{k+n})\big)\big(f_E(E_t) - f_E(\overline{E})\big)$$

[229] Siehe wiederum z.B. Deaton und Muellbauer (1980, S. 17ff. und S. 61ff.).

[230] Während flexible funktionale Formen in bezug auf die Nutzenfunktion häufig Taylor-Approximationen zweiter Ordnung sind, genügt es hinsichtlich der Nachfragefunktionen, daß diese Taylor-Approximationen erster Ordnung sind, damit die beiden Ansätze kompatibel sind. Da die Nachfragefunktionen auf der Bedingung erster Ordnung basieren, verliert man durch den Übergang von der Nutzenfunktion zu den Nachfragefunktionen einen Approximationsgrad.

[231] Siehe Abschnitt IV.2.4.2.1.

$$+\sum_{i=0}^{k+n}\frac{\partial}{\partial f_i(\wp_{i,t})}\varphi_j \circ \overline{g}_j\Big(f_E(\overline{E}); f_0(\overline{\wp_0}),\dots,f_{k+n}(\overline{\wp_{k+n}})\Big)\Big(f_i(\wp_{i,t}) - f_i(\overline{\wp_i})\Big).$$

Verwendet man mit $\overline{\gamma}_j, \overline{\alpha}_j$ und $\overline{\beta}_{ji}$ *(i,j = 0,...,k+n)* nun konkrete Werte für die transformierte Funktion $\varphi_j \circ \overline{g}_j$ und die ersten Ableitungen nach dem Einkommen und den Preisen im „Approximationspunkt" $\left(\overline{E}; \overline{\wp_0},\dots,\overline{\wp_{k+n}}\right)$, dann ergibt sich anstelle von Gleichung (IV.169):

$$\text{(IV.170)} \quad \varphi_j \circ w_{j,t} = \overline{\gamma}_j + \overline{\alpha}_j\Big(f_E(E_t) - f_E(\overline{E})\Big) + \sum_{i=0}^{k+n}\overline{\beta}_{ji}\Big(f_i(\wp_{i,t}) - f_i(\overline{\wp_i})\Big)$$

Nach einer geeigneten Umstellung erhält man schließlich als Approximation erster Ordnung einer beliebigen transformierten Nachfragefunktion:

$$\text{(IV.171)} \quad \varphi_j \circ w_{j,t} = \gamma_j + \alpha_j f_E(E_t) + \sum_{i=0}^{k+n}\beta_{ji} f_i(\wp_{i,t}),$$

wobei sich die Parameter wie folgt ergeben:

$$\text{(IV.172)} \quad \gamma_j = \overline{\gamma}_j + \overline{\alpha}_j f_E(\overline{E}) + \sum_{i=0}^{k+n}\overline{\beta}_{ji} f_i(\overline{\wp_i}), \qquad \alpha_j = \overline{\alpha}_j \qquad \text{und} \qquad \beta_{ji} = \overline{\beta}_{ji}.$$

Es lassen sich damit drei Typen von Nachfragefunktionen unterscheiden, die alle Taylor-Approximationen erster Ordnung darstellen:[232]

- lineare Nachfragefunktionen ($\varphi_j(w_{j,t}) = w_{j,t}$ und $f_E(E_t) = E_t$; $f_i(\wp_{i,t}) = \wp_{i,t}$):

$$w_{j,t} = \gamma_j + \alpha_j E_t + \sum_{i=0}^{k+n}\beta_{ji}\wp_{i,t}, \qquad \text{(IV.173)}$$

- semilogarithmierte Nachfragefunktionen ($\varphi_j(w_{j,t}) = \ln w_{j,t}$ und $f_E(E_t) = E_t$;$f_i(\wp_{i,t}) = \wp_{i,t}$):

$$\ln w_{j,t} = \gamma_j + \alpha_j E_t + \sum_{i=0}^{k+n}\beta_{ji}\wp_{i,t}, \qquad \text{(IV.174)}$$

- logarithmierte Nachfragefunktionen ($\varphi_j(w_{j,t}) = \ln w_{j,t}$ und $f_E(E_t) = E_t$; $f_i(\wp_{i,t}) = \wp_{i,t}$):

$$\ln w_{j,t} = \gamma_j + \alpha_j \ln E_t + \sum_{i=0}^{k+n}\beta_{ji}\ln\wp_{i,t}. \qquad \text{(IV.175)}$$

---

232 Vgl. Varian, 1994, S. 212.

Das logarithmierte Nachfragesystem von Stone (Gleichung IV.164) entspricht damit der letztgenannten Variante, wobei die Parameter α_j und β_{ji} dort in ihrer Interpretation als Einkommens- und Preis- *(j = i)* bzw. Kreuzpreiselastizitität *(j ≠)* erfaßt werden.

Schon auf den ersten Blick weist das logarithmierte Nachfragesystem von Stone starke Ähnlichkeit mit dem obigen Rotterdam-Modell auf (Gleichung IV.139). So kann das Rotterdam-Modell aus einer logarithmierten Nachfragefunktion abgeleitet werden, wie man leicht überprüfen kann, wenn man das totale Differential von Gleichung (IV.166) bildet. Man erhält dann genau Gleichung (IV.136), auf deren Basis das Rotterdam-Modell hergeleitet wird. Während das Rotterdam-Modell jedoch auf die Veränderung der Nachfragemengen abstellt, betrachtet das logarithmierte Nachfragesystem von Stone die Niveauwerte der Verbrauchsmengen. Gegenüber dem Rotterdam-Modell weist das logarithmierte Nachfragesystem von Stone zwei Nachteile auf. Zum einen ist es nicht symmetrisch, ein Rückgriff auf die Slutsky-Matrix ist nicht möglich. Um die Symmetrie zu gewährleisten, wurde im Rotterdam-Modell gerade der Ausgabenanteil einbezogen. Zum anderen sind zur Bestimmung des logarithmierten Nachfragesystems *k+n+1* Parameter mehr zu schätzen, als im Rotterdam-Modell, ohne daß dies zusätzliche Informationen in bezug auf die schwache Separierbarkeit oder die Linearhomogenität der (Teil-)Nutzenfunktionen liefert. Allein deshalb wird häufig das weniger parametrisierte Rotterdam-Modell verwendet, um einen möglichst hohen Freiheitsgrad zu besitzen.

Die gemeinsame Herkunft beider Ansätze im Sinne einer Taylor-Approximation erster Ordnung darf jedoch nicht darüber hinwegtäuschen, daß solche loglinearen Funktionen einen zentralen *theoretischen* Schwachpunkt besitzen. Während alle jene Versionen des linearen Ausgabensystems, die den Regularitätsbedingungen Adding-up, Linearhomogenität und Symmetrie gerecht werden, eine identische Substitutionseigenschaft aller Güter implizieren und damit in ihrer empirischen Verwendbarkeit eingeschränkt sind, vermögen loglineare Nachfragefunktionen die Regularitätsbedingungen nur dann zu erfüllen, wenn die ihnen zugrunde liegende Nutzenfunktion zumindest homothetisch ist. Auch dies bedeutet eine starke Einschränkung der Verwendbarkeit.

Entscheidend ist in diesem Zusammenhang die Adding-up-Bedingung. Diese impliziert nämlich, daß die Summe der mit den Ausgabenanteilen gewichteten Einkommenselastizitäten gerade Eins ergibt:[233]

$$\text{(IV.176)} \quad \sum_{i=0}^{k+n} \varepsilon_{i,t}\theta_{i,t} = 1.$$

Berücksichtigt man darüber hinaus, daß sich gemäß der Budgetrestriktion die Ausgabenanteile maximal zu Eins addieren

233 Siehe auch die Gleichungen (IV.143) und (IV.144) und die dortigen Erläuterungen.

$$\text{(IV.177)} \quad \sum_{i=0}^{k+n} \theta_{i,t} = 1,$$

so bedeutet dies, daß beide Bedingungen nur dann erfüllt sind, wenn die Einkommenselastizität bei allen Komponenten Eins beträgt oder wenn sich die gewichteten Einkommenselastizitäten größer Eins (Luxusgüter) und die gewichteten Einkommenselastizitäten kleiner Eins (Subsistenzgüter) gerade ausgleichen.[234] Konstante Einkommenselastizitäten in Höhe von Eins implizieren konstant bleibende Ausgabenanteile. Die konkrete Nutzenfunktion geht somit auf eine linearhomogene (Basis-) Funktion zurück und ist damit mindestens homothetisch. Weichen die Einkommenselastizitäten von Eins ab, so ist es schierer Zufall, wenn die Adding-up-Bedingung erfüllt ist. Es mag zwar auch einen Bereich für die Einkommenshöhe geben, in dem das loglineare Nachfragesystem Ausgaben für die Güter ausweist, die das Gesamtbudget unterschreiten und damit eine Einhaltung der Budgetbeschränkung signalisieren, denkbar sind aber auch Bereiche, in denen das loglineare Nachfragesystem eine deutliche Überschreitung des Gesamtbudgets impliziert. Dieser Fall tritt u.a. dann ein, wenn das Einkommen sehr hoch ist. So bedeutet eine Einkommenselastizität größer Eins, daß bei steigendem Einkommen die Ausgaben für dieses Gut überproportional zunehmen, wobei sich diese Tendenz bei fortlaufendem Einkommensanstieg sogar verstärkt. Gruppiert man alle Güter mit einer Einkommenselastizität größer als Eins zusammen („Gruppe der Luxusgüter"), so gilt die geschilderte Ausgabenentwicklung für die gesamte Gruppe, d.h. je höher das Einkommen, desto höher der Ausgabenanteil der für solche Güter verausgabt wird. Anders hingegen bei den Gütern mit einer Einkommenselastizität kleiner als Eins. Hier steigen die Ausgaben lediglich unterproportional. Der Ausgabenanstieg ist zwar positiv, nimmt aber mit zunehmendem Einkommen immer weiter ab. Dies führt dazu, daß bei einem unendlich großen Einkommen der Ausgabenanstieg eines solchen Gutes letztlich gegen Null strebt. Eine solche Entwicklung gilt wiederum für die gesamte Gruppe der Güter mit einer Einkommenselastizität kleiner Eins („Gruppe der Subsistenzgüter"). Unterstellt man nun *konstante* Einkommenselastizitäten, so wird unmittelbar klar, daß das Einkommen nur groß genug sein muß, damit die durch einen marginalen Einkommensanstieg ausgelöste Ausgabenerhöhung bei der Gruppe der Luxusgüter nicht mehr durch einen immer schwächer werdenden Ausgabenanstieg bei der Gruppe der Subsistenzgüter kompensiert wird. Konstante Einkommenselastizitäten, die von Eins abweichen, führen im Rahmen solcher loglinearer Nachfragesysteme also immer dazu, daß die Adding-up-Bedingung nicht global eingehalten werden kann. Solche Systeme sind damit nur dann universell einsetzbar, wenn man den Fall von Eins abweichender Einkommenselastizitäten ausschließen kann und die (Teil-) Nutzenfunktion damit zumindest homothetisch ist.

[234] Für die folgende Argumentation siehe Deaton und Muellbauer (1980, S. 17ff.).

Eine noch stärkere Einschränkung gilt für das Rotterdam-Modell. Die in Gleichung (IV.139) dargestellte, mit dem Ausgabenanteil gewichtete Veränderung der Nachfragemenge ist nur mit Nachfragefunktionen kompatibel, die auf einer Cobb-Douglas-Nutzenfunktion – oder einer monotonen Transformation derselben – basieren.[235] Im Rotterdam-Modell erhält man die Einkommenselastizität (bei unveränderten Preisen) als $(j = 0,\ldots,k+n)$:

$$\text{(IV.178)} \quad \varepsilon_{j,t} = \frac{\partial \ln w_{j,t}}{\partial \ln E_t^*} = \frac{\partial \ln w_{j,t}}{\partial \ln E_t} = \frac{\alpha_j}{\theta_{j,t}},$$

so daß sich für die Veränderung der Nachfragemenge in Abhängigkeit einer Einkommensänderung folgende Bedingung ergibt:[236]

$$\text{(IV.179)} \quad \frac{\partial w_{j,t}}{\partial E_t} = \frac{\alpha_j}{\wp_{j,t}}.$$

Dies stellt aber nichts anderes dar, als eine partielle Differentialgleichung, die integriert stets folgende allgemeine Form annehmen muß:

$$\text{(IV.180)} \quad w_{j,t} = \int \frac{\alpha_j}{\wp_{j,t}} dE_t + K.$$

K ist dabei die Integrationskonstante. Entsprechend der Theorie des Haushalts wird *K* von den Preisen der Komponenten (Güter oder Anlageformen) abhängen, denn diese beeinflussen in der Regel ebenfalls die nachgefragte Menge $w_{j,t}$. Die Nachfragefunktion hat dann folgende Gestalt:

$$\text{(IV.181)} \quad w_{j,t} = \frac{\alpha_j}{\wp_{j,t}} E_t + b_j(\wp_t).$$

Allerdings bedeutet eine solche Nachfragefunktion, daß die nachgefragte Menge gegen eine feste positive Größe $b_j(\wp_t)$ tendiert, wenn das Einkommen E_t gegen Null strebt. Dies verletzt aber eindeutig die Budgetrestriktion und damit wiederum die Adding-up-Bedingung. Konsequenterweise muß $b_j(\wp_t)$ deshalb den Wert Null annehmen, so daß die mit dem Rotterdam-Modell kompatible Nachfragefunktion letztlich folgendes Aussehen hat:

$$\text{(IV.182)} \quad w_{j,t} = \frac{\alpha_j}{\wp_{j,t}} E_t.$$

---

235 Dies ist der Preis für die Symmetrie, die das Rotterdam-Modell anders als das logarithmierte Nachfragesystem aufweist. Der Beweis für die Implikation einer zugrunde liegenden Cobb-Douglas-Nutzenfunktion findet sich erstmals bei Yoshihara (1969, S. 262). Für das Folgende siehe auch Fayyad (1986, S. 44ff.).

236 Siehe auch Gleichung (IV.143).

Das Rotterdam-Modell impliziert somit Nachfragefunktionen, bei denen neben die für loglineare Funktionen generell geltende Restriktion einer Einkommenselastizität von Eins noch Beschränkungen in bezug auf die Preis- und Kreuzpreiselastizität treten: Die Preiselastizität muß den Wert minus Eins und die Kreuzpreiselastizität den Wert Null annehmen. Solche Nachfragefunktionen ergeben sich gerade dann, wenn die sie generierende Nutzenfunktion eine Cobb-Douglas-Form besitzt:

$$\text{(IV.183)} \quad u_t = \prod_{i=0}^{k+n} w_{i,t}^{\varsigma_i} \qquad \text{mit} \qquad \sum_{i=0}^{k+n} \varsigma_i = 1.$$

In allen anderen Fällen sind die konstanten Einkommens-, Preis- und Kreuzpreiselastizitäten des Rotterdam-Modells nicht kompatibel mit der Adding-up-Bedingung.

Für eine exakte Verwendung des Rotterdam-Modells benötigt man somit Informationen über die Struktur der Nutzenfunktion, die nicht vorhanden sind und die auch nicht aus beobachtbaren Marktdaten extrahiert werden können. Deshalb aber den Schluß zu ziehen, das Rotterdam-Modell gänzlich ablehnen zu müssen, wäre voreilig. So kann man das Rotterdam-Modell – ähnlich der Translog-Funktion bezüglich der (Teil-) Nutzenfunktion – selbst dann, wenn man genau wüßte, daß die Nutzenfunktion keine Cobb-Douglas-Form besitzt, als *Approximationsfunktion* für die gewichtete Veränderung der nachgefragten Menge verwenden. Entsprechend der approximationstheoretischen Herkunft ist das Rotterdam-Modell *lokal* durchaus exakt. Wählt man als „Approximationspunkt" wieder die Einkommens- und Preiskombination, bei der die Parameter α_j und β_{ji} $(j,i = 0,...,k+n)$ den Schätzungen der ersten Ableitungen der Nachfragefunktion nach dem Einkommen und den Preisen entsprechen $(\overline{\alpha}_j$ und $\overline{\beta}_{ji})$, dann impliziert dies anders als bei der Translog-Funktion keinen bestimmten „Approximationspunkt". Andererseits ist diese Approximation nicht *global* gültig. Im Einzelfall kann sie sogar relativ schlecht sein. Dies wäre z.B. dann der Fall, wenn sich (die Gesamtheit) der Nachfrager entsprechend dem linearen Ausgabensystem verhalten würde.[237]

Alles in allem verspricht somit auch ein Ansetzen an den Nachfragefunktionen anstelle der Nutzenfunktion wenig Fortschritt im Hinblick auf eine *allgemeingültige* Lösung des Klassifikations- und Aggregationsproblems (im weiteren Sinn). Eine Reduktion des Anspruchsniveaus wird zwar mit einer geringeren Parameteranzahl belohnt, *eindeutige* Ergebnisse sind aber selbst für das Klassifikationsproblem nicht zu erwarten. Es gibt wiederum verschiedene flexible funktionale Formen, die zwar alle gleiche *lokale* Approximationseigenschaften besitzen, aber zu unterschiedlichen Aussagen in bezug auf zentrale Größen wie die Einkommens-, Preis- und Kreuzpreiselastizität gelangen.[238]

---

237 Vgl. Deaton und Muellbauer, 1980, S. 73.

238 Siehe dazu z.B. den Übersichtsartikel von Barten (1977, S. 44ff.).

Monte-Carlo-Studien, die nötig wären, die Eigenschaften der verschiedenen Ansätze beurteilen zu können, fehlen zwar, nichtsdestoweniger gibt es aber empirische Untersuchungen darüber, welche funktionale Form zu präferieren sei. Sowohl Parks als auch Deaton gelangen in diesem Zusammenhang zu dem Schluß, daß das Rotterdam-Modell alternativen Ansätzen – insbesondere auch dem linearen Ausgabensystem – überlegen ist.[240] Da diese Ergebnisse aber auf speziellen Datenreihen basieren, sind sie nicht ohne weiteres übertragbar. Letztlich gibt es auch hinsichtlich der Nachfragefunktion nicht den *einen*, allgemein akzeptierten Ansatz, der eine eindeutige empirische Bestimmung der schwachen Separierbarkeit und der Linearhomogenität erlaubt.

Zur Lösung des Klassifikationsproblems ist es deshalb von Vorteil, wenn man ganz auf die Spezifizierung von Nutzen- oder Nachfragefunktionen verzichten kann. Dies ist der Weg, der in nichtparametrischen Analysen des Nachfrageverhaltens beschritten wird. Ein solcher Ansatz wird im folgenden Abschnitt vorgestellt.

IV.2.4.3 Die nicht-parametrische Nachfrageanalyse als Grundlage für die Bestimmung der schwachen Separierbarkeit und Homothetik

IV.2.4.3.1 Allgemeine Grundlagen

Bislang wurden zwei Wege für die Ermittlung der Zulässigkeit der Aggregation vorgestellt, die beide durch eine parametrische Spezifizierung der zugrunde gelegten Funktionen charakterisiert sind. Im ersten Fall wurde die Diskussion auf der Grundlage einer konkreten Nutzenfunktion geführt. Dabei war es zweitrangig, ob diese als Spezifikation oder als Approximation einer auf der Basis einer gesellschaftlichen Präferenzordnung abgeleiteten Nutzenfunktion angesehen wird. Im zweiten Fall wurde demgegenüber auf eine Konkretisierung der zugrunde gelegten gesellschaftlichen Nutzenfunktion verzichtet und stattdessen direkt das Vorliegen eines speziellen Nachfragesystems unterstellt. Auch hier können die verwendeten Nachfragefunktionen wiederum als konkrete Spezifikation oder Approximation verwendet werden. Im Gegensatz zu diesem „preference-based approach“[241] oder allgemeiner „calculus approach“[242] setzt der „choice-based approach“[243] (oder „algebraic approach“[244]) der nicht-parametrischen Nachfrageanalyse direkt an den tatsächlich gewählten Verbrauchsmengen[245] an, ohne nach einer formalen Abbildung in Form einer konkreten Nutzenfunktion oder eines speziellen Nachfragesystems zu fragen.

---

240 Parks (1969) und Deaton (1974).

241 Mas-Colell, Whinston und Green,1995, S. 3.

242 Varian, 1983, S. 99.

243 Mas-Colell, Whinston und Green,1995, S. 3.

244 Varian, 1983, S. 99.

245 Auch wenn monetäre Anlageformen Leistungen abgeben und nicht wie kurzlebige Konsumgüter „verbraucht“ werden, sollen sie im folgenden unter diesen Begriff subsumiert werden.

Die parametrische Nachfrageanalyse weist zwei wesentliche Schwachpunkte auf:

- Zum einen wird mit jedem statistischen Test nicht nur die gewünschte Eigenschaft der schwachen Separierbarkeit oder Homothetik (bzw. Linearhomogenität) getestet, sondern zugleich auch die konkrete funktionale Form der Nutzen- bzw. Nachfragefunktion. Die Ablehnung einer solchen zusammengesetzten Hypothese kann also auch aufgrund einer fehlerhaften funktionalen Form erfolgen.

- Zum anderen benötigt sie erheblich mehr Beobachtungszeitpunkte als Parameter, um genügend Freiheitsgrade zu besitzen, die Parameter hinreichend genau zu schätzen.

Im Gegensatz dazu, kann die nicht-parametrische Nachfrageanalyse auf der Basis der Theorie offenbarter Präferenzen auch dann vorgenommen werden, wenn nur relativ wenige Beobachtungszeitpunkte vorliegen. Vor allem aber kommt sie ohne eine Nutzenfunktion aus. Sie erlaubt deshalb eine ausschließliche Überprüfung der Frage, ob die beobachtbaren Verbrauchsmengen konsistent mit einer transitiven, vollständigen, separierbaren und homothetischen Präferenzordung sind, d.h. ob sie Ergebnis der Maximierung einer Nutzenfunktion sein können, die schwach separierbar und homothetisch ist.

Beide Vorteile haben dazu geführt, daß in der neueren Literatur schwerpunktmäßig die nicht-parametrische Nachfrageanalyse angewendet wird, um schwach separierbare und homothetische Strukturen zu identifizieren. Dazu wird, von einer Ausnahme abgesehen, ausschließlich auf ein Verfahren zurückgegriffen, welches von Hal R. Varian Anfang der achtziger Jahre entwickelt und in die Form eines Computerprogramms umgesetzt wurde.[246] Diese sonst recht ungewöhnliche Einheitlichkeit im Vorgehen hat ihren Grund, bietet doch Varian's Algorithmus die bislang einzige (praktikable) Möglichkeit, die nicht-parametrische Nachfrageanalyse für den hier beabsichtigten Zweck zu nutzen. Eine detailierte Diskussion des Varianschen Vorgehens würde jedoch den Rahmen dieser Arbeit sprengen.[247] Nichtsdestoweniger orientiert sich die terminologische Ausrichtung stark an Varian.

Um die Aussagen der Theorie offenbarter Präferenzen grundsätzlich besser verstehen zu können, müssen vorab einige grundlegende Begriffe bzw. feststehende sprachliche Formulierungen genannt werden:[248]

---

246 Das Programm heißt „Nonpar“ und ist in Varian (1982) und (1983) dokumentiert.

247 Eine solche Analyse findet sich in Reischle (1998b).

248 Für die hier getroffenen begrifflichen Festlegungen siehe Varian (1982, S. 946f.). Ähnliche Festlegungen finden sich auch in Varian (1983, S. 100) und Varian (1994, S. 132). Da im Rahmen der nicht-parametrischen Analyse ausschließlich Bündel der Verbrauchsmengen interessieren, die in bestimmten Perioden konsumiert werden, bezeichnen die Indizes *i,j,k,l* usw. anders als in den bisherigen Teilen der Arbeit solche *Zeitabschnitte* und nicht spezielle Güter oder Anlageformen. Der Zeitindex *t* stehe wiederum für die Gegenwartsperiode und *T* bezeichne die Anzahl der Beob-

Definitionen:

1. Eine Nutzenfunktion $u(\mathbf{w})$ rationalisiert die Mengen- und Preiskombinationen $(\mathbf{w}_i, \wp_i)$ der $T+1$ Beobachtungszeitpunkte $(i = t-T,...,t)$ genau dann, wenn das Nutzenniveau u des Bündels $\mathbf{w}_i$ größer oder gleich dem Nutzen jedes anderen Bündels $\mathbf{w}$ ist, welches unter Zugrundelegung der Ausgabensumme des Zeitpunkts i $(E_i = \wp_i \mathbf{w}_i)$ erwerbbar gewesen wäre $(E_i \geq \wp_i \mathbf{w})$. Es muß also gelten: $u(\mathbf{w}_i) \geq u(\mathbf{w})$ für alle $\mathbf{w}$ mit $\wp_i \mathbf{w}_i \geq \wp_i \mathbf{w}$.

2. Wird ein Bündel $\mathbf{w}_i$ gewählt, während ein beliebiges anderes Bündel $\mathbf{w}$ zum Zeitpunkt i unter Einhaltung der realisierten Ausgabensumme E_i ebenfalls erwerbbar gewesen wäre, also $\wp_i \mathbf{w}_i \geq \wp_i \mathbf{w}$ gilt, dann sagt man, daß das Bündel $\mathbf{w}_i$ dem Bündel $\mathbf{w}$ *direkt offenbart vorgezogen* wird und kürzt dies folgendermaßen ab: $\mathbf{w}_i \, R^D \, \mathbf{w}$.

3. Wird ein Bündel $\mathbf{w}_i$ gewählt, während ein beliebiges anderes Bündel $\mathbf{w}$ zum Zeitpunkt i nicht nur erwerbbar gewesen wäre, sondern auch noch niedrigere Ausgaben verursacht hätte, also $\wp_i \mathbf{w}_i > \wp_i \mathbf{w}$ gilt, dann sagt man, daß das Bündel $\mathbf{w}_i$ dem Bündel $\mathbf{w}$ *strikt direkt offenbart vorgezogen* wird und kürzt dies folgendermaßen ab: $\mathbf{w}_i \, P^D \, \mathbf{w}$.

4. Wird ein Bündel $\mathbf{w}_i$ einem Bündel $\mathbf{w}_j$ direkt offenbart vorgezogen, während das Bündel $\mathbf{w}_j$ wiederum einem Bündel $\mathbf{w}_k$ direkt offenbart vorgezogen wird, welches seinerseits einem anderen Bündel $\mathbf{w}$ direkt offenbart vorgezogen wird $(\mathbf{w}_i \, R^D \, \mathbf{w}_j, \mathbf{w}_j \, R^D \, \mathbf{w}_k, \mathbf{w}_k \, R^D \, \mathbf{w})$, dann sagt man, daß das Bündel $\mathbf{w}_i$ dem Bündel $\mathbf{w}$ *offenbart vorgezogen* wird und kürzt dies folgendermaßen ab: $\mathbf{w}_i \, R \, \mathbf{w}$. Die binäre Relation R bildet dabei den „transitiven Abschluß" der binären Relation R^D.[249]

5. Wird ein Bündel $\mathbf{w}_i$ einem Bündel $\mathbf{w}_j$ direkt offenbart vorgezogen, während das Bündel $\mathbf{w}_j$ wiederum einem Bündel $\mathbf{w}_k$ *strikt* direkt offenbart vorgezogen wird, welches seinerseits einem anderen Bündel $\mathbf{w}$ direkt offenbart vorgezogen wird $(\mathbf{w}_i \, R^D \, \mathbf{w}_j, \mathbf{w}_j \, P^D \, \mathbf{w}_k, \mathbf{w}_k \, R^D \, \mathbf{w})$, dann sagt man, daß das Bündel $\mathbf{w}_i$ dem Bündel $\mathbf{w}$ *strikt offenbart vorgezogen* wird und kürzt dies folgendermaßen ab: $\mathbf{w}_i \, P \, \mathbf{w}$.

6. Eine Tilde „~" vor einer binären Relation soll bedeuten, daß diese Relation gerade nicht vorliegen soll. In diesem Sinne heißt z.B. $\mathbf{w}_i \sim R^D \, \mathbf{w}$, daß das Bündel $\mathbf{w}_i$ dem Bündel $\mathbf{w}$ *nicht* direkt offenbart vorgezogen wird.

---

achtungswerte, die *zusätzlich* aus der *Vergangenheit* bekannt sind. Insgesamt existieren damit $T+1$ Beobachtungswerte.

249 Eine binäre Relation R^D in einer Menge B ist eine Beziehung, die zwischen zwei Elementen $\mathbf{w}_i$ und $\mathbf{w}$ entweder besteht oder nicht besteht; hier $\mathbf{w}_i \, R^D \, \mathbf{w}$. Die binäre Relation R^D ist eine Teilmenge des B^2-Raums $(B \times B)$ und besteht aus geordneten Paaren von Bündeln. Demgegenüber ist die binäre Relation R bei $T+1$ Beobachtungswerten Teilmenge des B^{2^T}-Raumes. Zu binären Relationen siehe z.B. Bronstein und Semendjajew (1983, S. 546 ff.).

IV.2.4.3.1.1 Das Schwache Axiom offenbarter Präferenzen

Welche Schlußfolgerungen kann man nun in bezug auf die geforderte Konsistenz der beobachteten Preis-Mengen-Kombinationen mit einer transitiven und vollständigen Präferenzordung ziehen? Die Restriktionen, die die konkreten Daten erfüllen müssen, damit die Konsistenz gewährleistet ist, hängen entscheidend vom unterstellten Aussehen der zugrunde gelegten Präferenzordnung bzw. deren formaler Abbildung in Form einer Nutzenfunktion ab.[250] Grundsätzlich sollten dabei in den formulierten Anforderungen so wenig Annahmen über die Präferenzordnung wie möglich enthalten sein.

Ganz ohne diese kommt man jedoch nicht aus. So würde z.B. ein stets konstant bleibendes Nutzenniveau bedeuten, daß ein Akteur zwischen allen denkbaren Bündeln indifferent wäre. Konsistenz läge somit immer vor, Restriktionen an die Daten bestehen keine. Unterstellt man der üblichen Mikrotheorie folgend, daß das Nutzenniveau mit der Höhe der Verbrauchsmengen variiert, so sollten die ihr zugrunde liegenden Präferenzen zumindest die Bedingungen der lokalen Nichtsättigung und der Konvexität erfüllen.[251] Dabei wird unterstellt, daß eine kleine Erhöhung der Menge eines Gutes bei gleichzeitig unveränderten Verbrauchsmengen der anderen Güter immer gegenüber der Ausgangssituation präferiert wird und entsprechend zu einer Nutzenerhöhung führt, wobei diese bei größer werdenden Verbrauchsmengen immer weiter abnimmt. Beschränkt man sich nun in seinen Überlegungen vorerst auf den *direkten Vergleich zweier Bündel* $\boldsymbol{w}_i$ *und* $\boldsymbol{w}_k$, so impliziert die Konsistenzbedingung in *ihrer allgemeinsten Form*, daß die beiden Bündel folgendem Axiom gerecht werden müssen:

Definition 7: Schwaches Axiom offenbarter Präferenzen (**W**eak **A**xiom of **R**evealed **P**references)

Wenn das Bündel $\boldsymbol{w}_i$ dem Bündel $\boldsymbol{w}_k$ direkt offenbart vorgezogen wird, so darf das Bündel $\boldsymbol{w}_k$ dem Bündel $\boldsymbol{w}_i$ nicht *strikt* direkt offenbart vorgezogen werden. Für die beiden Bündel $\boldsymbol{w}_i$ und $\boldsymbol{w}_k$ muß somit gelten: Wenn $\boldsymbol{w}_i \, R^D \, \boldsymbol{w}_k$, dann nicht $\boldsymbol{w}_k \, P^D \, \boldsymbol{w}_i$ (letzteres wird wie folgt abgekürzt: $\boldsymbol{w}_k \sim P^D \, \boldsymbol{w}_i$).

Die ökonomische Ratio dieser Formulierung des Schwachen Axioms offenbarter Präferenzen findet sich bereits beim Begründer der Theorie offenbarter Präferenzen

250 Vgl. Varian (1994, S. 131). Dabei ist es keineswegs selbstverständlich, daß sich eine Präferenzordnung durch eine Nutzenfunktion abbilden läßt (vgl. Richter, 1966, S. 636). Besitzt ein Akteur „lexikographische Präferenzen“, wonach er ein Bündel $\boldsymbol{w}_i$ einem Bündel $\boldsymbol{w}_j$ genau dann vorzieht, wenn das Bündel $\boldsymbol{w}_i$ entweder vom Gut w_1 mehr enthält als das Bündel $\boldsymbol{w}_j$, oder bei gleichen Verbrauchsmengen von Gut w_1 mehr von Gut w_2, oder ..., so existiert für eine solche Präferenzordnung *keine* Nutzenfunktion, denn Indifferenz besteht nur bei identischen Bündeln. Bei n Gütern besteht somit eine n-dimensionale Indifferenzmenge, bestehend aus exakt einem Bündel. Zu lexikographischen Präferenzen und einer genaueren Begründung der Unmöglichkeit einer zugehörigen Nutzenfunktion siehe Mas-Colell, Whinston und Green (1995, S. 46).

251 Zum Zusammenhang dieser Annahmen siehe das Modul zur Haushaltstheorie, Abschnitt 2.

Paul Samuelson.[252] Sie erscheint auf den ersten Blick recht einleuchtend und läßt sich grob wie folgt umschreiben: Hat sich ein Akteur einmal für das Bündel $\mathbf{w}_i$ und gegen das Bündel $\mathbf{w}_k$ entschieden, so darf er zu einem anderen Zeitpunkt nicht das Bündel $\mathbf{w}_k$ anstelle von $\mathbf{w}_i$ wählen. Diese Anforderung an das Wahlverhalten eines Akteurs erscheint auf den ersten Blick hin wenig restriktiv zu sein, so daß ihr deshalb der Name „Schwaches Axiom" gegeben wurde.

Mit diesem einfachen Verweis auf die Wahlakte ist das Schwache Axiom offenbarter Präferenzen aber keineswegs hinreichend erklärt, denn Wahlakte werden stets unter Berücksichtigung bestimmter Preis- und Einkommenssituationen getroffen. Um das Axiom deshalb vollständig beurteilen zu können, darf man nicht nur auf die in den konkreten Wahlakten zum Ausdruck gebrachten Wertschätzungsäußerungen zurückzugreifen, sondern muß auch die Preis- und Einkommenssituationen einbeziehen. Entscheidet sich ein Akteur bei der zu einem beliebigen Zeitpunkt *i* geltenden Preis- und Einkommenssituation $(\wp_i; E_i)$ für ein Bündel $\mathbf{w}_i$, obwohl auch das Bündel $\mathbf{w}_k$ erwerbbar ist $(\wp_i \mathbf{w}_i \geq \wp_i \mathbf{w}_k)$, so spricht dies dafür, daß der Akteur aus dem Bündel $\mathbf{w}_i$ einen *mindestens* gleich großen Nutzen erfährt wie aus dem Bündel $\mathbf{w}_k$, denn sonst hätte er ja $\mathbf{w}_k$ und nicht $\mathbf{w}_i$ gewählt.[253]

Folgerung 1: $\mathbf{w}_i\ R^D\ \mathbf{w}_k$, (d.h. $\wp_i \mathbf{w}_i \geq \wp_i \mathbf{w}_k$) impliziert $u(\mathbf{w}_i) \geq u(\mathbf{w}_k)$.

Den Regeln der Logik folgend kann man aus Folgerung 1 den Schluß ziehen, daß eine fiktive Ausgabensumme $\wp_i \mathbf{w}_k$, die kleiner als die im Zeitpunkt *i* tatsächlich realisierte Ausgabenhöhe E_i ist und damit zwar den Erwerb des Bündels $\mathbf{w}_k$ nicht aber den des Bündels $\mathbf{w}_i$ gestatten würde, auch mit einem geringeren Nutzenniveau verbunden wäre. Wird also umgekehrt das Bündel $\mathbf{w}_i$ dem Bündel $\mathbf{w}_k$ *strikt* direkt offenbart vorgezogen (d.h. $\wp_i \mathbf{w}_i > \wp_i \mathbf{w}_k$), so impliziert dies, daß der Nutzen des Bündels $\mathbf{w}_k$ stets eindeutig kleiner ist als der des Bündels $\mathbf{w}_i$, sonst hätte ein rational handelnder, seinen Nutzen maximierender Akteur bei der Preis- und Einkommenssituation des Zeitpunktes *i* $(\wp_i; E_i)$ das Bündel $\mathbf{w}_k$ und nicht das Bündel $\mathbf{w}_i$ wählen müssen.[254]

Folgerung 2: $\mathbf{w}_i\ P^D\ \mathbf{w}_k$, (d.h. $\wp_i \mathbf{w}_i > \wp_i \mathbf{w}_k$) impliziert $u(\mathbf{w}_i) > u(\mathbf{w}_k)$.

Folgerung 2 impliziert somit, daß ein rationales Wirtschaftssubjekt mit lokal nichtgesättigter Nutzenfunktion sein Budget stets vollständig ausschöpft. Sie läßt sich natür-

---

252 Siehe insbesondere Samuelson (1947, S. 110), aber auch Samuelson (1938, S. 65f. und 1948, S. 243f.).

253 Logische Schlüsse erhalten im folgenden die Bezeichnung „Folgerung". Dies ist hilfreich, da so auf sie an anderer Stelle leicht zurückgegriffen werden kann.

254 Mit einer solchen Wahl würde er mindestens den gleich hohen Nutzen bei geringeren Ausgaben erzielen. Da der Ausgabenminimierungsansatz der duale Ansatz zur Nutzenmaximierung ist, würde er Bündel $\mathbf{w}_k$ auch bei Nutzengleichheit wählen. Für Details siehe wiederum das Modul zur Haushaltstheorie, Abschnitt 3.

lich analog auch für den Fall formulieren, bei dem der Akteur Bündel $\mathbf{w}_k$ dem Bündel $\mathbf{w}_i$ strikt direkt offenbart vorgezogen hat. Es gilt für die Preis- und Einkommenssituation $(\wp_k;E_k)$ somit

Folgerung 3: $\mathbf{w}_k\ P^D\ \mathbf{w}_i$, (d.h. $\wp_k\mathbf{w}_k > \wp_k\mathbf{w}_i$) impliziert $u(\mathbf{w}_k) > u(\mathbf{w}_i)$.

Die Konsistenz der beiden beobachteten Bündel $\mathbf{w}_i$ und $\mathbf{w}_k$ mit einer lokal nichtgesättigten Nutzenfunktion kann offensichtlich nur dann bestehen, wenn die in Folgerung 1 und die in Folgerung 3 genannten Ausgangsbedingungen $\wp_i\mathbf{w}_i \geq \wp_i\mathbf{w}_k$ und $\wp_k\mathbf{w}_k > \wp_k\mathbf{w}_i$ nicht gleichzeitig vorliegen. Entsprechend der in den Wahlakten implizit zum Ausdruck gebrachten Wertschätzungen müßte die Nutzenfunktion nämlich andernfalls so beschaffen sein, daß der Nutzen des Bündels $\mathbf{w}_i$ $(u(\mathbf{w}_i))$ sowohl größer oder gleich (Folgerung 1), wie auch kleiner dem des Bündels $\mathbf{w}_k$ $(u(\mathbf{w}_k))$ ist (Folgerung 3). Dies ist aber unmöglich, d.h. eine Nutzenfunktion, in die ausschließlich Verbrauchsmengen eingehen, vermag zwei solche Entscheidungssituationen nicht gleichzeitig zu rationalisieren. Damit läßt sich folgern:

Folgerung 4: Konsistenz impliziert: Wenn $\mathbf{w}_i\ R^D\ \mathbf{w}_k$ (d.h. $\wp_i\mathbf{w}_i \geq \wp_i\mathbf{w}_k$), dann $\mathbf{w}_k \sim P^D\ \mathbf{w}_i$ (d.h. $\wp_k\mathbf{w}_k \leq \wp_k\mathbf{w}_i$).

Folgerung 4 entspricht damit der obigen Formulierung des Schwachen Axioms offenbarter Präferenzen. Das Axiom verlangt also von einem rationalen (nutzenmaximierenden) Akteur, daß er für den Fall, in dem er Bündel $\mathbf{w}_i$ dem Bündel $\mathbf{w}_k$ auch nur einmal direkt offenbart vorgezogen hat $(\mathbf{w}_i\ R^D\ \mathbf{w}_k)$, er das Bündel $\mathbf{w}_k$ nur dann wählen darf, wenn das Bündel $\mathbf{w}_i$ bei der dann herrschenden Preis- und Einkommenssituation *nicht* erwerbbar ist (z.B. zum Zeitpunkt *k*). Der zuletzt genannte Tatbestand kommt gerade durch die Negierung der *strikt* direkt offenbarten Bevorzugung P^D zum Ausdruck.

Es verbleibt nun schließlich die Aufgabe, den letzten denkbaren Fall zu betrachten, bei dem der Akteur sowohl zum Zeitpunkt *i* das Bündel $\mathbf{w}_i$ gegenüber dem Bündel $\mathbf{w}_k$ direkt offenbart vorzieht $(\mathbf{w}_i\ R^D\ \mathbf{w}_k)$, als auch zum Zeitpunkt *k* das Bündel $\mathbf{w}_k$ gegenüber dem Bündel $\mathbf{w}_i$ $(\mathbf{w}_k\ R^D\ \mathbf{w}_i)$. Die Frage lautet also, ob der Umstand, daß zum Zeitpunkt *k* anstelle des Bündels $\mathbf{w}_i$ das Bündel $\mathbf{w}_k$ gewählt wurde, nicht zwingend gegen die Konsistenz mit lokal nichtgesättigten Präferenzen spricht, vorausgesetzt man betrachtet $\mathbf{w}_i\ R^D\ \mathbf{w}_k$ als Ausgangsbedingung.

Diese Frage ist dann zu verneinen, wenn man anstelle der in der mikroökonomischen Theorie üblicherweise unterstellten strikt konvexen Präferenzen „nur konvexe" Präferenzen zuläßt. Präferenzen also, die zwar konvex nicht aber strikt konvex sind. Worin unterscheiden sich nun nur konvexe von strikt konvexen Präferenzen? Ökonomisch gesprochen bedeutet die Konvexität der Präferenzen allgemein, daß der Akteur Bündel mit durchschnittlichen Verbrauchsmengen mindestens so schätzt wie Bündel mit extremen Verbrauchsmengen. Die strikte Konvexität impliziert hingegen, daß der Akteur solche Durchschnittswerte Extremwerten (strikt) vorzieht. Mit konvexen Präferenzen gehen quasi-konkave Nutzenfunktionen einher. Anders als die überall gekrümmten Indifferenzkurven strikt quasi-konkaver Nutzenfunktionen sind die Indifferenzkurven quasi-konkaver Nutzenfunktionen, die nicht strikt quasi-konkav sind, wenigstens abschnittsweise linear („flach"). So ist es möglich, aber nicht zwingend, daß bei einer Preis- und Einkommenssituation $(\wp_i; E_i)$ – also bei einer „Budgetmenge“[255] $B_i = B_i(\wp_i; E_i)$ – zwei verschiedene Güterbündel den gleichen Nutzen stiften (siehe Abbildung IV.7).

Abbildung IV.7: Nutzenmaxima bei quasi-konkaver Nutzenfunktion, die nicht strikt quasi-konkav ist, und alternative Budgetrestriktionen[256]

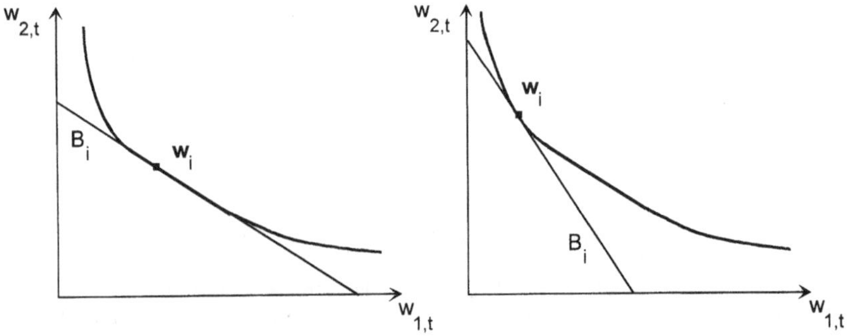

(a) quasi-konkave Nutzenfunktion, die nicht strikt quasi-konkav ist, und Budgetmenge mit multiplen Nutzenmaxima

(b) quasi-konkave Nutzenfunktion, die nicht strikt quasi-konkav ist, und Budgetmenge mit einem Nutzenmaxima

Solche flachen Abschnitte von Indifferenzkurven haben große Bedeutung für eine mögliche Rationalität der Beobachtung $\mathbf{w}_i\ R^D\ \mathbf{w}_k$ und zugleich $\mathbf{w}_k\ R^D\ \mathbf{w}_i$. Berücksichtigt man die Definition der direkten offenbarten Bevorzugung R^D und soll Konsistenz mit lokal nichtgesättigten Nutzenfunktion vorliegen, so zeigt es sich, daß dieser Fall bei zwei unterschiedlichen Bündeln $(\mathbf{w}_i \neq \mathbf{w}_k)$ zwangsläufig bedeuten muß, daß sowohl die Ausgabensumme E_k zum Zeitpunkt k gerade dazu ausgereicht hätte, um auch das Bündel $\mathbf{w}_i$ zu erwerben $(\wp_k \mathbf{w}_k = \wp_k \mathbf{w}_i)$, als auch die Ausgabensumme E_i zum Zeitpunkt i, um den Kauf des Bündels $\mathbf{w}_k$ zu finanzieren $(\wp_i \mathbf{w}_i = \wp_i \mathbf{w}_k)$. Es muß also zu beiden Zeitpunkten eine identische Budgetrestriktion bestanden haben; beide Bündel müssen auf der gleichen Budgetgerade liegen.[257] Wird die Budgetrestriktion allgemein durch folgende implizite Funktion abgebildet

---

255 Die „Budgetmenge“ umfaßt alle Bündel, die bei einer Preis- und Einkommenssituation erwerbbar wären. Graphisch gesprochen sind das die Bündel unter und auf der Budgetgeraden. Für die Begriffsbezeichnung siehe Mas-Colell, Whinston und Greene (1995, S. 10).

256 Vgl. Richter, 1966, S. 639.

257 Dies bedeutet, daß die einkommensnormierten Preise in i und k gleich sein müssen.

(IV.184) $g(\mathbf{w},\wp,E) = 0$,

so gilt:

Folgerung 5: Gilt $\mathbf{w}_i\, R^D\, \mathbf{w}_k$ und zugleich $\mathbf{w}_k\, R^D\, \mathbf{w}_i$ für $\mathbf{w}_i \neq \mathbf{w}_k$, dann verlangt Konsistenz mit einer lokal nichtgesättigten Nutzenfunktion $\wp_k \mathbf{w}_k = \wp_k \mathbf{w}_i$ und zugleich $\wp_i \mathbf{w}_i = \wp_i \mathbf{w}_k$, also $g(\mathbf{w}, \wp_i, E_i) = g(\mathbf{w}, \wp_k, E_k)$.

Der betrachtete Fall $\mathbf{w}_i\, R^D\, \mathbf{w}_k$ und zugleich $\mathbf{w}_k\, R^D\, \mathbf{w}_i$ mit $\wp_i \mathbf{w}_i = \wp_i \mathbf{w}_k$ und zugleich $\wp_k \mathbf{w}_k = \wp_k \mathbf{w}_i$ kann somit dann rational sein, wenn

- nur konvexe Präferenzen vorliegen und
- die Steigung des linearen Abschnitts der Indifferenzkurve gerade der Steigung der Budgethyperebene entspricht.

Sind diese Bedingungen gegeben, dann impliziert die Beobachtung $\mathbf{w}_i\, R^D\, \mathbf{w}_k$ und zugleich $\mathbf{w}_k\, R^D\, \mathbf{w}_i$ mit $\wp_i \mathbf{w}_i = \wp_i \mathbf{w}_k$ und zugleich $\wp_k \mathbf{w}_k = \wp_k \mathbf{w}_i$ daß der Akteur zwischen beiden Bündeln indifferent ist. Die Nutzenfunktion $u(\mathbf{w})$ sei eine stetige und differenzierbare Funktion, so daß $\nabla u(\mathbf{w})$ den Vektor der ersten Ableitung der Nutzenfunktion im Bündel $\mathbf{w}$ darstellt („Gradient"). Der Gradient $\nabla u(\mathbf{w})$ gibt die Steigung der Indifferenzkurve an dieser Stelle an. Liegen die beiden Bündel $\mathbf{w}_i$ und $\mathbf{w}_k$ auf dem linearen Teilabschnitt, so muß die Steigung der Indifferenzkurve bei ihnen gleich sein ($\nabla u(\mathbf{w}_i) = \nabla u(\mathbf{w}_k)$). Wird die Budgetrestriktion wiederum allgemein durch die implizite Funktion $g(\mathbf{w}, \wp, E) = 0$ dargestellt, wobei die Steigung nur von den Preisen abhängt, so läßt sich aus den bisherigen Ausführungen folgende Schlußfolgerung ziehen:[258]

Folgerung 6: Konsistenz mit nur konvexen Präferenzen impliziert: Wenn $\mathbf{w}_i\, R^D\, \mathbf{w}_k$ und zugleich $\mathbf{w}_k\, R^D\, \mathbf{w}_i$ mit $\wp_i \mathbf{w}_i = \wp_i \mathbf{w}_k$ und zugleich $\wp_k \mathbf{w}_k = \wp_k \mathbf{w}_i$ sowie $\nabla u(\mathbf{w}_i) = \nabla u(\mathbf{w}_k) = \nabla g(\mathbf{w}, \wp_i, E_i) = \nabla g(\mathbf{w}, \wp_k, E_k)$ mit $\mathbf{w}_i \neq \mathbf{w}_k$ gilt, dann impliziert dies „Indifferenz": $u(\mathbf{w}_i) = u(\mathbf{w}_k)$.

Bezeichnet B_i wieder die Menge aller Bündel, die bei einer zum Zeitpunkt i herrschenden Preis- und Einkommenssituation $(\wp_i; E_i)$ erwerbbar sind, und umfaßt die Menge C_i alle die Bündel, die bei einer Budgetmenge B_i entweder tatsächlich gewählt werden $(\mathbf{w}_i)$ oder aber doch „akzeptable Alternativen" zur getroffenen Entscheidung darstellen („Auswahlmenge"; $C_i = C_i(B_i)$), also bei unveränderter Preis- und Einkommenssituation möglicherweise ebenfalls gewählt werden würden $(C_i \subset B_i)$, so muß aus der Beobachtung $\mathbf{w}_i\, R^D\, \mathbf{w}_k$ und zugleich $\mathbf{w}_k\, R^D\, \mathbf{w}_i$ mit $\wp_i \mathbf{w}_i = \wp_i \mathbf{w}_k$ und zugleich $\wp_k \mathbf{w}_k = \wp_k \mathbf{w}_i$ geschlossen werden, daß das Bündel $\mathbf{w}_i$ Teil der Auswahlmenge C_k sein muß:

---

[258] Diese Schlußfolgerung findet sich implizit auch bei Afriat (1967, S. 69). Siehe Abbildung IV.8a.

Folgerung 7: Wenn $\mathbf{w}_i, \mathbf{w}_k \in B_i$ und $\mathbf{w}_i \in C_i$, dann muß für jedes B_k mit $\mathbf{w}_i, \mathbf{w}_k \in B_k$ und $\mathbf{w}_k \in C_k$ zugleich $\mathbf{w}_i \in C_k$ gelten.

Dies entspricht obiger Definition des Schwachen Axioms offenbarter Präferenzen.[259]

Unterstellt man jedoch strikt konvexe Präferenzen, nimmt man somit die Existenz eindeutiger Lösungen des Nutzenmaximierungsansatzes an, dann kann es keine (strikt quasi-konkave) Nutzenfunktion geben, die die beobachtbare Situation – $\mathbf{w}_i \, R^D \, \mathbf{w}_k$ und zugleich $\mathbf{w}_k \, R^D \, \mathbf{w}_i$ mit $\wp_i \mathbf{w}_i = \wp_i \mathbf{w}_k$ und zugleich $\wp_k \mathbf{w}_k = \wp_k \mathbf{w}_i$ sowie $\mathbf{w}_i \neq \mathbf{w}_k$ – zu rationalisieren vermag. Dies liegt an dem in Folgerung 5 genannten Umstand, daß eine solche Situation immer nur mit einer gleichen Budgetrestriktion vereinbar ist. Das Schwache Axiom offenbarter Präferenzen liest sich im Falle *strikt konvexer Präferenzen* wie folgt:[260]

Folgerung 8: Konsistenz bei *strikt konvexen Präferenzen* impliziert für $\mathbf{w}_i \neq \mathbf{w}_k$: Wenn $\mathbf{w}_i \, R^D \, \mathbf{w}_k$ (d.h. $\wp_i \mathbf{w}_i \geq \wp_i \mathbf{w}_k$), dann $\mathbf{w}_k \sim R^D \, \mathbf{w}_i$ (d.h. $\wp_k \mathbf{w}_k < \wp_k \mathbf{w}_i$).

Häufig findet man die in Folgerung 8 enthaltene Aussage als Formulierung des Schwachen Axioms offenbarter Präferenzen.[261] Im Unterschied zu der oben gelieferten etwas allgemeineren Version des Schwachen Axioms offenbarter Präferenzen verlangt sie von einem rationalen (nutzenmaximierenden) Akteur, daß er für den Fall, in dem er Bündel $\mathbf{w}_i$ dem Bündel $\mathbf{w}_k$ auch nur einmal direkt offenbart vorgezogen hat ($\mathbf{w}_i \, R^D \, \mathbf{w}_k$), er das Bündel $\mathbf{w}_i$ auch zu jedem anderen Zeitpunkt gegenüber dem Bündel $\mathbf{w}_k$ vorzieht, sofern es zu der dann herrschenden Preis- und Einkommenssituation erwerbbar ist. Das bedeutet, daß Konsistenz des beobachteten Verhaltens nur dann vorliegt, wenn sich der Akteur vormals offenbart präferierte Bündel ($\mathbf{w}_i \, R^D \, \mathbf{w}_k$) zu einem anderen Zeitpunkt nicht mehr leisten kann ($\wp_k \mathbf{w}_k < \wp_k \mathbf{w}_i$). Der Hinweis darauf, daß dies nur unter der Bedingung der *strikten* Konvexität der Präferenzen gelten muß, wird meist versäumt.

Unter Verwendung der Konzepte „Budgetmenge" und „Auswahlmenge" kann man diese Version des Schwachen Axioms offenbarter Präferenzen wie folgt formulieren:

---

259 Für diese Formulierung siehe Mas-Colell, Whinston und Green (1995, S. 10).

260 Diese Formulierung des Schwachen Axioms offenbarter Präferenzen kann nur für den Vergleich *unterschiedlicher* Bündel gelten ($\mathbf{w}_i \neq \mathbf{w}_k$). Da die Konsistenz mit einer strikt konvexen Präferenzordnung verlangt, daß bei einer unveränderten Preis- und Einkommenssituation ($\wp_i; E_i$) gerade wieder das Bündel $\mathbf{w}_i$ gewählt wird, kann es nicht sein, aus einer solchen Wahl auf die Inkonsistenz zu schließen. Dies aber müßte man, wenn man Folgerung 8 auf den Fall $\mathbf{w}_i = \mathbf{w}_k$ anwenden wollte. Die Beschränkung auf die Betrachtung zweier unterschiedlicher Bündel sichert somit, daß auch eine solche Ausgestaltung des Schwachen Axioms offenbarter Präferenzen der Reflexivität der binären Relation R^D gerecht wird, wonach ein Bündel $\mathbf{w}_i$ einem vollkommen identischen Bündel $\mathbf{w}_i$ gegenüber immer offenbart vorgezogen wird

261 Siehe z.B. Samuelson (1947, S. 110), Houthakker (1950, S. 161), Deaton und Muellbauer (1980, S. 51) und Varian (1994, S. 132).

Folgerung 9: Konsistenz bei strikt konvexen Präferenzen impliziert: Wenn $\mathbf{w}_i, \mathbf{w}_k \in B_i$ (mit $\mathbf{w}_i \neq \mathbf{w}_k$) und $\mathbf{w}_i \in C_i$, dann muß für jedes $\mathbf{w}_k \in C_k$ (und damit $\mathbf{w}_i \notin C_k$) $\mathbf{w}_i \notin B_k$ gelten.

Abbildung IV.8: Spezialfälle für das Schwache Axiom offenbarter Präferenzen (WARP)

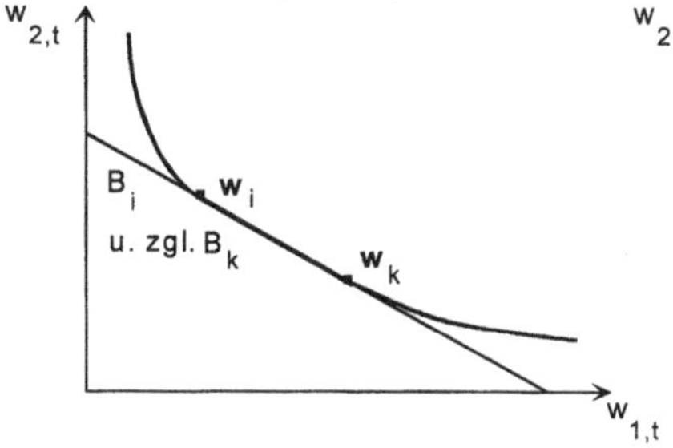

(a) stetige und differenzierbare quasi-konkave Nutzenfunktion, die nicht strikt quasi-konkav ist, bei identischen Budgetmengen

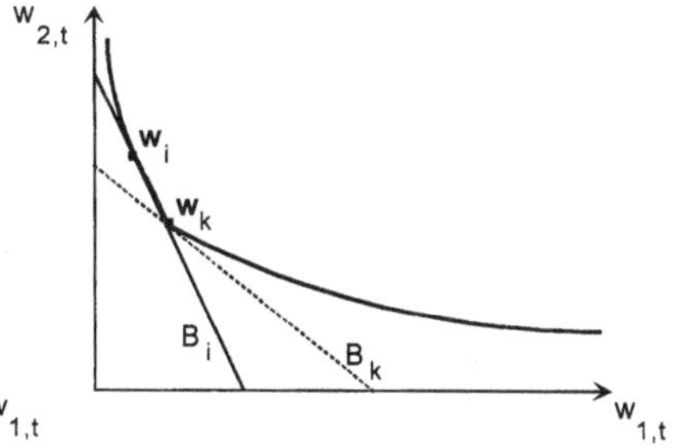

(b) stetige, aber nicht differenzierbare, quasi-konkave Nutzenfunktion, bei unterschiedlichen Budgetmengen

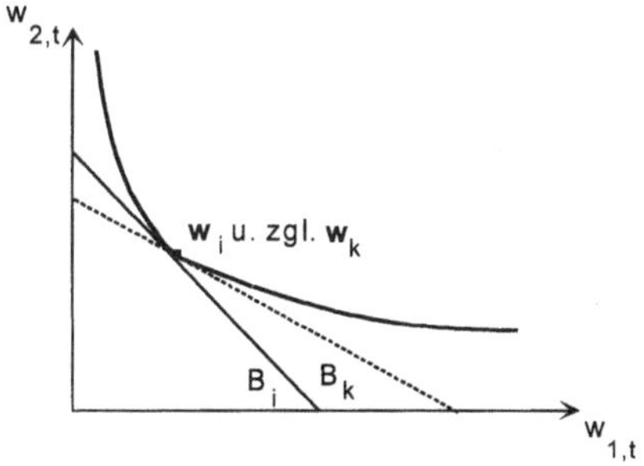

(c) stetige, aber nicht differenzierbare, *strikt* quasi-konkave Nutzenfunktion, bei unterschiedlichen Budgetmengen

Abschließend sei darauf hingewiesen, daß *beide* Formulierungen des Schwachen Axioms offenbarter Präferenzen auch den Fall berücksichtigen, bei dem ein Güterbündel bei zwei unterschiedlichen Budgetmengen gewählt wird. Dieser Fall ist dann konsistent mit nur konvexen und strikt konvexen Präferenzen, wenn die entsprechenden Nutzenfunktionen gerade bei dem Bündel $\mathbf{w}_k = \mathbf{w}_i$ einen Knick aufweist, also an dieser Stelle nicht differenzierbar ist (s. z.B. Abbildungen IV.8b und IV.8c).[262]

262 Da Funktionen mit Knick nicht durchgängig differenzierbar sind, wird zur Bestimmung von Optima *aus formalen Gründen* eine stetige und (zweifach) differenzierbare Nutzenfunktion unterstellt.

Abbildung IV.9: Konsistenz und Nichtkonsistenz von beobachteten Bündeln entsprechend dem Schwachen Axiom offenbarter Präferenzen (WARP)

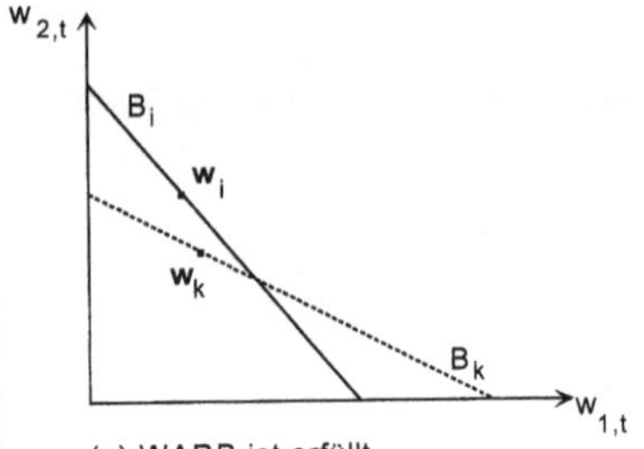

(a) WARP ist erfüllt

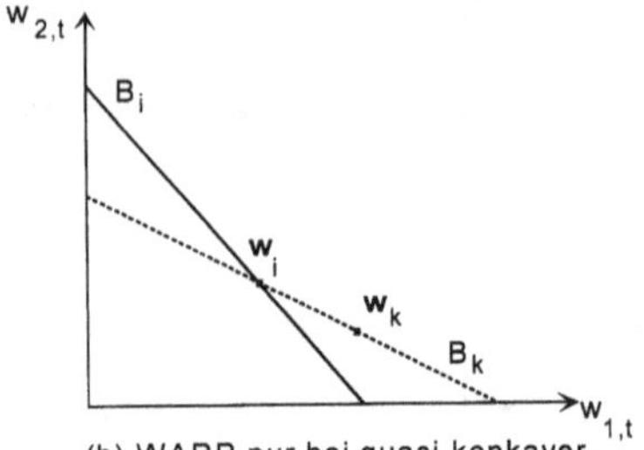

(b) WARP nur bei quasi-konkaver, stetiger, nicht differenzierbarer Nutzenfunktion erfüllt

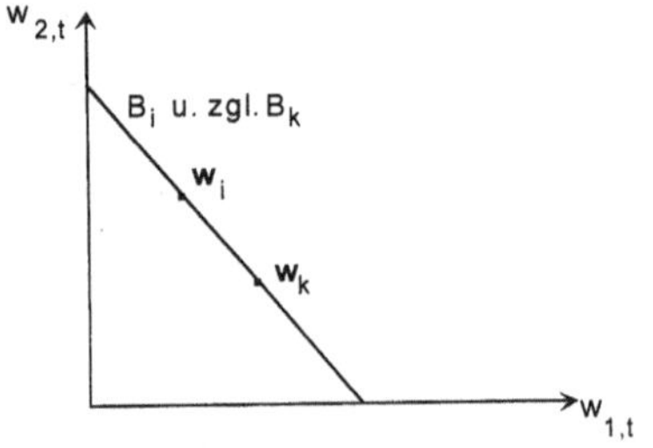

(c) WARP bei stetiger und differenzierbarer quasi-konkaver Nutzenfunktion erfüllt

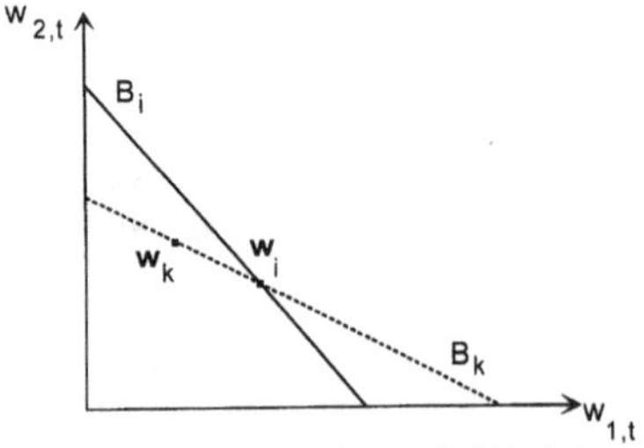

(d) WARP ist verletzt (die Bündel sind inkonsistent mit konvexen Präferenzen)

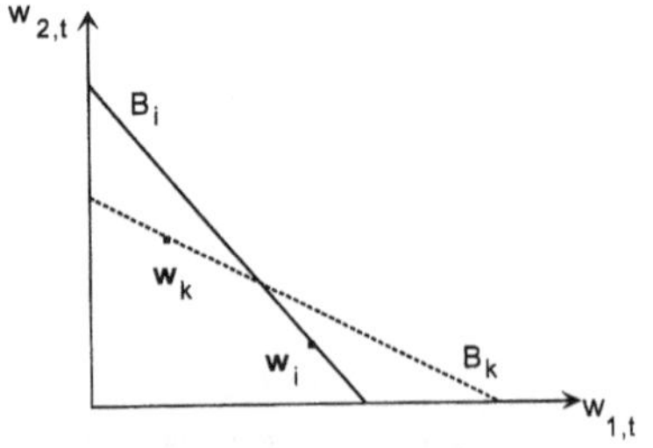

(e) WARP ist verletzt (die Bündel sind inkonsistent mit konvexen Präferenzen)

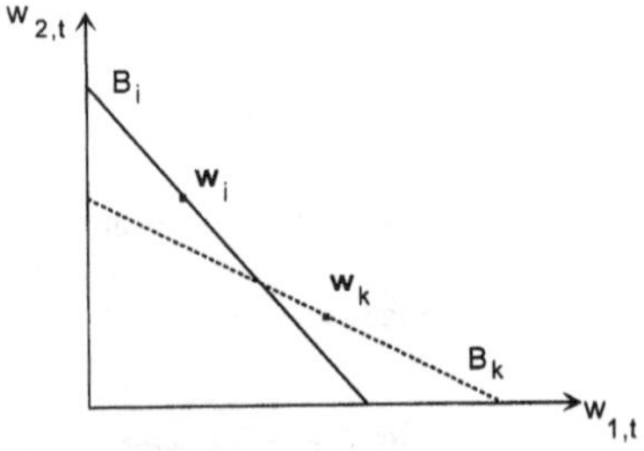

(f) Voraussetzungen für WARP liegen nicht vor (die Bündel sind nicht vergleichbar, aber Konsistenz ist möglich)

Während die hier präsentierte Version des Schwachen Axioms offenbarter Präferenzen den geschilderten Fall ausdrücklich mit einschließt, läßt sich die in Folgerung 8 enthaltene etwas strengere Version darauf nicht direkt anwenden, denn sie ist, wie gesehen, nur für den Vergleich unterschiedlicher Bündel formuliert. Die Gebote der

Reflexivität – $u(\boldsymbol{w}_k) = u(\boldsymbol{w}_i)$ für $\boldsymbol{w}_k = \boldsymbol{w}_i$ – müssen aber auch von einer strikt quasikonkaven nicht differenzierbaren Nutzenfunktion erfüllt werden, so daß in den Folgerungen 8 und 9 der Fall $\boldsymbol{w}_k = \boldsymbol{w}_i$ ausdrücklich ausgenommen wird.

Insgesamt zeigt es sich also, daß die hier verwendete Version des Schwachen Axioms offenbarter Präferenzen allgemein genug ist, um keine ungerechtfertigt hohen Anforderungen an die Präferenzordnung zu stellen. In Abbildung IV.9 sind noch einmal Beispiele für die möglichen Ergebnisse in bezug auf das Schwache Axiom offenbarter Präferenzen dargestellt. Dabei wird klar, daß eine Verletzung des Schwachen Axioms offenbarter Präferenzen davon abhängt, daß sich die Budgetgeraden der beiden Bündel im positiven Quadranten schneiden.[263]

IV.2.4.3.1.2 Das Verallgemeinerte Axiom offenbarter Präferenzen

Im folgenden wird nun gezeigt, daß die Konsistenz der beobachteten Entscheidungen mit einer nur konvexen Präferenzordnung nur dann gegeben ist, wenn das Schwache Axiom offenbarter Präferenzen zwischen *allen* Bündeln erfüllt ist. Das zentrale Problem des Schwachen Axioms offenbarter Präferenzen besteht darin, daß es immer nur den Vergleich zweier Bündel zuläßt. Betrachtet man z.B. neben den beiden Bündeln $\mathbf{w}_i$ und $\mathbf{w}_k$ noch ein drittes Bündel $\mathbf{w}_z$, wobei das Bündel $\mathbf{w}_i$ dem Bündel $\mathbf{w}_k$ und das Bündel $\mathbf{w}_k$ dem Bündel $\mathbf{w}_z$ direkt offenbart vorgezogen werde ($\mathbf{w}_i\ R^D\ \mathbf{w}_k$ und $\mathbf{w}_k\ R^D\ \mathbf{w}_z$), so vermag das Schwache Axiom offenbarter Präferenzen nicht zu entscheiden, ob der Umstand, daß das Bündel $\mathbf{w}_z$ dem Bündel $\mathbf{w}_i$ strikt direkt offenbart präferiert wird, nun mit einer nur konvexen Präferenzordnung konsistent ist oder nicht. Es ist also notwendig, das Schwache Axiom offenbarter Präferenzen auf die Betrachtung beliebig vieler Bündel zu übertragen.[264]

Der Logik des zum Schwachen Axiom offenbarter Präferenzen Gesagten entsprechend kann der geschilderte Fall natürlich nicht konsistent mit nur konvexen Präferenzen sein. Wenn das Bündel $\boldsymbol{w}_i$ dem Bündel $\boldsymbol{w}_k$ vorgezogen wird, obwohl Bündel $\boldsymbol{w}_k$ erwerbbar wäre $(\wp_i \boldsymbol{w}_i \geq \wp_i \boldsymbol{w}_k)$, dann bedeutet dies gemäß Folgerung 1, daß der Nutzen des Bündels $\boldsymbol{w}_i$ mindestens so hoch ist wie der des Bündels $\boldsymbol{w}_k$ $(u(\boldsymbol{w}_i) \geq u(\boldsymbol{w}_k))$. Dies gilt analog auch für die Wahl des Bündels $\boldsymbol{w}_k$ gegenüber dem Bündel $\boldsymbol{w}_z$ $(u(\boldsymbol{w}_k) \geq u(\boldsymbol{w}_z))$. Beides zusammen impliziert, daß der Nutzen des Bündels $\boldsymbol{w}_i$ mindestens so hoch ist wie der des Bündels $\boldsymbol{w}_z$ $(u(\boldsymbol{w}_i) \geq u(\boldsymbol{w}_z))$. Präferiert der Akteur nun jedoch *strikt* direkt offenbart Bündel $\boldsymbol{w}_z$ gegenüber Bündel $\boldsymbol{w}_i$ $(\wp_z \boldsymbol{w}_z > \wp_z \boldsymbol{w}_i)$, so bringt er entsprechend Folgerung 3 zum Ausdruck, daß er aus dem Bündel $\boldsymbol{w}_z$ einen höheren Nutzen zieht, als aus dem Bündel $\boldsymbol{w}_i$ $(u(\boldsymbol{w}_i) < u(\boldsymbol{w}_z))$. Dies widerspricht aber der obigen Schlußfolgerung, wonach der Nutzen des Bündels $\boldsymbol{w}_i$ mindestens so hoch sein muß, wie der des Bündels $\boldsymbol{w}_z$ $(u(\boldsymbol{w}_i) \geq u(\boldsymbol{w}_z))$. Die drei Beobachtungen sind somit inkonsistent mit einer nur konvexen Präferenzordnung. In diesem Fall spricht

263 Vgl. Varian, 1982, S. 965.

264 Vgl. Houthakker, 1950, S. 161.

man von „zyklischer Inkonsistenz".[265] Anders sieht es hingegen aus, wenn Bündel $\mathbf{w}_z$ dem Bündel $\mathbf{w}_i$ lediglich direkt offenbart vorgezogen wird ($\mathbf{w}_z\ R^D\ \mathbf{w}_i$). Dies impliziert, daß im Gegensatz zur *strikten* Präferenz; der Nutzen des Bündels $\mathbf{w}_z$ auch gleich dem Nutzen des Bündels $\mathbf{w}_i$ sein kann ($u(\mathbf{w}_i) \leq u(\mathbf{w}_z)$; Folgerung 1). Dieser Unterschied erlaubt es nun, die Beobachtungen durch eine (stetige und differenzierbare) quasi-konkave Nutzenfunktion, die nicht strikt quasi-konkav ist, zu rationalisieren.

Die Beobachtungen implizieren dabei nicht nur, daß die Bündel jeweils einen gleich hohen Nutzen stiften (z.B. $u(\mathbf{w}_i) = u(\mathbf{w}_k)$), sondern auch den Umstand, daß die Ausgabensumme eines jeden Bündels gerade den Betrag ergeben muß, der nötig ist, um das jeweils andere Bündel zu erwerben, dem das betrachtete Bündel *direkt* offenbart vorgezogen wird (z.B. $\wp_i\mathbf{w}_i = \wp_i\mathbf{w}_k$; Folgerung 7). Erweitert man obige Betrachtung dreier Bündel, so muß also folgende Bedingung erfüllt sein, um „zyklische Konsistenz" zu gewährleisten:[266]

Folgerung 10: Wenn $\wp_i\mathbf{w}_i \geq \wp_i\mathbf{w}_k,\ \wp_k\mathbf{w}_k \geq \wp_k\mathbf{w}_q,\ \ldots,\ \wp_z\mathbf{w}_z \geq \wp_z\mathbf{w}_i$, dann muß $\wp_i\mathbf{w}_i = \wp_i\mathbf{w}_k,\ \wp_k\mathbf{w}_k = \wp_k\mathbf{w}_q,\ \ldots,\ \wp_z\mathbf{w}_z = \wp_z\mathbf{w}_i$.

Für die Konsistenz der beobachteten Wahlakte mit einer nur konvexen Präferenzordnung ist entscheidend, daß in obiger Vergleichskette nicht die Ausgabensumme für irgend eines der betrachteten Bündel absolut größer ist als der Betrag, der nötig wäre, um das jeweilige Vergleichsbündel zu erwerben. Würde z.B. das Bündel $\mathbf{w}_q$ bei der Preissituation $\wp_k$ niedrigere Ausgaben verursachen als die tatsächlich verausgabte Summe E_k ($\wp_k\mathbf{w}_k > \wp_k\mathbf{w}_q$), dann impliziert dies, daß der Nutzen des gewählten Bündels $\mathbf{w}_k$ absolut höher ist als der des Bündels $\mathbf{w}_q$, der wiederum mindestens so hoch ist wie der des Bündels $\mathbf{w}_z$, der seinerseits mindestens so hoch ist wie der des Bündels $\mathbf{w}_i$, der nun jedoch mindestens so hoch ist wie der des Bündels $\mathbf{w}_k$. Letzteres widerspricht aber der Anfangsfolgerung, wonach das Bündel $\mathbf{w}_k$ eine höheren Nutzen als Bündel $\mathbf{w}_q$ stiften soll (und damit einen höheren Nutzen als jedes andere Bündel der Beobachtungskette). Die Abbildung solcher Entscheidungen mit Hilfe einer quasi-konkaven Nutzenfunktion ist unmöglich.

Verwendet man anstelle der Budgetbetrachtung die binären Relationen der „direkten offenbarten Bevorzugung" (R^D) bzw. der „strikten direkt offenbarten Bevorzugung" (P^D) und gruppiert man die Bündel in geeigneter Weise um, so liegt die Konsistenz der beobachteten Bündel mit einer nur konvexen Präferenzordung also immer dann vor („zyklische Konsistenz"), wenn folgende Bedingung gegeben ist:

265 Der Begriff der „zyklischen Konsistenz" findet sich in Afriat (1967, S. 69).

266 Für diese Formulierung siehe Varian (1982, S. 946). Die Folgerung geht auf Afriat (1967, S. 69) zurück, der jedoch ausgabennormierte Preise (z.B. $\wp_i/E_i$) verwendet.

Folgerung 11: Konsistenz mit nur konvexen Präferenzen impliziert: Wenn $\boldsymbol{w}_i\, R^D\, \boldsymbol{w}_k$, $\boldsymbol{w}_k\, R^D\, \boldsymbol{w}_q$, ..., $\boldsymbol{w}_r\, R^D\, \boldsymbol{w}_z$, dann $\boldsymbol{w}_z \sim P^D\, \boldsymbol{w}_i$.

Faßt man die Abfolge der binären Relationen R^D mit Hilfe ihres *transitiven Abschlußes* R zusammen, dann erhält man das „**G**eneralized **A**xiom of **R**evealed **P**references"[267]:

Definition 8: Verallgemeinertes Axiom offenbarter Präferenzen (GARP)

Wenn Bündel $\boldsymbol{w}_i$ Bündel $\boldsymbol{w}_z$ offenbart vorgezogen wird, dann darf das Bündel $\boldsymbol{w}_z$ dem Bündel $\boldsymbol{w}_i$ nicht strikt direkt offenbart vorgezogen werden. $\boldsymbol{w}_i\, R\, \boldsymbol{w}_z$ impliziert $\boldsymbol{w}_z \sim P^D\, \boldsymbol{w}_i$.

Beobachtet man jedoch im Rahmen obiger Abfolge die strikt direkt offenbarte Bevorzugung eines Bündels gegenüber einem anderen und verzichtet man auf eine geeignete Umgruppierung der Bündel, dann spricht man davon, daß das Bündel $\boldsymbol{w}_i$ dem Bündel $\boldsymbol{w}_z$ strikt offenbart vorgezogen wird $(\boldsymbol{w}_i\, P\, \boldsymbol{w}_z)$. Konsistenz liegt entsprechend dem Verallgemeinerten Axiom offenbarter Präferenzen genau dann vor, wenn das Bündel $\boldsymbol{w}_z$ dem Bündel $\boldsymbol{w}_i$ nicht direkt offenbart vorgezogen wird:

Folgerung 12: Konsistenz mit nur konvexen Präferenzen impliziert: Wenn $\boldsymbol{w}_i\, P\, \boldsymbol{w}_z$, dann $\boldsymbol{w}_z \sim R^D\, \boldsymbol{w}_i$.

Es muß an dieser Stelle nochmals darauf hingewiesen werden, daß das Verallgemeinerte Axiom offenbarter Präferenzen lediglich die Konsistenz mit nur konvexen Präferenzen, also nicht mit *strikt* konvexen Präferenzen zu gewährleisten vermag. Setzt man eine strikt quasi-konkave Nutzenfunktion voraus, so impliziert dies, daß bei jeder Budgetmenge nur ein einziges Bündel optimal ist. Schon die Tatsache, daß bei einer identischen Budgetmenge zwei unterschiedliche Bündel gewählt werden, spricht gegen die Konsistenz mit strikt konvexen Präferenzen. Während also die am Anfang genannte Situation $\boldsymbol{w}_i\, R^D\, \boldsymbol{w}_k$, $\boldsymbol{w}_k\, R^D\, \boldsymbol{w}_z$ und $\boldsymbol{w}_z\, R^D\, \boldsymbol{w}_i$ bei nur konvexen Präferenzen noch damit begründet werden konnte, daß alle drei Bündel eine identische Budgetmenge aufweisen und die Steigung der Budgethyperebene gerade der der Indifferenz-„kurve" entspricht (so daß alle drei den gleichen Nutzen stiften), kann die obige Situation bei strikt konvexen Präferenzen nur dann rationalisiert werden, wenn die drei Bündel identisch sind.[268] In der Literatur findet man deshalb häufig die folgende, auf Houthakker zurückgehende Formulierung der Übertragung der auf zwei Bündel bezogenen Betrachtung auf den „*n*-Bündel-Fall":[269]

---

267 Vgl. Varian, 1982, S. 947 und Varian, 1994, S. 132

268 Dies ist dann entweder bei identischen Budgetmengen oder im Knick einer stetigen, nicht differenzierbaren strikt quasi-konkaven Nutzenfunktion möglich.

269 Vgl. Houthakker, 1950, S. 163.

Folgerung 13: Konsistenz mit strikt konvexen Präferenzen impliziert für $\mathbf{w}_i \neq \mathbf{w}_z$:
Wenn $\mathbf{w}_i$ R $\mathbf{w}_z$, dann $\mathbf{w}_z$ ~R^D $\mathbf{w}_i$.

Diese Formulierung hat in der Literatur den Namen „Starkes Axiom offenbarter Präferenzen" (**S**trong **A**xiom of **R**evealed **P**references; SARP) erhalten. Ebenso wie das Verallgemeinerte Axiom offenbarter Präferenzen erfaßt es die Beziehungen *aller* Bündel zueinander und basiert somit auf der widerspruchsfreien Einhaltung des Schwachen Axioms offenbarter Präferenzen durch *alle* Bündel.[270] Grundsätzlich gilt, daß Bündel, die dem Starken Axiom gerecht werden, auch das Verallgemeinerte Axiom erfüllen. Der Umkehrschluß ist aber *nicht* zulässig. Letzteres liegt eben wiederum darin begründet, daß GARP anders als SARP auch abschnittsweise flache Indifferenzkurven zuläßt.[271]

Vor dem Hintergrund des Zusammenhangs von WARP und SARP lassen sich auch die Bezeichungen „Schwaches Axiom" und „Starkes Axiom" erklären. Die Möglichkeit, daß (bereits) zwei Bündel auf eine Inkonsistenz mit einer nur konvexen Präferenzordnung schließen lassen, ist geringer als die, daß drei oder mehrere Bündel einen Widerspruch beinhalten. Letztlich bedeutet der verwendete Name „Starkes Axiom" nur, daß die Wahlakte *aufgrund der größeren Anzahl an berücksichtigten Beobachtungen* einer deutlich strengeren Restriktion unterworfen sind, als bei der auf zwei Bündel bezogene Betrachtung. Existieren mehr als nur zwei beobachtete Bündel, dann ist es notwendig, den transitiven Abschluß *R* der binären Relation R^D zu identifizieren, um die Einhaltung von GARP überprüfen zu können. Einem transitiven Abschluß *R* darf kein Bündel widersprechen. Dem Problem der Identifikation dieses transitiven Abschlusses ist der nächste Abschnitt gewidmet. Vorab sollen jedoch noch für jeweils drei Bündel Fälle der Einhaltung und der Verletzung von GARP graphisch dargestellt werden (Abbildung IV.10). Auch hier sei wiederum darauf hingewiesen, daß eine Verletzung von GARP überhaupt nur auftreten kann, wenn sich die Budgetgeraden im positiven Quadranten schneiden. Budgetgeraden, die keinen Schnittpunkt mit anderen Budgetgeraden aufweisen, liefern letztlich keine Information für eine empirische Überprüfung von GARP.[272]

---

270 Es existieren auch äquivalente Formulierungen des Starken Axioms offenbarter Präferenzen. Die am häufigsten verwendete alternative Darstellungsweise verlangt, daß das Bündel $\boldsymbol{w}_j$ dem Bündel $\boldsymbol{w}_i$ nicht offenbart vorgezogen wird, wenn das Bündel $\boldsymbol{w}_i$ dem Bündel $\boldsymbol{w}_j$ offenbart vorgezogen wird (Wenn $\boldsymbol{w}_i\, R\, \boldsymbol{w}_j$, dann $\boldsymbol{w}_j \sim R\, \boldsymbol{w}_i$). Siehe dazu Varian (1982, S. 947) und Richter (1966).

271 Vgl. Diewert, 1973b, S. 421.

272 Vgl. Bronars, 1987, S. 693. Dieser Aspekt wird an späterer Stelle noch genauer untersucht.

Abbildung IV.10: Konsistenz und Nichtkonsistenz von beobachteten Bündeln entsprechend dem Verallgemeinerten Axiom offenbarter Präferenzen (GARP)

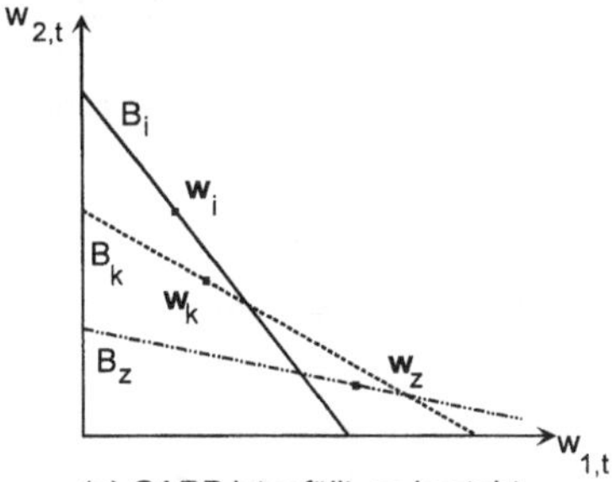

(a) GARP ist erfüllt, es besteht eine klare Präferenzfolge

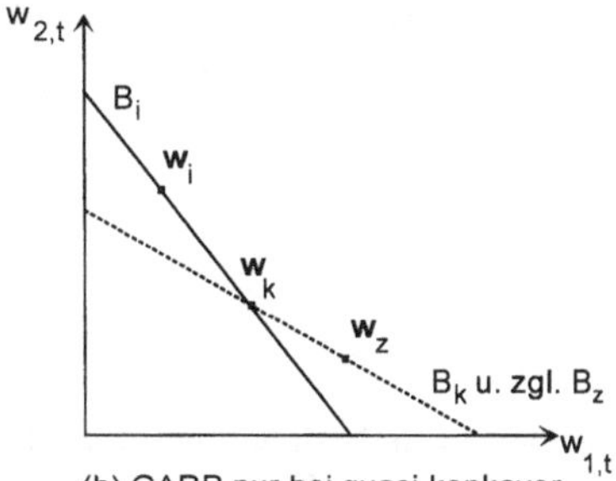

(b) GARP nur bei quasi-konkaver, stetiger, nicht differenzierbarer Nutzenfunktion erfüllt

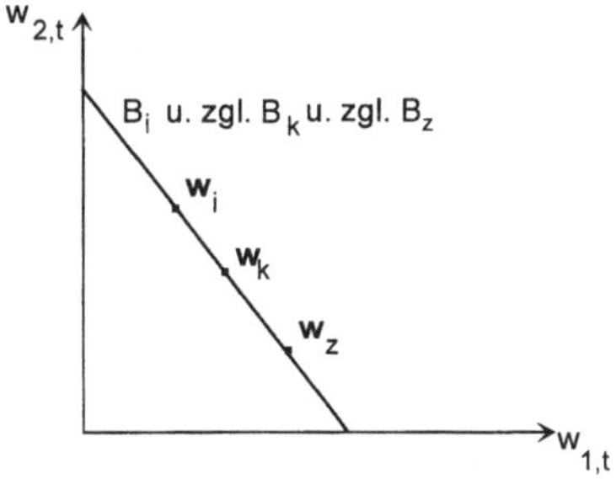

(c) GARP bei stetiger und differenzierbarer quasi-konkaver Nutzenfunktion erfüllt (Indifferenz)

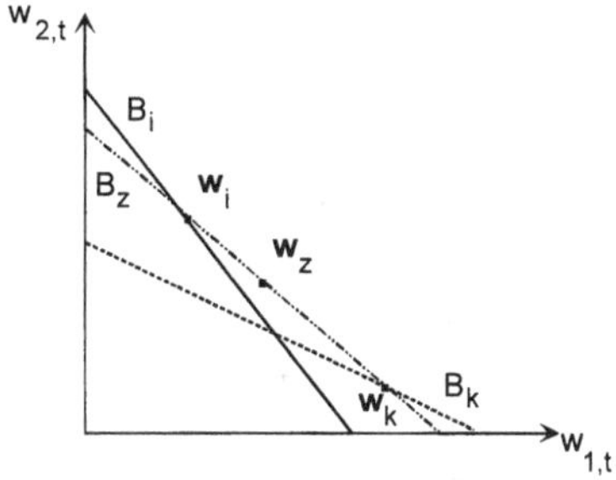

(d) GARP nur bei quasi-konkaver, stetiger, nicht differenzierbarer Nutzenfunktion erfüllt

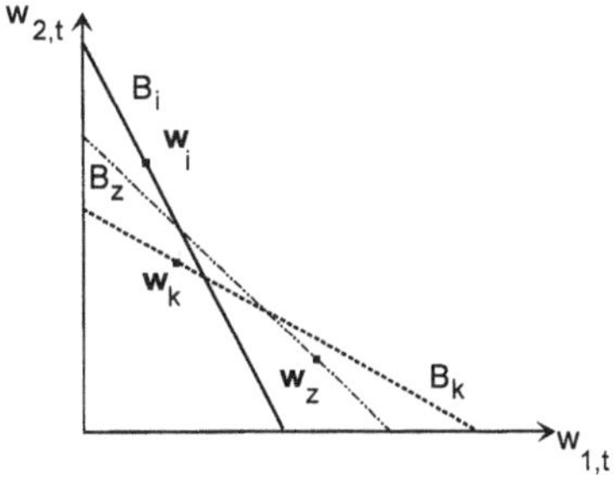

(e) GARP ist verletzt, da WARP verletzt ist (die Bündel sind inkonsistent mit konvexen Präferenzen)

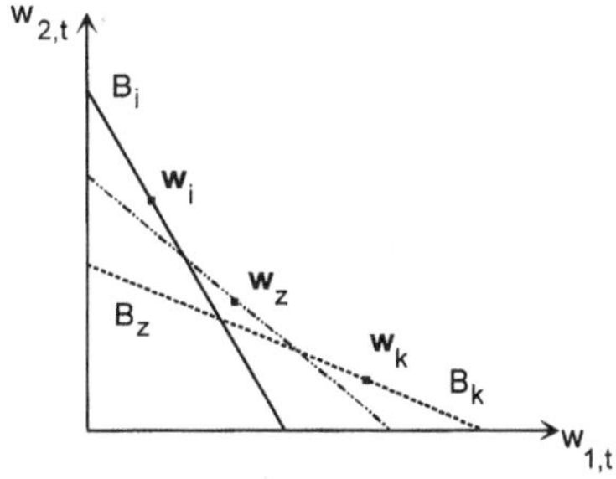

(f) Voraussetzungen für GARP liegen nicht vor (die Bündel sind nicht vergleichbar; aber Konsistenz ist möglich)

IV.2.4.3.1.3 Die Identifikation des transitiven Abschlusses R und der Algorithmus von Varian

Um die Frage beantworten zu können, ob die beobachteten Bündel konsistent mit einer nur konvexen Präferenzordnung sind, müssen die Bündel das Verallgemeinerte Axiom offenbarter Präferenzen (GARP) erfüllen. Konsistenz liegt immer dann *nicht* vor, wenn sich zwei beliebige Bündel finden lassen, die gegen das Schwache Axiom offenbarter Präferenzen (WARP) verstoßen. Nur dann, wenn *alle* Bündel der bilateralen Konsistenzbetrachtung mittels WARP standhalten, treten keine Inkonsistenzen auf und lassen sich alle Bündel in eine lokal nichtgesättigte nur konvexe Präferenzordnung integrieren.

Ausgangspunkt sind also die zwischen den Bündeln bestehenden, durch die binären Relationen der direkt offenbarten Bevorzugungen (R^D) ausgedrückten Beziehungen. Diese lassen sich in zweierlei Weise darstellen, entweder als Boolesche Matrix mit den Gliedern Null und Eins oder als Pfeildiagramm (directed graphs; „digraphs").[273] Die quadratische Boolesche Matrix $\Re = [k_{ij}]$ $(i,j = t\text{-}T,...,t)$ sei so definiert, daß das Element k_{ij} gerade den Wert Eins erhalte, wenn Bündel $\mathbf{w}_i$ gegenüber Bündel $\mathbf{w}_j$ direkt offenbart vorgezogen wird. Andernfalls soll dem Element k_{ij} der Wert Null zugewiesen werden:

$$\text{(IV.185)} \quad k_{ij} \equiv \begin{cases} 1 \text{ wenn } \mathbf{w}_i R^D \mathbf{w}_j \\ 0 \text{ andernfalls} \end{cases}.$$

Beispiel: Boolesche Matrix und dazugehöriges Pfeilschema

	w_1	w_2	w_3	w_4
w_1	1	1	1	0
w_2	0	1	1	1
w_3	0	0	1	1
w_4	0	0	0	1

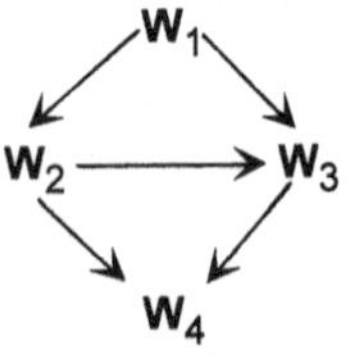

[273] Für das Folgende siehe Varian (1982, S. 971). Eine Boolesche Matrix zeichnet sich gerade dadurch aus, daß ihre sämtlichen Glieder aus der Menge {0;1} stammen. Alternativ zum Begriff „Boolesche Matrix" ließe sich hier auch der der „Relationsmatrix" verwenden, denn die verwendete Matrix basiert gerade auf der binären Relation R^D (vgl. Jaeger und Wenke, 1969, S. 146).

Eine graphische Repräsentation der Booleschen Matrix stellt das Pfeildiagramm dar. Jedes der $T+1$ Bündel wird durch eine Punkt („vertex") bzw. durch die Bündelbezeichnung dargestellt. Besteht nun zwischen zwei beliebigen Bündeln $\boldsymbol{w}_i$ und $\boldsymbol{w}_j$ eine Präferenzbeziehung dergestalt, daß Bündel $\boldsymbol{w}_i$ gegenüber Bündel $\boldsymbol{w}_j$ direkt offenbart vorgezogen wird, dann wird dies durch einen Pfeil von Bündel $\boldsymbol{w}_i$ zu Bündel $\boldsymbol{w}_j$ abgebildet. Besteht keine solche direkt offenbart geäußerte Bevorzugung, dann unterbleibt der Pfeil. Beispielhaft sei dies für vier Bündel dargestellt, denen die Nummern Eins bis Vier zugeordnet werden ($\boldsymbol{w}_1$, $\boldsymbol{w}_2$, $\boldsymbol{w}_3$ und $\boldsymbol{w}_4$). Die zwischen den Bündeln bestehenden direkt offenbarten Bevorzugungen seien in folgender Boolescher Matrix zusammengefaßt. Daneben befindet sich das dazugehörige Pfeildiagramm.

Im speziellen Fall einer strikt konvexen Präferenzordung kann man ausschließlich auf der Basis der Booleschen Matrix $\mathfrak{R}$ oder des damit verbundenen Pfeilschemas erkennen, ob die Bündel das Verallgemeinerte Axiom offenbarter Präferenzen erfüllen.[274] Dies ist bei einer nur konvexen Präferenzordnung nicht möglich. Hier ist ein zweistufiges Vorgehen notwendig, bei dem man erst eine Boolesche Matrix Ω für die offenbarte Bevorzugung R zwischen allen Bündeln bildet, um dann zu überprüfen, ob dieser offenbarten Bevorzugung nicht möglicherweise eine strikt direkt offenbarte Präferenz P^D in umgekehrter Reihenfolge entgegensteht. Dies würde dann dem Verallgemeinerten Axiom offenbarter Präferenzen widersprechen und damit die Integration in eine nur konvexe Präferenzordung verhindern.[275]

Betrachtet man das Pfeildiagramm, so kann man die Punkte als Gipfel und die Pfeile als Kammlinien interpretieren. Die Größe c_{ij} messe die Kosten, die damit verbunden sind, von Gipfel i zu Gipfel j zu gelangen $(c_{ij} > 0)$. Dabei seien die Kosten per Definition unendlich hoch, wenn es *keine* direkte Verbindung zwischen den Gipfeln gibt. In diesem Fall lassen sich die Kosten dadurch reduzieren, daß man einen Weg über einen dritten Gipfel z einschlägt, sofern eine solche Möglichkeit besteht. Gerade die Suche nach den niedrigsten Kosten $\bar{c}_{ij}$ ist der folgende Algorithmus gewidmet. Nur dann, wenn die Kosten $\bar{c}_{ij}$ geringer sind als unendlich, besteht zwischen den Bündeln $\boldsymbol{w}_i$ und $\boldsymbol{w}_j$ eine offenbarte Präferenz.

Vorab werde jedoch noch eine Festlegung in bezug auf die Kostenhöhe c_{ij} getroffen, falls eine direkte Verbindung besteht:

$$\text{(IV.186)} \quad c_{ij} \equiv \begin{cases} 1 \text{ wenn } k_{ij}=1 \\ \infty \text{ wenn } k_{ij}=0 \end{cases}.$$

274 Für eine solche Überprüfung siehe z.B. Jaeger und Wenke (1969, S. 146ff.).

275 Die folgende Darstellung lehnt sich eng an Varian (1982, S. 970 ff.) an. Dieser schreibt den hier geschilderten Algorithmus Warshall (1962) zu.

Algorithmus IV.1: Suche nach den minimalen Kosten $\bar{c}_{ij}$

Input: Die Kosten c_{ij}, um von Gipfel i zu Gipfel j zu gelangen ($c_{ij} > 0$).

Output: Die *minimalen* Kosten $\bar{c}_{ij}$, um von Gipfel i zu Gipfel j zu gelangen.

(I) Setze $z = 1$.[276]

(II) Für alle i und j: Wenn $c_{ij} \geq c_{iz} + c_{zj}$, dann setze $c_{ij} = c_{iz} + c_{zj}$.

(III) Wenn $z < T+1$, dann setze $z = z + 1$ und gehe zu (II).

Wenn $z = T+1$, dann setze $\bar{c}_{ij} = c_{ij}$ für alle i und j.

Das der geschilderte Algorithmus 1 für $z = 1$ funktioniert, ist weitgehend offensichtlich. Wenn man von Gipfel i direkt zu Gipfel j gelangt, behält c_{ij} den Wert Eins. Kann man Gipfel j von Gipfel i aus nicht direkt erreichen, sondern nur über Gipfel *1*, dann betragen die Kosten c_{ij} gerade zwei Einheiten ($c_{i1} + c_{1j} = 2$). Ist auch eine Tour von Gipfel i über Gipfel *1* zu Gipfel j nicht möglich, dann sind die Kosten weiterhin unendlich hoch. In diesem Fall ist es aber auch möglich, daß der Weg von Gipfel i über Gipfel *1* zu Gipfel j zwar grundsätzlich richtig war, man aber noch eine weitere Zwischenetappe einlegen muß. Denkbar ist z.B., daß man von Gipfel i zu Gipfel j ausschließlich über Gipfel *1* und Gipfel *2* gelangt. Der geschilderte Algorithmus IV.1 muß damit so konstruiert sein, diesen Fall ebenfalls zu erfassen. Setzt man also $z = 2$, so betragen die Kosten c_{ij} gerade eine Einheit, wenn eine direkte Verbindung der beiden Gipfel i und j besteht. Sie betragen zwei Einheiten, wenn jeweils eine indirekte Verbindung über Gipfel *1* oder Gipfel *2* vorliegt. Der angesprochene Fall der indirekten Verbindung von Gipfel i zu Gipfel j über die Gipfel *1* und 2 bedeutet nun, daß beim *ersten* Durchlauf (d.h. für alle $T+1$ Bündel) des Algorithmus IV.1 für $z = 1$ die Kosten von Gipfel i zu Gipfel 2 zu gelangen, gerade den Wert 2 angenommen haben, da (nur) eine indirekte Verbindung über Gipfel *1* bestehen soll ($c_{i2} = 2$). Vollzieht man abschließend den Gang von Gipfel 2 zu Gipfel j ($c_{2j} = 1$), so ergeben sich damit Kosten c_{ij} in Höhe von drei Einheiten. Diese Kosten würden sich auch dann einstellen, wenn man von Gipfel i zu Gipfel j nur dadurch kommt, daß man zuerst zu Gipfel *2* und dann zu Gipfel *1* wandert. Hier betragen die Kosten von Gipfel 2 über Gipfel *1* zu Gipfel j gerade zwei Einheiten, ein Umstand also, der bereits im ersten Durchlauf ($z = 1$) erfaßt wurde. Addiert man dazu die Kosten c_{i2}, um von Gipfel i zu Gipfel *2* (direkt) zu gelangen, so ergeben sich an dieser Stelle des Algorithmus IV.1 auch gerade Gesamtkosten von drei Einheiten. Denkbar ist natürlich auch der Fall, daß auch der Weg über die Gipfel *1* und *2* nicht zum Ziel führt, so daß die Kosten c_{ij} bis zum nächsten Durchlauf des Algorithmus IV.1 unendlich hoch bleiben, um sich dann nur

276 Es empfiehlt sich die Bündel entsprechend ihrem „historischen Verlauf" abzuarbeiten. $z = 1$ impliziert damit die Betrachtung des Bündels, welches zum Zeitpunkt $t-T$ konsumiert wurde, und $z = T+1$ die des Bündels zum Zeitpunkt t. Eine solche Festlegung ist aber nicht zwingend, deshalb wurde im vorliegenden Abschnitt auch nicht der Zeitindex verwendet!

zu reduzieren, wenn die Berücksichtigung des Gipfels *3* in irgendeiner Weise zum Erfolg führt.

Das Ergebnis läßt sich wie folgt verallgemeinern:

Folgerung 14: Wenn *(i, l,..., m, j)* ein Weg mit *n* Etappen von Gipfel *i* zu Gipfel *j* ist, dann sind die maximalen Kosten, um von Gipfel *i* zu Gipfel *j* zu gelangen, nicht größer als die Summe der *n* direkten Übergänge ($\bar{c}_{ij} \leq c_{il} + ... + c_{mj} = n$).

Die Kosten der *n* direkten Übergänge können nur unterschritten, nicht aber überschritten werden. Eine Unterschreitung liegt immer dann vor, wenn man entweder direkt von Gipfel *i* zu Gipfel *j* gelangt $\left(\bar{c}_{ij}=1\right)$, oder man vorher bereits indirekt Gipfel *j* erreicht hat $\left(2 \leq \bar{c}_{ij} < n\right)$. Entsprechend dem Schritt (II) des Algorithmus IV.1 führt die Existenz eines längeren Weges nicht zu einer Erhöhung der *minimalen* Kosten, da die Summe der Einzelübergänge dann mindestens so hoch ist, wie die bereits bestehenden Kosten, was keine Konsequenzen haben soll.

Um alle denkbaren indirekten Wege zwischen den Gipfeln erfassen zu können, muß Schritt (II) von Algorithmus IV.1 genau $(T+1)^3$ mal durchgeführt werden. Sind die Kosten von Gipfel *i* zu Gipfel *j* zu gelangen kleiner als unendlich, so bedeutet dies graphisch gesprochen, daß es einen direkten oder indirekten Weg gibt. Ökonomisch betrachtet bedeutet dies, daß das Bündel $\boldsymbol{w}_i$ gegenüber dem Bündel $\boldsymbol{w}_j$ (mindestens) offenbart vorgezogen wird $(\boldsymbol{w}_i\ R\ \boldsymbol{w}_j)$. Bildet man vor diesem Hintergrund eine neue Boolesche Matrix Ω, die nicht die direkt offenbarten Bevorzugungen, sondern die indirekt offenbarten erfaßt, so gelte jetzt entsprechend der üblichen Logik Boolescher Matrizen folgende Festlegung:

$$\text{(IV.187)} \quad \omega_{ij} \equiv \begin{cases} 1 \text{ wenn } \mathbf{w}_i R \mathbf{w}_j \\ 0 \text{ andernfalls} \end{cases}.$$

Diese neue Matrix Ω und die ihr zugrunde liegende binäre Relation der offenbarten Präferenz *R* kann nun dazu verwendet werden, Verletzungen des Verallgemeinerten Axioms offenbarter Präferenzen aufzudecken. Besteht zwischen zwei Bündeln $\boldsymbol{w}_i$ und $\boldsymbol{w}_j$ eine offenbarte Bevorzugung$(\boldsymbol{w}_j\ R\ \boldsymbol{w}_i)$, so darf entsprechend GARP das Bündel $\boldsymbol{w}_j$ dem Bündel $\boldsymbol{w}_i$ gegenüber nicht strikt direkt offenbart vorgezogen werden $(\boldsymbol{w}_j \sim P^D\ \boldsymbol{w}_i)$. Das Bündel $\boldsymbol{w}_j$ darf zum Zeitpunkt *j* ncht erwerbbar gewesen sein $(\wp_j \boldsymbol{w}_j > \wp_j \boldsymbol{w}_{i,})$. Es läßt sich entsprechend ein Algorithmus konstruieren, der die Einhaltung von GARP überprüft:[277]

---

[277] Unterstellt man strikt konvexe Präferenzen, so ändert sich der Algorithmus dahingehend, daß das Bündel $\boldsymbol{w}_j$ dem Bündel $\boldsymbol{w}_i$ gegenüber nicht direkt offenbart vorgezogen werden darf, da sonst das Starke Axiom offenbarter Präferenzen verletzt ist. Es muß somit gelten: Wenn $\boldsymbol{w}_i\ R\ \boldsymbol{w}_j$, dann $\wp_j \boldsymbol{w}_j \geq \wp_i \boldsymbol{w}_i$. Dies impliziert, daß in der Matrix Ω nicht Glieder über und unterhalb der Hauptdiagonalen zu finden sind, die nicht Null sind.

Algorithmus IV.2: Überprüfung der beobachteten Bündel auf die Einhaltung von GARP

Input: Die beobachteten Preis und Mengenkombinationen ($\wp_i, \mathbf{w}_i$) und die Matrix Ω der binären Relation *R*.

Output: Eine Antwort auf die Frage, ob GARP erfüllt wird oder nicht.

(I) Wenn $\omega_{ij} = 1$ und zugleich $\wp_j \mathbf{w}_j > \wp_j \mathbf{w}_i$, dann ist GARP verletzt.

Wird GARP auch nicht ein einziges Mal verletzt, dann bedeutet dies, daß die beobachteten Bündel konsistent mit einer konvexen Präferenzordnung sind und in eine quasi-konkave Nutzenfunktion integriert werden können. Bedauerlicherweise ist die Betrachtung von GARP nicht hinreichend, um schwach sparierbare homothetische Aggregate identifizieren zu können. Zur Überprüfung hinreichender Bedingungen läßt sich jedoch der eingangs erwähnte, als Computerprogramm erhältliche Algorithmus von Varian verwenden.

Dieser Algorithmus basiert darauf, jedem Bündel einen bestimmten Nutzenwert und einen bestimmten Grenznutzenwert des Einkommens zuzuordnen. Solche „Afriat-Zahlen"[278] lassen sich immer dann finden, wenn GARP nicht verletzt wird. In diesem Fall ist zugleich die Integrierbarkeitsbedingung erfüllt, d.h. die Bündel lassen sich durch eine konkave, monotone, stetige, nichtgesättigte Nutzenfunktion abbilden.[279] Die Zuordnung von Afriat-Zahlen läßt sich nun nicht nur für die Gesamtbündel vornehmen, also die Bündel, die die Gesamtheit der Konsumgüter und Anlageformen umfassen, sondern auch für solche, die nur einen Teil der Konsumgüter und Anlageformen beinhalten, also eine Teilmenge und damit ein Teilaggregat bilden. Um solche Afriat-Zahlen finden zu können, ist auch hier wiederum Voraussetzung, daß die betrachtete Teilmenge der Konsumgüter und Anlageformen GARP erfüllt.

Schwache Separierbarkeit setzt aber nicht nur voraus, daß die Gesamtheit aller Konsumgüter und Anlageformen sowie die betrachtete Teilmenge für sich genommen jeweils GARP erfüllt und damit jeweils in eine konkave, monotone, stetige, nichtgesättigte (Teil-) Nutzenfunktion integrierbar ist („notwendige Bedingung"), sondern daß darüber hinaus auch die Verwendung des Teilaggregats anstelle der einzelnen Mengen im Rahmen einer Nutzenfunktion über die verbliebenen Konsumgütern und Anlageformen sowie des Teilaggregats zu konsistenten Ergebnissen führt („hinreichende Bedingung"). Hinreichend für das Vorliegen der schwachen Separier-

278 Diese Bezeichnung geht auf Varian (1982, S. 946, 1983, S. 100 und 1994, S. 133) zurück. Sie erinnert daran, daß die Zuordnung solcher Zahlen erstmals von Afriat (1967) vorgenommen wurde.

279 Dies ist Kern des „Afriatschen Theorems". Siehe dazu Varian (1982, S. 946, 1983, S. 100 und 1994, S. 133). Die Zuordnung der Afriat-Zahlen erfolgt gerade unter der Maßgabe, einer solchen Nutzenfunktion gerecht werden zu können. Aus einer solchen Nutzenfunktion leitet sich die Afriat-Ungleichung ab, die Grundlage für die Bestimmung der Afriat-Zahlen ist (siehe dafür z.B. Reischle, 1998b).

barkeit ist es deshalb, wenn die verbliebenen Konsumgüter und Anlageformen zusammen mit der Afriat-Zahl für den Teilnutzen des betrachteten Teilaggregats GARP erfüllen. Auch jetzt müssen sich also plausible Afriat-Zahlen für den Nutzen und den Grenznutzen des Einkommens finden lassen.[280]

Eine schwach separierbare, homothetische bzw. linearhomogene Teilnutzenfunktion liegt demgegenüber dann vor, wenn sich die für linearhomogene Nutzenfunktionen typische Zerlegung in eine rein von Preisen abhängige Basisteilnutzenfunktion sowie in die Gruppenausgaben auch in den Afriat-Zahlen wiederfinden läßt. Dies bedeutet, daß es nicht zu einer Verletzung von GARP kommen darf, wenn man die Afriat-Zahl für den Teilnutzen anstelle der Konsumgüter und Anlageformen des Teilaggregats verwendet.

Betrachtet man den Algorithmus von Varian näher, so kann man feststellen, daß er im Großen und Ganzen wirklich geeignet ist, schwach separierbare, homothetische Strukturen aufzudecken. Ein besonderes Problem stellen dabei allerdings solche Bündel dar, die sich zumindest gegenüber einer Reihe anderer Bündel nicht in eine Rangfolge („Ordnung") integrieren lassen, da sie weder anderen Bündeln gegenüber offenbart präferiert werden, noch von anderen Bündeln dominiert werden. Solchen „unverbundenen" Bündeln weist der Algorithmus von Varian Afriat-Zahlen nach dem Zufallsprinzip zu. Dies kann zu falschen Schlüssen führen, wenn man mit ihren Nutzenwerten operiert.[281] Genau dieses geschieht jedoch im Rahmen des Algorithmus von Varian.

IV.2.4.3.2 Würdigung der nicht-parametrischen Nachfrageanalyse

Abschließend muß man sich die Frage stellen, welchen Beitrag die nicht-parametrische Nachfrageanalyse für die Klassifikation der monetären Anlageformen liefern kann. Um dies beantworten zu können, empfiehlt sich ein Blick auf konkrete Studien, die sich mit der nicht-parametrischen Nachfrageanalyse monetärer Anlageformen auseinandergesetzt haben. Insgesamt zeigt es sich, daß es mittlerweile eine Vielzahl von Studien gibt, die sich insbesondere auf die USA – aber auch auf Großbritannien und Deutschland – beziehen. Die Ergebnisse der wichtigsten Studien faßt Tabelle IV.5 zusammen.

---

280 Diese Bedingung ist nur hinreichend und nicht notwendig, da die verwendeten Afriat-Zahlen für den Teilnutzen nicht die einzig denkbaren Nutzenwerte darstellen.

281 Siehe dazu genauer Reischle (1998b).

Tabelle IV.5: Empirische Ergebnisse der nicht-parametrischen Analyse monetärer Anlageformen[*)]

Studie	Land	Datenumfang		betrachtete Komponenten			notwendige Bedingung		hinreichende Bedingung		Linearhomogenität		Ergebnis
		Zeitraum	Zeitpkte	Monetäre Anlageformen	Güter, Dienste[1]	Freizeit (F)	Gesamtheit erfüllt GARP	geringster und größter Aggregationsumfang, für den eine Teilmenge GARP erfüllt[2)]	geprüft	erfüllt	geprüft	erfüllt	
Swofford/ Whitney (1987)	USA	1970:I - 1985:II	62	Teilm. von Fed.M2:[3)] 1,2b,4,9,12,13, 14,15,16,17,18	C; dC; S	ja[4)]	nein	[1+2b,4,12+13+14+15,16+17+18,C,dC, S,F][5)]					
								[(1+2b,4,12+13+14+15),16+17+18,(C, dC,S,F)][5)] *oder*[6)]	ja	nein	ja	nein	CM1+[7)]
								[1+2b,4,12+13+14+15,16+17+18,(C,dC, S,F)][5)]	ja	ja	ja	nein	CM1A[8)]
Swofford/ Whitney (1988)	USA	1970 - 1985	16	Teilm. von Fed.M3:[3)] 1,2b,3c,4,7,8, 9, 12,13,14,15, 16,17,18,19,20	C; dC; S	ja[4)]	ja	[1+2b+3c,4,7,8,9,12+13+14+15,16+17+ 18,19+20,C,dC,S,F][5)]					
								[(1+2b+3c,4,7,8,9,12+13+14+15,16+17 +18),(C,dC,S,F),19+20][5)]	ja	ja	ja	nein	M2[9)]
Fisher,D. (1989)	USA	1970:I - 1985:II	62	Fed.M2:[3)] 1,2b,3c,...,18	C; dC; S	nein	nein	[1+2b+4,5,6,10,11,12,13+14,16,17,C, dC,S][5)] *bzw.* [1+2b,4,12+16,13+14+17,5+6+10+11, C+dC+S][10)] *oder* [1+2b+4,5+6+10+11+12+13+14,16,17, C+dC+S][5)]					
								[1+2b+4,(12+16,13+14+17,5+6+10+11, C+dC+S)][10)] *oder*	ja	nein	nein	--	CM1B[11)]
								[1+2b+4,5+6+10+11,+12+13+14,(16+ 17,C+dC+S)][5)]	ja	nein	nein	--	CM1B[11)]
Belongia/ Chalfant (1989)	USA	1983:01- 1986:02	38	Teilm. von Fed.M2:[3)] 1,2b,3c,5,6,9,10 ,11,12,13,14,15	nein	nein	ja	[1,2b+3c,5+6,9,10+11,12+13+14+15][5)]					
								[1,2b+3c,5+6,9,10+11),12+13+14+ 15][5)]	nein	--	nein	--	M1IB[12)]
Swofford/ Whitney (1994)[13)]	USA	1970:I - 1985:II	62	Teilm. von Fed.M2:[3)] 1,2b,3c,4,9,12, 13,14,15,16,17, 18	C; S	ja[4)]	nein	[1+2b,3c,4,12+13+14+15,16+17+18,C, S, F][5)]					
								[(1+2b+3c,4,12+13+14+15),16+17+18, C,S,F][5)]	ja	nein[14)]	nein	--	M1+[3)]

Tabelle IV.5: Fortsetzung

Studie	Land	Datenumfang		betrachtete Komponenten			notwendige Bedingung		hinreichende Bedingung		Linearhomogenität		Ergebnis
		Zeitraum	Zeitpkte	monetäre Anlageformen	Güter, Dienste[1]	Freizeit (F)	Gesamtheit erfüllt GARP	geringster und größter Aggregationsumfang, für den eine Teilmenge GARP erfüllt[2]	geprüft	erfüllt	geprüft	erfüllt	
Fisher/ Fleissig (1997)	USA	1960:01-1993:05	389	Fed.L:[3] 1,2b,3c,...,27	ja	ja	ja[15]	[1,2a+2b,4,5,6][5] oder [12,13] [16,17]	nein	--	nein	--	CM1[16]
Belongia/ Chrystal (1991)	UK	1982:06-1988:03	70	BoE.M4:[17] UK1a,UK3, UK4,UK5,UK6, UK7	nein	nein	ja	[UK1a,UK3,UK4+UK5,UK6,UK7] [UK1a,UK6,(UK3,UK4+UK5,UK7)]	nein	--	nein	--	Bargeld
Patterson (1991)	UK	1975:I - 1986:IV	47	Teilm. BoE. PSL2:[18] UK1a,UK3, UK8,UK9, UK10, UK15	C; dC; S	ja	ja	[UK1a,UK3,UK8,UK9,UK10,UK15,C, dC,S,F] keine Angaben[19]	nein	--	nein	--	keine Angaben
Belongia (1993)	D	1975:01-1990:05	185	BBk.M3:[20] D1,D2,D3,D4	nein	nein	ja	[D1,D2,D3,D4] [(D1,D2,D4),D3]	nein	--	nein	--	M1 + Spareinl.
Spencer (1995)	D	1991:02-1995:01	48	BBk.M3:[20] D1,D2,D3,D4	nein	nein	ja	[D1,D2,D3,D4]	--	--	--	--	Bargeld
Spencer (1997)	D	1985:01-1990:06	66	BBk.M3:[20] D1,D2,D3,D4	nein	nein	ja	[D1,D2,D3,D4]	--	--	--	--	Bargeld
Spencer (1997)	D	1990:07-1995:01	55	BBk.M3:[20] D1,D2,D3,D4	nein	nein	nein	keine Angaben[21]	--	--	--	--	Bargeld
Scharnagl (1996)	D	1983:01-1995:02	146	BBk.erwM3:[20] D1,D2,D3,D4, D5,D6	nein	nein	ja	[D1,D2,D3,D4,D5,D6] [(D1,D2,D3,D4,D5),D6]	nein	--	nein	--	M3 + Euroeinl.

***)** Zu den verwendeten Abkürzungen siehe die im Anhang A.II.1 angegebenen Geldmengenabgrenzungen der hier betrachteten Länder

1) C ist ein Maß für die Konsumgüter (consumer goods), dC für die dauerhaften Konsumgüter (durable consumer goods) und S für die Dienste (service).

2) Das Pluszeichen bedeutet, daß manche Komponenten *vorab* addiert wurden und die GARP-Analyse unter Verwendung dieser Teilaggregate durchgeführt wurde. Die Addition von Bargeld und Sichteinlage läßt sich mit dem HCC-Theorem begründen. Die anderen Anlageformen können entweder nach

Art der Anlage oder nach den Schuldnern zusammengefaßt werden. Welche der beiden Möglichkeiten gewählt wird, wird immer angegeben. Die runde Klammer grenzt solche Komponenten ab, die einen schwach separierbaren Block bilden. Die angegebenen Aggregate der höchsten Aggregationsebene beinhalten entsprechend dem vertretenen Zahlungsmittelcharakter des „Geldes" immer das Bargeld.

3) Zu den Komponenten der amerikanischen Geldmengenabgrenzungen siehe Tabelle 2a.

4) Als Opportunitätskosten der Freizeit wird der Schattenpreis der Freizeit ermittelt.

5) Addition gleicher Anlageformen bei verschiedenen Kreditinsituten (Geschäftsbanken (commercial banks), Sparkassen (savings and loan associations, saving banks), Kreditgenossenschaften (credit unions)).

6) Der alternative Aggregationsumfang wird deshalb angegeben, weil er die hinreichende Bedingung erfüllt.

7) „CM1+" bedeutet „consumer M1+". Diese Schlußfolgerung gilt nur der Richtung nach, den das offizielle Aggregat M1+ berücksichtigt auch noch die Einlagen der Unternehmen, die hier von der Betrachtung ausgenommen wurden. Darüber hinaus sind lediglich die Spareinlagen bei den Geschäftsbanken Teil des offiziellen Aggregates M1+.

8) „CM1A" ist die Abkürzung für „consumer M1A" und bedeutet, daß ausschließlich die Teile von M1A betrachtet werden, die den Haushalten zugeordnet werden können. Im Kern geht es dabei um das Bargeld und die Einlagen der privaten Haushalte. Im Unterschied zur offiziellen M1A Abgrenzung werden hier zwar keine Sichtguthaben anderer Einleger (insbes. Unternehmen) berücksichtigt, dafür finden hier aber auch Sichteinlagen der Privaten bei den Sparinstituten und den Kreditgenossenschaft Eingang. Die gefundene Kombination von Anlageformen entspricht somit nicht vollständig M1A.

9) Ausgenommen die Guthaben auf den Geldmarktkonten. Insofern trifft die Schlußfolgerung nur annähern zu.

10) Addition verschiedener Anlageformen bei einem Kreditinstitut.

11) M1B ohne Sichteinlagen der Unternehmen und Institutionen.

12) „M1IB" sei die Bezeichnung für ein Aggregat, was neben den Komponenten des offiziellen M1 Aggregats noch all' die Anlageformen enthält, die verzinslich sind ([I]nterest [B]earing), über die man aber per Scheck verfügen kann und die üblicherweise Teil von M2 sind. Zu nennen sind hier die Geldmarktfondsanteile und die Geldmarktkonten.

13) Diese Studie berücksichtigt eine unvollständige Anpassung bei den Gruppenausgaben. Ansonsten basiert sie weitgehend auf den genannten Studien von Swofford und Whitney (1987, 1988).

14) Dies gilt für den gesamten Betrachtungszeitraum. Für die Phasen 1970:I - 1979:IV und 1975:II - 1985:II ist die hinreichende Bedingung jeweils erfüllt.

15) Fisher und Fleissig unterteilen den Beobachtungszeitraum in einzelne Perioden. Eine neue Subperiode beginnt immer dann, wenn die Daten nicht mehr GARP erfüllen. So gelingt es ihnen am Ende, drei Kombination monetärer Anlagen zu finden, die in jeder Subperiode GARP erfüllen.

16) „CM1" beinhaltet die Komponenten der amerikanischen M1 Abgrenzung, die von privaten Haushalten gehalten werden.

17) Zu den Komponenten von BoE.M4 siehe Tabelle 2b.

18) Patterson (1991) betrachtet nur die Teile an den genannten Komponenten, die die Haushalte besitzen („personal sector").

19) Die Studie von Patterson (1991) hat keinen geldtheoretischen Hintergrund, deshalb findet kein gezielte Analyse der monetären Anlageformen statt. Es findet sich in ihr aber die Aussage, daß die reine Betrachtung der monetären Anlageformen zu zahlreichen GARP-Verletzungen führt (vgl. S. 1111).

20) Zu den Komponenten der Geldmengenabgrenzung M3 bzw. M3 erweitert der Deutschen Bundesbank (BBK) siehe Tabelle 2c.

21) Die Betrachtung nationaler Geldmengenaggregate fällt nur als ein „Beiprodukt" an (siehe Spencer, 1997, S. 1408ff.).

Die aufgeführten Studien sind alle insoweit vergleichbar, als das sie den Algorithmus von Varian anwenden.[282] Betrachtet man deshalb die Testergebnisse, so stellt man fest, daß mit Ausnahme von D. Fisher und Swofford und Whitney alle anderen Autoren darauf verzichten, die Hypothese der schwachen Separierbarkeit monetärer Anlageformen von den Konsumgütern und der Freizeit explizit zu testen. Die meisten Autoren betrachten ausschließlich monetäre Anlageformen und vernachlässigen damit eine Überprüfung einer der wesentlichen Voraussetzungen für die Aggregation. Daß sich durch die Berücksichtigung der Konsumgüter die Testergebnisse ganz wesentlich ändern können, zeigt die Studie von D. Fisher.[283] Ein wesentlicher Teil der Studien ist also unvollständig.[284]

Ein solches Vorgehen dürfte Folge des extrem hohen Schätzaufwandes sein, der mit der nicht-parametrischen Analyse verbunden ist. Dieser Schätzaufwand verlangt insbesondere für die USA, in der es eine Vielzahl von monetären Anlageformen gibt, daß entweder bei der Anzahl der berücksichtigten Komponenten oder bei der Anzahl der Beobachtungszeitpunkte Zugeständnisse gemacht werden. Häufig werden deshalb Komponenten vorab aggregiert – z.B. entsprechend der Einlageart gemäß dem Hicksschen Composite Comodity Theorem – und nur recht kurze Zeiträume beachtet.[285] Ein zehnjähriger Beobachtungszeitraum impliziert für *eine* beliebige Teilmenge, daß unter Zugrundelegung von Quartalswerten entsprechend der notwendigen Bedingung genau 160 (vier mal vierzig) Variablen zu ermitteln sind.[286] Jede zusätzliche Aufteilung, die betrachtet wird, schafft 80 *neue* Variablen.

Auffallend ist außerdem, daß mit Ausnahme der Studien von Swofford und Whitney und von D. Fisher darauf verzichtet wird, neben der notwendigen Bedingung für die schwache Separierbarkeit auch die hinreichende Bedingung abzuprüfen. Die meisten Autoren geben sich mit der Überprüfung zufrieden, ob die Gesamtheit der betrachteten Daten und die propagierten Teilmengen jeweils GARP erfüllen. In den Studien, die Aussagen zur hinreichenden Bedingung machen, wird diese in der Regel von allen den Aggregaten verworfen, die die notwendige Bedingung erfüllen. Die einzig Ausnahme findet sich in einer Studie von Swofford und Whitney (1987), die

---

282 Eine Ausnahme bildet die Studie von Swofford und Whitney aus dem Jahre 1994. Sie modifiziert Varian's Vorgehen leicht. Auf sie wird weiter unten kurz eingegangen.

283 D. Fisher, 1989, S. 24f.

284 Die Studie von Spencer (1995) verzichtet sogar darauf, die *notwendige* Bedingung für die Aggregation zu überprüfen. Er will ausschließlich die Stabilität und Konsistenz der Präferenzen über die Komponenten analysieren. Dies ist aber bestenfalls der erste Schritt für die Überprüfung der schwachen Separierbarkeit. Aus der Tatsache, daß die vom ihm betrachteten Anlageformen nicht GARP verletzen, kann somit nicht auf die Zulässigkeit der Geldmenge M3 geschlossen werden. Für diese Schlußfolgerung siehe jedoch Scharnagl (1996, S. 28).

285 Mit der Addition gleicher Einlagen bei *verschiedenen* Instituten wird für die USA nur etwas nachvollzogen, was in Deutschland und dem Vereinigten Königreich bereits im Rahmen der offiziellen Statistik geschieht.

286 Die vier Afriat-Zahlen pro Quartal sind der Nutzenwert für das gesamte Bündel und das Teilaggregat sowie der Grenznutzenwert für das Gesamtbündel und für das Teilaggregat.

„Consumer M1A" (CM1A hier im Sinne von Bargeld und Sichteinlagen der privaten Haushalte im Bankensystem) als zulässiges Aggregat identifizieren.[287]

Die häufige Ablehnung der hinreichenden Bedingung ist letztlich nicht besonders überraschend. Die Verwendung von Afriat-Zahlen für den Teilnutzen ist sehr restriktiv. Denkbar sind schließlich auch andere Teilnutzenwerte, die im Gegensatz zu den verwendeten Afriat-Zahlen schwach separierbarenr Strukturen möglicherweise gerecht werden. Das Problem besteht jedoch im Auffinden solcher Zahlen. Einen weniger strengen Algorithmus als den von Varian gibt es (bislang noch) nicht.

Der besonders restriktive Charakter des Varianschen Algorithmus kommt auch dadurch zum Ausdruck, daß dieser im Rahmen einer Monte-Carlo-Studie sogar dann zu einer Ablehnung der Hypothese der schwachen Separierbarkeit führte, als er auf Daten angewendet wurde, die mittels einer schwach separierbaren Funktion generiert wurden.[288] Aufgrund der besonderen Restriktion der hinreichenden Bedingung ist es deshalb schwierig, aus einer Verletzung den Schluß zu ziehen, daß die Eigenschaft der schwachen Separierbarkeit nicht gegeben ist. Insofern ist es nachvollziehbar, wenn sich zahlreiche Studien auf die Betrachtung der notwendigen Bedingung beschränken.

Überhaupt muß man sich die grundsätzliche Frage stellen, welche Schlußfolgerungen die GARP-Analyse – und darauf aufbauend der Test auf schwache Separierbarkeit – zuläßt. GARP überprüft, inwieweit die Daten – oder eine Teilmenge dieser – mit der Rationalitätsannahme übereinstimmen. Sowohl die Nichtablehnung als auch die Ablehnung der Rationalitätshypothese muß jedoch vorsichtig interpretiert werden:

- Gelangt man bereits frühzeitig zu dem Ergebnis, daß die Daten GARP widersprechen, so kann dies daran liegen, daß die Bedingungen für das Vorliegen eines repräsentativen Akteurs nicht erfüllt sind. Wie der nächste Abschnitt zeigen wird, ist die Analyse makroökonomischer Daten mit Hilfe mikroökonomischer Rationalitätsüberlegungen in diesem Fall zu streng. Die Anwendung von GARP auf makroökonomische Daten verlangt mehr, als die bloße Rationalität der einzelwirtschaftlichen Entscheidungsträger. Sie verlangt das Vorliegen einer makroökonomischen Wohlfahrtsfunktion. Diese Voraussetzung muß selbstverständlich nicht zwingend erfüllt sein. Ganz im Gegenteil, es muß einem eher als ein glücklicher Zufall erscheinen, wenn die Grundlage für die Selektion und Aggregation empirisch vorliegt. Der restriktive Charakter, der durch die Anwendung der individuellen Rationalität auf die Makrodaten entsteht, kennzeichnet jedoch auch alle parametrischen Analysen. Bei ihnen wird das Vorliegen einer makroökonomischen Wohlfahrtsfunktion immer explizit unterstellt. Im Gegensatz

287 Das Aggregat „M1A" enthält entsprechend der offiziellen Definition das Bargeld und die Sichteinlagen der privaten Nichtbanken bei den Geschäftsbanken. CM1A entspricht damit nicht wirklich dem Anteil private Einleger an der Gesamtheit von M1A.

288 Siehe dazu Barnett und Choi (1989, S. 364).

dazu erlaubt die nicht-parametrische Analyse wenigstens eine Überprüfung dieser Hypothese, stellt insofern also einen Fortschritt dar.

- Der restriktive Charakter wird darüber hinaus auch noch dadurch verschärft, daß die nicht-parametrischen Ansätze nichtstochastischer Natur sind. Bereits eine noch so geringfügige Verletzung von GARP muß zur Ablehnung der Rationalitätshypothese führen. Anpassungsfriktionen, Meßfehlern oder zufälligen Abweichungen trägt das Verfahren keine Rechnung. Auch dies muß letztlich die Wahrscheinlichkeit weiter senken, überhaupt Komponenten zu finden, die – ganz gleich auf welcher Ebene – GARP erfüllen. Berücksichtigt man, daß bei $T+1$ Beobachtungszeitpunkten genau $(T+1)T/2$ Verletzungen von GARP auftreten können, so kann man die tatsächlichen Verletzungen mit den maximal möglichen ins Verhältnis setzen. Ein solcher „Violation-Index"[289] kann nun dafür herangezogen werden, die Anzahl der aufgetretenen Verletzungen zu relativieren. Allerdings ist bei einem solchen Verfahren unklar, wieviele Verletzungen man gerade noch tolerieren darf. In bezug auf die Berücksichtigung stochastischer Aspekte ist die parametrische Analyse somit klar im Vorteil. Daß Anpassungsfriktionen möglicherweise ein empirisches Problem darstellen, kann man anhand der unterschiedlichen Ergebnisse der Studien von Swofford und Whitney (1987 und 1988) ersehen, bei denen im Falle jährlicher Werte (1988) ein weiter definiertes Aggregat eher überzeugt als unter Verwendung von Quartalswerten (1987).[290]

Um den restriktiven Charakter der GARP-Analyse etwas abzumildern, versuchen Swofford und Whitney deshalb, die GARP-Analyse durch die Berücksichtigung von Anpassungsfriktionen zu bereichern:[291] Die Anwendung von GARP setzt voraus, daß die Akteure ihr Nachfrageverhalten stets optimal an geänderte Preisinformationen anpassen. Bereits bei der Diskussion der User costs wurde argumentiert, daß dies wohl eine zu restriktive Annahme ist. Anpassungsfriktionen lassen sich im Rahmen der hier verwendeten zweistufigen Betrachtungsweise grundsätzlich auf beiden Ebenen modellieren:

- Dort, wo das Einkommen auf die verschiedenen Gruppen aufgeteilt wird, und
- dort, wo gegebene Gruppenausgaben auf die verschiedenen Komponenten zugeordnet werden.

---

289 Patterson, 1991, S. 1109. Besitzt man z.B. 50 Beobachtungszeitpunkte (Bündel), dann kann es maximal zu 1225 Verletzungen von GARP kommen. Werden demgegenüber nur 5 Verletzungen ausgewiesen, so beträgt der Violation-Index nur 0,0041. Nicht einmal ein halbes Prozent der möglichen Verletzungen treten ein. Man ist geneigt, die fünf Verletzungen als unbedeutend abzutun. Für einen alternativen „Goodness-of-fit"-Index von Varian (1990, S. 133ff.) siehe den Anhang A.IV.

290 Für diese Begründung siehe Swofford und Whitney (1988, S. 244).

291 Swofford und Whitney, 1994, S. 241ff.

Dabei kann jedoch ein Nachfrageverhalten, welches durch starre Mengen gekennzeichnet ist, nicht sinnvoll mit GARP in Verbindung gebracht werden, weil die geforderte Verarbeitung von Preisinformationen dann offensichtlich *nicht* stattfindet. Anpassungsfriktionen lassen sich im Kontext mit der nicht-parametrischen Nachfrageanalyse deshalb nur dort sinnstiftend unterstellen, wo es um die Zuordnung der Ausgabenanteile auf die verschiedenen Gruppen von Konsumgütern (inklusive der Freizeit) und monetären Anlageformen geht. In diesem Fall besitzen die Gruppenausgaben nicht die optimale Höhe, was zu einer Verletzung von GARP führen kann. Gegenüber Entscheidungsproblem 2 ändert sich also nur die Nebenbedingung. Die Höhe der Ausgaben für die monetären Anlageformen kann jetzt nur den restringierten Wert $\overline{E}_i^m$ annehmen, nicht den optimalen Wert E_i^m $(i = t\text{-}T, t\text{-}T\text{+}1 \ldots, t)$:

$$\text{(IV.188)} \quad \max_{\substack{c_{0,i},\ldots,c_{k,i} \\ m_{1,i},\ldots,m_{n,i}}} \overline{u}\left(c_{0,i},\ldots,c_{k,i}; u^m\left(m_{1,i},\ldots,m_{n,i}\right)\right)$$

$$\text{u.d.N.} \quad \mathbf{p}_i\mathbf{c}_i + \boldsymbol{\pi}_i\mathbf{m}_i = E_i^c + E_i^m \leq E_i \qquad \text{und} \qquad \boldsymbol{\pi}_i\mathbf{m}_i \leq \overline{E}_i^m .$$

Bildet man nun einen Lagrange-Ansatz zur Lösung des Maximierungsproblems, so erhält man mit dem Lagrangemultiplikator der zweiten Restriktion auch für die GARP-Analyse eine weitere Variable, die man möglicherweise so setzen kann, daß das betrachtete Teilaggregat – anders als ohne diese Restriktion – die (modifizierte) hinreichende Bedingung für die schwache Separierbarkeit erfüllt.

Entsprechend haben Swofford und Whitney tatsächlich in bezug auf die hinreichende Bedingung für die schwache Separierbarkeit festgestellt, daß eine bestimmte Aufteilung, die der hinreichende Bedingung bislang nicht entsprechen konnte, einer so modifizierten hinreichenden Bedingung gerecht wird.[292] Dies läßt darauf schließen, daß die ursprüngliche Ablehnung letztlich Konsequenz der verzögerten Anpassung bei der Aufteilung der Ausgaben auf die verschiedenen Gruppen ist. Umgekehrt kommt eine solche Begründung für solche Aufteilungen nun nicht mehr in Betracht, die auch die modifizierte hinreichende Bedingung nicht erfüllen können. Die Interpretierfähigkeit einer Ablehnung steigt somit.

Wirft man nach den bisherigen kritischen Ausführungen nochmals einen Blick auf die in Tabelle IV.5 wiedergegebenen Ergebnisse der verschiedenen Studien, so muß es sicherlich überraschen, daß es entgegen dem grundsätzlich restriktiven Charakter der nicht-parametrischen Nachfrageanalyse (fast) jeder gelingt, eine Aufteilung von Komponenten zu finden, die nicht nur GARP erfüllt, sondern auch die notwendige Bedingung der schwachen Separierbarkeit.[293] Sieht man also einmal von der *hinreichenden* Bedingung für die schwache Separierbarkeit ab, so scheint der restriktive

292 vgl. Swofford und Whitney, 1994, S. 244.

293 Würde man im Rahmen der Studien für die verschiedenen Abgrenzungen einen Violation-Index bilden, so wäre dieser fast immer sehr klein. Auch dies muß verwundern.

Charakter kein wirkliches Problem darzustellen. Es gilt deshalb zu fragen, womit sich dieser scheinbare Widerspruch zwischen restriktivem Charakter in der Theorie einerseits und empirischer Beobachtung andererseits erklären läßt. Eine Lösung dieses Rätsels ist relativ einfach; sie liegt in einem permanent ansteigenden Pro-Kopf-Einkommen, bei gleichzeitig weitgehend unveränderten relativen Preisen. Eine solche Entwicklung kann dazu führen, daß sich die Budgetgeraden zweier Beobachtungszeitpunkte nicht im positiven Quadranten schneiden, so daß es durch die beobachteten Konsum- und Anlageentscheidungen überhaupt nicht zu einer Verletzung von GARP kommen kann. Dieser Umstand wird im Rahmen des Violation-Indexes nicht korrekt berücksichtigt. Dieser ist tendenziell zu klein, weil er implizit unterstellt, daß sich *alle* Budgetgeraden im positiven Quadranten schneiden.

Wie bei der Diskussion von GARP bereits dargelegt wurde, bilden gerade die Schnittpunkte der Budgetgeraden die Grundlage für eine fundierte Analyse der Nachfragehandlungen des Akteurs. Je mehr Schnittpunkte es gibt, desto größer ist die Wahrscheinlichkeit, daß die Wahlhandlungen GARP verletzen, wenn der Akteur *nicht* rational handelt. Treten somit trotz einer großen Anzahl von *potentiellen Widersprüchen* keine Verletzungen von GARP auf, so spricht dies dafür, daß der Akteur vermutlich entsprechend nichtgesättigter Präferenzen agiert.[294] Anders formuliert bedeutet dies, daß man dann die Nullhypothese, wonach der Akteur seine Konsum- und Anlageentscheidungen vollständig beliebig (irrational) trifft, mit hoher Wahrscheinlichkeit verwerfen kann. Liegen demgegenüber keine Schnittpunkte vor, so erlaubt dies keinerlei Schlüsse auf die Präferenzen. Die Nullhypothese eines irrationalen Verhaltens kann dann nicht mit einer hinreichend großen Wahrscheinlichkeit abgelehnt werden. Die Tatsache, daß die Daten GARP nicht widersprechen, muß somit möglicherweise mit einem Verweis auf eine geringe Anzahl von Schnittpunkten der Budgetgeraden relativiert werden. Die Güte des GARP-Tests, also seine Fähigkeit, die Nullhypothese des irrationalen Verhaltens zu falsifizieren, wird in Zeiten stark steigender Einkommen und weitgehend konstanter relativer Preise sehr gering sein, im Extremfall sogar Null.

Bronars zeigt nun, daß die Aussagekraft des GARP-Tests nicht nur von der Anzahl der Schnittpunkte abhängt, sondern auch von der konkreten Lage und Steigung der Budgetgeraden.[295] Betrachtet man eine Situation, bei der man für zwei Güter und zwei Zeitpunkte zwei Budgetgeraden erhält, die sich im positiven Quadranten schneiden, und unterstellt man darüber hinaus, ein Akteur handele in dem Sinne irrational, daß er stets vollkommen zufällig ein beliebiges Bündel auf der gerade gültigen Budgetgeraden wählt, dann liegt eine Verletzung von GARP gerade dann vor, wenn sich der Akteur für zwei Bündel entscheiden würde, die in den (kritischen) Ab-

---

294 Der Violation-Index bildet somit die Untergrenze für ein korrektes Maß der Verletzungshäufigkeit. Er ist letztlich also wenig aussagefähig.

295 Für das Folgende siehe Bronars (1987, S. 693ff.).

schnitten *GH und HI* der beiden Budgetgeraden liegen (siehe Abbildung IV.11).[296] Da alle Bündel auf einer Budgetgeraden mit gleicher Wahrscheinlichkeit gewählt werden sollen, mißt das Verhältnis aus Abschnittslänge *GH (HI)* zu gesamter Länge der Budgetgeraden *GK (JI)* genau die Wahrscheinlichkeit, daß das Bündel in den (kritischen) Abschnitt *GH (HI)* fällt. Die Wahrscheinlichkeit $W(GH \cap HI)$, wonach solchermaßen beliebig und unabhängig voneinander gewählte Bündel GARP verletzen, beläuft sich somit auf:

$$\text{(IV.189)} \quad W(GH \cap HI) = W(GH)W(HI) = \frac{\|GH\|}{\|GK\|} \cdot \frac{\|HI\|}{\|JI\|}.$$

Abbildung IV.11: Der relevante Bereich einer Verletzung von GARP bei zwei Bündeln

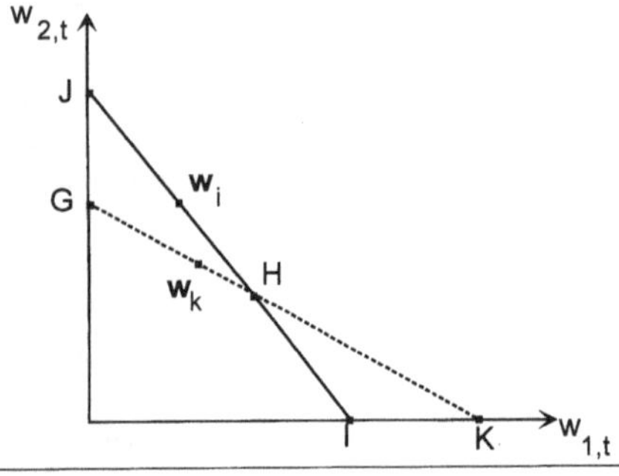

Wären die vier Abschnitte *GH, HK, JH* und *Hi* der beiden Budgetgeraden alle gleich lang, oder läge zumindest der Schnittpunkt der beiden Budgetrestriktionen gerade in ihrer Mitte, so wäre die Wahrscheinlichkeit, daß die zwei Bündel in die Bereiche *GH* und *HI* fallen, exakt ein Viertel. Da die beiden Budgetgeraden jedoch eine negative Steigung aufweisen, können beide Annahmen nicht zugleich erfüllt werden. Liegt der Schnittpunkt in der Mitte einer Budgetgeraden, so ist entweder der Abschnitt *HK* stets länger als der Abschnitt *HI* oder der Abschnitt *JH* länger als der Abschnitt *GH.* Die Wahrscheinlichkeit von ein Viertel wird sich nur dann annähernd einstellen, wenn die beiden Budgetgeraden fast parallel verlaufen und sich nahezu in ihrer Mitte schneiden. Grundsätzlich gilt, daß die Wahrscheinlichkeit $W(GH \cap HI)$, mit der gera-

296 Diese Interpretation von „Irrationalität" schreibt Bronars (1987, S. 693ff.) Becker (1962) zu. Sie betrachtet weniger mögliche Bündel als die Alternative einer vollständig beliebigen Wahl irgendeines *möglichen* Bündels. Während Beckers Interpretation also auf die Bündel entlang einer Budgetgeraden abstellt, betrachtet die umfassendere Definition alle Bündel der Budgetmenge. In dem hier betrachteten Fall wäre es selbstverständlich korrekter, man würde von einer Verletzung von WARP anstatt von GARP sprechen. Da es sich hier aber nur um die Erläuterung eines Grundprinzips handelt, das auch auf mehr als zwei Bündel anwendbar ist, wird bewußt auf GARP abgestellt.

de der Fall der GARP-Verletzung eintritt, umso geringer ist, je steiler sich die Budgetgeraden in einem bestimmten Punkt schneiden.

Aber nicht nur der Unterschied der Steigungen im Schnittpunkt beeinflußt diese Wahrscheinlichkeit, sondern auch der Längenunterschied zwischen den beiden „kritischen" Abschnitten *GH* und *HI*. Dieser Unterschied spiegelt vereinfachend gesprochen den Einfluß einer Abweichung von einem „mittigen" Schnittpunkt wider. Je größer er ist, desto geringer ist – bei gleichem Unterschied der Steigungen der beiden Budgetgeraden – die Wahrscheinlichkeit $W(GH \cap HI)$, mit der GARP verletzt wird. Im Anhang wird gezeigt, daß in dem betrachteten Fall zweier Güter (Anlageformen) mit zwei Budgetgeraden die Wahrscheinlichkeit nicht höher sein kann, als die im theoretischen Grenzbereich eintretenden fünfundzwanzig Prozent.[297] Für $W(GH \cap HI)$ gilt somit:

(IV.190) $0 \leq W(GH \cap HI) \leq 0{,}25.$

Im geschilderten Fall, bei dem sich für zwei Güter und zwei Zeitpunkte zwei Budgetgeraden im positiven Quadranten schneiden, ist die ausgewiesene Wahrscheinlichkeit, daß der Akteur *nicht* rational handelt, sondern stets ein beliebiges Bündel auf seiner Budgetgeraden wählt, *maximal* 25 %. Die GARP-Analyse vermag in diesem Fall die Hypothese eines irrationalen Verhaltens gar nicht mit hinreichend hoher Wahrscheinlichkeit zu falsifizieren. Die Wahrscheinlichkeit für den Fehler 2. Art beträgt somit *mindestens* 75 %.[298] Auf rationales Verhalten kann damit aus einer Ablehnung mitnichten geschlossen werden.

Natürlich steigt die Wahrscheinlichkeit, wonach die Daten GARP verletzen, mit der Anzahl der Budgetgeraden, die Schnittpunkte mit anderen Budgetgeraden aufweisen. Existieren drei Budgetgeraden, die zwei Schnittpunkte bilden, so können jeweils zwei Budgetgeraden zu einer Verletzung von GARP führen. Unterstellt man, daß gerade *eine* bestimmte Kombination von Budgetgeraden keinen Schnittpunkt aufweist, also auch nicht GARP verletzen kann, dann liegt die Vermutung nahe, daß die maximale Wahrscheinlichkeit 50 % betragen wird. Von diesen 50 % muß dann, um eine doppelte Erfassung zu vermeiden, aber noch genau einmal die Wahrscheinlichkeit abgezogen werden, daß die GARP-Verletzungen gleichzeitig eintreten. Diese Wahrscheinlichkeit ist entsprechend den obigen Ausführungen maximal 1/16 ($1/4 \times 1/4$). Insgesamt ergibt sich für den genannten Fall somit eine maximale Verletzungswahrscheinlichkeit von ungefähr 0,4375, die damit bereits erheblich höher ist als ein Viertel, aber immer noch niedriger als die Wahrscheinlichkeit, die sich einstellt, wenn alle drei Budgetgeraden einen Schnittpunkt mit einer der anderen besit-

297 Siehe den Anhang A.IV, Abschnitt 1.

298 Der Fehler 2. Art ist die Fehlentscheidung, eine falsche Nullhypothese *nicht* abzulehnen.

zen. Die theoretisch maximale Wahrscheinlichkeit bei drei Schnittpunkten beträgt $0{,}25 + 025 + 0{,}25 - 3(0{,}25)^2 - (0{,}25)^3 \approx 0{,}547$.[299]

Wenn man berücksichtigt, daß die *maximale* Ablehnwahrscheinlichkeit stark unterproportional mit der Anzahl der Schnittpunkte steigt, so leuchtet es ein, daß man offensichtlich schon eine Vielzahl solcher Schnittpunkte benötigt, um überhaupt auf die übliche Ablehnungswahrscheinlichkeit von 95 % zu kommen. Die *tatsächliche* Wahrscheinlichkeit hängt dabei jedoch noch von der Lage und der Steigung der Budgetgeraden ab. Sie zu ermitteln ist in der Praxis aber fast unmöglich, da man sehr viele Beobachtungszeitpunkte und Schnittpunkte beachten muß. Für die tatsächliche Verletzungswahrscheinlichkeit von GARP läßt sich in der Praxis deshalb keine genaue Formel angeben. Es muß damit bei dem Verweis auf die eingeschränkte Interpretierbarkeit der empirischen Ergebnisse bleiben, wonach aus einer Nicht-Verletzung von GARP nicht zwingend auf das Vorliegen nichtgesättigter Präferenzen oder der schwachen Separierbarkeit geschlossen werden kann. In bezug auf die in Tabelle IV.5 aufgelisteten Studien gilt diese Einschränkung sicherlich für die Untersuchung von Swofford und Whitney (1988), die gerade einmal 16 Jahreswerte betrachtet.[300]

Wie ist die nicht-parametrische Nachfrageanalyse also im Hinblick auf die Klassifikation von monetären Anlageformen mit „Geld" zu bewerten? Gegenüber der parametrischen Nachfrageanalyse weist sie unbestritten den Vorteil auf, daß sie erheblich allgemeiner ist und auf das dort implizit enthaltene Testen einer bestimmten funktionalen Form verzichtet. Der Preis dafür ist jedoch das völlige Fehlen einer Aggregationsfunktion. Darüber hinaus bestehen auch Interpretationsprobleme der empirischen Ergebnisse. Nicht nur, daß wie in der parametrischen Analyse auch die Anwendbarkeit des Konzepts eines repräsentativen Akteurs unterstellt werden muß, um die Übertragbarkeit der mikroökonomischen Rationalitätsannahme auf die Makrodaten zu ermöglichen, sondern auch die fehlende Berücksichtigung von Anpassungsfriktionen und Meßfehlern auf der einen Seite und der Güte der GARP-Analyse auf der anderen Seite lassen die Ergebnisse fraglich erscheinen. Die breite Streuung der empirischen Ergebnisse, die in der Literatur vorzufinden sind, spricht ebenfalls für die geringe Eindeutigkeit des Verfahrens. Insgesamt muß man letztlich bezweifeln, ob die Zugrundelegung der nicht-parametrischen Nachfragetheorie zu einem sehr viel glaubwürdigeren Aggregat führt, als die Klassifikation entsprechend der Makro-

---

299 Betrachtet man $T+1$ Beobachtungszeitpunkte und bilden diese $T+1$ Budgetgeraden, dann beträgt die maximale Anzahl der Schnittpunkte $\binom{T+1}{2}$.

300 Für solche sehr grobe Schlußfolgerungen siehe z.B. Belongia und Chalfant (1989, S. 391): „These data are consistent with GARP, thus establishing the existence of a utility function that rationalizes this data set." oder etwas weniger absolut in Belongia und Chrystal (1991, S. 499): „Nonetheless, this direction of the bias (gemeint ist der Bias zugunsten einer Ablehnung der Hypothese der schwachen Separierbarkeit, der Verf.) implies that one can be confident of identifying a separable group when GARP does not reject a group."

theorie, wie man es häufig im Rahmen der empirischen Geldmengendefinitionen – auf der Basis der Quantitätstheorie – findet.[301]

Gerade dem ersten der beiden genannten Aspekte ist der letzte Abschnitt im Rahmen der aggregationstheoretischen Überlegungen gewidmet. Die bisherigen Ausführungen haben gezeigt, daß die Annahme, es existiere ein repräsentativer Akteur, der die beobachtbaren Daten grundsätzlich zu rationalisieren vermag, keineswegs trivial ist.

IV.2.5 Zusammenfassung

Die Ausführungen über die Bildung und die Ermittlung konsistenter Aggregate haben folgende Erkenntnisse gebracht:

- Konsistente Aggregate lassen sich entsprechend der Hicksschen Aggregation immer dann bilden, wenn sich der Preis der betrachteten Anlageformen nicht verändert. Bei der hohen Volatilität der User costs als dem Preis der Anlagen, läuft dies faktisch darauf hinaus, neben dem Bargeld als dem Kristalisationspunkt für die Geldmengenbildung immer nur andere nicht verzinsliche Anlageformen berücksichtigen zu können. Dies entspricht damit der historischen Überzeugung, wonach „Geld" (im Sinne der Zahlungsmittel) unverzinslich zu sein habe. Für die adäquate Berücksichtigung zahlungsmittelnaher verzinslicher Einlageformen, die das Klassifikations- und Aggregationsproblem gerade erst richtig entstehen lassen, kann diese Aggregation keinen fruchtbaren Beitrag leisten.

- Kann man auf die Hickssche Aggregation nicht in befriedigender Weise zurückgreifen, so muß man Bedingungen identifizieren, die an der Präferenzordnung bzw. Nutzenfunktion eines (repräsentativen) Akteurs ansetzen. Hier erweist sich die schwache Separierbarkeit als eine notwendige Bedingung, um die Präferenzen über einen Teil monetärer Anlageformen (einschließlich des Bargelds) überhaupt unabhängig von der Höhe der anderen Anlagen, der Konsumgüter und der Freizeit darstellen zu können.

- Die Existenz eines solchen schwach separierbaren Blocks stellt aber noch nicht die hinreichende Bedingung dafür dar, tatsächlich ein konsistentes (Geldmengen-) Aggregat zu erhalten. Entscheidend ist, daß eine zwei- oder mehrstufige Maximierung möglich ist und daß die Aggregationsfunktion über die Mengen und die über die Preise linearhomogen ist. Für die zusätzlichen Bedingungen, die die zweistufige Maximierung erlauben, muß man den Fall symmetrischer vom Fall nicht-symmetrischer Präferenzstrukturen unterscheiden. In beiden

---

301 Scharnagl (1996, S. 30) schreibt: „Aufgrund der genannten Einschränkungen (gemeint sind die fehlende Berücksichtigung von reinen Zufallsstörungen; der Verf.) darf dieser Ansatz (gemeint ist die Anwendung von GARP zur Identifikation schwach separierbarer Strukturen; der Verf.) als ein geeignetes Kriterium für die optimale Geldmengenabgrenzung nicht überinterpretiert werden."

Fällen würde es genügen, wenn alle Teilnutzenfunktion neben der schwachen Separierbarkeit auch die Homothetik aufweisen. Während dies bei nicht-symmetrischen Strukturen allderdings auch notwendig ist, existieren im Fall symmetrischer Strukturen hingegen alternative Bedingungen, die jedoch eine additive Nutzenfunktion voraussetzen, was wenig plausibel erscheint.

- Ist die Teilnutzenfunktion, die das Bargeld enthält, nicht linearhomogen, kann sie kein konsistentes Aggregat bilden. Wenig Probleme bereitet der Fall, bei dem die Teilnutzenfunktion homothetisch ist. Hier kann man als Aggregationsfunktion die in der homothetischen Funktion enthalten linearhomogene Basisteilnutzenfunktion wählen. Schwieriger ist jedoch der Fall, bei dem die Teilnutzenfunktion auch nicht homothetisch ist. Vorausgesetzt die Bedingungen für die zweistufige Maximierung sind gegeben, erhält man ein konsistentes Aggregat dadurch, daß man die Distanzfunktion wählt, die für die für einen bestimmten Teilnutzenwert definiert ist. Diese Distanzfunktion ist linearhomogen. Allerdings hängt die Distanzfunktion vom Teilnutzenwert ab. Darüber hinaus ergibt der Distanzwert multipliziert mit den minimalen Ausgaben – die Ausgabenfunktion stellt die duale Aggregationsfunktion der Preise dar – nicht die tatsächlichen Ausgaben. Dies aber stellt die Grundvoraussetzung für eine konsistente Aggregation dar. Deshalb kann man immer nur auf die Veränderung der Distanzfunktion abstellen. Der entsprechende Referenznutzen muß dabei der geometrische Durchschnitt der Teilnutzen zu den beiden betrachteten Zeitpunkten sein.

- Für die empirische Beantwortung der Frage, ob nun die Bedingung der schwachen Separierbarkeit und möglicherweise die der Homothetik gegeben sind, stehen grundsätzlich zwei verschiedene Möglichkeiten zur Verfügung. Entweder man spezifiziert konkrete Teilnutzen- oder Nachfragefunktionen oder man wendet die nicht-parametrische Nachfrageanalyse an. Für den ersten Weg empfiehlt sich die Verwendung „flexibler funktionaler Formen“. Für (Teil-) Nutzenfunktionen sind sie als (lokale) Approximationen zweiter Ordnung an eine beliebige vollständige, positiv monotone, quasi-konkave und zweifach differenzierbare (Teil-) Nutzenfunktion definiert. Solche Funktionen sind hinreichend allgemein, um keine unnötigen A priori-Restriktionen zu beinhalten. Allerdings sind sie nicht so allgemeingültig, wie man es sich wünschen würde. Sie stellen immer nur lokale Approximationen dar. Entfernt man sich vom Approximationspunkt, so läßt die Güte der numerischen Übereinstimmung schnell spürbar nach. Dies ist deshalb problematisch, weil es sehr viele flexible Funktionen gibt, die sich abseits des Approximationspunkt durchaus unterschiedlich verhalten und zu gegensätzlichen Ergebnissen führen können. Die am häufigsten verwendete Funktion, transzendete logarithmische Funktion, vermag darüber hinaus keine asymmetrischen Strukturen bei nicht-homothetischen Teilnutzenfunktionen abzubilden. Andere Funktionen können überhaupt nicht auf asymmetrische Strukturen angewendet werden.

- Die gleiche Kritik läßt sich auch anbringen, wenn man nicht an der (Teil-) Nutzenfunktion, sondern an den aus ihr resultierenden Nachfragefunktionen ansetzt. „Flexible Funktionen" müssen hier (lokale) Approximationen erster Ordnungen beliebiger stetiger und differenzierbarer Funktionen sein. Wie bei den Nutzenfunktionen ist jedoch a priori unklar, welche der konkurrierenden flexiblen Nachfragefunktionen man wählen soll. Auch sie besitzen ihre sehr hohe Approximationsgenauigkeit nur am Approximationspunkt. Bewegt man sich von diesem weg, lassen die Funktionen sehr bald stark nach und erbringen zum Teil widersprüchliche Ergebnisse.

- Das Vorgehen, an parametrisch zu spezifizierenden Funktionen anzusetzen, weist zudem den Nachteil auf, daß mit jedem neuen Beobachtungswert die Parameter neu zu schätzen sind. Diesem Problem entzieht man sich, wenn man das Verfahren der nicht-parametrischen Nachfrageanalyse verwendet. Dazu setzt man ausschließlich an den beobachteten Preis- und Mengenkombinationen an, die sich als Ergebnis des Marktprozesses in den verschiedenen Zeitpunkten (Perioden) eingestellt haben. Die Konsumbündel müssen dabei das Verallgemeinerte Axiom offenbarter Präferenzen erfüllen. Die weite Verbreitung, die dieses Vorgehen in der Literatur über den Divisia-Index findet, liegt nicht zuletzt daran, daß es hier einen Algorithmus von Hal R. Varian gibt, der verspricht, die Hypothese der Existenz schwach separierbarer und homothetischer Strukturen zuverlässig abzulehen (sofern diese nicht bestehen). Allerdings leidet der Algorithmus unter dem allgemeinen Mangel der nicht-parametrischen Nachfrageanalyse, daß es überhaupt die Möglichkeit geben muß, daß sich im Konsumentenverhalten Inkonsistenzen entdecken lassen. Bei stark steigenden Einkommen schwindet diese Möglichkeit beträchtlich, so daß man aus einer Nichtablehnung kaum auf die Existenz der untersuchten Strukturen schließen kann.

IV.3 Die Aggregation über verschiedene Individuen – Das Konzept eines „repräsentativen" Akteurs

IV.3.1 Allgemeine Überlegungen

Will man ein *makro*ökonomisches Geldmengenaggregat herleiten, so dürfen sich die aggregationstheoretischen Überlegungen nicht bloß auf den Aspekt der Aggregation verschiedener Anlageformen zu einer einzelwirtschaftlich konsistenten Größe „Geldmenge" beziehen, sondern sie müssen sich auch mit der Tatsache auseinandersetzen, daß es in der Realität eine Vielzahl ganz unterschiedlicher Akteure gibt, die jeweils für sich ihre individuellen Anlageentscheidungen treffen. Die gesamtwirtschaftliche Geldmengenbildung impliziert also auch immer eine Aggregation über verschiedene Akteure hinweg.[301]

[301] Dieses Aggregationsproblem hat man nicht nur, wenn man eine makroökonomische Fragestellung mikroökonomisch exakt beantworten möchte, sondern auch dann, wenn man eine mikroökonomi-

Was bedeutet dieser Umstand nun für das Klassifikations- und das Aggregationsproblem? In der makroökonomischen Anwendung mikroökonomischer Grundlagen lassen sich grundsätzlich zwei diametral entgegengesetzte Ansätze wählen:[302]

- Die erste Möglichkeit besteht darin, erst jedes einzelne Individuum zu betrachten, um dann anschließend aus den einzelwirtschaftlichen Resultaten ein Aggregat zu bilden. Dieses Vorgehen soll mit dem Grundsatz „Erst Klassifikation, dann Aggregation" umschrieben werden.

- Die zweite Möglichkeit impliziert, daß man auf eine Betrachtung einzelner Individuen gänzlich verzichtet und ausschließlich auf aggregierte Größen abstellt. Dies muß für die Nutzenfunktion ebenso gelten wie für die Nebenbedingung. Analog zu oben soll dies unter dem Grundsatz stehen: „Erst Aggregation, dann Klassifikation".

Den ersten Weg bezeichnet Stoker mit „Mikrosimulation".[303] Konkret heißt dies, daß man in einem ersten Schritt die Bedingungen für die konsistente Aggregation von Anlageform für jeden Akteur einzeln abprüft und individuell konsistente Aggregate bildet. In einem zweiten Schritt muß man dann versuchen, daraus ein gemeinsames Geldmengenaggregat zu bilden. Der Vorteil dieses Vorgehens ist offensichtlich. Es vermag das realistischste Bild der Nachfragemengen nach einzelnen Gütern oder Anlageformen zu zeichnen. Das Problem mit der Mikrosimulation liegt jedoch im zweiten Schritt, der Aggregation individueller Geldmengen zu einer gemeinsamen Geldmenge. Da es hier, anders als bei der üblichen Anwendung der Mikroökonomik, nicht um die Bestimmung der Nachfrage nach einem *einzigen* Gut bzw. Anlageform geht, sondern um die Aggregation von einzelwirtschaftlichen *Aggregaten*, treten bei der Mikrosimulation entscheidende Probleme auf:

- Die Bedingungen für eine konsistente Aggregation müssen nicht bei allen Akteuren für die gleichen Anlageformen erfüllt sein. Eine *für alle Akteure geltende* Klassifikation zu finden, ist jetzt sehr schwierig und wird vermutlich nur rein zufällig gelingen. Welche der verschiedenen Klassifikationen zu wählen ist, ist a priori unklar. Eine gesamtwirtschaftliche Abgrenzung der „Geldmenge" wird es wohl nicht geben.[304]

sche Fragestellung ausschließlich mit „makroökonomischen" (im Sinne von „aggregiert") Daten überprüfen kann. Beobachtet werden nämlich üblicherweise nur Marktmengen, die sich als Resultat der Entscheidungen *aller* Akteure ergeben.

302 Vgl. Stoker, 1993, S. 1829ff.

303 Stoker, 1993, S. 1828.

304 Man könnte argumentieren, daß dies unter Umständen auch nicht notwendig ist. Ginge das Mikromodell so weit, daß *alle* ökonomischen Strukturen abgebildet würden, dann könnte Wirtschaftspolitik auf der individuellen Ebene ansetzen. Da es ein solches Modell aber nicht gibt und vernünftigerweise auch nie geben wird, bleibt die Klassifikation und Aggregation zu einer makroökonomischen Größe ein Problem.

- Selbst dann, wenn das Klassifikationsproblem nicht vorliegt, existiert immernoch das Aggregationsproblem. Anders als bei der Ermittlung des Marktnachfragevolumens nach einem bestimmten Gut aus der Gesamtheit aller einzelwirtschaftlichen Nachfragemengen, geht es hier um die Aggregation der einzelwirtschaftlichen Geldmengen, die sich als Teilnutzen- oder Distanzfunktion ergeben. Eine vorgegebene Aggregationsfunktion über die Akteure hinweg gibt es jedoch nicht. Dies liegt im Wesen des „Nutzens" begründet. Schließlich handelt es sich bei den Aggregatswerten um eine (kardinale) Größe (Teil-) „Nutzen", die in ihrer Höhe in der ökonomischen Theorie vor allem deshalb vollkommen uninteressant ist, weil sie imgrunde ein ordinales Maß darstellen soll und sich deshalb einem interpersonellen Vergleich entzieht. Für einen interpersonellen Vergleich und eine Aggregation würde man eine übergeordnete soziale Wohlfahrtsfunktion benötigen, die es in eindeutiger Weise eben nicht gibt.

Man kann nun argumentieren, daß das Aggregationsproblem dann entschärft wird, wenn man nicht auf den Niveauwert des makroökonomischen Geldmengenaggregats abstellt, sondern sich mit einer exakten Herleitung seiner Veränderungsrate zufriedengibt. Dies ist bekanntlich die Ratio des Divisia-Ansatzes. Unterstellt man eine über alle Individuen einheitliche Klassifikation, dann kann man durch eine entsprechende Gewichtung aus den individuellen Divisia-Indizes einen makroökonomischen Divisia-Index entwickeln.[305] Dazu benötigt man jedoch Informationen über die konkreten Portfolios aller Akteure und deren Veränderung in der betrachteten Periode. Der individuelle Divisia-Index einer Person *h* lautet *(h = 1,...,H)*:[306]

$$\text{(IV.191)} \qquad \frac{d\,{}^{h}M_t}{{}^{h}M_t} = \sum_{i=1}^{n} \frac{\pi_{i,t}\,{}^{h}m_{i,t}}{\sum_{j=1}^{n} \pi_{j,t}\,{}^{h}m_{j,t}} \frac{d\,{}^{h}m_{i,t}}{{}^{h}m_{i,t}}.$$

Die gesamtwirtschaftliche Veränderungsrate ergibt sich als gewichtete Summe der einzelwirtschaftlichen Veränderungsraten über alle *H* Akteure:

$$\text{(IV.192)} \qquad \frac{dM_t}{M_t} = \sum_{h=1}^{H} {}^{h}\omega_t \frac{d\,{}^{h}M_t}{{}^{h}M_t} = \sum_{h=1}^{H} {}^{h}\omega_t \sum_{i=1}^{n} \frac{\pi_{i,t}\,{}^{h}m_{i,t}}{\sum_{j=1}^{n} \pi_{j,t}\,{}^{h}m_{j,t}} \frac{d\,{}^{h}m_{i,t}}{{}^{h}m_{i,t}}.$$

---

305 Siehe dazu Barnett (1987, S. 154).

306 Aus Vereinfachungsgründen wird hier wieder auf die zeitstetige Darstellung zurückgegriffen. Ähnlich läßt sich aber auch für den zeitdiskreten Fall argumentieren. Betrachtet werden nur optimale Mengen, der Stern (*) wird jedoch weggelassen. Der Index links oben der Mengenvariablen gibt den betrachteten *Akteur* an. Diese Darstellung wurde gewählt, um Verwechslungen mit den gruppenbezogenen Größen der vorherigen Kapitel zu vermeiden.

Soll die gesamtwirtschaftliche Veränderungsrate ein *gewichteter Durchschnitt* sein, so muß die Summe der Gewichte den Wert Eins annehmen. Dies ist dann der Fall, wenn man als Gewicht den Anteil der Liquiditätsvorhaltungskosten des Akteurs *h* an den gesamten Liquiditätsvorhaltungskosten aller *H* Akteure verwendet *(h = 1,...,H)*:

$$\text{(IV.193)} \qquad \sum_{h=1}^{H} {}^h\omega_t = 1 \quad \text{mit} \quad {}^h\omega_t \equiv \frac{\sum_{i=1}^{n} \pi_{i,t}\, {}^h m_{i,t}}{\sum_{s=1}^{H}\sum_{j=1}^{n} \pi_{j,t}\, {}^s m_{i,t}} = \frac{{}^h\Pi_t\, {}^h M_t}{\sum_{s=1}^{H} {}^s\Pi_t\, {}^s M_t}.$$

Berücksichtigt man diese Gewichtung, so ergibt sich die gesamtwirtschaftliche Veränderungsrate der Geldmenge als die Summe der gewichteten individuellen Veränderungsraten der einzelnen Anlageformen. Das Gewicht entspricht dabei der Höhe der Ausgaben, die Akteur *h* für Anlage *i* relativ zu den *gesamten* Liquiditätsvorhaltungskosten der Volkswirtschaft tätigt *(h = 1,...,H; i = 1,...,n)*:[307]

$$\text{(IV.194)} \qquad \frac{dM_t}{M_t} = \sum_{h=1}^{H} {}^h\omega_t \frac{d\,{}^h M_t}{{}^h M_t} = \sum_{h=1}^{H}\sum_{i=1}^{n} \frac{\pi_{i,t}\, {}^h m_{i,t}}{\sum_{s=1}^{H} {}^s\Pi_t\, {}^s M_t} \frac{d\,{}^h m_{i,t}}{{}^h m_{i,t}}.$$

Um diesen exakten Divisia-Geldmengenindex ermitteln zu können, benötigt man somit eine Fülle von Daten. *Alle* individuellen Portfolios müssen zu *jedem* Betrachtungszeitpunkt vollständig bekannt sein. Der Ansatz der Mikrosimulation erscheint damit aus Gründen der empirischen Umsetzung nicht durchführbar zu sein.[308] Berücksichtigt man darüber hinaus noch den oben genannten Aspekt, daß vor der Aggregation nicht nur auf der individuellen Ebene eine Klassifikation durchgeführt werden muß, was einen noch höheren Datenbedarf erzeugt, sondern daß diese auch noch bei den Akteuren möglicherweise sehr unterschiedlich ausfallen wird, so vermag die Mikrosimulation letztlich trotz der Beschränkung auf Wachstumsraten aus Gründen der Praktikabilität und der logischen Stringenz keinen gangbaren Weg zu weisen.

Die Alternative besteht im zweiten Vorgehen, das unter dem Grundsatz „Erst Aggregation, dann Klassifikation" steht. Dabei wird unterstellt, daß es stabile Beziehungen über die makroökonomischen Daten gibt. Diese Beziehungen kann man entweder

---

[307] In diesem Sinn sind dann auch die zeitpunktbezogenen Ausgabenanteile s_{it} zu modifizieren, aus denen die Törnqvist-Theil-Approximation die Gewichtung der Wachstumsrate der Anlage *i* $\overset{*}{s}_{i,t}$ gewinnt.

[308] Bezogen auf das übliche Problem der Mikroökonomik, aggregierte Nachfragemengen zu finden, schreibt Stoker (1993, S. 1830): „Microsimulation models have the potential for the most realistic representation of aggregate data movements ... . The drawback to this kind of model is not in its foundation, but rather in its practical implementation."

adhoc spezifizieren oder man kann versuchen, sie „mikroökonomisch zu fundieren".[309] Letzteres soll ihnen eine verhaltenstheoretische Basis geben, auch wenn man *nicht* auf das Verhalten jedes *einzelnen* Individuums zurückgreift. Häufig wird diese verhaltenstheoretische Fundierung dadurch erreicht, daß man die Existenz eines nutzenmaximierenden *repräsentativen Konsumenten* unterstellt. Wie gesehen, bildet dies auch den Ausgangspunkt für die Herleitung des Divisia-Indexes.

IV.3.1 Die Bedingungen für die Verwendung des Konstrukts „repräsentativer Akteur"

Mit der Verwendung des Konstrukts eines repräsentativen Akteurs wird stets unterstellt, daß die gesamtwirtschaftlich beobachtbaren Pro-Kopf-Werte der verschiedenen Güter und Anlageformen durch die (unbekannten) Präferenzen und die Einkommensrestriktion eines einzigen (repräsentativen) Individuums erklärbar sind.[310] Was auf den ersten Blick als ein „eleganter Trick" aussehen mag, um der makroökonomischen Fragestellung auf der einen Seite und den mikroökonomischen Handlungsmustern auf der anderen Seite Rechnung zu tragen, weist bei näherem Hinsehen erhebliche Konsequenzen für die Interpretation der Ergebnisse auf. Die Probleme ranken sich vor allem um die jeweils verwendete Interpretation des Terms „repräsentativ".

Eine sehr enge Auslegung des Terms „repräsentativer Akteur" würde bedeuten, daß dieser Akteur exakt dieselben Präferenzen und dieselbe (gegenwärtige und zukünftige) Einkommensposition besitzen müßte, wie *jedes* einzelne Individuum in der Volkswirtschaft.[311] Eine solche verengte Interpretation zeichnet sich vor allem dadurch aus, daß es das Aggregationsproblem per Annahme ausschließt. Alle Akteure sind gleich, das bedeutet, daß sie auch gleiche Entscheidungen treffen werden. Beträgt die Anzahl der Akteure wiederum *H*, so entspricht die Gesamtheit der nachgefragten Mengen eines Gutes immer der Summe der *H gleichhohen* Einzelmengen. Der Anwendung einer der *H* einzelwirtschaftlichen Nutzenfunktionen auf Pro-Kopf-Daten im Rahmen empirischer Analysen steht nichts im Wege.

Die hierbei unterstellte Identität aller Akteure ist nicht nur hochgradig unrealistisch, sondern für die hier behandelte Fragestellung auch vollkommen ungeeignet. Mit einer solchen Sicht sind rein logische Probleme verbunden:[312] „Geld" wird – insbesondere beim Divisia-Ansatz – über die Zahlungsmittelnähe der verschiedenen Anlage-

---

309 Zum Bereich der adhoc spezifizierten makroökonomischen Beziehungen zählt Stoker (1993, S. 1828) vor allem die rein ökonometrisch identifizierten Zusammenhänge.

310 Während die Aggregation über die Gelddienste nur zulässig ist, „as if it were a single good" (Barnett, 1980, S. 11), kann eine Aggregation über verschiedene Konsumenten im Rahmen eines mikroökonomischen Entscheidungsmodells nur vorgenommen werden, wenn „it is possible to treat aggregate consumer behavior as if it were the outcome of the decisions of a single maximizing consumer" (Deaton und Muellbauer, 1980, S. 148).

311 Für diese Auslegung siehe z.B. Pill und Pradhan (1994, S. 7).

312 Vgl. Kirman, 1992, S. 118.

formen definiert. Wie gesehen, läßt sich die Verwendung eines Zahlungsmittels dabei mit den Effizienzvorteilen einer Geldwirtschaft gegenüber einer Tauschwirtschaft begründen.[313] Tausch ist nun aber ein soziales Phänomen, was nur dann auftritt, wenn sich die Menschen hinsichtlich ihrer Präferenzen und/oder ihrer Güterausstattung (ihrer Einkommen) unterscheiden. Ein repräsentativer Akteur im Sinne einer einheitlichen Abbildung jedes einzelnen (identischen) Individuums wird nicht tauschen, und wer nicht tauscht, benötigt auch kein Geld. Unterstellt man also das Vorliegen der Voraussetzungen für die sehr enge Auslegung des Modells des repräsentativen Akteurs, so würde man damit zugleich die Existenzgrundlage von „Geld" ausschließen.[314]

Grundsätzlich muß man sich der vollkommen unrealistischen, unplausiblen, sehr engen Auslegung des Terms „repräsentativer Akteur" widersetzen und von einer Vielzahl von *unterschiedlichen* Individuen ausgehen. Ist es nun möglich, auch ihre Entscheidungen durch einen nutzenmaximierenden „repräsentativen" Akteur abzubilden? Kann man die Pro-Kopf-Nachfrage nach Konsumgütern oder monetären Anlageformen (Liquiditätsdiensten) als mikroökonomisch fundierte Funktion der Preise und des Pro-Kopf-Einkommens darstellen? Die Antwort muß in aller Regel *Nein* lauten. Selbst dann, wenn jeder Akteur in der Volkswirtschaft Nutzenmaximierer ist, müssen sich die Pro-Kopf-Nachfragemengen *nicht* entsprechend eines solchen gesamtwirtschaftlichen Ansatzes erklären lassen. Individuelle Rationalität impliziert *nicht* automatisch gesamtwirtschaftliche.[315] Dieses Ergebnis entspricht dem der Wohlfahrtstheorie, wonach sich individuelle Präferenzen nur unter dem Verlust der „Rationalität der Entscheidungen" – definiert analog zum einzelwirtschaftlichen Kriterium – aggregieren lassen oder man ausschließlich die Präferenzen eines einzigen Akteurs (dem „Diktator") berücksichtigen darf.[316]

---

313 Siehe genauer die Kapitel II.1.1.1 und III.1.3.1.

314 Gleiches gilt auch, wenn man annähme, es gäbe überhaupt nur einen einzigen Akteur. Dieser benötigt kein „Geld": „Robinson Crusoe does not need a financial system." (Hoover, 1995, S. 31). Diesen Aspekt betrachtend fordert vor allem Laidler (1997, S. 1220ff.), im Rahmen einer mikrofundierten Herleitung der Geldnachfrage stärker auf den Tauschakt abzustellen.

315 Dies gilt auch in umgekehrter Richtung. Kirman (1992, S. 118) schreibt: „There is simply no direct relation between individual and collective behavior." Der Nachweis dieser Tatsache gelang Debreu (1974) und Sonnenschein (1972). Unter Verwendung des Konzepts der Überschußnachfrage (d.h. der gewünschten Konsummenge abzüglich der in Form einer Ausgangsausstattung zur Verfügung stehenden Menge) hat Debreu (1974) gezeigt, daß sich lediglich drei Eigenschaften der individuellen Überschußnachfragen auf die gesamtwirtschaftliche Ebene übertragen lassen: die Stetigkeit der Überschußnachfrage, die Einhaltung von Walras Law (der Budgetrestriktion) und die Homogenität vom Grade Null der Überschußnachfrage in den Preise (Freiheit von Geldillusion). Mantel (1976, S. 197ff.) hat darüber hinaus bewiesen, daß dies auch dann noch gilt, wenn die Präferenzen homothetisch sind.

316 Für den Beweis dieses „Unmöglichkeitstheorems" von Arrow (1963) siehe z.B. Mas-Colell, Whinston und Green (1995, S. 792ff.). „Rationalität" heißt hier, daß bei zwei Alternativen die Alternative 1 gewählt wird, wenn alle Akteure Alternative 1 relativ zu Alternative 2 besser finden (vgl. Layard und Walters, 1978, S. 43).

Es gibt zwei Ausnahmen von diesem sehr allgemeinen Ergebnis: Nur dann, wenn man unterstellt,

- daß sich die Einkommensverteilung im Zeitablauf nicht ändert oder
- daß sie keine Erklärungsvariable für die beobachtbare Nachfrage nach den Konsumgütern oder den Anlageformen ist,

kann man sich mit der Betrachtung von Pro-Kopf-Daten (Pro-Kopf-Nachfragemengen und Pro-Kopf-Einkommen) im Rahmen eines einzelwirtschaftlich dargestellten Entscheidungskalküls begnügen. Dabei muß man jedoch desweiteren unterstellen, daß sich die Akteure nur hinsichtlich ihres Einkommens, nicht aber hinsichtlich der Preise (und User costs) unterscheiden.[317]

Betrachtet man zunächst den zweiten Aspekt, so ist die Logik, die hinter diesem Ergebnis steht, relativ einfach: Einkommensunterschiede zwischen den Individuen können dann vernachlässigt werden, wenn es für die mengenmäßige Reaktion der Nachfrager auf Einkommensänderungen egal ist, ob ein Akteur ein hohes oder ein niedriges Einkommen besitzt. Würde man das Einkommen umverteilen, dann muß der Nachfragerückgang bei demjenigen, dem Einkommen genommen wird, genau dem Nachfrageanstieg bei demjenigien entsprechen, dem zusätzliches Einkommen gegeben wird.[318] Nur dann bleibt die insgesamt nachgefragte Menge konstant, d.h. die Einkommensverteilung ist irrelevant. Die marginale Nachfrageänderung und damit die Grenzneigungen für den Erwerb der Konsumgüter oder Anlageformen muß also bei allen Akteuren der Volkswirtschaft konstant und gleich hoch sein.[319] Damit der repräsentative Akteur die Präferenzen der einzelnen Akteure korrekt abbildet, muß dies für *alle* Güter und Anlageformen gelten. Das bedeutet nun seinerseits, daß die Einkommenskonsumkurven (Engel-Kurven) bei allen Akteuren linear sein müssen und die gleiche Steigung besitzen müssen. Andernfalls käme es im Zuge der Umverteilung zu strukturellen Effekten in bezug auf die einzelnen Nachfragemengen; die Einkommensverteilung könnte nicht als Argument für die Höhe der Pro-Kopf-Nachfragemengen vernachlässigt werden. *Veränderungen* der Einkommensverteilung müßten dann per Annahme ausgeschlossen werden. Dies wird weiter unten gezeigt.

Lineare Einkommenskonsumkurven liegen aber überhaupt nur dann vor, wenn die Nutzenfunktion homothetisch oder zumindest quasi-homothetisch ist.[320] Entweder

---

317 Vgl. Stoker, 1993, S. 1829. Deaton und Muellbauer (1980, S. 159ff.) weisen darauf hin, daß unterschiedliche Preise immer dann vorliegen dürften, wenn der Akteur sein Einkommen im Zuge eines Konsum-Freizeit-Ansatzes bestimmt. Der Preis der Freizeit ist hier der Lohnsatz, der von Akteur zu Akteur unterschiedlich ist.

318 Hier wird eine normale Reaktion der Nachfrage unterstellt.

319 Vgl. Stoker, 1993, S. 1833ff.; Varian, 1994, S. 152ff.

320 Für eine Diskussion beider Funktionen siehe das Modul zur Haushaltstheorie, Abschnitt 5.

die Akteure weisen identische linearhomogene Basisnutzenfunktionen auf (Fall homothetischer Präferenzen) oder die gleiche Reaktion auf die Einkommensänderung ist durch einen für alle Akteure gleichen Reaktionsparameter gewährleistet (Fall quasi-homothetischer Präferenzen). Formal lassen sich die getroffenen Aussagen wie folgt formulieren:[321]

Ziel ist es, die durchschnittliche Nachfragemenge $\overline{w}_{i,t}$ nach einem Konsumgut *(i = 0,...,k)* oder einer monetären Anlageform *(i = k+1,...,k+n)* so abzubilden, als wäre sie unabhängig von der Einkommensverteilung. Sie soll also als eine Funktion der Preise und User costs sowie eines Einkommens $\overline{E}_t$ geschrieben werden:

$$\text{(IV.195)} \qquad \overline{w}_{i,t} = g_i\left(\overline{E}_t;\wp_t\right).$$

Dabei muß man jedoch berücksichtigen, daß sich die Pro-Kopf-Nachfragemenge $\overline{w}_{i,t}$ im Sinne des Durchschnitts der einzelwirtschaftlichen Nachfragemengen in Wahrheit in Abhängigkeit der einzelnen Einkommenshöhen ${}^1E_t,...,{}^HE_t$ ergibt:[322]

$$\text{(IV.196)} \qquad \overline{w}_{i,t} = \frac{1}{H}\sum_{h=1}^{H} {}^h w_{i,t} = \frac{1}{H}\sum_{h=1}^{H} {}^h g_i\left({}^hE_t;\wp_t\right) = f_i\left({}^1E_t,...,{}^HE_t;\wp_t\right).$$

Das Einkommen $\overline{E}_t$ kann dann *als arithmetischer Durchschnitt der individuellen Einkommen* interpretiert werden

$$\text{(IV.197)} \qquad \overline{E}_t = \frac{1}{H}\sum_{h=1}^{H} {}^hE_t,$$

- wenn die Nachfragefunktion folgende Gestalt hat (homothetischer Fall)

  $${}^h w_{i,t} = {}^hE_t \cdot \beta_i(\wp_t), \qquad \text{(IV.198)}$$

  denn dann ergibt sich die durchschnittlich nachgefragte Menge $\overline{w}_{i,t}$ *(i = 0,...,k+n)* als Funktion des durchschnittlichen Einkommens $\overline{E}_t$:

$$\overline{w}_{i,t} = \frac{1}{H}\sum_{h=1}^{H} {}^h w_{i,t} = \frac{1}{H}\sum_{h=1}^{H} {}^hE_t \cdot \beta_i(\wp_t) = \beta_i(\wp_t)\frac{1}{H}\sum_{h=1}^{H} {}^hE_t = \beta_i(\wp_t)\overline{E}_t; \qquad \text{(IV.199)}$$

- oder wenn sie folgendes Aussehen besitzt (quasi-homothetischer Fall)

---

[321] Siehe hierzu Deaton und Muellbauer (1980, S. 150f.) oder Stoker (1993, S. 1837ff.).

[322] Jorgenson, Slesnick und Stoker (1988, S. 313) bezeichnen den Umstand, daß sich im Idealfall die Gesamtmenge als Summe der einzelnen Mengen darstellen läßt, mit „exakter Aggregation".

$$^{h}w_{i,t} = {^{h}\alpha_i}(\wp_t) + {^{h}E_t} \cdot \beta_i(\wp_t), \qquad \text{(IV.200)}$$

denn dann ergibt sich die durchschnittlich nachgefragte Menge $\overline{w}_{i,t}$ $(i = 1,...,k+n)$ ebenfalls als Funktion des durchschnittlichen Einkommens $\overline{E}_t$:

$$\overline{w}_{i,t} = \frac{1}{H}\sum_{h=1}^{H} {^{h}w_{i,t}} = \frac{1}{H}\sum_{h=1}^{H} {^{h}\alpha_i}(\wp_t) + \beta_i(\wp_t)\frac{1}{H}\sum_{h=1}^{H} {^{h}E_t} = \alpha_i(\wp_t) + \beta_i(\wp_t)\overline{E}_t. \qquad \text{(IV.201)}$$

Entscheidend ist in beiden Fällen, daß der Reaktionskoeffizient $\beta_i(\wp_t)$, der die marginale Mengenanpassung bei einer Einkommensänderung angibt, für die Güter und Anlageformen über alle Akteure jeweils gleich ist.[323] Für die Individuen bedeutet dies, daß sie alle eine Ausgabenfunktion besitzen, die sich als Gorman-Polar-Form schreiben läßt.[324] Dies ist notwendige und hinreichende Bedingung für die exakte Aggregation.[325]

Die Annahme linearer, über alle Akteure mit gleicher Steigung ausgestatteter Engel-Kurven bedeuten nun in der Realität eine erhebliche Restriktion:

- Für jedes *einzelne Individuum* implizieren lineare Engel-Kurven, daß jedes Gut, welches bei niedrigem Einkommen nicht konsumiert wird, auch bei hohem Einkommen nicht nachgefragt wird. Dies spricht dafür, daß die Annahme quasihomothetischer Präferenzen am ehesten noch für sehr weitgefaßte Güterbündel zutrifft.[326]

- Darüber hinaus unterstellt die exakte Aggregation eine Unabhängigkeit zwischen der Einkommensverwendung verschiedener Individuen und deren Einkommenshöhe. Akteure mit einem geringen Einkommen („Arme") und solche mit einem hohen Einkommen („Reiche") müssen eine zusätzliche Geldeinheit genau gleich auf die verschiedenen Güter(-gruppen) aufteilen. Sie müssen weitgehend identische Präferenzen besitzen. Davon ist aber kaum auszugehen. Auch wenn man berücksichtigt, daß der rein von den Preisen abhängende Nachfrageteil ${^{h}\alpha_i}(\wp_t)$ $(i = 0,...,k+n;\ h = 1,...,H)$ zwischen den Individuen divergieren darf, kann man kaum begründet annehmen, daß ein zusätzliches Ein-

---

[323] Stoker (1993, S. 1838) bezeichnet den Koeffizienten $\beta_i(\wp_t)$ mit „marginalem Einkommenseffekt".

[324] Die Gorman-Polar-Form läßt sich aus quasi-homothetischen Präferenzen ableiten. Die Ausgabenfunktion hat dabei folgendes Aussehgen: ${^{h}e}({^{h}u_t}, \wp_t) = {^{h}a}(\wp_t) + {^{h}u_t} \cdot b(\wp_t)$.

[325] Der Beweis dieser Aussage ist recht komplex. Er findet sich erstmals in Gorman (1953, S. 70ff.). Eine recht eingängige Darstellung findet sich wiederum in Deaton und Muellbauer (1980, S. 151) oder bei Varian (1994, S. 154).

[326] Vgl. Deaton und Muellbauer, 1980, S. 151. Dabei wird unterstellt, daß sich mögliche Nichtlinearitäten, die auf der Güterebene bestehen, in einem Aggregat gegenseitig neutralisieren, so daß der Zusammenhang zwischen Aggregat und Einkommen linear ist.

kommen in exakt gleicher Struktur verausgabt wird.[327] Selbst wenn die einzelnen Gruppen quasi-homothetische Präferenzen besitzen, muß die empirisch beobachtbare Engel-Kurve keine Gerade sein. Eine lineare Engel-Kurve kann dann bestenfalls als Approximation für die empirisch beobachtbare dienen.[328]

Liegen die Bedingungen quasi-homothetischer Nutzenfunktionen mit gleichem Reaktionskoeffizient nicht vor, dann muß im Falle einer Einkommenserhöhung neben dem „Einkommenseffekt" noch ein „Verteilungseffekt" berücksichtigt werden.[329] Verwendet man als Argument der indirekten Nutzenfunktion des repräsentativen Akteurs neben den Preisen lediglich das *durchschnittliche* Einkommen, so kann man die durchschnittlich nachgefragte Menge $\overline{w}_{i,t}$ $(i = 1,...,k+n)$ nicht fehlerfrei ermitteln. Dies gilt insbesondere dann, wenn man als repräsentative marginale Nachfrageerhöhung infolge einer (durchschnittlichen) Einkommenserhöhung den arithmetischen Durchschnitt der individuellen Reaktionskoeffizienten ${}^{h}\beta_i(\wp_t)$ wählt. Für den einfachsten aller Fälle, bei dem es nur zwei unterschiedliche Akteurgruppen gibt, die beide jeweils homothetische Nutzenfunktionen besitzen, läßt sich dies wie folgt zeigen:[330]

Die Nachfragemenge nach dem Gut *i* eines Akteurs der ersten Gruppe (der „Armen") soll sich folgendermaßen ergeben:

(IV.202) $${}^{h_1}w_{i,t} = {}^{h_1}E_t \cdot {}^{1}\beta_i(\wp_t) \qquad \text{für} \qquad h_1 = 1,..., H_{1,t},$$

die eines Akteurs der zweiten Gruppe (der „Reichen") entsprechend:

(IV.203) $${}^{h_2}w_{i,t} = {}^{h_2}E_t \cdot {}^{2}\beta_i(\wp_t) \qquad \text{für} \qquad h_2 = 1,..., H_{2,t}.$$

$H_{1,t}$ gibt dabei die Anzahl der armen Akteure und $H_{2,t}$ die Anzahl der Reichen zum Zeitpunkt *t* an. $\eta_{1,t}$ entspricht dem Anteil der Armen an der Gesamtbevölkerung

327 Berücksichtigt man die Herkunft der Nachfragefunktion ${}^{h}w_{i,t} = {}^{h}\alpha_i(\wp_t) + {}^{h}E_t\beta_i(\wp_t)$, dann entspricht „der rein von den Preisen abhängende Nachfrageteil ${}^{h}\alpha_i(\wp_t)$" der Subsistenzmenge ${}^{h}\gamma_{i,t}$. Interpretiert man diese entsprechend ihrer Bezeichnung als die zum Leben notwendige Menge, dann ist es wenig plausibel, gerade von ihr anzunehmen, daß sie zwischen den Akteuren divergiert und damit die einzige erklärende Kraft für den unterschiedlichen Konsum der Akteure ist. Unterschiedliche Präferenzen über die *zusätzlichen Einheiten* sind viel eher als Erklärungsgrund anzunehmen. Solche Unterschiede machen aber eine exakte Aggregation unmöglich.

328 Siehe zu diesem Ansatz Diewert (1980, S. 596ff.).

329 Man beachte, daß unterschiedliche *Subsistenz*mengen im Falle quasi-homothetischer Nutzenfunktionen immer zulässig sind. Wenn Pollak und Wales (1992, S. 74) diese also von der Personenzahl des untersuchten Haushalts abhängig machen (sie nennen dies „demographic translating"), dann fällt dies nicht unter die hier geforderte Einbeziehung von Verteilungseffekten, sondern dient einzig der Erklärung einer andernfalls statistisch als konstant unterstellten Größe.

330 Vgl. Stoker,1993, S. 1833ff.

($\eta_{1,t} \equiv H_{1,t}/H_t$) und $\eta_{2,t}$ dem der Reichen ($\eta_{2,t} \equiv H_{2,t}/H_t = 1-\eta_{1,t}$). Das durchschnittliche Einkommen der Armen beträgt

(IV.204) $$\overline{E}_{1,t} \equiv \frac{1}{H_{1,t}} \sum_{h_1=1}^{H_1} {}^{h_1}E_t \, ,$$

das der Reichen

(IV.205) $$\overline{E}_{2,t} \equiv \frac{1}{H_{2,t}} \sum_{h_2=1}^{H_2} {}^{h_2}E_t \, .$$

Die Pro-Kopf-Nachfragemenge $\overline{w}_{i,t}$ $(i = 1,...,k+n)$ läßt sich dann als Summe der einzelnen Nachfragemengen oder als Durchschnitt aus den durchschnittlichen Gruppennachfragemengen ermitteln:

(IV.206) $$\overline{w}_{i,t} = \frac{1}{H_t}\left(\sum_{h_1=1}^{H_1} {}^{h_1}E_t \cdot {}^{1}\beta_i(\wp_t) + \sum_{h_2=1}^{H_2} {}^{h_2}E_t \cdot {}^{2}\beta_i(\wp_t) \right) =$$
$$= \eta_{1,t}\, {}^{1}\beta_i(\wp_t)\overline{E}_{1,t} + (1-\eta_{1,t}) \cdot {}^{2}\beta_i(\wp_t)\overline{E}_{2,t}$$

Verwendet man im Rahmen empirischer Studien für den „aggregierten marginalen Einkommenseffekt" den gewichteten (arithmetischen) Durchschnitt $\overline{\beta}_i(\wp_t)$ der beiden gruppenspezifischen Reaktionskoeffizienten

(IV.207) $$\overline{\beta}_i(\wp_t) = \eta_{1,t}\, {}^{1}\beta_i(\wp_t) + (1-\eta_{1,t}) \cdot {}^{2}\beta_i(\wp_t),$$

dann erhält man die Pro-Kopf-Nachfragemenge als Produkt aus durchschnittlichem Reaktionskoeffizient $\overline{\beta}_i(\wp_t)$ und durchschnittlichem Einkommen $\left(\overline{E}_t = \eta_{1,t}\overline{E}_t^1 + (1-\eta_{1,t})\overline{E}_t^2\right)$, zuzüglich eines Verteilungseffekts $V_{i,t}$:

(IV.208) $$\overline{w}_{i,t} = \overline{\beta}_i(\wp_t)\overline{E}_t + V_{i,t} \qquad \text{mit}$$

(IV.209) $$V_{i,t} = \eta_{1,t}(1-\eta_{1,t})\left({}^{1}\beta_i(\wp_t) - {}^{2}\beta_i(\wp_t)\right)\left(\overline{E}_{1,t} - \overline{E}_{2,t}\right).$$

Unter den sehr vereinfachenden Annahmen hängt der Verteilungseffekt von drei Einflußgrößen ab:

- von der Zusammensetzung der Bevölkerung, also dem Anteil der Armen (oder der Reichen) an der Gesamtbevölkerung,
- vom Unterschied in der marginalen Einkommensverwendung, d.h. von der Differenz der Reaktionskoeffizienten, und

- von der Einkommensverteilung, d.h. von der Differenz der durchschnittlichen Gruppeneinkommen.

Bleibt die Zusammensetzung der Bevölkerung und die Einkommensverteilung *konstant*, so kann man die aggregierte Nachfragemenge (Gleichung IV.208) im Sinne einer Nachfragefunktion einer quasi-homothetischen Nutzenfunktion interpretieren (für die gegebene Zusammensetzung der Bevölkerung und Einkommensverteilung). Es läßt sich damit dann möglicherweise eine quasi-homothetische Nutzenfunktion finden, die diese Nachfragemengen generieren könnte. Diese Nutzenfunktion kann als die eines repräsentativen Akteurs interpretiert werden. Der stabile Zusammenhang bricht jedoch zusammen, wenn sich die Zusammensetzung der Bevölkerung oder die Einkommensverteilung ändert. Beides muß deshalb per Annahme ausgeschlossen werden.[331]

Treten jedoch Änderungen in der Zusammensetzung der Bevölkerung oder deren gruppenbezogenem Einkommen auf, so zeigt die obige Analyse das Dilemma nur zu deutlich:

- Die konkrete quantitative Bestimmung des Verteilungseffektes wird schon bei wenigen verschiedenen Akteuren sehr komplex und unübersichtlich. In der Realität ist es unmöglich, ein exaktes Modell so zu spezifizieren, daß man die unterschiedlichen Verteilungseffekte adäquat berücksichtigen kann.[332]

---

331 Unter etwas allgemeineren Annahmen gelangt Green (1977, S. 186f.) zu gleichen Ergebnissen: Ausgehend von der Annahme, das individuelle Einkommen ${}^{h}E_t$ sei stets ein konstanter Prozentsatz ${}^{h}\delta$ des gesamten Einkommens aller Akteure ($E_t = H_t\overline{E}_t = \sum_{h=1}^{H} {}^{h}E_t$): ${}^{h}\delta \equiv {}^{h}E_t/E_t$, zuzüglich eines Störterms ${}^{h}\varepsilon_t$ mit dem Erwartungswert Null: ${}^{h}E_t = {}^{h}\delta E_t + {}^{h}\varepsilon_t$ mit $\sum_{h=1}^{H} {}^{h}\varepsilon_t = 0$ und $\sum_{h=1}^{H} {}^{h}\delta = 1$. Unter der Annahme individueller quasi-homothetischer Nutzenfunktionen erhält man die Pro-Kopf-Nachfragemenge $\overline{w}_{i,t} = \frac{1}{H}\sum_{h=1}^{H} {}^{h}w_{i,t} = \frac{1}{H}\sum_{h=1}^{H} {}^{h}\alpha_i + \frac{1}{H}\sum_{h=1}^{H} {}^{h}\beta_i \left({}^{h}\delta \cdot E_t + {}^{h}\varepsilon_t\right) =$ $= \alpha_i + \sum_{h=1}^{H} {}^{h}\beta_i {}^{h}\delta \cdot \overline{E}_t + \sum_{h=1}^{H} {}^{h}\beta_i {}^{h}\varepsilon_t$. Die Pro-Kopf-Nachfragemenge ergibt sich nur dann als exakte Funktion des Pro-Kopf-Einkommens, wenn der letzte Term null ist. Dies ist dann der Fall, wenn (a) alle ${}^{h}\beta_i$ gleich sind, denn dann gilt: $\sum_{h=1}^{H} {}^{h}\beta_i {}^{h}\varepsilon_t = \beta_i \sum_{h=1}^{H} {}^{h}\varepsilon_t = 0$ (dies ist der bislang betrachtete Fall), (b) die Verteilung des Einkommens konstant ist (${}^{h}\varepsilon_t = 0$), oder (c) für ${}^{h}_{h}\beta_i \neq {}^{g}_{H}\beta_i$ *(i = 1,...,n; g,h = 1,...H; g ≠ h)* und ${}^{h}\varepsilon_t \neq 0$ für einige *h (h = 1,...,H)* die Kovarianz zwischen ${}^{h}\beta_i$ und ε_t Null ist: $\sum_{h=1}^{H} {}^{h}\beta_i {}^{h}\varepsilon_t = \sum_{h=1}^{H}\left({}^{h}\varepsilon_t - \overline{\varepsilon}_t\right)\left({}^{h}\beta_i - \overline{\beta}_i\right) = 0$, was bedeutet, daß die Einkommensreagibilität der Nachfrage und die Abweichung vom üblichen Einkommen unkorreliert sind. Die Abweichungen beim Einkommen müssen also jene, die das Gut deshalb stärker nachfragen, und jene, die das Gut deshalb weniger stark nachfragen, gleichermaßen treffen. Allgemein ist eine exakte Aggregation immer nur dann möglich, wenn die individuellen Nachfragefunktionen linear in solchen Variablen sind, die die individuellen Charakteristiken erfassen (vgl. z.B. Jorgenson, Slesnick und Stoker, 1988, S. 313 oder Lewbel, 1987, S. 1451ff.).

332 Zu dieser Erkenntnis siehe selbst Barnett (1981, S. 60).

- Die Vernachlässigung sich ändernder Verteilungseffekte beschädigt jedoch das Image jeder perfekten Mikrofundierung makroökonomischer Zusammenhänge. Dies gilt auch für den Divisia-Ansatz. Daran ändert auch der Umstand nichts, daß die quantitative Bedeutung einer geänderten Einkommensverteilung für den Divisia-Ansatz möglicherweise recht gering ist.[333]

Deaton und Muellbauer zeigen, daß es neben den genannten Bedingungen für die exakte Aggregation über Individuen noch eine etwas mildere Version gibt, die eine exakte Abbildung des *durchschnittlichen Ausgabenanteils* $\bar{\theta}_{i,t}$ mittels eines repräsentativen Akteurs erlaubt.[334] Voraussetzung dafür ist aber, daß die Steigungen der Engel-Kurven der verschiedenen Akteure jeweils ein konstantes Vielfaches voneinander sind, so daß man für sie ein System linearer Gleichungen erhält. Darüber hinaus darf man nicht das Pro-Kopf-Einkommen betrachten, sondern muß ein *repräsentatives Einkommen* verwenden. Dieses kann von der konkret vorliegenden Einkommensverteilung und den Preisen abhängen. Das repräsentative Einkommen kann proportional zum durchschnittlichen sein, es muß dies aber nicht. Ändert sich die Einkommens*verteilung*, ohne daß sich das Gesamteinkommen verändert, dann werden das repräsentative und das durchschnittliche Einkommen voneinander abweichen. Die Verwendung des repräsentativen Einkommens trägt dieser Entwicklung Rechnung, wohingegen das durchschnittliche Einkommen nicht zu reagieren vermag.

Aber auch die Annahme, daß ein solches Geflecht unveränderter linearer Beziehungen zwischen den Engel-Kurven bestehe, ist immer noch sehr restriktiv. Warum sollte die Änderung der Verbrauchsstruktur über alle Akteure hinweg identisch sein? Die obigen Argumente lassen sich letztlich analog auch hier anwenden.

IV.3.2 Konsequenzen für die Interpretation der empirischen Ergebnisse

Sind die Bedingungen für eine exakte Aggregation nicht erfüllt, so können Probleme auftreten, die dazu führen, daß die unter Verwendung des Konstrukts eines repräsentativen Akteurs abgeleiteten empirischen Ergebnisse relativiert werden müssen.

Nimmt man im Rahmen der empirischen Überprüfung einer bestimmten Eigenschaft (z.B. der schwachen Separierbarkeit) Rückgriff auf das Konstrukt eines repräsentativen Akteurs, so testet man immer eine verbundene Hypothese:

- Zum einen bezieht man sich auf die zu testende Eigenschaft,
- zum anderen überprüft man, ob das Konzept des repräsentativen Akteurs überhaupt anwendbar ist.

[333] Eine Übersicht über die empirische Bedeutung des Verteilungseffekts geben Barnett, Fisher und Serletis (1992, S. 2114). Neuere Ergebnisse finden sich in Barnett, Nesmith und Jones (1996, S. 119ff.).

[334] Deaton und Muellbauer, 1980, S. 154ff.

Eine Ablehnung der Hypothese, wonach die betrachtete Eigenschaft vorliegt, kann nun auch deshalb auftreten, weil die beobachtbaren durchschnittlichen (aggregierten) Nachfragemengen *nicht* das Resultat einer einzigen Handlung waren und sich die vielen einzelnen Nachfrageentscheidungen *nicht* durch das Entscheidungsproblem eines (repräsentativen) Akteurs abbilden lassen. Die restriktiven Annahmen haben gezeigt, daß es grundsätzlich nicht selbstverständlich ist, beobachtbare Mengen in eine Nutzenfunktion integrieren zu können. Bevor man also Aussagen mit Hilfe des Konstrukts eines repräsentativen Akteurs macht, muß man testen, ob man dieses Konstrukt überhaupt verwenden darf, ob die sogenannten „Integrierbarkeitsbedingungen" erfüllt sind. Auch für diesen Test stehen wiederum die bereits genannten alternativen Wege zur Verfügung:

- Entweder man spezifiziert eine (gesellschaftliche) Nutzenfunktion
- oder man wendet die nicht-parametrische Nachfrageanalyse an und testet auf GARP.

Beide Verfahren haben die bekannten Nachteile. Während die Qualität der nichtparametrischen Analyse vor allem von der Anzahl unterschiedlicher relativer Preise und damit von der Länge des Untersuchungszeitraums abhängt, beeinflußt die Wahl der zugrunde gelegten Funktion erheblich die Ergebnisse bezüglich der notwendigen Integrierbarkeitseigenschaften.[335]

Was aber sind nun diese Integrierbarkeitsbedingungen im Falle der parametrischen Analyse? Wie bereits ausführlich dargestellt wurde, lassen sich Präferenzen auf verschiedene Arten abbilden. Der für das hier untersuchte Problem zweckmäßigste Fall ist die Betrachtung der Ausgabenfunktion. Sind Nachfragemengen das Ergebnis einer Nutzenmaximierung bei einem gegebenen Preisvektor und Einkommen, so müssen die Nachfragemengen in eine (in den Preisen) konkave und linearhomogene Ausgabenfunktion integrierbar sein. Da im Optimum das (gegebene) Einkommen $\overline{E}_t$ den minimalen Ausgaben entsprechen muß ($\overline{E}_t = e(\wp_t;u_t)$), ist dort die Marshallsche Nachfrage $g_i(\wp_t;\overline{E}_t)$ gleich der partiellen Ableitung der Ausgabenfunktion nach dem Preis $\wp_{i,t}$ (analog zu Gleichung IV.202):

$$\text{(IV.210)} \qquad \frac{\partial e(\wp_t, u_t)}{\partial \wp_{i,t}} = g_i(\wp_t, e(\wp_t, u_t)) = \overline{w}_{i,t}\,.$$

Dieses System partieller Differentialgleichungen besitzt dann eine Lösung, wenn folgendes gilt $(i,j = 0,\ldots,k+n)$:[336]

---

[335] Nicol (1989, S. 262ff.) kommt z.B. für eine indirekte Translog-Nutzenfunktion für Konsumgüter zu dem Schluß, daß die Bedingung der „exakten Aggregation" nicht erfüllt ist.

[336] Vgl. Varian, 1994, S. 125f.

$$\text{(IV.211)} \quad \frac{\partial g_i}{\partial \bar{E}_t}\frac{\partial e(\wp_t,u_t)}{\partial \wp_{j,t}}+\frac{\partial g_i}{\partial \wp_{j,t}}=\frac{\partial g_j}{\partial \bar{E}_t}\frac{\partial e(\wp_t,u_t)}{\partial \wp_{i,t}}+\frac{\partial g_j}{\partial \wp_{i,t}} \Leftrightarrow$$

$$\frac{\partial g_i}{\partial \bar{E}_t}g_j+\frac{\partial g_i}{\partial \wp_{j,t}}=\frac{\partial g_j}{\partial \bar{E}_t}g_i+\frac{\partial g_j}{\partial \wp_{i,t}}.$$

Dies ist aber gerade die Slutsky-Restriktion, die eine wesentliche Eigenschaft von Nachfragefunktionen darstellt, die aus einer Nutzenmaximierung heraus entstanden sein sollen.[337] Die Symmetrie der Slutsky-Matrix bildet damit die zentrale Integrierbarkeitsbedingung. Ist die Slutsky-Matrix nicht nur symmetrisch, sondern auch negativ semidefinit und singulär, dann ist die Ausgabenfunktion konkav und linearhomogen.[338] Damit entsprechen die Integrierbarkeitsbedingungen aber gerade den Anforderungen an Nachfragefunktionen (den sogenannten „Regularitätsbedingungen"), die im Modul zur Haushaltstheorie (Abschnitt 2) genannt werden.

Im Rahmen empirischer Studien muß hier also entweder das Vorliegen der Integrierbarkeitsbedingungen oder das der Regularitätsbedingungen getestet werden. Geeigneterweise leitet man aus den Bedingungen jeweils die damit verbundenen Restriktionen für die zu schätzenden Parameter ab und prüft, inwieweit die Daten die restringierte Version des Modells gegenüber der unrestringierten unterstützen.[339] Es dürfen letztlich also nur die parametrisierten Funktionen verwendet werden, die der Hypothese eines rational handelnden repräsentativen Akteurs nicht widersprechen; sich in eine konkave und linearhomogene Ausgabenfunktion integrieren lassen. Mit dieser Bedingung ist möglicherweise bereits eine weitreichende Einschränkung der zu berücksichtigenden Anlageformen verbunden. Trifft dies ausschließlich auf eine einzige Kombination von Anlagen zu, so dürfen nur diese Anlageformen anschlie-

---

337 Zu dieser und den anderen Eigenschaften von Nachfragefunktionen siehe wiederum das Modul zur Haushaltstheorie, Abschnitt 7.

338 Vgl. Deaton und Muellbauer, 1980, S. 50. Die Eigenschaft einer Matrix, negativ semidefinit zu sein, folgt direkt aus der Konkavität der zugrunde gelegten Funktion (siehe das Modul zur Haushaltstheorie, Abschnitt 7). Die Singularität der Slutsky-Matrix bedeutet, daß ihre Determinante Null ist (vgl. Bronstein und Semendjajew, 1979, S. 151). Eine symmetrische Matrix muß nicht notwendigerweise singulär sein, sie ist es aber genau dann, wenn ihre Zeilenelemente (oder die Spaltenelemente) linear abhängig sind: $s_{ij} = a_i s_{rj}$ ($i,r,j = 0,\ldots,k+n$; i,r Zeilenindizes, j Spaltenindex). In diesem Fall läßt sich immer ein Vektor $(a_1,\ldots,a_n)$ so finden, daß die Summe über die mit ihrem Faktor a_i multiplizierten Zeilenelemente s_{ij} ($i = 0,\ldots,k+n$) für jede Spalte j Null ergibt: $\sum_{i=1}^{n} s_{ij} a_i = 0$ (vgl. Henderson und Quandt, 1985, S. 381). Nun impliziert die Homogenität der Hicksschen Nachfrage vom Grade Null in den Preisen zusammen mit der Slutsky-Gleichung, daß für jedes Gut i gilt: $\sum_{j=1}^{n} s_{ij}\wp_{j,t} = 0$. Der Preisvektor $\wp_t$ stellt also den gesuchten Vektor dar, multipliziert mit der Slutsky-Matrix $\Im_t$ erhält man den Nullvektor. Die Slutsky-Matrix, die aus einer linearhomogenen Ausgabenfunktion gewonnen wurde, muß also stets singulär sein.

339 Solche Tests können wiederum der oben angesprochenen Likelihood Ratio-Test, der Wald-Test oder der Lagrangian Multiplier-Test sein. Parameterrestriktionen im Kontext mit einer flexiblen Nachfragefunktion leiten z.B. Jorgenson und Lau (1979, S. 119ff.) her.

ßend auf ihre Separierbarkeitseigenschaften untersucht werden.[340] Die Integrierbarkeit wird in einem solchen Ansatz zur ersten Stufe der Klassifikation.[341]

Diese Einsicht kommt keineswegs überraschend, denn es entspricht ja der Logik dieses makroökonomischen Ansatzes, die Klassifikation einem (fiktiven) repräsentativen Akteur in der Hoffnung zu überlassen, daß dieser die Präferenzen der einzelnen Individuen hinreichend widerspiegelt. Aber gerade daran hapert es womöglich. Selbst dann, wenn die Integrierbarkeitsbedingungen erfüllt sind, kann es zu einem Widerspruch zwischen dem „repräsentativen Akteur" und allen Individuen kommen. Obwohl möglicherweise *alle* Akteure einer Volkswirtschaft sehr klar strukturierte Präferenzen dahingehend haben, daß z.B. die traditionellen Zahlungsmittel Bargeld und Sichteinlagen schwach separierbar von den anderen Anlageformen und den Konsumgütern sind, muß dies für eine „Nutzenfunktion" über die durchschnittlichen Anlagevolumina und Konsummengen des „repräsentativen Akteurs" *nicht* der Fall sein. Lehnt man somit aufgrund der Nutzenfunktion des repräsentativen Akteurs die Hypothese ab, wonach Bargeld und Sichteinlagen einen schwach separierbaren Block bilden, so wird man den einzelnen Individuen nicht gerecht. Daß diese Fehleinschätzung eine durchaus ernstzunehmende Gefahr ist, soll an folgendem Beispiel verdeutlicht werden (siehe dazu auch Abbildung IV.12):[342]

Betrachtet werden sollen zwei Akteure, die sich im Unterschied zu oben nicht durch eine divergierende Einkommensposition auszeichnen sollen, sondern durch unterschiedliche Präferenzen.[343] Dabei soll der zweite Akteur eine stärkere Vorliebe für Gut 1 besitzen als der erste. Ausgehend von einem identischen Einkommen, also von einer gleichen Budgetgeraden (Strecke AB), wählt Akteur 1 Bündel ${}^{1}\boldsymbol{w}_1$ und Akteur 2 Bündel ${}^{2}\boldsymbol{w}_1$. Addiert man nun sowohl die Budgets der Akteure als auch die Konsummengen der Güter zu einem Aggregat $\boldsymbol{w}_1$ (mit $\boldsymbol{w}_1 = {}^{1}\boldsymbol{w}_1 + {}^{2}\boldsymbol{w}_1$) auf, so muß das aggregierte Bündel auf der gesamtwirtschaftlichen Budgetrestriktion liegen (Strecke CD). Denkbar ist nun, daß dieses aggregierte Bündel als Ergebnis eines

---

340 Solche Einschränkungen treten z.B. bei Ewis und Fisher (1984, S. 41) auf. Im Gegensatz dazu muß Drake (1992, S. 231) keine Einschränkung der betrachteten Anlageformen hinnehmen.

341 Damit führt die parametrische Analyse zum selben Ergebnis wie die nichtparametrische. Bei dieser bildet das Vorliegen von GARP bei den verschiedenen Kombinationen die entscheidende Voraussetzung für den Test auf schwache Separierbarkeit und damit die Klassifikation. Integrierbarkeit heißt nun aber gerade, daß die Pro-Kopf-Daten GARP nicht verletzen. Beide Ansätze können deshalb auch kombiniert werden. So nimmt D. Fisher (1989, S. 89) für seine parametrische Analyse einer Teilnutzenfunktion die Einschränkung aus der Gesamtheit aller Anlageformen auch anhand eines vorher durchgeführten GARP-Tests vor.

342 Ein solches Beispiel bringt Kirman (1992, S. 124f.). Es ist in dem Sinne vereinfachend, als daß es ausschließlich zwei Akteure und deren zwei Bündel bei *zwei* Preiskonstellationen betrachtet. Jerison (1984, 1992) verwendet hingegen Nachfrage*funktionen* und leitet für sie das geschilderte Phänomen her. Für eine Veranschaulichung genügt jedoch der wesentlich einfachere Fall der „Zwei-Zeitpunkt-Betrachtung". Er ist bereits hinreichend, um das Konzept des repäsentativen Akteurs zu diskreditieren. Im Anhang A.IV.2 wird dafür ein eigenes Zahlenbeispiel vorgestellt.

343 Eine Interpretation im Sinne repräsentativer Akteure zweier solcher Gruppen ist auch hier zulässig, wenn die beiden Gruppen eine exakte Aggregation zulassen.

Nutzenmaximierungsprozesses eines „repräsentativen Akteurs" dargestellt werden kann, d.h. in $\boldsymbol{w}_1$ tangiert die (gesellschaftliche) Indifferenzkurve einer geeigneten Nutzenfunktion die (gesamtwirtschaftliche) Budgetgerade.[344]

Abbildung IV.12: Zwei Individuen und ein für sie „repräsentativer" Akteur

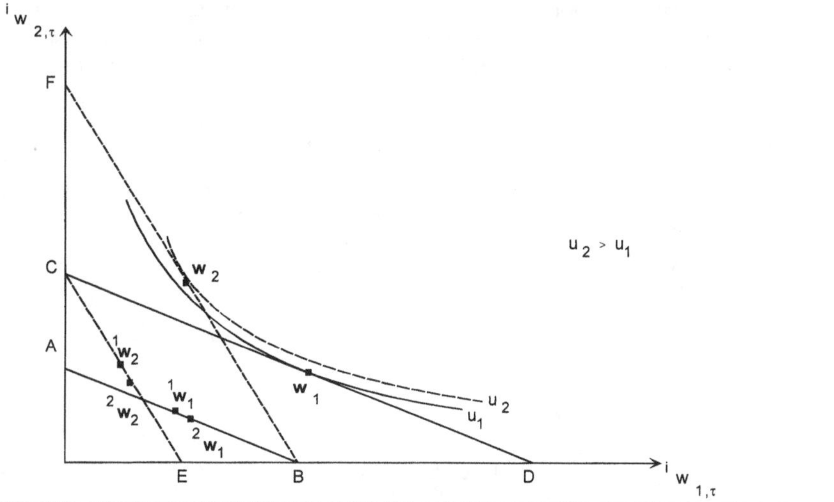

Ändert sich die Budgetrestriktion nun für beide Akteure (Strecke CE), verdoppelt sich bei unverändertem Einkommen z.B. der Preis für Gut 1 und halbiert er sich für Gut 2, dann soll Akteur 1 Bündel ${}^{1}\boldsymbol{w}_2$ und Akteur 2 Bündel ${}^{2}\boldsymbol{w}_2$ wählen. Das aggregierte Bündel $\boldsymbol{w}_2$ wird auf der gesamtwirtschaftlichen Budgetrestriktion (Strecke BF) liegen. Während für beide Akteure die neue Preissituation eine Nutzenverschlechterung bringen kann (es sind Nutzenfunktionen denkbar, die gewährleisten, daß beide Akteure jetzt nur weiter links liegende Indifferenzkurven erreichen), kann es für den repräsentativen Akteur (die Gesamtwirtschaft) sein, daß das Bündel $\boldsymbol{w}_2$ entsprechend einer Nutzenfunktion, die sowohl das aggregierte Bündel $\boldsymbol{w}_1$ als auch das Bündel $\boldsymbol{w}_2$ zu rationalisieren vermag, einen höheren Nutzen stiftet als Bündel $\boldsymbol{w}_1$. Die neue Preissituation stellt aus seiner (gesamtwirtschaftlichen) Sicht also eine Verbesserung dar. Wen also sollte der „repräsentative Akteur" repräsentieren? Jerison bezeichnet ihn deshalb mit „Pareto inkonsistentem repräsentativen Akteur".[345]

Die Konsequenzen sind beachtlich. Erfolgt die Klassifikation monetärer Anlageformen in „Geldkomponenten" auf der Basis einer empirischen Analyse von Pro-Kopf-Daten, die sich die Übereinstimmung mit den einzelwirtschaftlich gültigen Rationali-

[344] Man sagt, die gewählte Nutzenfunktion „rationalisiert" das aggregierte Bündel $\boldsymbol{w}_1$.

[345] Jerison, 1994, S. 753.

tätsannahmen zunutze macht (siehe z.B. die nicht-parametrische Nachfrageanalyse), so kommt man möglicherweise zu dem Schluß, daß aufgrund der aggregierten Daten die Hypothese der schwachen Separierbarkeit einer bestimmten Anlagenkombination *nicht* abgelehnt werden kann, obwohl die betrachtete Kombination aus Sicht *aller* Akteure *keinen* schwach separierbaren Block darstellt. (Der umgekehrte Fall kann ebenfalls eintreten.) Die Klassifikation anhand einer aggregierten Betrachtung muß also nicht wirklich repräsentativ für die untersuchte Gruppe von Akteuren sein. Der gewählten Geldmengenabgrenzung fehlt letztlich eine korrekte einzelwirtschaftliche Basis.

Insgesamt kommt Kirman zu dem sehr negativen Schluß:[346]

> „Given the arguments presented here – that well-behaved individuals need not produce a well-behaved representative agent; that the reaction of a representative agent to change need not reflect how the individuals of the economy would respond to change; that the preferences of a representative agent over choices may be diametrically opposed to those of society as a whole – it is clear that the representative agent should have no future."

Dem steht jedoch die praktische Notwendigkeit dieses Konstrukts gegenüber, will man eine Mikrofundierung der Makroökonomik betreiben. In diesem Sinne ist die eingeschränkte Interpretierbarkeit der Ergebnisse das notwendige „Übel", welches mit der Mikrofundierung verbunden ist.[347]

IV.3.3 Fazit

Welches Ergebnis kann man nun also bezüglich des Konstrukts eines „repräsentativen Akteurs" festhalten? Es wurde gezeigt, daß der sehr aufwendige Ansatz einer „Mikrosimulation" nicht automatisch zum Erfolg führt. Selbst dann, wenn man die Frage der Durchführbarkeit einer solchen Simulation außer Acht läßt und sich mit einer Betrachtung der Wachstumsrate der Geldmenge zufrieden gibt (Divisia-Logik), kann es doch sein, daß man keine einheitliche Klassifikation der Anlageformen erhält. In diesem Fall ist letztlich ein übergeordnetes Kriterium (oder eine übergeordnete „Instanz") notwendig, um die Frage nach der Zusammensetzung des gewichteten Geldmengenaggregats zu beantworten. Eine solche Instanz könnte eine fiktive „Person" sein, die alle Präferenzen und Nebenbedingungen (Einkommenshöhe) erfaßt und daraus eine Wahl trifft, die mit den realisierten Pro-Kopf-Nachfragemengen in der Ökonomie übereinstimmt.

---

346 Kirman, 1992, S. 134.

347 „Macroeconomists (and many applied microeconomists and econometricians) routinely assume the existence of one (gemeint ist der „repräsentative" Akteur; der Verf.), seeing it as a neessary (though acceptable) evil required for the sake of tractability." (Lewbel, 1989, S. 631).

Grundsätzlich führt die Verwendung des Konstrukts eines solchen „repräsentativen Akteurs" aber nur unter sehr restriktiven Bedingungen zu exakten Lösungen. Eine Klassifikation und Aggregation, die sich dieses Konstrukts bedient, unterstellt implizit immer, daß *alle* diese Bedingungen vorliegen. Hierbei geht es vor allem darum, die Einkommensverteilung als Erklärungsvariable für die beobachtbaren Nachfragemengen auszuschließen. Berücksichtigt man die zahlreichen, zum Teil gravierenden Unterschiede zwischen den einzelnen Akteuren, so sollte man erwarten, daß diese Bedingungen in der Realität nicht erfüllt sind.

Nichtsdestoweniger können empirische Untersuchungen entweder

- dem Vorliegen dieser Bedingungen widersprechen oder
- die Erfüllung der Bedingungen anzeigen.

Notwendig für den Divisia-Ansatz ist die zweite Möglichkeit. Nur dann ist eine eindeutige Klassifikation möglich, die allerdings nichts mit der Klassifikation der einzelnen Individuen zu tun haben muß. Auch dann, wenn man den Nachweis ohne Zuhilfenahme einer parametrisch bestimmten gesellschaftlichen (Teil-)Nutzenfunktion geführt hat, um nicht an einer falschen funktionalen Spezifikation zu scheitern, kann man immerhin ein Aggregat über die Wachstumsraten der Anlageformen bilden (Divisia-Logik). Die Klassifikation der monetären Anlageformen wird dabei allerdings zentral von der Bedingung der Existenz der gesamtwirtschaftlichen (Teil-)Nutzenfunktion, die die Makrodaten zu rationalisieren vermag, und der Güte des konkreten Testverfahrens bestimmt. Zahlreiche Kombinationsmöglichkeiten werden wohl bereits aufgrund dieser Anforderung ausscheiden, und die Kombinationen, die diesen ersten Test überstehen, verdanken dies möglicherweise nur der Schwäche des Testverfahrens, wie z.B. der Notwendigkeit, lange Zeitreihen zu betrachten, um möglichst viele Variationen der relativen Preise zu erhalten.

Muß man konstatieren, daß die Bedingungen für die Verwendung eines repräsentativen Akteurs nicht vorliegen, dann wird nicht nur die Antwort auf die Frage nach der (gesellschaftlich relevanten) Klassifikation willkürlich, sondern es wird auch nicht gelingen, eine stabile gesellschaftliche Nutzenfunktion zu finden, die alle Akteure hinreichend repräsentiert. In diesem Fall ist eine deutliche Reduzierung des Anspruchsniveaus notwendig:

- Eine für die Gesamtheit aller Akteure einer Volkswirtschaft gültige Klassifikation entsprechend des Kriteriums der schwachen Separierbarkeit gibt es nicht. Als praktikables Kriterium für die Klassifikation empfiehlt sich letztlich wieder nur die *makroökonomische Verwendbarkeit* der verschieden definierten Aggregate.[348]

---

[348] Auch wenn Barnett (1982a, S. 700) dieses Kriterium nur für „zulässige" Aggregate angewendet sehen möchte, so wird es doch zum alleinigen Selektionskriterium, wenn es unmöglich wird, Aggregate entsprechend der schwachen Separierbarkeit zu bestimmen.

- Da es eine gesellschaftliche Nutzenfunktion über die Anlageformen nicht gibt, kann ein gesamtwirtschaftlicher (ökonomischer) Geldmengen*bestand* nicht bestimmt werden. Es läßt sich nicht einmal ein zulässiges Aggregat über die Wachstumsraten bilden. Der Divisia-Index über die monetären Anlageformen kann nur in dem Sinne verwendet werden, daß man die Gewichte der Wachstumsraten der einzelnen Anlageformen als Wahrscheinlichkeiten dafür interpretiert, daß gerade die realisierte Wachstumsrate im Durchschnitt aller Akteure gewählt wird. Damit erhält man einen stochastischen Ansatz, der Unsicherheit berücksichtigt und nicht mehr den Anspruch der Exaktheit führt.[349]

Betrachtet man die vielgerühmte Mikrofundierung des Divisia-Ansatzes bis hierher, so muß man sie doch stark relativieren. Die Kriterien der schwachen Separierbarkeit und Linearhomogenität als zentrale Voraussetzungen für eine zulässige Aggregation bestehen zwar in der Theorie, sie können aber weder einfach auf die makroökonomische Ebene übertragen noch empirisch eindeutig (zuverlässig) überprüft werden. Abschließend gilt es zu fragen, ob der besondere Wert des Barnettschen Vorschlags möglicherweise in der Anwendung der Indextheorie liegt. Was ist also von der Verwendung einer statistischen Indexformel (dem Divisia-Index bzw. seinen zeitdiskreten Approximationen) zu halten? Macht dies den wahren Reiz dieses Ansatzes aus?

---

349 Für diesen stochastischen Ansatz der statistischen Indextheorie siehe das nächste Kapitel.

V Die indextheoretischen Grundlagen des Divisia-Geldmengenansatzes

V.1 Einleitung

Ein wesentliches Argument von William A. Barnett besteht darin, daß die „ungewichtete“ Addition verschiedener monetärer Anlageformen letztlich nichts anderes darstelle als die Bildung eines Indexes. Aufgrund der additiven Verknüpfung sei er jedoch solchen (statistischen) Indexzahlen unterlegen, die einen ausgewiesenen mikroökonomischen (aggregationstheoretischen) Hintergrund besitzen. Um dieses Argument grundsätzlich würdigen und den von ihm favorisierten Törnqvist-Theil-Index beurteilen zu können, muß man sich abschließend der Indextheorie zuwenden.

In der hier behandelten Indextheorie lassen sich grundsätzlich zwei verschiedene Arten von Indexzahlen unterscheiden:[1]

- die funktionalen (oder ökonomischen) Indexzahlen und
- die statistischen Indexzahlen.

Beiden Indexzahlen ist gemeinsam, daß sie jeweils zwei raum- oder zeitpunktbezogene (oder periodenbezogene) Werte einander gegenüberstellen (im folgenden soll dafür jeweils der Beobachtungszeitpunkt (-periode) *t* mit dem Bezugszeitpunkt (-periode) *t-1* verglichen werden).[2]

Neben dieser Gemeinsamkeit unterscheiden sie sich aber in folgendem wichtigen Punkt:

---

1 Für diese begriffliche Unterscheidung siehe z.B. Barnett, Fisher und Seletis (1992, S. 2095).

2 Diese etwas trivial anmutende Gemeinsamkeit wird häufig (zu Unrecht) vernachlässigt. Sie bildet aber die Grundlage dafür, überhaupt von einem „Index“ zu sprechen. Für diesen gilt als Definition ganz allgemein: „An index number measures the magnitude of a variable relative to a specified value of the variable.“ (Ruist, 1968, S. 154). Ruist (1968, S. 155) weist zudem darauf hin, daß es immer dann zu praktischen Problemen kommen kann, wenn man Indexzahlen für einen Vergleich zweier *Perioden* ermittelt. Während die Höhe der Preise stets zu einem bestimmten Zeitpunkt ermittelt wird, beziehen sich die Mengen häufig auf die Gesamtheit der in den Perioden gehandelten, konsumierten oder produzierten Mengeneinheiten. Diese Verquickung der periodenbezogenen und zeitpunktbezogenen Betrachtung impliziert, daß entweder die Preise während der Periode konstant bleiben oder daß man durchschnittliche Preise verwenden muß. Das Problem besitzt hier also umso weniger (praktische) Relevanz, je kürzer die Periodenlänge ist und je mehr man sich damit einer zeitpunktbezogenen Betrachtung annähert. Das geschilderte Problem läßt sich vollständig dadurch vermeiden, daß man auch die Mengen zu bestimmten Zeitpunkten erfaßt. Dies ist in der hier vorzunehmenden Indexbildung über *Bestandsmengen* grundsätzlich möglich, wobei man aber möglicherweise dem Problem verzerrter Stichtagsbestände Rechnung tragen muß. Deshalb wählt man häufig auch bei den Mengen Durchschnittswerte. Unabhängig von diesem Vorgehen wird im folgenden aber immer von „Beobachtungszeitpunkt“ und „Bezugszeitpunkt“ gesprochen, unabhängig davon, ob es sich in der Praxis dabei um Periodendurchschnitte handelt.

- Während statistische (Mengen-) Indizes (ausschließlich) *beobachtbare* Mengen entsprechend *standardisierter Formeln* ins Verhältnis setzen, bei denen die *beobachtbaren* Preise in die Gewichtung der Mengen einfließen,

- basieren funktionale Indizes auf den Quotienten zweier zeitpunktbezogener und mit Hilfe einer *spezifizierten und zeitinvarianten (problembezogenen) Aggregationsfunktion* gefundener Aggregatswerte.

Um diesen, für den weiteren Verlauf der Ausführungen wichtigen, Unterschied stets deutlich im Bewußtsein zu erhalten, soll anstelle der Bezeichnung „statistische Indexzahl" der Begriff der „Indexformel" verwendet werden, während für „funktionale Indexzahlen" der zugegebenermaßen recht abstrakte Begriff der „Funktionswertrelation" gebraucht wird.[3]

Wie die Ausführungen im aggregationstheoretischen Teil der Arbeit gezeigt haben, stellt die geeignete Spezifikation von Teilnutzenfunktionen zwar ein gewisses Problem dar, grundsätzlich gibt es aber Funktionen, die so flexibel sind, daß sie jede beliebige Funktion lokal approximieren können. Warum sollte man sich nun also noch mit der Indextheorie beschäftigen, die darüber hinaus noch in der Aggregationstheorie verankert sein soll? Ein wichtiger Nachteil der Spezifikation von Aggregationsfunktionen liegt darin, daß sich mit jedem neu auftretenden Beobachtungswert die Parameterwerte ändern können. Strenggenommen müßte die verwendete Teilnutzenfunktion deshalb permanent neu geschätzt werden. Im Gegensatz dazu behalten Indexformeln stets ihre funktionale Form, so daß hier die Ermittlung des Indexwertes erheblich leichter möglich ist. Es fließen nur beobachtbare Mengen und Preise ein. Barnett, Fisher und Serletis gehen deshalb davon aus, daß die statistischen Geldmengenindizes in der Öffentlichkeit eine höhere Akzeptanz genießen als die entsprechenden Funktionswertrelationen die sie abbilden. Dies nicht zuletzt auch deshalb, weil die Verwendung von Indexformeln bereits eine weite Verbreitung genießt.[4]

Es erscheint deshalb grundsätzlich sinnvoll, auf eine Spezifikation der Teilnutzenfunktion zu verzichten und stattdessen standardisierte Indexformeln zu verwenden. Dies ist aber nur dann möglich, wenn mindestens *eine* Indexformel gefunden werden kann, die in der Lage ist, die ihr zugrundeliegende Funktionswertrelation hinreichend genau abzubilden. Nur dies gewährleistet, daß man auf die numerische Bestimmung der Aggregationsfunktion verzichten kann, ohne damit zugleich die aggregationstheoretischen Grundlagen zu verlieren. Kapitel V setzt sich vor allem mit der Identi-

---

3 Wenn also Edgeworth (1925b, S. 379) Indizes folgendermaßen definiert: „I proposed to define an index-number as a number adapted by its variations to indicate the increase or decrease of a magnitude not to susceptible of accurate measurement.", dann bezieht er sich damit ausschließlich auf statistische Indizes, auf „Indexformeln". Diewert (1990, S. 84) verwendet für diese noch zusätzlich das Adjektiv „mechanisch" (mechanical).

4 Vgl. Barnett, Fisher und Serletis, 1992, S. 2096.

fikation solcher Indexformeln auseinander. Während im nächsten Abschnitt zunächst das Konzept der Funktionswertrelation diskutiert wird, um aus ihm auf theoretisch korrekte mengen- und preisbezogene Indizes zu schließen, widmet sich Abschnitt V.3 der Gegenüberstellung solcher Indizes mit standardisierten Indexformeln für den Fall, daß die zugrunde liegende Teilnutzenfunktion mindestens homothetisch ist. Die Analyse für den nicht-homothetischen Fall folgt im Abschnitt V.4. Eine kurze Zusammenfassung (Abschnitt V.5) bildet den Schluß des indextheoretischen Teils.

V.2 Die Funktionswertrelation von Geldmengenaggregaten als Basis zur Bestimmung geeigneter Indexformeln

Offensichtlich macht die Verwendung von Indexformeln nur dann Sinn, wenn sie in der Lage sind, die zeitliche Entwicklung eines Geldmengenaggregats hinreichend genau abzubilden, wobei im Idealfall eine (vollständige) numerische Übereinstimmung von Funktionswertrelation und Indexformel zu verzeichnen ist. Am Anfang muß also eine allgemeine Betrachtung der Funktionswertrelation stehen. Eine mögliche Funktionswertrelation einer Gruppe h monetärer Anlageformen $(h = 1,\ldots,v)$, von der im folgenden angenommen wird, sie sei als die relevante Geldmengenabgrenzung ermittelt worden, ergibt sich allgemein als Quotient zweier zeitpunktbezogener Werte der Teilnutzenfunktion $u_{h,\tau}^{m} = u_{h}^{m}\left(m_{1,\tau}^{h},\ldots,m_{n_h,\tau}^{h}\right)$ mit $\tau = t\text{-}1, t$:

$$\text{(V.1)} \qquad Q_h^m\left(\mathbf{m}_t^h;\mathbf{m}_{t-1}^h\right) \equiv \frac{u_{h,t}^m}{u_{h,t-1}^m} = \frac{u_h^m\left(m_{1,t}^h,\ldots,m_{n_h,t}^h\right)}{u_h^m\left(m_{1,t-1}^h,\ldots,m_{n_h,t-1}^h\right)}.$$

Diese Funktionswertrelation gibt an, um welchen Faktor der Teilnutzen von Zeitpunkt t gegenüber Zeitpunkt $t\text{-}1$ infolge eingetretener Mengenänderungen höher oder niedriger ist. Ein solcher Index hat allerdings den grundsätzlichen Nachteil, daß er der Ordinalität des Nutzens nicht gerecht wird. Selbst dann, wenn man unterstellt, daß die Präferenzstruktur für die beiden Zeitpunkte gleich ist, macht eine numerische Gegenüberstellung der beiden Nutzenwerte nur im Rahmen einer „größer – gleich – kleiner"-Betrachtung Sinn.[5] Die Indexzahl läßt sich jedoch dann kardinal interpretieren, wenn man die Linearhomogenität der Teilnutzenfunktion unterstellt.[6] Eine Verdopplung aller Mengen impliziert dann auch tatsächlich eine Verdopplung des Nutzens. Für eine ökonomisch sinnvolle Verwendung der Teilnutzenfunktion als Aggregationsfunktion muß man deshalb voraussetzen, daß sie linearhomogen ist. Nur dann ist der Index $Q_h^m\left(\mathbf{m}_t^h;\mathbf{m}_{t-1}^h\right)$ $(h = 1,\ldots,v)$ interpretierbar.

5 Vgl. Allen, 1949, S. 199.

6 Vgl. Samuelson und Swamy, 1974, S. 568.

Die aggregationstheoretischen Überlegungen, insbesondere die Forderung nach einer konsistenten Aggregation haben die Notwendigkeit der Linearhomogenität ebenfalls deutlich gemacht. Sie haben darüber hinaus gezeigt, daß eine ökonomisch sinnvolle Aggregationsfunktion

- der Teilnutzenfunktion $u_{h,t}^{m}$ entspricht, falls diese linearhomogen ist,
- der Basisteilnutzenfunktion $\tilde{u}_{h,t}^{m}$ entspricht, falls die Teilnutzenfunktion homothetisch ist oder
- der Distanzfunktion $d_h^m\left(u_{h,0}^m;\boldsymbol{m}_t^h\right)$ entspricht, falls weder der erste noch der zweite Fall zutrifft.

Beschränkt man sich in der anschließenden Betrachtung auf die Unterscheidung des homothetischen vom nicht-homothetischen Fall, so nimmt die Funktionswertrelation entweder die Form (homothetischer Fall)[7]

$$\text{(V.2)}\quad \tilde{Q}_h^m\left(\mathbf{m}_t^h;\mathbf{m}_{t-1}^h\right)\equiv\frac{\tilde{u}_{h,t}^m}{\tilde{u}_{h,t-1}^m}=\frac{\tilde{u}_h^m\left(m_{1,t}^h,\ldots,m_{n_h,t}^h\right)}{\tilde{u}_h^m\left(m_{1,t-1}^h,\ldots,m_{n_h,t-1}^h\right)}$$

oder aber die Form des sogenannten „Malmqvist-Indexes" (nicht-homothetischer Fall) an:[8]

$$\text{(V.3)}\quad \overline{Q}_h^m\left(\mathbf{m}_t^h;\mathbf{m}_{t-1}^h;u_{h,0}^m\right)\equiv\frac{d_h^m\left(u_{h,0}^m;m_{1,t}^h,\ldots,m_{n_h,t}^h\right)}{d_h^m\left(u_{h,0}^m;m_{1,t-1}^h,\ldots,m_{n_h,t-1}^h\right)}$$

$$=\frac{\min\limits_{\boldsymbol{\pi}_{h,t}}\left(\sum\limits_{i=1}^{n_h}m_{i,t}^h\pi_{i,t}^h : e_h^m\left(u_{h,0}^m;\boldsymbol{\pi}_{h,t}\right)=1\right)}{\min\limits_{\boldsymbol{\pi}_{h,t-1}}\left(\sum\limits_{i=1}^{n_h}m_{i,t-1}^h\pi_{i,t-1}^h : e_h^m\left(u_{h,0}^m;\boldsymbol{\pi}_{h,t-1}\right)=1\right)}.$$

---

7 Der Fall einer homothetischen Teilnutzenfunktion umfaßt immer den einer linearhomogenen Teilnutzenfunktion. Deshalb wird, wie an anderer Stelle bereits, auf die Diskussion linearhomogener Teilnutzenfunktionen verzichtet. Gegebenenfalls wird auf Vereinfachungen hingewiesen, die sich ergeben, wenn die Teilnutzenfunktion nicht nur homothetisch, sondern auch linearhomogen ist.

8 Diese Indexform geht auf Malmqvist (1953, S. 232) zurück. Das Ausgangsnutzenniveau $u_{h,0}^m$ kann sich auf die Zeitpunkte t oder $t-1$ beziehen, es muß dies aber nicht (vgl. Diewert, 1981, S. 174ff.).

Im Unterschied zum Fall homothetischer Teilnutzenfunktionen hängt der Malmqvist-Index $\overline{Q}_h^m\left(\boldsymbol{m}_t^h;\boldsymbol{m}_{t-1}^h;u_{h,0}^m\right)$ von einem Referenznutzen $u_{h,0}^m$ ab. Zieht man von den Indizes (V.2) und (V.3) den Wert Eins ab, so erhält man jeweils ein Maß für die Veränderungsrate des Mengenaggregats.

Betrachtet man nun die ökonomische Indextheorie, so findet man die Indizes (V.2) und (V.3) häufig nur als Einstieg in eine *preis- und mengenbezogene Darstellung.* So läßt sich im Fall einer homothetischen Teilnutzenfunktion Index (V.2) unter Verwendung von Preisen und Mengen wie folgt darstellen:[9]

$$\text{(V.4)}\quad \tilde{Q}_h^m\left(\mathbf{m}_t^h;\mathbf{m}_{t-1}^h\right)\equiv\frac{\tilde{u}_{h,t}^m}{\tilde{u}_{h,t-1}^m}=Q_h^m\left(u_{h,t}^m,u_{h,t-1}^m;\boldsymbol{\pi}_{t-1}^h\right)\equiv\frac{e_h^m\left(\boldsymbol{\pi}_{t-1}^h;u_{h,t}^m\right)}{e_h^m\left(\boldsymbol{\pi}_{t-1}^h;u_{h,t-1}^m\right)}=$$

$$=\frac{\sum_{i=1}^{n_h}\pi_{i,t-1}^h\cdot m_i^h\left(\boldsymbol{\pi}_{t-1}^h;u_{h,t}^m\right)}{\sum_{i=1}^{n_h}\pi_{i,t-1}^h\cdot m_{i,t-1}^h\left(\boldsymbol{\pi}_{t-1}^h;u_{h,t-1}^m\right)}=\frac{\sum_{i=1}^{n_h}\pi_{i,t-1}^h\cdot h_i^h\left(\boldsymbol{\pi}_{t-1}^h;u_{h,t}^m\right)}{\sum_{i=1}^{n_h}\pi_{i,t-1}^h\cdot h_i^h\left(\boldsymbol{\pi}_{t-1}^h;u_{h,t-1}^m\right)}=\frac{\sum_{i=1}^{n_h}\pi_{i,t-1}^h\cdot h_i^h\left(\boldsymbol{\pi}_{t-1}^h;u_{h,t}^m\right)}{E_{h,t-1}^m}.$$

Der sogenannte „Wohlfahrtsindex"[10] $Q_h^m\left(u_{h,t}^m,u_{h,t-1}^m;\boldsymbol{\pi}_{t-1}^h\right)$ ergibt sich als die Relation der *minimalen* Ausgaben, die notwendig sind, um die Nutzenniveaus $u_{h,t-1}^m$ und $u_{h,t}^m$ (und damit die Basisteilnutzen $\tilde{u}_{h,t-1}^m$ und $\tilde{u}_{h,t}^m$) bei der Preissituation $\boldsymbol{\pi}_{t-1}^h$ zu realisieren.[11] Im Fall homothetischer Teilnutzenfunktionen hängt die Relation der minimalen Ausgaben nicht von der Wahl der Referenzpreissituation $\boldsymbol{\pi}_{t-1}^h$ ab, so daß sie für jeden beliebigen Preisvektor gilt, also z.B. auch für den „Preisstand"[12] zum Zeit-

9 Eine Begründung für diese Möglichkeit der Abbildung wird im Anhang zur Indextheorie geliefert. Der Mengenindex $Q_h^m\left(u_{h,t}^m;u_{h,t-1}^m;\boldsymbol{\pi}_{t-1}^h\right)$ $(h=1,\ldots,v)$ geht auf Konüs und Byushgens (1926) zurück (vgl. Diewert, 1993b, S. 47).

10 Diese Bezeichnung findet sich in Deaton und Muellbauer (1980, S. 180) und bezieht sich letztlich eher auf die Funktionswertrelation $\tilde{u}_{h,t}^m/\tilde{u}_{h,t-1}^m$ als auf die Relation zweier Ausgabensummen. Da aber bei Vorliegen einer *homothetischen* Teilnutzenfunktion die linearhomogene Basisteilnutzenfunktion als Aggregationsfunktion verwendet werden kann, läßt sich diese Bezeichnung auf die entsprechende Relation der fiktiven bzw. tatsächlichen Ausgaben übertragen. Auch dies wird im Anhang verdeutlicht.

11 Die Darstellung des Wohlfahrtsindexes als Index variiert in der Literatur durchaus. Samuelson und Swamy (1974, S. 568) stellen ihn als Funktion der Mengenvektoren der beiden betrachteten Zeitpunkte und eines (beliebigen) Preisvektors dar: $Q_h^m\left(\boldsymbol{m}_t^h,\boldsymbol{m}_{t-1}^h;\boldsymbol{\pi}_{t-1}^h\right)\equiv\boldsymbol{\pi}_{t-1}^h\boldsymbol{m}_t^h/\boldsymbol{\pi}_{t-1}^h\boldsymbol{m}_{t-1}^h$. Die hier gewählte Darstellung hat den Vorteil, statt auf Mengen direkt auf Nutzenniveaus abzustellen, was die Interpretation des Wohlfahrtsindexes stärker betont.

12 Diese Bezeichnung wählt Wald (1937, S. 179).

punkt t $\boldsymbol{\pi}_t^h$ $\left(\tilde{Q}_h^m\left(\boldsymbol{m}_t^h, \boldsymbol{m}_{t-1}^h\right) = Q_h^m\left(u_{h,t}^m, u_{h,t-1}^m; \boldsymbol{\pi}_{t-1}^h\right) = Q_h^m\left(u_{h,t}^m, u_{h,t-1}^m; \boldsymbol{\pi}_t^h\right) = \right.$ $\left. = Q_h^m\left(u_{h,t}^m, u_{h,t-1}^m; \boldsymbol{\pi}_\tau^h\right)\right)$. Dies liegt an den linearen Engelkurven, die sich im Fall *homothetischer* Teilnutzenfunktionen einstellen und gewährleisten, daß sich die Mengenstruktur bei unveränderten Preisen nicht ändert.[13]

Ähnlich läßt sich auch der Malmqvist-Index als Relation zweier Ausgabensummen darstellen. Da dieser die Funktionswertrelation bei *nicht-homothetischen* Teilnutzenfunktionen darstellt, kann man hier *nicht* darauf hoffen, daß die Mengenstruktur bei unveränderter Preissituation aber anderen Nutzenwerten konstant bleibt. Deshalb vergleicht der Malmqvist-Index implizit die Ausgaben, die man bei unveränderter Preis- *und* Mengensituation aufwenden muß, um die Nutzenniveaus $u_{h,t-1}^m$ und $u_{h,t}^m$ zu realisieren. Bezieht man den Zeitpunkt *t* auf den Vergleichszeitpunkt *t-1* (auf den Referenznutzen $u_{h,t-1}^m$), so läuft der Malmqvist-Index darauf hinaus, die Ausgaben, die zum Zeitpunkt *t* entstehen ($E_{h,t}^m$), auf die Ausgaben zu beziehen, die beim Preisvektor $\boldsymbol{\pi}_t^h$ dann entstünden, wenn der Akteur gerade die Mengen konsumieren würde, die ihm bei der Mengenstruktur des Zeitpunkts t ($\boldsymbol{m}_t^h$) den Nutzen $u_{h,t-1}^m$ verschafften. Der Malmqvist-Index läßt sich also wie folgt als preis- und mengenbezogener Index darstellen:[14]

$$\text{(V.5)}\ \overline{Q}_h^m\left(\mathbf{m}_t^h; \mathbf{m}_{t-1}^h; u_{h,t-1}^m\right) \equiv \frac{d_h^m\left(u_{h,t-1}^m; m_{1,t}^h, \ldots, m_{n_h,t}^h\right)}{d_h^m\left(u_{h,t-1}^m; m_{1,t-1}^h, \ldots, m_{n_h,t-1}^h\right)} = \frac{d_h^m\left(u_{h,t-1}^m; m_{1,t}^h, \ldots, m_{n_h,t}^h\right)}{1} =$$

$$= \frac{E_{h,t}^m}{\sum_{i=1}^{n_h} \pi_{i,t}^h m_{i,t}^h / \mu\left(u_{h,t-1}^m; \mathbf{m}_t^h\right)} \quad \text{mit } \mu \text{ so, daß } u_h^m\left(\mathbf{m}_t^h / \mu\right) = u_{h,t-1}^m .$$

Die rechte Seite entspricht damit einem „Wohlfahrtsindex bei fester Mengenstruktur" $Q_h^h\left(u_{h,t}^m, u_{h,t-1}^m; \boldsymbol{m}_t^h\right)$.

Es leuchtet unmittelbar ein, daß die Abbildung der Funktionswertrelationen (V.2) bzw. (V.3) mit Hilfe der preis- und mengenbezogenen Indizes (V.4) bzw. (V.5) das

---

[13] Genaueres läßt sich dem Anhang zur Indextheorie entnehmen.

[14] Siehe wiederum den Anhang zu diesem Kapitel. Man beachte, daß die Konstruktion eines Malmqvist-Indexes zwischen den Zeitpunkten *t* und *t-1* immer bedeutet, daß man die Preis- und Mengensituation des Zeitpunkts t ($\boldsymbol{\pi}_t^h, \boldsymbol{m}_t^h$) verwenden muß, wenn das Referenznutzenniveau das des Zeitpunktes *t-1* ist ($u_{h,t-1}^m$) und vice versa.

grundsätzliche Problem nicht zu lösen mag, wonach zur Bestimmung der so definierten Mengenindizes eine Spezifikation der zugrunde liegenden Teilnutzenfunktion notwendig ist. Ohne eine solche Funktion kann weder die Funktionswertrelation ermittelt werden, noch kann man die Mengen $m_i^h\left(\boldsymbol{\pi}_{t-1}^h; u_{h,t}^m\right)$ (homothetischer Fall) bzw. $m_{i,t}^h / \mu\left(\boldsymbol{m}_t^h; u_{h,t-1}^m\right)$ (nicht-homothetischer Fall) errechnen *(i = 1,...,n)*, die für die beiden „Wohlfahrtsindizes" (V.4) bzw. (V.5) benötigt werden.

Möchte man auf die Konkretisierung der Teilnutzenfunktion aus den oben genannten Gründen verzichten, so muß man eine Indexformel verwenden. Mit ihrem festliegenden Gewichtungsschema und ihrem Rückgriff auf die *beobachtbaren* Preise und Mengen der Geldkomponenten stellt sie grundsätzlich eine attraktive Alternative dar. Da es jedoch eine unendlich große Anzahl von Kombinationsmöglichkeiten der Preise und Mengen gibt, sind zur Beurteilung der „Qualität" der verschiedenen Indexformeln Kriterien notwendig.[15] Eine Indexformel muß sich vor allem daran messen lassen, wie „glaubwürdig" sie *in bezug auf ihre quantitative Höhe* ist, das heißt wie eng die numerische Übereinstimmung mit einer möglichen Funktionswertrelation ist. Diese Approximationsgenauigkeit bezeichnet man üblicherweise als die „ökonomische Eigenschaft" von Indexformeln.[16] Reicht dieses Kriterium für die Selektion „der" geeigneten Indexformel nicht aus, weil zwei Indexformeln gleichermaßen genau sind, so kann man zusätzlich die sogenannten „statistischen Eigenschaften" der jeweiligen Formeln zu Rate ziehen.[17] Bei diesen statistischen Eigenschaften geht es um die Plausibilität der betrachteten Indexformel im Kontext mit bestimmten Axiomen oder normativ bestimmten Anforderungen. Wichtig sind hier insbesondere solche Anforderungen, die den Mengenindex im Zusammenspiel mit einem (dualen) Preisindex betrachten oder seine Aussagekraft im Rahmen einer „Mehrzeitpunktbetrachtung" beurteilen. Gegenüber der „Zweizeitpunktbetrachtung" (der *bilateralen* Indexzahlentheorie) berücksichtigt man also auch die *multilaterale* Indextheorie.[18] Sind zwei Indexformeln nicht nur gleichermaßen genau, sondern auch gleichermaßen plausi-

---

15 Als Beispiel für den Versuch, alle zu seiner Zeit bekannten Indexformeln aufzulisten, läßt sich „The Making of Index Numbers" (1927) von I. Fisher anführen. Er listet in Tabelle 62 im Anhang V, S. 466ff. 134 verschiedene Indexformeln auf (96 „main series" und 38 „supplement series"). Da aber jede Indexformel nichts anderes als eine bestimmte funktionale Verknüpfung der Preise und Mengen zweier Zeitpunkte darstellt, existieren im Grunde unendlich viele unterschiedliche Indizes (vgl. Samuelson und Swamy, 1974, S. 568).

16 Vgl. Barnett, 1982b, S. 413.

17 Diese Unterscheidung nach den ökonomischen und den statistischen Eigenschaften von Indexformeln findet sich häufig auch in einer Einteilung der Indextheorie selbst. So unterscheidet z.B. Ruist (1968, S. 154f.) (i) einen statistischen (oder axiomatischen, testbezogenen) und (ii) einen ökonomischen Ansatz der Indextheorie, wobei das Kriterium für die Selektion „der" zu wählenden Indexformel im ersten Ansatz die Güte der statistischen Eigenschaften und im zweiten Ansatz die der ökonomischen Eigenschaften darstellt. Demgegenüber unterscheiden z.B. Samuelson und Swamy (1974, S. 567) vom statistischen (oder axiomatischen, testbezogenen) und ökonomischen Ansatz noch (iii) einen stochastischen Ansatz (für die begriffliche Zuordnung siehe auch Diewert, 1981, S. 163). Dieser Einteilung wird im Rahmen der weiteren Ausführungen implizit gefolgt.

18 Vgl. Diewert, 1992, S. 364.

bel, oder lassen sich ihre statistischen Eigenschaften nicht miteinander vergleichen, so kann man als drittes Kriterium schließlich die Interpretierbarkeit im Sinne einer stochastischen Größe (genauer: im Sinne eines Mittelwerts einer zufällig verteilten Größe) ansetzen. Dies erleichtert die Deutung der Indexzahl, falls man von Anpassungsfriktionen oder Schocks ausgehen muß und damit die Grundlage für die numerische Exaktheit der Indexformel in Zweifel zieht. Während das letzte Kriterium lange Jahre vollkommen unberücksichtigt blieb, gewinnt es in der jüngeren Vergangenheit zunehmend (wieder) an Bedeutung.[19]

Im folgenden wird also folgende Hierarchie von Selektionskriterien angewendet:[20]

- An oberster Stelle stehen die ökonomischen Eigenschaften von Indexformeln. Sie geben die Approximationsgenauigkeit mit einer (beliebigen) Funktionswertrelation an.

- Bei gleichen ökonomischen Eigenschaften kommen die statistischen Eigenschaften zum Tragen. Die Indexformeln müssen einem System von Axiomen und normativen Anforderungen gerecht werden.

- Bei gleichen ökonomischen und statistischen Eigenschaften entscheiden die stochastischen Eigenschaften der Indexformeln über die Selektion. Hierbei geht es um die Interpretierbarkeit der Indexzahl im Sinne eines stochastischen Mittelwerts.

Die aggregationstheoretisch identifizierten Funktionswertrelationen unterscheiden sich je nach dem, ob man es mit einer homothetischen oder einer nicht-homothetischen Teilnutzenfunktion zu tun hat. Dementsprechend kann man davon ausgehen, daß diese Unterschiede auch für die Selektion einer Indexformel relevant sind. Für den weiteren Fortgang der indextheoretischen Ausführungen empfiehlt es sich deshalb, den homothetischen und den nicht-homothetischen Fall gesondert zu betrachten, die „homothetische" von der „nicht-homothetischen Indextheorie" zu unterscheiden.[21]

---

19 Der stochastische Ansatz der Indextheorie hat eine lange Tradition (siehe zu kurzen historischen Bemerkungen die Ausführungen weiter unten), die erst langsam wieder auflebt. Siehe z.B. die Arbeiten von Diewert (1995a) oder Wynne (1997, S. 161ff.). Im Kontext mit dem Divisia-Geldmengenindex diskutieren Barnett, Jones und Nesmith (1996, S. 118f.) diesen Ansatz.

20 Ziel ist also die Erstellung einer „lexikographischen Ordnung" von Indexformeln.

21 Für diese Unterscheidung siehe auch Barnett (1987, S. 140ff.).

V.3 Homothetische Indextheorie

V.3.1 Indexformeln als Approximation von Funktionswertrelationen, die auf homothetischen Teilnutzenfunktionen basieren

V.3.1.1 Laspeyres-, Paasche- und verwandte Indizes als Lösungen für das Selektionsproblem von Indexformeln

Um das Problem der numerischen Übereinstimmung mit einem auf der Basis einer homothetischen Aggregationsfunktion gebildeten Funktionswertrelation zu verdeutlichen, sei auf folgenden, in Abhängigkeit eines beliebigen Referenzpreisvektors $\boldsymbol{\pi}_0^h$ definierten Wohlfahrtsindex hingewiesen:

$$\text{(V.6)}\qquad Q_h^m\left(u_{h,t}^m, u_{h,t-1}^m; \boldsymbol{\pi}_0^h\right) \equiv \frac{e_h^m\left(\boldsymbol{\pi}_0^h; u_{h,t}^m\right)}{e_h^m\left(\boldsymbol{\pi}_0^h; u_{h,t-1}^m\right)} = \frac{\sum_{i=1}^{n_h} \pi_{i,0}^h \cdot m_i^h\left(\boldsymbol{\pi}_0^h; u_{h,t}^m\right)}{\sum_{i=1}^{n_h} \pi_{i,0}^h \cdot m_i^h\left(\boldsymbol{\pi}_0^h; u_{h,t-1}^m\right)}.$$

Das Grundproblem mit einem so bestimmten Wohlfahrtsindex liegt darin, daß er zwar beobachtbaren Preise, aber zugleich fiktive Mengen verwendet. Als Index *beobachtbarer Mengen* ist er damit vollkommen ungeeignet. Weitgehend alle bekannten Mengenindexformeln arbeiten deshalb mit einer Annäherung, wonach anstelle der optimalen Mengen die tatsächlich konsumierten Mengen $\boldsymbol{m}_t^h$ und $\boldsymbol{m}_{t-1}^h$ mit dem Preisvektor $\boldsymbol{\pi}_0^h$ gewichtet werden:[22]

$$\text{(V.7)}\qquad Q_h^m\left(\mathbf{m}_t^h, \mathbf{m}_{t-1}^h; \boldsymbol{\pi}_0^h\right) = \frac{\sum_{i=1}^{n_h} \pi_{i,0}^h \cdot m_{i,t}^h}{\sum_{i=1}^{n_h} \pi_{i,0}^h \cdot m_{i,t-1}^h}.$$

---

22 Die Logik, wonach man unterschiedliche Preise auf gleiche Mengen beziehen muß, um einen glaubwürdigen Preisindex zu erhalten („Fixed Basket"-Logik; vgl. Diewert, 1993b, S. 34), wird häufig Joseph Lowe (1823, S. 316) zugeschrieben (vgl. z.B. Ruist, 1968, S. 155), wobei Diewert (1993b, S. 34) bemerkt, daß sie sich bereits bei William Fleetwood (1707) findet. Bezogen auf die Ermittlung eines Preisindexes formuliert Paasche (1874, S. 172f.) dies folgendermaßen: „Will man also unter Berücksichtigung des Consums die Preisveränderung constatiren, so wird man nicht die Quantitäten beider Zeitabschnitte in Anrechnung bringen dürfen, sondern nur die des einen und sagen: die jetzt verbrauchte Menge verschiedener Waaren würde nach früheren Preisverhältnissen so und so viel gekostet haben, nach jetzigen so und so viel, die Differenz kann allein durch den Preisunterschied bedingt sein, also muss die Verhältniszahl, welche den Unterschied ausdrückt, der sich für die Summe vieler Waaren in diesen beiden Geldmengen zeigt, die durchschnittliche Preisveränderung jener Producte ergeben." Fast alle im folgenden genannten Indexformeln wurden zur Ermittlung eines Preisindexes formuliert. Die hier aufgelisteten Mengenindizes erhält man durch die Vertauschung von Mengen und Preisen („Factor Reversal" oder „rule of ... interchanging prices and quantities"; Fisher, 1927, S. 62).

Eine solche Approximation an den Wohlfahrtsindex $Q_h^m\left(u_{h,t}^m, u_{h,t-1}^m; \boldsymbol{\pi}_0^h\right)$ – und damit an die Funktionswertrelation $\tilde{Q}_h^m\left(\boldsymbol{m}_t^h, \boldsymbol{m}_{t-1}^h\right)$ – stellt den Ausgaben, die beim Preisvektor $\boldsymbol{\pi}_0^h$ notwendig sind, um das Bündel $\boldsymbol{m}_t^h$ zu kaufen, die Ausgaben gegenüber, die beim gleichen Preisstand durch das Bündel $\boldsymbol{m}_{t-1}^h$ verursacht werden. In der indextheoretischen Literatur werden nun fünf Fälle unterschieden, den Preisstand $\boldsymbol{\pi}_0^h$ zu wählen:[23]

- Man kann den Preisvektor $\boldsymbol{\pi}_0^h$ mit dem Stand der Preise zum Bezugszeitpunkt *t-1* gleichsetzen $\left(\boldsymbol{\pi}_0^h = \boldsymbol{\pi}_{t-1}^h\right)$. Man erhält den bekannten Laspeyres-Index:[24]

$$Q_{h,\mathrm{Lasp}}^m\left(\mathbf{m}_t^h, \mathbf{m}_{t-1}^h; \boldsymbol{\pi}_{t-1}^h\right) \equiv \frac{\sum_{i=1}^{n_h} \pi_{i,t-1}^h \cdot m_{i,t}^h}{\sum_{i=1}^{n_h} \pi_{i,t-1}^h \cdot m_{i,t-1}^h} = \frac{\sum_{i=1}^{n_h} \pi_{i,t-1}^h \cdot m_{i,t}^h}{E_{h,t-1}^m} \tag{V.8}$$

- Anstelle der Preise zum Referenzzeitpunkt kann man die zum Beobachtungszeitpunkt *t* wählen $\left(\boldsymbol{\pi}_0^h = \boldsymbol{\pi}_t^h\right)$. In diesem Fall ergibt sich der Paasche-Index:[25]

$$Q_{h,\mathrm{Paas}}^m\left(\mathbf{m}_t^h, \mathbf{m}_{t-1}^h; \boldsymbol{\pi}_t^h\right) \equiv \frac{\sum_{i=1}^{n_h} \pi_{i,t}^h \cdot m_{i,t}^h}{\sum_{i=1}^{n_h} \pi_{i,t}^h \cdot m_{i,t-1}^h} = \frac{E_{h,t}^m}{\sum_{i=1}^{n_h} \pi_{i,t}^h \cdot m_{i,t-1}^h} \tag{V.9}$$

- Möchte man sich weder für die Preise zum Bezugszeitpunkt noch für die zum Beobachtungszeitpunkt entscheiden, so kann man einen Durchschnitt beider Preisstände verwenden. Fällt die Wahl auf den arithmetischen Durchschnitt $\left(\boldsymbol{\pi}_0^h = \left(\boldsymbol{\pi}_t^h + \boldsymbol{\pi}_{t-1}^h\right)/2\right)$, so erhält man den Edgeworth-Index:[26]

---

23 Für die entsprechenden *Preis*indexformeln siehe z.B. Diewert (1993b, S. 36) oder Vogt und Barta (1997, S. 9ff.).

24 Diese Indexformel wird Laspeyres (1871, S. 306) zugeschrieben.

25 Paasche (1874, S. 173 in Verbindung mit S. 175f.) propagierte diese Indexformel, wobei sie bereits drei Jahre zuvor von Drobisch (1871b, S. 37) verwendet wurde.

26 Neben Edgeworth (1925a, S. 214) befürwortet auch Marshall (1887, S. 363) diese Indexformel.

$$Q^m_{h,Edge}\left(\mathbf{m}^h_t,\mathbf{m}^h_{t-1};\left(\boldsymbol{\pi}^h_t+\boldsymbol{\pi}^h_{t-1}\right)/2\right)\equiv\frac{\sum_{i=1}^{n_h}\left(\pi^h_{i,t}+\pi^h_{i,t-1}\right)\cdot m^h_{i,t}}{\sum_{i=1}^{n_h}\left(\pi^h_{i,t}+\pi^h_{i,t-1}\right)\cdot m^h_{i,t-1}} \qquad (V.10)$$

- Benutzt man hingegen den geometrischen Durchschnitt $\left(\boldsymbol{\pi}^h_0=\left(\boldsymbol{\pi}^{h'}_t\cdot\boldsymbol{\pi}^h_{t-1}\right)^{1/2}\right)$, dann resultiert daraus der Walsh-Index:[27]

$$Q^m_{h,Walsh}\left(\mathbf{m}^h_t,\mathbf{m}^h_{t-1};\left(\boldsymbol{\pi}^{h'}_t\cdot\boldsymbol{\pi}^h_{t-1}\right)^{1/2}\right)\equiv\frac{\sum_{i=1}^{n_h}\left(\pi^h_{i,t}\cdot\pi^h_{i,t-1}\right)^{1/2}\cdot m^h_{i,t}}{\sum_{i=1}^{n_h}\left(\pi^h_{i,t}\cdot\pi^h_{i,t-1}\right)^{1/2}\cdot m^h_{i,t-1}} \qquad (V.11)$$

- Schließlich kann man einen Referenzpreisvektor wählen, der keinem der vier entspricht. Dieser hat dann entweder nichts mit $\boldsymbol{\pi}^h_t$ und/oder $\boldsymbol{\pi}^h_{t-1}$ zu tun, oder er verwendet eine andere Aggregationsform (andere Gewichtung). In diesem Fall erhält man die oben genannte allgemeine Indexformel (V.7).

Was läßt sich nun aber über die Approximationsgenauigkeit der genannten Indizes im Hinblick auf den theoretisch korrekten Wohlfahrtsindex sagen? Es läßt sich nun zeigen, daß der Laspeyres- bzw. Paasche-Index die Ober- bzw. Untergrenze für einen (aber nicht den gleichen) Wohlfahrtsindex darstellen:[28] Betrachtet man den bilateralen Vergleich zwischen den Zeitpunkten *t* und *t-1*, so reduziert man das Informationsdefizit bezogen auf den Wohlfahrtsindex, wenn man entweder den Preisstand $\boldsymbol{\pi}^h_{t-1}$ oder $\boldsymbol{\pi}^h_t$ zum Referenzvektor erklärt. Im ersten Fall fehlen „nur" die (fiktiven) Mengen, die bei den Preisen $\boldsymbol{\pi}^h_{t-1}$ in ausgabenminimaler Weise gerade das Nutzenniveau $u^m_{h,t}$ stiften $m^h_i\left(\boldsymbol{\pi}^h_{t-1};u^m_{h,t}\right)$ $i = 1,\ldots,n_h$, im zweiten Fall die Mengen, die bei den Preisen $\boldsymbol{\pi}^h_t$ zum Nutzenniveau $u^m_{h,t-1}$ führen. Gegeben sind hingegen die tatsächlichen Ausgaben zum Zeitpunkt *t-1* (erster Fall) bzw. *t* (zweiter Fall). Der erste

27 Er geht zurück auf Walsh (1901, S. 398). Man beachte, daß das Vektoren-Produkt $\left(\boldsymbol{\pi}^{h'}_t\cdot\boldsymbol{\pi}^h_{t-1}\right)^{1/2}$ hier einen Vektor der geometrischen Durchschnitte der Preise ergibt: $\left(\boldsymbol{\pi}^{h'}_t\cdot\boldsymbol{\pi}^h_{t-1}\right)^{1/2}\equiv\left(\sqrt{\pi^h_{1,t}\pi^h_{1,t-1}},\ldots,\sqrt{\pi^h_{n_h,t}\pi^h_{n_h,t-1}}\right)$

28 Siehe hierzu z.B. Samuelson (1947, S. 162) oder Allen (1949, S. 199). Der Beweis, daß Laspeyres- und Paasche-Index zugleich die Grenzen für den Konüs-*Preisindex* darstellen, findet in der Literatur breite Aufmerksamkeit. Für einen Überblick über diese Diskussion siehe Balk (1995, S. 149f.) oder Chipman (1997b, S. 9ff.).

Fall wird durch den Wohlfahrtsindex $Q_h^m\left(u_{h,t}^m, u_{h,t-1}^m; \boldsymbol{\pi}_{t-1}^h\right)$ (Gleichung V.4) dargestellt. Unterstellt man nun, daß sich die tatsächlich nachgefragten Mengen mit Hilfe eines nutzenmaximierenden (repräsentativen) Akteurs erklären lassen, so werden die unbekannten Mengen $m_i^h\left(\boldsymbol{\pi}_{t-1}^h; u_{h,t}^m\right)$ $(i = 1,...,n_h)$ den in Zeitpunkt t tatsächlich erworbenen Mengen $\boldsymbol{m}_t^h$ nur dann entsprechen, wenn die Preissituation zwischen den Zeitpunkten t und t-1 konstant geblieben ist $\left(\boldsymbol{\pi}_{t-1}^h = \boldsymbol{\pi}_t^h\right)$ oder sich alle Preise mit dem gleichen Proportionalitätsfaktor geändert haben $\left(\boldsymbol{\pi}_{t-1}^h = \lambda_t \boldsymbol{\pi}_t^h\right)$. Diese Fälle wurden im Zuge der Hicksschen Aggregation bereits behandelt. Dort wurde gezeigt, wie man einen Mengen- und einen Preisindex in geeigneter Weise definieren kann. Ist entgegen den Annahmen der Hicksschen Aggregation eine Preis(struktur)änderung eingetreten, so werden die optimalen Mengen von den tatsächlichen Mengen abweichen, wenn man das Vorliegen der üblichen Anforderungen an Teilnutzenfunktionen unterstellt (Stetigkeit, strikt positive Monotonie, Quasi-Konkavität und Differenzierbarkeit). Das impliziert zugleich, daß die Ausgaben, die bei der Preissituation $\boldsymbol{\pi}_{t-1}^h$ für das tatsächlich konsumierte Bündel $\boldsymbol{m}_t^h$ aufzuwenden wären, höher sind, als die bei dieser Preissituation und diesem Nutzenniveau minimalen $e_h^m\left(\boldsymbol{\pi}_{t-1}^h; u_{h,t}^m\right)$. Eine Ausnahme von diesem Grundsatz tritt dann ein, wenn die Teilnutzenfunktion nur stetig, strikt positiv monoton und quasi-konkav, nicht aber zugleich (zweifach) differenzierbar ist, so daß eine Mengenkombination bei zwei (oder mehreren Preissituationen) optimal sein kann. In diesem Fall können trotz unterschiedlicher Preise die Ausgaben $\boldsymbol{\pi}_{t-1}^h \boldsymbol{m}_t^h$ mit den minimalen Ausgaben $e_h^m\left(\boldsymbol{\pi}_{t-1}^h; u_{h,t}^m\right)$ übereinstimmen.

Approximiert man also die unbekannten Mengen $m_i^h\left(\boldsymbol{\pi}_{t-1}^h; u_{h,t}^m\right)$ $(i = 1,...,n)$ mit den zum Zeitpunkt t tatsächlich nachgefragten Mengen $\boldsymbol{m}_t^h$, dann gilt folgende Ungleichung:

$$\text{(V.12)} \quad Q_h^m\left(u_{h,t}^m, u_{h,t-1}^m; \boldsymbol{\pi}_{t-1}^h\right) \equiv \frac{\sum_{i=1}^{n_h} \pi_{i,t-1}^h \cdot m_i^h\left(\boldsymbol{\pi}_{t-1}^h; u_{h,t-1}^m\right)}{E_{h,t-1}^m} \leq$$

$$\frac{\sum_{i=1}^{n_h} \pi_{i,t-1}^h \cdot m_{i,t}^h}{E_{h,t-1}^m} \equiv Q_{h,\text{Lasp}}^m\left(\mathbf{m}_t^h, \mathbf{m}_{t-1}^h; \boldsymbol{\pi}_{t-1}^h\right).$$

Die rechte Seite von Ungleichung (V.12) liefert gerade den Laspeyres-Mengenindex, bei dem die zu den beiden Zeitpunkten nachgefragten Mengen mit den jeweiligen Preisen des Bezugszeitpunkts t-1 gewichtet werden.

Analog läßt sich unter der Annahme eines nutzenmaximierenden Verhaltens schließen, daß die Ausgaben, die für die Mengen $\boldsymbol{m}_{t-1}^{h}$ aufzubringen sind, wenn die Preise nicht $\boldsymbol{\pi}_{t-1}^{h}$, sondern $\boldsymbol{\pi}_{t}^{h}$ betragen $\left(\boldsymbol{\pi}_{t}^{h}\boldsymbol{m}_{t-1}^{h}\right)$, höher oder gleich den Ausgaben sind, die mindestens notwendig gewesen wären, um bei den Preisen $\boldsymbol{\pi}_{t}^{h}$ gerade den Nutzen $u_{h,t-1}^{m}$ zu erzielen $\left(e_{h}^{m}\left(\boldsymbol{\pi}_{t}^{h};u_{h,t-1}^{m}\right)\right)$. Verwendet man anstelle der unbekannten Mengen $m_{i}^{h}\left(\boldsymbol{\pi}_{t}^{h};u_{h,t-1}^{m}\right)$ $(i = 1,\ldots,n_h)$ die in Zeitpunkt $t\text{-}1$ tatsächlich erworbenen Mengen $\boldsymbol{m}_{t-1}^{h}$, so gilt jetzt folgende Ungleichung:

(V.13)

$$Q_{h}^{m}\left(u_{h,t}^{m},u_{h,t-1}^{m};\boldsymbol{\pi}_{t-1}^{h}\right)\equiv\frac{E_{h,t}^{m}}{\sum_{i=1}^{n_h}\pi_{i,t}^{h}\cdot m_{i}^{h}\left(\boldsymbol{\pi}_{t}^{h};u_{h,t-1}^{m}\right)}\geq\frac{E_{h,t-1}^{m}}{\sum_{i=1}^{n_h}\pi_{i,t}^{h}\cdot m_{i,t-1}^{h}}\equiv Q_{h,Paas}^{m}\left(\boldsymbol{m}_{t}^{h},\boldsymbol{m}_{t-1}^{h};\boldsymbol{\pi}_{t}^{h}\right).$$

In diesem Fall liefert die rechte Seite von Ungleichung (V.13) den Paasche-Mengenindex, bei dem die zu den beiden Zeitpunkten nachgefragten Mengen mit den jeweiligen Preisen der Beobachtungszeitpunkt *t* gewichtet werden.

Verwendet man also zur Approximation des Wohlfahrtsindexes entweder den Paasche- oder den Laspeyres-Index, so erzielt man definitiv dann *keine* exakte Übereinstimmung, wenn man die Existenz einer „normalen" Nutzenfunktion unterstellt. Während der Laspeyres-Mengenindex den Wohlfahrtsindex bei den Preisen $\boldsymbol{\pi}_{t-1}^{h}$ überschätzt, fällt der Paasche-Mengenindex bei den Preisen $\boldsymbol{\pi}_{t}^{h}$ zu niedrig aus. Obwohl man also zeigen kann, daß beide Indexformeln einen „upward bias"[29] (Laspeyres-Index) bzw. eine „downward bias" (Paasche-Index) aufweisen, stellen beide Indexformeln die in der Praxis am häufigsten verwendeten dar.

Man könnte nun auf die Idee kommen, daß der Paasche- und der Laspeyres-Index die untere bzw. obere Grenze eines (identischen) Wohlfahrtsindexes bilden. Diese Vorstellung ist natürlich falsch, da die in den beiden Ungleichungen (V.12) und (V.13) betrachteten Wohlfahrtsindizes von verschiedenen Preissituationen ausgehen.[30]

Trotz dieser unterschiedlichen Preisbasis gibt es Versuche, mit Hilfe einer Durchschnittsbildung von Laspeyres- und Paasche-Index zu einem neuen, glaubwürdigeren Index zu gelangen. Neben dem arithmetischen Durchschnitt

29 Für die Bezeichnung, nicht aber für die Zuordnung siehe bereits I. Fisher (1927, S. 86).

30 Der Versuch, Grenzen für *einen* Index zu bestimmen, wurde zuerst nicht für den theoretisch korrekten Mengenindex (dem Wohlfahrtsindex), sondern für den theoretisch korrekten Preisindex (dem „True Cost of Living-Index" bzw. Konüs-Index genannt) vorgenommen. Bereits Konüs (1939, S. 17f.) aber auch Haberler (1927) mußten jedoch feststellen, daß sich (auch hier) der Laspeyres- und der Paasche-Preisindex auf unterschiedliche Konüs-Indizes beziehen.

$$(V.14)\quad Q^{m}_{h,Drob}\left(\mathbf{m}^{h}_{t},\mathbf{m}^{h}_{t-1};\boldsymbol{\pi}^{h}_{t},\boldsymbol{\pi}^{h}_{t-1}\right)\equiv\frac{1}{2}\left[Q^{m}_{h,Lasp}\left(\mathbf{m}^{h}_{t},\mathbf{m}^{h}_{t-1};\boldsymbol{\pi}^{h}_{t-1}\right)+Q^{m}_{h,Paas}\left(\mathbf{m}^{h}_{t},\mathbf{m}^{h}_{t-1};\boldsymbol{\pi}^{h}_{t}\right)\right]$$

wird dazu vor allem der geometrische Durchschnitt verwendet

$$(V.15)\quad Q^{m}_{h,FI}\left(\mathbf{m}^{h}_{t},\mathbf{m}^{h}_{t-1};\boldsymbol{\pi}^{h}_{t},\boldsymbol{\pi}^{h}_{t-1}\right)\equiv\left[Q^{m}_{h,Lasp}\left(\mathbf{m}^{h}_{t},\mathbf{m}^{h}_{t-1};\boldsymbol{\pi}^{h}_{t-1}\right)\cdot Q^{m}_{h,Paas}\left(\mathbf{m}^{h}_{t},\mathbf{m}^{h}_{t-1};\boldsymbol{\pi}^{h}_{t}\right)\right]^{1/2}.$$ [31]

Während Definition (V.14) dem „Drobisch-Index“[32] entspricht, wird in (V.15) der sogenannte „Fischer-Ideal-Index“[33] definiert. Letzterer spielt in der nachfolgenden Diskussion eine herausragende Rolle.

Die bloße Tatsache, daß die beiden Indizes aus den Grenzen *zweier* unabhängiger Wohlfahrtsindizes ermittelt werden, stellt jedoch wahrlich kein solides Fundament für die Wahl einer solchen Indexformel dar. Man muß sich also fragen, ob es möglicherweise nicht eine fundiertere Basis für die Selektion „der“ Indexformel gibt, die dem ökonomischen Hintergrund der Indexformeln stärker Rechnung trägt. Tatsächlich existieren solche Ansätze. Sie werden im folgenden dargestellt.

V.3.1.2 „Exakte“ Indexformeln

Der Versuch, einen Zusammenhang zwischen Indexformel und konkreter Nutzenfunktion herzustellen, ist ebenfalls nicht neu. Er läßt sich bis in die zwanziger Jahre dieses Jahrhunderts zurückverfolgen. Neben Bennet sind dabei Bowley, Frisch und Wald zu nennen.[34] Entscheidend ist dabei, daß als erstes eine konkrete Teilnutzenfunktion bestimmt wird. Für diese werden anschließend die Indexformeln gesucht, die in der Lage sind, die Funktionswertrelation, die aus der Teilnutzenfunktion resultiert, entweder vollständig oder doch zumindest weitgehend genau abzubilden. Stimmen Indexformel und Funktionswertrelation überein, so sagt man, die Indexformel sei „exakt“ in bezug auf die gewählte Teilnutzenfunktion.[35]

---

31 So schreibt Schumpeter (1961, S. 468f.) Knut Wicksell die Anregung zu, „das geometrische Mittel zwischen den beiden (gemeint sind der Laspeyres- und der Paasche-Index; der Verf.) zu nehmen...“, was „... er (gemeint ist Wicksell; der Verf.) aber nur mit dem Fehlen eines Auswahlkriteriums zwischen der Laspeyres- und der Paasche-Formel begründete“.

32 Dieser Index geht auf Drobisch (1871a, S. 154) zurück, wurde aber auch von Sidgwick (1883, S. 68) und Bowley (1899, S. 641, 1901, S. 227) verwendet. Eine intensive Diskussion erfolgt auch bei I. Fisher (1927, S. 174ff.).

33 Dieser Index wird insbesondere von Irving Fisher (1927, S. 221) propagiert, der ihm auch das Attribut „ideal“ gab: „Thus Formula 353 [Der Fisher-Ideal-Index entsprechend Definition (V.9); der Verf.],..., remains to take the first price for accuracy.“ Vor ihm oder zeitgleich haben (bereits) Bowley (1899, S. 641), Pigou (1932, S. 69) und Young (1921, S. 572) diese Indexformel verwendet.

34 Siehe dazu Bennet (1920, S. 460), Bowley (1928, S. 226), Frisch (1936, S. 27ff.) und Wald (1937, S. 198ff.).

35 Für diese Bezeichnung siehe erstmals Samuelson (1947, S. 155), später findet sie sich bei Afriat (1972, S. 45) und bei Diewert (1976, S. 117).

Es steht zu erwarten, daß man, je nachdem welche Teilnutzenfunktion man wählt, ganz unterschiedliche exakte Indexformeln erhält. Bevor man sich nun aber konkrete Funktionen ansieht, empfiehlt es sich, vorab eine Beziehung zwischen dem ausgabennormierten Preis einer Anlageform und der Grenz(teil)nutzen-Teilnutzen-Relation herzuleiten, die für alle *homothetischen* Funktionen gleichermaßen gilt.[36] Diese Relation soll im folgenden Hotelling-Euler-Beziehung genannt werden und sie schafft stets die Verbindung zwischen der funktionsbezogenen Betrachtungsweise der Aggregationstheorie und der Preis-Mengen-Betrachtung der (statistischen) Indextheorie.[37]

Für homothetische Teilnutzenfunktionen gilt, daß für eine gegebene Ausgabensumme $E_{h,\tau}^{m}$ und gegebene Preise $\left(\boldsymbol{\pi}_{\tau}^{h}\right)$ der maximale Teilnutzenwert $\left(\max u_{h,\tau}^{m}\right)$ gerade beim Maximum der linearhomogenen Basisteilnutzenfunktion $\left(\max \tilde{u}_{h,\tau}^{m}\right)$ liegt. Es ist also unerheblich, ob die Teilnutzen- oder die Basisteilnutzenfunktion maximiert werden. Maximiert man die linearhomogene Basisteilnutzenfunktion, so erhält man folgende Bedingungen erster Ordnung:

$$\text{(V.16)} \quad \frac{\partial \tilde{u}_h^m\left(\mathbf{m}_\tau^h\right)}{\partial m_{i,\tau}^h} = \lambda \pi_{i,\tau}^h \qquad \text{für} \quad i = 1,\ldots,n_h.$$

Substituiert man die Preise durch die mit dem Lagrangemultiplikator λ dividierten Grenzteilnutzen, so erhält man aus der Budgetrestriktion folgende Bedingung:

$$\text{(V.17)} \quad \sum_{i=1}^{n_h} m_{i,\tau}^h \frac{\partial \tilde{u}_h^m\left(\mathbf{m}_\tau^h\right)}{\partial m_{i,\tau}^h} \Big/ \lambda = \mathbf{m}_\tau^h \boldsymbol{\pi}_\tau^h .$$

Dividiert man Gleichung (V.16) durch Gleichung (V.17), so kürzt sich der Lagrangemultiplikator heraus und man erhält die sogenannte Hotelling-Beziehung:[38]

$$\text{(V.18)} \quad \frac{\pi_{i,\tau}^h}{\mathbf{m}_\tau^h \boldsymbol{\pi}_\tau^h} = \frac{\partial \tilde{u}_h^m\left(\mathbf{m}_\tau^h\right) / \partial m_{i,\tau}^h}{\sum_{i=1}^{n_h} m_{i,\tau}^h \frac{\partial \tilde{u}_h^m\left(\mathbf{m}_\tau^h\right)}{\partial m_{i,\tau}^h}} \qquad \text{für} \quad i = 1,\ldots,n_h.$$

Aus der Linearhomogenität der Basisteilnutzenfunktion folgt das bekannte Euler-Theorem. Demnach erhält man den Basisteilnutzen als Summe der mit ihrem Grenznutzen gewichteten Anlagevolumen:

---

36 Und nur solche Funktionen werden an dieser Stelle betrachtet! Eine Verallgemeinerung dieser Beziehung auf den nicht-homothetischen Fall wird weiter unten vorgenommen.

37 Für diese Beziehung siehe Diewert (1981, S. 181f.).

38 Sie wird Harold Hotelling (1935, S. 70f.) zugeschrieben.

$$\text{(V.19)}\quad \tilde{u}_h^m\left(\mathbf{m}_\tau^h\right)=\sum_{i=1}^{n_h}\frac{\partial\tilde{u}_h^m\left(\mathbf{m}_\tau^h\right)}{\partial m_{i,\tau}^h}\cdot m_{i,\tau}^h .$$

Verwendet man das Euler-Theorem jetzt im Rahmen der Hotelling-Beziehung, so bekommt man die oben angekündigte Beziehung zwischen dem ausgabennormierten Preis und der Grenz(teil)nutzen-Teilnutzen-Relation (Hotelling-Euler-Beziehung):

$$\text{(V.20)}\quad \frac{\pi_{i,\tau}^h}{\mathbf{m}_\tau^h\boldsymbol{\pi}_\tau^h}=\frac{\partial\tilde{u}_h^m\left(\mathbf{m}_\tau^h\right)/\partial m_{i,\tau}^h}{\sum_{i=1}^{n_h} m_{i,\tau}^h\frac{\partial\tilde{u}_h^m\left(\mathbf{m}_\tau^h\right)}{\partial m_{i,\tau}^h}}=\frac{\partial\tilde{u}_h^m\left(\mathbf{m}_\tau^h\right)/\partial m_{i,\tau}^h}{\tilde{u}_h^m\left(\mathbf{m}_\tau^h\right)}\qquad \text{für}\quad i=1,\ldots,n_h.$$

Mit Hilfe der Hotelling-Euler-Beziehung soll nun im einzelnen gezeigt werden,

- daß der Paasche- und der Laspeyres-Index exakt für eine lineare Teilnutzenfunktion sind,
- daß der Fisher-Ideal-Index exakt für eine quadratische Teilnutzenfunktion ist und
- daß der bereits bekannte Törnqvist-Theil-Index exakt für eine linearhomogene Translog-Funktion ist.

V.3.1.2.1 Laspeyres- und Paasche-Index als exakte Indexformeln

Satz V.1: (Laspeyres- und Paasche-Index als exakte Indexformel)

Weist die (direkte) Basisteilnutzenfunktion $\tilde{u}_h^m\left(m_{1,\tau}^h,\ldots,m_{n_h,\tau}^h\right)$ eine lineare, mit konstanten Koeffizienten versehene funktionale Form auf, so läßt sich die Relation der zu den Zeitpunkten *t* und *t-1* realisierten Basisteilnutzenwerten als Laspeyres- oder Paasche-Index der zu diesen Zeitpunkten vorherrschenden Mengen exakt abbilden. Es gilt dann also:[39]

$$\text{(V.21)}\quad \tilde{Q}_h^m\left(\mathbf{m}_t^h,\mathbf{m}_{t-1}^h\right)\equiv\frac{\tilde{u}_h^m\left(m_{1,t}^h,\ldots,m_{n_h,t}^h\right)}{\tilde{u}_h^m\left(m_{1,t-1}^h,\ldots,m_{n_h,t-1}^h\right)}=$$

$$=Q_{h,\text{Lasp}}^m\left(\mathbf{m}_{t-1}^h,\mathbf{m}_t^h;\boldsymbol{\pi}_{t-1}^h\right)=Q_{h,\text{Paas}}^m\left(\mathbf{m}_{t-1}^h,\mathbf{m}_t^h;\boldsymbol{\pi}_t^h\right),$$

39 In der Literatur findet man häufig eine Vektordarstellung der Indexformeln und Funktionen. In bezug auf die hier unterstellte lineare Funktion sieht dies wie folgt aus: $\tilde{u}_{h,\tau}^m=\boldsymbol{\alpha}^h\cdot\mathbf{m}_\tau^h$ (auf das Transponiert-Zeichen beim Vektor α^h wird hier verzichtet). Da diese Darstellung auf den ersten Blick jedoch häufig wenig aussagekräftig erscheint, wird im folgenden die etwas aufwendigere Summendarstellung gewählt. Für dieses Vorgehen siehe z.B. auch Krämer (1996, S. 21ff.).

$$\text{falls} \quad \tilde{u}^m_{h,\tau} = \sum_{i=1}^{n_h} \alpha^h_i m^h_{i,\tau} \qquad \text{für} \qquad \tau = t\text{-}1, t.$$

Der Beweis dieser Aussage ist sehr einfach. Er soll hier für den Laspeyres-Index vorgeführt werden.[40] Eine Anwendung auf den Paasche-Index ergibt sich analog. Der Einstieg gelingt am leichtesten, wenn man sich verdeutlicht, daß sich der Laspeyres-Index als Summe der mit ihren ausgabennormierten Preisen gewichteten Anlagevolumen darstellen läßt. Dies erlaubt sofort die Anwendung der Hotelling-Euler-Beziehung, bei der man anschließend nur noch die Gewichtungsfaktoren $\{\alpha^h_1, \dots, \alpha^h_{n_h}\}$ anstelle der partiellen Ableitungen einsetzen muß:[41]

$$\text{(V.22)} \quad Q^m_{h,\text{Lasp}}\left(\mathbf{m}^h_t, \mathbf{m}^h_{t-1}; \boldsymbol{\pi}^h_{t-1}\right) \equiv \frac{\sum_{i=1}^{n_h} \pi^h_{i,t-1} \cdot m^h_{i,t}}{\sum_{i=1}^{n_h} \pi^h_{i,t-1} \cdot m^h_{i,t-1}} = \sum_{i=1}^{n_h} \frac{\pi^h_{i,t-1}}{\boldsymbol{\pi}^h_{t-1} \cdot \mathbf{m}^h_{t-1}} \cdot m^h_{i,t}$$

$$= \sum_{i=1}^{n_h} \frac{\partial \tilde{u}^m_h\left(\mathbf{m}^h_{t-1}\right) / \partial m^h_{i,t-1}}{\tilde{u}^m_h\left(\mathbf{m}^h_{t-1}\right)} \cdot m^h_{i,t} \qquad \text{mit (V.20).}$$

$$= \sum_{i=1}^{n_h} \frac{\alpha^h_i}{\tilde{u}^m_h\left(\mathbf{m}^h_{t-1}\right)} \cdot m^h_{i,t} \qquad \text{da} \qquad \alpha^h_i = \partial \tilde{u}^m_h\left(\mathbf{m}^h_{t-1}\right) / \partial m^h_{i,t-1}$$

$$= \frac{\tilde{u}^m_h\left(\mathbf{m}^h_t\right)}{\tilde{u}^m_h\left(\mathbf{m}^h_{t-1}\right)} \qquad \text{mit} \qquad \tilde{u}^m_{h,\tau} = \sum_{i=1}^{n_h} \alpha^h_i m^h_{i,\tau}.$$

Nun verrät man kein Geheimnis, wenn man feststellt, daß lineare, mit konstanten Koeffizienten versehene (Teil-) Nutzenfunktionen keine sehr große Anwendungsbreite in der ökonomischen Theorie besitzen. Es wäre also ausgesprochen unbefriedigend, es bei der Analyse dieser einen Funktion zu belassen. Eine Alternative zu der additiven Basisteilnutzenfunktion stellt die homogene quadratische Funktion dar. Im folgenden Abschnitt wird gezeigt, daß sie die Grundlage für einen exakten Fisher-Ideal-Index darstellt.

---

[40] Siehe dazu Diewert (1981, S. 182) oder Pollak (1989, S. 26).

[41] Entscheidend ist, daß bei einer solchen Basisteilnutzenfunktion der Preisvektor $\boldsymbol{\pi}^h_\tau$ proportional zum Vektor der Gewichte sein muß $\{\alpha^h_1, \dots, \alpha^h_{n_h}\}$, sonst erhält man eine Ecklösung, die eine exakte Abbildung unmöglich macht.

V.3.1.2.2 Fisher-Ideal-Index als exakte Indexformel

Satz V.2: (Fisher-Ideal-Index als exakte Indexformel)

Weist die (direkte) Basisteilnutzenfunktion $\tilde{u}_h^m\left(m_{1,\tau}^h,\ldots,m_{n_h,\tau}^h\right)$ eine linearhomogene quadratische funktionale Form auf („quadratisches Mittel der Ordnung Zwei"), so läßt sich die Relation der zu den Zeitpunkten *t* und *t-1* realisierten Basisteilnutzenwerten als Fisher-Ideal-Index der zu diesen Zeitpunkten vorherrschenden Mengen exakt abbilden. Es gilt dann also:

$$\text{(V.23)}\quad \tilde{Q}_h^m\left(\mathbf{m}_t^h,\mathbf{m}_{t-1}^h\right)\equiv\frac{\tilde{u}_h^m\left(m_{1,t}^h,\ldots,m_{n_h,t}^h\right)}{\tilde{u}_h^m\left(m_{1,t-1}^h,\ldots,m_{n_h,t-1}^h\right)}=Q_{h,FI}^m\left(\mathbf{m}_{t-1}^h,\mathbf{m}_t^h;\boldsymbol{\pi}_{t-1}^h,\boldsymbol{\pi}_t^h\right),$$

$$\text{falls}\quad \tilde{u}_{h,\tau}^m=\left(\sum_{i=1}^{n_h}\sum_{j=1}^{n_h}\alpha_{ij}^h m_{i,\tau}^h m_{j,\tau}^h\right)^{1/2}\quad\text{für}\quad \tau=t-1,t.$$

Entsprechend der Hotelling-Euler-Beziehung (Gleichung V.20) gilt im Falle einer linearhomogenen quadratischen funktionalen Form für jede Anlageform und zu jedem Zeitpunkt folgender Zusammenhang:

$$\text{(V.24)}\quad \frac{\pi_{i,\tau}^h}{\mathbf{m}_\tau^h\boldsymbol{\pi}_\tau^h}=\frac{\partial\tilde{u}_h^m\left(\mathbf{m}_\tau^h\right)/\partial m_{i,\tau}^h}{\tilde{u}_h^m\left(\mathbf{m}_\tau^h\right)}=\frac{1}{2}\cdot\frac{2\sum_{j=1}^{n_h}\alpha_{ij}^h m_{j,\tau}^h}{\sum_{i=1}^{n_h}\sum_{j=1}^{n_h}\alpha_{ij}^h m_{i,\tau}^h m_{j,\tau}^h}=\frac{\sum_{j=1}^{n_h}\alpha_{ij}^h m_{j,\tau}^h}{\sum_{i=1}^{n_h}\sum_{j=1}^{n_h}\alpha_{ij}^h m_{i,\tau}^h m_{j,\tau}^h}$$

$$\text{für}\quad i=1,\ldots,n_h\quad\text{und}\ \tau=t-1,t.$$

Setzt man dies nun in die Formel des Fisher-Ideal-Indexes ein (Gleichung V.15), erkennt man, daß dieser tatsächlich exakt bezogen auf eine, mit Hilfe der linearhomogenen quadratischen Basisteilnutzenfunktion gebildeten, Funktionswertrelation ist[42]

$$\text{(V.25)}\quad Q_{h,FI}^m\left(\mathbf{m}_t^h,\mathbf{m}_{t-1}^h;\boldsymbol{\pi}_{t-1}^h\right)\equiv$$

$$\left(\frac{\sum_{i=1}^{n_h}\pi_{i,t-1}^h\cdot m_{i,t}^h}{\sum_{i=1}^{n_h}\pi_{i,t-1}^h\cdot m_{i,t-1}^h}\cdot\frac{\sum_{i=1}^{n_h}\pi_{i,t}^h\cdot m_{i,t}^h}{\sum_{i=1}^{n_h}\pi_{i,t}^h\cdot m_{i,t-1}^h}\right)^{1/2}=\left(\sum_{i=1}^{n_h}\frac{\pi_{i,t-1}^h}{\mathbf{m}_{t-1}^h\boldsymbol{\pi}_{t-1}^h}\cdot m_{i,t}^h\cdot\frac{1}{\sum_{i=1}^{n_h}\frac{\pi_{i,t}^h}{\mathbf{m}_t^h\boldsymbol{\pi}_t^h}\cdot m_{i,t-1}^h}\right)^{1/2}=$$

42 Siehe dazu wiederum Diewert (1981, S. 184).

$$= \left(\frac{\sum_{i=1}^{n_h} \frac{\sum_{j=1}^{n_h} \alpha_{ij}^h m_{j,t-1}^h}{\sum_{i=1}^{n_h}\sum_{j=1}^{n_h} \alpha_{ij}^h m_{i,t-1}^h m_{j,t-1}^h} \cdot m_{i,t}^h}{\sum_{i=1}^{n_h} \frac{\sum_{j=1}^{n_h} \alpha_{ij}^h m_{j,t}^h}{\sum_{i=1}^{n_h}\sum_{j=1}^{n_h} \alpha_{ij}^h m_{i,t}^h m_{j,t}^h} \cdot m_{i,t-1}^h} \right)^{1/2} = \left(\frac{\sum_{i=1}^{n_h}\sum_{j=1}^{n_h} \alpha_{ij}^h m_{i,t}^h m_{j,t-1}^h}{\sum_{i=1}^{n_h}\sum_{j=1}^{n_h} \alpha_{ij}^h m_{i,t-1}^h m_{j,t-1}^h} \cdot \frac{\sum_{i=1}^{n_h}\sum_{j=1}^{n_h} \alpha_{ij}^h m_{i,t}^h m_{j,t}^h}{\sum_{i=1}^{n_h}\sum_{j=1}^{n_h} \alpha_{ij}^h m_{i,t-1}^h m_{j,t}^h} \right)^{1/2} =$$

$$= \frac{\tilde{u}_h^m(\mathbf{m}_t^h)}{\tilde{u}_h^m(\mathbf{m}_{t-1}^h)} \quad \text{mit} \quad \tilde{u}_{h,\tau}^m = \left(\sum_{i=1}^{n_h}\sum_{j=1}^{n_h} \alpha_{ij}^h m_{i,\tau}^h m_{j,\tau}^h \right)^{1/2} \qquad \tau = t\text{-}1, t.$$

Damit besitzt der Fisher-Ideal-Index somit einen aggregationstheoretischen Hintergrund. Immer dann, wenn man unterstellen kann, daß die Teilnutzenfunktion auf einer linearhomogenen quadratischen Basisteilnutzenfunktion basiert, kann man die Funktionswertrelation zweier zeitpunktabhängiger Basisteilnutzenwerte mittels eines Fisher-Ideal-Indexes abbilden.

Wie sieht es nun aber aus, wenn man, so wie im aggregationstheoretischen Teil der Arbeit geschehen, statt einer solchen funktionalen Form für die Basisteilnutzenfunktion eine transzendente logarithmische (Translog-) Funktion verwendet? Existiert auch für sie eine exakte Mengenindexformel? Im folgenden Abschnitt wird nun gezeigt, daß sich diese Frage bejahen läßt. Der exakte Index für die Translog-Funktion ist der Törnqvist-Theil-Index, der weiter oben bereits als zeitdiskrete Approximation des zeitstetigen Divisia-Indexes vorgeschlagen wurde.

V.3.1.2.3 Törnqvist-Theil-Index als exakte Indexformel

Satz V.3: (Törnqvist-Theil-Index als exakte Indexformel)

Weist die (direkte) Basisteilnutzenfunktion $\tilde{u}_h^m\left(m_{1,\tau}^h,\ldots,m_{n,\tau}^h\right)$ die Form einer linearhomogenen transzendenten logarithmischen (Translog-) Funktion auf, so läßt sich die Relation der zu den Zeitpunkten *t* und *t-1* realisierten Basisteilnutzenwerten als Törnqvist-Theil-Index der zu diesen Zeitpunkten vorherrschenden Mengen exakt abbilden. Es gilt dann also:

$$\text{(V.26)} \quad \tilde{Q}_h^m\left(\mathbf{m}_t^h,\mathbf{m}_{t-1}^h\right) \equiv \frac{\tilde{u}_h^m\left(m_{1,t}^h,\ldots,m_{n,t}^h\right)}{\tilde{u}_h^m\left(m_{1,t-1}^h,\ldots,m_{n_h,t-1}^h\right)} = Q_{h,TT}^m\left(\mathbf{m}_{t-1}^h,\mathbf{m}_t^h;\boldsymbol{\pi}_{t-1}^h,\boldsymbol{\pi}_t^h\right),$$

$$\text{falls} \quad \ln \tilde{u}^m_{h,\tau} = \alpha^h_0 + \sum_{i=1}^{n_h} \alpha^h_i \ln m^h_{i,\tau} + \frac{1}{2}\sum_{i=1}^{n_h}\sum_{j=1}^{n_h} \beta^h_{ij} \ln m^h_{i,\tau} \ln m^h_{j,\tau} \quad \text{für} \quad \tau = t\text{-}1,t$$

$$\text{mit} \quad \sum_{i=1}^{n} \alpha^h_i = 1; \quad \beta^h_{ij} = \beta^h_{ji} \quad \text{und} \quad \sum_{i=1}^{n} \beta^h_{ij} = 0.$$

Bevor man den Exaktheitsbeweis führen kann, muß man das „quadratische Approximations-Lemma" einführen.[43] Für jede linearhomogene quadratische Funktion

$$\text{(V.27)} \quad f(z_{1,\tau},\ldots,z_{n,\tau}) = \gamma_0 + \sum_{i=1}^{n} \gamma_i z_{i,\tau} + \frac{1}{2}\sum_{i=1}^{n}\sum_{j=1}^{n} \gamma_{ij} z_{i,\tau} z_{j,\tau} \quad \text{mit} \sum_{i=1}^{n} \alpha^h_i = 1; \; \gamma_{ij} = \gamma_{ji} \quad \text{und} \sum_{i=1}^{n} \gamma_{ij} = 0$$

sowie der partiellen Ableitung

$$\text{(V.28)} \quad \frac{\partial f}{\partial z_{i,\tau}} = \gamma_i + 2\frac{1}{2}\sum_{j=1}^{n} \gamma_{ij} z_{j,\tau} = \gamma_i + \sum_{j=1}^{n} \gamma_{ij} z_{j,\tau}$$

läßt sich die Differenz zweier zeitpunktabhängiger (*t* und *t-1*) Werte mittels der Differenz der partiellen Ableitungen darstellen:

$$\text{(V.29)} \quad f(\mathbf{z}_t) - f(\mathbf{z}_{t-1}) =$$

$$= \left(\gamma_0 + \sum_{i=1}^{n} \gamma_i z_{i,t} + \frac{1}{2}\sum_{i=1}^{n}\sum_{j=1}^{n} \gamma_{ij} z_{i,t} z_{j,t}\right) - \left(\gamma_0 + \sum_{i=1}^{n} \gamma_i z_{i,t-1} + \frac{1}{2}\sum_{i=1}^{n}\sum_{j=1}^{n} \gamma_{ij} z_{i,t-1} z_{j,t-1}\right)$$

$$= \sum_{i=1}^{n} \gamma_i (z_{i,t} - z_{i,t-1}) + \frac{1}{2}\sum_{i=1}^{n}\sum_{j=1}^{n} \gamma_{ij} z_{j,t} (z_{i,t} - z_{i,t-1}) + \frac{1}{2}\sum_{i=1}^{n}\sum_{j=1}^{n} \gamma_{ij} z_{j,t-1} (z_{i,t} - z_{i,t-1})$$

$$= \frac{1}{2}\sum_{i=1}^{n}\left(\gamma_i + \sum_{j=1}^{n} \gamma_{ij} z_{j,t}\right)(z_{i,t} - z_{i,t-1}) + \frac{1}{2}\sum_{i=1}^{n}\left(\gamma_i + \sum_{j=1}^{n} \gamma_{ij} z_{j,t-1}\right)(z_{i,t} - z_{i,t-1})$$

$$= \frac{1}{2}\sum_{i=1}^{n}\left[\left(\frac{\partial f(\mathbf{z}_t)}{\partial z_{i,t}} + \frac{\partial f(\mathbf{z}_{t-1})}{\partial z_{i,t-1}}\right)(z_{i,t} - z_{i,t-1})\right].$$

43 Vgl. Diewert, 1976, S. 117. Mit diesem Lemma arbeiten auch Malmqvist (1993, S. 254) und Balk (1995, S. 151).

Dieses quadratische Approximations-Lemma läßt sich nun wie folgt verwenden:[44] Zuerst sollen die Festlegungen gelten, wonach

(V.30) $f(\mathbf{z}_\tau) = \ln \tilde{u}_h^m(\mathbf{m}_\tau^h)$ und $z_{i,\tau} = \ln m_{i,\tau}^h$ für τ = t-1,t und i = 1,...,n_h sei.

Damit erhält man entsprechend die folgenden partiellen Ableitungen

(V.31) $$\frac{\partial f(\mathbf{z}_\tau)}{\partial z_{i,\tau}} = \frac{\partial \ln \tilde{u}_h^m(\mathbf{m}_\tau^h)}{\partial \ln m_{i,\tau}^h} = \frac{\partial \tilde{u}_h^m(\mathbf{m}_\tau^h)}{\partial m_{i,\tau}^h} \cdot \frac{m_{i,\tau}^h}{\tilde{u}_h^m(\mathbf{m}_\tau^h)}$$ für τ = t-1,t und i = 1,...,n_h,

die man nun in das quadratische Approximations-Lemma einsetzen kann:

(V.32) $$\ln \tilde{u}_h^m(\mathbf{m}_t^h) - \ln \tilde{u}_h^m(\mathbf{m}_t^h) =$$

$$= \frac{1}{2} \sum_{i=1}^{n_h} \left[\left(\frac{\partial \tilde{u}_h^m(\mathbf{m}_t^h)}{\partial m_{i,t}^h} \cdot \frac{m_{i,t}^h}{\tilde{u}_h^m(\mathbf{m}_t^h)} + \frac{\partial \tilde{u}_h^m(\mathbf{m}_{t-1}^h)}{\partial m_{i,t-1}^h} \cdot \frac{m_{i,t-1}^h}{\tilde{u}_h^m(\mathbf{m}_{t-1}^h)} \right) \cdot \left(\ln m_{i,t}^h - \ln m_{i,t-1}^h \right) \right]$$

Unter Verwendung der Hotelling-Euler-Beziehung (Gleichung V.20) erhält man dann die logarithmierte Variante des Törnqvist-Theil-Indexes:

(V.33) $$\ln \tilde{u}_h^m(\mathbf{m}_t^h) - \ln \tilde{u}_h^m(\mathbf{m}_{t-1}^h) = \sum_{i=1}^{n_h} \left[\frac{1}{2} \left(\frac{\pi_{i,t}^h m_{i,t}^h}{\mathbf{m}_t^h \boldsymbol{\pi}_t^h} + \frac{\pi_{i,t-1}^h m_{i,t-1}^h}{\mathbf{m}_{t-1}^h \boldsymbol{\pi}_{t-1}^h} \right) \cdot \left(\ln m_{i,t}^h - \ln m_{i,t-1}^h \right) \right].$$

Delogarithmiert man Gleichung (V.33), so sieht man also, daß der zeitdiskrete Törnqvist-Theil-Index exakt in bezug auf die linearhomogene Translog-Funktion ist.

(V.34) $$\frac{\tilde{u}_h^m(\mathbf{m}_t^h)}{\tilde{u}_h^m(\mathbf{m}_{t-1}^h)} = \prod_{i=1}^{n_h} \left(\frac{m_{i,t}^h}{m_{i,t-1}^h} \right)^{\frac{1}{2}(s_{i,t}^h + s_{i,t-1}^h)}$$ mit $$s_{i,\tau}^h = \frac{\pi_{i,\tau}^h m_{i,\tau}^h}{\mathbf{m}_\tau^h \boldsymbol{\pi}_\tau^h}$$

für τ = t-1,t und i = 1,...,n_h.

Es zeigt sich damit, daß es grundsätzlich viele verschiedene Indexformeln zu geben scheint, die exakt in bezug auf eine bestimmte Aggregationsfunktion sind.[45] Man

---

[44] Vgl. Diewert, 1981, S. 186ff.

[45] Neben den hier aufgeführten Aggregationsfunktionen und Indexformeln zeigt Diewert (1981, S. 183), daß der von Jevons (1863, S. 53) eingeführte geometrische Mengenindex $Q_{h,Jev}^m\left(\boldsymbol{m}_t^h, \boldsymbol{m}_{t-1}^h; \boldsymbol{\pi}_t^h, \boldsymbol{\pi}_{t-1}^h\right) \equiv \prod_{i=1}^{n} \left(m_{i,t}^h / m_{i,t-1}^h\right)^{s_i}$ mit $s_i \equiv f_i^h(s_{i,t}, s_{i,t-1}); s_{i,\tau} \equiv \pi_{i,\tau}^h m_{i,\tau}^h / \boldsymbol{\pi}_\tau^h \boldsymbol{m}_\tau^h$

muß sich also fragen, ob man für die Selektion einer Indexformel nicht ein Kriterium für die zugrundezulegende *Aggregationsfunktion* bestimmen sollte. Ein solches Kriterium kann die Approximationseigenschaft der Aggregationsfunktion darstellen.

V.3.1.3 „Superlativische" Indexformeln

Diewert bezeichnet solche Indexformeln mit „superlativisch", die *exakt bezüglich einer flexiblen funktionalen Form* sind.[46] Entsprechend der Begriffsdefinition im aggregationstheoretischen Teil dieser Arbeit stellen „flexible" Funktionen dabei Approximationen zweiter Ordnung beliebiger Funktionen dar.[47] Solche Approximationsfunktionen sind somit hinreichend allgemein, um – wenigstens im Approximationspunkt – ohne a priori getroffene Annahmen über die konkrete Gestalt der Aggregationsfunktion auszukommen.[48] Historisch gesehen wurde der Begriff „superlativisch" erstmals von Irving Fisher gebraucht. Anders als bei dem hier verwendeten Begriffsinhalt diente er ihm jedoch als eine Bezeichnung für die Gruppe von Indexformeln, die im Rahmen seines Test-Ansatzes am besten abschnitten.[49] Mit der hier vorgenommenen Definition bilden die superlativischen Indexformeln das Verbindungsglied zwischen der (mikro-) ökonomischen Aggregations- und der statistischen Indextheorie.[50]

Da die Translog-Funktion auf der Basis einer Taylor-Entwicklung zweiter Ordnung entstanden ist, erfüllt sie das verlangte Kriterium der „Flexibilität".[51] Dies war ja gerade das entscheidende Argument dafür, warum die Translog-Funktion in empirischen

---

$(\tau = t\text{-}1,t)$ und $f_i^h(s_i, s_i) = s_i$ exakt in bezug auf die bekannte Cobb-Douglas Funktion $u_h^m(m_\tau^h) \equiv \prod_{i=1}^{n} (m_{i,\tau}^h)^{\alpha_i}$ mit $\sum_{i=1}^{n} \alpha_i = 1$ ist (Pollak, 1989, S. 23f. zeigt, daß man den geometrische Index dann und nur dann erhält, wenn die zugrunde liegende Aggregationsfunktion eine Cobb-Douglas Funktion ist).

46 Diese Definition findet sich so formuliert in Diewert (1978, S. 884): „A superlative quantity index is an index number formula which is consistent with a consumer or producer maximizing a "flexible" aggregator function subject to a budget constraint." Seinen Ursprung besitzt die hier verwendete Definition von „superlativisch" bei Diewert (1976, S. 117). Hier definiert er den Term wie folgt: „Let us call a quantity index *Q 'superlative"* [...] if it is *exact* for an *f* which can provide a second-order approximation to a linear homogeneous function." (Hervorhebung im Original, der Verf.) Letzteres stellt aber nichts anderes dar, als die Definition der „Flexibilität" einer Funktion. Man könnte nun meinen, Diewert (1976, S. 117) fokussiert mit seiner frühen Definition ausschließlich auf *linearhomogene* (Teil-) Nutzenfunktionen. Dies ist aber ein Trugschluß, denn approximiert wird nicht die (Teil-) Nutzenfunktion, sondern die *Aggregations*funktion. Diese hat aber immer linearhomogen zu sein, entweder als Basisteilnutzenfunktion oder als Distanzfunktion. Die 1976er Definition von „superlativisch" trifft also nicht nur für homothetische, sondern auch für nicht-homothetische (Teil-) Nutzenfunktionen zu. Um solche Mißverständnisse zu vermeiden, wurde die etwas unverbindlichere Definition aus dem Jahre 1978 gewählt.

47 Für diese Definition siehe die aggregationstheoretischen Ausführungen.

48 Die einzige Festlegung, die getroffen wird, ist die, daß eine Aggregationsfunktion linearhomogen in den Mengen sein soll. Andernfalls eignet sie sich nicht als Aggregationsfunktion.

49 Vgl. Irving Fisher, 1927, S. 247ff.

50 Vgl. Barnett, 1982b, S. 413ff.

51 Siehe dazu Kapitel IV.2.4.2.1.1.

Studien so starke Verbreitung gefunden hat. Bei einer entsprechenden Parameterwahl ist die Translog-Funktion zudem linearhomogen. Die Flexibiltät einer solchen linearhomogenen Translog-Funktion impliziert zugleich, daß der Törnqvist-Theil-Index dann superlativisch ist, denn schließlich ist dieser exakt in bezug auf eine linearhomogene Translog-Funktion. Dieses Ergebnis soll mit folgendem Satz festgehalten werden:

Satz V.4: (Törnqvist-Theil-Index als superlativische Indexformel)

Da der Törnqvist-Theil-Index exakt für eine Funktionswertrelation auf der Basis einer linearhomogenen Translog-Funktion ist und da eine linearhomogene Translog-Funktion eine (Taylor-) Approximation zweiter Ordnung einer beliebigen linearhomogenen (Aggregations-) Funktion ist, ist der Törnqvist-Theil-Index superlativisch.

Für den Beweis dieses Satzes sei an dieser Stelle auf den obigen Exaktheitsbeweis des Törnqvist-Theil-Indexes und die Herleitung der Translog-Funktion verwiesen.[52]

Wie sieht es jedoch mit den anderen Indexformeln aus? Sind der Laspeyres-, der Paasche- und der Fisher-Ideal-Index superlativisch? Grundlage für die Exaktheit des Laspeyres- und des Paasche-Indexes sind linearhomogene Funktionen, die *linear in den Mengen* sind. Solche Funktionen können nun keinesfalls Approximationen *zweiter* Ordnung beliebiger (linearhomogener) Funktionen sein, sondern bestenfalls *Approximationen erster Ordnung*. Deshalb sind weder der Laspeyres- noch der Paasche-Index superlativisch. Damit unterliegen sie dem Törnqvist-Theil-Index. Entsprechend dem Kriterium, „superlativisch" zu sein, müssen sie also von der nachfolgenden Betrachtung ausgesondert werden. Anders sieht es jedoch beim Fisher-Ideal-Index aus. Er ist superlativisch:

Satz V.5: (Fisher-Ideal-Index als superlativischer Index)

Da der Fisher-Ideal-Index exakt für eine Funktionswertrelation auf der Basis der linearhomogenen quadratischen Funktion („Quadratisches Mittel der Ordnung Zwei") ist und da eine linearhomogene quadratische Funktion eine Approximation zweiter Ordnung einer beliebigen zweifach differenzierbaren linearhomogenen (Aggregations-) Funktion ist, ist der Fisher-Ideal-Index superlativisch.

Neben dem bereits oben vorgeführten Exaktheitsbeweis muß hier also gezeigt werden, daß die linearhomogene quadratische Funktion („Quadratisches Mittel der Ordnung Zwei") eine Approximation zweiter Ordnung einer beliebigen zweifach differenzierbaren linearhomogenen Funktion ist. Da das „Quadratische Mittel der Ordnung

[52] Für einen direkten Nachweis, wonach die linearhomogene Translog-Funktion eine Approximation zweiter Ordnung einer linearhomogenen Aggregationsfunktion darstellt, siehe z.B. Lau (1986, S. 1542ff.).

Zwei" nicht aus einer Taylor-Entwicklung hergeleitet werden kann, muß hierfür grundsätzlich eine andere Beweisführung gewählt werden:[53]

Die Definition der Approximation zweiter Ordnung verlangt eine lokale numerische Übereinstimmung zwischen der (unbekannten) zu approximierenden Funktion $\tilde{u}_{h,\tau}^{m}(\cdot)$ und der Approximationsfunktion $\bar{\tilde{u}}_{h,\tau}^{m}(\cdot)$ in bezug auf den Funktionswert, den Wert der ersten und den der zweiten Ableitung. Bei einem beliebigen Mengenvektor $\boldsymbol{m}_0^h = \left(m_{1,0}^h, \ldots, m_{n_h,0}^h\right)$ muß also folgendes gelten:[54]

$$\text{(V.35)} \quad \text{i)} \quad \tilde{u}_h^m\left(\mathbf{m}_0^h\right) = \bar{\tilde{u}}_h^m\left(\mathbf{m}_0^h\right),$$

$$\text{ii)} \quad \frac{\partial \tilde{u}_h^m\left(\mathbf{m}_0^h\right)}{\partial m_{i,0}^h} = \frac{\partial \bar{\tilde{u}}_h^m\left(\mathbf{m}_0^h\right)}{\partial m_{i,0}^h} \qquad \text{und}$$

$$\text{iii)} \quad \frac{\partial^2 \tilde{u}_h^m\left(\mathbf{m}_0^h\right)}{\partial m_{i,0}^h \partial m_{j,0}^h} = \frac{\partial^2 \bar{\tilde{u}}_h^m\left(\mathbf{m}_0^h\right)}{\partial m_{i,0}^h \partial m_{j,0}^h} \qquad \text{für } i,j = 1,\ldots,n_h \text{ und für } \tau = t,\ldots,t-T$$

Die vorausgesetzte Linearhomogenität der beiden Funktionen impliziert, daß man das Euler- Theorem anwenden kann, wonach sich der Funktionswert als Summe der mit ihren Mengenwerten gewichteten partiellen Grenznutzen ergibt:

$$\text{(V.36)} \quad \tilde{u}_{h,0}^h\left(\mathbf{m}_0^h\right) = \sum_{i=1}^{n_h} \frac{\partial \tilde{u}_{h,0}^h\left(\mathbf{m}_0^h\right)}{\partial m_{i,0}^h} \cdot m_{i,0}^h .$$

Ist Bedingung (V.35 ii) erfüllt, so impliziert dies im bei linearhomogenen Funktionen zugleich das Vorliegen von Bedingung (V.35 i). Die Linearhomogenität impliziert darüber hinaus aber auch, daß die Summe der mit ihren Mengen gewichteten *zweiten* Ableitungen Null sein muß:[55]

$$\text{(V.37)} \quad 0 = \sum_{i=1}^{n_h} \frac{\partial^2 \tilde{u}_{h,0}^h\left(\mathbf{m}_0^h\right)}{\partial m_{i,0}^h \partial m_{j,0}^h} \cdot m_{i,0}^h \qquad \text{für } i,j = 1,\ldots,n_h.$$

---

[53] Für diesen Beweis siehe Diewert (1974b, S. 125). Ein etwas allgemeinerer Beweis findet sich in Diewert (1976, S. 140f.).

[54] Siehe dazu wiederum Abschnitt IV.2.4.2.1.1.

[55] Bei linearhomogenen Funktionen ist die erste Ableitung homogen vom Grade Null, so daß sich eine proportionale Änderung aller Komponenten nicht auswirken darf. Dies liegt gerade dann vor, wenn die Summe der zweiten Ableitungen Null ist.

Entscheidend ist also, daß die Bedingungen (V.35 ii) und (V.35 iii) erfüllt sind. Verwendet man die funktionale Form eines „Quadratischen Mittels der Ordnung Zwei" (siehe Gleichung V.23), so erhält man für die erste Ableitung anstelle von Bedingung (V.35 ii)

$$\text{(V.38)} \quad \frac{\partial \bar{\tilde{u}}_h^m\left(\mathbf{m}_0^h\right)}{\partial m_{i,0}^h} = \frac{1}{\bar{\tilde{u}}_h^m\left(\mathbf{m}_0^h\right)} \sum_{j=1}^{n_h} \alpha_{ij}^h m_{j,0}^h = \frac{\partial \tilde{u}_h^m\left(\mathbf{m}_0^h\right)}{\partial m_{i,0}^h} \qquad \text{für } i = 1,\ldots,n_h.$$

Aus Bedingung (V.35 iii) wird entsprechend:

$$\text{(V.39)} \quad \frac{\partial^2 \bar{\tilde{u}}_h^m\left(\mathbf{m}_0^h\right)}{\partial m_{i,0}^h \partial m_{j,0}^h} = -\frac{1}{\bar{\tilde{u}}_h^m\left(\mathbf{m}_0^h\right)} \cdot \frac{\partial \bar{\tilde{u}}_h^m\left(\mathbf{m}_0^h\right)}{\partial m_{i,0}^h} \cdot \frac{\partial \bar{\tilde{u}}_h^m\left(\mathbf{m}_0^h\right)}{\partial m_{j,0}^h} + \frac{\alpha_{ij}^h}{\bar{\tilde{u}}_h^m\left(\mathbf{m}_0^h\right)} = \frac{\partial^2 \tilde{u}_h^m\left(\mathbf{m}_0^h\right)}{\partial m_{i,0}^h \partial m_{j,0}^h}$$

$$\text{für } 1 \leq i < j \leq n_h.$$

Man erhält also ein System linearer Gleichungen in den Parametern α_{ij}, die so geschätzt werden können, daß die Gleichungen (V.38) und (V.39) erfüllt werden. Dabei kann in der Weise verfahren werden, daß man von den insgesamt zu schätzenden n_h^2 Parametern genau $n_h(n_h - 1)$ Parameter anhand der Gleichungen (V.39) bestimmt (α_{ij} für $i \neq j$). Die restlichen n_h Parameter kann man dann mittels der Gleichungen (V.38) ermitteln (α_{ii}).

Nicht nur der Törnqvist-Theil-Index, sondern auch der Fisher-Ideal-Index stellen somit eine superlativische Indexformel dar. Der Wert solcher Indexformeln kann nicht zu hoch eingeschätzt werden, stellen sie doch „eine gute Annäherung an den ‚wahren' Index (gemeint ist der Wohlfahrtsindex, der Verf.) für eine große Klasse von Präferenzordnungen [dar]"[56].

Allerdings vermag das Kriterium, superlativische Indexformel zu sein, nicht zwischen dem Törnqvist-Theil und dem Fisher-Ideal-Index zu diskriminieren. Entsprechend der oben angesprochenen Logik ist es deshalb notwendig, die statistischen Eigenschaften beider Indexformeln zu betrachten. Möglicherweise ist hier die eine der anderen überlegen.

---

[56] Hoffmann, 1998, S. 21.

V.3.2 Der Test-Ansatz als „Finder of Formulae“[57]

Bislang wurden ausschließlich die ökonomischen Eigenschaften von Indexformeln analysiert. Wenig wurde darüber gesagt, ob es nicht noch normative Anforderungen an Indexformeln gibt, die diese *unabhängig von einer gegebenen Problemstellung* erfüllen sollten, um als statistische Zahl „glaubwürdig“ zu sein.[58] Dabei richtet sich diese „Glaubwürdigkeit“ einer Indexformel nicht nach der numerischen Übereinstimmung mit einer (bekannten oder unbekannten) Funktionswertrelation, sondern danach, inwieweit die aus der Indexformel resultierende Indexzahl als plausibles Maß für die Veränderung eines unbekannten Mengenaggregats interpretiert werden kann.[59] Das Kriterium der „Plausibilität“ wird in der Literatur durch eine mehr oder weniger umfangreiche Anzahl von „Tests“[60] zu erfassen versucht, wobei sich der Gedanke, entsprechend dem es sich bei der Veränderung des Aggregats *um einen Durchschnitt der Veränderung der einzelnen Komponenten* handeln müsse, in zahlreichen Tests wiederfindet.[61] Die Tests bilden die Grundlage für die *statistischen* Eigenschaften der verschiedenen Indexformeln.[62] Im folgenden werden verschiedene Tests vorgestellt, wobei *nicht* versucht wird, einen vollständigen Überblick über *alle* in der Literatur diskutierten Anforderungen zu geben.[63] Vielmehr handelt es sich hierbei nur um häufig als wesentlich angesehene Eigenschaften von Indexformeln.[64]

---

57 Irving Fisher (1927, S. 118).

58 Für Allen (1975, S. 5f.) bildet die Unabhängigkeit von einer gegebenen Problemstellung den entscheidenden Unterschied zwischen dem ökonomischen (bei ihm dem „aggregative approach“) und dem statistischen (bei ihm dem „stochastic approach“) Ansatz.

59 Bezogen auf einen Preisindex schreibt Ruist (1968, S. 154): „The problem that arises is how to combine the relaive changes in the prices of various commodities into a single index number that can meaningfully be interpreted as a measure of the relative change in the general price level.“ Barta (1997, S. 9) vergleicht diesen „test approach“ (Frisch, 1936, S. 5) mit den Prinzipien der Physik und sieht in ihm einen zentralen Bestandteil moderner Indextheorie: „The axiomatic approach of price indices is actually a modern evolution of Fisher's original program, that is treating economics with the same rationality as physical sciences, therefore we might say that axiomatics belong to the modern theory of index numbers.“

60 Wald (1937, S. 180) verwendet den deutschen Ausdruck „Probe“. Diese Bezeichnung hat sich in der deutschsprachigen Literatur nicht durchgesetzt.

61 Bezogen auf einen Preisindex schreibt Allen (1975, S. 7): „There is one matter always to be kept in mind in constructing and in handling index numbers ... . It is simply that a price index number is an average; a single summary figure derived from a great variety of price movements.“ Klar ist dann auch, daß das Indexproblem keines mehr ist, wenn solche Preisbewegungen nicht existieren: „If there were no such variation, the index would be trivial; what we need to know is how much variation there is.“ (Allen, 1975, S. 7).

62 Diese statistischen Eigenschaften werden umso wichtiger, je weniger die Voraussetzungen für die ökonomischen Eigenschaften vorliegen. So unterstellt z.B. Howitt (1997, S. 140), daß die Konsumenten weder vollständig informiert seien noch über eine konsistente Präferenzordnung verfügen. Es ist klar, daß in einer solchen Welt die ökonomischen Eigenschaften weitgehend irrelevant sind.

63 So listet z.B. Diewert (1992, S. 214ff. und 1995b, S. 6ff.) insgesamt zwanzig verschiedene Tests auf, von denen hier nur elf betrachtet werden.

64 Da es sich bei diesem „statistischen Ansatz“ (Allen, 1975, S. 47) um einen normativen, mit Werturteilen arbeitenden Ansatz zur Beurteilung der verschiedenen Indexformeln handelt, wird die

1. Strict Monotonicity Test:

   Der Wert des Mengenindexes steigt, wenn gegenüber der Vergleichsperiode mindestens eine Geldkomponente gewachsen ist und alle anderen Komponenten zumindest nicht abgenommen haben.[65]

$$Q_h^m\left(\mathbf{m}_t^h,\mathbf{m}_{t-1}^h;\boldsymbol{\pi}_t^h,\boldsymbol{\pi}_{t-1}^h\right) > Q_h^m\left(\mathbf{m}_{t+1}^h,\mathbf{m}_{t-1}^h;\boldsymbol{\pi}_t^h,\boldsymbol{\pi}_{t-1}^h\right) \quad \text{für } \mathbf{m}_{t+1}^h > \mathbf{m}_t^h \qquad \text{(V.40)}$$

$$\text{mit} \quad m_{i,t+1}^h > m_{i,t}^h \; (i = 1,\ldots,n_h) \quad \text{und} \quad m_{j,t+1}^h \geq m_{j,t}^h \; (j = 1,\ldots,n_h \; j \neq i)$$

2. Proportionality Test:

   Verändern sich alle Geldkomponenten um den Faktor λ, dann verändert sich auch der Mengenindex um diesen Faktor.[66]

$$Q_h^m\left(\lambda\mathbf{m}_t^h,\mathbf{m}_{t-1}^h;\boldsymbol{\pi}_t^h,\boldsymbol{\pi}_{t-1}^h\right) = \lambda Q_h^m\left(\mathbf{m}_t^h,\mathbf{m}_{t-1}^h;\boldsymbol{\pi}_t^h,\boldsymbol{\pi}_{t-1}^h\right) \qquad \text{(V.41)}$$

3. Identity Test:

   Wenn die Mengen aller Geldkomponenten konstant bleiben, dann nimmt der Index den Wert Eins an, sofern der Wert des Indexes der Basisperiode mit sich selbst als Basis genommen auf Eins normiert ist. Der Mengenindex muß damit von reinen Preisänderungen unberührt bleiben.[67]

$$Q_h^m\left(\mathbf{m}_t^h,\mathbf{m}_{t-1}^h;\boldsymbol{\pi}_t^h,\boldsymbol{\pi}_{t-1}^h\right) = 1 \;\text{ für }\; \mathbf{m}_t^h = \mathbf{m}_{t-1}^h;\; \text{falls } Q_h^m\left(\mathbf{m}_{t-1}^h,\mathbf{m}_{t-1}^h;\gamma\boldsymbol{\pi}_{t-1}^h,\kappa\boldsymbol{\pi}_{t-1}^h\right) \equiv 1 \qquad \text{(V.42)}$$

Sinnhaftigkeit des einen oder anderen Tests durchaus in Zweifel gezogen (vgl. Eichhorn und Voeller, 1976, S. 3). Trotzdem genießt dieses Vorgehen eine lange Tradition. Erstmals von Correa M. Walsh (1901) angewendet und später von Irving Fisher (1913, 1927) populär gemacht, betrachtete letzterer aus der folgenden Reihe von Tests bereits die Nummern 2, 3, 4, 5, 6, 7, 8, 9, 11 (vgl. I. Fisher, 1913, S. 400ff. und 1927, S. 62ff.). Insbesondere die drei „Reversal Tests" (Test 6 bis 8) dienen ihm in seinem Werk „The Making of Index Numbers" (1927) zur Beurteilung der Indizes und zur Identifikation einer allen anderen überlegenen Indexformel (vgl. I. Fisher, 1927, S. 1ff.). Hinzukommt eine weitere Anforderung, nämlich die der Einfachheit und Schnelligkeit in der die Indizes zu berechnen sind (vgl. I. Fisher, 1927, S. 321ff.). Wie auch schon im vorherigen Kapitel zu bemerken galt, basieren die Schlußfolgerungen von Irving Fisher, wie auch die allermeisten Aussagen der statistischen Indextheorie, auf der Analyse von Preisindizes. Dies gilt auch für die der folgenden Auflistung zugrunde liegenden Quellen (vgl. dazu Diewert, 1992, S. 364ff.; Eichhorn und Voeller, 1976, S. 22ff., Eichhorn, 1978a, S. 151, 1978b, S. 3ff. und Vogt und Barta, 1997, S. 39ff.).

65 Häufig begnügt man sich mit einfacher Monotonie, d.h. der Forderung, daß der Indexwert in obiger Situation zumindest nicht abnimmt (vgl. Diewert, 1992, S. 365). Die Bedingung hier verlangt strikte Monotonie der Indexformel und sichert, daß der Index auf jede Mengenänderung reagiert (vgl. Eichhorn und Voeller, 1976, S. 23).

66 Dieser Test fordert somit Linearhomogenität der Indexformel und wird deshalb auch „Linear Homogeneity Axiom" genannt (vgl. Eichhorn und Voeller, 1976, S. 24).

67 Der Identiy Test folgt damit dem Proportionality Test für den Wert $\lambda = 1$.

4. Dimensionality Test:

   Eine Veränderung der Maßeinheit, in der die Mengen gemessen werden, beeinflußt nicht den Indexwert.[68]

$$Q_h^m\left(\lambda \mathbf{m}_t^h, \lambda \mathbf{m}_{t-1}^h; \boldsymbol{\pi}_t^h, \boldsymbol{\pi}_{t-1}^h\right) = Q_h^m\left(\mathbf{m}_t^h, \mathbf{m}_{t-1}^h; \boldsymbol{\pi}_t^h, \boldsymbol{\pi}_{t-1}^h\right) \qquad \text{(V.43)}$$

5. Commensurability Test:

   Eine Veränderung der Rechnungseinheit, in der die Preise gemessen werden, beeinflußt nicht den Indexwert.[69]

$$Q_h^m\left(\lambda \mathbf{m}_t^h, \lambda \mathbf{m}_{t-1}^h; \frac{\boldsymbol{\pi}_t^h}{\lambda}, \frac{\boldsymbol{\pi}_{t-1}^h}{\lambda}\right) = Q_h^m\left(\mathbf{m}_t^h, \mathbf{m}_{t-1}^h; \boldsymbol{\pi}_t^h, \boldsymbol{\pi}_{t-1}^h\right) \qquad \text{(V.44)}$$

6. Commodity Reversal Test

   Im Rahmen der Indexformel darf die Reihenfolge, in der die Komponenten eingehen, keinen Einfluß auf den Indexwert besitzen, d.h. es müssen alle Geldkomponenten den gleichen Stellenwert einnehmen. Keiner Komponente darf eine herausragende Rolle zukommen. So darf z.B. der Indexwert von zwei beliebigen Beobachtungszeitpunkten nicht stets dem Mengenverhältnis einer bestimmten Komponente entsprechen. Stellt $\tilde{\boldsymbol{m}}_\tau^h$ eine beliebige „Permutation ohne Wiederholung“[70] der Elemente des Mengenvektors $\boldsymbol{m}_\tau^h$ dar und $\tilde{\boldsymbol{\pi}}_\tau^h$ die gleiche Permutation des Preisvektors $\boldsymbol{\pi}_\tau^h$ (User costs-Vektors) und betrachtet man diese Permutation zu den Zeitpunkten *t* und *t-1* ($\tau = t-1, t$), dann muß gelten:

$$Q_h^m\left(\tilde{\mathbf{m}}_t^h, \tilde{\mathbf{m}}_{t-1}^h; \tilde{\boldsymbol{\pi}}_t^h, \tilde{\boldsymbol{\pi}}_{t-1}^h\right) = Q_h^m\left(\mathbf{m}_t^h, \mathbf{m}_{t-1}^h; \boldsymbol{\pi}_t^h, \boldsymbol{\pi}_{t-1}^h\right) \qquad \text{(V.45)}$$

---

68 Im hier relevanten Kontext bedeutet das, daß z.B. der Übergang einer DM-Betrachtung zu einer Pfennig-Betrachtung (λ = 100 Pfennig/DM) keine Auswirkungen auf den Indexwert haben darf.

69 Es muß also gelten, daß der Index der nominalen Anlagenbestände und der realen User costs gleich dem Index der realen Anlagenbestände und der nominalen User costs ist, vorausgesetzt, man verwendet einen einheitlichen Preisindex P_t^*. Nun muß diese Eigenschaft nicht nur dann erfüllt sein, wenn sich die Rechnungseinheiten der Preise alle gleich ändern, sondern auch dann, wenn sie sich unterschiedlich verändern. Anders als bei der von Swamy (1965, S. 620) benutzten Bedingung (V.44) muß dann gelten: $Q_h^m\left(\mathbf{m}_t^h, \mathbf{m}_{t-1}^h; \boldsymbol{\pi}_t^h, \boldsymbol{\pi}_{t-1}^h\right) =$

$$= Q_h^m\left(\lambda_1 m_{1,t}^h, \ldots, \lambda_n m_{n,t}^h; \lambda_1 m_{1,t-1}^h, \ldots, \lambda_n m_{n,t-1}^h; \frac{\pi_{1,t}^h}{\lambda_1}, \ldots, \frac{\pi_{n,t}^h}{\lambda_n}; \frac{\pi_{1,t-1}^h}{\lambda_1}, \ldots, \frac{\pi_{n,t-1}^h}{\lambda_n}\right)$$

70 „Jede Aneinanderreihung von *k* (hier: *n*; der Verf.) voneinander verschiedenen Dingen (hier: Anlageformen bzw. User costs; der Verf.) unter Beachtung der Reihenfolge heißt eine Permutation ohne Wiederholung dieser Dinge.“ (Bronstein und Semendjajew, 1983, S. 107).

7. Time Reversal Test:

   Der Indexwert des Beobachtungszeitpunktes *t* zur Basis *t-1* muß dem Kehrwert des Indexwertes des Beobachtungszeitpunktes *t-1* zur Basis *t* entsprechen. Ist dies erfüllt, so ist es für den Indexwert unerheblich, welche der beiden betrachteten Perioden zur Basisperiode erhoben wird.[71]

$$Q_h^m\left(\mathbf{m}_t^h,\mathbf{m}_{t-1}^h;\boldsymbol{\pi}_t^h,\boldsymbol{\pi}_{t-1}^h\right)=1\Big/Q_h^m\left(\mathbf{m}_{t-1}^h,\mathbf{m}_t^h;\boldsymbol{\pi}_{t-1}^h,\boldsymbol{\pi}_t^h\right) \tag{V.46}$$

8. Factor Reversal Test:

   Ersetzt man in der Indexformel die Mengen jeweils durch die dazugehörigen Preise, dann erhält man einen Preisindex, der multipliziert mit dem Mengenindex genau dem Verhältnis der Ausgabensumme zu den zwei Zeitpunkten entsprechen muß.[72]

$$Q_h^m\left(\mathbf{m}_t^h,\mathbf{m}_{t-1}^h;\boldsymbol{\pi}_t^h,\boldsymbol{\pi}_{t-1}^h\right)Q_h^m\left(\boldsymbol{\pi}_t^h,\boldsymbol{\pi}_{t-1}^h;\mathbf{m}_t^h,\mathbf{m}_{t-1}^h\right)=\frac{\boldsymbol{\pi}_t^h\mathbf{m}_t^h}{\boldsymbol{\pi}_{t-1}^h\mathbf{m}_{t-1}^h} \tag{V.47}$$

9. Mean-Value Test:

   Bildet man für jede Geldkomponente das oben angesprochene Mengenverhältnis zweier Beobachtungszeitpunkte, dann muß der Indexwert zwischen der kleinsten und der größten dieser Verhältniszahlen liegen. Gerade an diesem Test wird der Charakter der Durchschnittsbetrachtung besonders gut sichtbar.

$$\min_i\left\{m_{i,t}^h/m_{i,t-1}^h\right\}\le Q_h^m\left(\mathbf{m}_t^h,\mathbf{m}_{t-1}^h;\boldsymbol{\pi}_t^h,\boldsymbol{\pi}_{t-1}^h\right)\le\max_i\left\{m_{i,t}^h/m_{i,t-1}^h\right\} \tag{V.48}$$

10. Determinateness Test:

    Wenn das Volumen oder der Preis einer beliebigen Geldkomponente zu einem der beiden Beobachtungszeitpunkte gegen Null strebt, so muß der Index trotzdem eine positive reelle Zahl annehmen.[73]

---

71 Vgl. I. Fisher, 1927, S. 64. Man beachte, daß es hier auf die Lesart der Indexformel ankommt: Zuerst wird der Beobachtungszeitpunkt genannt, danach der Bezugszeitpunkt.

72 Man beachte, daß $Q_h^m\left(\pi_t^h,\pi_{t-1}^h;m_t^h,m_{t-1}^h\right)$ ein Preisindex sein soll. Die Tatsache, daß er mit $Q_h^m(\cdot)$ bezeichnet wird, soll der Anforderung der identischen Indexformel Rechnung tragen. Wie bereits weiter oben gezeigt wurde, entspricht der Factor Reversal Test vom Grundsatz her dem Phänomen der Dualität in der Aggregationstheorie. Wobei dort in der Regel eine schwächere Version des Factor Reversal Tests zum Tragen kommt, die lediglich die Existenz *irgendeiner* Preisindexformel verlangt, die obige Bedingung erfüllt. Prüft man diese schwächere Bedingung, dann spricht man vom „Product Test" (vgl. Eichhorn und Voeller, 1976, S. 31).

73 IR_{++} sei die Menge aller positiven Zahlen *(k > 0)*. Die Anforderung, wonach eine Indexformel immer definiert sein muß, betont bereits Pigou (1932, S. 69).

$$\lim_{m_{i,\tau}^h \to 0} Q_h^m\left(\mathbf{m}_t^h, \mathbf{m}_{t-1}^h; \boldsymbol{\pi}_t^h, \boldsymbol{\pi}_{t-1}^h\right) = k_{i,\tau} \quad \text{mit} \quad k_{i,\tau} \in \mathrm{IR}_{++} \quad \text{für } i = 1,\ldots,n_h;\ \tau = t\text{-}1,t \qquad \text{und}$$

$$\lim_{\pi_{i,\tau}^h \to 0} Q_h^m\left(\mathbf{m}_t^h, \mathbf{m}_{t-1}^h; \boldsymbol{\pi}_t^h, \boldsymbol{\pi}_{t-1}^h\right) = h_{i,\tau} \quad \text{mit} \quad h_{i,\tau} \in \mathrm{IR}_{++} \quad \text{für } i = 1,\ldots,n_h;\ \tau = t\text{-}1,t \qquad \text{(V.49)}$$

11. Circular Test:

Betrachtet man drei Beobachtungszeitpunkte *t-2*, *t-1* und *t*, so muß die Indexformel so beschaffen sein, daß sich der Indexwert des Zeitpunktes *t* zur Basis *t-2* als Produkt der Indexwerte des Zeitpunktes *t-1* zur Basis *t-2* und des Zeitpunktes *t* zur Basis *t-1* ergibt.[74] Ist der Circular Test erfüllt, dann ist es für die Indexwerte irrelevant, ob *t-2, t-1* oder *t* zum Basiszeitpunkt erkoren wird.[75]

$$Q_h^m\left(\mathbf{m}_t^h, \mathbf{m}_{t-1}^h; \boldsymbol{\pi}_t^h, \boldsymbol{\pi}_{t-1}^h\right) Q_h^m\left(\mathbf{m}_{t-1}^h, \mathbf{m}_{t-2}^h; \boldsymbol{\pi}_{t-1}^h, \boldsymbol{\pi}_{t-2}^h\right) = Q_h^m\left(\mathbf{m}_t^h, \mathbf{m}_{t-2}^h; \boldsymbol{\pi}_t^h, \boldsymbol{\pi}_{t-2}^h\right) \qquad \text{(V.50)}$$

Die Tests 1 bis 5 können dabei als Axiome oder Mindestanforderungen angesehen werden, die in sich konsistent sind und von Indexzahlen unbedingt erfüllt werden müssen.[76] Die Tests 6 bis 8 sichern darüber hinaus, daß man einen Index erhält, der die von Irving Fisher geforderte „faire" Wiedergabe der Preis- und Mengendaten liefert.[77] Als eine weitere Formulierung dieses Kriteriums ist auch der Test 9 anzusehen, obgleich er lediglich von Irving Fisher angesprochen bzw. indirekt durch den Test 6 erfaßt wird.[78] Die zwei verbleibenden Tests gewährleisten die Konstruierbarkeit und Eindeutigkeit des bilateralen Indexes (Test 10) sowie die Konsistenz der Indexwerte im Zeitablauf (Test 11). Letzteres wird insbesondere bei den häufig in der ökonomischen Analyse anzutreffenden Fällen relevant, bei denen es mehr als zwei Beobachtungszeitpunkte gibt und man sich damit in der multilateralen Indextheorie befindet.

---

74 Eine schwächere Version dieses Tests verlangt lediglich die Existenz einer beliebigen Funktion *R* (oder Indexformel), die anstelle der zu testenden Indexformel für die Zeitpunkte *t-1* und *t* oder aber der für die Zeitpunkte *t+1* und *t* zu verwenden ist, damit obiger Circular Test erfüllt ist. Dieser Test entspricht dem auf Frisch (1930, S. 398) zurückgehenden „Base Test" (vgl. Banerjee, 1975, S. 56).

75 Vgl. Diewert, 1992, S. 371.

76 Diese Hervorhebung schlagen Eichhorn und Voeller (1976, S. 22ff.) vor. Neben „Tests" und „Axiomen" unterscheiden Vogt und Barta (1997, S. 42) noch die sogenannten „Theoreme" oder „Konsequenzen". Diese sollen aus den Axiomen deduzierbar sein, was für die reinen „Tests" nicht der Fall sein soll.

77 Vgl. I. Fisher, 1927, S. 10. Dabei gilt für ihn: „Index numbers to be fair ought to work both ways – both ways as regards any two commodities to be averaged, or as regards the two times to be compared, or as regards the two sets of associated elements for which index numbers may be calculated – that is, prices and quantities." (I. Fisher, 1927, S. 62). Das Fairneß-Kriterium ist für ihn das entscheidende Kriterium, zumindest solange, wie es bestimmte Indexzahlen diskriminiert (vgl. I. Fisher, 1927, S. 213ff.).

78 Irving Fisher spricht davon, daß eine Indexzahl ein „fair average" oder „golden mean" sein sollte (vgl. I. Fisher, 1927, S. 10). Das schließt Indexwerte jenseits der Mengenverhältnisse aus.

Betrachtet man mehr als zwei Zeitpunkte (multilaterale Indextheorie), so tritt das Problem auf, daß zur Indexbildung ein fester Bezugszeitpunkt gewählt werden muß, um die Vergleichbarkeit der Indexwerte zu gewährleisten. Da diese Festlegung des Bezugszeitpunktes nur dann unerheblich für den Indexwert ist, wenn die Indexformel den Circular Test erfüllt, muß dann, wenn dies nicht der Fall ist, eine Konvention getroffen werden. Diese sieht insbesondere bei den offiziellen Statistiken häufig vor, den ersten Beobachtungszeitpunkt als Basis zu wählen (*Prinzip der festen Basis*). Unterstellt man, der Zeitpunkt *0* sei dies, dann erhält man die Indizes zwischen dem Basiszeitpunkt *0* und dem jeweiligen Beobachtungszeitpunkt *1,...,t* als bilateralen Indexwert:[79]

$$\text{(V.51)}\quad 1;\, Q_h^m\left(\boldsymbol{\pi}_1^h, \boldsymbol{\pi}_0^h; \mathbf{m}_1^h, \mathbf{m}_0^h\right);\, Q_h^m\left(\mathbf{m}_2^h, \mathbf{m}_0^h; \boldsymbol{\pi}_2^h, \boldsymbol{\pi}_0^h\right);\ldots;\, Q_h^m\left(\mathbf{m}_t^h, \mathbf{m}_0^h; \boldsymbol{\pi}_t^h, \boldsymbol{\pi}_0^h\right)$$

Ein Nachteil dieses Prinzips liegt allerdings darin, daß die Wahl des Basiszeitpunktes willkürlich erfolgt, denn jeder andere Zeitpunkt könnte ebenso gut als Basis gewählt werden. Zudem erfordert ein solches Vorgehen, daß in regelmäßigen Abständen eine Anpassung der Basis erfolgt, um dem Hinzukommen neuer, dem Verschwinden alter oder den Substitutionsprozessen zwischen den Komponenten Rechnung zu tragen.[80]

Als Alternative zu einem solchen Vorgehen erscheint es deshalb attraktiv, auf eine *feste* Basisperiode zu verzichten und stattdessen einen Index gemäß dem *Verkettungsprinzip* zu konstruieren.[81] Dieses Prinzip setzt an der zeitlichen Abfolge der Beobachtungszeitpunkte an.[82] Dabei wird der „Index"-wert für den ersten Beobachtungszeitpunkt gleich Eins gesetzt.[83] Den Indexwert für den zweiten Beobachtungszeitpunkt erhält man, indem man in die Indexformel die Daten des ersten und zweiten Zeitpunktes berücksichtigt und den ersten Zeitpunkt als Basis verwendet. Den Indexwert für den dritten Zeitpunkt erhält man nun durch die Multiplikation des Indexwertes des zweiten Zeitpunktes mit dem Indexwert, den man aus den Daten des zweiten und dritten Zeitpunktes erhält, wobei dann der zweite Zeitpunkt wiederum die Basis darstellt. Diese Ermittlungsweise erlaubt somit die problemlose Hinzufügung der Indexwerte neuer Beobachtungszeitpunkte.[84] Unterstellt man wiederum, der Zeitpunkt 0 sei der erste einer Abfolge von Zeitpunkten, so gilt für den verketteten Index folgende Sequenz:

---

79 Es wird unterstellt, das Identity Axiom sei erfüllt.

80 Vgl. I. Fisher, 1927, S. 309.

81 Insbesondere Marshall (1887, S. 373) propagierte dieses Prinzip.

82 Eine logische Abfolge der Beobachtungswerte ist nicht selbstverständlich und muß deshalb nicht zwingend gegeben sein. Insbesondere wenn zwischen verschiedenen Sektoren einer Volkswirtschaft Indizes zu berechnen sind, ist diese elementare Voraussetzung für das Verkettungsprinzip nicht erfüllt (vgl. Diewert, 1992, S. 372).

83 Dies ist Folge der unterstellten Normierung des Identity Tests (Axioms).

84 Vgl. Diewert, 1992, S. 371ff.

$$(V.52)\quad 1 \cdot Q_h^m\left(\pi_1^h, \pi_0^h; \mathbf{m}_1^h, \mathbf{m}_0^h\right) \cdot Q_h^m\left(\mathbf{m}_2^h, \mathbf{m}_1^h; \pi_2^h, \pi_1^h\right) \cdot \ldots \cdot Q_h^m\left(\mathbf{m}_t^h, \mathbf{m}_{t-1}^h; \pi_t^h, \pi_{t-1}^h\right)$$

$$\equiv Q_{h,verk}^m\left(\pi_t^h, \pi_0^h; \mathbf{m}_t^h, \mathbf{m}_0^h\right)$$

Verkettete Indizes weisen jedoch in der Regel ihrerseits den Nachteil auf, daß sie „pfadabhängig" sind, d.h. daß der Wert eines Indexes zwischen dem Bezugszeitpunkt *0* und dem Beobachtungszeitpunkt *t* von den Preis- und Mengenkonstellationen der Zeitpunkte *1,...,t-1* abhängt.[85] Dieser Umstand verdeutlicht auch die Wichtigkeit der Konvention, die Beobachtungswerte entsprechend der zeitlichen Abfolge ihres Auftretens zu berücksichtigen. Eine andere Vorgehensweise würde häufig zu einem anderen Indexwert führen.[86]

In Abwägung beider Prinzipien muß man folgenden Trade-off beachten:

- Für das Prinzip der festen Basis spricht der konstant bleibende Gewichtungsfaktor der Mengen. Dies erlaubt die Vergleichbarkeit der Indexzahlen, weil sie sich auf ein konstantes Preissystem stützen. Preis- und Mengenkombinationen anderer Zeitpunkte spielen keine Rolle.

- Dieses konstante Preissystem bedeutet nun aber zugleich, daß die Preise wohl umso unrealistischer werden, je weiter der Beobachtungszeitpunkt vom Bezugszeitpunkt entfernt ist. Eine regelmäßige Anpassung der Preisstruktur wird erforderlich, was die Vergleichbarkeit nachfolgender Indexzahlen umso stärker beeinträchtigt.

Die Vorteile/Nachteile des Prinzips der festen Basis sind die Nachteile/Vorteile des Verkettungsprinzips. Je nachdem, welches Problem man betrachtet, kommt man zu ganz anderen Schlußfolgerungen.

- Möchte man die Einführung neuer Güter oder das Ausscheiden alter Güter berücksichtigen, so hat man das Verkettungsprinzip anzwenden.

- Möchte man jedoch zwei entfernte Zeitpunkte vergleichen, so führt die Anwendung des Verkettungsprinzips dazu, daß man nicht weiß, welchen Beitrag die Mengenänderungen tatsächlich geleistet haben und was auf die Veränderung der Gewichte (Preise) zurückzuführen ist.

Entsprechend finden sich prominente Befürworter für die eine Methode und für die andere. So schreibt z.B. Wesley Mitchell zugunsten des Prinzips der festen Basis

---

[85] Diese Pfadabhängigkeit gilt für alle verketteten Indizes, die auf Indexformeln mit variabler Gewichtung basieren, so also auch beim Laspeyres-, Paasche-, Fischer-Ideal- und Törnqvist-Theil-Index. Das Beispiel des Laspeyres-Indexes wird in Hoffmann (1998, S. 23) diskutiert.

[86] Zur Pfadabhängigkeit von Indexformeln siehe auch den Anhang zum indextheoretischen Teil der Arbeit (siehe Satz A.V.1).

„Hence the "ideal" formula [als Beispiel für einen verketteten Index; der Verf.] is ill fitted for making index numbers covering a long period of years, when it is applied in the way which is logic strictly requires, namely, year-to-year comparisions. And a fixed base series made by this formula ..., yield accurate comparisions only between the base year and any given year and not comparisons that are accurate as between any two given years.“[87]

und Fisher zugunsten des Verkettungsprinzips:

„It may be said that the cardinal virtue of the successive base or chain system is the facility it affords for the introduction of new commodities, the dropping out of obsolete commodities, and the continued readjustement of the system of weighting to new commodities. A fixed base system soon gets behind the times in every sense of the word.“[88]

Im folgenden gilt es also zu überprüfen, welche Tests die beiden bereits isolierten superlativischen Indexformeln erfüllen. Das Ergebnis ist in Tabelle V.1 zusammengefaßt. Zum Vergleich werden noch die Ergebnisse in bezug auf den Laspeyres- und den Paasche-Index angegeben, die schließlich gemeinsam den Fischer-Ideal-Index konstituieren. Tabelle V.1 zeigt nun, daß weder der Fisher-Ideal-Index noch der Törnqvist-Theil-Index *alle* Tests zu erfüllen vermögen. Während der Ideal-Index immerhin mit Ausnahme des Circular Tests alle anderen Tests erfüllt, scheitert der Törnqvist-Theil Index nicht nur an diesem Test, sondern auch am Factor Reversal Test und am Determinateness Test.[89]

Der Testansatz spricht somit eindeutig zugunsten des Fisher-Ideal-Indexes. Zu diesem Ergebnis gelangte auch Irving Fisher (1927). In der Fülle der von ihm betrachteten Indexformeln ragte der Ideal-Index heraus.[90] Er erfüllt nicht nur neben zwölf

---

87 Mitchell, 1938, S. 93.

88 I. Fisher, 1913, S. 204. Diese Sicht teilt Pigou (1932, S. 71): „... it seems to me on the whole best that, in constructing a *series* of index numbers we should employ the chain method, and not the method of calculating a number for each year relative to one (the same) base year.“

89 Letzteres impliziert, daß nicht einmal gewährleistet ist, daß der Törnqvist-Theil-Index für alle Variablenwerte definiert ist. Dieses Schicksal teilt er mit allen Indexformeln, die auf Mengenrelationen basieren.

90 Vgl. I. Fisher, 1927, S. 220ff. Dabei entwickelt Fisher (1927) den Fisher-Ideal-Index explizit aus dem Laspeyres- und dem Paasche-Indizex. Beide Indizes sind entsprechend Irving Fisher (1927, S. 57ff.) „Weighted Aggregative“ Mengenindizes, d.h. sie gewichten die Mengenrelationen mit den jeweiligen Ausgabenanteilen zum Bezugs- oder Beobachtungszeitpunkt (Laspeyres-Index verwendet den relativen Ausgabenanteil der Anlage *i* zum Bezugszeitpunkt, der Paasche-Index zum Beobachtungszeitpunkt). Der Ideal-Index entsteht als Kombination („Kreuzung“) aus beiden, er stellt ein „Aggregative Cross“ dar (S. 482). Zwar erfüllt der Laspeyres-Index (und auch der Paasche-Index) den Time-Reversal Test, nicht aber den Factor-Reversal Test. Um dies zu testen, bildet man zum Laspeyres-Index dessen sog. „factor antithesis“ (I. Fisher, 1927, S. 125). Diese ist so definiert, daß falls eine Indexformel den Factor-Reversal Test erfüllen würde, sie multipliziert mit ihrer factor antithesis gerade die Relation der Ausgabenvolumina zu den zwei Zeitpunkten er-

weiteren Indexformeln die fünf Axiome und die drei Reversal-Tests, sondern er zeichnet sich gegenüber diesen anderen Formeln insbesondere durch seine theoretische Herleitung und seine relativ einfache formale Form aus.[91]

Tabelle V.1: Fisher-Ideal- und Törnqvist-Theil-Index im Lichte des Test-Ansatzes

Test	Fisher-Ideal-Index	Törnqvist-Theil-Index1)	Laspeyres-Index	Paasche-Index
1. Strict Monotonicity	x	x	x	x
2. Proportionality	x	x	x	x
3. Identy	x	x2)	x	x
4. Dimensionality	x	x	x	x
5. Commensurability	x	x	x	x
6. Commodity Rev.	x	x	x	x
7. Time Reversal	x	x	–3)	–4)
8. Factor Reversal	x	–5)	–6)	–7)
9. Mean-Value8)	x	x	x	x
10. Determinateness	x	–9)	x	x
11. Circular10)	–	–	–	–

1) Da der Törnqvist-Theil-Index als gewichteter geometrischer Durchschnitt der Mengenrelationen von Beobachtungs- und Bezugszeitpunkt definiert ist (nicht-logarithmierte Schreibweise)

gebe. Die factor antithesis des Laspeyres-Index ist nun aber gerade der Paasche-Index. Da der Laspeyres-Index nun den Factor-Reversal Test nicht erfüllt, „kreuzt" Irving Fisher (1927) ihn mit seiner factor antithesis, indem er den geometrischen Durchschnitt aus beiden bildet (dies ist die Quadratwurzel aus dem Produkt beider Formeln). Diese gekreuzte Formel zeichnet sich dadurch aus, daß sie den Factor-Reversal Test erfüllt (siehe die Tabelle V.1 oben).

91 Vgl. I. Fisher, 1927, S. 220ff. aber auch bereits 1921, S. 536. Irving Fisher (1927, S. 220ff.) sieht in dieser Gruppe der hervorragenden Indexformeln dennoch eine Überlegenheit solcher Formeln, die durch eine Kreuzung der Formeln anstatt durch eine Kreuzung der Gewichte gebildet werden. Letztere können nämlich nicht garantieren, daß der Indexwert der neuen Formel zwischen dem der Formeln liegt, deren Gewichte gekreuzt werden (vgl. S. 220ff). Damit kann ein so gebildeter Index gegen eine analoge Anwendung des Mean-Value Tests (Test 9) verstoßen. Es verbleiben lediglich acht Formeln, die die für ihn entscheidenden Time und Factor Reversal Tests erfüllen, wobei er vier davon zugunsten einer Kreuzung zwischen ihnen vernachlässigt. Zwischen den letzten vier Formeln gibt es keinen wirklich relevanten Unterschied mehr. Eine endgültige Auswahl läßt sich kaum mehr begründen, außer mit der Schnelligkeit, in der die Indexwerte zu ermitteln sind (vgl. S. 221ff. und. 321ff.). Ein Aspekt der in Zeiten modernster Computer irrelevant geworden ist.

$$Q_{h,TT}^{m}\left(\mathbf{m}_t^h,\mathbf{m}_{t-1}^h;\pi_t^h,\pi_{t-1}^h\right)\equiv\prod_{i=1}^{n_h}\left(\frac{m_{i,t}^h}{m_{i,t-1}^h}\right)^{\frac{1}{2}\left(\frac{\pi_{i,t}^h m_{i,t}^h}{\pi_t^h \mathbf{m}_t^h}+\frac{\pi_{i,t-1}^h m_{i,t-1}^h}{\pi_{t-1}^h \mathbf{m}_{t-1}^h}\right)},$$

setzt seine Existenz notwendigerweise voraus, daß jede Menge des Bezugszeitpunkts *t-1* positiv ist ($\boldsymbol{m}_{t-1}^h > 0$). Alle nachfolgend genannten Ergebnisse stehen somit unter dem Vorbehalt, daß diese Bedingung erfüllt und der Törnqvist-Theil-Index überhaupt definiert ist.

2) Dieses Ergebnis ist anhand der nicht-logarithmierten Schreibweise des Törnqvist-Theil-Indexes aus den Anmerkungen zu 1) ersichtlich.

3) Der Zeitumkehr-Index des Laspeyres-Indexes entspricht dem Kehrwert des Paasche-Indexes. Der Kehrwert des Paasche-Indexes entspricht der sogenannten „time antithesis" (I. Fisher, 1927, S. 118) des Laspeyres-Indexes.

4) Der Zeitumkehr-Index des Paasche-Indexes entspricht dem Kehrwert des Laspeyres-Indexes. Der Kehrwert des Laspeyres-Indexes entspricht der sogenannten „time antithesis" (I. Fisher, 1927, S. 118) des Paasche-Indexes.

5) Es ergibt sich ein gewichteter geometrischer Durchschnitt der relativen Ausgabenbeträge, die für die Anlageformen zu den beiden Zeitpunkten verausgabt werden.

6) Das Produkt aus Laspeyres-Mengenindex und Paasche-Preisindex entspricht dem Verhältnis der Ausgabensummen. Der Paasche-Preisindex bildet die sogenannte „factor antithesis" (I. Fisher, 1927, S. 125) des Laspeyres-Mengenindexes.

7) Das Produkt aus Paasche-Mengenindex und Laspeyres-Preisindex entspricht dem Verhältnis der Ausgabensummen. Der Laspeyres-Preisindex bildet die sogenannte „factor antithesis" (I. Fisher, 1927, S. 125) des Paasche-Mengenindexes.

8) Dieser Test ist immer erfüllt, wenn die Indexformel den Strict Monotonicity, den Proportionality und den Identity Test erfüllt. Diese Aussage wird im Anhang A.IV zur Indextheorie bewiesen.

9) Zur Begründung siehe die Anmerkungen unter 1).

10) Der Circular Test wird nur von solchen Mengenindizes erfüllt, die eine Gewichtung besitzen, die *nicht* von den Preisen der betrachteten Zeitpunkte abhängt. Ein Beweis dieser Aussage findet sich im Anhang A.IV zur Indextheorie.

Bereits Irving Fisher mußte nun feststellen, daß unter der Fülle von Indexformeln, auf die er seine Tests anwandte, nicht eine war, die alle Tests zugleich erfüllt.[92] Aus diesem Grund stellt er in seinem Werk „The Making of Index Numbers" (1922, hier 3. Auflage, 1927) ausschließlich die Tests in den Vordergrund seiner Beurteilung, die für die bilaterale Indextheorie relevant sind.[93] Auf der Basis dieser Tests, insbesondere aber unter Berücksichtigung der drei Umkehr-Tests (Reversal Tests), gelangt er zu der Schlußfolgerung, daß der „Ideal-Index" der beste unter allen von ihm betrachteten Indexformeln ist.[94]

Um diese Schlußfolgerung beurteilen zu können, muß man sich nun fragen,

---

92 Vgl. I. Fisher, 1927, S. 274ff.

93 Für diese eingeschränkte Betrachtungsweise wird Fisher denn auch von Walsh (1921, S. 539f.) und Pigou (1932, S. 71) kritisiert. Kurioserweise führt sie sogar dazu, daß Fisher vom Anhänger des Verkettungsprinzips (siehe obiges Zitat) zu dessen Gegner wird (werden muß).

94 Vogt (1980, S. 66ff.) zeigt, daß man auf der Grundlage des Time Reversal Tests und des Factor Reversal Tests bereits angesprochene oder neue Tests ermitteln kann.

- ob es nicht doch eine Indexformel gibt, die aufgrund ihrer Konstruktionsweise alle Tests zugleich erfüllt, und
- wenn dies nicht der Fall ist, ob es nicht doch Mechanismen gibt, die das faktische Erfülltsein beider Tests gewährleistet, so daß man sich letztlich nicht „für oder gegen einen Test“ entscheiden muß.

Die Beschäftigung mit der Frage nach der Konsistenz der verschiedenen Tests hat eine annähernd so lange Tradition wie die statistische Indextheorie selbst. Erstmals bei Ragnar Frisch findet sich das Ergebnis, daß es immer dann unmöglich wird, eine Indexformel zu finden, die aufgrund ihrer Konstruktionsweise alle von Irving Fisher (1927) betrachteten Tests erfüllt, wenn man mehr als *eine* Güterart berücksichtigt.[95] Abraham Wald bezieht sich dabei ausdrücklich auf die Beziehung zwischen dem Factor Reversal Test und dem Circular Test (unter Einbeziehung des Proportionality Tests):[96] Es betrachtet vier Zeitpunkte, $t = 0,1,2,3$. Für die Mengen und Preise zu den verschiedenen Zeitpunkten trifft er folgende Festlegung:

$$\text{(V.53)}\quad \boldsymbol{\pi}_0^h = \boldsymbol{\pi}_2^h; \boldsymbol{\pi}_1^h = \boldsymbol{\pi}_3^h; \mathbf{m}_0^h = \mathbf{m}_1^h; \mathbf{m}_2^h = \mathbf{m}_3^h.$$

Gilt nun der Proportionalitätstest (hier als Identitätstest mit $\lambda = 1$), so erhält man für die Preis- und Mengenindizes folgende Beziehung:

$$\text{(V.54)}\quad I_h^m\left(\boldsymbol{\pi}_2^h, \boldsymbol{\pi}_0^h; \mathbf{m}_2^h, \mathbf{m}_0^h\right) = I_h^m\left(\boldsymbol{\pi}_3^h, \boldsymbol{\pi}_1^h; \mathbf{m}_3^h, \mathbf{m}_1^h\right) =$$

$$= Q_h^m\left(\mathbf{m}_1^h, \mathbf{m}_0^h; \boldsymbol{\pi}_1^h, \boldsymbol{\pi}_0^h\right) = Q_h^m\left(\mathbf{m}_3^h, \mathbf{m}_2^h; \boldsymbol{\pi}_3^h, \boldsymbol{\pi}_2^h\right) = 1.$$

Aus dem Factor Reversal Test kann man zudem ableiten, daß der Mengenindex $Q_h^m\left(\boldsymbol{m}_1^h, \boldsymbol{m}_0^h; \boldsymbol{\pi}_1^h, \boldsymbol{\pi}_0^h\right)$ multipliziert mit seinem dualen Preisindex $I_h^m\left(\boldsymbol{\pi}_1^h, \boldsymbol{\pi}_0^h; \boldsymbol{m}_1^h, \boldsymbol{m}_0^h\right)$ dem Verhältnis der Ausgabensummen zu den Zeitpunkten $t = 1$ und $t = 0$ entsprechen muß:[97]

$$\text{(V.55)}\quad Q_h^m\left(\mathbf{m}_1^h, \mathbf{m}_0^h; \boldsymbol{\pi}_1^h, \boldsymbol{\pi}_0^h\right) I_h^m\left(\boldsymbol{\pi}_1^h, \boldsymbol{\pi}_0^h; \mathbf{m}_1^h, \mathbf{m}_0^h\right) = \frac{\boldsymbol{\pi}_1^h \mathbf{m}_1^h}{\boldsymbol{\pi}_0^h \mathbf{m}_0^h} = \frac{\boldsymbol{\pi}_3^h \mathbf{m}_0^h}{\boldsymbol{\pi}_0^h \mathbf{m}_0^h}.$$

---

95 Vgl. Frisch,1930, S. 404f. Spätere Arbeiten zu diesen „Test-Inkonsistenzen“ bei Irving Fisher (1927) stammen von Wald (1937, S. 181f.), Swamy (1965, S. 621), Eichhorn (1976, S. 252f., 1978a, S. 167ff.) und Eichhorn und Voeller (1976, S. 44ff.).

96 Für das folgende siehe Wald (1937, S. 181f.).

97 Diese Schlußfolgerung setzt nun nicht zwingend das Erfülltsein des Factor Reversal Tests voraus, sondern verlangt lediglich, daß es eine beliebige Preisindexformel gibt, die die angesprochenen Tests erfüllt und die gewährleistet, daß das Produkt aus Preis- und Mengenindex gerade dem Verhältnis der beiden Ausgabensummen entspricht. Dies ist aber gerade der Kern des bereits angesprochenen „Product Tests“.

Dies muß gleichermaßen für die Preis- und Mengenindizes gelten, die die Perioden $t = 3$ und $t = 2$ einbeziehen:

$$\text{(V.56)}\quad Q_h^m\left(m_3^h,m_2^h;\pi_3^h,\pi_2^h\right)\cdot I_h^m\left(\pi_3^h,\pi_2^h;m_3^h,m_2^h\right)=\frac{\pi_3^h m_3^h}{\pi_2^h m_2^h}=\frac{\pi_3^h m_3^h}{\pi_0^h m_3^h}.$$

Der Circular Test verlangt nun, daß es zur indirekten Ermittlung eines Preisindexes $I_h^m\left(\pi_3^h,\pi_0^h;m_3^h,m_0^h\right)$ unerheblich ist, ob man diesen unter Zuhilfenahme des Zeitpunkts $t = 1$ oder $t = 2$ ermittelt. In beiden Fällen muß man denselbe Wert erhalten:

$$\text{(V.57)}\quad I_h^m\left(\pi_3^h,\pi_1^h;m_3^h,m_1^h\right)\cdot I_h^m\left(\pi_1^h,\pi_0^h;m_1^h,m_0^h\right)=I_h^m\left(\pi_3^h,\pi_2^h;m_3^h,m_2^h\right)\cdot I_h^m\left(\pi_2^h,\pi_0^h;m_2^h,m_0^h\right).$$

Unter Berücksichtigung der Gleichungen (V.54), (V.55) und (V.56) erhält man also aus Gleichung (V.57) die folgende Beziehung zwischen vier (tatsächlichen und fiktiven) Ausgabensummen:

$$\text{(V.58)}\quad \frac{\pi_3^h m_0^h}{\pi_0^h m_0^h}=\frac{\pi_3^h m_3^h}{\pi_0^h m_3^h}.$$

Ganz offensichtlich können dabei die Preise und Mengen der zwei Zeitpunkte $t = 0$ und $t = 3$ $\left(m_3^h,\pi_3^h,m_0^h,\pi_0^h\right)$ jedoch gerade so gewählt werden, daß die in Gleichung (V.57) formulierte Bedingung *nicht* erfüllt ist. Grundsätzlich gibt es also keine Indexformel, die aufgrund ihrer funktionalen Form den Circular Test und den Factor Reversal Test unter der Maßgabe des Proportionality Tests (Axioms) gleichzeitig *erfüllen muß*.

Die „formal-mathematische Betrachtungsweise"[98] impliziert also, daß man sich für oder gegen den einen der beiden Tests zu entscheiden hat. Wie gesehen hat sich Irving Fisher eindeutig zugunsten des Factor Reversal Tests ausgesprochen.[99] Der Factor Reversal Test spielt bei ihm eine zentrale Rolle, wohingegen der Circular Test eher nur am Rande Erwähnung findet.[100] Dies liegt daran, daß er in ihm (immer dann wenn mehr als *ein* Gut betrachtet wird) überhaupt keine theoretisch zu rechtfer-

98 Wald, 1937, S. 183.

99 In etwas abgeschwächter Form stellt er die Existenz des Product Tests über die des Circular Tests. Aus aggregationstheoretischer Sicht eine nachvollziehbare Entscheidung, denn das Erfülltsein des Product Tests erlaubt erst die konsistente Aggregation (mehrstufige Nutzenmaximierung bei linearhomogenen Preis- und Mengenaggregaten).

100 Fischer (1927, S. 75) begründet seine Vorliebe für den Factor Reversal Test wie folgt: „The justification for Test 2 (dem Factor Reversal Test, der Verf.) is twofold: (1) no reason can be given for employing a given formula for one of the two factors (die Preise und die Mengen, der Verf.) which does not apply to the other, and (2) such reversibility already applies to each pair of *individual* price and qantity ratios, and should, in all logic, apply to the index numbers which aim to represent them in the mass." (Hervorhebung im Original).

tigende Anforderung an Indexzahlen sieht. Diese Behauptung basiert auf Irving Fishers (richtiger) Überzeugung, daß der Circular Test ausschließlich von Indexformeln mit konstanten Gewichten erfüllt werden könne. Konstante Gewichte seien aber weder im Zeitablauf noch im Vergleich zwischen verschiedenen Sektoren, Regionen oder Ländern zu rechtfertigen. Die Gewichte müßten variabel sein, um überhaupt qualitativen Differenzen (zeitlich, räumlich oder zwischen Sektoren) gerecht werden zu können.[101]

Auch wenn man die Einschätzung unveränderlicher Gewichte in Indexformeln teilt, stellt sich die Schlußfolgerung bezüglich des Circular Tests doch als falsch heraus: Für den Fall, daß man Indexzahlen über *ökonomische Variablen* wie z.B. Preise und Mengen bildet, und dabei ein *nutzenmaximierendes Verhalten* der Akteure unterstellt, ist die Erfüllung des Circular Tests unabdingbar, denn in ihr spiegelt sich die Transitivität der Präferenzordnung wider:[102] Betrachtet man im hier untersuchten homothetischen Fall eine beliebige superlativische Indexformel $Q^m_{h,sup}\left(\boldsymbol{m}^h_t, \boldsymbol{m}^h_{t-1}; \boldsymbol{\pi}^h_t, \boldsymbol{\pi}^h_{t-1}\right)$, so ist diese exakt bezüglich einer Funktionswertrelation, die auf der Basis einer bestimmten funktionalen Form gebildet wurde, die ihrerseits wiederum eine Approximation zweiter Ordnung an die unbekannte linearhomogene Basisteilnutzenfunktion $\tilde{u}^m_{h,t}$ ist, die die Grundlage für den Wohlfahrtsindex $Q^m_h\left(u^m_{h,t}; u^m_{h,t-1}; \boldsymbol{\pi}^h_\tau\right)$ darstellt. In diesem Sinne ist die superlativische Indexformel also eine „Approximation zweiter Ordnung des Wohlfahrtsindexes".[103] Die gewählte Indexformel bildet die unterlegte Funktionswertrelation sehr genau ab:

$$\text{(V.59)}\quad Q^m_h\left(u^m_{h,t}, u^m_{h,t-1}; \boldsymbol{\pi}^h_\tau\right) \equiv \frac{\tilde{u}^m_h\left(m^h_{1,t}, \ldots, m^h_{n,t}\right)}{\tilde{u}^m_h\left(m^h_{1,t-1}, \ldots, m^h_{n,t-1}\right)} = Q^m_{h,sup}\left(\mathbf{m}^h_{t-1}, \mathbf{m}^h_t; \boldsymbol{\pi}^h_{t-1}, \boldsymbol{\pi}^h_t\right).$$

Die Indexformel muß also die Eigenschaften des Wohlfahrtsindexes teilen. Unterstellt man nun folgende Situation, in der der Wohlfahrtsindex zwischen den Zeitpunkten $\tau = 2$ und $\tau = 0$ gerade dem Wohlfahrtsindex zwischen den Zeitpunkten $\tau = 1$ und $\tau = 0$ entspricht

$$\text{(V.60)}\quad Q^m_h\left(u^m_{h,2}, u^m_{h,0}; \boldsymbol{\pi}^h_\tau\right) = Q^m_h\left(u^h_1, u^h_0; \boldsymbol{\pi}^h_\tau\right),$$

[101] Vgl. I. Fisher, 1927, S. 270ff. Er behauptet, daß „the failure of (variable weighted) index numbers to conform to the circular test, is really a bridge to reality," (S. 274). Dies basiert auf der Überzeugung, daß „clearly, constant weighting is not theoretically correct" (S. 275). Daß der Circular Test tatsächlich ausschließlich von Indexformeln mit fester Gewichtung erfüllt wird, wird im Anhang A.V zu diesem Kapitel gezeigt.

[102] Für die folgende Argumentation siehe Samuelson und Swamy (1974, S. 576).

[103] Siehe hierzu z.B. die obigen Sätze V.2 und V.3.

dann muß unter Einhaltung des Circular Tests der Wohlfahrtsindex zwischen $\tau = 2$ und $\tau = 1$ gerade den Wert Eins annehmen:[104]

(V.61) $Q_h^m\left(u_{h,2}^m, u_{h,1}^m; \boldsymbol{\pi}_\tau^h\right) = 1.$

Dies impliziert aber zugleich, daß die beiden linearhomogenen Basisteilnutzen der Zeitpunkte $\tau = 2$ und $\tau = 1$ identisch sind. Schließlich bildet der Wohlfahrtsindex die Funktionswertrelation dieser Basisteilnutzenwerte exakt ab (Gleichung V.4):

(V.62) $\tilde{u}_h^m\left(\mathbf{m}_2^h\right) = \tilde{u}_h^m\left(\mathbf{m}_1^h\right).$

Betrachtet man wieder vier Zeitpunkte, wobei jetzt

(V.63) $Q_h^m\left(u_{h,2}^m, u_{h,0}^m; \boldsymbol{\pi}_\tau^h\right) = Q_h^m\left(u_{h,1}^m, u_{h,0}^m; \boldsymbol{\pi}_\tau^h\right) = 1$ und

$Q_h^m\left(u_{h,3}^m, u_{h,0}^m; \boldsymbol{\pi}_\tau^h\right) = Q_h^m\left(u_{h,1}^m, u_{h,0}^m; \boldsymbol{\pi}_\tau^h\right) = 1$

gelten soll, der Circular Test aber nicht erfüllt sein soll

(V.64) $Q_h^m\left(u_{h,3}^m, u_{h,2}^m; \boldsymbol{\pi}_\tau^h\right) > 1,$

dann erhält man das kuriose Ergebnis, daß der Basisteilnutzen des Zeitpunkts $\tau = 2$ dem des Zeitpunkts $\tau = 1$ und dieser dem des Zeitpunkts $\tau = 3$ entspricht, der Basisteilnutzen des Zeitpunkts $\tau = 3$ aber höher als der des Zeitpunkts $\tau = 2$ ist:

(V.65) $\tilde{u}_h^m\left(\mathbf{m}_2^h\right) = \tilde{u}_h^m\left(\mathbf{m}_1^h\right),$

$\tilde{u}_h^m\left(\mathbf{m}_3^h\right) = \tilde{u}_h^m\left(\mathbf{m}_1^h\right),$

$\tilde{u}_h^m\left(\mathbf{m}_3^h\right) > \tilde{u}_h^m\left(\mathbf{m}_2^h\right).$

Dieser Umstand stellt ganz offensichtlich eine Verletzung der Bedingung transitiver Präferenzen dar. Umgekehrt gewendet: Unterstellt man transitive Präferenzen, so *muß* eine superlativische Indexformel den Circular Test immer erfüllen!

Aus den Tatsachen,

- daß der Circular Test nur von solchen Indexformeln erfüllt wird, die feste Gewichte aufweisen und

[104] Hier wird unterstellt, daß der Time Reversal Test erfüllt ist.

- daß das Erfülltsein des Circular Tests im Falle einer ökonomischen Grundlage der Indexformel immer vorliegen muß,

muß man nun scheinbar die Schlußfolgerung ziehen, daß man im ökonomischen Kontext Indexformeln mit festen Gewichten zu wählen hat. Dies steht aber in klarem Widerspruch zu den Vorbehalten von Irving Fisher gegen solche Indexformeln, denn er wirft ihnen mangelnde Flexibilität im Zeitablauf vor. Tatsächlich besteht dieses Dilemma faktisch aber nicht, denn superlativische Indexformeln werden immer dann feste Gewichte aufweisen, wenn sich die zugrunde liegenden Präferenzen nicht ändern. Da superlativische Indexformeln eine „Approximation zweiter Ordnung" des Wohlfahrtsindexes darstellen, der in Zeiten stabiler Präferenzen den Circular Test einhalten muß, werden dies auch die Indexwerte tun, die auf der Basis superlativischer Indexformeln ermittelt werden. Damit beseitigt die Verknüpfung der ökonomischen mit der statistischen Indextheorie faktisch auch das oben angesprochene Problem, wonach man sich für eine Indexformel entscheiden muß, die entweder den Factor Reversal Test oder den Circular Test erfüllt. In Zeiten stabiler Präferenzen existiert dieser Widerspruch nicht und in Zeiten sich ändernder Präferenzen ist eine flexible Gewichtung und eine Verletzung des Circular Tests gerade wünschenswert.

Daß in der Praxis selbst superlativische Indexformeln den Circular Test nur sehr selten vollständig erfüllen, ließe sich nun

- mit dem Umstand begründen, daß superlativische Indexformeln immer nur „Approximationen zweiter Ordnung" des Wohlfahrtsindexes sind oder
- mit der Vermutung erklären, daß die Präferenzen im Zeitablauf nicht stabil sind.[105]

Viel naheliegender ist jedoch der Verweis auf die verwendeten Daten,

- die häufig entweder periodenbezogen sind oder sich nicht auf den selben Zeitpunkt beziehen und
- die zumeist makroökonomischer Natur sind, so daß es keineswegs klar ist, ob sie einem individuellen Rationalitätskonzept gerecht werden.[106]

Irving Fisher hat nun seiner eigenen Ablehnung des Circular Tests nicht recht getraut. Zumindest analysiert er die Abweichungen der von ihm betrachteten Indexfor-

---

105 Obwohl alle Aussagen, die im Rahmen der Indextheorie bezüglich der ökonomischen Eigenschaften von Indexformeln gemacht werden, immer unter dem Vorbehalt sich nicht ändernder Präferenzen stehen, findet man diese Annahme nur selten genannt. Eine Ausnahme, die ausdrücklich auf die Annahme eines konstanten „Milieus" als Sammelbegriff für „such elements as climate, social services, taxes, conventional consumption requirements, [tastes], etc" hinweist, ist Staehle (1935, S. 164).

106 Auf den ersten Aspekt verweist Barnett (1980a, S. 38). Für den zweiten Aspekt siehe die Ausführungen zur Verwendung des Konstrukts eines repräsentativen Akteurs in Kapitel IV.3.

meln vom Circular Test. Er stellt fest, daß diese bei allen „guten“[107] Indexzahlen sehr gering sind und daß sich das Maß für die Abweichung, die sogenannte „circular gap“[108], im Promillebereich dieser Indexwerte (ausgedrückt in 100 Prozent) abspielt.[109] Relativ zum Ideal-Index erhält er für den Törnqvist-Theil-Index sogar eine noch geringere Abweichung.[110] Letztlich drückt sich in diesem Befund nur aus, daß alle superlativischen Indexformeln zu annähernd gleichen Werten kommen müssen, da sie exakt für Approximationsfunktionen zweiter Ordnung linearhomogener Funktionen sind. Dies muß sich konsequenterweise auch in den Ergebnissen für den Circular Test niederschlagen.

Betrachtet man den Testansatz, so scheint der Törnqvist-Theil-Index gegenüber dem Fisher-Ideal-Index deutlich unterlegen zu sein. Berücksichtigt man jedoch, daß es beim Factor Reversal Test aus aggregationstheoretischer Sicht nur wichtig ist, daß es eine Preisindexformel gibt, die multipliziert mit dem Mengenindex das Verhältnis der beiden Ausgabensummen ergibt, so läßt sich auch für den Törnqvist-Theil-Mengenindex eine duale Preisindexformel definieren, die diese Bedingung gewährleistet. Der Factor Reversal Test stellt in dieser strikten Form also keine zwingende Bedingung dar.

Was also letztlich bleibt, ist die Nichterfüllung des Determinateness Tests. Diesem Manko steht jedoch ein Vorteil gegenüber, der im Bereich der stochastischen Indextheorie zu finden ist.

V.3.3 Stochastische Indextheorie

Obwohl die stochastische Indextheorie hier erst an dritter Stelle genannt wird, darf man nicht übersehen, daß sie von den drei bestehenden Richtungen in der Indextheorie die älteste ist. Insbesondere Edgeworth favorisierte die Sicht, wonach ein Preis- oder Mengenindex im Sinne eines Mittelwerts der zufälligen Variablen „Preisrelation“ oder „Mengenrelation“ zweier Zeitpunkte zu interpretieren sei.[111] Bezogen

---

[107] „Gute“ Indexzahlen sind für Irving Fisher insbesondere die, die beide Reversal-Tests erfüllen, also auch der Ideal-Index (vgl. I. Fisher, 1927, S. 278).

[108] I. Fisher, 1927, S. 278. Die „circular gap“ ergibt sich aus dem direkten Vergleich der zwei Indizes, die gemäß dem Verkettungsprinzip bzw. dem Prinzip der festen Basis ermittelt werden können. Errechnet man ausgehend von einem Basisjahr bis zu einem Beobachtungsjahr einen Index mit Hilfe des Verkettungsprinzips und dividiert diesen mit dem direkten Index zwischen Basisjahr und Beobachtungsjahr, dann müßte sich ein Wert von 1 bzw. von 100% ergeben, sofern der Circular Test erfüllt ist. Die „circular gap“ gibt damit die Abweichung des Ergebnisses dieser Division von den 100% an (vgl. I. Fisher, 1927, S. 277ff.).

[109] Vgl. I. Fisher, 1927, S. 276ff.

[110] Vgl. I. Fisher, 1927, S. 289.

[111] Die meisten Beiträge Edgeworths aus den 80er Jahren des 19. Jahrhunderts sind in Edgeworth (1925a) enthalten.

auf die (allgemein übliche) Fragestellung nach einem *Preis*index beschreibt Allen Edgeworths Vorstellungen wie folgt:[112]

> „The hypothesis here (gemeint ist Edgeworth (1925a), der Verf.) is that monetary factors – changes in the quantity of money and in its value – show up in a proportional change in each price and hence that the influence of money is to be measured by an index number of changes in the general price level. There are, at the same time, deviations of all kinds in the movements of individual prices. They arise from the play of many non-monetary factors and they are to be regarded, from the monetary point of view, as errors of observation."

Diese strenge quantitätstheoretische Sicht, wonach eine Veränderung der Geldmenge alle Preise in gleichem Verhältnis erhöht, betont auch Frisch bei seinen Ausführungen zur stochastischen Indextheorie:

> „Here (im „stochastic approach", der Verf.) the assumption is made that any change that takes place in the 'price level' *ought*, ..., to manifest itself as a proportional change of all prices. Whatever deviation there is from this strict proportionality must be looked upon as due to *other causes* than those we think of when we speak of the price level change."[113]

Die Schlußfolgerungen, die aus dieser Sichtweise zu ziehen sind, liegen damit auch auf der Hand. Auch hier sei Frisch zitiert:[114]

> „According to this conception, the deviation of the individual price changes from proportionality must be considered more or less as errors of observation. But then the application of the theory of errors should enable us to determine the underlying proportionality factor. If we compare the two price situations, 0 and 1 (denoted by subscripts), any of the individual price ratios p_1^k / p_0^k (k = 1,2,...,N) may in a first approximation be taken as just as good an estimate of the price level change as any other of these ratios. Consequently, their simple average will give an estimate of the price level change betwenn 0 and 1."

Übertragen auf die Suche nach einem geeigneten Mengenindex impliziert der stochastische Ansatz also, daß alle Anlageformen folgender Bedingung gerecht werden müssen, wonach sich jede Mengenrelation aus einem konstanten Wert α_t und einem unabhängig normalverteilten Störterm $\varepsilon_{i,t}^h$ zusammensetzt:[115]

---

112 Allen, 1975, S. 6. Diewert (1992, S. 364) schreibt genau die gleichen Überlegungen Jevons zu.

113 Frisch, 1936, S. 4 (Hervorhebung im Original, der Verf.).

114 Frisch, 1936, S. 4.

115 Für das Folgende siehe Wynne (1997, S. 162ff.) in Verbindung mit Diewert (1997, S. 131f.). Siehe auch Diewert (1995a, S. 5ff.).

$$(V.66)\quad m_{i,t}^{h}/m_{i,t-1}^{h}=\alpha_t+\varepsilon_{i,t}^{h}\qquad \text{mit}\qquad \varepsilon_{i,t}^{h}\sim N(0,\sigma_t^2).$$

Als „eine erste Annäherung" an den Mengenindex erhält man damit den sogenannten „Carli-Index":[116]

$$(V.67)\quad Q_{h,Carli}^{m}\left(\mathbf{m}_t^h;\mathbf{m}_{t-1}^h\right)\equiv\frac{1}{n_h}\sum_{i=1}^{n_h}\frac{m_{i,t}^h}{m_{i,t-1}^h}.$$

Die gesuchte konstante Verhältniszahl der Mengen α_t ergibt sich als arithmetischer Durchschnitt der verschiedenen Mengenrelationen. Unterstellt man nun aber keine gewöhnliche Normalverteilung, sondern eine für alle Anlageformen identische „logarithmische Normalverteilung"[117] (lognormale Verteilung) der Mengenrelationen

$$(V.68)\quad \ln\left(m_{i,t}^{h}/m_{i,t-1}^{h}\right)=\beta_t+\varepsilon_{i,t}^{h}\qquad \text{mit}\qquad \varepsilon_{i,t}^{h}\sim N(0,\sigma_t^2),$$

dann erhält man als Mittelwert β_t nicht den arithmetischen, sondern den geometrischen Durchschnitt. Damit ändert sich auch die adäquate Indexformel. Anstelle des Carli-Indexes muß man nun den Jevons-Index (geometrische Indexformel) betrachten:[118]

$$(V.69)\quad Q_{h,Jevons}^{m}\left(\mathbf{m}_t^h;\mathbf{m}_{t-1}^h\right)\equiv\prod_{i=1}^{n_h}\left(\frac{m_{i,t}^h}{m_{i,t-1}^h}\right)^{1/n_h}.$$

Der stochastische Ansatz der Indextheorie ist nicht lange ohne Widerspruch geblieben. Insbesondere mit dem Aufkommen der *ökonomischen* Indextheorie wurde seine Richtigkeit nicht nur aus empirischer Sicht, sondern auch aus theoretischer Sicht zunehmend in Frage gestellt. Es wurde argumentiert, daß es schließlich „im allgemeinen ökonomische Faktoren [gibt], die eine verschiedenartige Entwicklung der Preisverhältnisse (bzw. der Quantitätsverhältnisse) bedingen; man kann daher die Abweichungen der Zahlen $\frac{p_1^1}{p_0^1},\ldots,\frac{p_1^{n_h}}{p_0^{n_h}}$ (bzw. der Zahlen $\frac{q_1^1}{q_0^1},\ldots,\frac{q_1^{n_h}}{q_0^{n_h}}$) von einer festen Verhältniszahl kaum zufälligen Faktoren zuschreiben."[119]

---

116 Diese Indexformel wird Carli (1764) zugeschrieben, siehe z.B. Diewert (1992, S. 364). Den Carli-Index erhält man unter Anwendung der üblichen Methode der kleinsten Fehlerquadrate auf die Schätzgleichung (V.65).

117 Siehe z.B. Judge et al. (1985, S. 444). Frisch (1936, S. 4) bezeichnet sie mit „skew distribution".

118 Diese Indexformel wird Jevons (1863, S. 53) zugeschrieben (siehe dafür z.B. Diewert, 1995a, S. 6 oder Mitchell, 1938, S. 68).

119 Wald, 1937, S. 180.

Akzeptiert man nichtsdestoweniger die Tatsachen, daß Meßfehler bei der Ermittlung der Mengenveränderungen vorkommen können und daß die Voraussetzungen für die Verwendung eines repräsentativen Akteurs in der Regel nicht (vollständig) erfüllt sind, als Begründung für einen stochastischen Ansatz, so greift natürlich trotzdem das Argument, wonach die in den beiden Arten von Durchschnittsberechnung implizit enthaltene Behauptung, die Wahrscheinlichkeit, nach der gerade die Mengenrelation $m_{i,t}^{h} / m_{i,t-1}^{h}$ $(i = 1,...,n)$ der aggregierten Mengenänderung entspricht, für alle *n* Anlageformen gleich hoch sei, aus ökonomischer Sicht wenig befriedigend ist.[120] Realistischerweise müssen die Mengenrelationen (unterschiedlich) gewichtet werden. Setzt man am geometrischen Durchschnitt an, so erhält man jetzt folgende Indexformel:

$$\text{(V.70)} \quad Q_h^m\left(\mathbf{m}_t^h;\mathbf{m}_{t-1}^h\right) \equiv \prod_{i=1}^{n_h}\left(m_{i,t}^h / m_{i,t-1}^h\right)^{s_i^h} .$$

Welche Gewichte sollen den Anlageformen nun aber gegeben werden? Aus ökonomischer Sicht liegt eine Gewichtung nahe, die dem Anteil der Anlageform an den gesamten Ausgaben für das Halten der *n* Anlagen entspricht.[121] Da hier aber zwei Zeitpunkte ins Verhältnis gesetzt werden, muß man sich für den Anteil zum Zeitpunkt *t*, zum Zeitpunkt *t-1* oder einem Durchschnitt der beiden (arithmetisch oder geometrisch) entscheiden. Wählt man den arithmetischen Durchschnitt

$$\text{(V.71)} \quad s_i^h \equiv \frac{1}{2}\left(\frac{\pi_{i,t}^h m_{i,t}^h}{\boldsymbol{\pi}_t^h \mathbf{m}_t^h} + \frac{\pi_{i,t}^h m_{i,t}^h}{\boldsymbol{\pi}_t^h \mathbf{m}_t^h}\right),$$

dann erhält man exakt den Törnqvist-Theil-Index (Indexformel V.34).[122]

Der Törnqvist-Theil-Index besitzt damit grundsätzlich einen stochastischen Hintergrund. Dies unterscheidet ihn vom Fisher-Ideal-Index. Dies erlaubt, Konfidenzinter-

---

120 Barnett, Jones und Nesmith (1996, S. 116) bringen den stochastischen Ansatz der Indextheorie mit einer Verletzung der mikroökonomischen Grundlagen der exakten Aggregation in Verbindung. Eine solche Verletzung – ebenso wie Anpassungsverzögerungen – implizieren, daß die gewählten Mengen nicht Ergebnis einzelwirtschaftlicher Optimierungskalküle sind und die Voraussetzungen für die Exaktheit superlativischer Indexformeln nicht mehr erfüllt sind. Demgegenüber entdeckte Adelman (1958) den stochastischen Ansatz für sich, als sie der Frage nach ging, welche Güter überhaupt zur Ermittlung eines Preisindexes herangezogen werden sollten. Im Ergebnis führt „random sampling of commodity prices ... to a statistically unbiased estimate of a price index, if the probability of selection of each product is made proportional to ist statistical weight in universe." (Adelman, 1958, S. 243).

121 Theil (1967, S. 136) beschreibt dies wie folgt „... suppose that we draw the n commodities at random in such a way that each dollar (or franc or guilder ...) of total expenditure has an equal chance of being selected. Then the chance that we shall draw the ith commodity is the value share w_{ia} (hier: s_i^h)as defined in ... ."

122 Der Durchschnitt der Gewichte gewährleistet, daß der Törnqvist-Theil-Index den Time Reversal Test erfüllt. Die unterlegte Interpretation der Gewichte als Wahrscheinlichkeiten legt darüber hinaus den arithmetischen Durchschnitt nahe (vgl. Theil, 1967, S. 137).

valle für den geschätzten Indexwert zu ermitteln.[123] Um diesen Vorteil jedoch würdigen zu können, muß man sich natürlich fragen, ob die Verteilungsfunktion, die hinter der Indexformel (V.69) steht, auch tatsächlich plausibel ist. Eine solche Indexformel (und damit die Gewichtung) erhält man immer dann, wenn man nicht unterstellt, daß alle Anlageformen eine identische lognormale Verteilungsfunktion besitzen, sondern daß diese zwischen den Anlagen in der Form variiert, daß die identische Varianz aller Anlagen mit dem individuellen Gewichtungsfaktor s_i^h ($i = 1,\dots,n_h$) dividiert werden muß:[124]

(V.72) $$\ln\left(m_{i,t}^h / m_{i,t-1}^h\right) = \beta_t + \varepsilon_{i,t}^h \qquad \text{mit} \qquad \varepsilon_{i,t}^h \sim N\left(0, \sigma_t^2 / s_i^h\right).$$

Ökonomisch impliziert dies die Unterstellung, daß mit steigender Bedeutung der Anlageformen im Portfolio (einem höheren Ausgabenanteil), die Variation der Mengen abnimmt. Die Preiselastizität der Nachfrage soll bei solchen Gütern also geringer sein.[125] Ob sich diese Annahme tatsächlich bestätigen läßt, ist letztlich eine empirische Frage. Es steht aber zu vermuten, daß diese Beziehung, wenn sie denn überhaupt besteht, bei geringeren Einkommen ausgeprägter ist als bei hohen. Dies dürfte nicht nur bei Verbrauchsgütern gelten, sondern in viel stärkerem Maße auch bei monetären Anlageformen, bei denen es schwierig ist, so etwas wie „notwendige Subsistenzmengen" zu definieren.[126]

Insgesamt ist somit der Umstand, daß der Törnqvist-Theil-Index relativ anschaulich interpretierbare Gewichte besitzt und damit anders als der Fisher-Ideal-Index auch in einem stochastischen Ansatz Verwendung finden kann (weil sich der Indexwert als Mittelwert der einzelnen Mengenrelationen interpretieren läßt) nicht besonders stark zu gewichten.[127] Im homothetischen Fall scheint der Vorteil des Ideal-Indexes, bei jeder Menge – also auch Mengen von Null – definiert zu sein, doch bedeutender zu sein.[128]

---

[123] Vgl. Clements und Izan, 1987, S. 339. Für den Törnqvist-Theil-Index siehe Selvanathan und Prasada Rao (1994, S. 149.

[124] Vgl. Clements und Izan, 1981, S. 745ff..

[125] Vgl. Clements und Izan (1987, S. 341) oder Selvanathan und Prasada Rao (1994, S. 52).

[126] Diese Kathegorie erfüllt möglicherweise nur das Bargeld. Diewert (1995a, S. 15) schreibt dazu recht pauschal: „The new stochastic models presented in the previous two sections (gemeint ist das hier verwendete Modell aus Gleichung V.71, der Verf.) suffer from a rather major defect: the variance asumptions of the type Var $\varepsilon_{it} = \sigma_t^2/w_i$ where w_i is an observed expenditure share of some sort are simply not supported empirically."

[127] Barnett, Jones und Nesmith (1996, S. 119ff.) und Anderson, Jones und Nesmith (1997, S. 46ff.) schlagen vor, die Varianzen des Törnqvist-Theil-Indexes $K_t \equiv \sum_{i=1}^n s_i^h \left(\Delta \ln m_{i,t}^h - \Delta \ln Q_{t,TTI}^h(\cdot)\right)^2$ in das betrachtete Makromodell zu integrieren.

[128] Barnett (1980a, S. 39) sieht gerade in der anschaulichen Interpretation der Gewichte *den* entscheidenden Vorteil des Törnqvist-Theil-Indexes. Farr und Johnson (1985, S. 2) ziehen demgegenüber die folgende Schlußfolgerung: „Having easily interpreted growth rates is far less important than having an index that is defined over the whole time span considered."

V.4 Nicht-Homothetische Indextheorie

Die Darstellung der verschiedenen Ansätze der Indextheorie war eingebunden in Überlegungen über die Suche nach einer geeigneten Indexformel für den Fall, daß die zugrunde liegende Nutzenfunktion homothetisch ist. Was bleibt, ist natürlich abschließend die Frage, welche Indexformel man wählen sollte, wenn die Nutzenfunktion nicht-homothetisch ist.

Läßt man die Ausführungen zur homothetischen Indextheorie Revue passieren, so stellt man unmittelbar fest, daß die Eigenschaft der Homothetik der Teilnutzenfunktion ausschließlich im Rahmen der ökonomischen Eigenschaften von Indexformeln eine Rolle gespielt hat. Für die herausragende Abbildungsgenauigkeit superlativischer Indexformeln war hier gerade die Homothetik der Teilnutzenfunktion die entscheidende Voraussetzung, denn sie ermöglichte die Anwendung der Hotelling-Euler-Beziehung, die ihrerseits das Verbindungsglied zwischen aggregationstheoretischer Funktionswertrelation und (statistischer) Indexformel darstellt. Die Ausführungen zu den statistischen und zu den stochastischen Eigenschaften der betrachteten Indexformeln haben hingegen unabhängig von der Eigenschaft der Homothetik der Teilnutzenfunktion ihre Gültigkeit. Stößt man im folgenden nicht auf neue (superlativischen) Indexformeln, so impliziert dies, daß neuerliche Überlegungen in diese Richtung nicht notwendig sind.

Entscheidend ist also eine Analyse der ökonomischen Eigenschaft von Indexformeln für den Fall, daß die Teilnutzenfunktion *nicht*-homothetisch ist. Der Unterschied zwischen der homothetischen und der nicht-homothetischen Indextheorie liegt nun darin, daß man bei letzterer mit der Indexformel nicht die Funktionswertrelation der Teilnutzenwerte – den Wohlfahrtsindex – abzubilden versucht, sondern den Malmqvist-Index, der jetzt – wie bereits ausführlich gezeigt wurde – den aggregationstheoretisch (mikroökonomisch) korrekten Mengenindex darstellt. Er bildet sich als Relation zweier zeitpunktabhängiger Distanzwerte (Gleichung V.3). Dabei hängen Distanzwerte jeweils von den Mengen eines bestimmten Zeitpunkts und einem beliebigen Referenznutzenniveau ab. Eine wichtige, die Distanzfunktion als Aggregationsfunktion qualifizierende Eigenschaft besteht darin, daß sie linearhomogen ist. Damit gleicht sie ein Defizit aus, welches die Teilnutzenfunktion aufweist.

Läßt sich für den Malmqvist-Index nun eine superlativische Indexformel finden? Die erfreuliche Antwort lautet: Ja. Grundsätzlich kann jede linearhomogene Distanzfunktion durch eine verallgemeinerte linearhomogene Translog-Funktion abgebildet werden. Diese stellt für die (unbekannte) linearhomogene Distanzfunktion wiederum eine Approximation zweiter Ordnung dar. Dabei enthält diese Translog-Funktion neben den Mengen auch den Referenznutzen. Durch die geeignete Wahl des Referenznutzens kann man nun erreichen, daß der Törnqvist-Theil-Index exakt in bezug auf eine mit Hilfe der verallgemeinerten linearhomogenen Translog-Funktion gebildeten Funktionswertrelation ist. Damit bildet der Törnqvist-Theil-Index eine „Approximation zweiter Ordnung für den Malmqvist-Index", er ist somit superlativisch.

Satz V.6: (Törnqvist-Theil-Index als superlativische Indexformel bei nicht-homothetischer Teilnutzenfunktion)

Der Törnqvist-Theil-Index stimmt genau dann mit dem Malmqvist-Index exakt überein, wenn man die unbekannte Distanzfunktion mit einer verallgemeinerten linearhomogenen Translog-Funktion approximiert und als Referenzteilnutzenniveau gerade den geometrischen Durchschnitt der sich anhand der (nicht-homothetischen) Teilnutzenfunktion ergebenden Nutzenniveaus der beiden Betrachtungszeitpunkte wählt. (Alternativ dazu kann man den Törnqvist-Theil-Index auch als geometrischen Durchschnitt zweier Malmqvist-Indizes interpretieren, die von den beiden Beobachtungszeitpunkten abhängen.)

Für eine Distanzfunktion mit folgender (translogarithmischer) Gestalt

$$\text{(V.73)}\quad \ln d_h^m\left(\mathbf{m}_\tau^h;u_{h,\tau}^m\right)=\alpha_0^h+\sum_{i=1}^{n_h}\alpha_i^h\ln m_{i,\tau}^h+\frac{1}{2}\sum_{i=1}^{n_h}\sum_{j=1}^{n_h}\beta_{ij}^h\ln m_{i,\tau}^h\ln m_{j,\tau}^h$$

$$+\gamma^h\ln u_{h,\tau}^m+\delta^h\left(\ln u_{h,\tau}^m\right)^2+\sum_{i=1}^{n_h}\varepsilon_i^h\ln u_{h,\tau}^m\ln m_{i,\tau}^h \qquad \text{für} \quad \tau=t-1,t$$

$$\text{mit}\quad \sum_{i=1}^{n}\alpha_i^h=1;\quad \beta_{ij}^h=\beta_{ji}^h;\quad \sum_{i=1}^{n_h}\beta_{ij}^h=0\quad\text{und}\quad \sum_{i=1}^{n_h}\varepsilon_i^h=0.$$

gilt:

$$\text{(V.74)}\quad \frac{1}{2}\ln\frac{d_h^m\left(\mathbf{m}_t^h;u_{h,t}^m\right)}{d_h^m\left(\mathbf{m}_{t-1}^h;u_{h,t}^m\right)}+\frac{1}{2}\ln\frac{d_h^m\left(\mathbf{m}_t^h;u_{h,t-1}^m\right)}{d_h^m\left(\mathbf{m}_{t-1}^h;u_{h,t-1}^m\right)}=\frac{\ln d_h^m\left(\mathbf{m}_t^h;\left(u_{h,t}^m u_{h,t}^m\right)^{1/2}\right)}{\ln d_h^m\left(\mathbf{m}_{t-1}^h;\left(u_{h,t}^m u_{h,t}^m\right)^{1/2}\right)}=$$

$$=\frac{1}{2}\sum_{i=1}^{n_h}\left[\frac{\pi_{i,t}^h m_{i,t}^h}{\boldsymbol{\pi}_{i,t}^h\mathbf{m}_{i,t}^h}+\frac{\pi_{i,t-1}^h m_{i,t-1}^h}{\boldsymbol{\pi}_{i,t-1}^h\mathbf{m}_{i,t-1}^h}\right]\left(\ln m_{i,t}^h-\ln m_{i,t-1}^h\right)\equiv Q_{h,TT}^m\left(\mathbf{m}_{t-1}^h,\mathbf{m}_t^h;\boldsymbol{\pi}_{t-1}^h,\boldsymbol{\pi}_t^h\right).$$

Obwohl der Beweis dieses Satzes ähnliche Bestandteile aufweist wie im Fall der homothetischen Indextheorie, ist er aber doch relativ umfangreich.[129] Aufgrund seiner zentralen ökonomischen Bedeutung ist aber eine gewisse Sorgfalt angezeigt. Als erstes muß man

- ein Analogon für die Hotelling-Euler-Beziehung und
- ein Analogon für das „Quadratische Approximations-Lemma" entwickeln.

[129] Für den nachfolgenden Beweis siehe Caves, Christensen und Diewert (1982, S. 1409f.).

Erst wenn man beides besitzt, kann man auf den eigentlichen Beweis von Satz V.6 zurückkommen. Eine ähnliche Beziehung wie die Hotelling-Euler-Relation erhält man, wenn man sich die implizite Definition der Distanzfunktion ansieht. Nach dieser erhält man den Distanzwert gerade als den Skalar λ_τ^h, mit dem man den Mengenvektor $\boldsymbol{m}_\tau^h$ dividieren muß, um ein bestimmtes Referenznutzenniveau u_0^m zu erreichen. Nimmt dieses Referenznutzenniveau gerade die Höhe des zum Zeitpunkt τ erreichten Nutzens an, dann ist der Distanzwert Eins:

$$\text{(V.75)}\quad d_h^m\left(\mathbf{m}_\tau^h; u_{h,\tau}^m\right) \equiv \max_{\lambda_\tau}\left\{\lambda_\tau^h : u_h^m\left(\mathbf{m}_\tau^h / \lambda_\tau^h\right) \geq u_{h,\tau}^m\right\} = 1 \qquad \text{für} \quad \tau = t\text{-}1,t.$$

Wie ändert sich der Distanzwert, wenn sich der Mengenvektor $\boldsymbol{m}_\tau^h$ ändert? Unter Zuhilfenahme des sogenannten „Implicit Function Theorems“, entsprechend dem die implizite Funktion

$$\text{(V.76)}\quad F\left(\mathbf{m}_\tau^h; u_{h,\tau}^m; \lambda_\tau^h\right) \equiv u_{h,\tau}^m - u_h^m\left(\mathbf{m}_\tau^h / \lambda_\tau^h\right) \qquad \text{für} \quad \tau = t\text{-}1,t.$$

eine indirekte Beziehung zwischen dem Distanzwert λ_τ^h und der beliebigen Menge $m_{1,\tau}^h$ ($i = 1,\ldots,n_h$) schafft, erhält man die partielle Änderung des Skalar λ_τ^h infolge einer partiellen Änderung dieser Menge $m_{1,\tau}^h$ als Quotient zweier partieller Ableitungen der impliziten Funktion (i = 1,..., n_h):[130]

$$\text{(V.77)}\quad \frac{\partial\lambda_\tau^h}{\partial m_{i,\tau}^h} = \frac{\partial d_h^m\left(\mathbf{m}_\tau^h; u_{h,\tau}^m\right)}{\partial m_{i,\tau}^h} \equiv -\frac{\partial F / \partial m_{i,\tau}^h}{\partial F / \partial\lambda_\tau^h} = \frac{\partial u_h^m\left(\mathbf{m}_\tau^h\right) / \partial m_{i,\tau}^h}{\sum_{i=1}^{n_h} \frac{\partial u_h^m\left(\mathbf{m}_\tau^h\right)}{\partial m_{i,\tau}^h} \cdot m_{i,\tau}^h} \quad \text{für; } \tau = t\text{-}1,t.$$

Da zudem wieder unterstellt werden muß, daß die Maximierung der nicht-homothetischen Teilnutzenfunktion unter Einhaltung der Budgetrestriktion erfolgt, gelten zusätzlich folgende Bedingungen erster Ordnung (μ_τ^h ist der Lagrangemultiplikator)

$$\text{(V.78)}\quad \frac{\partial u_h^m\left(\mathbf{m}_\tau^h\right)}{\partial m_{i,\tau}^h} = \mu_\tau^h \pi_{i,\tau}^h \quad \text{für} \quad i = 1,\ldots, n_h;\ \tau = t\text{-}1,t,$$

aus denen sich jeweils die Hotelling-Beziehung ableiten läßt:

[130] Hierbei beachte man, daß wegen der Wahl des Referenznutzens im Ausgangszeitpunkt $\lambda_\tau^h = 1$ ist.

$$\text{(V.79)}\quad \frac{\pi^h_{i,\tau}}{\boldsymbol{\pi}^h_\tau \mathbf{m}^h_\tau} = \frac{\partial u^m_h\left(\mathbf{m}^h_\tau\right) / \partial m^h_{i,\tau}}{\sum_{i=1}^{n_h} \frac{\partial u^m_h\left(\mathbf{m}^h_\tau\right)}{\partial m^h_{i,\tau}} m^h_{i,\tau}} \qquad \text{für } i = 1,\ldots, n_h;\ \tau = t\text{-}1,t.$$

Die rechte Seite entspricht aber gerade der partiellen Ableitung der Distanzfunktion nach der Menge $m^h_{1,\tau}$. Aus den Gleichungen (V.77) und (V.79) erhält man somit die Hotelling-Diewert-Beziehung:

$$\text{(V.80)}\quad \frac{\pi^h_{i,\tau}}{\boldsymbol{\pi}^h_\tau \mathbf{m}^h_\tau} = \frac{\partial d^m_h\left(\mathbf{m}^h_\tau; u^m_{h,\tau}\right)}{\partial m^h_{i,\tau}} \qquad \text{für } i = 1,\ldots, n_h;\ \tau = t\text{-}1,t.$$

Um nun zu dem Analogon für das „Quadratische Approximations-Lemma" zu gelangen, muß man auf die unterstellte Form der Distanzfunktion als einer Translog-Funktion abstellen. Mit ihr erhält man als partielle Ableitung:

$$\text{(V.81)}\quad \frac{\partial \ln d^m_h\left(\mathbf{m}^h_\tau; u^m_{h,\tau}\right)}{\partial \ln m^h_{i,\tau}} = \alpha^h_i + \sum_{j=1}^{n_h} \beta^h_{ij} \ln m^h_{j,\tau} + \varepsilon^h_i \ln u^m_{h,\tau} \qquad \text{für } i = 1,\ldots, n_h;\ \tau = t\text{-}1,t.$$

Ebenso wie beim „Quadratischen Approximations-Lemma" kann man nun die Differenz zweier zeitpunktabhängiger logarithmierter Distanzwerte unter Verwendung der partiellen Ableitungen ausdrücken. Im ersten Fall soll als Referenzteilnutzen gerade der des Zeitpunkts *t* gewählt werden. Aus

$$\begin{aligned}\text{(V.82)}\quad & \ln d^m_h\left(\mathbf{m}^h_t; u^m_{h,t}\right) - \ln d^m_h\left(\mathbf{m}^h_{t-1}; u^m_{h,t}\right) = \Bigg(\alpha^h_0 + \sum_{i=1}^{n_h} \alpha^h_i \ln m^h_{i,t} + \frac{1}{2}\sum_{i=1}^{n_h}\sum_{j=1}^{n_h} \beta^h_{ij} \ln m^h_{i,t} \ln m^h_{j,t} \\ & + \gamma^h \ln u^m_{h,t} + \delta^h \left(\ln u^m_{h,t}\right)^2 + \sum_{i=1}^{n_h} \varepsilon^h_i \ln u^m_{h,t} \ln m^h_{i,t}\Bigg) - \Bigg(\alpha^h_0 + \sum_{i=1}^{n_h} \alpha^h_i \ln m^h_{i,t-1} \\ & + \frac{1}{2}\sum_{i=1}^{n_h}\sum_{j=1}^{n_h} \beta^h_{ij} \ln m^h_{i,t-1} \ln m^h_{j,t-1} + \gamma^h \ln u^m_{h,t} + \delta^h \left(\ln u^m_{h,t}\right)^2 + \sum_{i=1}^{n_h} \varepsilon^h_i \ln u^m_{h,t} \ln m^h_{i,t-1}\Bigg)\end{aligned}$$

folgt dann

$$\begin{aligned}\text{(V.83)}\quad & \ln d^m_h\left(\mathbf{m}^h_t; u^m_{h,t}\right) - \ln d^m_h\left(\mathbf{m}^h_{t-1}; u^m_{h,t}\right) = \\ & = \frac{1}{2}\sum_{i=1}^{n_h}\left(\frac{\partial \ln d^m_h\left(\mathbf{m}^h_t; u^m_{h,t}\right)}{\partial \ln m^h_{i,t}} + \frac{\partial \ln d^m_h\left(\mathbf{m}^h_{t-1}; u^m_{h,t}\right)}{\partial \ln m^h_{i,t-1}}\right) \cdot \left(\ln m^h_{i,t} - \ln m^h_{i,t-1}\right)\end{aligned}$$

Das gleiche läßt sich auch für ein Referenzteilnutzenniveau u_{t-1}^{m} ermitteln. In diesem Fall ergibt sich die Differenz der zwei (unterschiedlichen) Distanzwerte wie folgt:

$$\text{(V.84)}\quad \ln d_h^m\left(\mathbf{m}_t^h;u_{h,t-1}^m\right)-\ln d_h^m\left(\mathbf{m}_{t-1}^h;u_{h,t-1}^m\right)=$$

$$=\frac{1}{2}\sum_{i=1}^{n_h}\left(\frac{\partial \ln d_h^m\left(\mathbf{m}_t^h;u_{h,t-1}^m\right)}{\partial \ln m_{i,t}^h}+\frac{\partial \ln d_h^m\left(\mathbf{m}_{t-1}^h;u_{h,t-1}^m\right)}{\partial \ln m_{i,t-1}^h}\right)\cdot\left(\ln m_{i,t}^h-\ln m_{i,t-1}^h\right).$$

Addiert man nun die Gleichungen (V.83) und (V.84), erhält man folgendes Ergebnis:

$$\text{(V.85)}\quad \ln\frac{d_h^m\left(\mathbf{m}_t^h;u_{h,t}^m\right)}{d_h^m\left(\mathbf{m}_{t-1}^h;u_{h,t}^m\right)}+\ln\frac{d_h^m\left(\mathbf{m}_t^h;u_{h,t-1}^m\right)}{d_h^m\left(\mathbf{m}_{t-1}^h;u_{h,t-1}^m\right)}=$$

$$=\frac{1}{2}\sum_{i=1}^{n_h}\left[\left(\frac{\partial \ln d_h^m\left(\mathbf{m}_t^h;u_{h,t-1}^m\right)}{\partial \ln m_{i,t}^h}+\frac{\partial \ln d_h^m\left(\mathbf{m}_{t-1}^h;u_{h,t-1}^m\right)}{\partial \ln m_{i,t-1}^h}\right)\cdot\left(\ln m_{i,t}^h-\ln m_{i,t-1}^h\right)\right]$$

$$+\frac{1}{2}\sum_{i=1}^{n_h}\left(\frac{\partial \ln d_h^m\left(\mathbf{m}_t^h;u_{h,t-1}^m\right)}{\partial \ln m_{i,t}^h}+\frac{\partial \ln d_h^m\left(\mathbf{m}_{t-1}^h;u_{h,t-1}^m\right)}{\partial \ln m_{i,t-1}^h}\right)\cdot\left(\ln m_{i,t}^h-\ln m_{i,t-1}^h\right)=$$

$$=\sum_{i=1}^{n_h}\left(\frac{\partial \ln d_h^m\left(\mathbf{m}_t^h;u_{h,t}^m\right)}{\partial \ln m_{i,t}^h}+\frac{\partial \ln d_h^m\left(\mathbf{m}_{t-1}^h;u_{h,t-1}^m\right)}{\partial \ln m_{i,t-1}^h}\right)\cdot\left(\ln m_{i,t}^h-\ln m_{i,t-1}^h\right)$$

$$+\frac{1}{2}\sum_{i=1}^{n_h}\left(\frac{\partial \ln d_h^m\left(\mathbf{m}_{t-1}^h;u_{h,t}^m\right)}{\partial \ln m_{i,t-1}^h}+\frac{\partial \ln d_h^m\left(\mathbf{m}_t^h;u_{h,t-1}^m\right)}{\partial \ln m_{i,t}^h}\right)\cdot\left(\ln m_{i,t}^h-\ln m_{i,t-1}^h\right)$$

$$-\frac{1}{2}\sum_{i=1}^{n_h}\left(\frac{\partial \ln d_h^m\left(\mathbf{m}_t^h;u_{h,t}^m\right)}{\partial \ln m_{i,t}^h}+\frac{\partial \ln d_h^m\left(\mathbf{m}_{t-1}^h;u_{h,t-1}^m\right)}{\partial \ln m_{i,t-1}^h}\right)\cdot\left(\ln m_{i,t}^h-\ln m_{i,t-1}^h\right)=$$

$$=\sum_{i=1}^{n_h}\left(\frac{\partial \ln d_h^m\left(\mathbf{m}_t^h;u_{h,t}^m\right)}{\partial \ln m_{i,t}^h}+\frac{\partial \ln d_h^m\left(\mathbf{m}_{t-1}^h;u_{h,t-1}^m\right)}{\partial \ln m_{i,t-1}^h}\right)\cdot\left(\ln m_{i,t}^h-\ln m_{i,t-1}^h\right)$$

$$+\frac{1}{2}\sum_{i=1}^{n_h}\left(\frac{\partial \ln d_h^m\left(\mathbf{m}_{t-1}^h;u_{h,t}^m\right)}{\partial \ln m_{i,t-1}^h}-\frac{\partial \ln d_h^m\left(\mathbf{m}_t^h;u_{h,t}^m\right)}{\partial \ln m_{i,t}^h}+\frac{\partial \ln d_h^m\left(\mathbf{m}_t^h;u_{h,t-1}^m\right)}{\partial \ln m_{i,t}^h}\right.$$

$$-\frac{\partial \ln d_h^m\left(\mathbf{m}_{t-1}^h; u_{h,t-1}^m\right)}{\partial \ln m_{i,t-1}^h}\Bigg)\cdot\left(\ln m_{i,t}^h - \ln m_{i,t-1}^h\right) =$$

$$= \sum_{i=1}^{n_h}\left(\frac{\partial \ln d_h^m\left(\mathbf{m}_t^h; u_{h,t}^m\right)}{\partial \ln m_{i,t}^h} + \frac{\partial \ln d_h^m\left(\mathbf{m}_{t-1}^h; u_{h,t-1}^m\right)}{\partial \ln m_{i,t-1}^h}\right)\cdot\left(\ln m_{i,t}^h - \ln m_{i,t-1}^h\right)$$

$$+\frac{1}{2}\sum_{i=1}^{n_h}\left[\left(\alpha_i^h + \sum_{j=1}^{n_h}\beta_{ij}^h \ln m_{j,t-1}^h + \varepsilon_i^h \ln u_{h,t}^m\right) - \left(\alpha_i^h + \sum_{j=1}^{n_h}\beta_{ij}^h \ln m_{j,t}^h + \varepsilon_i^h \ln u_{h,t}^m\right)\right.$$

$$\left. + \left(\alpha_i^h + \sum_{j=1}^{n_h}\beta_{ij}^h \ln m_{j,t}^h + \varepsilon_i^h \ln u_{h,t-1}^m\right) - \left(\alpha_i^h + \sum_{j=1}^{n_h}\beta_{ij}^h \ln m_{j,t-1}^h + \varepsilon_i^h \ln u_{h,t-1}^m\right)\right]\cdot\left(\ln m_{i,t}^h - \ln m_{i,t-1}^h\right)$$

Da sich die Komponenten im zweiten Summenterm alle zu Null addieren, entspricht dem „Quadratischen Approximations-Lemma“ letztlich folgende Beziehung:

$$\text{(V.86)}\quad \ln\frac{d_h^m\left(\mathbf{m}_t^h; u_{h,t}^m\right)}{d_h^m\left(\mathbf{m}_{t-1}^h; u_{h,t}^m\right)} + \ln\frac{d_h^m\left(\mathbf{m}_t^h; u_{h,t-1}^m\right)}{d_h^m\left(\mathbf{m}_{t-1}^h; u_{h,t-1}^m\right)} =$$

$$= \sum_{i=1}^{n_h}\left(\frac{\partial \ln d_h^m\left(\mathbf{m}_t^h; u_{h,t}^m\right)}{\partial \ln m_{i,t}^h} + \frac{\partial \ln d_h^m\left(\mathbf{m}_{t-1}^h; u_{h,t-1}^m\right)}{\partial \ln m_{i,t-1}^h}\right)\cdot\left(\ln m_{i,t}^h - \ln m_{i,t-1}^h\right).$$

Vergegenwärtigt man sich darüber hinaus, daß $d_h^m\left(\boldsymbol{m}_\tau^h; u_{h,\tau}^m\right) = 1$ gilt, dann kann man aus Gleichung (V.78) problemlos

$$\text{(V.87)}\quad \frac{1}{2}\ln\frac{d_h^m\left(\mathbf{m}_t^h; u_{h,t}^m\right)}{d_h^m\left(\mathbf{m}_{t-1}^h; u_{h,t}^m\right)} + \frac{1}{2}\ln\frac{d_h^m\left(\mathbf{m}_t^h; u_{h,t-1}^m\right)}{d_h^m\left(\mathbf{m}_{t-1}^h; u_{h,t-1}^m\right)} =$$

$$= \frac{1}{2}\sum_{i=1}^{n_h}\left(\frac{\partial d_h^m\left(\mathbf{m}_t^h; u_{h,t}^m\right)}{\partial \ln m_{i,t}^h} + \frac{\partial d_h^m\left(\mathbf{m}_{t-1}^h; u_{h,t-1}^m\right)}{\partial \ln m_{i,t-1}^h}\right)\cdot\left(\ln m_{i,t}^h - \ln m_{i,t-1}^h\right)$$

machen, was unter Verwendung der Hotelling-Diewert-Beziehung exakt dazu führt, daß man den Törnqvist-Theil-Index in logarithmischer Schreibweise erhält:

$$\text{(V.88)}\quad \frac{1}{2}\ln\frac{d_h^m\left(\mathbf{m}_t^h;u_{h,t}^m\right)}{d_h^m\left(\mathbf{m}_{t-1}^h;u_{h,t}^m\right)}+\frac{1}{2}\ln\frac{d_h^m\left(\mathbf{m}_t^h;u_{h,t-1}^m\right)}{d_h^m\left(\mathbf{m}_{t-1}^h;u_{h,t-1}^m\right)}=$$

$$=\frac{1}{2}\sum_{i=1}^{n_h}\left(\frac{\pi_{i,t}^h m_{i,t}^h}{\boldsymbol{\pi}_t^h\mathbf{m}_t^h}+\frac{\pi_{i,t-1}^h m_{i,t-1}^h}{\boldsymbol{\pi}_{t-1}^h\mathbf{m}_{t-1}^h}\right)\cdot\left(\ln m_{i,t}^h-\ln m_{i,t-1}^h\right).$$

Der geometrische Durchschnitt der Malmqvist-Indizes mit den Referenznutzen u_t^m und u_{t-1}^m entspricht damit exakt dem Törnqvist-Theil-Index:

$$\text{(V.89)}\quad \left(Q_{h,Malm}^m\left(\mathbf{m}_t^h;\mathbf{m}_{t-1}^h;u_{h,t}^m\right)\cdot Q_{h,Malm}^m\left(\mathbf{m}_t^h;\mathbf{m}_{t-1}^h;u_{h,t-1}^m\right)\right)^{1/2}=\prod_{i=1}^{n_h}\left(\frac{m_{i,t}^h}{m_{i,t-1}^h}\right)^{\frac{1}{2}\left(s_{i,t}+s_{i,t-1}\right)}$$

$$\text{mit}\quad s_{i,\tau}=\frac{\pi_{i,\tau}^h m_{i,\tau}^h}{\boldsymbol{\pi}_\tau^h\mathbf{m}_\tau^h}\qquad \tau=t-1,t.$$

Berücksichtigt man die unterstellte verallgemeinerte translogarithmische Form der Distanzfunktion, so ist das Ergebnis zudem gleichbedeutend mit der Verwendung eines fiktiven Referenzteilnutzenniveaus, das dem geometrischen Durchschnitt der Teilnutzen der beiden Zeitpunkte *t* und *t-1* entspricht. Es gilt:[131]

$$\text{(V.90)}\quad \ln\frac{d_h^m\left(\mathbf{m}_t^h;u_{h,t}^m\right)}{d_h^m\left(\mathbf{m}_{t-1}^h;u_{h,t}^m\right)}+\ln\frac{d_h^m\left(\mathbf{m}_t^h;u_{h,t-1}^m\right)}{d_h^m\left(\mathbf{m}_{t-1}^h;u_{h,t-1}^m\right)}=$$

$$=\sum_{i=1}^{n_h}\left[\left[\left(\alpha_i^h+\sum_{j=1}^{n_h}\beta_{ij}^h\ln m_{j,t}^h+\varepsilon_i^h\ln u_{h,t}^m\right)+\left(\alpha_i^h+\sum_{j=1}^{n_h}\beta_{ij}^h\ln m_{j,t-1}^h+\varepsilon_i^h\ln u_{h,t-1}^m\right)\right]\right.$$

$$\left.\cdot\left(\ln m_{i,t}^h-\ln m_{i,t-1}^h\right)\right]=$$

$$=\sum_{i=1}^{n_h}\left[\left(\alpha_i^h+\sum_{j=1}^{n_h}\beta_{ij}^h\ln m_{j,t}^h+\varepsilon_i^h\frac{1}{2}\left(\ln u_{h,t}^m+\ln u_{h,t-1}^m\right)\right)+\left(\alpha_i^h+\sum_{j=1}^{n_h}\beta_{ij}^h\ln m_{j,t-1}^h\right.\right.$$

$$\left.\left.+\varepsilon_i^h\frac{1}{2}\left(\ln u_{h,t}^m+\ln u_{h,t-1}^m\right)\right)\right]\cdot\left(\ln m_{i,t}^h-\ln m_{i,t-1}^h\right)=$$

131 Siehe hierzu Diewert (1976, S. 140).

$$= \ln \frac{d_h^m\left(\mathbf{m}_t^h; \left(u_{h,t}^m u_{h,t-1}^m\right)^{1/2}\right)}{d_h^m\left(\mathbf{m}_{t-1}^h; \left(u_{h,t}^m u_{h,t-1}^m\right)^{1/2}\right)} = Q_{h,\mathrm{Malm}}^m\left(\mathbf{m}_t^h; \mathbf{m}_{t-1}^h; \left(u_{h,t}^m u_{h,t-1}^m\right)^{1/2}\right).$$

Mit diesem Ergebnis liefert der Törnqvist-Theil-Index, anders als der Fisher-Ideal-Index, auch dann eine hinreichend genaue Approximation der „wahren" Teilnutzenfunktion, wenn diese nicht-homothetisch ist. Er ist damit sehr viel umfassender einsetzbar als der Ideal-Index und empfiehlt sich somit in entscheidender Weise als die zu wählende superlativische Indexformel.[132] Allgemein schreiben Caves, Christensen und Diewert zu diesem Thema:

> „We are not aware of other indexes that be shown to be superlative in this more general sense (gemeint ist die Anwendung auf den nicht-homothetischen Fall, der Verf.)."[133]

In dieser Erkenntnis drückt sich letztlich auch die Tatsache aus, daß die generelle Approximationsmöglichkeit manchen Autoren die Begründung dafür liefert, die schwache Separierbarkeit als die entscheidende (und alleinige) Anforderung an die Teilnutzenfunktion anzusehen. Das Problem der unsicheren Klassifikationsgrundlage wird dabei häufig übersehen.[134]

Abschließend darf nicht verschwiegen werden, daß alle superlativischen Indexformeln numerisch sehr dicht beieinander liegen, wenn die Preis- und Mengenänderungen nur recht klein sind.[135] Da der Törnqvist-Theil-Index als Folge seiner Konstruktion ganz explizit auf dem oben genannten Verkettungsprinzip von Indexzahlen basiert, berücksichtigt er nicht nur alle Informationen, die ausgehend von der Basisperiode auf die Zeitreihen der Preise und Mengen einwirken, sondern führt auch dazu, daß die numerische Differenz zum Ideal-Index sehr gering ist. Konkret bedeutet dies, daß der Törnqvist-Theil-Index aufgrund seiner Konstruktionsweise einen Wert liefert, der erst ab der dritten Kommastelle vom Wert der konsistenten Indexformel abweicht. Insgesamt verliert die Frage nach der zu wählenden *superlativischen* Indexformel damit weitgehend an empirischer Relevanz.[136]

---

[132] Vgl. Caves, Christensen und Diewert, 1982, S. 1411.

[133] Caves, Christensen und Diewert, 1982, S. 1411. Man beachte, daß dieses Urteil auch gut fünfzehn Jahre später noch Bestand hat.

[134] Vgl. Barnett, Fisher und Serletis, 1992, S. 2113.

[135] Vgl. Diewert 1978, S. 886ff.

[136] Für einen empirischen Vergleich von Ideal- und Törnqvist-Theil-Index siehe z.B. Diewert (1978, S. 894ff.), Shapiro und Wilcox (1997, S. 118) oder Hoffmann (1998, S. 43ff.). Diese weitgehende numerische Übereinstimmung führt auch dazu, daß dann, wenn der Törnqvist-Theil-Index nicht definiert ist, an seiner Stelle der Fisher-Ideal-Index verwendet wird (vgl. Farr und Johnson, 1985, S. 2).

V.5 Zusammenfassung

Die indextheoretischen Überlegungen haben folgende Ergebnisse gebracht:

- Es gibt grundsätzlich verschiedene Arten, Indexformeln zu beurteilen. Soll durch die Verwendung einer Indexformel anstelle einer Funktionswertrelation kein falsches (numerisches) Ergebnis entstehen, so muß vor allem die numerische Übereinstimmung von Indexformel und Funktionswertrelation im Mittelpunkt der Beurteilung stehen („ökonomischen Eigenschaften von Indexformeln"). Die statistischen Eigenschaften oder die Interpretation der Indexformel im Sinne eines Mittelwerts einer zufälligen Variablen rücken dann ins zweite bzw. dritte Glied.

- Fokussiert man auf die numerische Übereinstimmung, sucht man also „exakte" Indexformeln, so hängt die Wahl derselben von der zugrunde gelegten Aggregationsfunktion ab. Verschiedene Aggregationsfunktionen implizieren andere Indexformeln. Die Güte der Indexformel hängt damit entscheidend von der Güte der Aggregationsfunktion ab.

- Dies gilt vor allem dann, wenn die wahre Aggregationsfunktion nicht bekannt ist und durch eine andere Funktion approximiert werden muß. Die Indexformel muß dann exakt in bezug auf die Approximationsfunktion sein (sie ist dann „superlativisch"). Begnügt man sich nicht mit Approximationen erster Ordnung, sondern verwendet man flexible Funktionen (also Approximationen zweiter Ordnung), so erfüllen weder der Laspeyres- noch der Paasche-Index das Kriterium, superlativisch zu sein. Kann man unterstellen, daß die Approximationsfunktion linearhomogen ist, so tun sich hier insbesondere der Fisher-Ideal-Index (exakt für das linearhomogene Quadratische Mittel der Ordnung Zwei) und der Törnqvist-Theil-Index (exakt für eine linearhomogene Translog Funktion) hervor.

- Für den Fall, daß die zugrunde liegende Teilnutzenfunktion nicht homothetisch ist und als Aggregationsfunktion die Distanzfunktion gewählt werden muß, verbleibt schließlich nur der Törnqvist-Theil-Index, der auch jetzt noch superlativisch ist. Dies setzt allerdings voraus, daß man als Referenzteilnutzenniveau den geometrischen Durchschnitt der Teilnutzenwerte wählt, die zu den zwei betrachteten Zeitpunkten vorliegen.

- Immer dann, wenn – im homothetischen Fall – die Betrachtung der ökonomischen Eigenschaften der Indexformeln nicht zu einer eindeutigen Wahl führt, hilft möglicherweise eine Berücksichtigung der statistischen Eigenschaften. In diesem sogenannten Test-Ansatz schneidet insbesondere der Fisher-Ideal-Index hervorragend ab. Einziger Wermutstropfen ist hier die Tatsache, daß er den Circular Test nicht erfüllt, was aber letztlich der Preis dafür ist, daß er über eine flexible Gewichtung verfügt und somit die Veränderungen der relativen Preise sehr zeitnah berücksichtigen kann. Annähernd gut, aber nicht vollständig gleich gestaltet sich das Bild beim Törnqvist-Theil-Index. Auch er erfüllt *nicht* den Circular

Test. Sein zentrales Manko ist jedoch, daß er nicht durchgängig definiert ist, da er mit Veränderungsraten arbeitet, was in der Periode der Einführung neuer Anlageformen Probleme bereitet

- Im Gegensatz zum Fisher-Ideal-Index erlaubt der Törnqvist-Theil-Index eine Interpretation als gewichtetes Mittel einer zufällig verteilten Größe. Dies ist insbesondere dann von Vorteil, wenn man davon ausgehen muß, daß sich Portfolios nicht unendlich schnell anpassen, sondern erst mit zeitlicher Verzögerung auf Veränderungen der Preise (User costs) reagieren. In diesem Fall kann man die Mengenrelationen der zwei Zeitpunkte im Sinne einer zufällig verteilten Größe interpretieren, aus denen der Törnqvist-Theil-Index einen (gewichteten) Durchschnitt bildet.

- Berücksichtigt man nicht nur diesen Umstand, sondern vor allem die Tatsache, daß man nicht von vornherein sagen kann, ob die zugrunde gelegte Teilnutzenfunktion homothetisch ist oder nicht, empfiehlt sich somit immer eine Verwendung des Törnqvist-Theil-Indexes zur Abbildung einer (unbekannten) Funktionswertrelation. Die Entscheidung für diese Indexformel wird zusätzlich dadurch erleichtert, daß man zeigen kann, daß alle superlativischen Indexformeln in der Regel numerisch sehr nahe beieinander liegen. Dies gilt zumindest dann, wenn die Mengenänderungen zwischen den betrachteten Zeitpunkten relativ klein sind. Sollte der Törnqvist-Theil-Index im Vergleich zweier bestimmter Zeitpunkte einmal nicht definiert sein, kann man also auf den Fisher-Ideal-Index zurückgreifen.

VI Schlußbetrachtung

Die vorliegende Arbeit untersucht, welchen Beitrag der Divisia-Geldmengenansatz für das Problem liefert, eine aus *makroökonomischer* Sicht stringente Geldmengendefinition zu bestimmen. Bekanntlich ist diese Problemstellung sehr alt. Ihre ersten Höhepunkt erreichte sie mit der Banking versus Currency-Debatte im England des letzten Jahrhunderts. Eine allseits befriedigende Klärung wurde weder damals erreicht, noch in den Jahrzehnten danach geliefert. Die fortschreitenden Finanzinnovationen in den achtziger und neunziger Jahren dieses Jahrhunderts und der damit verbundene Zusammenbruch bestehender makroökonomischer Grundrelationen in zahlreichen Ländern verleihen der Frage nach der „richtigen" Geldmengenabgrenzung nun neue Aktualität.

Auf William A. Barnett geht deshalb der Vorschlag zurück, die *Veränderung* einer *aggregationstheoretisch zulässigen* Geldmenge mit Hilfe einer *statistischen Indexformel* abzubilden, die ausschließlich beobachtbare Mengen (Anlagevolumen) und Preise (diskontierte Zinsdifferenzen) verwendet. Dieser Vorschlag wurde in seinen Grundzügen in Kapitel I präsentiert. Barnett bezieht sich mit seiner Vorgehensweise dabei sowohl auf die Klassifikation monetärer Anlageformen in „Geldkomponente" als auch auf die Aggregation derselben zu einer gemeinsamen Größe (hier: zu einer gemeinsamen Veränderungsrate).

Stellt man Barnett's Vorschlag in den allgemeinen Zusammenhang der traditionellen makroökonomischen Diskussion über die Geldmengendefinition (Kapitel II), so wird man als erstes bemerken, daß diese üblicherweise ausschließlich auf die Klassifikation monetärer Anlageformen fokussiert und dabei häufig auf die „Funktionen des Geldes" abstellt. Dabei steht in aller Regel die Zahlungsmittelfunktion des Geldes im Vordergrund. Die Geldverwendung wird mit der Reduktion der Transaktionskosten erklärt. Ihren makroökonomische Niederschlag findet die Zahlungsmittelfunktion in der Quantitätsgleichung und Quantitätstheorie, die beide die direkte Nachfragewirksamkeit des „Geldes" hervorheben. Eine konsequente Betrachtung der Rolle des Geldes in der Quantitätstheorie führt zu einer sehr engen Definition der Geldmenge. Lediglich die Geldbasis – unter Einschränkung der Allgemeingültigkeit auch die Geldmenge M1 – erfüllt die dort gemachten Annahmen (Abschnitt II.2).

Nun findet sich aber bereits bei Jevons (1875) der Hinweis, daß Geld nicht nur Zahlungsmittel ist, sondern auch einen Wertspeicher darstellt. Geld im Sinne eines Wertspeichers ist damit Teil eines allgemeinen Portfolios, das zusätzlich noch zahlreiche andere Wertspeicher enthält, die diese Funktion besser oder schlechter erfüllen können. Dieses „Geld als Teil des individuellen Vermögens" findet seine makroökonomische Übersetzung in den portfolio- oder vermögenstheoretischen Ansätzen der Makroökonomik. Von einem Geld als Wertspeicher gehen hier aber keine besonderen Effekte aus, die als eine fundierte Abgrenzungsgrundlage verwendet werden könnten. Makroökonomische Wirkungen werden im Rahmen dieses Ansatzes von Veränderungen von Zinsstrukturen getrieben. Veränderungen von Anlagevolumina treten eher beiläufig auf. Fragt man sich trotzdem nach der Geldmengenabgrenzung, die noch am ehesten geeignet ist, eine Veränderung der Zinsstruktur herbeizuführen, so ist dies wohl die Geldbasis (Abschnitt II.3).

Während der quantitätstheoretische Ansatz vor allem die Zahlungsmittelfunktion betont, stellt der vermögenstheoretische Ansatz ausschließlich auf die Wertspeicherfunktion ab. Beide Funktion zugleich betrachtet die IS-LM-Analyse. Im Rahmen einer „kreditorientierten Variante der IS-LM-Analyse" gelangt man aber zu keiner anderen Schlußfolgerung als im Fall der vermögenstheoretischen Ansätze. Der entscheidende Transmissionskanal ist auch hier wieder die Veränderung von Zinsstrukturen. Die direkte Nachfragewirksamkeit des Geldes, auf die die Quantitätstheorie abstellt, wird nicht adäquat berücksichtigt. Die geringe Rolle, die die Geldmenge innerhalb dieser „kreditorientierten Variante der IS-LM-Analyse" spielt, erlaubt wieder keine endgültige Bestimmung einer Geldmenge. Die quantitative Gleichsetzung von Geld und Kredit, die sich infolge einer Bilanzidentität ergibt und die tendenziell für eine sehr breite Abgrenzung sprechen würde, ist hierbei wenig hilfreich, da von der Veränderung dieses Aggregats keine eindeutigen Wirkungen ausgehen (Abschnitt II.4). Ansätze, die auf das Kreditvolumen abstellen, ergeben deshalb ebenfalls keinen stichhaltigen Hinweis auf eine angemessene Geldmengenabgrenzung (Abschnitt II.5).

Fragt man sich nun, welchen Beitrag gewichtete, breit definierte Geldmengenaggregate überhaupt spielen können, so ist es wohl am ehesten die Ausrichtung an der *Zahlungsmittelnähe* der Anlageformen, die solchermaßen gewichteten Aggregaten möglicherweise zu einer sinnvollen Interpretation verhilft. Diese stellen dann einen zukünftig „zu erwartenden Zahlungsmittelbestand" dar, den die Notenbank kurzfristig hinzunehmen hat und der quantitätstheoretisch begründbare Wirkungen auslösen wird. In diesem Sinne eignet sich ein solches Aggregat als eine Inflationsprognose (Abschnitt II.6).

Die in der Literatur häufig vorzufindende Ausrichtung an der *„Liquidität"* monetärer Anlageformen zielt dabei in die gleiche Richtung. Implizit findet eine Gleichsetzung mit der Zahlungsmittelnähe statt. Bei näherer Betrachtung muß man aber feststellen, daß es für die „Liquidität" keine einheitliche Definition, geschweige denn ein einheitliches Maß gibt. Ein recht allgemeines Vorgehen versucht, die „Liquidität" mit den *Kosten* der Umwandlung in ein Zahlungsmittel abzubilden. Je höher diese Kosten sind, desto geringer ist die Liquidität der Anlage. In gleicher Weise lassen sich die von Barnett bemühten „Liquiditätsdienste monetärer Anlageformen" interpretieren. Sie stellen den Beitrag der einzelnen Anlageform zur Reduktion der geldwirtschaftlichen gegenüber den tauschwirtschaftlichen Transaktionskosten dar, ihren „Effizienzbeitrag". Ein solcher „Effizienzbeitrag" kann sich in einem Nettomehrkonsum und/oder in einer höheren Freizeit der Geld- gegenüber der Tauschwirtschaft äußern (Abschnitt III.1).

Nun erbringt die Verwendung liquider Mittel nicht nur solche Vorteile, sondern verursacht neben den (bereits berücksichtigten) Transaktionskosten der Geldwirtschaft auch Kosten, die mit ihrer Verfügbarkeit verbunden sind. Solche „Liquiditätsvorhaltungskosten der Geldwirtschaft" äußern sich in einem Zinsentgang gegenüber einer Welt, in der alle Mittel dauerhaft angelegt werden (können). Dieser Zinsentgang wird üblicherweise durch die User costs der Anlageformen abgebildet. Im Rahmen eines Optimierungsansatzes zur Bestimmung optimaler Anlagenvolumina dürfen somit nicht nur die Effizienzbeiträge der Anlagen betrachtet werden, sondern sind auch die mit ihnen verbundenen Liquiditätsvorhaltungskosten zu berücksichtigen. Im Rahmen eines solchen Ansatzes stellen die User costs den Preis für den Effizienzbeitrag einer Anlageform dar.

Um nun den Optimierungsansatz adäquat abbilden zu können, sind zwei Vorgehensweisen denkbar, die bei konsequenter Ausgestaltung äquivalent sind (Abschnitt III.1.3). Auf der einen Seite kann man eine Partialbetrachtung vornehmen und auf die Minimierung der geldwirtschaftlichen Transaktions- und Liquiditätsvorhaltungskosten bei *gegebenem* Transaktionsvolumen abstellen. Dies entspricht dem traditionellen Baumol-Tobin-Vorgehen. Die optimalen Anlagenvolumina hängen dabei aber immer von der Höhe des optimalen Transaktionsvolumens ab. Seine Bestimmung muß gesondert erfolgen. Umfassender ist der von Barnett verwendete Ansatz, den Effizienzbeitrag als Teil der Nutzenfunktion des Akteurs anzusehen. Hier findet simultan eine modellendogene Bestimmung des Transaktaktionsvolumens statt. In diesem Sinne läßt sich ein Ansatz, bei dem monetäre Anlageformen Nutzen stiften, rechtfertigen.

Der mikroökonomische orientierte Optimierungsansatz besitzt nun Implikationen für die Aggregation und die Klassifikation von monetären Anlageformen:

- In Bezug auf die Aggregationsform bedeutet er, daß man die gleichgewichtete Addition mit einem Gewichtungsfaktor von Eins nur verwenden darf, wenn die Anlageformen perfekte Substitute sind und die Grenzrate der Substitution Eins beträgt. Da man auf die Zahlungsmittelfunktion abzustellen hat, bildet das Bargeld den Kristallisationspunkt für die Geldmengendefinition. Perfekte Substitute können dann nur solche Anlageformen sein, die ebenfalls als Zahlungsmittel Verwendung finden und zudem wie das Bargeld unverzinslich sind. Mit den Sichteinlagen und/oder den Einlagen der Geschäftsbanken bei der Notenbank umfaßt ein solches Aggregat aber bestenfalls die Anlageformen, die man mit der Fokussierung auf den quantitätstheoretischen Transmissionsprozeß auch erhalten würde. Möchte man hingegen die Möglichkeit des liquiditätsorientierten Ansatzes ausnutzen, so müssen noch andere Anlageformen hinzukommen. Dabei hilft die Annahme der perfekten Substituierbarkeit mit einer Grenzrate der Substitution von Eins offensichtlich nicht weiter.

  Dies gilt auch dann, wenn man keine gleichgewichtete Addition vornimmt, sondern eine mit unterschiedlichen Gewichten (z.B. bei der Bargeldäquivalenten Geldmenge). Auch dies impliziert, daß die Anlageformen perfekte Substitute sind. Spätestens dann, wenn sich die User costs auch nur einer Anlageform ändern, müßte es hier dazu kommen, daß ausschließlichen die Anlageform mit den niedrigsten User costs gehalten wird. Da solche Portolio-Konzentrationen trotz im Zeitablauf recht unterschiedlicher User costs nicht zu beobachten sind, kann die additive Form der Nutzenfunktion und damit die perfekte Substituierbarkeit empirisch abgelehnt werden.

Die gewichtete Addition von Beständen ist somit im Lichte der üblichen Mikroökonomik ausgesprochen problematisch. Man muß deshalb nichtlineare Aggregationsfunktionen verwenden. Besteht man nicht auf der Herleitung eines Geldmengenbestandes, sondern gibt man sich mit einem Maß für seine Veränderung zufrieden, so diese Veränderung durch einen zeitstetigen Divisia-Index ausdrücken. Dabei verwendet dieser Index ausschließlich Preise und Mengen. Er benötigt kein konkrete Aggregationsfunktion, vorausgesetzt, die Aggregationsfunktion ist linearhomogen. Der relevante Preis für die Anlageformen sind in diesem Kontext die User costs. Sie dienen dazu die Grenzprodukte der Anlageformen zu ersetzen (Abschnitt III.1.4). Bezogen auf zeitdiskrete Werte kann man den Divisia-Index durch eine superlativische Indexformel bis auf zwei Stellen hinter dem Komma genau approximieren. Neben dem Törnqvist-Theil-Index, den Barnett favorisiert, bietet sich der Fisher-Ideal-Index an (Kapitel V).

- Für die Klassifikation der Anlageformen in Geldkomponente impliziert der Mikroansatz zum einen die sehr enge Variante, die an der Unverzinslichkeit der Anlageformen ansetzt (Abschnitt IV.2.2). Dies entspricht der Forderung nach der perfekten Substituierbarkeit. Für einen gewichtetes Geldmengenaggregat, welches auf die Zahlungsmittel*nähe* abstellen möchte, ist eine solche Klassifikation wenig hilfreich, da es nur Zahlungsmittel erfaßt. Im Rahmen eines breiteren Ansatzes, bei dem auf die Reduktion der Transaktionskosten der Geld- gegenüber Tauschwirtschaft abgestellt wird, dürfen nur solche Anlageformen zu einem gemeinsamen Aggregat zusammengefaßt werden, die das *Kriterium der schwachen Separierbarkeit* erfüllen. Darauf weist vor allem Barnett hin. Ist diese Bedingung nicht erfüllt, so existiert überhaupt kein Teilaggregat über diese Anlagen, welches unabhängig von der Höhe aller anderen Anlageformen, der Konsumgüter und der Freizeit beschrieben werden könnte. Nur die schwache Separierbarkeit erlaubt eine konsistente Verwendung eines Aggregats anstelle der einzelnen Mengen im Rahmen des betrachteten mikroökonomischen Optimierungskalküls. Hinreichend für die konsistente Aggregation ist die homothetische schwache Separierbarkeit der Zielfunktion. Dieses Ergebnis wird unter Verwendung des Nutzenansatzes in Abschnitt IV.2.3 hergeleitet.

Berücksichtigt man den makroökonomischen Blickwinkel, für den die Geldmengenbildung nur interessant ist, so muß man sich zum einen fragen, ob ein entsprechend dem eben geschilderten Vorgehen gebildetes (und abgegrenztes) Divisia-Geldmengenaggregat die makroökonomische Interpretation zuläßt, die es haben muß, um als breit definiertes Aggregat überhaupt makroökonomische Relevanz zu besitzen. Entscheidend dafür wäre sicherlich, daß man mit der Gewichtung der Anlageformen der tatsächlich zu erwartenden Umwandlung gerecht wird. Dies ist aber kaum zu erwarten. Es besteht keine Unmittelbare Beziehung zwischen der Höhe der User costs, die in entscheidender Weise die Gewichtung der Anlageformen (besser: der Veränderung der Anlageformen) beeinflussen, und der tatsächlich zu erwartenden Umwandlung. Tendenziell mag zwar eine positive Beziehung bestehen, grundsätzlich daraus aber zu folgern, der Divisia-Index gebe die zu erwartende Veränderung des Zahlunsmittelbestandes an, wäre wohl vermessen.

Andererseits ist es Fakt, daß breit abgegrenzte Summenaggregate von Notenbanken auch im Hinblick auf ihren Informationsgehalt bezüglich zukünftig zu erwartender Preisänderungen betrachtet werden. Nicht selten wird argumentiert, daß die Divisia-Aggregate aufgrund ihrer *mikroökonomischen Herkunft* diesen gegenüber eindeutig überlegen seien. Selbst wenn man sich auf den primär mikroökonomisch geprägten Blickwinkel der Befürworter des Divisia-Indexes einläßt, zeigt die vorliegende Arbeit doch deutlich, daß auch die mikroökonomische Stringenz des Divisia-Geldmengenansatzes erhebliche Probleme aufweist. Dies führt dazu, daß der Divisia-Index in der Praxis nicht einmal das widerspiegelt, was seine Befürworter in ihm sehen, den „Strom der Effizienzbeiträge der monetären Anlagen".

- Der erste Problembereich betrifft die Erfassung der theoretisch korrekten User costs. Das gesamte Konzept basiert darauf, daß diese tatsächlich den Preis der Effizienzbeiträge erfassen. Damit sie diesem Anspruch gerecht werden, müssen aber zahlreiche Modifikationen vorgenommen werden: So hat man der Tatsache Rechnung zu tragen, daß Banken häufig eine Mischkalkulation betreiben und die infolge der Unverzinslichkeit der Sichteinlagen gesparten Ausgaben für die Subventionierung anderer Bereiche des Bankgeschäfts verwenden. Es muß also eine Art „implizite Eigenverzinsung" der Sichteinlagen ermittelt werden. Darüber hinaus muß man bei der Ermittlung der User cost berücksichtigen, daß Nominalzinsen auch immer eine Inflationskomponente enthalten. Was als Liquiditätsprämie ausgewiesen wird, beruht möglicherweise in Wahrheit auf unterschiedlichen laufzeitbedingten Inflationserwartungen und hat nichts mit der Einsparung von Transaktionskosten zu tun. Auch eine nicht unendlich hohe Portfolioanpassungsgeschwindigkeit stellt ein Problem dar. In diesem Fall basieren die gehaltenen Mengen nicht nur auf den gegenwärtigen User costs, sondern auch auf denen der Vorperiode. Hier ist also die Modellierung von Anpassungsprozessen notwendig. Zudem kann sich die Produktivität der Anlageformen im Zeitablauf ändern. Dies führt zu Ungenauigkeit im Divisia-Index. Entgegen der eigentlichen Interpretation stellt der (diskontierte) Zinsentgang den Preis der Anlagesumme dar, nicht den der „Dienste" dieser Anlage. Werden im Rahmen eines ausschließlich auf beobachtbaren Preisen und Mengen basierenden Divisia-Index solche Produktivitätsänderungen nicht erfaßt, so berücksichtigt seine Veränderung nicht die Veränderung der Effizienzbeiträge und damit auch der Zahlungsmittelnähe der Anlageformen. Auch basiert das Grundkonzept der User costs auf der Annahme, daß der Akteur risikoneutral ist. Üblicherweise kann man aber Risikoaversion unterstellen, so daß auch deshalb eine Korrektur der User costs notwendig wird. Diese fallen bereits in der Theorie recht kompliziert aus, was eine emirische Umsetzung recht schwierig macht. Insgesamt kann man durchaus Zweifel daran äußern, ob es jemals gelingen wird, glaubwürdige User costs zu ermitteln. Für eine Beurteilung des jetzigen Stands der Forschung sei auf das sehr negative Zitat von Gaab und Mullineux (1996) auf Seite 173 verwiesen.

- Ein weiterer Kritikpunkt betrifft die Identifikation schwach separierbarer und homothetischer Strukturen. Setzt man an einer Spezifikation oder Approximation der Nutzenfunktion an, so weisen die zahlreichen „flexiblen funktionalen Formen", die sich für einen allgemeinen Konsens gut eignen würden, allesamt Schwächen auf. Gemeinsam haben alle Funktionen den Nachteil, daß man neben den zu testenden Eigenschaften (der schwachen Separierbarkeit und Homothetik) auch die konkrete funktionale Form testet. Divergenzen bestehen in der Abbildungsgenauigkeit jenseits des Approximationspunkts und in der Erfüllung der Regularitätsbedingungen. Solche Funktionen, die hier relativ am besten abschneiden, sind als *Maß für eine Geldmenge* allerdings weitgehend ungeeignet. Sie sind nämlich so kompliziert, daß sie selbst einem interessierten Publikum kaum (in verständlicher Weise) erläutert werden können. Für die geldpolitische Strategie, für die die Geldmenge besonders relevant ist, sind solche Aggregate damit besonders ungeeignet. Da bei der Geldmengensteuerung die Geldmenge im Rampenlicht des öffentlichen Interesses steht, muß sie (relativ) leicht verständlich sein. Schließlich dient die Geldmenge als Zwischenziel auch immer der Kommunikation mit der Öffentlichkeit. Deshalb spielt für sie die Akzeptanz der gewählten Definition eine besonderes große Rolle. Diese Akzeptanz ist vor allem dann notwendig, wenn sich die Geldmenge anders verhält als von der Notenbank vorhergesagt. Eine geldmengenbezogene Interpretation möglicher Ursachen fällt bei Aggregaten auf der Basis solcher flexibler funktionaler Formen dann jedoch ausgesprochen schwer.

  Aber selbst dann, wenn man sich auf den reinen Aspekt der Klassifikation beschränken würde, weil man z.B. die Veränderung des Aggregats mit Hilfe eines Divisia-Indexes abbildet, lassen es die Vielzahl der Ansätze und ihre jeweiligen Schwächen unwahrscheinlich erscheinen, daß man zu einer allgemein akzeptierten Selektion von Komponenten gelangt. Empirische Studien zeigen, daß selbst solche Funktionen, die denselben Wurzeln entstammen, zu ganz unterschiedlichen Ergebnissen hinsichtlich der zu testenden Eigenschaften kommen. Dies liegt entweder an ihrer Natur als lokale Approximation oder an den (zum Teil recht engen) Grenzen, die die beschränkte Anzahl von Beobachtungswerten setzt. Gleiches gilt auch dann, wenn man nicht an der Nutzenfunktion, sondern an den Nachfragefunktionen ansetzt. Die geringe Anzahl der Studien, die in den letzten Jahren die parametrische Analyse verwendet haben, läßt darauf schließen, daß dieser Weg eine Sackgasse darstellt. Das Urteil von Cuthbertson fällt entsprechend negativ aus:

> „Given the quality and quantity of time series data the consumer theory approach using ever more complex functional forms with a system of assets demand equations has hit near zero marginal returns. ... I do not think further refinements in functional forms or in extending the Divisia approach (e.g. to capital uncertain assets) will yield useful practical results.“[1]

Neben diesen parametrischen Ansätzen findet man in den letzten Jahren vor allem eine Anwendung der nicht-parametrischen Nachfrageanalyse. Diese basiert auf einer empirischen Überprüfung der Rationalitätshypothese anhand konkret gewählter Bündel (Portfolio). Um ein widersprüchliches Verhalten allerdings aufdecken zu können, muß es überhaupt potentielle Widerspruchssituationen geben. Die bestehen nur dann, wenn sich die Budgetgeraden der verschiedenen Zeitpunkte im positiven Quadranten schneiden. Dies liegt tendenziell immer dann vor, wenn man ein relativ konstantes Einkommen und sehr variable relative Preise besitzt. Die Realität sieht jedoch eher anders aus. Meist sind die relativen Preise recht starr und das Einkommen steigt stetig. Nicht selten können deshalb zwei Zeitpunkte überhaupt nicht zu einer Verletzung der Rationalitätsannahme führen. Darüber hinaus weist das (fast) ausnahmslos verwendete Testverfahren von Varian Schwächen auf. Nicht nur, daß manche Bündel Nutzenwerte nach dem Zufallsprinzip erhalten, auch findet keine Berücksichtigung von Meßfehlern statt. So können Verletzungen des Testkriteriums der Rationalitätshypothese (das Verallgemeinerte Axiom offenbarter Präferenzen; GARP) nicht hinreichend relativiert werden. Dadurch fällt eine Interpretation und Würdigung von Verletzungen der Rationalitätshypothese äußerst schwer.

- Der gesamt Mikroansatz leidet außerdem darunter, daß eine Übertragung des einzelwirtschaftlichen Rationalitätsprinzips auf die Makroebene äußerst problematisch ist. Makroökonomische Daten, die die Entscheidungen einer Vielzahl verschiedener Akteure widerspiegeln, müssen sich keineswegs so verhalten wie man es entsprechend der mikroökonomischen Theorie erwarten würde. Dies gilt auch dann, wenn alle einzelwirtschaftlichen Akteure rational handeln. Problematisch ist hier insbesondere eine Änderung der Einkommensverteilung. Aber auch ohne eine solche Veränderung kann es zu einer Situationen kommen, bei der sich ein „repräsentativer Akteur“ im Vergleich zweier Bündel *A* und *B* für das Bündel *A* entscheidet, obwohl *alle* individuellen Akteure Bündel *B* wählen würden. Letztlich spiegelt sich in diesen Schwierigkeiten nur das bekannte Unmöglichkeitstheorem von Arrow wieder, gemäß dem sich verschiedene (unterschiedliche) individuelle Präferenzen niemals zu einer konsistenten gesellschaftlichen Wohlfahrtsfunktion vereinen lassen.

---

1 Cuthbertson, 1997, S. 1196.

- Auch die Indextheorie besticht auf den ersten Blick durch ihre formale Exaktheit. Sicherlich mag es sinnvoll sein, superlativische Indexformeln relativ zu anderen Indizes zu wählen. Dies ist bereits Ergebnis der Studie(n) von Irving Fisher.[2] Allerdings muß man sich darüber im klaren sein, daß diese Exaktheit alle die bereits aufgezählten Schwächen des Divisia-Ansatzes negiert. Eine superlativische Indexformel kann nur so gut sein wie die Approximationsfunktion, die ihr zugrunde liegt, und wie die Daten, die für ihre Konstruktion verwendet werden. Deaton faßt diese Tatsache wie folgt zusammen:[3]

  > „[I]t is far from clear that the assumptions that justify the performance of superlative indexes are realized in practice. For example, ... the Törnqvist index ... turns out to be exactly what we want for a single utility-maximizing consumer whose preferences have exactly the right functional form. But we know rather little about whether consumers maximize utility at all, let alone whether they do so instantaneously or take time to adapt to price changes. We do know that there are many consumers, not one, and that, even if each behaves as we like to suppose, we cannot represent their behavior or their welfare by that of a single representative agent."

Die vielgerühmte (mikro-) theoretische Überlegenheit des Divisia-Geldmengenansatzes relativ zu anderen Geldmengenaggregaten – z.B. den „ungewichteten" Summenaggregaten – steht bei näherer Betrachtung somit auf recht tönernen Füßen. Die Mikrofundierung wird mit einer Vielzahl von Annahmen erkauft, die zum Teil sehr zweifelhaft sind.

Letztlich bleibt die Erkenntnis, daß auch der Divisia-Ansatz aus theoretischer Sicht keine befriedigende Definition von „Geld" zu liefern vermag. Für eine politikorientierte makroökonomische Fragestellung, die die Geldmenge in den Vordergrund ihres Interesses rückt, besteht praktisch weiterhin nur die Möglichkeit, die geeignete Geldmenge empirisch zu identifizieren. Was dieses Kriterium in bezug auf den Divisia-Ansatz betrifft, so sprechen die Studien keine eindeutige Sprache. Für Deutschland gewinnt man den Eindruck, daß die „ungewichteten" Summenaggregate diesbezüglich nicht schlechter abschneiden als die Divisia-Aggregate. Eine wesentlich verbesserte Zwischenzielvariable erhält man mit ihnen zumindest nicht.[4]

---

2 Diese Erkenntnis hat sich mittlerweile auch in Empfehlungen über den geeigneten Preisindex für die USA durchgesetzt. Siehe dazu Boskin et al. (1998, S. 3ff.).

3 Deaton, 1998, S. 42.

4 Vgl. z.B. Krämer, 1996, S. 46ff. Gaab (1996, S. 181) schreibt: „However, with regard to the stability of the demand for money, the difference between D3 (Divisia M3; der Verf.) and M3 is not sufficiently pronounced to indicate a change in the intermediate monetary target."

A.II Anhang zur makrotheoretischen Basis (Kapitel II)

A.II.1 Geldmengenabgrenzungen in Deutschland, dem Vereinigten Königreich und den Vereinigten Staaten

Tabelle A.II.1: Aktuelle und historische Geldmengenabgrenzungen in den USA[a)]

Komponente	Aggregat							
	nicht mehr betrachtet				aktuell gültig			
	Old M1 (OM1)	M1A	M1B	M1+	M1	M2	M3	Liquidität
(1) Bargeldumlauf	x	x	x	x	x	x	x	x
(2) Sichteinlagen der privaten Haushalte								
(a) ausschließl. bei Geschäftsbanken	x	x						
(b) im gesamten Bankensektor[1)]			x	x	x	x	x	x
(3) Sichteinlagen der anderen, insbes. der Unternehmen,								
(a) ausschließl. bei Geschäftsbanken	x							
(b) ausschließl. bei Geschäftsbanken, bereinigt um die Einlagen ausländischer Geschäftsbanken		x						
(c) im gesamten Bankensektor[1)], bereinigt um die Einlagen ausländischer Geschäftsbanken[2)]			x	x	x	x	x	x
(4) andere Einlagen, über die mit Scheck verfügt werden kann, jedoch ohne Super NOW-Konten (OCD)[2)]			x	x	x	x	x	x
(5) Super NOW-Konten bei Geschäftsbanken					x	x	x	x
(6) Super NOW-Konten[3)] bei Sparinstituten[1)]					x	x	x	x
(7) Overnight Repurchase agreements bei Geschäftsbanken[4)]						x	x	x
(8) Tagesgeld von amerik. Nichtbanken auf dem Eurodollarmarkt						x	x	x
(9) Geldmarktfondsanteile (MMMF)[5)]						x	x	x
(10) Geldmarktkonten (MMDA) bei Geschäftsbanken[6)]						x	x	x
(11) Geldmarktkonten (MMDA) bei Sparinstituten[6)]						x	x	x
(12) Spareinlagen bei Geschäftsbanken (ohne MMDA)				x		x	x	x
(13) Spareinlagen bei Savings and loan Gesellschaften (ohne MMDA)						x	x	x
(14) Spareinlagen bei Spark. (ohne MMDA)						x	x	x

Fortsetzung: Tabelle A.II.1

Komponente	Old M1 (OM1)	M1A	M1B	M1+	M1	M2	M3	Liqidität
(15) Spareinlagen bei Kreditgenossenschaften (ohne MMDA)						x	x	x
(16) Kleine Termineinl. bei Geschäftsbanken[7)]						x	x	x
(17) Kleine Termineinlagen bei Sparinstituten[7)]						x	x	x
(18) Kleine Termineinlagen bei Kreditgenossenschaften[7)]						x	x	x
(19) Große Termineinlagen bei Geschäftsbanken							x	x
(20) Große Termineinlagen bei Sparinstituten und Kreditgenossenschaften							x	x
(21) Geldmarktfonds die institutionellen Anlegern vorbehalten sind							x	x
(22) Term Repurchase agreements[4)] bei Geschäftsbanken und Sparinstituten							x	x
(23) Termingeld von amerik. Nichtbanken auf dem Eurodollarmarkt							x	x
(24) Bankschuldverschreibung (savings bonds)								x
(25) kurzfristige Schatzpapiere								x
(26) Bankakzepte								x
(27) Industrieschuldverschreibung (Commericial paper)								x

a) Quellen: Berkman (1980, S. 138), Hafer (1980, S. 25ff.), Farr und Johnson (1985, S. 3), Streit (1986, S. 67), Maier (1987, S. 24).

Erläuterungen:

1) Der Bankensektor umfaßt die Geschäftsbanken, die Sparinstitute und die Kreditgenossenschaften. Sparinstitute sind die Sparkassen (savings banks) und die Savings and loan Gesellschaften. Zwar sind die Kreditgenossenschaften auch Teil der "Sparindustrie" (Farr und Johnson 1985, S. 3), da sie aber in den offiziellen Statistiken separat aufgeführt werden, soll dies auch hier geschehen.

2) Solche Einlagen werden zur Abwicklung des Zahlungsverkehrs verwendet und ausschließlich bei Geschäftsbanken gehalten.

2) Abkürzung für "other checkable deposits".

3) "NOW" ist die Abkürzung für "Negotiable Orders of Withdrawal" (übertragbare Zahlungsanweisung) und bedeutet, daß verzinsliche (NOW-) Sparkonten durch die Ausstellung und Weitergabe von übertragbaren Zahlungsanweisungen zugunsten Dritter belastet werden können. NOW-Guthaben werden unter OCD erfaßt. Super NOW-Konten unterscheiden sich von den NOW-Konten dadurch, daß sie nur von privaten Haushalten, gemeinnützigen Unternehmen und Regierungsstellen eingerichtet werden dürfen und ein Einrichtungsguthaben von 2500 USD voraussetzen. Sie haben Ähnlichkeit mit den MMDA (Pos. (10) und (11)).

4) Repurchasement agreements (RP's) der Geschäftsbanken bedeuten, daß die Geschäftsbanken Wertpapiere gegen Bargeld oder Sichteinlagen an Nichtbanken verkaufen, um sie später zum vorher vereinbarten Zeitpunkt zurückzukaufen (Rückkaufsvereinbarungen). Man unterscheidet die eintägige (overnight) von der längeren (term) Laufzeit, letztere wird separat erfaßt (Pos. (22))

5) Money market mutual funds (MMMF) sind Investmentgesellschaften, die ausschließlich kurzfristige Geldmarkttitel halten. Eine Einlage bei einer Gesellschaft bedeutet zugleich den Erwerb eines Anteils. In Position (9) werden nur die Einlagen erfaßt, die bei solchen Geldmarktfonds gehalten werden, die nicht ausschließlich institutionelle Einleger akzeptieren, also insbesondere private Haushalte und Unternehmen.

6) Geldmarktkonten (money market deposit accounts, MMDA) werden von Geschäftsbanken oder Sparinstituten angeboten und stellen ein Substitut zu Geldmarktfondsanteilen der Investmentgesellschaften dar. Für eine marktmäßige Verzinsung verlangen sie ein Mindestguthaben von 2500 USD. Über das Guthaben kann ähnlich den NOW-Konten zugunsten Dritter verfügt werden. Im Unterschied zu diesen ist jedoch die Anzahl der Verfügungen beschränkt.

7) Die Höhe der Termineinlagen darf 100.000 USD nicht übersteigen. Hier werden auch "retail"-Rückkaufsvereinbarungen erfaßt.

Tabelle A.II.2: Aktuelle und historische Geldmengenabgrenzungen im Vereinigten Königreich[a)]

Komponente	Aggregat								
	nicht mehr betrachtet[1)]						aktuell gültig		
	nib M1	M1	£M3	Total M3	PSL1	PSL2 (M5)[2]	M0	M2	M4
(UK1) Bargeldumlauf									
a) innerhalb des privaten Nichtbankensektors (also ohne die Kassenbestände v. Geschäftsbanken und Bausparkassen)[3)]	x	x	x	x	x	x		x	x
b) ausserhalb Bank of England (also incl. der Kassenbestände der Geschäftsbanken und Bausparkassen)							x		
(UK2) Einlagen der inländischen Geschäftsbanken bei der BoE							x		
(UK3) unverzinsliche Sterling Sichteinlagen des privaten Nichtbankensektors[3)] bei inländischen Geschäftsbanken	x	x	x	x	x	x		x	x
(UK4) verzinsliche Sterling Einlagen des privaten Nichtbankensektors bei inländischen Geschäftsbanken[3)] für die der Kunde eine vorab bekanntgemachte Verzinsung (incl. der Nullverzinsung) akzeptiert (banks' retail deposits)[4)]								x	x
(UK5) Sterling Einlagen und Anteile von Individuen bei/an inländischen Bausparkassen, zuzüglich der Einlagen rechtlich unverbundener Gesellschaften, die niedriger als 50.000£ sind oder eine Laufzeit länger als ein Jahr besitzen (building societies' shares and deposits)[5)]								x	x

Fortsetzung: Tabelle A.II.2

Komponente	nib M1	M1	£M3	Total M3	PSL1	PSL2 (M5)[2]	M0	M2	M4
(UK6) Andere verzinsliche Sterling Einlagen des privaten Nichtbankensektors[3)] bei inländischen Geschäftsbanken (incl. Einlagenzertifikate)[6)]									x
(UK7) Andere verzinsliche Sterling Einlagen des privaten Nichtbankensektors[3)] bei inländischen Bausparkassen (incl. Einlagenzertifikate)[6)]									x
(UK8) verzinsliche Sterling Sichteinlagen des privaten Sektors bei inländischen Geschäftsbanken		x	x	x	x	x			
(UK9) Sterling Termineinlagen des privaten Sektors bei inländischen Geschäftsbanken mit einer Laufzeit bis maximal zwei Jahren			x	x	x	x			
(UK10)Sterling Termineinlagen des privaten Sektors bei inländischen Geschäftsbanken mit einer Laufzeit über zwei Jahren			x	x					
(UK11)Sterling Einlagenzertifikate, die der private Sektor hält			x	x					
(UK12)Sterling Sicht- und Termineinlagen öffentlicher Institutionen bei inländischen Geschäftsbanken			x	x					
(UK13)Auf fremde Währung lautende Einlagen privater und öffentlicher Anleger				x					
(UK14)Geldmarktpapiere, die der private Sektor hält					x	x			
(UK15)Einlagen des privaten Sektors bei Bausparkassen und nationale Sparinstrumente (ohne langlaufende Einlagen), abzgl. der Kassenbestände, Einlagen und Geldmarktpapiere in Händen der Bausparkassen[7)]						x			

a) Bank of England (1982, S. 530ff.), Bank of England (1990a, S. 336f.), Bank of England, 1990b), Bank of England (1992, S. 314ff.),

Erläuterungen:

1) "nibM1" ist die Abkürzung für "non-interest bearing component of M1", "PSL" für "private sector liquidity".

2) Das Aggregat "PSL2" wird seit 1987 mit "M5" bezeichnet und soll das umfassendste Aggregat darstellen (vgl. Bank of England 1987, S. 212ff.). Konzeptionell weichen PSL2 und M5 insoweit von einander ab, als daß PSL2 im Unterschied zu M5 nicht die Termineinlagen mit einer Lauzeit über zwei Jahren beinhaltet. Man beachte, daß seit diesem Zeitpunkt auch das Aggregat M4 betrachtet wird. In der heute gültigen Abgrenzung wird es jedoch erst seit 1992 geführt. Das Aggregat PSL1 verschwindet ab 1987 gänzlich, wobei allerdings M4 offensichtlich kein Substitut für PSL1 darstellt.

3) Diese Abgenzung gilt nur für die Aggregate M2 und M4. Während diese Abgrenzung für M4 bereits seit der Einführung 1987 gilt, wurde sie erst 1990 für M2 übernommen. Erst seit dieser Zeit werden die Kassenbestände und die Einlagen der Bausparkassen bei den Geschäftsbanken aus den jeweiligen Positionen herausgerechnet. Der "private Nichtbankensektor" umfaßt jetzt sowohl für M4 als auch M2 den Bereich "non-bank non-building-society". Diese quantitativ unbedeutende Modifikation gewährleistet, daß M2 Teil von M4 ist. Für alle anderen Aggregate (mit Ausnahme von PSL2), die alle vor 1990 erfaßt wurden, beinhalten die Positionen "privater (Nichtbanken)Sektor" damit auch die Kassenbestände und die Einlagen der Bausparkassen (vgl. Bank of England, 1990b, S. 9f.; für die Situation davor siehe die Übersicht in Bank of England, 1987, S. 214). Für die Ermittlung von M2 flossen bis zum Jahre 1990 in diese Position neben den Einlagen bei den Geschäftsbanken auch die bei den Building Societies und die bei der National Savings Bank ein. Seit 1990 werden die Einlagen bei der National Savings Bank nicht mehr im Rahmen der offiziellen Geldmengenaggregate erfaßt, was quantitativ aber vollkommen unbedeutend ist, da sie im Dezember 1989 nur 0,7 % von M2 ausmachten (vgl. Bank of England 1990b, S. 10).

4) "The banks have agreed to define their 'retail' deposits as deposits which arise form a costomer's acceptance of an advertised rate (including nil) for a particular product; typically 'retail' deposits are taken in the banks' branch networks." (Bank of England 1992, S. 317). Man beachte, daß bis 1990 die retail bank's deposits mittels der Verwendbarkeit oder über ihre Höhe und Laufzeit definiert wurden. "Retail deposits" waren alle Einlagen, über die per Scheck, Zahlungsanweisung usw. verfügt werden konnte *oder* die niedriger als £100.000 waren *und* eine Laufzeit geringer als einen Monat hatten (vgl. Bank of England, 1982, S. 332). Diese Abgrenzung erwies sich aus technischen Gründen als wenig zweckmäßig, so daß im Jahre 1990 beschlossen wurde, die Definition zu ändern. Dies erfolgte erstmals in 1992 (vgl. Bank of England, 1990, S. 336f. und 1992, S 317).

5) "Building societies are required to measure their 'retail' deposits, defined in the Building Societies Act 1986 as all shares and deposits form individuals plus deposits from certain unincorporated businesses, including friendly societies, which are less than £50.000 *or* greater than one year maturity." (Bank of England 1992, S. 317, Hervorhebung im Orginal). Ziel ist es, hier alle Mittel und Einlagen zu erfassen, die weder handelbar sind (Geldmarktpapiere, z.B. Einlagenzertifikate) noch große Termineinlagen (über £50.000 und Laufzeit bis maximal ein Jahr) darstellen (vgl. Bank of England 1990a, S. 15f.).

6) Andere verzinsliche Sterling Einlagen des privaten Sektors bei inländischen Geschäftsbanken und andere verzinsliche Sterling Einlagen des privaten Sektors bei inländischen Geschäftsbanken bilden zusammen die "wholesale deposits" (vgl. Bank of England 1996, Table 6.2).

7) Hier werden auch die Einlagen bei der National Savings Bank erfaßt.

Tabelle A.II.3: Aktuelle Geldmengenabgrenzungen in Deutschland[a)]

Komponente	Aggregat			
	M1	M2	M3	M3 erweitert
(D1) Bargeldumlauf inländischer Nichtbanken	x	x	x	x
(D2) Sichteinlagen inländischer Nichtbanken bei inländischen Kreditinstituten (ohne die Einlagen des Bundes)	x	x	x	x
(D3) Termineinlagen inländischer Nichtbanken unter vier Jahren bei inländischen Kreditinstituten		x	x	x
(D4) Spareinlagen inländischer Nichtbanken mit dreimonatiger Kündigungsfrist bei inländischen Kreditinstituten			x	x
(D5) Einlagen inländischer Nichtbanken bei Töchtern und Filialen deutscher Banken im Ausland (Euroeinlagen)				x
(D6) kurzfristige Bankschuldverschreibungen (Laufzeit unter zwei Jahren)				x
(D7) Anteile an in- und ausländischen Geldmarktfonds in Händen inländischer Nichtbanken (abzüglich der Bankeinlagen und Bankschuldverschreibungen in Händen inländischer Geldmarktfonds bei deutschen Banken)				x

a) Quelle: Deutsche Bundesbank (1995, S. 72ff.)

A.II.2 „Overlapping-Generation-Models with Money" als theoretische Begründung für die Geldhaltung

Während Geld im Sinne eines Zahlungsmittels die Effizienz einer Volkswirtschaft zu steigern vermag, sehen manche Autoren den Vorteil der Geldhaltung in der Fähigkeit des „Geldes", gegenwärtige Konsummöglichkeiten in die Zukunft zu transferieren. Dieser Vorteil wird im Rahmen der sogenannten „Overlapping-Generation-Models with Money" (kurz „OG-Modelel") diskutiert. Im folgenden wird der Frage nachgegangen, inwieweit solche Ansätze geeignet sind, die Erfüllung der Wertspeicherfunktion plausibel abzubilden.[1]

1 „Overlapping-Generation-Models with Money" basieren auf der allgemeinen Struktur sich überlappender Generationen, wie sie erstmals von Samuelson (1958, S. 468ff.) dargestellt wurde. Als Erklärung für die Verwendung von Geld wurde sie insbesondere von Wallace (1980, 1981) und Bryant und Wallace (1984) populär gemacht. Einen umfassenden Überblick über „Overlapping-Generation-Models with Money" liefern Brock (1990, S. 263ff.) und McCallum (1983, S. 9ff.). Die folgende Modelldiskussion lehnt sich jedoch eng an Blanchard und Fischer (1989, S. 156ff.).

A.II.2.1 Das Modell

Der Vorteil, der mit dem „Geld“ als Wertaufbewahrungsmittel verbunden ist, läßt sich nur relativ zu einer Situation beurteilen, in der es ein solches Medium nicht gibt. Um diesen Vorteil beurteilen zu können, muß man ein paar Annahmen vorwegschicken: Ausgangspunkt sei eine Welt, in der es stets zwei Generationen gibt: die „Jungen“ und die „Alten“. Bezogen auf diskrete Zeitabschnitte sei ein in der Periode t geborenes Individuum in t jung und in $t+1$ alt. Da immer nur zwei Generationen gleichzeitig betrachtet werden, leben offensichtlich alle Akteure nur exakt zwei Perioden lang. Darüber hinaus soll unterstellt werden, daß die Anzahl der Jungen N_t kontinuierlich mit einer konstanten Rate n zunehmen soll. Bei entsprechender Normierung erhält man damit $N_t = (1 + n)^t$.

Die zentrale Annahme im OG-Modell liegt nun darin, daß immer nur die Jungen eine bestimmte Ausstattung mit Konsumgütern erhalten sollen. Der Einfachheit halber wird davon ausgegangen, daß jeder Junge genau eine Einheit des Konsumgutes c erhält. Die Alten gehen leer aus. Nun haben die Jungen die Möglichkeit, auf Gegenwartskonsum zu verzichten. Dies soll mit der „Zinsrate“ R honoriert werden, wobei es auch zulässig ist, ein leichtverderbliches Konsumgut vorauszusetzen, so daß $R = -1$ ist.[2] In diesem Fall lohnt sich Sparen natürlich nicht, da das Gut in der neuen Periode nicht mehr zur Verfügung steht. Eine solche Situation stellt ein besonderes Problem dar, denn man muß davon ausgehen, daß die Individuen nicht nur Nutzen aus dem Konsum $c_{1,t}$ in ihrer ersten Periode ziehen, sondern auch aus dem Konsum $c_{2,t+1}$ in der zweiten: $u(c_{1,t};c_{2,t+1})$.[3]

Bildet man die getroffenen Annahmen graphisch ab, so erhält man zum einen die gesellschaftliche Konsummöglichkeitenkurve (Abbildung A.II.1) *in der Periode t* (oder $t+1$). Entweder konsumieren ausschließlich die Jungen *jeweils* eine Einheit ($c_{1,t} = 1$) oder die Alten konsumieren jeweils $1+n$ Einheiten ($c_{2,t} = 1+n$). Daß den Alten in der Periode t mehr Einheiten zur Verfügung stehen als den Jungen, liegt am Bevölkerungswachstum. Eine zu der Anzahl der Alten gestiegene Ausstattung an Gütern kann an diese verteilt werden. Insgesamt können natürlich sowohl Junge als auch Alte konsumieren. Dann befindet man sich auf der Konsummöglichkeitenkurve zwi-

---

2 Es handelt sich dabei um die *reale* Zinsrate. Diese gibt die Wachstumsrate der Konsummöglichkeiten wieder. Üblicherweise wird unterstellt, daß durch den Konsumverzicht in der Gegenwart in Höhe einer Einheit die Konsummöglichkeiten in der Zukunft größer sind als diese eine Einheit. Dies impliziert eine positive Wachstumsrate der Konsummöglichkeiten ($R > 0$). Denkbar ist aber auch, daß man in der Zukunft nur weniger von dem konsumieren kann, als man in der Gegenwart gespart hat ($R < 0$), im Extremfall sogar gar nichts mehr ($R = -1$).

3 Die Ziffern 1 bzw. 2 stehen für jung bzw. alt, der Zeitindex t bzw. $t+1$ steht für die betrachtete Periode. Eine neugeborene Person ist in der Periode t jung (und konsumiert $c_{1,t}$) und in der Periode $t+1$ alt (und konsumiert $c_{2,t+1}$). Würden die Alten in $t+1$ nichts konsumieren ($c_{2,t+1} = 0$), so müßten sie strenggenommen verhungern. Eine solch drastische Restriktion ist in dem Modell jedoch nicht vorgesehen und für die ökonomische Aussage letztlich auch irrelevant. Entscheidend ist vielmehr, daß die Ausstattung in der zweiten Periode niedriger ist als in der ersten: „Zero is simply the easiest special case of this to analyze.“ (Laidler, 1993, S. 87).

schen den beiden geschilderten Extremen. Auf was der eine verzichtet, kann der andere mehr konsumieren, die Konsummöglichkeitenkurve zwischen den Generationen verläuft linear.

Abbildung A.II.1: Konsummöglichkeiten zwischen den Generationen

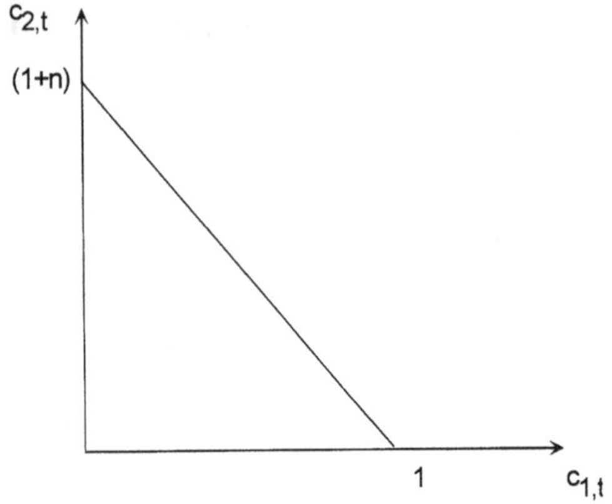

Entsprechend kann man auch die Konsummöglichkeiten *eines Individuums* abbilden (Abbildung A.II.2). Unterstellt man, das Konsumgut sei tatsächlich leicht verderblich und Sparen lohne sich nicht ($R = -1$), dann kann das Individuum in der Periode t maximal eine Einheit konsumieren (seine Ausstattung $c_{1,t} = 1$) und in der Periode $t+1$ maximal $(1+n)$ Einheiten (die Ausstattung eines dann Jungen, wieder verteilt auf relativ weniger Alte $c_{2,t+1} = 1+n$). Man wird – analog zur Konsummöglichkeitenkurve zwischen den Generationen – versucht sein, die beiden Konsummöglichkeiten miteinander zu verbinden, um so die intertemporale Konsummöglichkeitenkurve eines Individuums zu erhalten. Ob diese aber wirklich existiert, hängt von den insitutionellen Gegebenheiten ab. Das grundsätzliche Problem besteht darin, daß die intertemporale Verteilung des Konsums bedeutet, daß ein jetzt junger Akteur auf einen Teil seines möglichen Gegenwartskonsum verzichtet, um den Verzicht gegen Ansprüche auf Zukunftskonsum einzutauschen. Mit wem aber sollte er tauschen? In Frage kommen, unterstellt man identische Präferenzen bei den Jungen, nur Alte. Diese würden den Konsumverzicht sicherlich gerne entgegennehmen, können ihrerseits dem jetzt Jungen aber keinen zukünftigen Konsum versprechen, denn sie existieren in der nächsten Periode nicht mehr. Warum sollten die Jungen also auf den maximal möglichen Gegenwartskonsum verzichten, wenn sie doch nicht mit einer Gegenleistung rechnen dürfen? Ohne eine Innovation werden immer nur die Jungen konsumieren, während die Alten nichts erhalten. Diese Situation läuft wohlgemerkt den Präferenzen der Akteure (jung und alt) entgegen. Würde nämlich eine intertemporale Konsummöglichkeitenkurve existieren, so wären die Jungen sehr wohl bereit, Gegenwartskonsum zugunsten von Zukunftskonsum eintauschen, schließlich stiftet nicht nur der jetzige Konsum Nutzen, sondern auch der zukünftige. Unterstellt man konvexe Indifferenzkurven, so kann die Randlösung ($c_{1,t} = 1$; $c_{2,t+1} = 0$) nicht optimal sein, vielmehr würden sich Junge und Alte für die Kombination *A* in Abbildung A.II.2 entscheiden. Herrschte ein durchsetzbarer und (damit) glaubwürdiger „Generationenvertrag", wonach alle Jungen stets den Anteil (1 - *a)* ihrer Ausstattung an die Alten abzugeben hätten, dann würden sich *alle* Generationen besserstellen.

Geld kann eine solche Innovation sein, die einen solchen Generationenvertrag indirekt herbeiführt. Verteilt der Staat z.B. in der Periode *t* an jeden Alten genau einen bedruckten Papierschein („Papiergeld"), so daß genau *H* Scheine im Umlauf sind, und glauben die Jungen und alle zukünftigen Generationen an die immerwährende Einlösbarkeit dieses Papiergeldes in Konsumgüter, dann werden sie bereit sein, den Alten jetzt (in *t*) für deren Papiergeld Konsumgüter abzugeben, um ihrerseits in der nächsten Periode als Alte (in *t+1*) für dieses Papiergeld von den Jungen Konsumgüter zu erhalten. Das Einlösungsverhältnis zwischen Papiergeld und Konsumgut spiegelt den Preis (besser: das Preisniveau) des Konsumgutes wider. Für die Periode *t* betrage dieses P_t, für die Periode *t+1* P_{t+1}. Für die in der Periode *t* Jungen ergibt sich damit tatsächlich eine intertemporale Verteilungsmöglichkeit des Konsums. Die Einführung von „Geld" wirkt für alle Generationen wohlfahrtssteigernd.

Abbildung A.II.2: Intertemporale Konsummöglichkeitenkurve

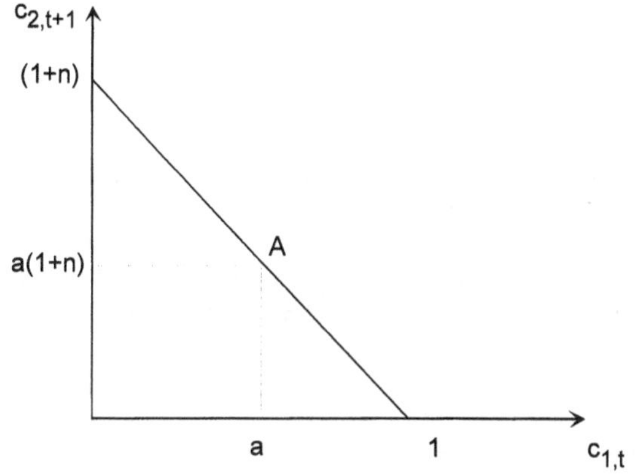

Die Möglichkeit, Konsum intertemporal zu verteilen, impliziert folgendes (intertemporales) Maximierungskalkül:

$$\text{(A.II.1)} \quad \max_{c_{1,t};c_{2,t+1}} \left(c_{1,t};c_{2,t+1}\right) \text{ u.d.N } P_t\left(1-c_{1,t}\right) = M_t^d \qquad \text{und} \qquad P_{t+1}c_{2,t+1}=M_t^d ,$$

mit dessen Hilfe man den von einem Jungen in *t* nachgefragten Geldbestand M_t^d ermitteln kann.[4] Dieser wird in der nächsten Periode im Austausch gegen Konsumgüter angeboten. Letztlich stellt die Geldnachfrage nichts anderes als die Sparfunktion der Privaten dar. Der Betrag, der in der Periode *t* konkret gespart wird, wird wohl um so niedriger sein, je weniger der dann Alte in der Periode *t+1* für sein Geld bekommt. Das Verhältnis aus dem jetzigen Preisniveau P_t und dem erwarteten zukünftigen P_{t+1}^e Preisniveau bestimmt damit neben der Präferenz für Zukunfts- und für Gegenwartskonsum die Sparentscheidung der Privaten.[5] Da Unsicherheit für das Modell nicht zentral ist, ist es legitim, von vollkommener Voraussicht auszugehen ($P_{t+1}^e = P_{t+1}$), so daß sich die reale Geldnachfrage *pro Kopf* eines in der Periode *t* Jungen wie folgt ergibt:

$$\text{(A.II.2)}\quad M_t^d / P_t = L(P_t / P_{t+1}).$$

Ein im Zeitablauf stabiles Gleichgewicht auf dem Geldmarkt – und damit entsprechend Walras Law auch auf dem Gütermarkt – besteht dann, wenn die im Umlauf befindlichen Papiergeldscheine *H* auch tatsächlich von den Jungen nachgefragt werden. Da es aufgrund des Bevölkerungswachstums immer mehr Junge gibt, kann nicht jeder Junge gerade einen Geldschein erhalten, sondern nur einen im Zeitablauf abnehmenden Anteil $1/(1+n)^t$:

$$\text{(A.II.3)}\quad M_t^d = \frac{H}{(1+n)^t}.$$[6]

Berücksichtigt man neben der konstanten Wachstumsrate der Bevölkerung auch den Umstand, daß man die Relation der beiden Preisniveaus ebenfalls mit Hilfe einer Wachstumsrate (der Deflationsrate g_t) ausdrücken kann ($P_t/P_{t+1} \equiv 1+g_t$), erhält man für den Vergleich der Perioden *t* und *t+1* die Schlußfolgerung, daß für ein Gleichgewicht am Geldmarkt die Preise mit der gleichen Rate sinken müssen, mit der die Bevölkerung wächst. Andernfalls würde die nominale Geldnachfrage aller Akteure nicht dem konstanten Geldangebot *H* entsprechen, so wie es die Gleichgewichtsbedingung verlangt:

$$\text{(A.II.4)}\quad \frac{M_t^d}{P_t} = L\left(\frac{P_t}{P_{t+1}}\right) \overset{!}{=} \frac{H/P_t}{(1+n)^t}.$$

---

4 Im Gleichgewicht werden die mit den Preisniveaus bewerteten Grenznutzen des gegenwärtigen und des zukünftigen Konsums ausgeglichen sein (vgl. Blanchard und Fischer, 1989, S. 158).

5 Auch hier muß man Einkommens- und Substitutionseffekte unterscheiden. Es kann auch sein, daß der Akteur mehr spart, wenn er in der Zukunft relativ zu jetzt weniger für sein Geld erhält ($P_{t+1} > P_t$). In diesem Fall überwiegt der Einkommenseffekt gegenüber dem Substitutionseffekt.

6 Dabei wird natürlich unterstellt, daß alle Jungen gleiche Präferenzen besitzen und daß die Geldscheine teilbar sind. Letzteres verlangt im Grunde, daß von Periode zu Periode die im Umlauf befindliche Stückelung ersetzt wird.

Bei unverändertem Preisniveau würde mit dem Bevölkerungswachstum die im Umlauf befindliche nominale und damit auch die reale Geldmenge pro Kopf sinken, obwohl die reale Geldnachfrage unverändert wäre ($g_t = 0$). Um diesen Effekt auszugleichen und Gleichgewicht herzustellen, müssen die Preise mit der gleichen Rate sinken wie die Bevölkerung steigt, damit die reale Geldnachfrage pro Kopf ebenso wie die zur Verfügung stehende reale Geldmenge *pro Kopf* sinkt. In der Gesamtheit wird dann die konstante Geldmenge *H* auch nachgefragt. Dieses „Gleichgewicht in der Bewegung" wird mit „steady-state-Gleichgewicht" bezeichnet. Die Größen Preisniveau und Bevölkerung wachsen zwar, sie tun dies aber mit einer konstanten Rate, die im Gleichgewicht gleich hoch ist:

$$\text{(A.II.5)} \quad \frac{L\left(\frac{P_t}{P_{t+1}}\right)}{L\left(\frac{P_{t+1}}{P_{t+2}}\right)} = \frac{L(1+g_t)}{L(1+g_{t+1})} \overset{!}{=} \frac{\frac{H/P_t}{(1+n)^t}}{\frac{H/P_{t+1}}{(1+n)^{t+1}}} = \frac{P_{t+1}}{P_t}(1+n) = \frac{1+n}{1+g_t} \quad \text{mit}$$

$$(1+n) = (1+g_t) \qquad g_t = g_{t+1} = g\,.$$

A.II.2.1 Kritische Würdigung

„Geld" erscheint im OG-Modell somit als eine Institution, die es den Akteuren (Junge und Alte) ermöglicht, ein Pareto-Optimum zu erreichen. Dabei ist es völlig unerheblich, wer das „Geld" emittiert und ob Gläubiger und Schuldner unterschiedlichen Sektoren angehören oder nicht, solange das Vertrauen in die spätere Einlösbarkeit besteht. Um die Rolle des Geldes im Rahmen des OG-Modells aber abschließend würdigen zu können, sind noch zwei Bemerkungen notwendig:

- Damit Geld überhaupt nachgefragt wird (also einen Wert besitzt), ist entscheidend, daß die Jungen stets daran glauben, daß das Geld in der nächsten Periode ebenfalls einen Wert besitzen wird. Deshalb besteht die notwendige (aber nicht hinreichende) Voraussetzung, daß es keinen vorab bekannten Endzeitpunkt gibt, an dem das Geld seine Gültigkeit verliert. Dies würde verhindern, daß bereits in der ersten Periode das Geld nicht verwendet wird. Dieses „chain store paradox" läßt sich wie folgt begründen: Da die Jungen der letzten Periode wissen, daß ihr Geld in der nächsten Periode nicht mehr akzeptiert wird, werden sie von den Alten kein Geld annehmen, sondern ihre Ausstattung selber konsumieren. Da die Alten dieses Verhalten in der Periode zuvor (als Junge) bereits antizipieren können, werden auch sie in der vorletzten Periode schon nicht mehr bereit sein, auf den Gegenwartskonsum zugunsten von Geld zu verzichten. Dieses Verhalten werden auch die Jungen der vorvorletzen Periode voraussehen, so daß auch sie keinen intertemporalen Tausch mehr vornehmen. Diese Kette läßt sich bis zum Anfang zurückverfolgen. Die Innovation „Geld" wird in der Anfangsperiode *t* nicht angenommen, eine pareto-optimale Verteilung des Konsums kommt (auf freiwilliger Basis) nicht zustande. Unabhängig vom Endzeitpunkt wird damit klar, daß die Geldverwendung immer in dem Moment aufhört, in dem das Vertrauen in die zukünftige Kaufmacht der Währung erlischt.

- Ist die Gleichgewichtsbedingung erfüllt, dann entspricht die intertemporale Konsummöglichkeitenkurve eines jungen Individuums exakt der in Abbildung A.II.2 dargestellten Kurve. Die Steigung der intertemporalen Budgetrestriktion entspricht dem Verhältnis der Preisniveaus P_t/P_{t+1}. Jede Kombination ist grundsätzlich wählbar. Da unterstellt wird, daß die Jungen und die Alten identische Präferenzen haben, genügt alleine die Betrachtung der jetzt Jungen.

Immer dann, wenn sich die Jungen bei einer solchen Wahlmöglichkeit gegen den ausschließlichen Gegenwartskonsum aussprechen, besitzt Geld somit einen positiven Wert. Offensichtlich stiftet das gewählte Güterbündel einen höheren Nutzen als der bloße Gegenwartskonsum. Der subjektive Vermögensbegriff besagt dann entsprechend, daß die gehaltenen Geldbestände einen Teil des individuellen Vermögens darstellen. Da sich weder die Ausstattung eines jeden Akteurs $(c_{1,t} = 1)$ noch die Optimalkombination *A* im Zeitablauf ändert, bleibt der individuelle Nutzenzuwachs der Geldhaltung konstant. Da die Bevölkerung aber mit der konstanten Rate *n* wächst, nimmt der gesellschaftliche Wohlfahrtsgewinn der Geldverwendung im Zeitablauf sogar zu.[7] Allerdings müssen die modelltheoretischen Ergebnisse relativiert werden:

- Es gibt offensichtlich keinen Unterschied zwischen dem „Geld" und anderen Wertspeichern. Die Funktion des „Geldes" im OG-Modell, einen Generationenvertrag herbeizuführen, können sowohl andere Wertspeicher erfüllen als auch andere staatliche Institutionen wie z.B. die Sozialversicherung. Auch sie setzt eine Umverteilung der Konsummöglichkeiten von den Jungen zu den Alten durch.[8]

- Existieren Wertspeicher (Anlageformen), die einen höheren „Zins" abwerfen als das „Geld", liefert das OG-Modell keine Begründung mehr für die Geldhaltung. Wäre z.B. das Konsumgut speicherbar, so gäbe der Zins *R* die Schwundrate $(R < 0)$ bzw. die Wachstumsrate $(R > 0)$ der „Einlagerung"[9] an. Ein Zins $R > -1$ impliziert, ausgehend von der Ausstattung $c_{1,t} = 1$, daß der Akteur grundsätzlich

---

7 Auf die Spezifizierung einer gesellschaftlichen Wohlfahrtsfunktion wird hier verzichtet.

8 Darauf weist bereits Tobin (1980b, S. 84) hin.

9 Der Begriff der „Einlagerung" wird hier gewählt, weil er besonders plastisch zur Speicherbarkeit paßt. Ein positiver Zins *R* läßt sich durch eine bloße „Einlagerung" wohl kaum erzielen. Schließlich wird in der ökonomischen Theorie, bei der Konsumgüter in der Regel knappe Güter darstellen, immernoch unterstellt, daß diese durch den *aktiven Prozeß der Produktion* erstellt werden müssen und sich nicht von selbst „vermehren". Ein positiver Zins setzt also entweder unterschiedliche Präferenzen der Konsumenten für Gegenwarts- und Zukunftskonsum voraus oder verlangt die Einbringung des Konsumverzichts in die Produktion zukünftiger Güter. Beide Voraussetzungen sind in dem einfachen, hier diskutierten Modell nicht gegeben, so daß man den Fall eines positiven Zinses strenggenommen nicht diskutieren kann.

Gegenwartskonsum in die nächste Periode verlagern kann und maximal $c_{2,t+1} = (1 + R)1$ Einheiten Zukunftskonsum erhält. Er kann aber auch jede andere Linearkombination der Extreme „nur Gegenwartskonsum" und „nur Zukunftskonsum" realisieren. Auf die soziale Institution „Geld" können die Akteure also dann verzichten, wenn die Konsummöglichkeiten infolge der „Einlagerung" stärker steigen als infolge der Geldverwendung. „Geld" verliert dann seine Existenzbedingung, wenn der „Zins" höher ist als die Wachstumsrate der Bevölkerung, die im Gleichgewicht den Kaufkraftzuwachs des „Geldes" widerspiegelt. Ausgehend von der Ausstattung $c_{1,t} = 1$ bedeutet dies, daß die Budgetrestriktion der privaten „Einlagerung" durch eine nach außen gedrehte Budgetgerade abgebildet werden kann. Im Vergleich zur Geldhaltung impliziert dies für jeden Konsumverzicht einen höheren Zukunftskonsum. Das OG-Modell kann damit nur im Ausnahmefall die Koexistenz zweier oder mehrerer Wertspeicher erklären.[10]

- Unterstellt man zudem ein Wachstum der nominalen Geldmenge, so kann dies dazu führen, daß die Preise im Gleichgewicht steigen anstatt mit der Rate des Bevölkerungswachstums zu fallen. Ist μ die Wachstumsrate der nominalen Geldmenge H, so ergibt sich die optimale Deflationsrate g im steady-state-Gleichgewicht approximativ als $(n - \mu)$. Ist g kleiner Null, spricht man besser von einer Inflationsrate. Sie ergibt sich immer als negativer Wert der Deflationsrate. Geht man desweiteren davon aus, daß das zusätzliche Papiergeld jeweils den Alten zur Verfügung gestellt wird, dann stellt sich nicht nur eine im Vergleich zur Situation ohne Geldmengenwachstum suboptimale intertemporale Konsumallokation ein, sondern es kann auch leichter dazu kommen, daß die Geldverwendung der oben behandelten Alternative der „Einlagerung" unterliegt. Je höher die Inflationsrate $(-g = \mu - n)$ ist, desto geringer ist der „Ertrag" der Geldhaltung $(1+g)$ infolge der Kaufkraftänderung und desto eher tritt der Fall ein, daß der Ertrag der „Einlagerung" $(1+R)$ größer ist. Beobachtet man also eine Inflationsrate und unterschiedliche positive (reale) Zinszahlungen bei den Anlageformen, dann vermag der OG-Ansatz weder die Haltung unverzinslicher Komponenten noch die Existenz verschiedener Anlageformen zu erklären. In der Realität begründet der OG-Ansatz letztlich eher das Halten eines sehr langfristigen Wertpapiers anstelle eines Erwerbs von Grund und Boden, als konkret die Rolle des

---

10 Das OG-Modell impliziert folgendes: Ist die Volkswirtschaft „dynamisch effizient" (Blanchard und Fischer, 1989, S. 103), befindet sie sich also auf dem „Golden age"-Wachstumspfad bei dem die „goldene Regel der Kapitalakkumulation" erfüllt ist, so daß die Wachstumsrate der Bevölkerung der Wachstumsrate des Kapitalstocks und diese der (realen) Zinsrate entspricht ($R = n$), dann besteht für eine Geldverwendung keine Notwendigkeit. Eine Koexistenz kann aber auch nicht vollständig ausgeschlossen werden, da der Akteur indifferent ist. Steigt jedoch der Zins der anderen Anlageformen nur leicht an, geht die Geldhaltung auf Null zurück. Diese unendlich hohe Zinselastizität der Geldnachfrage findet sich auch bei der Spekulationskasse keynesianischer Prägung (vgl. Laidler, 1993, S. 89).

„Geldes“ im Sinne eines von Generation zu Generation weiterzugebenden Mediums.[11]

Nur unter Berücksichtigung dieser einschränkenden Bedingung kann der OG-Ansatz in sinnvoller Weise als Begründung für die „Geld“-haltung herangezogen werden. Als alleinige Begründung erscheint er insgesamt wenig geeignet. Dies gilt vor allem dann, wenn auch unverzinsliche Anlageformen (z.B. das Bargeld) als möglicher Teil eines Geldmengenaggregats berücksichtigt werden sollen. Ihre vermögenstheoretische Rechtfertigung gelingt auf der Basis der Portfoliotheorie überzeugender.[12]

---

11 Tobin (1980b, S. 84) schreibt zum einen: „[I]f a nonreproducible asset has been needed for intergenerational transfers of wealth, land has always been available. Quantitatively it has been a much more important store of value than money.“ Zum anderen (S. 84): „[I]sn't it slightly ridiculous to identify as money the asset that the typical agent of the model would hold for an average of 25 years, say from age 40 to age 65? The average holding period of a dollar of demand deposits is about 2 days.“

12 Tobin (1980b, S. 85) kommt zu dem Schluß: „To summarize thus far, overlapping generations of mortal agents do not consititute either a sufficient or necessary explanation for money.“

A.IV Anhang zur Aggregationstheorie (Kapitel IV)

A.IV.1 Zur Aussagekraft des GARP-Tests

Im folgenden soll kurz auf die Aussagekraft des GARP-Tests eingegangen werden. Dabei werden zwei Fälle unterschieden:

- Zum einen soll ein Maß vorgestellt werden, mit dessen Hilfe man beurteilen kann, wie gravierend eine Verletzung von WARP ist. Um Unterschiede zwischen den Verletzungen deutlich machen zu können, hilft die Verwendung eines „Goodness-of-fit"-Indexes.

- Zum anderen wird es sich zeigen, daß eine Nicht-Verletzung von GARP *nicht* mit einer hohen Wahrscheinlichkeit dafür verbunden ist, daß die beobachteten Daten tatsächlich Ergebnis der Maximierung einer nichtgesättigten Nutzenfunktion sind.

Im Verhältnis zweier Bündel liegt eine *Verletzung von WARP* immer dann vor, wenn folgende Tatbestände zusammenfallen (dies ist eine analoge Anwendung von Folgerung 4):

(A.IV.1) $\boldsymbol{w}_i \, R^D \, \boldsymbol{w}_k$ (d.h. $\wp_i \boldsymbol{w}_i \geq \wp_i \boldsymbol{w}_k$ und $\boldsymbol{w}_k \, P^D \, \boldsymbol{w}_i$ (d.h. $\wp_k \boldsymbol{w}_k > \wp_k \boldsymbol{w}_i$)

Dies ist mit folgender Formulierung gleichbedeutend:

$$\text{(A.IV.2)} \quad s_{ki} \equiv \frac{\wp_i \mathbf{w}_k}{\wp_i \mathbf{w}_i} \leq 1 \qquad \text{und} \qquad s_{ik} \equiv \frac{\wp_k \mathbf{w}_i}{\wp_k \mathbf{w}_k} < 1.$$

Gegeben die Situation, daß das Bündel $\boldsymbol{w}_i$ dem Bündel $\boldsymbol{w}_k$ direkt offenbart vorgezogen wird, darf das Bündel $\boldsymbol{w}_k$ dem Bündel $\boldsymbol{w}_i$ nicht strikt direkt offenbart vorgezogen werden. Aus der Perspektive eines beliebigen Bündels $\boldsymbol{w}_k$ kann man sich nun fragen, bei welchem Bündel $\boldsymbol{w}_z$ es zur *gravierendsten Verletzung* von WARP kommt. Die schwerste Verletzung drückt sich in der kleinsten Zahl s_{zk} ($s_{zk} < 1$) aus; vorausgesetzt das Bündel $\boldsymbol{w}_z$ wird dem Bündel $\boldsymbol{w}_k$ direkt offenbart vorgezogen ($s_{kz} \leq 1$). Je geringer der Wert s_{zk} ist, desto unwahrscheinlicher ist es z.B., daß die Verletzung ausschließlich Folge von Meßproblemen ist. Ein „Goodness-of-fit"-Index für das Bündel $\boldsymbol{w}_k$ kann also wie folgt definiert werden:[1]

$$\text{(A.IV.3)} \quad \zeta^k \equiv \min_z \left\{ s_{zk} = \frac{\wp_k \mathbf{w}_z}{\wp_k \mathbf{w}_k} : \frac{\wp_z \mathbf{w}_k}{\wp_z \mathbf{w}_z} \leq 1 \right\}.$$

Damit läßt sich z.B. argumentieren, daß ein Indexwert kleiner Eins aber größer oder gleich 0,95 noch mit der normalen Unschärfe statistischer Messungen erklärbar ist

---

1 Vgl. Varian, 1990, S. 133. Für ein ähnliches Vorgehen siehe Chalfant und Alston (1988).

und nicht zwingend gegen die Hypothese eines rationalen Verhaltens spricht. Eine Verletzung von WARP (und damit von GARP) sei in diesen Fällen nicht ernsthaft.[2]

Andererseits muß man sich natürlich auch die Frage stellen, welchen Schluß eine Nichtverletzung von WARP erlaubt. Betrachtet man den einfachsten aller Fälle, wonach man für zwei Güter und zwei Beobachtungszeitpunkte genau zwei Budgetgeraden erhält, die sich im positiven Quadranten schneiden, so erhält man vier Abschnitte, in die die gewählten Bündel w_1 und w_2 fallen können, wenn man unterstellen würde, die Wahl der Bündel erfolge rein zufällig und damit irrational: *GH, HK, JH* und *HI* (siehe Abbildung A.IV.1).

TabelleA.IV.1: Wahrscheinlichkeiten für bestimmte Wahlhandlungen

		Zeitpunkt t_1	
		GH	HK
Zeit-punkt	HI	$W(GH \cap HI) = \frac{\|GH\|}{\|GK\|} \cdot \frac{\|HI\|}{\|JI\|}$	$W(HK \cap HI) = \frac{\|HK\|}{\|GK\|} \cdot \frac{\|HI\|}{\|JI\|}$
t_2	JH	$W(GH \cap JH) = \frac{\|GH\|}{\|GK\|} \cdot \frac{\|JH\|}{\|JI\|}$	$W(HK \cap JH) = \frac{\|HK\|}{\|GK\|} \cdot \frac{\|JH\|}{\|JI\|}$

Da die Bereiche *GH* und *HK* dem Zeitpunkt t_1 zugeordnet sind und die Bereiche *JH* und *HI* dem Zeitpunkt t_2, gibt es genau vier mögliche Kombinationen für die zwei Bündel: $GH \cap HI$, $GH \cap JH$, $HK \cap JH$ und $HK \cap HI$. Zu einer Ablehnung von GARP führt nur die erste Kombination. Nur dann, wenn der Akteur zum Zeitpunkt t_1 ein Bündel aus dem Bereich *GH* und zum Zeitpunkt t_2 ein Bündel aus dem Bereich *HI* wählt, widerspricht dies dem Schwachen Axiom offenbarter Präferenzen und damit auch GARP. Unterstellt man, alle Bündel auf einer Budgetgeraden seien gleich wahrscheinlich, so besitzen die vier Fälle die in Tabelle A.IV.1 dargestellten Wahrscheinlichkeiten.

Die vier Wahrscheinlichkeiten müssen sich zu Eins addieren. Insgesamt gilt damit:

$$\text{(A.IV.5)}\quad 1 = \frac{\|GH\|}{\|GK\|} \cdot \frac{\|HI\|}{\|JI\|} + \frac{\|GH\|}{\|GK\|} \cdot \frac{\|JH\|}{\|JI\|} + \frac{\|HK\|}{\|GK\|} \cdot \frac{\|HI\|}{\|JI\|} + \frac{\|HK\|}{\|GK\|} \cdot \frac{\|JH\|}{\|JI\|}$$

Wären alle Strecken gleich lang, so würde die Wahrscheinlichkeit für alle vier Kombinationen jeweils 25 % betragen. Da die beiden Budgetgeraden jedoch eine negative Steigung aufweisen, können sie niemals gleichlang sein. Der Abschnitt *HK* ist stets länger als der Abschnitt *HI* und der Abschnitt *JH* immer länger als der Abschnitt

2 Vgl. Varian, 1990, S. 134. Fisher und Fleissig (1997, S. 463) weisen bei ihren GARP-Verletzungen durchgängig Werte über 0,95 aus, so daß GARP im Sinne einer solchen Interpretation nicht ernsthaft verletzt ist.

GH. Ersetzt man Abschnitt *HK* durch Abschnitt *HI* und Abschnitt *JH* durch Abschnitt *GH*, so ergibt sich folgender Zusammenhang:

$$(\text{A.IV.6})\,1 > \frac{\|GH\|}{\|GK\|}\cdot\frac{\|HI\|}{\|JI\|}+\frac{\|GH\|}{\|GK\|}\cdot\frac{\|GH\|}{\|JI\|}+\frac{\|HI\|}{\|GK\|}\cdot\frac{\|HI\|}{\|JI\|}+\frac{\|HI\|}{\|GK\|}\cdot\frac{\|GH\|}{\|JI\|}=$$

$$=2\frac{\|GH\|}{\|GK\|}\cdot\frac{\|HI\|}{\|JI\|}+\frac{(\|GH\|)^2}{\|GK\|\cdot\|JI\|}+\frac{(\|HI\|)^2}{\|GK\|\cdot\|JI\|}=2\frac{\|GH\|}{\|GK\|}\cdot\frac{\|HI\|}{\|JI\|}+\frac{(\|GH\|)^2}{\|GK\|\cdot\|JI\|}+\frac{(\|HI\|)^2}{\|GK\|\cdot\|JI\|}.$$

Je größer der Winkel ist, mit dem sich die beiden Budgetgeraden schneiden, desto größer ist der Unterschied zwischen den Abschnitten *HK* und *HI* bzw. *JH* und *GH*. Umso kleiner ist also die modifizierte Gesamtwahrscheinlichkeit. Aufgrund der Sätze über binomische Formeln gilt desweiteren:

$$(\text{A.IV.7})\,1 > 2\frac{\|GH\|}{\|GK\|}\cdot\frac{\|HI\|}{\|JI\|}+\frac{(\|GH\|)^2}{\|GK\|\cdot\|JI\|}+\frac{(\|HI\|)^2}{\|GK\|\cdot\|JI\|}=$$

$$=4\frac{\|GH\|}{\|GK\|}\cdot\frac{\|HI\|}{\|JI\|}+\left(\frac{(\|GH\|)^2}{\|GK\|\cdot\|JI\|}-2\frac{\|GH\|}{\|GK\|}\cdot\frac{\|HI\|}{\|JI\|}+\frac{(\|HI\|)^2}{\|GK\|\cdot\|JI\|}\right)$$

$$+\left(\frac{(\|GH\|)^2}{\|GK\|\cdot\|JI\|}-2\frac{\|GH\|}{\|GK\|}\cdot\frac{\|HI\|}{\|JI\|}+\frac{(\|HI\|)^2}{\|GK\|\cdot\|JI\|}\right)=$$

$$=4\frac{\|GH\|}{\|GK\|}\cdot\frac{\|HI\|}{\|JI\|}+\left(\frac{\|GH\|}{\|GK\|\cdot\|JI\|}-\frac{\|HI\|}{\|GK\|\cdot\|JI\|}\right)^2>4\frac{\|GH\|}{\|GK\|}\cdot\frac{\|HI\|}{\|JI\|}.$$

Die quadrierte Differenz der gewichteten Strecken *GH* und *HI* ist umso größer, je größer der Unterschied zwischen den beiden kritischen Bereichen ist. Bei zwei weitgehend ähnlich geneigten Budgetgeraden spiegelt diese Differenz die Abweichung von einem „mittigen" Schnittpunkt wider. Man beachte jedoch, daß diese Interpretation nicht gilt, wenn die eine Budgetgerade sehr steil und die andere sehr flach verläuft. In diesem Fall werden, wie oben bereits gezeigt wurde, die kritischen Abschnitte relativ zu den nicht kritischen klein sein, was sich entsprechend in einer niedrigen gesuchten Wahrscheinlichkeit $W(GH \cap HI)$ niederschlägt. Die Wahrscheinlichkeit, daß GARP abgelehnt wird, beträgt somit immer *maximal* 25 %:

$$(\text{A.IV.8})\ W(GH \cap HI)=\frac{\|GH\|}{\|GK\|}\cdot\frac{\|HI\|}{\|JI\|}<\frac{1}{4}.$$

Die Abbildung A.IV.6 und die dazugehörige Tabelle A.IV.2 verdeutlichen die gemachten Aussagen anhand von vier Beispielen. Gegenübergestellt werden je zwei unterschiedliche Schnittwinkel bei gleichem Schnittpunkt. Dieser soll einmal in der

Mitte einer Budgetgeraden liegen (Fall I) und einmal relativ am Rand (Fall II). Die *tatsächlichen* Ablehnwahrscheinlichkeiten lassen sich Tabelle A.IV.2 entnehmen.

Abbildung A.IV.1: Zur Aussagekraft des GARP-Tests

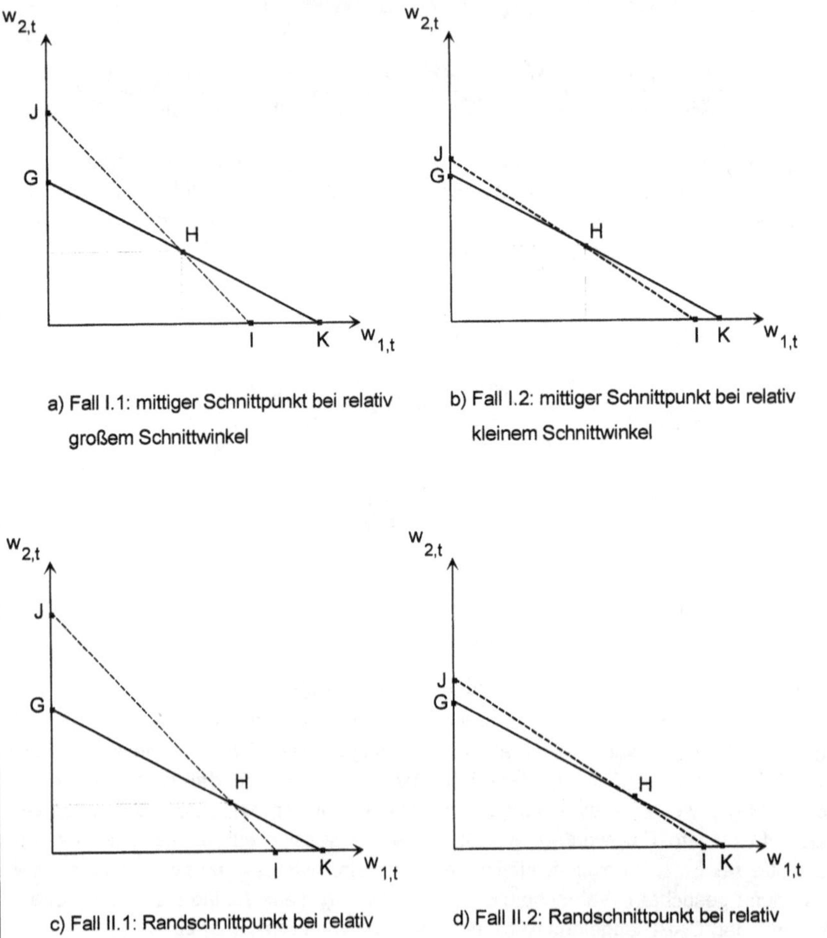

a) Fall I.1: mittiger Schnittpunkt bei relativ großem Schnittwinkel

b) Fall I.2: mittiger Schnittpunkt bei relativ kleinem Schnittwinkel

c) Fall II.1: Randschnittpunkt bei relativ großem Schnittwinkel

d) Fall II.2: Randschnittpunkt bei relativ kleinem Schnittwinkel

Tabelle A.IV.2: Vier Beispielfälle zur konkreten Ermittlung einer Wahrscheinlichkeit für die GARP-Verletzung

	Unter-fall	Schnitt-punkt-winkel	Gleichungen der Budgetgeraden GK und JI	Teilwahrscheinlichkeiten Budgetgerade GK GH	HK	GK	Budgetgerade JI JH	HI	JI	Ablehn-wahrsch. $(GH \cap HI)$
Fall I	1	$\tan\beta = 0{,}5$	$w_{2,t} = -0{,}5w_{1,t}+3$; $w_{2,t} = -w_{1,t}+4{,}5$	$1{,}5\sqrt{5}$	$1{,}5\sqrt{5}$	$3\sqrt{5}$	$3\sqrt{2}$	$1{,}5\sqrt{2}$	$4{,}5\sqrt{2}$	1/6 = 0,167
	2	$\tan\beta = 0{,}125$	$w_{2,t} = -0{,}5w_{1,t}+3$; $w_{2,t} = -0{,}625w_{1,t} + 3{,}375$	$1{,}5\sqrt{5}$	$1{,}5\sqrt{5}$	$3\sqrt{5}$	3,538	2,830	6,368	0,222
Fall II	3	$\tan\beta = 0{,}5$	$w_{2,t} = -0{,}5w_{1,t}+3$; $w_{2,t} = -w_{1,t}+5$	$2\sqrt{5}$	$\sqrt{5}$	$3\sqrt{5}$	$4\sqrt{2}$	$\sqrt{2}$	$5\sqrt{2}$	2/15 = 0,133
	4	$\tan\beta = 0{,}125$	$w_{2,t} = -0{,}5w_{1,t}+3$; $w_{2,t} = -0{,}625w_{1,t} + 3{,}5$	$2\sqrt{5}$	$\sqrt{5}$	$3\sqrt{5}$	4,717	1,887	6,604	0,190

Man sieht somit, daß Fall I.2 mit einem Schnittpunkt in der Mitte von Budgetgerade *GK* und einem relativ geringen Schnittpunktwinkel β von *7,125* Grad mit 22,2 % die höchste Ablehnwahrscheinlichkeit von GARP aufweist.

A.IV.2 Zur Anwendbarkeit des Konstrukts eines „repräsentativen Akteurs"

Im folgenden soll anhand eines numerischen Beispiels gezeigt werden, daß sich aggregierte Werte in die (gesellschaftliche) Nutzenfunktion eines „repräsentativen Akteurs" integrieren lassen, bei der es zu einer diametral entgegengesetzten Einschätzung von Umweltzuständen durch die einzelnen Akteure und den „repräsentativen Akteur" kommen kann. Folgende Annahmen liegen den Berechnungen zugrunde:

- Es werden zwei Akteure betrachtet, die unterschiedliche Nutzenfunktionen besitzen.

- Beide Akteure besitzen Stone-Geary-Nutzenfunktionen, d.h. eine linearhomogene Nutzenfunktion ist nur über die Mengeneinheiten definiert, die über die Subsistenzmengen hinaus konsumiert werden. Die Nutzenfunktionen der beiden Akteure sollen sich in der relativen Vorliebe des Gutes 1 gegenüber dem Gut 2 unterscheiden. Beide Akteure sollen Gut 1 relativ mehr präferieren als Gut 2, d.h. der Koeffizient von Gut 1 ${}^{i}\alpha_1$ soll für beide Akteure $(i = 1,2)$ größer als Einhalb sein ${}^{i}\alpha_1 > 1/2$ Konkret werden hier die Werte ${}^{1}\alpha_1 = 10/18$ und ${}^{2}\alpha_1 = 11/18$ verwendet. Der Niveauparameter ${}^{i}A$ sei in beiden Nutzenfunktionen gleich Eins $(i = 1,2)$.

- Die Subsistenzmengen sollen bei beiden Akteuren und bei beiden Gütern gleich hoch sein und 2/3 betragen: ${}^{i}\gamma_1 = {}^{ii}\gamma_2 = 2/3$ für $i = 1,2$. .
- Um die Darstellung zu vereinfachen, sei das Einkommen beider Akteure gleich und auf den Wert Eins normiert ${}^{i}E = 1$ $(i = 1,2)$.
- Es werden zwei Situationen betrachtet. In der ersten Situation $(t = 1)$ sei das von beiden Akteuren relativ stärker begehrte Gut 1 (relativ zu Gut 2) billiger als in Situation 2 $(t = 2)$. Auch hier soll aus Vereinfachungsgründen die Annahme der Symmetrie unterstellt werden. Während in der ersten Situation $(t = 1)$ $p_{1,1} = 1/2$ und $p_{2,1} = 1$ gelten soll, soll sich in Situation 2 (relativ zu Situation 1) der Preis des ersten Gutes verdoppelt und der des zweiten Gutes halbiert haben: $p_{1,2} = 1$ und $p_{2,21} = 1/2$ für $t = 2$. Das Einkommen soll sich für beide Akteure nicht ändern und während beider Perioden jeweils 2 Geldeinheiten betragen.

Für die beiden Akteure gilt also allgemein die Nutzenfunktion

$$\text{(A.IV.9)} \qquad {}^{i}u_t = {}^{i}A\left({}^{i}w_{1,t} - {}^{i}\gamma_{1,t}\right)^{{}^{i}\alpha_1}\left({}^{i}w_{2,t} - {}^{i}\gamma_{2,t}\right)^{1-{}^{i}\alpha_1} \qquad i = 1,2.$$

Entsprechend der Bedingungen erster Ordnung ergeben sich folgende optimale Mengen:

$$\text{(A.IV.10)} \qquad {}^{i}w_{1,t} = \frac{{}^{i}E_t - p_{1,t}{}^{i}\gamma_{1,t} - p_{2,t}{}^{i}\gamma_{2,t}}{p_{1,t}}\cdot{}^{i}\alpha_1 - {}^{i}\gamma_{1,t} \qquad \text{und}$$

$${}^{i}w_{2,t} = \frac{{}^{i}E_t - p_{1,t}{}^{i}\gamma_{1,t} - p_{2,t}{}^{i}\gamma_{2,t}}{p_{2,t}}\cdot\left(1 - {}^{i}\alpha_1\right) - {}^{i}\gamma_{2,t} \qquad i = 1,2;\ t = 1,2.$$

Die maximalen Nutzen erhält man damit als:

$$\text{(A.IV.11)} \quad {}^{i}u_t = {}^{i}A\left({}^{i}E_t - p_{1,t}{}^{i}\gamma_{1,t} - p_{2,t}{}^{i}\gamma_{2,t}\right)\cdot\left(\frac{{}^{i}\alpha_1}{p_{1,t}}\right)^{{}^{i}\alpha_1}\left(\frac{(1-{}^{i}\alpha_1)}{p_{2,t}}\right)^{1-{}^{i}\alpha_1} \qquad i = 1,2;\ t = 1,2.$$

Da beide Akteur Gut 1 relativ zu Gut 2 mehr lieben und die Subsistenzmengen ebenfalls gleich sind, steht zu vermuten, daß beide zumindest der Tendenz nach von Gut 1 relativ mehr als von Gut 2 konsumieren. Da aber für die Konsumentscheidungen auch die Preise eine wichtige Rolle spielen, dürften sich die relativen Vorlieben der beiden Akteure dann stärker bemerkbar machen, wenn Gut 1 relativ zu Gut 2 billiger ist. Dies ist in Situation 1 der Fall. Die zum Zeitpunkt 2 vorherrschende Preissituation führt nun tatsächlich dazu, daß beide Akteure mehr von Gut 2 als von Gut 1 konsumieren (siehe Tabelle A.IV.3). Dieses Konsumverhalten macht sich natürlich nicht nur auf der individuellen Ebene bemerkbar, sondern auch auf der aggregierten. Auch hier wird nie mehr von Gut 2 konsumiert als von Gut 1 (letzte Spalte von Tabelle A.IV.3).

Tabelle A.IV.3: Individuelle und aggregierte Konsummengen

	Preis	Menge Akteur 1 $\left({}^{1}\alpha_1 = 10/18; {}^{1}E_t = 2; {}^{1}A = 1; {}^{1}\gamma_1 = {}^{1}\gamma_2 = \frac{2}{3}\right)$		Menge Akteur 2 $\left({}^{2}\alpha_1 = 11/18; {}^{2}E_t = 2; {}^{2}A = 1; {}^{2}\gamma_1 = {}^{2}\gamma_2 = \frac{2}{3}\right)$		Aggreg. Mengen $(\alpha_1=0,3; \alpha_2=0,7; E_t = 4; A=1; \gamma_2=1, \gamma_1=29,25/18$
		${}^{1}w_{i,t}$	${}^{1}w_{i,t} - {}^{1}\gamma_{i,t}$	${}^{2}w_{i,t}$	${}^{2}w_{i,t} - {}^{2}\gamma_{i,t}$	
Gut 1 in t = 1	$p_{1,1}=1/2$	32/18	20/18	34/18	22/18	66/18
Gut 2 in t = 1	$p_{2,1}=1$	20/18	8/18	19/18	7/18	39/18
Nutzen in t = 1		${}^{1}u_1 = 0,7392$		${}^{2}u_1 = 0,783$		$u_1 = 1,3799$
Gut 1 in t = 2	$p_{1,2}=1$	22/18	10/18	23/18	11/18	45/18
Gut 2 in t = 2	$p_{2,2}=1/2$	28/18	16/18	26/18	14/18	54/18
Nutzen in t = 2		${}^{1}u_2 = 0,7307$		${}^{1}u_2 = 0,6712$		$U_2 = 1,5607$
Fazit		Akteur 1 empfindet Situation 1 als besser.		Akteur 2 empfindet Situation 1 als besser.		Der repräsentative Akteur empfindet Situation 2 besser als Situation 1

Bei den gewählten Parametern der Nutzenfunktion des repräsentativen Akteurs ist offensichtlich ein Paradoxon eingetreten. Obwohl die Nutzenfunktion die aggregierten Mengen als Ergebnis eines Maximierungsprozesses darzustellen vermag, die Gesamtmengen also in diese Funktion "integrierbar" sind, ordnet der "repräsentative Akteur" dem Mengenbündel in Situation 2 einen höheren Nutzen zu als dem Bündel in Situation 1. Der "repräsentative Akteur" würde somit die Situation 2 der Situation 1 vorziehen, obwohl er sich damit im klarem Widerspruch zu den (beiden) Individuen der Ökonomie befindet. Wie wurde diese Nutzenfunktion nun bestimmt?

Der entscheidende „Trick“ besteht darin, für die Nutzenfunktion des repräsentativen Akteurs ebenfalls zu unterstellen, daß diese vom Typ Stone-Geary ist:[3]

3 Parameter oder Mengenangaben ohne Akteursbezeichnung links gelten für den repräsentativen Akteur.

(A.IV.12) $$u_t = A\left(w_{1,t} - \gamma_{1,t}\right)^{\alpha_1}\left(w_{2,t} - \gamma_{2,t}\right)^{1-\alpha_1}.$$

Aus den Bedingungen erster Ordnung erhält man für den Parameter α_1 die Bedingung

(A.IV.13) $$\alpha_1 = \frac{p_{1,t}\left(w_{1,t} - \gamma_{1,t}\right)}{p_{2,t}\left(w_{2,t} - \gamma_{2,t}\right)}\left(1 - \alpha_1\right),$$

die zu den beiden Zeitpunkten $t = 1$ *und* $t = 2$ erfüllt sein muß. Dies impliziert, daß die Subsistenzmengen γ_1 und γ_2 folgendem Zusammenhang gerecht werden müssen:

(A.IV.14) $$\gamma_1 = \frac{p_{11}p_{22}w_{11}w_{22} - p_{21}p_{12}w_{12}w_{21}}{\left[p_{11}p_{22}(w_{22} - \gamma_2) - p_{21}p_{12}(w_{21} - \gamma_2)\right]} + \frac{p_{21}p_{12}w_{12} - p_{11}p_{22}w_{11}}{\left[p_{11}p_{22}(w_{22} - \gamma_2) - p_{21}p_{12}(w_{21} - \gamma_2)\right]}\gamma_2 .$$

Hier sind grundsätzlich verschiedene Kombinationen von γ_1 und γ_2 denkbar. Die Restriktionen, die bei der Bestimmung der beiden Subsistenzmengen zu beachten sind, lauten:

(A.IV.15) $$\gamma_1 < \min_t\{w_{1,t}\} \quad \text{und} \quad \gamma_2 < \min_t\{w_{2,t}\} \quad \text{und} \quad u_2 > u_1.$$

Für die Einhaltung der letzten Restriktion muß man den Parameter α_1 ($0 < \alpha_1 < 1$) in geeigneter Weise wählen. Dies kann nur in Abhängigkeit der Subsistenzmengen erfolgen:

(A.IV.16) $$\ln\left(\frac{w_{22} - \gamma_2}{w_{21} - \gamma_2}\right) > \alpha_1\left[\ln\left(\frac{w_{22} - \gamma_2}{w_{21} - \gamma_2}\right) - \ln\left(\frac{w_{12} - \gamma_1}{w_{11} - \gamma_1}\right)\right].$$

Das hier gefundene Ergebnis hängt entscheidend von der Wahl der Nutzenfunktion ab, die man für die Akteure und den "repräsentativen" Akteur unterstellt. Hätte man z.B. jeweils eine linearhomogene Nutzenfunktion für die beiden Akteure unterstellt, so wäre es durchaus möglich gewesen, die daraus resultierenden Gesamtmengen mit einer linearhomogenen "repräsentativen" Nutzenfunktion abzubilden. Voraussetzung ist eine konstante Einkommensverteilung der beiden Akteure: Sind linearhomogene einzelwirtschaftliche Nutzenfunktionen die Grundlage der Mengenentscheidungen, dann stimmt für jedes Individuum im Optimum die Relation der Ausgaben für das erste Gut zu den Ausgaben für das zweite Gut mit dem Verhältnis des Koeffizienten des ersten Gutes gegenüber dem des zweiten Gutes überein. Für gegebene Koeffizienten und eine *konstante Einkommensverteilung* ergibt sich nicht nur ein konstantes Verhältnis der aggregierten Ausgaben für die beiden Güter (die Bedingung der Homogenität schlechthin), sondern man kann aus diesem Verhältnis auch einen konstanten Koeffizienten für die Nutzenfunktion des repräsentativen Akteurs ableiten.[4] Betrachtet man z.B. im obigen Beispiel *ausschließlich* die linearhomogenen Funktionen über die *zusätzlichen* Mengen, so hätte dieser Koeffizient 7/12 betragen. Er stellt damit genau den arithmetischen Durchschnitt der individuellen Koeffizienten von *10/18* (Akteur 1) und *11/18* (Akteur 2) dar.[5] Da sich die Gewichtung der beiden Güter hier stark an der der einzelnen Individuen ausrichtet, ist nicht zu erwarten, daß man das obige Paradoxon ebenfalls erhält. Ermittelt man die Nutzenwerte, so wird man sehen, daß dies auch tatsächlich nicht der Fall ist.[6] Bei linearhomogenen Nutzenfunktionen und konstanter Einkommensverteilung gelingt es nicht, eine entsprechende linearhomogene Funktion zu finden, die die Gesamtmengen der zusätzlichen Einheiten rationalisiert und zu einem anderen nutzenmäßigen Ergebnis kommt als die Individuen selbst.

---

4 Dies ist das Ergebnis von Eisenberg (1961, S. 341ff.), der gezeigt hat, daß ein repräsentativer Akteur mit einer linearhomogenen Nutzenfunktion immer dann existiert, wenn die Akteure homothetische (aber unterschiedliche) Nutzenfunktionen *und* konstante Einkommensanteile besitzen. Dies ist hier der Fall. Die gesellschaftliche Nutzenfunktion kann dann eine Gestalt annehmen, bei der die mit dem Ausgabenanteil potenzierten individuellen Nutzen multipliziert werden: $u_t = \prod_{i=1}^{N} \left({}^{i}u\left({}^{i}\mathbf{w}_t\right)\right)^{{}^{i}E_t/E_t}$ (vgl. Eisenberg, 1961, S. 345). Bezogen auf die Einkommensverteilung stellt Jerison (1994, S. 742ff.) allgemein die Bedingung dafür auf, daß ein repräsentativer Akteur gefunden werden kann.

5 Daß der Koeffizient hier genau dem arithmetischen Durchschnitt der beiden individuellen Koeffizienten entspricht, liegt an der implizit getroffenen Annahme gleich hoher Einkommen für die zusätzlichen Gütereinheiten. Beide Akteure haben bei einem gleichen Ausgangseinkommen auch identische Subsistenzmengen, so daß das Nettoeinkommen ebenfalls gleich ist. Bei zwei linearhomogenen individuellen Nutzenfunktionen gilt für die Ermittlung des Koeffizienten der (linearhomogenen) Nutzenfunktion des "repräsentativen" Akteurs ganz allgemein: $\frac{p_{1,t}w_{1,t}}{p_{2,t}w_{2,t}} = \frac{\alpha_1}{(1-\alpha_1)} = \frac{p_{1,t}{}^{1}w_{1,t} + p_{1,t}{}^{2}w_{1,t}}{p_{2,t}{}^{1}w_{2,t} + p_{2,t}{}^{2}w_{2,t}} = \frac{{}^{1}E_t{}^{1}\alpha_1 + {}^{2}E_t{}^{2}\alpha_1}{{}^{1}E_t(1-{}^{1}\alpha_1) + {}^{2}E_t(1-{}^{2}\alpha_1)}$. Diese Gleichung zeigt ganz deutlich, welche Rolle die Konstanz der Einkommensverteilung spielt, wenn die Nutzenfunktionen der Individuen unterschiedlich sind. Ist sie nicht konstant, dann wird ein Koeffizient, der die Handlungen zum Zeitpunkt $t = 1$ rationalisierte zum Zeitpunkt $t = 2$ nicht mehr passen.

6 Unterstellt man keine weitere monotone Transformation des Nutzens, so betragen die Nutzenwerte für die (gesamten)zusätzlichen Gütereinheiten $u_1 = 1{,}5194$ und $u_2 = 1{,}3536$.

A.V Anhang zur Indextheorie (Kapitel V)

A.V.1 Ein mikroökonomisch fundierter Mengenindex

Um einen mikroökonomischen Mengenindex zu erhalten, liegt es nahe, an den Nutzenniveaus anzusetzen, die die Mengen zu den betrachteten Zeitpunkten stiften. Allerdings ist der Nutzen ein nicht direkt beobachtbares ordinales Maß. Der Ehrgeiz der Ökonomen bestand schon immer darin, zur Ermittlung eines Mengenindexes an einer meßbaren Größe anzusetzen. Hierzu bieten sich die Ausgaben an.[1] Betrachtet man eine monetäre Anlageform *i* $(i = 1,...,n_h)$, die Teil eines Aggregats *h* $(h = 1,...,v)$ sein soll, so ändern sich die Ausgaben für diese Anlage, wenn sich die Menge und/oder der Preis (die User costs) ändern:[2]

$$\text{(A.V.1)} \qquad \frac{d\left[\pi_i^h(\tau)\cdot m_i^h(\tau)\right]}{d\tau} = m_i^h(\tau)\cdot\frac{\pi_i^h(\tau)}{d\tau} + \pi_i^h(\tau)\cdot\frac{dm_i^h(\tau)}{d\tau}.$$

Addiert man nun über alle Geldkomponenten der Gruppe *h* von monetären Anlageformen $(h = 1,...,v)$ und dividiert man durch die Gesamtausgaben dieser Gruppe, dann erhält man die *prozentuale* Veränderung der Ausgaben für diese Gruppe:

$$\text{(A.V.2)} \qquad \frac{dE_h^m(\tau)/d\tau}{E_h^m(\tau)} = \sum_{i=1}^{n_h}\frac{d\left[\pi_i^h(\tau)\cdot m_i^h(\tau)\right]/d\tau}{\sum_{k=1}^{n_h}\pi_k^h(\tau)\cdot m_k^h(\tau)} = \sum_{i=1}^{n_h}\frac{m_i^h(\tau)}{\sum_{k=1}^{n_h}\pi_k^h(\tau)\cdot m_k^h(\tau)}\cdot\frac{\pi_i^h(\tau)}{d\tau}$$

$$+\sum_{i=1}^{n_h}\frac{\pi_i^h(\tau)}{\sum_{k=1}^{n_h}\pi_k^h(\tau)\cdot m_k^h(\tau)}\cdot\frac{dm_i^h(\tau)}{d\tau}.$$

Es findet somit eine gedankliche Zerlegung der Wachstumsrate des Ausgabevolumens statt. Dies führt dazu, daß man zwei getrennte Anteile isolieren kann: Einen ersten Anteil, der ausschließlich für die anfallenden Mehr- oder Minderausgaben als Folge der sich ändernden *Preise* – bei konstanten Mengen – verausgabt wird, und

---

1 Allen (1949, S. 199) bezeichnet dieses Vorgehen als eine „vertretbare Konvention", auf die man sich einigen könne, um das Problem der Ordinalität in den Griff zu bekommen. Im Kern läuft dies darauf hinaus, den Nutzen durch die für ihn aufzubringenden Ausgaben abzubilden. Dies entspricht gerade der Verwendung der sogenannten „geldmetrischen Nutzenfunktion" wie sie im Anhang A.III bereits verwendet wurde.

2 Für diesen Ansatz siehe z.B. Hulten (1987, S. 899) oder Diewert (1993b, S. 42). Schumpeter (1965, 1329f.) verwendet anstelle der Differentialrechnung die Differenzenrechnung. Statt Gleichung (A.V.1) erhält er $\Delta E_{h,t}^m \equiv E_{h,t}^m - E_{h,t-1}^m = \boldsymbol{\pi}_t^h\mathbf{m}_t^h - \boldsymbol{\pi}_{t-1}^h\mathbf{m}_{t-1}^h = \left(\boldsymbol{\pi}_t^h - \boldsymbol{\pi}_{t-1}^h\right)\mathbf{m}_{t-1}^h + \left(\mathbf{m}_t^h - \mathbf{m}_{t-1}^h\right)\boldsymbol{\pi}_{t-1}^h + \left(\boldsymbol{\pi}_t^h - \boldsymbol{\pi}_{t-1}^h\right)\left(\mathbf{m}_t^h - \mathbf{m}_{t-1}^h\right) = \Delta\boldsymbol{\pi}_t^h\mathbf{m}_{t-1}^h + \Delta\mathbf{m}_t^h\boldsymbol{\pi}_{t-1}^h + \Delta\boldsymbol{\pi}_t^h\Delta\mathbf{m}_t^h$, wobei er unterstellt, daß der letzte Term hinreichend klein ist, um vernachlässigt werden zu können.

einen zweiten Anteil, der bei unveränderten Preisen für den zusätzlichen oder verringerten Kauf von *Mengen*einheiten eingesetzt wird.[3] Als ein Maß für die Veränderung eines Mengenaggregates bietet sich somit der zweite Summand an. Bei näherem Hinsehen wird man bemerken, daß es sich dabei gerade um einen Divisia-Geldmengenindex handelt.[4]

Interessiert man sich ausschließlich für diesen Geldmengenindex und unterstellt man deshalb, daß das Preissystem konstant bleibt, dann können sich die Ausgaben nur ändern, wenn sich die Mengen ändern. Es gilt in diesem Fall also:

$$\text{(A.V.3)}\quad \left.\frac{dE_h^m(\tau)/d\tau}{E_h^m(\tau)}\right|_{\boldsymbol{\pi}_\tau=\text{kons.}} = \sum_{i=1}^{n_h} \frac{\pi_i^h(\tau)}{\sum\limits_{k=1}^{n_h} \pi_k^h(\tau)\cdot m_k^h(\tau)} \cdot \frac{dm_i^h(\tau)}{d\tau}.$$

Geht man desweiteren davon aus, daß der (repräsentative) Akteur Nutzenmaximierung betreibt und die Lösung eindeutig ist, dann implizieren unveränderte Preise und ein unverändertes Ausgabenvolumen nicht nur konstante Mengen, sondern dann folgt aus der Annahme konstanter Preise und veränderter Mengen, daß sich die Ausgaben und das erzielte Nutzenniveau ändern müssen. Höhere Ausgaben bedeuten dabei stets einen größeren Nutzen und niedrigere Ausgaben einen geringeren. Gleichung (A.V.3) läßt sich also auch unter Zuhilfenahme der Ausgabenfunktion $e_h^m\left(\boldsymbol{\pi}^h(\tau); u_t^h\right)$ schreiben, wobei man im Rahmen einer zeitdiskreten Betrachtung der zwei Perioden *t* und *t-1* unter Verwendung Hicksscher Nachfragefunktionen folgenden Zusammenhang erhält:

$$\text{(A.V.4)}\quad Q_h^m\left(u_{h,t}^m, u_{h,t-1}^m; \boldsymbol{\pi}_{t-1}^h\right) \equiv \frac{e_h^m\left(\boldsymbol{\pi}_{t-1}^h; u_{h,t}^m\right)}{e_h^m\left(\boldsymbol{\pi}_{t-1}^h; u_{h,t-1}^m\right)} = \frac{\sum\limits_{i=1}^{n_h} \pi_{i,t-1}^h \cdot m_i^h\left(\boldsymbol{\pi}_{t-1}^h; u_{h,t}^m\right)}{\sum\limits_{i=1}^{n_h} \pi_{i,t-1}^h \cdot m_{i,t-1}^h} =$$

---

3 Als Anteil wird hier der Prozentsatz an der (absoluten) Veränderung der Gesamtausgaben verstanden, der entweder durch die Mengen- beziehungsweise durch die Preisänderungen verursacht wird. Beide Anteile addiert und durch die Gesamtausgaben dividiert ergeben gerade die Veränderungsrate der Gesamtausgaben (Gleichung A.V.2).

4 Und tatsächlich verwendete Divisia (1925, 1926) die hier vorgenommene Zerlegung zur Herleitung seines Mengenindexes (zweiter Summand auf der rechten Seite von Gleichung A.V.2) bzw. Preisindexes (erster Summand auf der rechten Seite von Gleichung A.V.2). Dieses Vorgehen wird später von Schumpeter (1961, S. 464ff. und 1965, S. 1329f.) verwendet, wobei dieser in seinen „Konjunkturzyklen II" (1961, S. 464ff.) auf die Division mit den Ausgaben $E_h^m(\tau)$ verzichtet und damit nicht die relative, sondern die absolute Veränderung des Ausgabevolumens betrachtet. Obwohl er sich ausdrücklich auf Divisia bezieht, reproduziert Schumpeter damit das Vorgehen von Bennet (1920, S. 461). Zum zeitstetigen Divisia-Index siehe auch die Ausführungen weiter unten in diesem Anhang.

$$= \frac{\sum_{i=1}^{n_h} \pi^h_{i,t-1} \cdot h_i^h\left(\boldsymbol{\pi}^h_{t-1}; u^m_{h,t}\right)}{\sum_{i=1}^{n_h} \pi^h_{i,t-1} \cdot h_i^h\left(\boldsymbol{\pi}^h_{t-1}; u^m_{h,t-1}\right)}$$

Abbildung A.V.1: Der Wohlfahrtsindex in graphischer Darstellung

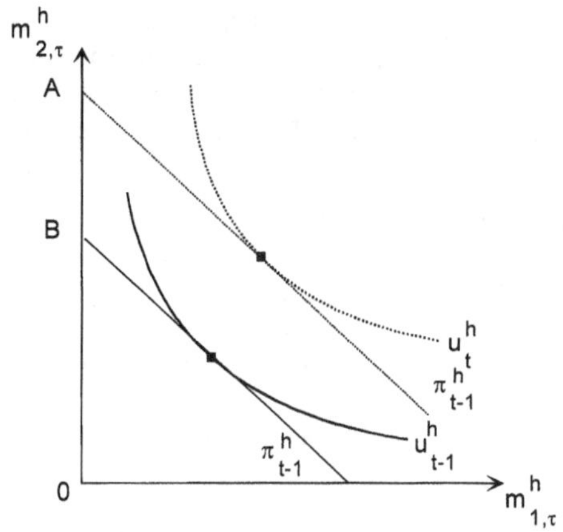

Wie gesehen, kann man diese Relation der beiden Ausgabensummen als Mengenindex interpretieren. Deaton und Muellbauer bezeichnen diesen Index mit „Wohlfahrtsindex“[5], da seine Höhe entscheidend von der Relation der beiden Nutzenniveaus abhängt.[6] Graphisch drückt sich das Verhältnis dieser Ausgabensummen durch den Abstand zweier parallel verlaufender Budgetgeraden aus, die die Indifferenzkurven der Teilnutzenniveaus $u^m_{h,t}$ und $u^m_{h,t-1}$ beim Preisverhältnis $\boldsymbol{\pi}^h_{t-1}$ (oder $\boldsymbol{\pi}^h_t$) tangieren. In Abbildung A.V.1 entspricht der Wohlfahrtsindex (Gleichung A.V.4) dem Verhältnis der Strecken $\overline{0A}$ zu $\overline{0B}$.

---

5 Deaton und Muellbauer, 1980, S. 180.

6 Dieser „Wohlfahrtsindex“ geht auf Allen (1949, S. 199) zurück und trägt deshalb auch manchmal die Bezeichnung „Allen-Index“ (so z.B. bei Barnett, 1987, S. 149). Die in Gleichung (A.V.4) dargestellte Form ist nur eine mögliche. Entscheidend ist, daß der Wohlfahrtsindex die *minimalen* Ausgaben gegenüberstellt, die bei einem beliebigen Referenzpreisvektor $\boldsymbol{\pi}^h_0$ aufzubringen sind, um die Nutzenniveaus $u^m_{h,t}$ bzw. $u^m_{h,t-1}$ zu erzielen. Der Wohlfahrtsindex hängt damit entscheidend von der Wahl des Referenzpreisvektors ab. Für die Definition in (4) wurde die Preissituation zum Bezugszeitpunkt *t-1* verwendet. Diewert (1981, S. 171) nennt diesen Index deshalb „Laspeyres-Allen quantity index“, um ihn vom „Paasche-Allen quantity index“ abzugrenzen, der sich auf die Preise des Beobachtungszeitpunkts *t* bezieht. Er verwendet damit eine begriffliche Abgrenzung, die auf Wold (1953, S. 136) zurückgeht.

Ein grundsätzliches Problem besteht darin, daß die zu einer Referenzpreissituation (z.B. $\boldsymbol{\pi}_{t-1}^{h}$ oder $\boldsymbol{\pi}_{t}^{h}$) ermittelten minimalen Ausgaben nicht linearhomogen in den Mengen sein müssen. Dies sind sie nur dann, wenn die Teilnutzenfunktion diese Eigenschaft besitzt. Unterstellt man also, die Teilnutzenfunktion $u_h^m\left(\boldsymbol{m}_t^h; E_{h,t}^m\right)$ sei linearhomogen, dann besteht für einen gegebenen Vektor der User costs $\boldsymbol{\pi}_t^h$ eine proportionale Beziehung zwischen Nutzenniveau und Ausgabensumme. Aufgrund der Linearhomogenität der Nutzenfunktion verlangt eine Erhöhung des angestrebten Nutzens um den Faktor λ bei unveränderten Preisen eine λ-fache Zunahme aller Mengen. Damit steigen auch die Ausgaben um das λ-fache. Den Proportionalitätsfaktor zwischen den Ausgaben und dem Teilnutzenniveau erhält man gerade als die Ausgaben $\bar{e}_h^m(\boldsymbol{\pi}_t)$, die bei einem Teilnutzenniveau von Eins aufzuwenden sind („Einheitsausgabenfunktion“).[7] Da dieser Proportionalitätsfaktor nur von den Preisen abhängt, die aber per Annahme konstant sein sollen, kann man den in Gleichung (A.V.4) definierten Mengenindex wie folgt umformen:

$$\text{(A.V.5)}\quad Q_h^m\left(u_{h,t}^m, u_{h,t-1}^m; \boldsymbol{\pi}_{t-1}^h\right) \equiv \frac{e_h^m\left(\boldsymbol{\pi}_{t-1}^h; u_t^h\right)}{e_h^m\left(\boldsymbol{\pi}_{t-1}^h; u_{t-1}^h\right)} = \frac{u_{h,t}^m \cdot \bar{e}_h^m\left(\boldsymbol{\pi}_{t-1}^h\right)}{u_{h,t-1}^m \cdot \bar{e}_h^m\left(\boldsymbol{\pi}_{t-1}^h\right)} = \frac{u_{h,t}^m}{u_{h,t-1}^m} \quad \text{für}$$

$$\lambda u_h^m\left(m_{1,t}^h, \ldots, m_{n_h,t}^h\right) = u_h^m\left(\lambda m_{1,t}^h, \ldots, \lambda m_{n_h,t}^h\right).$$

Im Fall der Linearhomogenität der Teilnutzenfunktion entspricht der Wohlfahrtsindex also tatsächlich dem Verhältnis der Nutzenwerte. Der Wohlfahrtsindex läuft also auf den Vergleich der Nutzenwerte hinaus, er „kardinalisiert“ somit den Nutzen.[8] Diese ausschließliche Nutzenabhängigkeit des Wohlfahrtsindexes besteht auch dann, wenn die Teilnutzenfunktion homothetisch ist. Nimmt der Nutzen um den Faktor λ zu, so müssen alle Mengen um das $f(\lambda, u_{h,t-1}^m)$-fache steigen, da sich im Falle der Homothetik die optimale (nutzenmaximale bzw. ausgabenminimale) Mengenstruktur nicht ändert. Die Ausgaben steigen um den Faktor $f(\lambda, u_{h,t-1}^m)$, der Wohlfahrtsindex nimmt den Wert $f(\lambda, u_{h,t-1}^m)$ an. Dabei hängt $f(\lambda, u_{h,t-1}^m)$ nicht von den Mengen $\boldsymbol{m}_{t-1}^h$ ab. Immer dann aber, wenn die Teilnutzenfunktion nicht homothetisch ist, ist der Wohlfahrtsindex aus aggregationstheoretischer Sicht unbefriedigend.

---

7 Siehe dazu auch das Modul zur Haushaltstheorie. Eine ähnliche Zerlegung ist auch bei einer homothetischen Teilnutzenfunktion möglich, wobei die Ausgaben dabei in nicht-linearer Weise mit dem Nutzenniveau variieren.

8 In diesem Sinne siehe auch Samuelson und Swamy (1974, S. 568): „The fundamental point about an economic quantity index, ..., is that it must itself be a cardinal indicator of ordinal utility.“

A.V.2 Wohlfahrtsindex und Malmqvist-Index

Eine Alternative zum Wohlfahrtsindex stellt der sogenannte „Malmqvist-Index" dar. Dieser hat den großen Vorteil, daß er auf der Relation zweier Distanzwerte basiert und damit immer linearhomogen in den Mengen ist. Grundsätzlich fragt die Distanzfunktion, um welchen Faktor $d\left(\boldsymbol{m}_{\tau}^{h};u_{h,0}^{m}\right)$ man jede Menge eines Bündels $\boldsymbol{m}_{\tau}^{h}$ dividieren muß, damit das so bestimmte Bündel gerade den Referenznutzen $u_{h,0}^{m}$ stiftet. Betrachtet man z.B. den Zeitpunkt $\tau = t$, so erhält man in Abbildung A.V.2 den Distanzwert $d\left(\boldsymbol{m}_{t}^{h};u_{h,0}^{m}\right)$ als Verhältnis der Strecken $\overline{0B}$ zu $\overline{0A}$. Der Malmqvist-Index setzt nun die Distanzwerte zweier Zeitpunkte ins Verhältnis. Der Distanzwert $d\left(\boldsymbol{m}_{t}^{h};u_{h,0}^{m}\right)$ wird durch den Wert $d\left(\boldsymbol{m}_{t-1}^{h};u_{h,0}^{m}\right)$ dividiert (Strecke $\overline{0C}$ zu Strecke $\overline{0D}$ in Abbildung A.V.2):[9]

$$\text{(A.V.6)} \quad \overline{Q}_{h}^{m}\left(u_{h,0}^{m};\mathbf{m}_{t}^{h};\mathbf{m}_{t-1}^{h}\right) \equiv \frac{d_{h}^{m}\left(u_{h,0}^{m};m_{1,t}^{h},\ldots,m_{n_h,t}^{h}\right)}{d_{h}^{m}\left(u_{h,0}^{m};m_{1,t-1}^{h},\ldots,m_{n_h,t-1}^{h}\right)}.$$

Ist die Teilnutzenfunktion homothetisch, so stimmt der Wohlfahrtsindex mit dem Malmqvist-Index überein. Dieser Umstand läßt sich mit der linearen Einkommens-konsumkurve begründen, die im Falle homothetischer Teilnutzenfunktionen existiert. Besonders einfach läßt sich dies für eine linearhomogene Teilnutzenfunktion sehen: Aufgrund der unterstellten Linearhomogenität der Teilnutzenfunktion muß man die Mengen eines in der Periode *t* gegenüber der Referenzperiode *t-1* um den Faktor λ höheren Nutzens gerade um diesen Faktor reduzieren, um den Nutzen u_{t-1}^{h} der Vorperiode zu erhalten. Verwendet man diesen Nutzen als Referenzwert, so beträgt der Distanzwert $d\left(\boldsymbol{m}_{t}^{h};u_{h,t-1}^{m}\right)$ gerade λ. Der Malmqvist-Index nimmt den gleichen Wert λ an, denn schließlich liegt das Bündel $\boldsymbol{m}_{t-1}^{h}$ auf der Indifferenzkurve des Zeitpunkts *t-1*, so daß der Distanzwert $d\left(\boldsymbol{m}_{t-1}^{h};u_{h,t-1}^{m}\right)$ gleich Eins ist:[10]

$$\text{(A.V.7)} \quad \overline{Q}_{h}^{m}\left(u_{h,t-1}^{m};\mathbf{m}_{t}^{h};\mathbf{m}_{t-1}^{h}\right) \equiv \frac{d_{h}^{m}\left(u_{h,t-1}^{m};m_{1,t}^{h},\ldots,m_{n_h,t}^{h}\right)}{d_{h}^{m}\left(u_{h,t-1}^{m};m_{1,t-1}^{h},\ldots,m_{n_h,t-1}^{h}\right)} =$$

---

[9] Für eine graphische Darstellung des Malmqvist-Indexes siehe auch Russell (1990, S. 151).

[10] Vgl. Diewert, 1981, S. 175. Analog zum Wohlfahrtsindex bezeichnet er den hier dargestellten Malmqvist-Index mit „Laspeyres-Malmqvist-Index", weil er sich auf den Teilnutzen des Bezugszeitpunkts *t-1* bezieht. Umgekehrt läßt sich natürlich auch ein „Paasche-Malmqvist-Index" konstruieren, der für den Teilnutzen des Beobachtungszeitpunkts *t* definiert ist. Anstelle von Definition (A.V.7) erhält man dann: $\overline{Q}_{h}^{m}\left(u_{h,t}^{m};\mathbf{m}_{t}^{h};\mathbf{m}_{t-1}^{h}\right) = 1/d_{h}^{m}\left(u_{h,t}^{m};m_{1,t-1}^{h},\ldots,m_{n_h,t-1}^{h}\right) = 1/_{1/\lambda} = \lambda$.

$$= \frac{d_h^m\left(u_{h,t-1}^m; \lambda m_{1,t-1}^h, \ldots, \lambda m_{n_h,t-1}^h\right)}{d_h^m\left(u_{h,t-1}^m; m_{1,t-1}^h, \ldots, m_{n_h,t-1}^h\right)} = \frac{\lambda}{1}$$

$$\text{für} \quad u_h^m\left(\lambda \mathbf{m}_{t-1}^h\right) = \lambda u_h^m\left(\mathbf{m}_{t-1}^h\right) \quad \text{und} \quad u_{h,t}^m = \lambda u_{h,t-1}^m .$$

Abbildung A.V.2: Der Malmqvist-Index in graphischer Darstellung

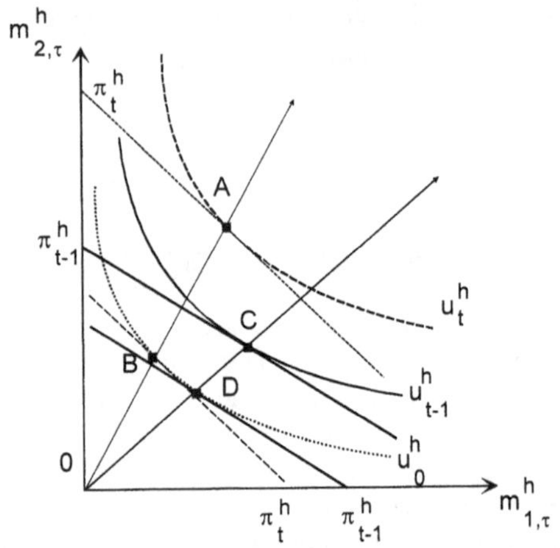

Der Wohlfahrtsindex stellt demgegenüber die minimalen Ausgaben der Perioden *t* und *t-1* gegenüber, die beim User costs Vektor $\boldsymbol{\pi}_{t-1}^h$ (oder bei der Preissituation $\boldsymbol{\pi}_t^h$) entstehen, sollen die Nutzenwerte $u_{h,t}^m$ und $u_{h,t-1}^m$ realisiert werden (Gleichung A.V.5). Aufgrund der Linearhomogenität entspricht dieses Ausgabenverhältnis unabhängig vom Preisvektor immer exakt dem Verhältnis der Nutzenniveaus, welches per Annahme hier gerade dem Faktor λ entsprechen soll. Damit gilt also:[11]

11 Ist die Teilnutzenfunktion nicht linearhomogen, sondern lediglich homothetisch, muß für eine Erhöhung des Nutzens um das λ-fache jede Menge um den Faktor $f(\lambda, u_{h,t-1}^m)$ erhöht werden. Aufgrund der Linearhomogenität der Distanzfunktion in den Mengen beträgt der Malmqvist-Index $f(\lambda, u_{h,t-1}^m)$. Steigen alle Mengen um den Faktor $f(\lambda, u_{h,t-1}^m)$, dann nehmen auch die minimalen Ausgaben für das Nutzenniveau $u_{h,t}^m$ um das $f(\lambda, u_{h,t-1}^m)$-fache zu, da sich der Preisvektor nicht geändert hat und die Teilnutzenfunktion homothetisch sein soll. Der Wohlfahrtsindex beträgt also auch $f(\lambda, u_{h,t-1}^m)$.

(A.V.8) $$Q_h^m\left(u_{h,t}^m, u_{h,t-1}^m; \boldsymbol{\pi}_{t-1}^h\right) = \overline{Q}_h^m\left(u_{h,t-1}^m; \mathbf{m}_t^h, \mathbf{m}_{t-1}^h\right) = \lambda$$

$$\text{für } u_h^m\left(\lambda \mathbf{m}_{t-1}^h\right) = \lambda u_h^m\left(\mathbf{m}_{t-1}^h\right) \qquad \text{und} \qquad u_{h,t}^m = \lambda u_{h,t-1}^m .$$

Die Gleichheit von Wohlfahrtsindex und Malmqvist-Index ist in Abbildung A.V.3a dargestellt. Dabei läßt sich der Malmqvist-Index zwischen der Periode *t* und der Basisperiode *t-1* auch als Relation zweier Ausgabensummen darstellen: Dazu muß man die Ausgaben, die zum Zeitpunkt *t* entstehen $E_{h,t}^m$, auf die Ausgaben beziehen, die dann entstünden, wenn der Akteur gerade die Mengen konsumieren würde, die ihm bei der Mengenstruktur des Zeitpunkts *t* den Nutzen $u_{h,t-1}^m$ verschaffen:

(A.V.9) $$\overline{Q}_h^m\left(u_{h,t-1}^m; \mathbf{m}_t^h; \mathbf{m}_{t-1}^h\right) \equiv \frac{E_{h,t}^m}{\sum_{i=1}^{n_h} \pi_{i,t}^h m_{i,t}^h / \mu\left(u_{h,t-1}^m\right)} \quad \text{mit } \mu \text{ so, daß } u_h^m\left(\mathbf{m}_t^h / \mu\right) = u_{h,t-1}^m .$$

Abbildung A.V.3: Malmqvist-Index und Wohlfahrtsindex bei homothetischer und bei nicht-homothetischer Teilnutzenfunktion

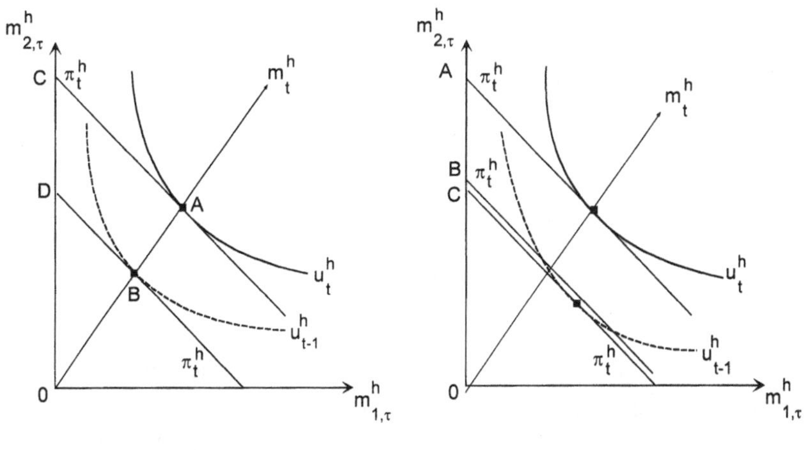

(a) homothetische Teilnutzenfunktion

(b) nicht-homothetische Teilnutzenfunktion

Da sich im Falle homothetischer Präferenzen die optimale Mengenstruktur bei gleicher Preissituation $\boldsymbol{\pi}_t^h$ nicht ändert, entspricht – bei linearhomogener Teilnutzenfunktion – μ gerade λ. Der Wert μ stimmt dabei mit dem Distanzwert $d\left(\mathbf{m}_t^h; u_{h,t-1}^m\right)$ überein. Das Verhältnis der Strecken $\overline{0A}$ zu $\overline{0B}$ gibt sowohl den Malmqvist-Index wieder als auch den Wohlfahrtsindex (direkt gemessen mit dem Verhältnis der Strecken $\overline{0C}$ zu $\overline{0D}$).[12] Der Malmqvist-Index $\overline{Q}_h^m\left(u_{h,t-1}^m; \mathbf{m}_t^h; \mathbf{m}_{t-1}^h\right)$ kann dabei als ein „Wohlfahrtsindex bei fester Mengenstruktur" $Q_h^m\left(u_{h,t}^m, u_{h,t-1}^m; \mathbf{m}_t^h\right)$ interpretiert werden:[13]

(A.V.10) $Q_h^m\left(u_{h,t}^m, u_{h,t-1}^m; \mathbf{m}_t^h\right) \equiv \overline{Q}_h^m\left(u_{h,t-1}^m; \mathbf{m}_t^h, \mathbf{m}_{t-1}^h\right).$

Anders sieht es dann aus, wenn die Teilnutzenfunktion nicht homothetisch ist (siehe Abbildung A.V.3b): In diesem Fall ändert sich die ausgabenminimale Mengenstruktur gegenüber dem Zeitpunkt *t*, die sich bei der Preissituation $\boldsymbol{\pi}_t^h$ und einem anderen Nutzenniveau (z.B. $u_{h,t-1}^m$) einstellt. Will man das Teilnutzenniveau $u_{h,t-1}^m$ mit der Mengenstruktur der Periode *t* realisieren, so kann dies nicht ausgabenminimal sein. Die dabei aufzwendenden Ausgaben (Strecke $\overline{0B}$ in Abbildung A.V.3b) sind höher als die minimalen (Strecke $\overline{0C}$ in Abbildung A.V.3b), so daß im Falle nicht-homothetischer Teilnutzenfunktionen der „Wohlfahrtsindex mit fester Mengenstruktur" bezogen auf den Referenznutzen $u_{h,t-1}^m$ (Strecke $\overline{0A}/\overline{0B}$) – und damit auch der Malmqvist-Index – kleiner ist als der Wohlfahrtsindex bezogen auf das Preisverhältnis $\boldsymbol{\pi}_t^h$ ($\overline{0A}/\overline{0C}$). Es gilt also:[14]

(A.V.11)

$$Q_h^m\left(u_{h,t}^m, u_{h,t-1}^m; \mathbf{m}_t^h\right) = \frac{E_{h,t}^m}{\sum_{i=1}^{n_h} \pi_{i,t}^h m_{i,t}^h / \mu\left(u_{h,t-1}^m\right)} \leq \frac{E_{h,t}^m}{e_h^m\left(u_{h,t-1}^m; \boldsymbol{\pi}_t^h\right)} = Q_h^m\left(u_{h,t}^m, u_{h,t-1}^m; \boldsymbol{\pi}_t^h\right)$$

mit μ so, daß $u_h^m\left(\mathbf{m}_t^h/\mu\right) = u_{h,t-1}^m$.

Selbstverständlich kann man nun die Betrachtung auch umkehren und sich nach dem Malmqvist-Index fragen, der dabei entsteht, wenn man das Nutzenniveau u_t^h zur Referenzgröße erklärt und sich danach fragt, um welchen Faktor man die Men-

12 Graphisch ausgedrückt ist dies Folge des Strahlensatzes.

13 Für dieses Konzept siehe z.B. Deaton und Muellbauer (1980, S. 182). Im Unterschied zum richtigen Wohlfahrtsindex enthält dieser aber keine minimalen Ausgaben. Insofern muß er anders interpretiert werden.

14 Dies bedeutet also: Der Laspeyres-Malmqvist-Index ist stets kleiner oder gleich dem Paasche-Wohlfahrtsindex.

gen der Periode *t-1* reduzieren oder erhöhen müßte, um den Nutzen u_t^h zu erhalten. In diesem Fall ist der Distanzwert $d\left(\boldsymbol{m}_t^h; u_{h,t}^m\right)$ gleich Eins und der Distanzwert $d\left(\boldsymbol{m}_{t-1}^h; u_{h,t}^m\right)$ ungleich Eins $\left(u_{h,t}^m \neq u_{h,t-1}^m\right)$. Verwendet man wieder das Konzept eines „Wohlfahrtsindexes bei fester Mengenstruktur"

$$\text{(A.V.12)}\quad Q_h^m\left(u_{h,t}^m, u_{h,t-1}^m; \mathbf{m}_t^h\right) \equiv \overline{Q}_h^m\left(u_{h,t}^m; \mathbf{m}_t^h; \mathbf{m}_{t-1}^h\right),$$

so gilt jetzt folgende Ungleichung:[15]

(A.V.13)

$$Q_h^m\left(u_{h,t}^m, u_{h,t-1}^m; \mathbf{m}_t^h\right) = \frac{\sum_{i=1}^{n_h} \pi_{i,t-1}^h m_{i,t-1}^h / \eta\left(u_{h,t}^m\right)}{E_{h,t-1}^m} \geq \frac{e_{h,t}^m\left(u_{h,t}^m; \pi_{t-1}^h\right)}{E_{h,t-1}^m} = Q_h^m\left(u_{h,t}^m, u_{h,t-1}^m; \boldsymbol{\pi}_{t-1}^h\right)$$

$$\text{mit } \eta \text{ so, daß } u_h^m\left(\mathbf{m}_t^h / \eta\right) = u_{h,t-1}^m,$$

denn die beim Preisvektor $\boldsymbol{\pi}_t^h$ für die vorgegebenen Mengen $m_{i,t}^h / \eta\left(u_{h,t-1}^m\right)$ zu leistenden Ausgaben sind höher als die, die entstünden, wenn sich die Mengen an den Preisvektor anpassen könnten $e_{h,t}^m\left(u_{h,t-1}^m; \boldsymbol{\pi}_t^h\right)$.

A.V.3 Wohlfahrtsindex, Malmqvist-Index und das Problem der Dualität

Wie im aggregationstheoretischen Teil der Arbeit bereits gezeigt wurde, ist es für die Verwendung von Mengenindizes hochgradig wünschenswert, daß es entsprechende (duale) Preisindizes gibt, die dafür sorgen, daß das Produkt aus Mengenindex und Preisindex gerade dem Verhältnis der Ausgaben entspricht. Es soll also gelten:

$$\text{(A.IV14)}\quad Q_h^m\left(u_{h,t}^m, u_{h,s}^m; \boldsymbol{\pi}_0^h\right) \cdot I_h^m\left(u_{h,0}^m; \boldsymbol{\pi}_t^h, \boldsymbol{\pi}_s^h\right) = \frac{M_t^h \Pi_t^h}{M_s^h \Pi_s^h} = \frac{\sum_{i=1}^{n_h} \pi_{i,t}^h m_{i,t}^h}{\sum_{i=1}^{n_h} \pi_{i,s}^h m_{i,s}^h} \quad \text{für } t \neq s.$$

Lassen sich für den Wohlfahrtsindex und den Malmqvist-Index solche Preisindizes finden? Auf Konüs geht ein Preisindex zurück, der ähnlich wie der Wohlfahrtsindex

[15] Dies bedeutet damit: Der Paasche-Malmqvist-Index ist stets größer oder gleich dem Laspeyres-Wohlfahrtsindex.

an minimalen Ausgaben ansetzt.[16] Ausgehend von einem Referenzteilnutzen $u^m_{h,0}$ fragt der Konüs-Index für die Zeitpunkte *t* und *t-1* danach, wieviel man maximal zum Zeitpunkt *t* relativ zum Zeitpunkt *t-1* ausgeben muß, will man den Referenzteilnutzen bei den Preissituationen π^h_t bzw. π^h_{t-1} realisieren. Die Ausgabensummen hängen damit entscheidend vom Referenzteilnutzen und von den jeweils herrschenden Preissituationen π^h_t bzw. π^h_{t-1} ab. Es gilt also:

$$\text{(A.V.15)} \quad I^m_h\left(u^m_{h,0};\pi^h_t,\pi^h_{t-1}\right) \equiv \frac{e^h\left(u^m_{h,0};\pi^h_t\right)}{e^h\left(u^m_{h,0};\pi^h_{t-1}\right)}.$$

Dieser Index bringt zum Ausdruck, ob es in Periode *t* relativ zu Periode *t-1* teurer oder billiger geworden ist, ein konstantes Nutzenniveau zu erzielen, einen konstanten Lebensstil („Wohlfahrt") zu halten. Deshalb bezeichnet bereits Konüs seinen Index mit „True cost of living-Index".[17] Im Unterschied zu den üblicherweise betrachteten Laspeyres- bzw. der Paasche-Indizes, verlangt der Konüs-Index kein konstantes Mengenschema, sondern erlaubt auch mengenmäßige Anpassungen an die veränderten Preise. Damit gestattet er Substitutionseffekte, die die Wirkungen von Preisänderungen abfedern.

Der Konüs-Index entsteht also durch die Division zweier Ausgabenfunktionen. Damit weist er große Ähnlichkeit mit dem Wohlfahrtsindex auf. Und tatsächlich, durch eine geeignete Wahl des Referenznutzens gelangt man zur gewünschten Dualität von Wohlfahrtsindex und Konüs-Index. Verwendet man den Wohlfahrtsindex in analoger Definition zu Gleichung (A.V.4), dann muß man nur das Nutzenniveau $u^m_{h,t-1}$ zum Referenznutzen erklären und schon erhält man folgenden Zusammenhang:[18]

(A.V.16)

$$I^m_h\left(u^m_{h,t-1};\pi^h_t,\pi^h_{t-1}\right)Q^m_h\left(u^m_{h,t},u^m_{h,t-1};\pi^h_t\right) = \frac{e^h\left(u^m_{h,t-1};\pi^h_t\right)}{e^h\left(u^m_{h,t-1};\pi^h_{t-1}\right)}\frac{e^m_h\left(\pi^h_t;u^m_{h,t}\right)}{e^m_h\left(\pi^h_t;u^m_{h,t-1}\right)} = \frac{E^m_{h,t}}{E^m_{h,t-1}}.$$

„Dualität" bedeutet in diesem Kontext also stets, daß das Produkt eines Preisindexes mit einem Mengenindex, die sich auf die gleichen Zeitpunkte beziehen (z.B. *t* und *t-1*), dem Quotienten der beiden tatsächlich zu diesen Zeitpunkten geleisteten Ausgaben entspricht. Diese Dualität zweier Indizes folgt direkt aus der Dualität zweier Funktionen, der von Nutzenfunktion und Ausgabenfunktion. Unterstellt man eine

---

16 Konüs, 1939, S. 12ff..

17 Zumindest erscheint diese Bezeichnung in der englischen Übersetzung aus dem Jahre 1939.

18 Damit entspricht das Produkt aus Laspeyres-Konüs-(Preis-) Index und Paasche-Wohlfahrtsindex dem Quotienten der Ausgaben.

quasi-konkave Nutzenfunktion, so bleibt es gleich, ob man den Nutzen bezogen auf ein gegebenes Einkommen maximiert oder die Ausgaben minimiert, die für die Erlangung dieses Nutzens aufzuwenden sind.

Im hier betrachteten Kontext von Wohlfahrtsindex und Konüs-Index erhält man die Dualität auch dann, wenn man das Nutzenniveau $u_{h,t}^{m}$ als Ausgangspunkt für die Bestimmung des Preisindexes und die Preissituation π_{t-1}^{h} zur Ermittlung des Wohlfahrtsindexes verwendet:[19]

(A.V.16')

$$I_h^m\left(u_{h,t}^m;\pi_t^h,\pi_{t-1}^h\right)Q_h^m\left(u_{h,t}^m,u_{h,t-1}^m;\pi_{t-1}^h\right)=\frac{e^h\left(u_{h,t}^m;\pi_t^h\right)}{e^h\left(u_{h,t}^m;\pi_{t-1}^h\right)}\,\frac{e_h^m\left(\pi_{t-1}^h;u_{h,t}^m\right)}{e_h^m\left(\pi_{t-1}^h;u_{h,t-1}^m\right)}=\frac{E_{h,t}^m}{E_{h,t-1}^m}.$$

Betrachtet man die aggregationstheoretischen Ergebnisse, so stellt man fest, daß der Konüs-Index der Preisindex ist, den man dann erhält, wenn man sich an die Aggregationsvorschrift für die Preise hält, wie sie im aggregationstheoretischen Teil der Arbeit abgeleitet wurde. Der Konüs-Index muß also auch dual zum Malmqvist-Index sein, denn diese Eigenschaft spielte bereits in der Aggregationstheorie eine bedeutende Rolle. Unglücklicherweise läßt sich die Dualität nicht so leicht zeigen, wie dies beim Wohlfahrtsindex eben erfolgte. Ganz im Gegenteil, die oben dargelegten Ungleichungen zwischen dem Malmqvist-Index und dem Wohlfahrtsindex im Fall nicht-homothetischer Teilnutzenfunktionen lassen sogar Zweifel an der behaupteten Dualität des Malmqvist- und des Konüs-Indexes aufkommen. Schließlich lehren die Ungleichungen, daß eine Dualität offensichtlich dann nicht bestehen kann, wenn man Zeitpunkt *t* oder Zeitpunkt *t-1* zum Referenzzeitpunkt bestimmt. Dualität kann überhaupt nur dann bestehen, wenn man ein anderes Referenznutzenniveau wählt.

Die Frage lautet also: Gibt es ein Referenzteilnutzenniveau $u_{h,0}^{m}$, welches so zwischen den Werten $u_{h,t-1}^{m}$ und $u_{h,t}^{m}$ liegt $(u_{h,0}^{m}=\upsilon u_{h,0}^{m}+(1-\upsilon)u_{h,0}^{m})$, daß der Malmqvist-Index und der Konüs-Index dual zueinander sind? Es muß also gelten:

$$\text{(A.V.17)}\quad I_h^m\left(\upsilon u_{h,t}^m+(1-\upsilon)u_{h,t-1}^m;\pi_t^h,\pi_{t-1}^h\right)Q_h^m\left(\upsilon u_{h,t}^m+(1-\upsilon)u_{h,t-1}^m;\mathbf{m}_t^h,\mathbf{m}_{t-1}^h\right)=\frac{E_{h,t}^m}{E_{h,t-1}^m}.$$

Um die Frage beantworten zu können, sei folgende stetige Funktion $f(\upsilon)$ definiert:[20]

---

19 In diesem Fall ergibt das Produkt aus Paasche-Konüs-(Preis-) Index und Laspeyres-Wohlfahrtsindex den Quotienten der Ausgaben.

20 Zu diesem Beweis siehe Diewert (1981, S. 177).

$$\text{(A.V.18)}\quad f(\upsilon) \equiv I_h^m\left(\upsilon u_{h,t}^m + (1-\upsilon)u_{h,t-1}^m; \boldsymbol{\pi}_t^h, \boldsymbol{\pi}_{t-1}^h\right)\bar{Q}_h^m\left(\upsilon u_{h,t}^m + (1-\upsilon)u_{h,t-1}^m; \mathbf{m}_t^h, \mathbf{m}_{t-1}^h\right).$$

Es gilt folgende Ungleichung

$$\text{(A.V.19)}\quad f(0) \equiv I_h^m\left(u_{h,t-1}^m; \boldsymbol{\pi}_t^h, \boldsymbol{\pi}_{t-1}^h\right)\bar{Q}_h^m\left(u_{h,t-1}^m; \mathbf{m}_t^h, \mathbf{m}_{t-1}^h\right)$$

$$\equiv I_h^m\left(u_{h,t-1}^m; \boldsymbol{\pi}_t^h, \boldsymbol{\pi}_{t-1}^h\right)Q_h^m\left(u_{h,t}^m, u_{h,t-1}^m; \mathbf{m}_t^h\right) \qquad \text{mit Definition (A.V.9)}$$

$$\leq I_h^m\left(u_{h,t-1}^m; \boldsymbol{\pi}_t^h, \boldsymbol{\pi}_{t-1}^h\right)Q_h^m\left(u_{h,t}^m, u_{h,t-1}^m; \boldsymbol{\pi}_t^h\right) \qquad \text{mit Ungleichung (A.V.10)}$$

$$= \frac{E_{h,t}^m}{E_{h,t-1}^m} \qquad \text{mit Gleichung (A.V.15)}$$

$$= I_h^m\left(u_{h,t}^m; \boldsymbol{\pi}_t^h, \boldsymbol{\pi}_{t-1}^h\right)Q_h^m\left(u_{h,t}^m, u_{h,t-1}^m; \boldsymbol{\pi}_{t-1}^h\right) \qquad \text{mit Gleichung (A.V.15')}$$

$$\leq I_h^m\left(u_{h,t}^m; \boldsymbol{\pi}_t^h, \boldsymbol{\pi}_{t-1}^h\right)Q_h^m\left(u_{h,t}^m, u_{h,t-1}^m; \mathbf{m}_t^h\right) \qquad \text{mit Ungleichung (A.V.12)}$$

$$\equiv I_h^m\left(u_{h,t}^m; \boldsymbol{\pi}_t^h, \boldsymbol{\pi}_{t-1}^h\right)\bar{Q}_h^m\left(u_{h,t}^m; \mathbf{m}_t^h; \mathbf{m}_{t-1}^h\right) \qquad \text{mit Definition (A.V.11)}$$

$$\equiv f(1)$$

Da $f(\upsilon)$ im Intervall [0,1] stetig sein soll, existiert eine Zahl υ mit $0 \leq \upsilon \leq 1$, die gewährleistet, daß ein Referenzteilnutzenniveau $u_{h,0}^m$ so gefunden werden kann, daß der Malmqvist-Index und der Konüs-Index dual zueinander sind:

$$\text{(A.V.20)}\quad I_h^m\left(u_{h,0}^m; \boldsymbol{\pi}_t^h, \boldsymbol{\pi}_{t-1}^h\right)\bar{Q}_h^m\left(u_{h,0}^m; \mathbf{m}_t^h, \mathbf{m}_{t-1}^h\right) = \frac{E_{h,t}^m}{E_{h,t-1}^m}.$$

Man kann nun argumentieren, daß die Suche nach einem solchen Referenzteilnutzenniveau $u_{h,0}^m$ zu mühselig ist und daß es einen viel eleganteren Weg geben würde, für *jeden* Malmqvist-(Mengen-) Index einen dualen Preisindex zu definieren. Man müsse nur den Quotienten der beiden Ausgabensummen durch den Malmqvist-(Mengen-) Index dividieren und schon erhält man einen dualen impliziten Malmqvist-Preisindex:[21]

---

[21] Auf diesem Weg erhielt I. Fisher (1927, S. 466ff.) einen großen Teil seiner betrachteten Preisindexformeln. Ausgehend von einer gegebenen Preisindexformel ermittelte er eine Mengenindexformel dadurch, daß er Preise und Mengen vertauschte („factor reversal"). Anschließend dividierte er den Quotienten der Ausgabensummen durch diesen Mengenindex und bezeichnete die ent-

$$\text{(A.V.21)}\quad I^{m}_{h,Malm}\left(u^{m}_{h,t};\boldsymbol{\pi}^{h}_{t},\boldsymbol{\pi}^{h}_{t-1};\mathbf{m}^{h}_{t},\mathbf{m}^{h}_{t-1}\right)\equiv\frac{E^{m}_{h,t}}{E^{m}_{h,t-1}}\cdot\frac{1}{\overline{Q}^{m}_{h}\left(\mathbf{m}^{h}_{t},\mathbf{m}^{h}_{t-1};u^{m}_{h,t}\right)}.$$

Das Problem mit diesem Preisindex liegt jedoch darin, daß er nicht linearhomogen in den Preisen ist, sofern die Teilnutzenfunktion nicht mindestens homothetisch ist. Also genau in dem Fall, in dem der Malmqvist-Index zur Anwendung kommt, läßt ein so definierter Preisindex diese durchaus wünschenswerte Eigenschaft vermissen. Nur dann, wenn der Malmqvist-Index nicht benötigt wird (im homothetischen Fall), kann man diesen Weg in sinnvoller Weise beschreiten. Dann wird der Malmqvist-Index zum Wohlfahrtsindex und der implizite Malmqvist-Preisindex entspricht genau dem Konüs-Index.[22]

A.V.4 Der zeitstetige Divisia-Index als exakter Index

Wie bereits erwähnt, bietet Gleichung

$$\text{(A.V.3')}\quad \left.\frac{dE^{m}_{h}(\tau)/d\tau}{E^{m}_{h}(\tau)}\right|_{\boldsymbol{\pi}_\tau=\text{kons.}}=\sum_{i=1}^{n_h}\frac{\pi^{h}_{i}(\tau)}{\sum_{k=1}^{n_h}\pi^{h}_{k}(\tau)\cdot m^{h}_{k}(\tau)}\cdot\frac{dm^{h}_{i}(\tau)}{d\tau}$$

die Grundlage für die Definition eines (fiktiven) zeitstetigen Divisia-Geldmengenindexes in einem beliebigen Zeitpunkt. Nachdem Gleichung (A.V.3') die Veränderung eines solchen Indexes wiedergibt, erhält man den Indexwert zweier Zeitpunkte, die nicht nur infinitesimal auseinander liegen, als Kurvenintegral über die Abfolge der infinitesimalen Mengenänderungen, die ausgehend von einem (Bezugs-) Zeitpunkt *0* – und jetzt ist wirklich ein logischer Zeitpunkt gemeint – in einem Intervall *[0,t]* bis zum (Beobachtungs-) Zeitpunkt *t* stattgefunden haben:

$$\text{(A.V.22)}\quad M(\Gamma)=\exp\left\{\int_0^t\sum_{i=1}^{n}\left(\frac{\pi^{h}_{i}(\tau)}{\sum_{k=1}^{n_h}\pi^{h}_{k}(\tau)\cdot m^{h}_{k}(\tau)}\,\frac{d\ln m^{*}_{i}(\tau)}{d\tau}\right)d\tau\right\}=$$

standene Preisindexformel mit „Factor antithesis" der ursprünglichen Preisindexformel, wenn sie nicht mit dieser übereinstimmte (vgl. I. Fisher (1927, S. 125).

22 Genauer: Der implizite Paasche-Malmqvist-Index entspricht dem Paasche-Konüs-Index, der dual zum Paasche-Malmqvist-Index ist, der seinerseits dem Laspeyres-Wohlfahrtsindex entspricht (siehe Ungleichung A.V.13), so daß man gerade die Dualität von Laspeyres-Wohlfahrtsindex und Paasche-Konüs-Index erhält, wie sie in Gleichung (A.V.16') ausgedrückt wird.

$$= \int_{\Gamma} \varphi(\tau) \cdot d\alpha(\tau) \quad \text{mit} \quad \varphi(\tau) = \left(\frac{\pi_1(\tau)}{\sum_{j=1}^{n} \pi_j(\tau) m_j^*(\tau)}, \ldots, \frac{\pi_n(\tau)}{\sum_{j=1}^{n} \pi_j(\tau) m_j^*(\tau)} \right).$$

In $\alpha(\tau)$ drückt sich der konkrete Vektor aus, den die Mengen im Zeitintervall $[0,t]$ zurücklegen und der durch die zu $\alpha(\tau)$ gehörende Kurve Γ beschrieben wird, die ihrerseits durch den Anfangszeitpunkt *0* und den End- (Beobachtungs-)zeitpunkt *t* definiert ist.[23] Die Integration selbst demonstriert den Charakter des Divisia-Indexes als verkettete Indexformel. Da der Divisia-Geldmengenindex als Kurvenintegral gebildet wird, treten zwei Probleme auf:

- Zum einen ist der Niveauwert des Divisia-Indexes vollkommen unbestimmt, denn es gibt keine Vorschrift dafür, mit welcher Höhe der Wert des Indexes im Ausgangszeitpunkt *0* festzulegen ist.[24]

- Zum zweiten sind Kurvenintegrale im allgemeinen pfadabhängig, d.h. alle Eigenschaften des Indexes hängen vom konkreten Verlauf der Kurve ab, über die integriert wird. Konkret bestimmt also die Abfolge, in der der Ausgangs- und der Beobachtungszeitpunkt miteinander verbunden werden, die Höhe des Divisia-Indexes.[25]

Deshalb sind in der Regel verallgemeinernde Aussagen über die Eigenschaften der Kurvenintegrale unmöglich. Allerdings läßt sich zeigen, daß dann und nur dann, wenn die Bedingungen für eine konsistente Aggregation vorliegen, nämlich

i) die Existenz einer stetigen und differenzierbaren Aggregationsfunktion,

ii) die Linearhomogenität dieser Funktion und

iii) die Existenz eines für jede Mengenkonstellation eindeutigen Preisvektors,

der Divisia-Index *pfadunabhängig* ist.[26] In diesem Fall ist der Divisia-Index „exakt“,[27] d.h. er nimmt stets den mit Hilfe des Wertes einer Basisperiode normierten Funkti-

---

[23] Vgl. Apostol, 1957, S. 275f.

[24] Mathematisch ausgedrückt betrifft dies das Problem der unbestimmten Integrationskonstanten (vgl. Allen, 1972, S. 406).

[25] Damit ist der Divisia-Index nur bei Zeitvergleichen möglich, nicht beim Vergleich räumlich oder sachlicher Situationen (vgl. Vogt, 1977, S. 76). Pfadabhängigkeit bedeutet dabei gerade, daß der Indexwert für zwei verschiedene Zeitpfade unterschiedlich hoch ist. Unterstellt man, daß sich im Zeitintervall *(0,t)* die Geldhaltung ausgehend vom Vektor $\boldsymbol{m}_0^h$ zum Zeitpunkt *0* nach Vektor $\boldsymbol{m}_t^h$ auf dem Pfad Γ_1 bewegt und anschließend auf dem Pfad Γ_2 zu $\boldsymbol{m}_0^h$ zum Zeitpunkt *t* zurückkehrt, so müssen bei Pfadabhängigkeit die Divisia-Indexwerte zu den Zeitpunkten *0* und *t nicht* übereinstimmen. Diese „Zufälligkeit“ des Indexwertes stellt offensichtlich die Sinnhaftigkeit der Indexformel in Frage (vgl. Hulten, 1987, S. 900).

[26] Vgl. Hulten, 1973, S. 1020ff; Samuelson und Swamy, 1974, S. 578ff.

onswert jeder zu approximierenden linearhomogenen Aggregationsfunktion an. Dies bedeutet, daß die Wachstumsrate des Divisia-Indexes mit der der Aggregationsfunktion übereinstimmt. Dabei setzt sich, wie gesehen, die Wachstumsrate des Divisia-Indexes als Summe aus den gewichteten Wachstumsraten der einzelnen Komponenten zusammen.[28]

Satz A.V.1:

Die Bedingung i) bis iii) sind notwendig und hinreichend dafür, daß der Divisia-Index pfadunabhängig ist.

Der Beweis ist in seiner gesamten Ausführlichkeit recht umfangreich und verlangt zudem tiefere Kenntnisse der Techniken von Kurvenintegralen. Hier wird deshalb eine knappere und nicht ganz vollständige Darstellung präsentiert.[29]

Daß die Bedingungen hinreichend sind, ist relativ leicht zu zeigen. Bedingung ii) und iii) implizieren zusammen, daß man die Hotelling-Euler-Beziehung anwenden kann. Für jede unbekannte linearhomogene Aggregationsfunktion $u_h^m\left(\boldsymbol{m}^h(\tau)\right)$ gilt damit:[30]

(A.V.23) $$\frac{\pi_i^h(\tau)}{\mathbf{m}^h(\tau)\boldsymbol{\pi}^h(\tau)}=\frac{\partial\tilde{u}_h^m\left(\mathbf{m}^h(\tau)\right)/\partial m_i^h(\tau)}{\sum_{i=1}^{n_h} m_i^h(\tau)\frac{\partial\tilde{u}_h^m\left(\mathbf{m}^h(\tau)\right)}{\partial m_i^h(\tau)}}=\frac{\partial\tilde{u}_h^m\left(\mathbf{m}^h(\tau)\right)/\partial m_i^h(\tau)}{\tilde{u}_h^m\left(\mathbf{m}^h(\tau)\right)}\quad \text{für } i=1,\dots,n_h.$$

Für die Veränderung des Divisia-Indexes folgt daraus:

(A.V.24) $$\sum_{i=1}^{n_h}\frac{\pi_i^h(\tau)}{\sum_{k=1}^{n_h}\pi_k^h(\tau)\cdot m_k^h(\tau)}\cdot\frac{dm_i^h(\tau)}{d\tau}=\sum_{i=1}^{n_h}\frac{\partial\tilde{u}_h^m\left(\mathbf{m}^h(\tau)\right)/\partial m_i^h(\tau)}{\tilde{u}_h^m\left(\mathbf{m}^h(\tau)\right)}\cdot\frac{dm_i^h(\tau)}{d\tau}=$$

27 Vgl. Hulten, 1973, S. 1022. Pfadunabhängigkeit hat auch zur Folge, daß der Divisia-Index reine Substitutionen zwischen den Komponenten vollständig internalisiert, d.h. daß sich dann der Indexwert nicht ändert. In diesem Fall spricht man von Invarianz der Indexformel (vgl. Hulten, 1973, S. 1023ff.).

28 Bei stetigen Funktionen und sehr kleinen Veränderungen der Variablen lassen sich die Wachstumsraten auch durch eine Veränderung der logarithmischen Werte in der Zeit erfassen. Für die Wachstumsrate des Divisia-Geldmengenindexes ergibt sich damit die häufig anzutreffende Schreibweise (vgl. Barnett, 1982b, S. 414.):

$$\frac{d\ln D(\Gamma)}{dt}=\sum_{i=1}^{N}s_i^h(t)\cdot\frac{d\ln m_i^h(t)}{dt}\text{, wiederum mit}\quad s_i^h(t)=\frac{\pi_i^h(t)m_i^h(t)}{\sum_{j=1}^{N}\pi_j^h(t)m_j^h(t)}.$$

29 Die hier vorgeführte Beweisführung orientiert sich eng an Hulten (1973, S. 1020f.). Ein umfassenderer Beweis findet sich in Richter (1966, S. 753ff.).

30 Siehe dazu Kapitel V.3.1.2.

$$= \sum_{i=1}^{n_h} \frac{\partial \ln \tilde{u}_h^m(\mathbf{m}^h(\tau))}{\partial \ln m_i^h(\tau)} \cdot \frac{d \ln m_i^h(\tau)}{d\tau} = \varphi \cdot d\boldsymbol{\alpha}(\tau)$$

Definiert man die den Vektor *φ(τ)* als Gradient der Logarithmusfunktion $\ln u_h^m\left(\ln m_1^h(\tau),\ldots,\ln m_{n_h}^h(\tau)\right)$, so impliziert dies die Pfadunabhängigkeit des Divisia-Indexes. Es läßt sich nämlich zeigen, daß notwendige und hinreichende Bedingung für die Pfadunabhängigkeit des Kurvenintegrals $\int_\Gamma \varphi \cdot d\boldsymbol{\alpha}(\tau)$ die Existenz einer Funktion ϕ ist, so daß dann $\varphi(\tau) = \nabla\phi$ („Potential Function Theorem"[31]).[32] In diesem Fall gilt für das Integral vom Zeitpunkt *0* zum Zeitpunkt *t*:

(A.V.25) $\int_{\Gamma(0,t)} \varphi \cdot d\boldsymbol{\alpha}(\tau) = \phi(t) - \phi(0)$.[33]

Der Wert des Integrals hängt dann also offensichtlich nicht von anderen Zeitpunkten als den beiden betrachteten ab.[34] $\ln u_h^m\left(\ln m_1^h(\tau),\ldots,\ln m_{n_h}^h(\tau)\right)$ als Logarithmusfunktion erfüllt die genannten Anforderungen.

Als nächstes muß gezeigt werden, daß die Pfadunabhängigkeit das Vorliegen der Bedingungen i) bis iii) impliziert. Ist der Divisia-Index tatsächlich pfadunabhängig, so bedeutet dies, daß entsprechend dem „Potential Function Theorem" eine Funktion $\phi\left(\ln m_1^h(\tau),\ldots,\ln m_{n_h}^h(\tau)\right)$ existiert, die $\varphi(\tau) = \nabla\phi$ ermöglicht. Definiert man die Exponentialfunktion dieser „Potentialfunktion" als Aggregationsfunktion *f*, so folgt daraus nicht nur, daß eine stetige und differenzierbare Funktion vorliegt (Bedingung i), sondern auch folgender Zusammenhang erfüllt ist:

(A.V.26) $\nabla\phi = \nabla \ln f = \nabla f / f = \varphi$.

Interpretiert man die Funktion *f* in einem ökonomischen Kontext als eine Nutzenfunktion, die unter Berücksichtigung einer Budgetrestriktion maximiert wurde und

---

31 Hulten (1973, S. 1020). Diese Bezeichnung rührt daher, weil man die Funktion ϕ mit „Potentialfunktion" bezeichnet (siehe auch Bronstein und Semendjajew, 1983, S. 568). $\nabla\phi$ stellt den Vektor der ersten Ableitung der Funktion ϕ nach ihren Argumenten dar („Gradient").

32 Entscheidend ist also, daß „der Integrand des Kurvenintegrals das *totale Differential* einer Funktion ϕ ist." (Bronstein und Semendjajew, 1983, S. 324; Hervorhebung im Original). Dies läuft darauf hinaus, daß die Kreuzableitungen der Funktion $\phi(\ln \mathbf{m}^h)$ jeweils gleich sind („Integrabilitätsbedingung"; Bronstein und Semendjajew, 1983, S. 323). Dies verlangt nach einer stetigen und zweifach differenzierbaren Funktion.

33 Für einen Beweis siehe Apostol (1957, S. 280).

34 Bronstein und Semendjajew (1983, S. 323) bezeichnen das Erfülltsein des Potential Function Theorems denn auch mit der Integrabilitätsbedingung.

dabei die Mengen $\left(m_1^h(\tau),\ldots,m_{n_h}^h(\tau)\right)$ generiert hat (Bedingung iii), so läßt sich die Hotelling-Euler-Beziehung nur dann anwenden

$$\text{(A.V.27)}\quad \frac{\pi_i^h(\tau)}{\mathbf{m}^h(\tau)\boldsymbol{\pi}^h(\tau)}=\frac{\partial f\left(\mathbf{m}^h(\tau)\right)/\partial m_i^h(\tau)}{f\left(\mathbf{m}^h(\tau)\right)}\qquad \text{für}\quad i=1,\ldots,n_h,$$

wenn die Funktion *f* linearhomogen ist (Bedingung ii). Dies impliziert, daß sich der Funktionswert (Nenner der rechten Seite) nur in diesem Fall durch die Ausgabensumme (dividiert durch den Lagrangemultiplikator; Nenner der linken Seite) abbilden läßt.[35] Ein pfadunabhängiger Divisia-Index, der auf der *Basis beobachtbarer Preise und Mengen* gebildet wird, setzt also notwendigerweise immer die Linearhomogenität der Aggregationsfunktion voraus. Die Bedingungen i) bis iii) sind somit nicht nur hinreichend, sondern auch notwendig.

Grundsätzlich ist es natürlich unrealistisch anzunehmen, es lägen stets Daten über *alle* Preise und Mengen zu *jedem* Zeitpunkt vor. Strenggenommen läßt sich der Divisia-Index in der Praxis also gar nicht verwenden. Nichtsdestoweniger liefert er einen nützlichen Hinweis auf die Frage, ob man verkettete Indizes oder solche mit fester Basis verwenden sollte. Schreibt man die Ausgangsgleichung für den Divisia-Index leicht um

$$\text{(A.V.28)}\quad \frac{dM(\tau)}{M(\tau)}=\sum_{i=1}^{n_h}\frac{\pi_i^h(\tau)}{\sum_{k=1}^{n_h}m_k^h(\tau)\pi_k^h(\tau)}\cdot m_i^h(\tau+d\tau),$$

so erhält man einen „infinitesimalen Laspeyres-Index"[36] (oder Paasche-Index). Liegen nur zeitdiskrete Beobachtungswerte vor, so läßt sich der Divisia-Index durch einen verketteten Laspeyres-Index (oder Paasche-Index) approximieren:[37]

$$\text{(A.V.29)}\quad D(\Gamma)=\prod_{\tau=1}^{t}\left(\frac{\pi_{i,\tau-1}^h m_{i,\tau}^h}{\sum_{k=1}^{n_h}\pi_{i,\tau-1}^h m_{i,\tau-1}^h}\right)=\prod_{\tau=1}^{t}Q_{h,\mathrm{Lasp}}^{m}\left(\mathbf{m}_\tau^h,\mathbf{m}_{\tau-1}^h;\boldsymbol{\pi}_\tau^h,\boldsymbol{\pi}_{\tau-1}^h\right).$$

35 Andernfalls spiegelt die Ausgabensumme (dividiert durch den Lagrangemultiplikator) lediglich die mit den Mengen gewichtete Summe der partiellen Ableitungen wider, nicht aber den Funktionswert.

36 Vogt, 1977, S. 75.

37 Vgl. Vogt, 1977, S. 76.

Allerdings kann man dazu nicht nur den Laspeyres- oder Paasche-Index verwenden, sondern auch jede andere superlativische Indexformel.[38] Besonders häufig wird der Törnqvist-Theil-Index benutzt.[39]

A.V.5 Der Törnqvist-Theil-Index als Approximation des zeitstetigen Divisia-Indexes

Die zeitdiskrete Törnqvist-Theil-Approximation der Wachstumsrate des zeitstetigen Divisia-Indexes ergibt sich wie folgt:

$$\text{(A.V.30)}\quad Q^{m}_{h,TT}\left(\mathbf{m}^{h}_{t},\mathbf{m}^{h}_{t-1};\boldsymbol{\pi}^{h}_{t},\boldsymbol{\pi}^{h}_{t-1}\right)\equiv\frac{D^{m}_{h,t}}{D^{m}_{h,t-1}}=\prod_{i=1}^{n}\left(m^{h}_{i,t}/m^{h}_{i,t-1}\right)^{s^{*}_{it}}\ \text{mit}\ s^{*}_{it}=\frac{s_{it}+s_{it-1}}{2}$$

$$\text{und}\quad s_{i,\tau}\equiv\frac{\pi^{h}_{i,\tau}m^{h}_{i,\tau}}{\boldsymbol{\pi}^{h}_{\tau}\mathbf{m}^{h}_{\tau}}\quad\text{für } \tau=t,\ t\text{-}1.$$

Verwendet man den Logarithmus des Törnqvist-Theil-Indexes, so erhält man anstelle von Gleichung (A.V.30):

$$\text{(A.V.31)}\quad \ln D^{m}_{h,t}-\ln D^{m}_{h,t-1}=\sum_{i=1}^{N}s^{*}_{it}\left(\ln m^{h}_{i,t}-\ln m^{h}_{i,t-1}\right).$$

Der Törnqvist-Theil-Index ist ein superlativischer Index, da er exakt bezüglich der linearhomogenen Translog-Funktion ist.[40] Darüber hinaus besitzt der Törnqvist-Theil-Index eine Reihe wünschenswerter statistischer Eigenschaften, die er mit einer Reihe anderer Indexformeln teilt, insbesondere dem Fisher-Ideal-Index. Im folgenden soll nun zweierlei gezeigt werden:

- Zum einen ist zu zeigen, daß der sogenannte „Mean-Value Test" immer erfüllt ist, wenn die Indexformel den Identity Test, den Proportionality Test und den Monotonicity Test erfüllt.

- Zum anderen wird bewiesen, daß der Circular Test nur von solchen Indexformeln erfüllt werden kann, die eine feste Gewichtung besitzen, bei denen die Gewichte also unabhängig von den Preisen (und Mengen) sind.

---

[38] Aus diesem Grund findet er nicht nur im Rahmen der hier vorliegenden Arbeit weniger Beachtung als seine zeitdiskreten Verwandten, sondern fristet er auch in der Literatur ein Schattendasein (vgl. Diewert, 1981, S. 196).

[39] In der Literatur wird häufig diese zeitdiskrete Approximation mit „Divisia-Index" bezeichnet. Dies ist allerdings irreführend, denn der stetige Divisia-Index kann durch alle superlativischen zeitdiskreten Indexformeln hinreichend genau approximiert werden (vgl. Diewert, 1978, S. 895).

[40] Der Nachweis für diese Behauptung wird im Kapitel zur Indextheorie geführt (Satz V.4).

Satz A.V.2:

Erfüllt eine Indexformel den Identity, Proportionality und Monotonicity Test, dann erfüllt sie auch zugleich den Mean-Value Test. Wenn

(A.V.32) $Q_h^m\left(\mathbf{m}_t^h, \mathbf{m}_{t-1}^h; \boldsymbol{\pi}_t^h, \boldsymbol{\pi}_{t-1}^h\right) = 1$ für $\mathbf{m}_t^h = \mathbf{m}_{t-1}^h$; falls

$$Q_h^m\left(\mathbf{m}_{t-1}^h, \mathbf{m}_{t-1}^h; \gamma\boldsymbol{\pi}_{t-1}^h, \kappa\boldsymbol{\pi}_{t-1}^h\right) \equiv 1 \text{ (Identity Test)},$$

(A.V.33) $Q_h^m\left(\lambda\mathbf{m}_t^h, \mathbf{m}_{t-1}^h; \boldsymbol{\pi}_t^h, \boldsymbol{\pi}_{t-1}^h\right) = \lambda Q_h^m\left(\mathbf{m}_t^h, \mathbf{m}_{t-1}^h; \boldsymbol{\pi}_t^h, \boldsymbol{\pi}_{t-1}^h\right)$ (Proportionality Test),

(A.V.34) $Q_h^m\left(\mathbf{m}_t^h, \mathbf{m}_{t-1}^h; \boldsymbol{\pi}_t^h, \boldsymbol{\pi}_{t-1}^h\right) > Q_h^m\left(\mathbf{m}_{t+1}^h, \mathbf{m}_{t-1}^h; \boldsymbol{\pi}_t^h, \boldsymbol{\pi}_{t-1}^h\right)$ für $\mathbf{m}_{t+1}^h > \mathbf{m}_t^h$

mit $m_{i,t+1}^h > m_{i,t}^h$ (i = 1,...,n) und $m_{i,t+1}^h \geq m_{i,t}^h$ (j = 1,...,n; j ≠ i) (Strict Monotonicity)

gilt, dann folgt daraus

(A.V.35) $$\min_i\left\{\frac{m_{i,t}^h}{m_{i,t-1}^h}\right\} \leq Q_h^m\left(\mathbf{m}_t^h, \mathbf{m}_{t-1}^h; \boldsymbol{\pi}_t^h, \boldsymbol{\pi}_{t-1}^h\right) \leq \max_i\left\{\frac{m_{i,t}^h}{m_{i,t-1}^h}\right\}.$$

Beweis:[41]

Per Definition gilt folgende Tatsache:

(A.V.36) $$\min\left\{\frac{m_{1,t}^h}{m_{1,t-1}^h}, \ldots, \frac{m_{n,t}^h}{m_{n,t-1}^h}\right\}\mathbf{m}_{t-1}^h \leq \mathbf{m}_t^h \leq \max\left\{\frac{m_{1,t}^h}{m_{1,t-1}^h}, \ldots, \frac{m_{n,t}^h}{m_{n,t-1}^h}\right\}\mathbf{m}_{t-1}^h.$$

Jede Menge, die zum Zeitpunkt *t* gehalten wird, ist demnach größer oder gleich der Menge, die zum Zeitpunkt *t-1* gehalten wird, multipliziert mit der minimalen Relation dieser Mengen zwischen den Zeitpunkten *t* und *t-1*. Die Gleichheit liegt genau bei der (den) Anlageform(en) vor, deren Mengenrelation(en) das Minimum konstituieren. Umgekehrt ist jede Menge, die zum Zeitpunkt *t* gehalten wird, kleiner oder gleich der Menge, die zum Zeitpunkt *t-1* gehalten wird, multipliziert mit der maximalen Relation dieser Mengen zwischen den Zeitpunkten *t* und *t-1*. Die Gleichheit liegt genau bei der (den) Anlageform(en) vor, deren Mengenrelation(en) das Maximum konstituieren.

Definiert man das Minimum als Zahl μ, dann folgt daraus:

---

[41] Dieser Beweis stellt eine analoge Anwendung von Eichhorns Beweis (Eichhorn, 1978a, S. 155f.) dar. Dieser argumentiert für solche Preisindizes, die ausschließlich von Preisen abhängen.

$$\text{(A.V.37)}\quad \min\left\{\frac{m_{1,t}^{h}}{m_{1,t-1}^{h}},\dots,\frac{m_{n,t}^{h}}{m_{n,t-1}^{h}}\right\} \equiv \mu\left(\mathbf{m}_t^h,\mathbf{m}_{t-1}^h\right)$$

$$= \mu\left(\mathbf{m}_t^h,\mathbf{m}_{t-1}^h\right) Q_h^m\left(\mathbf{m}_{t-1}^h,\mathbf{m}_{t-1}^h;\pi_t^h,\pi_{t-1}^h\right) \qquad \text{mit (A.V.32)}$$

$$= Q_h^m\left(\mu\left(\mathbf{m}_t^h,\mathbf{m}_{t-1}^h\right)\cdot \mathbf{m}_{t-1}^h,\mathbf{m}_{t-1}^h;\pi_t^h,\pi_{t-1}^h\right) \qquad \text{mit (A.V.33)}$$

$$\le Q_h^m\left(\mathbf{m}_t^h,\mathbf{m}_{t-1}^h;\pi_t^h,\pi_{t-1}^h\right) \qquad \text{mit (A.V.34) und (A.V.36)}$$

Entsprechend gilt für ein Maximum ξ:

$$\text{(A.V.38)}\quad \max\left\{\frac{m_{1,t}^{h}}{m_{1,t-1}^{h}},\dots,\frac{m_{n,t}^{h}}{m_{n,t-1}^{h}}\right\} \equiv \xi\left(\mathbf{m}_t^h,\mathbf{m}_{t-1}^h\right)$$

$$= \xi\left(\mathbf{m}_t^h,\mathbf{m}_{t-1}^h\right) Q_h^m\left(\mathbf{m}_{t-1}^h,\mathbf{m}_{t-1}^h;\boldsymbol{\pi}_t^h,\boldsymbol{\pi}_{t-1}^h\right) \qquad \text{mit (A.V.32)}$$

$$= Q_h^m\left(\xi\left(\mathbf{m}_t^h,\mathbf{m}_{t-1}^h\right)\cdot \mathbf{m}_{t-1}^h,\mathbf{m}_{t-1}^h;\boldsymbol{\pi}_t^h,\boldsymbol{\pi}_{t-1}^h\right) \qquad \text{mit (A.V.33)}$$

$$\ge Q_h^m\left(\mathbf{m}_t^h,\mathbf{m}_{t-1}^h;\boldsymbol{\pi}_t^h,\boldsymbol{\pi}_{t-1}^h\right) \qquad \text{mit (A.V.34) und (A.V.36)}$$

Faßt man die Ungleichungen (A.V.37) und (A.V.38) zusammen, so erhält man gerade die Bedingungen für den Mean-Value Test.

Satz A.V.3:

Erfüllt eine Indexformel den Identity und den Circular Test, dann besitzt sie eine Gewichtung, die unabhängig von der Höhe der Preise des Beobachtungszeitpunkts *t* und des Bezugszeitpunkts *t-1* ist. Wenn

$$\text{(A.V.32)}\quad Q_h^m\left(\mathbf{m}_t^h,\mathbf{m}_{t-1}^h;\boldsymbol{\pi}_t^h,\boldsymbol{\pi}_{t-1}^h\right)=1 \quad \text{für} \quad \mathbf{m}_t^h=\mathbf{m}_{t-1}^h; \qquad \text{falls}$$

$$Q_h^m\left(\mathbf{m}_{t-1}^h,\mathbf{m}_{t-1}^h;\gamma\boldsymbol{\pi}_{t-1}^h,\kappa\boldsymbol{\pi}_{t-1}^h\right)\equiv 1 \text{ (Identity Test) und}$$

$$\text{(A.V.39)}\quad Q_h^m\left(\mathbf{m}_{t+1}^h,\mathbf{m}_t^h;\boldsymbol{\pi}_{t+1}^h,\boldsymbol{\pi}_t^h\right) Q_h^m\left(\boldsymbol{\pi}_t^h,\boldsymbol{\pi}_{t-1}^h;\mathbf{m}_t^h,\mathbf{m}_{t-1}^h\right) = Q_h^m\left(\mathbf{m}_{t+1}^h,\mathbf{m}_{t-1}^h;\boldsymbol{\pi}_{t+1}^h,\boldsymbol{\pi}_{t-1}^h\right)$$

(Circular Test)

gilt, dann folgt daraus

$$\text{(A.V.40)}\quad Q_h^m\left(\mathbf{m}_t^h,\mathbf{m}_{t-1}^h;\boldsymbol{\pi}_t^h,\boldsymbol{\pi}_{t-1}^h\right)= Q_h^m\left(\mathbf{m}_t^h,\mathbf{m}_{t-1}^h;\tilde{\boldsymbol{\pi}}_t^h,\tilde{\boldsymbol{\pi}}_{t-1}^h\right) \quad \text{mit} \quad \tilde{\boldsymbol{\pi}}_t^h \ne \boldsymbol{\pi}_t^h \quad \text{und} \quad \tilde{\boldsymbol{\pi}}_{t-1}^h \ne \boldsymbol{\pi}_{t-1}^h$$

Beweis:[42]

Entsprechend dem Circular Test läßt sich der Index $Q_h^m\left(\boldsymbol{m}_t^h, \boldsymbol{m}_{t-1}^h; \tilde{\boldsymbol{\pi}}_t^h, \tilde{\boldsymbol{\pi}}_{t-1}^h\right)$ wie folgt schreiben:

$$\text{(A.V.41)}\quad Q_h^m\left(\mathbf{m}_t^h, \mathbf{m}_{t-1}^h; \boldsymbol{\pi}_t^h, \boldsymbol{\pi}_{t-1}^h\right) = \frac{Q_h^m\left(\mathbf{m}_{t+1}^h, \mathbf{m}_{t-1}^h; \boldsymbol{\pi}_{t+1}^h, \boldsymbol{\pi}_{t-1}^h\right)}{Q_h^m\left(\mathbf{m}_{t+1}^h, \mathbf{m}_t^h; \boldsymbol{\pi}_{t+1}^h, \boldsymbol{\pi}_t^h\right)}$$

Unterstellt man, die Mengen und Preise des Zeitpunktes $t+1$ würden alle den Wert Eins annehmen ($\boldsymbol{\pi}_{t+1}^h = \{1,...,1\}$ und $\boldsymbol{m}_{t+1}^h = \{1,...,1\}$), dann ergibt sich der Mengenindex $Q_h^m\left(\boldsymbol{m}_t^h, \boldsymbol{m}_{t-1}^h; \boldsymbol{\pi}_t^h, \boldsymbol{\pi}_{t-1}^h\right)$ als Quotient zweier rein zeitpunktabhängiger Indexwerte:

$$\text{(A.V.42)}\quad Q_h^m\left(\mathbf{m}_t^h, \mathbf{m}_{t-1}^h; \boldsymbol{\pi}_t^h, \boldsymbol{\pi}_{t-1}^h\right) = \frac{f_h^m\left(\mathbf{m}_{t-1}^h, \boldsymbol{\pi}_{t-1}^h\right)}{f_h^m\left(\mathbf{m}_t^h, \boldsymbol{\pi}_t^h\right)}$$

$$\text{mit}\quad f_h^m\left(\mathbf{m}_\tau^h; \boldsymbol{\pi}_\tau^h\right) \equiv Q_h^m\left(1,\ldots 1, \mathbf{m}_\tau^h; 1,\ldots 1, \boldsymbol{\pi}_\tau^h\right) \qquad \text{für } \tau = t, t\text{-}1.$$

Unter Anwendung des Identity Tests (Gleichung A.V.24) erhält man damit für einen Index $Q_h^m\left(\boldsymbol{m}_{t-1}^h, \boldsymbol{m}_{t-1}^h; \boldsymbol{\pi}_t^h, \boldsymbol{\pi}_{t-1}^h\right)$ folgende Beziehung:

$$\text{(A.V.43)}\quad Q_h^m\left(\mathbf{m}_{t-1}^h, \mathbf{m}_{t-1}^h; \boldsymbol{\pi}_t^h, \boldsymbol{\pi}_{t-1}^h\right) = \frac{f_h^m\left(\mathbf{m}_{t-1}^h, \boldsymbol{\pi}_{t-1}^h\right)}{f_h^m\left(\mathbf{m}_{t-1}^h, \boldsymbol{\pi}_t^h\right)} = 1.$$

Dies bedeutet, daß die rein zeitpunktabhängigen Indexwerte gleich sein müssen:

$$\text{(A.V.44)}\quad f_h^m\left(\mathbf{m}_{t-1}^h, \boldsymbol{\pi}_{t-1}^h\right) = f_h^m\left(\mathbf{m}_{t-1}^h, \boldsymbol{\pi}_t^h\right).$$

Diese Übereinstimmung impliziert aber, daß die Funktion $f_h^m(\cdot)$ nicht von den Preisvektoren $\boldsymbol{\pi}_t^h$ und $\boldsymbol{\pi}_{t-1}^h$ abhängen kann $\left(f_h^m\left(\boldsymbol{m}_\tau^h; \boldsymbol{\pi}_\tau^h\right) = g_h^m\left(\boldsymbol{m}_\tau^h\right) \text{mit } \tau = t, t-1\right)$. Sind der Circular und der Identity Test zugleich erfüllt, dann ergibt sich jeder Mengenindex $Q_h^m\left(\boldsymbol{m}_t^h, \boldsymbol{m}_{t-1}^h; \boldsymbol{\pi}_t^h, \boldsymbol{\pi}_{t-1}^h\right)$ immer als Quotient zweier Funktionswerte, die rein von den Mengen der Zeitpunkte t oder t-1 abhängen:

42 Für diesen Beweis siehe Eichhorn und Voeller (1990, S. 342f.). Eine komprimierte und damit nur schwer verständliche Version liefern Vogt und Barta (1997, S. 46f.).

$$\text{(A.V.45)}\quad Q_h^m\left(\mathbf{m}_t^h,\mathbf{m}_{t-1}^h;\boldsymbol{\pi}_t^h,\boldsymbol{\pi}_{t-1}^h\right)=\frac{g_h^m\left(\mathbf{m}_{t-1}^h\right)}{g_h^m\left(\mathbf{m}_t^h\right)}.$$

Dies ist gleichbedeutend mit der in Gleichung (A.V.40) dargestellten Beziehung.

Faktisch läuft dieser Beweis darauf hinaus, daß nur solche (Mengen-) Indexformeln den Circular Test erfüllen können, die eine von den Preisen unabhängige Gewichtungsstruktur besitzen. Ein Beispiel für eine solche Indexformel ist der geometrische Mengenindex:

$$\text{(A.V.46)}\quad Q_h^m\left(\mathbf{m}_t^h,\mathbf{m}_{t-1}^h;\boldsymbol{\pi}_t^h,\boldsymbol{\pi}_{t-1}^h\right)=\prod_{i=1}^{n}\left(m_{i,t}^h/m_{i,t-1}^h\right)^{1/n}.$$

Hier sind die Gewichte der Mengen offensichtlich zu beiden Zeitpunkten konstant und jeweils gleich Eins $\left(\tilde{\boldsymbol{\pi}}_t^h=\tilde{\boldsymbol{\pi}}_{t-1}^h=\{1,\ldots,1\}\right)$.

Modul: Ein Exkurs in die Haushaltstheorie

1. Einführung

Die traditionelle Haushaltstheorie der Standardlehrbücher beschäftigt sich vor allem mit der Bedürfnisbefriedigung der privaten Haushalte durch den Konsum von „Gütern". Häufig ist die Darstellung der traditionellen Haushaltstheorie auf die Betrachtung einer einzigen Periode beschränkt, vernachlässigt damit intertemporale Optimierungsprobleme. „Güter" sind in einem solchen Kontext dann immer Verbrauchsgüter, die im Zuge des Konsums direkt untergehen („kurzlebige Konsumgüter"). Die Berücksichtigung von Gebrauchsgütern, die über einen mehrperiodigen Zeitraum hinweg Leistungen abgeben („dauerhafte Konsumgüter"), macht in einer so eingeschränkten Betrachtungsweise keinen Sinn, denn es gibt keine Veranlassung, Konsum in die Zukunft zu verlagern. In ihrer einfachsten Form unterstellt die traditionelle Haushaltstheorie darüber hinaus ein gegebenes Einkommen, welches der Haushalt für den Konsum der Güter verausgaben kann (Einkommens-Konsum-Ansatz). Die Interdependenz zwischen den Konsumplänen und den Einkommenserzielungsplänen wird in der Regel als Erweiterung des traditionellen Ansatzes präsentiert.[1] Unterstellt man, daß die Haushalte Faktoreinkommen in Form von Arbeitseinkommen beziehen, so impliziert dies eine Vernachlässigung einer endogenen Arbeitsangebotsentscheidung. Freizeit als Gegenpart zur Arbeitszeit trägt in diesem Sinn also anders als in dem Konsum-Freizeit-Ansatz *nicht* zur Bedürfnisbefriedigung bei. Eine Interpretation der Freizeit als „Gut" schließt sich damit aus.[2]

Die folgenden Ausführungen basieren aus Gründen der eingängigeren Darstellungsweise auf dieser einfachsten aller möglichen Problemstellungen: Es wird die Bedürfnisbefriedigung durch den Konsum von Verbrauchsgütern – im folgenden mit Konsumgüter oder kurz Güter bezeichnet – in einer Periode bei gegebenem Einkommen betrachtet. Die Absicht dieses Abschnitts liegt *nicht* in einer in sich geschlossenen Präsentation der Theorie des Haushalts, sondern in der Herausarbeitung zentraler Aspekte, die für die Aggregations- und Indextheorie von wesentlicher Bedeutung sind. Diese Zusammenhänge behalten auch dann ihre Gültigkeit, wenn man mehrere Perioden in die Betrachtungsweise einschließt oder wenn man die Annahme eines gegebenen Einkommens zugunsten einer endogenen Arbeitsangebotsentscheidung aufgibt. Eine weite Interpretation des Güterbegriffs, die neben den Verbrauchsgütern auch Gebrauchsgüter, monetäre Anlageformen und Freizeit dem

---

1 Siehe z.B. Deaton und Muellbauer (1980), Layard und Walters (1978), Varian (1994). Im umfassenden Werk von Mas-Colell, Whinston und Green (1995) findet ein solcher Ansatz überhaupt keine ausdrückliche Erwähnung.

2 Eine so eingeschränkte Sichtweise findet sich z.B. bei Schumann (1987, S. 7): „Der Haushalt hat Bedürfnisse, die er durch den Konsum von Gütern befriedigen kann." oder Mas-Colell, Whinston und Green (1995, S. 17): „The decision problem faced by the consumer in a market economy is to choose consumption levels of the various goods and services that are available for purchase in the market."

Güterbegriff zuordnet, ist ohne weiteres möglich, macht aber nur in einem intertemporalen Ansatz bei endogener Budgetrestriktion Sinn. Dies führt zu einer unnötigen Begriffsvielfalt, ohne daß sich die zu zeigenden Zusammenhänge ändern.

2. Präferenzordnung und Nutzenfunktion

Grundlage aller Überlegungen in der Haushaltstheorie ist die Präferenzordnung, die ein Akteur besitzen soll. Damit ein Akteur eine Ordnung möglicher Alternativen vornehmen und rationale Entscheidungen treffen kann, müssen seine Präferenzen drei Mindestanforderungen erfüllen (Rationalitätsannahmen):[3]

<u>Rationalitätsannahmen</u>:

1. Der Akteur muß für zwei beliebige Güterbündel immer sagen können, ob das Bündel $\boldsymbol{c}_i$ für ihn mindestens so gut ist wie das Bündel $\boldsymbol{c}_k$ $\left(\boldsymbol{c}_i \succsim \boldsymbol{c}_k\right)$, Bündel $\boldsymbol{c}_k$ gegenüber Bündel $\boldsymbol{c}_i$ $\left(\boldsymbol{c}_k \succsim \boldsymbol{c}_i\right)$ oder beides gleichzeitig $\left(\boldsymbol{c}_i \succsim \boldsymbol{c}_k \text{ und } \boldsymbol{c}_k \succsim \boldsymbol{c}_i\right)$. Letzteres bedeutet, daß der Akteur zwischen den Bündeln indifferent ist. Ist die Forderung erfüllt, so sagt man, die Präferenzen sind *vollständig.*

2. Der Akteur muß jedes beliebige Bündel $\boldsymbol{c}_i$ mindestens so gut finden wie ein identisches Bündel $\left(\boldsymbol{c}_i \succsim \boldsymbol{c}_k\right)$. In diesem Fall sind die Präferenzen *reflexiv.*

3. Ist für den Akteur Bündel $\boldsymbol{c}_i$ mindestens so gut wie Bündel $\boldsymbol{c}_k$ $\left(\boldsymbol{c}_i \succsim \boldsymbol{c}_k\right)$ und Bündel $\boldsymbol{c}_k$ mindestens so gut wie Bündel $\boldsymbol{c}_z$ $\left(\boldsymbol{c}_k \succsim \boldsymbol{c}_z\right)$, dann muß auch das Bündel $\boldsymbol{c}_i$ mindestens so gut sei wie das Bündel $\boldsymbol{c}_z$ $\left(\boldsymbol{c}_k \succsim \boldsymbol{c}_z\right)$. Dies bedeutet, daß die Präferenzen *transitiv* sein müssen und damit eine Maximierung erlauben.

Häufig wird die Präferenzordnung mit Hilfe einer Nutzenfunktion dargestellt. Damit eine solche Repräsentation möglich ist, müssen die Präferenzen aber noch weitere Anforderungen erfüllen. Es lassen sich dabei alternative Bevorzugungs- und Konvexitätsannahmen und die Annahme der Stetigkeit unterscheiden:[4]

---

3 Vgl. Mas-Colell, Whinston und Green (1995, S. 6). Für diesen kurzen Überblick siehe insbesondere Varian (1994, S. 95ff.).

4 Vgl. Mas-Colell, Whinston und Green (1995, S. 42)

Bevorzugungsannahmen:

4. Die Präferenzordnung ist dann *schwach monoton*, wenn ein Bündel $\boldsymbol{c}_i$, das von jedem Gut mindestens so viel enthält wie ein Bündel $\boldsymbol{c}_k$ $(\boldsymbol{c}_i \geq \boldsymbol{c}_k)$, auch als mindestens so gut angesehen wird wie das Bündel $\boldsymbol{c}_k$ $\left(\boldsymbol{c}_i \succsim \boldsymbol{c}_k\right)$. Diese Annahme ist dann gerechtfertigt, wenn man auschließlich „Güter" betrachtet, also Gegenstände, die positiven Nutzen stiften.

5. *Monotonie* der Präferenzordnung liegt demgegenüber dann vor, wenn der Akteur das Bündel $\boldsymbol{c}_i$ dem Bündel $\boldsymbol{c}_k$ gegenüber dann *echt* vorzieht $(\boldsymbol{c}_i \succ \boldsymbol{c}_k)$, wenn das Bündel $\boldsymbol{c}_i$ von *jedem* Gut mehr enthält als das Bündel $\boldsymbol{c}_k$ $(\boldsymbol{c}_i >> \boldsymbol{c}_k)$.

6. Von *strikter Monotonie* spricht man dann, wenn ein Bündel $\boldsymbol{c}_i$, das von mindestens einem Gut mehr enthält als ein Bündel $\boldsymbol{c}_k$, ohne von den anderen Güter weniger zu enthalten $(\boldsymbol{c}_i > \boldsymbol{c}_k)$, auch gegenüber dem Bündel $\boldsymbol{c}_k$ *echt* vorgezogen wird $(\boldsymbol{c}_i \succ \boldsymbol{c}_k)$. Strikte Monotonie impliziert somit schwache Monotonie und Monotonie. Dies bedeutet somit, daß bei „Gütern" ein Mehr immer einem Weniger vorgezogen wird. Man spricht auch davon, daß die Präferenzen „nichtgesättigt" seien.[5] In der Realität kann dies unrealistisch sein, z.B. wenn der Akteur bei mindestens einem Gut eine Sättigungsmenge besitzt und die Vernichtung unerwünschter Gütermengen Kosten verursacht.

7. *Lokale Nichtsättigung* liegt dann vor, wenn für hinreichend kleine Mengenzuwächse die Annahme der strikten Monotonie erfüllt ist: Gilt für zwei Bündel $\boldsymbol{c}_i$ und $\boldsymbol{c}_k$ die Beziehung $\boldsymbol{c}_i - \boldsymbol{c}_k < \kappa$ mit $\kappa > 0$, so muß das Bündel $\boldsymbol{c}_i$ dem Bündel $\boldsymbol{c}_k$ echt vorgezogen werden.[6] Die Forderung nach lokaler Nichtsättigung verhindert somit „dicke" Indifferenzkurven. Sie ist aber nicht nur weniger absolut und streng wie die der strikten Monotonie und der Monotonie, sondern auch weniger streng wie die der schwachen Monotonie, denn Aussagen über die Präferenzbeziehung bei sehr großen Veränderungen werden vermieden. Es ist klar, daß Monotonie lokale Nichtsättigung impliziert.

---

5 Siehe z.B. Deaton und Muellbauer (1980, S. 28) und Schumann (1987, S. 52). Layard und Walters (1978, S. 126) bezeichnen diesen Umstand mit „goods are goods" bzw. „more of a good thing does you good".

6 Allgemeiner ausgedrückt bedeutet dies, daß für beliebige Bündel $\boldsymbol{c}$ ein Bündel $\boldsymbol{c}_i$ existieren muß, das diesem Bündel vorgezogen wird $(\boldsymbol{c}_i \succ \boldsymbol{c})$, wenn die Entfernung zwischen den Bündeln hinreichend klein ist: $\|\mathbf{c}_i - \mathbf{c}\| \leq \kappa$ $(\kappa > 0)$, mit $\|\mathbf{c}_i - \mathbf{c}\| = \left(\sum_{l=1}^{n} \left(c_{l,i} - c_l\right)^2\right)^{1/2}$.

Konvexitätsannahmen:

8. Präferenzen sind dann *konvex*, wenn zwischen zwei beliebigen Bündeln, für die $c_i \succsim c_k$ gilt, folgender Zusammenhang besteht $(0 \leq \alpha \leq 1)$: $\alpha c_i + (1-\alpha) c_k \succsim c_k$.

   Ökonomisch gesprochen bedeutet die Konvexität der Präferenzen, daß der Akteur Bündel mit durchschnittlichen Verbrauchsmengen mindestens so schätzt wie Bündel mit extremen Verbrauchsmengen, also Durchschnittswerte mindestens so hoch einschätzt wie Extremwerte. Ist das Bündel c_i für den Akteur mindestens so gut wie das Bündel c_k, so ist im Falle konvexer Präferenzen auch jede Linearkombination der beiden Bündel mindestens so gut wie das Bündel c_k.[7]

9. Etwas strenger ist die Annahme der *strikten Konvexität*. Präferenzen sind dann strikt konvex, wenn zwischen zwei unterschiedlichen Bündeln $(c_i \neq c_k)$, für die $\left(c_i \succsim c_k\right)$ gilt, folgender Zusammenhang besteht: $\alpha c_i + (1-\alpha) c_k \succ c_k$ $(0 \leq \alpha \leq 1)$. Im Gegensatz zur Konvexität verlangt die strikte Konvexität somit, daß der Akteur im Falle strikt konvexer Präferenzen jede Linearkombination der beiden Bündel gegenüber dem Bündel c_k (echt) vorzieht. Strikte Konvexität gewährleistet, daß es im Fall der Nutzenmaximierung genau *ein* optimales Güterbündel gibt. Sie schließt somit multiple Gleichgewichte aus.

Stetigkeitsannahme:

10. Die Präferenzordnung muß *stetig* sein. Wird ein Bündel c_i einem Bündel c_k (echt) vorgezogen $(c_i \succ c_k)$, dann muß auch jedes Bündel c, das gegen c_i konvergiert, dem Bündel c_k (echt) vorgezogen werden. Die Menge der echt bevorzugten Bündel muß also im Gegensatz zur Menge der bevorzugten Bündel eine offene Menge sein. Die Annahme der Stetigkeit der Präferenzen hat seine Rechtfertigung in der auf ihr basierenden Stetigkeit der Nutzenfunktion.

Die Eigenschaften 4 bis 10 müssen natürlich nicht alle gleichzeitig vorliegen, um die Existenz einer Nutzenfunktion zu gewährleisten. Je nachdem, welche Anforderungen man stellt, variiert das Aussehen der Nutzenfunktion. Hinreichend für die Abbildung der Präferenzen durch eine stetige Nutzenfunktion ist das Vorliegen der Rationalitätsannahmen und der Stetigkeitsannahme. Eine Nutzenmaximierung läßt sich damit jedoch nicht darstellen. Deshalb besteht die Mindestanforderung häufig in den Eigenschaften der Rationalität, der Stetigkeit, der lokalen Nichtsättigung und der Konvexität.[8]

---

7 Vgl. Deaton und Muellbauer, 1980, S. 29.

8 Siehe z.B. Deaton und Muellbauer (1980, S. 26ff.), Mas-Colell, Whinston und Green (1995, S. 50), Layard und Walters (1978, S. 124ff.) und Schumann (1987, S. 51ff).

Die Annahmen in bezug auf die Präferenzen lassen sich direkt in Annahmen in bezug auf die Nutzenfunktion übersetzen. Die Annahmen der Rationalität und der Stetigkeit gewährleisten, daß eine stetige Nutzenfunktion existiert.[9] Die Annahme der lokalen Nichtsättigung gewährleistet, daß alle Güter bei einer relativ geringen Zunahme einen positiven Grenznutzen stiften, die Nutzenfunktion ist also im relevanten Bereich strikt positiv monoton. Aus der Annahme der Konvexität der Präferenzen folgt, daß die Nutzenfunktion quasi-konkav ist.[10] Sie verlangt folgende Eigenschaft von Nutzenfunktionen:

(Mod.1) $u(\alpha \mathbf{c}_i + (1-\alpha)\mathbf{c}_k) \geq \min\{u(\mathbf{c}_i), u(\mathbf{c}_k)\}$ mit $0 \leq \alpha \leq 1$.

Es ist offensichtlich, daß dies die formale Übersetzung der Bedingung der Konvexität ist. Da sich *strikt* konvexe Präferenzen dadurch auszeichnen, daß der Akteur unter der Bedingung, daß er Bündel $\mathbf{c}_i$ mindestens so hoch einschätzt wie ein unterschiedliches Bündel $\mathbf{c}_k$ $\left(\mathbf{c}_i \succsim \mathbf{c}_k, \text{mit } \mathbf{c}_i \neq \mathbf{c}_k\right)$, jede Linearkombination der beiden Bündel gegenüber dem Bündel $\mathbf{c}_k$ *eindeutig* (strikt) vorzieht, muß entsprechend die strenge „größer-als"-Beziehung in der Bestimmungsgleichung für die strikte Quasi-Konkavität gelten:[11]

(Mod.2) $u(\alpha \mathbf{c}_i + (1-\alpha)\mathbf{c}_k) > \min\{u(\mathbf{c}_i), u(\mathbf{c}_k)\}$ mit $0 \leq \alpha \leq 1$.

Zusammen mit der Annahme der lokalen Nichtsättigung liefert die Konvexität der Präferenzen eine Verallgemeinerung der neoklassischen Annahme einer abnehmenden Grenzrate der Substitution, wonach die betragsmäßige Steigung der Indifferenzkurve von links nach rechts immer weiter abnimmt. Betrachtet man zwei unterschiedliche Bündel $\mathbf{c}_i$ und $\mathbf{c}_k$ $(\mathbf{c}_i \neq \mathbf{c}_k)$, zwischen denen der Akteur indifferent ist $\left(\mathbf{c}_i \succsim \mathbf{c}_k \text{ und } \mathbf{c}_k \succsim \mathbf{c}_i\right)$, so muß der Nutzen dieser beiden Bündel gleich sein $(u(\mathbf{c}_i) = u(\mathbf{c}_k))$. Die Annahme der strikten Quasi-Konkavität bedeutet nun, daß der

---

9 Für einen ausführlichen Beweis siehe z.B. Mas-Colell, Whinston und Green (1995, S. 47ff.).

10 Little (1949, S. 97) weist darauf hin, daß aus der Annahme der Rationalität und der lokalen Nichtsättigung letztlich die Annahme der Konvexität folgen muß. Während die Annahme der lokalen Nichtsättigung einen positiven Grenznutzen impliziert, bedeutet die Annahme der Konvexität, daß dieser Grenznutzen mit steigender Verbrauchsmenge abnimmt. Würde der partielle Grenznutzen eines beliebigen Gutes mit steigender Verbrauchsmenge dieses Gutes nicht abnehmen, dann würde dies nicht nur konkave Präferenzen implizieren, sondern auch eine Nutzenfunktion, die nur Güterbündel zu begründen („rationalisieren") vermag, in denen alle Verbrauchsmengen bis auf eine einzige Null sind. Solche Extremwerte sind in der Regel aber nicht zu beobachten, so daß die Annahme der Maximierung einer konkaven Präferenzordnung verworfen werden kann. Die Existenz einer lokal nichtgesättigten Präferenzordnung impliziert somit die Konvexität der Präferenzen.

11 Vgl. Mas-Colell, Whinston und Green (1995, S. 49). Unterstellt man $u(\mathbf{c}_i) \geq u(\mathbf{c}_k)$, so bedeutet Quasi-Konkavität: $u(\alpha \mathbf{c}_i + (1-\alpha)\mathbf{c}_k) \geq u(\mathbf{c}_k)$. Für diese Formulierung siehe Deaton und Muellbauer (1980, S. 30).

Nutzen einer Linearkombination dieser beiden Bündel größer ist als der Nutzen dieser beiden Bündel:

(Mod.3) $u(\alpha \mathbf{c}_i + (1-\alpha)\mathbf{c}_k) > u(\mathbf{c}_i) = u(\mathbf{c}_k)$ mit $0 \leq \alpha \leq 1$.

Berücksichtigt man zudem die Annahme der lokalen Nichtsättigung, wonach ein Mehr an Gütern einem Weniger vorgezogen wird, dann kann die Indifferenz zwischen zwei Bündeln nur dann vorliegen, wenn das Weniger eines beliebigen Gutes durch ein Mehr bei (mindestens) einem anderen Gut kompensiert wird. Die strikte Quasi-Konkavität impliziert somit einen strikt konvexen Verlauf der Indifferenzkurve zwischen den Bündeln $\boldsymbol{c}_i$ und $\boldsymbol{c}_k$. Dies entspricht gerade einer abnehmenden Grenzrate der Substitution. Im Gegensatz dazu erlaubt die Quasi-Konkavität unter den gleichen Bedingungen, entsprechend ihrer Definition

(Mod.4) $u(\alpha \mathbf{c}_i + (1-\alpha)\mathbf{c}_k) \geq u(\mathbf{c}_i) = u(\mathbf{c}_k)$ mit $0 \leq \alpha \leq 1$,

daß die Linearkombination auch einen gleich hohen Nutzen stiftet. Dies impliziert aber, daß sie dann ebenfalls auf der Indifferenzkurve liegt, die Indifferenzkurve also im Unterschied zur strikten Quasi-Konkavität auch lineare (oder „flache") Abschnitte aufweist. Die geschilderten Sachverhalte lassen sich auch graphisch darstellen.

Abbildung Mod.1: Indifferenzkurven bei strikt quasi-konkaver Nutzenfunktion und quasi-konkaver Nutzenfunktion, die nicht strikt quasi-konkav ist

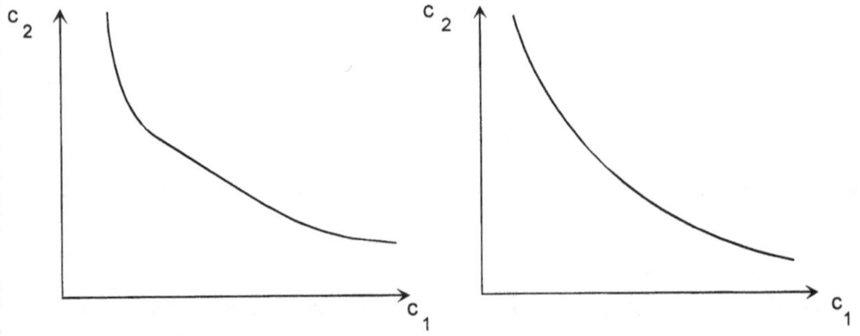

(a) quasi-konkave Nutzenfunktion, die nicht strikt quasi-konkav ist

(b) strikt quasi-konkave Nutzenfunktion

Das Konzept der Quasi-Konkavität hat große Ähnlichkeit mit dem der Konkavität. Konkave Nutzenfunktionen zeichnen sich dadurch aus, daß der Nutzen aus dem Durchschnitt zweier Bündel mindestens so hoch ist wie der Durchschnitt der Nutzen, die die beiden Bündel stiften. Formal übersetzt heißt dies:[12]

12 Vgl. Varian, 1994, S. 501.

(Mod.5) $u(\alpha \mathbf{c}_i + (1-\alpha)\mathbf{c}_k) \geq \alpha u(\mathbf{c}_i) + (1-\alpha)u(\mathbf{c}_k)$ mit $0 \leq \alpha \leq 1$.

Auch in diesem Fall erhält man zusammen mit der Annahme lokal nichtgesättigter Präferenzen konvexe Indifferenzkurven. Demgegenüber liegt *strikte* Konkavität dann vor, wenn gilt:

(Mod.6) $u(\alpha \mathbf{c}_i + (1-\alpha)\mathbf{c}_k) > \alpha u(\mathbf{c}_i) + (1-\alpha)u(\mathbf{c}_k)$ mit $0 \leq \alpha \leq 1$.

Die Ähnlichkeit der beiden Konzepte darf nicht darüber hinwegtäuschen, daß sie nicht identisch sind. Zwar sind konkave Funktionen zugleich quasi-konkav, die Umkehrung trifft aber nicht zu. Daß konkave Funktionen quasi-konkav sind, leuchtet dann unmittelbar ein, wenn man wiederum zwei Bündel betrachtet, zwischen denen der Akteur indifferent ist. In diesem Fall ergeben die Ungleichungen (Mod.5) und (Mod.6) unmittelbar die entsprechenden Bestimmungsgleichungen für die Quasi-Konkavität (Mod.2) bzw. strikte Quasi-Konkavität (Mod.3). Aber auch dann, wenn die beiden Bündel einen unterschiedlichen Nutzen stiften, gewährleistet die Konkavität bzw. strikte Konkavität, daß der Nutzen der Linearkombination der beiden Bündel mindestens so hoch ist, wie der geringere der beiden Nutzen (Quasi-Konkavität), bzw. sogar höher ist als der, den das nicht bevorzugte Bündel stiftet (strikte Quasi-Konkavität). Im Gegensatz dazu, müssen (strikt) quasi-konkave Funktionen nicht notwendigerweise (strikt) konkav sein. Dies liegt daran, daß (strikte) Konkavität ein kardinales Konzept ist, während die (strikte) Quasi-Konkavität lediglich ordinale Aussagen zuläßt. Dies bedeutet, daß die Eigenschaft der (strikten) Quasi-Konkavität im Zuge einer ansteigenden Transformation der betrachteten Nutzenfunktion im Gegensatz zur Eigenschaft der (strikten) Konkavität immer erhalten bleibt.

Im Rahmen der folgenden Ausführungen werden deshalb nachstehende drei Annahmen im Bezug auf die Gestalt der Nutzenfunktion getroffen (*Regularitätsannahmen*):

Eine Nutzenfunktion soll nicht nur existieren, sondern sie soll zudem

- stetig,
- strikt positiv monoton und
- quasi-konkav sein.

Neben diesen Regularitätsannahmen findet man häufig noch die Annahme der durchgängig möglichen zweifachen Differenzierbarkeit.[13] Diese Annahme hat ausschließlich einen technischen Hintergrund. Sie ist notwendig, um Extremwerte (Nutzenmaxima, Ausgabenminima) ermitteln zu können. Sie ist nicht durch obige Axiome über die Präferenzen des Konsumenten gerechtfertigt.[14] Gleichwohl wird das Vorlie-

---

[13] Siehe z.B. Henderson und Quandt (1985, S. 11)

[14] Vgl. Deaton und Muellbauer, 1980, S. 36.

gen der (zweifachen) Differenzierbarkeit im Rahmen der hier vorliegenden Arbeit häufig ebenfalls implizit unterstellt.

3. Dualität im Konsum

Für die Argumentation im Rahmen der Arbeit erweist es sich als hilfreich, daß das zentrale Entscheidungsproblem eines Haushalts – die Nutzenmaximierung bei gegebenem Einkommen oder Einkommenserzielungsmöglichkeiten – mittels verschiedener Funktionen darstellbar ist. Diese Funktionen und die zwischen ihnen bestehenden Beziehungen werden für das einperiodige Nutzenmaximierungsproblem bei gegebenem Einkommen in diesem Exkurs kurz präsentiert.[15]

Das üblicherweise in der Haushaltstheorie betrachtete Entscheidungsproblem ist die Maximierung des Nutzens u durch die Wahl eines geeigneten Güterbündels $\mathbf{c}$, unter Berücksichtigung eines gegebenen Einkommens E und eines Preisvektors $\mathbf{p}$ (Ansatz 1):

(Mod.7) Maximiere $u = v(\mathbf{c})$ unter der Nebenbedingung $\mathbf{pc} \leq \overline{E}$.

Entsprechend den obigen Ausführungen soll dabei unterstellt werden, daß die Nutzenfunktion den genannten Regularitätskriterien gerecht wird, die sich aus den Anforderungen ergeben, die man an die zugrunde liegende Präferenzordnung stellt. Die Nutzenfunktion soll stetig, positiv monoton und quasi-konkav sein.

Alternativ zu Ansatz 1 ist es denkbar, daß der Haushalt versucht, durch die geeignete Wahl eines Güterbündels $\mathbf{c}$ ein bestimmtes Nutzenniveau $\overline{u}$ mit einem möglichst niedrigen Mitteleinsatz E zu erreichen (Ansatz 2):

(Mod.8) Minimiere $\mathbf{pc} = E$ unter der Nebenbedingung $v(\mathbf{c}) \geq \overline{u}$.

Beide Ansätze führen dann zum selben Ergebnis, wenn die Regularitätsannahmen erfüllt sind und das im zweiten Ansatz angestrebte Nutzenniveau $\overline{u}$ gerade dem im ersten Ansatz resultierenden maximalen Nutzenniveau entspricht oder wenn die im ersten Ansatz unterstellte Einkommenshöhe $\overline{E}$ mit der sich im zweiten Ansatz ergebenden minimalen Höhe übereinstimmt. Grundsätzlich besteht zwischen den beiden Ansätzen somit eine „Dualität".[16] Als Resultat des Nutzenmaximierungsansatzes

[15] Die Ausführungen basieren weitgehend auf Deaton und Muellbauer (1980, S. 37ff.).

[16] Diese Dualität steht unter dem Vorbehalt der Erfüllung der Regularitätsannahmen. So muß die der Quasi-Konkavität zugrunde liegende Bedingung der lokalen Nichtsättigung erfüllt sein, damit die in den beiden Ansätzen optimalen Güterbündel zugleich Lösungen des jeweils anderen Ansatzes darstellen. Sättigung impliziert nämlich multiple Lösungen bei Ansatz 1 (Nutzenmaximierung bei vollständiger Verausgabung des Einkommens), so daß die Lösung von Ansatz 1 nicht zwingend die Lösung von Ansatz 2 (Ausgabenminimierung bei vorgegebenem Nutzenniveau) sein muß. Sättigung (im relevanten Bereich) würde nämlich implizieren, daß das beim gegebenen Einkommen maximal erzielbare Nutzenniveau in Ansatz 1 bereits bei Gütermengen erreichbar wäre, die *keine* vollständige Verausgabung des Einkommens verlangen. Ansatz 2 identifiziert gerade ein solches Bündel, so daß beide optimalen Bündel voneinander abweichen.

(Ansatz 1) erhält man einen Vektor der Marshallschen Nachfragefunktionen, nach denen jede der n Güternachfragemengen c_i ($i = 1,...,n$) nur vom Einkommen und von den Güterpreisen abhängt:

(Mod.9) $c_i^* = g_i(\overline{E}, \mathbf{p})$.

Entsprechend führt die Ausgabenminimierung (Ansatz 2) zu einem Vektor der Hicksschen oder einkommenskompensierten Nachfragefunktionen. Hier hängt die Güternachfrage nur vom unterstellten Nutzenniveau und den Güterpreisen ab:[17]

(Mod.10) $c_i^* = h_i(\overline{u}, \mathbf{p})$.

Ist die Bedingung der Dualität gegeben, so führen beide Ansätze zum selben Ergebnis, man erhält somit die gleiche optimale Gütermenge c_i*:

(Mod.11) $c_i^* = g_i(\overline{E}, \mathbf{p}) = h_i(\overline{u}, \mathbf{p})$.

Setzt man die Marshallschen Nachfragefunktionen in die Nutzenfunktion ein, so erhält man das maximale Nutzenniveau als Funktion des Einkommens $\overline{E}$ und des Preisvektors $\boldsymbol{p}$. Diese Funktion wird „indirekte Nutzenfunktion" ψ genannt:

(Mod.12) $u = v(c_1, ..., c_n) = v[c_1(\overline{E}, \mathbf{p}), ..., g_n(\overline{E}, \mathbf{p})] = \psi(\overline{E}, \mathbf{p})$.

Entsprechend bekommt man durch Einsetzen der Hicksschen Nachfragefunktionen das minimale Ausgabevolumen. Diese Funktion der Ausgaben in Abhängigkeit vom angestrebten Nutzenniveau und dem Preisvektor $\boldsymbol{p}$ wird „Kosten- oder Ausgabenfunktion" e genannt:

(Mod.13) $E = \sum_{i=1}^{n} p_i h_i(\overline{u}, \mathbf{p}) = e(\overline{u}, \mathbf{p})$.

Dabei kann man die Ausgabenfunktion als Umkehrfunktion der indirekten Nutzenfunktion ermitteln und umgekehrt. Beide Funktionen stellen eine wichtige Grundlage für die im Verlauf der vorliegenden Arbeit verwendeten Beweisführungen dar. Hierbei erweisen sich folgende Eigenschaften der Ausgabenfunktion und der indirekten Nutzenfunktion als wesentlich:

(1) Aus einer bekannten Ausgabenfunktion kann unmittelbar auf die Hickssche Nachfragefunktion geschlossen werden, denn die partielle Ableitung der Ausgabenfunktion nach dem Güterpreis p_i ergibt gerade die Hickssche Nachfragefunktion nach dem Gut c_i:

[17] Diese Nachfragefunktion wird deshalb mit „einkommenskompensiert" bezeichnet, weil man die bei diesem Ansatz unterstellte Konstanz des Nutzenniveaus im Fall von Preisänderungen nur durch eine Variation der zur Verfügung stehenden Mittel (des Einkommens) erreichen kann.

$$\text{(Mod.14)}\quad \frac{\partial e(\bar{u},\mathbf{p})}{\partial p_i} = h_i(\bar{u},\mathbf{p}) = c_i\,.$$

Dieses als „Shephards Lemma" bezeichnete Theorem läßt sich leicht beweisen. Unterstellt man, der Vektor $\boldsymbol{c}^0$ gebe die optimalen Gütermengen bei einem gegebenen Preisvektor $\boldsymbol{p}^0$ und dem Nutzenniveau *u* an, so minimiert der Vektor $\boldsymbol{c}^0$ die Ausgabenfunktion $e(\bar{u},\boldsymbol{p}^0)$. Für jeden beliebigen Preisvektor $\boldsymbol{p}$ sei eine Funktion $Z(\boldsymbol{p})$ gerade so definiert, daß sie die Differenz der Ausgaben für das Güterbündel bei den beiden Preissituationen $\boldsymbol{p}$ und $\boldsymbol{p}^0$ widerspiegelt:

$$\text{(Mod.15)}\quad Z(\mathbf{p}) \equiv \sum_{i=1}^{n} p_i c_i^0 - e(\bar{u},\mathbf{p}).$$

Immer dann, wenn der betrachtete Preisvektor nicht dem der Ausgangssituation entspricht, wird die Funktion $Z(\boldsymbol{p})$ einen positiven Wert annehmen. Bei einem gegebenen Nutzenniveau *u* wird dann nämlich nicht das Güterbündel $\boldsymbol{c}^0$, sondern ein anderes Bündel $\boldsymbol{c}$ die Ausgabensumme *e* minimieren, so daß der erste Term auf der rechten Seite von Gleichung (Mod.15) den zweiten Term (die minimalen Ausgaben) übersteigt. Unterstellt man aber $\boldsymbol{p}$ gleich $\boldsymbol{p}^0$, so stimmen beide Terme überein und $Z(\boldsymbol{p}^0)$ wird den Wert Null annehmen. Leitet man in einer solchen Situation Gleichung (Mod.15) nach einem der *n* Güterpreise p_i^0 ab, so ergibt sich:

$$\text{(Mod.16)}\quad \frac{\partial Z(\mathbf{p}^0)}{\partial p_i^0} = c_i^0 - \frac{e(\bar{u},\mathbf{p}^0)}{\partial p_i^0} = 0\,.$$

Man kann die Ausgabenfunktion aber auch dazu verwenden, um auf die Marshallsche Nachfragefunktion zu schließen. Grundsätzlich besteht zwischen der Marshallschen und der Hicksschen Nachfragefunktion folgende Beziehung (siehe auch Gleichung Mod.11):

$$\text{(Mod.17)}\quad c_i = h_i(\bar{u},\mathbf{p}) = h_i(\psi(\bar{E},\mathbf{p}),\mathbf{p}) = g_i(\bar{E},\mathbf{p}).$$

Darüber hinaus gewährleistet die Dualität des Nutzenmaximierungsansatzes und des Ausgabenminimierungsansatzes, daß zwischen der Ausgabenfunktion und der indirekten Nutzenfunktion folgende Beziehung besteht:

$$\text{(Mod.18)}\quad \psi[\bar{E},\mathbf{p}] = \psi[e(\bar{u},\mathbf{p}),\mathbf{p}] = \bar{u}\,.$$

Diese Beziehung erlaubt es, anstelle der indirekten Nutzenfunktion die Ausgabenfunktion zu verwenden und umgekehrt.[18] Die partielle Ableitung dieser Beziehung nach einem der *n* Güterpreise p_i impliziert bei einem konstanten Nutzenniveau:

---

[18] Es gilt also: $e(\bar{u},\boldsymbol{p}) = \bar{E}$ impliziert $\psi(\bar{E},\boldsymbol{p}) = \bar{u}$.

(Mod.19) $\frac{\partial\psi}{\partial\overline{E}}\cdot\frac{\partial e}{\partial p_i}+\frac{\partial\psi}{\partial p_i}=0$.

So ergibt sich die Hickssche und damit die Marshallsche Nachfragefunktion eines Gutes c_i aus dem negativen Quotienten der partiellen Ableitungen der indirekten Nutzenfunktion ψ nach der Ausgabensumme E und dem Preis dieses Gutes p_i:

(Mod.20) $c_i = g_i(\overline{E},\mathbf{p}) = -\frac{\partial\psi/\partial p_i}{\partial\psi/\partial\overline{E}}$.

Diese Beziehung wird „Roys Identität" genannt. Eine alternative Darstellung verwendet anstelle der Ableitung der indirekten Nutzenfunktion ψ nach der Ausgabensumme $\overline{E}$ (Grenznutzen des Einkommens) den Lagrangemultiplikator μ:[19]

(Mod.21) $c_i = g_i(\overline{E},\mathbf{p}) = -\frac{\partial\psi/\partial p_i}{\mu}$.

Die dargestellten Zusammenhänge zwischen der Ausgabenfunktion und der indirekten Nutzenfunktion werden in Tabelle Mod.1 abgebildet.[20]

Die vierte und unbekannteste Repräsentation des typischen Entscheidungsproblems stellt die sogenannte „Distanzfunktion" oder „Transformationsfunktion" dar.[21] Dabei stellt der Distanzwert d den (Skalar-)Wert dar, mit dem ein beliebiger Mengenvektor $\mathbf{c}$ dividiert werden muß, damit sich ein bestimmtes Nutzenniveau $\overline{u}$ einstellt (siehe Abbildung Mod.2).[22] Die Distanzfunktion ist damit eine Funktion des Mengenvektors und des Referenznutzenniveaus. Für eine beliebige Nutzenfunktion $u = v(\mathbf{c})$ lautet ihre implizite Definition:[23]

---

19 Siehe z.B. Henderson und Quandt, 1985, S. 41. Dabei entspricht der Lagrangemultiplikator gerade dem Grenznutzen des Einkommens $\partial u/\partial\overline{E} = \mu$. Da die direkte Nutzenfunktion nur Güter enthält, beeinflußt das Einkommen nur indirekt den Nutzen. Dies erfaßt gerade die indirekten Nutzenfunktion. Damit gibt die Ableitung der indirekten Nutzenfunktion ψ nach der Ausgabensumme $\overline{E}$ den Grenznutzen des Einkommens an: $\frac{\partial\psi}{\partial\overline{E}}=\frac{\partial u}{\partial\overline{E}}$.

20 Siehe dazu Tabelle 2.10 von Deaton und Muellbauer (1980, S. 41).

21 Die Bezeichnung „Transformationsfunktion" findet sich in Blackorby, Primont und Russell (1978).

22 Graphisch gesprochen entspricht der Distanzwert einem Quotienten, der der Entfernung des Güterbündels $\mathbf{c}$ vom Ursprung O ($\overline{O\mathbf{c}}$) die Entfernung des Schnittpunkt S vom Ursprung O ($\overline{OS}$) gegenüberstellt, wobei dieser Schnittpunkt S der des Fahrstrahls $\overline{O\mathbf{c}}$ mit der zum Nutzenniveau $\overline{u}$ gehörenden Indifferenzkurve ist.

23 Vgl. Gorman, 1976, S. 238. Die direkte Definition der Distanz- bzw. Transformationsfunktion lautet demgegenüber: $d(\overline{u},\mathbf{c}) = \max_{\lambda}\{\lambda : v(\mathbf{c}/\lambda) \geq \overline{u}\}$ (vgl. Barnett, 1987, S. 146; Blackorby, Primont und Russell, 1978, S. 25).

(Mod.22) $v\left[\frac{\mathbf{c}}{d(\bar{u},\mathbf{c})}\right] = \bar{u}$.

Tabelle Mod.1: Nachfrage, Ausgabenfunktion und indirekte Nutzenfunktion

Ausgabenfunktion $e(\bar{u},\mathbf{p}) = \bar{E}$	Umkehrfunktion	Indirekte Nutzenfunktion $\psi(\bar{E},\mathbf{p}) = \bar{u}$
Ableitung		Roys Identität
Hickssche Nachfragefunktion $c_i = h_i(\bar{u},\mathbf{p})$	Substitution	Marshallsche Nachfragefunktion $c_i = g_i(\bar{E},\mathbf{p})$

In der graphischen Interpretation ergibt sich der Distanzwert *d* somit als Quotient aus der Entfernung $\overline{0A}$ und der Entfernung $\overline{0B}$. Den Distanzwert *d* erhält man somit, wenn man Gleichung (Mod.22) nach *d* auflöst. Er beträgt Eins, wenn das betrachtete Güterbündel **c** dem Akteur gerade das Nutzenniveau $\bar{u}$ stiftet:

(Mod.23) $d(\bar{u},\mathbf{c}) = 1$ für $\bar{u} = v(\mathbf{c})$.

Abbildung Mod.2: Die Distanzfunktion in graphischer Darstellung

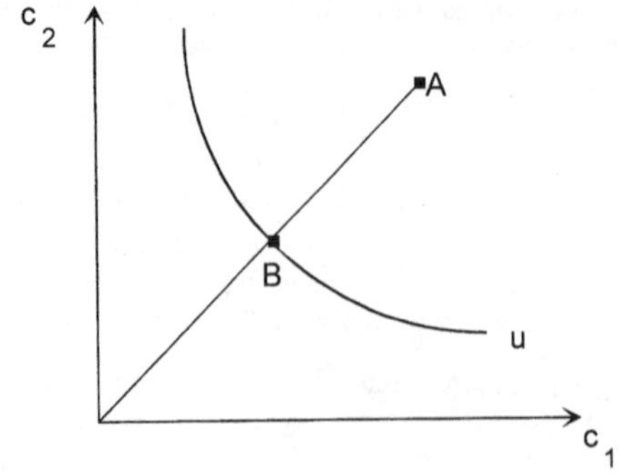

Dies bedeutet umgekehrt, daß jede direkte Nutzenfunktion als Distanzfunktion mit dem Wert Eins dargestellt werden kann.[24] Die Repräsentation mit Hilfe der Distanzfunktion hat den Vorteil, daß diese linearhomogen in den Mengen ist. Dies wird entsprechend der impliziten Definition unmittelbar deutlich. Verdoppelt man die Mengen, so führt gerade ein doppelt so hoher Distanzwert dazu, daß man wieder das Nutzenniveau $\overline{u}$ erhält.

4. Die Beziehung zwischen der Distanzfunktion und der Ausgabenfunktion

Die Distanzfunktion ist die duale Funktion zur Ausgabenfunktion.[25] Betrachtet man wiederum einen beliebigen Mengenvektor ***c*** und ein vorgegebenes Nutzenniveau $\overline{u}$, und sei λ gerade der dazugehörige Distanzwert *(λ ≡ d($\overline{u}$,**c**))*, so ist für einen beliebigen Preisvektor ***p*** das Produkt aus Distanzwert und *minimaler* Ausgabensumme stets kleiner oder gleich dem Produkt aus Distanzwert und dem Ausgabenvolumen, das für das Güterbündel ***c*** aufgewendet werden muß. Denn die Division des Mengenvektors ***c*** mit dem Skalar λ gewährleistet zwar, daß das Nutzenniveau *u* erreicht wird, nicht aber unbedingt, daß dies bei einem gegebenen Preisvektor ***p*** auch zu minimalen Ausgaben geschieht:

$$\text{(Mod.24)} \quad d(\overline{u},\mathbf{c})\cdot e(\overline{u},\mathbf{p}) = \lambda e(\overline{u},\mathbf{p}) \le \lambda \frac{\mathbf{c}}{\lambda}\mathbf{p} = \mathbf{pc}\,.$$

Die Budgetgerade im Fall der Ausgabenminimierung tangiert die Indifferenzkurve bei einem anderen Güterbündel (Punkt C), als es durch die Distanzfunktion bestimmt wird (B), und sie liegt näher beim Ursprung als die, die durch die Distanzfunktion impliziert wird (siehe Abbildung Mod.3). Die Ungleichung (Mod.24) stellt immer dann eine Gleichung dar, wenn die zugrunde gelegte direkte Nutzenfunktion homothetisch ist. In diesem Fall liegen alle nutzenmaximalen Bündel, die sich bei einem *gegebenen* Preisvektor ***p*** ergeben, auf einer Geraden aus dem Ursprung.[26] Eine solche lineare Einkommenskonsumkurve impliziert damit, daß die Bündel entsprechend dem Ausgabenminimierungsansatz und der Distanzfunktion zusammenfallen (siehe Abbildung Mod.4). In diesem Fall spricht man von „perfekter Dualität"[27] oder davon, daß das Bündel ***c*** und der Preisvektor ***p*** beim Nutzenniveau $\overline{u}$ „direkt konjugiert"[28] sind. Hier ist es also nicht nur unerheblich, ob man die Distanzfunktion oder die Ausgabenfunktion zur Repräsentation der Präferenzen wählt, sondern es ist auch ge-

---

24 Vgl. Deaton,1979, S. 393.

25 Für diese Darstellung siehe Deaton (1979, S. 393) und Deaton und Muellbauer (1980, S. 55).

26 Näheres siehe weiter unten.

27 Barnett, 1987, S. 148.

28 Gorman, 1976, S. 238. Für ihn sind ein Preisvektor ***p*** und ein Mengenvektor ***c*** genau dann bei einem Nutzenniveau $\overline{u}$ *„direkt konjugiert"*, wenn der ausgabenminimalste Weg, um Nutzenniveau $\overline{u}$ beim Preisvektor ***p*** zu erreichen, einen Mengenvektor proportional zu ***c*** ergibt.

währleistet, daß das Produkt aus Distanzfunktion und Ausgabenfunktion den tatsächlichen Ausgaben entspricht. Ist λ der Distanzwert, der ein vorgegebenes Nutzenniveau $\bar{u}$ bei einem gegebenen Güterbündel $\tilde{\boldsymbol{c}}$ erreicht ($\bar{u} = v(\tilde{\boldsymbol{c}}/\lambda)$), und stellt $\tilde{\boldsymbol{p}}$ den Vektor dar, der den Nutzen $\bar{u}$ beim Mengenvektor $\tilde{\boldsymbol{c}}/\lambda$ zu minimalen Ausgaben realisiert, so gilt für direkt konjugierte $\tilde{\boldsymbol{p}}$ und $\tilde{\boldsymbol{c}}$:

$$\text{(Mod.24')}\quad d(\tilde{\mathbf{c}};\bar{u})e(\tilde{\mathbf{p}},\bar{u}) = \lambda e(\tilde{\mathbf{p}},\bar{u}) = \lambda\tilde{\mathbf{p}}\frac{\tilde{\mathbf{c}}}{\lambda} = \tilde{\mathbf{p}}\tilde{\mathbf{c}},$$

was den tatsächlichen Ausgaben entspricht, wenn $\boldsymbol{p} = \tilde{\boldsymbol{p}}$ und $\boldsymbol{c} = \tilde{\boldsymbol{c}}$.

Abbildung Mod.3: Distanzfunktion und Ausgabenminimierung bei einem beliebigen Preisvektor

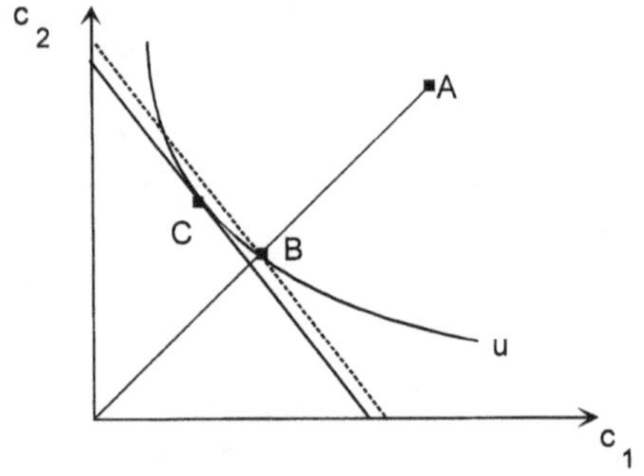

Aber selbst dann, wenn die Nutzenfunktion nicht homothetisch ist, können Distanzfunktion und Ausgabenfunktion in ein duales Verhältnis zueinander gebracht werden. Die Ungleichung (Mod.24) wird nämlich auch dann zur Gleichung, wenn der Akteur den Preisvektor $\tilde{\boldsymbol{p}}$ so wählt, daß der Mengenvektor $\boldsymbol{c}/\lambda$ ($\lambda = d(\bar{u};\boldsymbol{c})$) das Nutzenniveau $\bar{u}$ gerade zu *minimalen Ausgaben* $e(\bar{u},\tilde{p})$ realisiert:[29]

$$\text{(Mod.25)}\quad d(\bar{u},\mathbf{c}) = \frac{\mathbf{c}\tilde{\mathbf{p}}}{e(\bar{u},\tilde{\mathbf{p}})}.$$

In diesem Fall stimmt das Produkt aus Distanzfunktion und Ausgabenfunktion mit den beim Preisvektor $\tilde{\boldsymbol{p}}$ aufzubringenden Ausgaben $\tilde{\boldsymbol{p}}\boldsymbol{c}$ überein. Dabei muß man jedoch beachten, daß diese nur dann mit den (tatsächlichen) Ausgaben $\boldsymbol{pc}$ übereinstimmen, wenn die Nutzenfunktion homothetisch ist.[30]

---

29 Besitzt die Ausgabenfunktion ein Minimum, so existiert stets ein Preisvektor $\tilde{\boldsymbol{p}}$, der Gleichung (Mod.25) gewährleistet (vgl. Deaton und Muellbauer, 1980, S. 55).

30 Wie dieser Mangel im Rahmen der indextheoretischen Anwendung geheilt werden kann, wird im Anhang zur Indextheorie dargestellt. Im Kern läuft dies auf eine adäquate Wahl des Referenznutzenniveaus $\bar{u}$ hinaus.

Abbildung Mod.4: Distanzfunktion und Ausgabenminimierung bei einem beliebigen Preisvektor und homothetischer Nutzenfunktion

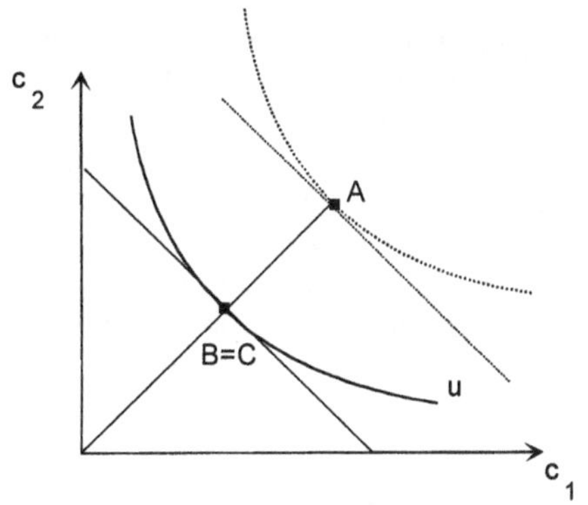

Die Distanzfunktion $d(\bar{u},\boldsymbol{c})$ läuft also darauf hinaus, für ein *gegebenes* Güterbündel ***c*** und Nutzenniveau $\bar{u}$ mit $\bar{u}=v(\boldsymbol{c})$ die Ausgabensumme ***pc*** durch die geeignete Wahl eines Preisvektors ***p*** unter der Bedingung zu minimieren, daß die *minimalen* Ausgaben $e(\bar{u},\boldsymbol{p})$ gerade *gleich Eins* sind. Definiert man wiederum eine Hilfsfunktion $Z(\bar{u},\boldsymbol{c},\boldsymbol{p})$ als die Differenz aus den getätigten Ausgaben und dem Produkt aus Distanzfunktion mit Ausgabenfunktion

(Mod.26) $Z(\bar{u},\mathbf{c},\mathbf{p}) \equiv \mathbf{cp} - d(\bar{u},\mathbf{c})e(\bar{u},\mathbf{p})$,

so erreicht diese Funktion ihren minimalen Wert Null gerade bei dem Preisvektor, der folgende Beziehung löst:

(Mod.27)

$$\min_{\mathbf{p}}\{Z(\bar{u},\mathbf{c},\mathbf{p})\} = \min_{\mathbf{p}}\{\mathbf{cp} - d(\bar{u},\mathbf{c}) : e(\bar{u},\mathbf{p}) = 1\} = \min_{\mathbf{p}}\{\mathbf{cp} : e(\bar{u},\mathbf{p}) = 1\} - d(\bar{u},\mathbf{c}) = 0.$$

Damit läßt sich die Distanzfunktion wie folgt definieren:

(Mod.28) $d(\bar{u},\mathbf{c}) = \min_{\mathbf{p}}\{\mathbf{cp} : e(\bar{u},\mathbf{p}) = 1\}$,

Die Nebenbedingung sichert, daß das realisierte Nutzenniveau tatsächlich $\bar{u}$ beträgt. Eine Definition der Ausgabenfunktion kann man ebenfalls ausgehend von Gleichung (Mod.27) und analog zu Gleichung (Mod.28) vornehmen:

(Mod.29) $e(\bar{u},\mathbf{p}) = \min_{\mathbf{q}}\{\mathbf{cp} : d(\bar{u},\mathbf{c}) = 1\}$.

Berücksichtigt man dabei Gleichung (Mod.24), wonach der Distanzwert genau dann den Wert Eins annimmt, wenn das Güterbündel ***c*** dem Akteur den Nutzen $\bar{u}$ verschaffen würde, so erhält man direkt Ansatz 2.[31] Die Ausgabenfunktion sucht also nach dem Güterbündel ***c***, welches bei gegebenem Preisvektor ***p*** und gegebenem Nutzenniveau $\bar{u}$ die Ausgaben minimiert.

Distanzfunktion und Ausgabenfunktion zeichnen sich also durch eine vollständige Symmetrie („Dualität") aus. Vertauscht man in der Definition der Distanzfunktion (Gleichung Mod.28) ***c*** und ***p*** und schreibt man anstelle von *d e*, so erhält man gerade die Ausgabenfunktion (Gleichung Mod.16). Das Umgekehrte gilt, wenn man an der Ausgabenfunktion ansetzt. Betrachtet man ein bestimmtes Güterbündel $\boldsymbol{c}_i$ und das dazugehörige Nutzenniveau u_i, so wird sich entsprechend der Distanzfunktion als optimaler Preisvektor ***p*** zur Realisation von u_i gerade $\boldsymbol{p}_i$ einstellen. Jeder andere Preisvektor würde höhere Ausgaben verursachen. Umgekehrt erhält man entsprechend der Ausgabenfunktion als ausgabenminimierendes Güterbündel ***c*** gerade $\boldsymbol{c}_i$, denn jedes andere Bündel realisiert das Nutzenniveau u_i beim Preisvektor $\boldsymbol{p}_i$ nur zu höheren Ausgaben.[32]

Eine solche Darstellungsweise ist recht ungewöhnlich, denn sie enthält bereits einen Optimierungsgrad. Dies wird deutlich, wenn man an der indirekten Nutzenfunktion ansetzt.[33] Entsprechend Gleichung (Mod.12) ist die indirekte Nutzenfunktion eine Funktion der Güterpreise und des Einkommens. Unterstellt man einen leicht abgewandelten Nutzenmaximierungsansatz, der sich einkommensnormierter Preise ν ($\nu = \boldsymbol{p}/\bar{E}$) bedient (Ansatz 3)

$$\text{(Mod.30) Maximiere} \quad u = v(\mathbf{c}) \qquad \text{u. d. N.} \qquad \frac{\mathbf{p}}{\bar{E}}\mathbf{c} = \mathbf{vc} \leq 1,$$

erhält man die indirekte Nutzenfunktion ψ als Funktion der einkommensnormierten Preise:

$$\text{(Mod.31)} \quad u = v(c_1,\ldots,c_n) = v\left[g_1\left(\frac{\mathbf{p}}{\bar{E}}\right),\ldots,g_n\left(\frac{\mathbf{p}}{\bar{E}}\right)\right] = \psi\left(\frac{\mathbf{p}}{\bar{E}}\right) = \psi(\mathbf{v}).$$

Wählt man wieder Gleichung (Mod.12) als Ausgangspunkt und setzt man an der indirekten Nutzenfunktion an, so ließe sich der Distanzwert *d** so ermitteln, daß durch die geeignete Wahl eines Vektors der normierten Preise ν die „Ausgaben" $\nu \boldsymbol{c}$ unter der Nebenbedingung minimiert werden, daß das Nutzenniveau gerade $\bar{u}$ entspricht:

$$\text{(Mod.32)} \quad d^* = d^*(\bar{u},\mathbf{c}) = \min_{\nu}\{\mathbf{vc} : e(\bar{u},\nu) = 1\}.$$

---

[31] In Gleichung (Mod.29) wird also von der Repräsentation der direkten Nutzenfunktion durch die Distanzfunktion Gebrauch gemacht. Anderfalls lautet die Nebenbedingung bekanntlich: $u(\mathbf{c}) = \bar{u}$.

[32] Vgl. Blackorby, Primont und Russell, 1978, S. 29.

[33] Für die folgende Argumentation siehe Blackorby, Primont und Russell (1978, S. 27ff.).

Berücksichtigt man den Umstand, daß der Ausgabenminimierungsansatz der duale Ansatz zum Nutzenmaximierungsansatz ist und daß rationale Wirtschaftssubjekte ihr Budget immer vollständig ausschöpfen, so werden im Optimum die minimalen Ausgaben immer gerade Eins betragen.[34] Die Distanzfunktion $d^*(\bar{u},\mathbf{c})$ läßt sich damit auch wie folgt definieren:

(Mod.33) $$d^* = d^*(\bar{u},\mathbf{c}) = \min_{\nu}\{\mathbf{vc} : \psi(\mathbf{v}) = \bar{u}\}.$$

Ein so definierter Distanzwert d^* weist große Ähnlichkeit mit dem oben definierten Wert d auf. Dabei ist d offensichtlich das $\bar{E}$-fache von d^* ($d = \bar{E}\,d^*$). Dann, wenn die Ausgaben gerade Eins sind, kann man die Distanzfunktion somit als Ausgabenfunktion der indirekten Nutzenfunktion definieren:[35]

(Mod.34) $$d(\bar{u},\mathbf{c}) = \min_{\mathbf{p}}\{\mathbf{pc} : \xi(\mathbf{p}) = \bar{u}\}.$$

Ähnlich läßt sich zeigen, daß die Ausgabenfunktion $e(\bar{u},\mathbf{p})$ der Distanzfunktion der indirekten Nutzenfunktion entspricht: Definiert man einen indirekten Distanzwert $\bar{d}$ gerade so, daß gilt:[36]

(Mod.35) $$\psi\left(\frac{\mathbf{p}/\bar{E}}{\bar{d}(\bar{u},\mathbf{p}/\bar{E})}\right) = \psi\left(\frac{\mathbf{p}}{\bar{d}(\bar{u},\mathbf{p})}\right) = \bar{u},$$

dann wird deutlich, daß der indirekte Distanzwert $\bar{d}$ gerade dem Einkommen $\bar{E}$ entspricht.[37] Da der duale Ansatz zur Nutzenmaximierung wiederum der der Ausgabenminimierung ist, und da im Optimum die minimale Ausgabenhöhe $e(\bar{u},\mathbf{p})$, die zur Realisation des Nutzens $\bar{u}$ notwendig ist, exakt gleich der tatsächlichen Ausgabensumme $\bar{E} = \mathbf{pc}$ ist (Gleichung Mod.30), impliziert dies die Gleichheit von Ausgabenfunktion und indirekter Distanzfunktion:[38]

(Mod.36) $$\bar{d}(\bar{u},\mathbf{p}) = \bar{E} = e(\bar{u},\mathbf{p}).$$

---

34 Dies bedeutet, daß als Folge der Dualität der beiden Ansätze die minimalen Ausgaben des Ausgabenminimierungsansatzes gerade den gegebenen Ausgaben des Nutzenmaximierungsansatzes entsprechen. Die Berücksichtigung der mit dem im Nutzenmaximierungsansatz vorgegebenen Einkommen E normierten Preise ν anstelle der absoluten Güterpreise $\mathbf{p}$ ändert an dieser Logik nichts, sondern impliziert nur, daß man bei einem dem Ansatz 3 dualen Ausgabenminimierungsansatz als minimale Ausgaben gerade den Wert Eins erhält: $e(\bar{u},\nu) = 1$. Das Gesagte drückt sich gerade in der Linearhomogenität der Ausgabenfunktion in den Preisen aus.

35 Die Bedingung $\psi(\mathbf{p}) = 1$ impliziert die Normierung des Einkommens auf den Wert Eins, denn anders kann die Bedingung nicht erfüllt werden (vgl. Blackorby, Primont und Russell, 1978, S. 30).

36 Die direkte Definition wäre wiederum: $\bar{d}(\bar{u},\mathbf{p}) = \max_{\bar{\lambda}}\{\bar{\lambda} : \psi(\mathbf{p}/\bar{\lambda}) \geq \bar{u}\}$.

37 Man beachte, daß hier die Linearhomogenitätseigenschaft der Distanzfunktion genutzt wurde.

38 Vgl. Deaton, 1979, S. 393.

Entsprechend diesem Vorgehen kann man von jeder beliebigen Repräsentation des Entscheidungsproblems zu jeder anderen Form gelangen. Eine ausführlichere Diskussion dieser Dualitätsbeziehungen kann an dieser Stelle jedoch nicht erfolgen. Hier sei auf Blackorby, Primont und Russell (1978) verwiesen.

5. Wichtige Eigenschaften der Ausgabenfunktion und der Distanzfunktion

Aufgrund ihrer Dualität teilen die Ausgabenfunktion und die Distanzfunktion (fast) alle ihre zentralen Eigenschaften. Deshalb genügt es grundsätzlich, schwerpunktmäßig die Eigenschaften einer der beiden Funktionen zu diskutieren. Dies soll im folgenden anhand der Ausgabenfunktion geschehen, wobei kurze Erläuterungen auch jeweils der Distanzfunktion gewidmet sind.

Generell gilt, daß die Ausgabenfunktion eine monoton steigende Funktion des Nutzenniveaus und eine nichtabnehmende Funktion der Preise ist. Ersteres folgt unmittelbar aus dem in der Haushaltstheorie getroffenen Axiom der Nichtsättigung, wonach ein Mehr an Gütern einem Weniger vorgezogen wird. Dies schlägt sich in der Formulierung der (direkten) Nutzenfunktion nieder. Eine Zunahme des Nutzens kann auch hier nur durch einen höheren Güterkonsum erreicht werden. Da die Güter jedoch einen positiven Preis besitzen, ist ein höherer Nutzen automatisch mit höheren Ausgaben verbunden. Im Gegensatz dazu ist die Distanzfunktion eine monoton abnehmende Funktion des Nutzenniveaus. Unterstellt man, daß ein gegebenes Güterbündel $\boldsymbol{c}$ einen höheren Nutzen als den Referenznutzen $\bar{u}$ stiftet, so nimmt der Distanzwert d eine positive Zahl größer Eins an. Erhöht man nun das betrachtete Nutzenniveau über $\bar{u}$ hinaus, so ist wiederum entsprechend dem Axiom der Nichtsättigung ein Mehr an Gütern notwendig, um diesen höheren Nutzen zu gewährleisten. Dies impliziert dann ganz offensichtlich, daß das Güterbündel $\boldsymbol{c}$ mit einer kleineren Zahl dividiert werden muß, um das neue Nutzenniveau zu realisieren. Es besteht somit eine inverse Beziehung zwischen Distanzwert und der Höhe des zugrunde gelegten Nutzens.[39]

Für die Ausgabenfunktion gilt darüber hinaus, daß das minimale Ausgabenvolumen zumindest nicht abnimmt, wenn mindestens ein Güterpreis p_i $(i = 1,...,n)$ steigt, während der Nutzen $\bar{u}$ und die Preise der anderen Güter p_k $(k = 1,...,n;k \neq i)$ konstant bleiben. Unterstellt man der Einfachheit halber, der Haushalt sei nur in der Lage die Konsummengen eines einziges Gutes c_i $(i = 1,...,n)$ zu ändern, so hätte die Preiserhöhung bei diesem Gut zur Folge, daß er von ihm weniger erwerben könnte, während die realisierten Konsummengen bei den anderen Gütern c_k $(k = 1,...,n;k \neq i)$ unverändert blieben.[40] Bei einem gegebenem Einkommen könnte er ein gleichbleiben-

---

[39] Die unterschiedliche Abhängigkeit der Ausgabenfunktion und der Distanzfunktion vom Nutzenniveau stellt die einzige Abweichung der beiden Funktionen dar.

[40] Die Güter c_k $(k = 1,...,n;k \neq i)$ können als Subsistenzgüter interpretiert werden. Genaueres dazu siehe weiter unten.

des Nutzenniveau $\bar{u}$ nur halten, wenn er das Gut c_i ($i = 1,...,n$) überhaupt nicht konsumiert. Andernfalls führt der höhere Preis p_i ($i = 1,...,n$) zu einem geringeren Nutzen. Das nutzenmaximale Güterbündel $\mathbf{c}_0$ ($c_l > 0$; $l = 1,...,n$) der Ausgangssituation ($p_{i,0} < p_{i,1}$, $p_{k,0} = p_{k,1}$; $k = 1,...,n; k \neq i$) ist nun nicht mehr erwerbbar. Demgegenüber hätte sich der Haushalt das neue Güterbündel $\mathbf{c}_1$ im Ausgangszeitpunkt, d.h. zum alten Preis des Gutes c_i ($i = 1,...,n$), durchaus leisten können. Aus der Tatsache, daß er dieser Mengenkombination $\mathbf{c}_1$ das Bündel $\mathbf{c}_0$ vorgezogen hat, kann man schließen, daß ihm das alte Güterbündel einen höheren Nutzen verschaffte, als es das neue zu leisten vermag. Die Kompensation dieses negativen Nutzeneffektes infolge der Preiserhöhung von p_i ($i = 1,...,n$) bedarf nach dem oben Gesagten zusätzlicher Ausgaben.[41]

Entsprechendes gilt auch für die Distanzfunktion. Steigt mindestens eine Menge im Güterbündel $\mathbf{c}$, so steigt auch der Distanzwert d. Dies folgt wiederum unmittelbar aus dem Axiom der Nichtsättigung und dem dadurch bedingten streng monoton fallenden Verlauf der Indifferenzkurven.[42]

Die Ausgabenfunktion ist aber auch (positiv) linearhomogen in den Preisen. Für einen beliebigen Wert λ gilt damit:[43]

(Mod.37) $e(\bar{u}, \lambda \mathbf{p}) = \lambda e(\bar{u}, \mathbf{p})$.

---

41 Bei quasi-konkaven Nutzenfunktionen, die konvexe Indifferenzkurven besitzen, führt die Drehung der Budgetgeraden infolge der Preissteigerung bei Gut c_i ($i = 1,...,n$) zwangsläufig zu einem geringeren Nutzenniveau. Eine Parallelverschiebung der Budgetgeraden an die ursprüngliche Indifferenzkurve ist nur mit höheren Ausgaben möglich. Dies läßt sich am Achsenabschnitt eines Gutes c_k ($k = 1,...,n$; $k \neq i$) ersehen, dessen Preis sich nicht geändert hat. Da dieser nun weiter außen liegt und grundsätzlich den Quotienten E/p_k entspricht, bedeutet dies, daß das Einkommen bei konstantem Preis p_k gestiegen sein muß.

42 Ein gleichbleibender Distanzwert bedeutet, daß die Relationen der Entfernungen der Güterbündel $\mathbf{c}_0$ bzw. $\mathbf{c}_1$ vom Ursprung O zu der der Schnittpunkte S_0 bzw. S_1 vom Ursprung O unverändert bleiben. Unterstellt man aus Vereinfachungsgründen eine Zwei-Güter-Betrachtung (c_1 und c_2), in der ausschließlich die Menge eines Gutes steigt (z.B. c_2), so ist obige Konstanz des Distanzwertes entsprechend dem Strahlensatz nur dann möglich, wenn verglichen mit dem alten Schnittpunkt S_0 im neue Schnittpunkt S_1 des Fahrstrahls $\overline{O\mathbf{c}_1}$ mit der (unveränderten) Indifferenzkurve auch nur die Menge dieses Gutes (z.B. c_2) gestiegen ist, ohne daß die des anderen Gutes abgenommen hat. Eine Indifferenzkurve, die die dafür notwendige Gestalt aufweist, widerspricht aber dem Axiom der Nichtsättigung, denn ein Mehr an Gütern (hier c_2) verschafft dann keinen höheren Nutzen. Gleiches gilt für einen im Güterbündel $\mathbf{c}$ abnehmenden Distanzwert. Dieser würde bedeuten, daß sich im betrachteten Bereich die Indifferenzkurven zurückbiegen und damit eine positive Steigung aufweisen.

43 Gleichung (Mod.44) gibt die Bedingung für eine positiv linearhomogene Funktion an. Denkbar ist jedoch auch ein negativ linearhomogener Zusammenhang zwischen den Erklärungsvariablen und der zu erklärenden Variablen. So ist z.B. die indirekte Nutzenfunktion $\psi(\mathbf{p}, \bar{E})$ einer positiv linearhomogenen Nutzenfunktion $v(\mathbf{c})$ negativ linearhomogen in den Preisen. Steigen alle Preise um das λ-fache, so reduzieren sich die optimalen Gütermengen um das λ-fache (konstantes Einkommen unterstellt), so daß auch der maximal erreichbare Nutzen dann um den Faktor λ sinkt $\left(\psi(\lambda \mathbf{p}, \bar{E}) = \lambda^{-1}(\mathbf{p}, \bar{E})\right)$. Wird im folgenden von Linearhomogenität gesprochen, so ist damit stets die positive gemeint, andernfalls wird das Adjektiv „negativ" ausdrücklich vorangestellt.

Dies folgt unmittelbar aus dem obigen Ausgabenminimierungsansatz (Ansatz 2, Gleichung Mod.8). Unterstellt man, der Vektor der Gütermengen $\boldsymbol{c}^*$ minimiere die Ausgaben $e(\bar{u}, \boldsymbol{p}_0)$, die zur Realisierung eines Nutzenniveaus u bei einer bestimmten Preisstruktur $\boldsymbol{p}_0$ notwendig sind, so kann dieses Nutzenniveau bei einer Erhöhung aller Preise um das λ-fache nur dann wieder erreicht werden, wenn auch die getätigten Ausgaben um das λ-fache steigen. Da $\boldsymbol{c}^*$ der eindeutig bestimmte ausgabenminimale Gütervektor bei dem Nutzenniveau u und der Preisstruktur $\boldsymbol{p}_0$ ist, ändert er sich nicht, wenn das Nutzenniveau und die Preisstruktur unverändert bleibt. Für das Ausgabevolumen, als Summe der mit ihren Preisen bewerteten Güter, bedeutet dies, daß eine Erhöhung aller Preise um den Faktor λ auch zu einer entsprechenden Erhöhung der minimalen Ausgaben um diesen Faktor führt.[44]

Aus dem Ausgabenminimierungsansatz heraus läßt sich auch begründen, warum die Ausgabenfunktion konkav in den Preisen ist. Betrachtet man wieder den Fall, bei dem sich der Preis p_i $(i = 1,...,n)$ erhöht, während alle anderen Preise p_k $(k = 1,...,n;\ k \neq i)$ und das Nutzenniveau u konstant bleiben sollen, dann steigen die minimalen Ausgaben e bei einer Erhöhung des Preises p_i $(i = 1,...,n)$ um den Faktor λ um maximal das λ-fache. Eine Erhöhung der Ausgaben um das λ-fache tritt gerade dann ein, wenn ausschließlich dieses Gut konsumiert wird. Erwirbt der Haushalt hingegen noch andere Güter, so ist der Anstieg der Ausgaben nicht nur geringer als λ, sondern das teurer gewordene Gut c_i $(i = 1,...,n)$ wird zunehmend durch relativ billiger gewordene Güter c_k $(k = 1,...,n; k \neq i)$ substituiert, so daß die nötige Erhöhung der Ausgaben mit steigendem λ immer kleiner wird, ohne jedoch Null zu werden. Wie oben gezeigt wurde, kann eine Erhöhung der Ausgabensumme nur dadurch verhindert werden, daß der Haushalt auf den Konsum des teurer gewordenen Gutes völlig verzichtet. Die Konkavität der Ausgabenfunktion ist unabhängig von der Gestalt der Nutzenfunktion. Sie kann direkt aus dem Rationalitätsprinzip geschlossen werden.

Die beiden zuletzt genannten Eigenschaften teilt die Distanzfunktion wiederum mit der Ausgabenfunktion. Auch sie ist linearhomogen und konkav, allerdings nicht in den Preisen sondern in den Mengen. Betrachtet man die implizite Definition der Distanzfunktion (Gleichung Mod.22), so ist unmittelbar klar, daß ein Referenznutzenniveau $\bar{u}$ im Falle einer proportionalen Erhöhung der Ausgangsmengen um den Faktor λ nur dann erreicht wird, wenn auch der Distanzwert um gerade diesen Faktor steigt, denn nur dann stellt sich die Ausgangssituation wieder ein.[45] Die Linearho-

---

44 Graphisch interpretiert, führt die Erhöhung aller Preise zu einer Parallelverschiebung der Budgetgeraden nach links, die durch eine Erhöhung der Ausgaben wieder kompensiert werden muß. Da $\boldsymbol{c}^*$ ein Optimum gewesen ist, muß die Rückverlagerung exakt an dieselbe Stelle erfolgen. Da darüber hinaus der Achsenabschnitt der Budgetgerade bei jedem Gut c_i gerade durch den Quotienten E/p_i gekennzeichnet ist, muß eine Erhöhung des Preises p_i um λ dann eine Erhöung der Ausgaben um λ zur Folge haben.

45 Daß sich exakt die Ausgangssituation einstellen muß, ergibt sich zum einen aus dem Axiom der Nichtsättigung und der dadurch bedingten Gestalt der Indifferenzkurve und zum anderen aus dem Umstand, daß die *proportionale* Veränderung der Mengen den relevanten Fahrstrahl aus dem Ur-

mogenität der Distanzfunktion in den Mengen erweist sich an späterer Stelle als besonders wertvolle Eigenschaft. Um die Konkavität der Distanzfunktion in den Mengen zu begründen, muß man sich der zur Ausgabenfunktion analogen Definition der Distanzfunktion (Gleichung Mod.28) bedienen. Diese enthält einen Optimierungsgrad, nach dem der Akteur seine Ausgaben durch die Wahl der Güterpreise $\tilde{\mathbf{p}}$ zu minimieren versucht, unter der Normierung, daß die minimale Ausgabensumme e bei dem tatsächlich gegebenen Preisvektor $\mathbf{p}$ exakt Eins beträgt.[46] Unterstellt man analog dem oben Erwähnten, daß sich ausschließlich die Menge c_i $(i = 1,...,n)$ erhöht, während alle anderen Mengen c_k $(k = 1,...,n; k \neq i)$ und das Nutzenniveau $\bar{u}$ konstant bleiben, dann steigen die notwendigen Ausgaben und damit der Distanzwert bei einer Erhöhung der Menge c_i $(i = 1,...,n)$ nur dann um diesen Faktor, wenn der Akteur keine Anpassung seiner Preisgebote und insbesondere keine Reduktion des Preises p_i vornimmt. Unterstellt man eine quasi-konkave Nutzenfunktion und damit konvexe Indifferenzkurven, so impliziert der relative Anstieg von Gut c_i gegenüber allen anderen Gütern, daß der Akteur für dieses Gut relativ weniger zu zahlen bereit ist, denn sein partieller Grenznutzen aus den Gütern nimmt per Annahme ab.[47] Da der Akteur jedoch Ausgabenminimierung betreibt, führen die neuen Preisgebote $\tilde{\mathbf{p}}$ offensichtlich zu einer niedrigeren Ausgabensumme als der Preisvektor $\mathbf{p}$, so daß der Distanzwert zwar steigt, aber nur unterproportional.

Darüber hinaus sei noch auf Gleichung (Mod.14) hingewiesen, in der gezeigt wurde, daß die partielle Ableitung der Ausgabenfunktion gerade der Hicksschen Nachfragefunktion entspricht.

Abschließend läßt sich zeigen, daß die Ausgabenfunktion einer in den Mengen linearhomogenen Nutzenfunktion

(Mod.38) $v(\lambda \mathbf{c}) = \lambda^1 v(\mathbf{c}) = \lambda v(\mathbf{c})$

ihrerseits linearhomogen im Nutzenniveau $\bar{u}$ ist:[48] Linearhomogene Nutzenfunktionen zeichnen sich dadurch aus, daß für eine Erhöhung des Nutzens um das λ-fache *alle* Gütermengen gerade um das λ-fache erhöht werden müssen, sollen die damit verbundenen Ausgaben minimiert werden. Bei unverändertem Preisvektor $\mathbf{p}$ bleibt die optimale Verbrauchsstruktur konstant, sie ist nicht vom Einkommen (Marshallsche Nachfragefunktionen) oder Nutzenniveau (Hickssche Nachfragefunktionen)

sprung durch das Güterbündel nicht verändert. Entsprechend muß der Schnittpunkt von Fahrstrahl und Indifferenzkurve auch nach der Mengenerhöhung der gleiche wie vorher sein.

46 Der Logik nach entspricht dies also der Suche nach solchen ausgabennormierten Nachfragepreisen, bei denen bei einer gegebenen Konsumstruktur ein gegebenes Nutzenniveau gerade bei einem Mengenvektor proportional zu $\mathbf{c}$ erreicht wird. Solche Preise können die Funktion von Schattenpreisen wahrnehmen (vgl. Deaton und Muellbauer, 1980, S. 56ff.).

47 Auch hier gilt gemäß der Bedingung erster Ordnung, daß das Verhältnis zweier Nachfragepreise dem Verhältnis der partiellen Grenznutzen entsprechen muß.

48 Vgl. Diewert, 1974b, S. 156.

abhängig. Die Einkommenselastizitäten der Güter besitzen alle den Wert Eins, die Einkommenskonsumkurve („Engel-Kurve") ist eine Gerade aus dem Ursprung (siehe Abbildung Mod.5):

(Mod.39) $$\varepsilon_i \equiv \frac{dg_i(\mathbf{p},\overline{E})/g_i(\mathbf{p},\overline{E})}{d\overline{E}/\overline{E}} = \frac{d\ln g_i(\mathbf{p},\overline{E})}{d\ln\overline{E}} = 1.$$

Abbildung Mod.5: Einkommenskonsumkurve bei linearhomogener Nutzenfunktion

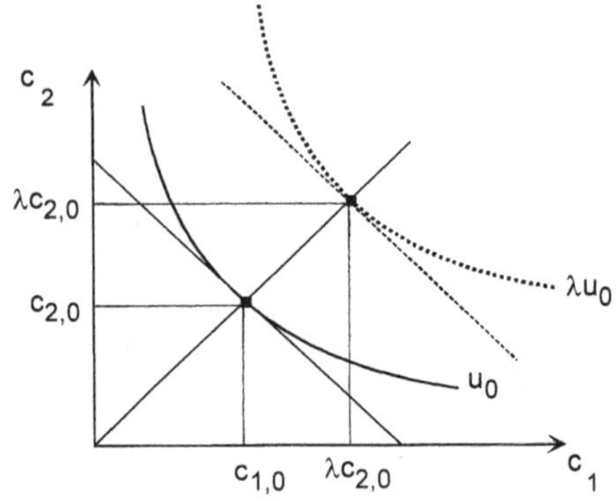

Aufgrund der Linerarhomogenität der Budgetrestriktion in den Mengen

(Mod.40) $$E(\lambda\overline{u},\mathbf{p}) = \sum_{i=1}^{n} p_i\lambda c_i = \lambda\sum_{i=1}^{n} p_i c_i = \lambda E(\overline{u},\mathbf{p})$$

steigen damit auch die notwendigen Ausgaben um gerade das λ-fache.

Infolge der Dualität des Nutzenmaximierungs- und des Ausgabenminimierungsansatzes

(Mod.41) $$E(\lambda\overline{u},\mathbf{p}) = \lambda\sum_{i=1}^{n} p_i g_i(\overline{E},\mathbf{p}) = \lambda\sum_{i=1}^{n} p_i h_i(\overline{u},\mathbf{p}) = \lambda e(\overline{u},\mathbf{p})$$

ergibt sich für λ gleich $1/\overline{u}$ die minimale Ausgabensumme, die für *eine* Nutzeneinheit aufgebracht werden muß als:

(Mod.42) $$\frac{1}{\overline{u}} e(\overline{u},\mathbf{p}) = e(1,\mathbf{p}) = \overline{e}(\mathbf{p}).$$

In Anlehnung an Diewert soll diese Funktion „Einheitsausgabenfunktion" $\bar{e}$ genannt werden.[49] Sie gibt an, wieviele Geldeinheiten aufgewendet werden müssen, um eine Nutzeneinheit zu erhalten. Multipliziert man Gleichung (Mod.42) mit dem Nutzenniveau $\bar{u}$, so zeigt sich, daß man die Ausgabenfunktion $e(\bar{u},\mathbf{p})$ analog zu Gleichung (Mod.38) wie folgt schreiben kann:

(Mod.43) $e(\bar{u},\mathbf{p}) = \bar{u}\bar{e}(\mathbf{p})$.

Eine solche Zerlegung der Ausgabenfunktion in einen ausschließlich nutzen- und einen ausschließlich preisabhängigen Teil kann man auch dann vornehmen, wenn die Nutzenfunktion nicht linerarhomogen, sondern homothetisch ist.[50] Homothetische Funktionen sind monotone Transformationen linearhomogener Funktionen:

(Mod.44) $u = v(w(\mathbf{c}))$ mit $w(\lambda\mathbf{c}) = \lambda w(\mathbf{c})$.

Homothetische Funktionen teilen alle wichtigen Eigenschaften ihrer linearhomogenen „Basisnutzenfunktion" *w(c)*, auf der sie aufbauen. So sind insbesondere die aus ihnen ableitbaren Verbrauchsstrukturen identisch, d.h. beide Funktionen weisen Einkommenskonsumkurven auf, die Geraden aus dem Ursprung darstellen. Der Unterschied zwischen den beiden Funktionen liegt einzig in der Höhe des Nutzens, der einem bestimmten Bündel zugewiesen wird. Anders als bei der „Basisnutzenfunktion", führt eine Erhöhung aller Mengen um das λ-fache nicht zu einer Erhöhung des Nutzens um das λ-fache. Vielmehr wird ein beliebiges Vielfaches des Ausgangsnutzenniveaus $\bar{u}$ erreicht. Es gilt damit:

(Mod.45) $v(\lambda w(\mathbf{c})) = \phi(\lambda,\bar{u}) \cdot v(w(\mathbf{c}))$ mit $\phi(1,\bar{u}) = 1$.

Ermittelt man von Gleichung (Mod.44) die Umkehrfunktion, dann ergibt sich der Basisnutzenwert ω der linearhomogenen Funktion *w(**c**)*, der mit dem Nutzen $\bar{u}$ einhergeht, als:

(Mod.46) $\omega = w(\mathbf{c}) = v^{-1}(\bar{u})$.

Da es sich bei homothetischen Nutzenfunktionen lediglich um monotone Transformationen linearhomogener Funktionen handelt, wird ein Maximum der homothetischen Funktion gerade beim Maximum der linearhomogenen „Basisnutzenfunktion" erreicht (Ansatz 1). Für Ansatz 2 bedeutet das analog, daß an seiner Stelle folgender Alternativansatz 2' zum identischen Ergebnis (dem Mengenvektor ***c***) führen muß:

(Mod.47) $\underset{\mathbf{c}}{\text{Min}}\,\mathbf{pc} = E$ unter der Nebenbedingung $w(\mathbf{c}) \geq \omega = v^{-1}(\bar{u})$.

---

[49] Im Kontext der Produktionstheorie spricht Diewert (1974b, S. 111) von der „Einheitskostenfunktion" („unit cost function").

[50] Vgl. Blackorby, Primont und Russell, 1978, S. 91ff.

Dividiert man die Mengen durch den Basisnutzenwert ω und minimiert man Ansatz 2' über *c/ω*, dann erhält man:

$$\text{(Mod.48)} \quad \omega \cdot \left(\underset{\mathbf{c}/\omega}{\text{Min}}\, \mathbf{p}\frac{\mathbf{c}}{\omega} \right) = E \qquad \text{unter der Nebenbedingung} \qquad w(\mathbf{c}/\omega) \geq 1.$$

Da die Funktion *w(c/ω)* linearhomogen ist, kann sich keine grundsätzlich andere optimale Lösung einstellen, wie wenn man die modifizierte Version von Ansatz 2' direkt über ***c*** minimiert:[51]

$$\text{(Mod.49)} \quad \omega \cdot \left(\underset{\mathbf{c}}{\text{Min}}\, \mathbf{pc} \right) = E \quad \text{unter der Nebenbedingung} \qquad w(\mathbf{c}) \geq 1.$$

Damit ergeben sich die minimalen Ausgaben *e* beim Nutzenniveau $\bar{u}$ dann als Produkt aus einem nutzenabhängigen Term ξ und der „Einheitsausgabenfunktion" $\tilde{e}$, die angibt, welche Ausgaben getätigt werden müssen, um eine Einheit der „Basisnutzenfunktion" *w(c)* zu erhalten:[52]

$$\text{(Mod.50)} \quad E = e(\bar{u},\mathbf{p}) = \omega \cdot \left(\underset{\mathbf{c}}{\text{Min}}\, \mathbf{pc} \right) = v^{-1}(\bar{u})\tilde{e}(1,\mathbf{p}) = \xi(\bar{u})\tilde{e}(\mathbf{p}) \quad \text{mit} \quad v^{-1}(\bar{u}) = \xi(\bar{u}).$$

Löst man Gleichung (Mod.50) nach dem Nutzenniveau *u* auf, so zeigt sich die nützliche Eigenschaft der indirekten Nutzenfunktion einer homothetischen Funktion, wonach diese stets als Funktion des Quotienten aus dem Einkommen *E* und einem rein preisabhängigen Teil *b(p)* dargestellt werden kann. *b(p)* kann dabei im Sinn einer Einheitsausgabenfunktion $\tilde{e}$ für den Basisnutzen *w(c)* interpretiert werden:

$$\text{(Mod.51)} \quad u = \psi(\mathbf{p},E) = v\left(\frac{E}{b(\mathbf{p})} \right).$$

Wie bereits dargelegt wurde, weisen homothetische Nutzenfunktionen ebenso wie linearhomogene Funktionen aufgrund ihrer Definition stets gleichbleibende Verbrauchsstrukturen auf. Der Ausgabenanteil eines Gutes an den Gesamtausgaben bleibt immer konstant. Die Zusammensetzung des konsumierten Güterbündels ist unabhängig vom Einkommen oder Nutzenniveau. In der Praxis mag diese Annahme zu restriktiv sein. Auf Gorman geht deshalb das Konzept der *Quasi-Homothetik* zurück.[53] Dabei wird unterstellt, daß die Wahlmöglichkeit eines Akteurs in bezug auf sein zu konsumierendes Güterbündel dahingehend eingeschränkt ist, daß er von

---

[51] Es gilt $(\mathbf{c}/\omega)^* = \mathbf{c}^*$.

[52] Man beachte, daß die „Einheitsausgabenfunktion" $\tilde{e}$ hier eine andere Bedeutung besitzt als im linearhomogenen Fall ($\bar{e}$). Dort bezog sie sich auf *eine* Nutzeneinheit, hier nur auf eine Einheit der linearhomogenen Funktion *w(c)*. Die ökonomische Interpretation von $\tilde{e}$ ist damit eine schwächere als die von $\bar{e}$.

[53] Siehe z.B. Gorman (1981 und 1976). Die folgende Ausführungen basieren wiederum auf Deaton und Muellbauer (1980, S. 144f.).

jedem Gut erst eine *exogen vorgegebene* Menge konsumieren muß, um seine Grundbedürfnisse zu befriedigen, bevor er überhaupt an die Maximierung seines Nutzens denken kann.[54] Dies impliziert, daß sich sein Einkommen um die Ausgaben $a(\mathbf{p})$ reduziert, die bei gegebenen Preisen $\mathbf{p}$ mit diesem Konsum verbunden sind („Subsistenzausgaben"; $a(\mathbf{p}) \equiv \mathbf{p}\mathbf{c}^S$). Unterstellt man darüber hinaus, daß der Akteur aus den *zusätzlich* konsumierten Einheiten $\mathbf{c}^Z$ entsprechend einer *linearhomogenen* Nutzenfunktion Nutzen zieht, so erhält man entsprechend Gleichung (Mod.50) folgende Ausgabenfunktion $e(\overline{u},\mathbf{p})$:[55]

(Mod.52) $$e(\overline{u},\mathbf{p}) = a(\mathbf{p}) + \overline{u}b(\mathbf{p}),$$

die sich aus zwei Komponenten zusammensetzt,

- den Subsistenzausgaben $a(\mathbf{p}) = \mathbf{p}\mathbf{c}^S$ und
- den Ausgaben, die über die Subsistenzausgaben hinaus aufgewendet werden müssen, um das Nutzenniveau $\overline{u}$ zu realisieren $(\overline{u}\, b(\mathbf{p}) = \mathbf{p}\mathbf{c}^Z)$.[56]

Eine solche Ausgabenfunktion weist die sogenannte „Gorman-Polar-Form" auf.

Die Gorman-Polar-Form der *indirekten Nutzenfunktion* ergibt sich entsprechend als Quotient des Einkommens, das dem Akteur zur Nutzenmaximierung zur Verfügung steht $(\overline{E} - a(\mathbf{p}))$, und der Ausgabensumme $b(\mathbf{p})$, die zur Realisierung einer Nutzeneinheit verausgabt werden muß:[57]

(Mod.53) $$\psi(\overline{E},\mathbf{p}) = \frac{\overline{E}}{b(\mathbf{p})} - \frac{a(\mathbf{p})}{b(\mathbf{p})} = \tilde{a}(\mathbf{p}) + \tilde{b}(\mathbf{p})\overline{E}$$

$$\text{mit} \quad -\frac{a(\mathbf{p})}{b(\mathbf{p})} = \tilde{a}(\mathbf{p}) \qquad \text{und} \qquad \frac{1}{b(\mathbf{p})} = \tilde{b}(\mathbf{p}).$$

Unterstellt man keine linearhomogene, sondern eine homothetische Nutzenfunktion über die zusätzlichen Gütereinheiten, dann muß man in Gleichung (Mod.52) anstelle

54 Es genügt jedoch bereits, wenn solche Ausgaben nur für einen Teil der betrachteten Güter getätigt werden müssen. Im Mengenvektor $\mathbf{c}^S$ steht dann bei den nicht betroffenen Gütern eine Null.

55 Eine solche direkte linearhomogene Nutzenfunktion über die zusätzlichen Mengeneinheiten nennt man „Stone-Geary-Nutzenfunktion" (vgl. Layard und Walters, 1978, S. 162). In einem solchen Ansatz wird offensichtlich unterstellt, daß die Subsistenzmengen *keinen* Nutzen stiften. Denkbar ist aber auch, daß die Nutzen aus den Subsistenzeinheiten und den zusätzlichen Einheiten additiv verknüpft sind („additive Separierbarkeit" der beiden Gruppen), so daß erstere sowohl für die Nutzenmaximierung als auch für den Nutzenausweis selbst vernachlässigt werden können, um die Eigenschaft linearhomogener Funktionen ausbeuten zu können. Die Vernachlässigung eines möglichen Nutzens der Subsistenzmengen läßt sich mit der Ordinalität des Nutzens rechtfertigen.

56 Entsprechend dieser Herleitung sind die Subsistenzausgaben $a(\mathbf{p})$ linearhomogen in den Preisen, da sich die Subsistenzmengen per Annahme nicht ändern. Darüber hinaus kann $b(\mathbf{p})$ als die Einheitsausgabenfunktion $\overline{e}(\mathbf{p})$ interpretiert werden. $b(\mathbf{p})$ ist damit linearhomogen.

57 Stiften die Subsistenzmengen auch Nutzen und wird dieser aber vernachlässigt, so handelt es sich hierbei um solche Ausgaben, die für eine Nutzeneinheit, die über den Nutzen aus den Subsistenzgütern hinausgeht, aufgewendet werden müssen.

des Nutzenwertes $\overline{u}$ die positive Transformation $\varsigma(\overline{u})$ des Nutzens einsetzen. Die indirekte Nutzenfunktion ergibt sich dann als positive Transformation der beiden (linearhomogenen) Komponenten *a(**p**)* und $b(\mathbf{p})\overline{E}$:[58]

$$\text{(Mod.54)}\quad \psi(\overline{E},\mathbf{p}) = \varsigma^{-1}\left(\frac{\overline{E}}{b(\mathbf{p})} - \frac{a(\mathbf{p})}{b(\mathbf{p})}\right) = \varsigma^{-1}\left(\tilde{a}(\mathbf{p}) + \tilde{b}(\mathbf{p})\overline{E}\right).$$

Da die Ableitung der Ausgabenfunktion nach dem Preis p_i stets die Menge c_i ergibt $\left(c_i = c_i^s + c_i^z\right)$, läßt sich anhand der Ableitung von Gleichung (Mod.52) unter Verwendung von Gleichung (Mod.53) sehen, daß die Nachfragemenge c_i linear vom Einkommen abhängt, ohne aber zwingend Null zu sein, wenn das zur Nutzenmaximierung zur Verfügung stehende Einkommen $(\overline{E} - a(\mathbf{p}))$ den Wert Null annimmt:

$$\text{(Mod.55)}\quad c_i = \frac{\partial a(\mathbf{p})}{\partial p_i} + \frac{\partial b(\mathbf{p})/\partial p_i}{b(\mathbf{p})}\left(\overline{E} - a(\mathbf{p})\right) = c_i^s + \frac{\partial b(\mathbf{p})/\partial p_i}{b(\mathbf{p})}\left(\overline{E} - a(\mathbf{p})\right).$$

Diese Nachfragefunktion erhält man auch, wenn man von einer *homothetischen* Nutzenfunktion über die zusätzlichen Gütermengen ausgeht. Quasi-homothetische Funktionen weisen damit ebenfalls lineare Einkommenskonsumkurven auf, die aber nicht durch den Ursprung, sondern durch das Subsistenzbündel $\boldsymbol{c}^s$ laufen (siehe Abbildung Mod.6).

Abbildung Mod.6: Einkommenskonsumkurve bei quasi-homothetischer Nutzenfunktion

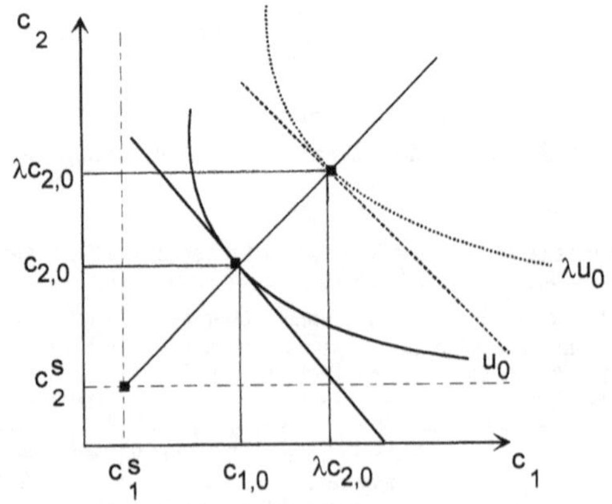

---

[58] In diesem Fall kann man *b(**p**)* als die Einheitsausgabenfunktion $\tilde{e}(\mathbf{p})$ der „Basisnutzenfunktion" interpretieren. Auch sie ist linearhomogen. Man beachte, daß der Quotient der beiden Komponenten *a(**p**)* und *b(**p**)* homogen vom Grade Null ist.

6. Die self-duality zwischen Ausgaben- und Distanzfunktion

Die Distanzfunktion und die Ausgabenfunktion teilen eine weitere wichtige Eigenschaft, sie sind in der gleichen Aufteilung schwach separierbar. Dies soll im folgenden gezeigt werden.

Die Definition der Distanzfunktion entspricht Gleichung (Mod.28):

(Mod.28) $$d(u,\mathbf{c}) = \min_{\mathbf{p}}\{\mathbf{pc} : e(u,\mathbf{p}) = 1\}.$$

Es wird unterstellt, der Vektor δ mit $\delta_i = \delta_i(u,\mathbf{c})$ sei der Lösungsvektor für dieses Minimierungsproblem ($i = 1,...,n$). Dann ergibt sich entsprechend der in Gleichung (Mod.35) gelieferten Definition die Distanzfunktion als:[59]

(Mod.56) $$d(u,\mathbf{c}) = \min_{\mathbf{p}}\{\mathbf{pc} : e(u,\mathbf{p}) = 1\} = \delta(u,\mathbf{c})\cdot\mathbf{c}.$$

Zudem sei die Distanzfunktion $d(u,\mathbf{c})$ schwach separierbar in den Gruppen J^v und J^r:

(Mod.57) $J = \{c_1,...,c_n\}$ mit $J = \{J^v, J^r\}$.

Entsprechend gilt also

(Mod.58) $$\frac{\partial}{\partial c_k^v}\left(\frac{\partial d(u,\mathbf{c})/\partial c_i^r}{\partial d(u,\mathbf{c})/\partial c_j^r}\right) = \frac{\partial}{\partial c_k^v}\left(\frac{\delta_i^r(u,\mathbf{c})}{\delta_j^r(u,\mathbf{c})}\right) = 0,$$

wobei das Gut k Element der v-ten Gruppe sei und die Güter i und j Element der r-ten Gruppe seien:

(Mod.59) $$c_k^v \in I^v = \{c_1^v,...,c_{n_v}^v\};\ c_i^r, c_j^r \in I^r = \{c_1^r,...,c_{n_r}^r\}.$$

Dies impliziert für die Distanzfunktion folgende Gestalt:

(Mod.60) $$d(u,\mathbf{c}) = \bar{d}\left(u,\mathbf{c}^v, d^r(u,\mathbf{c}^r)\right),$$

wobei $d^r(u,\mathbf{c}^r)$ die „Teildistanzfunktion" der Gruppe r darstellen soll.

Die Definition der Ausgabenfunktion lautet allgemein:

---

59 Dies ergibt sich aus einer analogen Anwendung von Shephard's Lemma und dem Umstand, daß die Ausgabensumme gerade Eins sein soll. Siehe dazu weiter oben, wo gezeigt wurde, daß die Ableitung der Ausgabenfunktion nach dem Preis p_i gerade der Hicksschen Nachfragefunktion $h_i(u,\mathbf{p})$ entspricht. Die Lösungswerte $\delta_i(u,\mathbf{c})$ entsprechen dem Analogon der Hicksschen Nachfragefunktion und den ausgabennormierten Preisen (p_i/E) (vgl. Diewert 1979, S. 394). In Gleichung (Mod.79) entspricht die Ausgabensumme aber gerade dem Wert Eins.

(Mod.29) $e(u,\mathbf{p}) = \min_{\mathbf{c}} \{\mathbf{cp} : d(u,\mathbf{c}) = 1\}$.

Im Fall der separierbaren Distanzfunktion (Gleichung Mod.60) erhält man dafür:

(Mod.61) $e(u,\mathbf{p}) = \min_{\mathbf{c}} \{\mathbf{cp} : \overline{d}(u,\mathbf{c}^V, d^r(u,\mathbf{c}^r)) = 1\}$.

Die positive Monotonieeigenschaft von $\overline{d}$ in $\mathbf{c}$ erlaubt es dann, das Ausgabenminimierungsproblem wie folgt zu schreiben:

(Mod.62) $e(u,\mathbf{p}) = \min_{\mathbf{c}^V,\lambda} \left\{\mathbf{p}^V\mathbf{c}^V + \min_{\mathbf{c}^r} \{\mathbf{p}^r\mathbf{c}^r : d^r(u,\mathbf{c}^r) = \lambda\} : \overline{d}(u,\mathbf{c}^V,\lambda) = 1\right\}$.

Dabei muß allerdings gewährleistet sein, daß die beliebige positive Zahl λ im Wertebereich der Teildistanzfunktion $d^r(u,\mathbf{c}^r)$ liegt.

Da die Distanzfunktion $d(u,\mathbf{c})$ positiv linearhomogen ist, gilt dies auch für die Teildistanzfunktion $d^r(u,\mathbf{c}^r)$. Dies erlaubt eine Umformulierung von Gleichung (Mod.62):

(Mod.63) $e(u,\mathbf{p}) = \min_{\mathbf{c}^V,\lambda} \left\{\mathbf{p}^V\mathbf{c}^V + \lambda \min_{\mathbf{c}^r/\lambda} \left\{\mathbf{p}^r \frac{\mathbf{c}^r}{\lambda} : d^r(u,\mathbf{c}^r/\lambda) = 1\right\} : \overline{d}(u,\mathbf{c}^V,\lambda) = 1\right\}$.

Dies ermöglicht es also, die Ausgabenfunktion $e(u,\mathbf{p})$ als Funktion der Teilausgabenfunktion $e^r(u,\mathbf{p}^r)$ zu schreiben:

(Mod.64) $e(u,\mathbf{p}) = \min_{\mathbf{c}^V,\lambda} \{\mathbf{p}^V\mathbf{c}^V + \lambda e^r(u,\mathbf{p}^r) : \overline{d}(u,\mathbf{c}^V,\lambda) = 1\}$, mit

(Mod.65) $e^r(u,\mathbf{p}^r) \equiv \min_{\mathbf{c}^r/\lambda} \left\{\mathbf{p}^r \frac{\mathbf{c}^r}{\lambda} : d^r(u,\mathbf{c}^r/\lambda) = 1\right\}$.

Es ist damit der Nachweis erbracht worden, daß die Ausgabenfunktion in genau der gleichen Aufteilung schwach separierbar ist wie die Distanzfunktion. Anstelle von Gleichung (Mod.65) ergibt sich die Ausgabenfunktion damit als:

(Mod.66) $e(u,\mathbf{p}) = \overline{e}(u,\mathbf{p}^V, e^r(u,\mathbf{p}^r))$.

Zentrale Voraussetzung für diese self-duality ist damit die Linearhomogenität der Teildistanzfunktion $d^r(u,\mathbf{c}^r)$, denn sie erlaubt letztlich die Definition der Teilausgabenfunktion $e^r(u,\mathbf{p}^r)$.

7. Wichtige Eigenschaften der Nachfragefunktionen

Sowohl die Hicksschen als auch die Marshallschen Nachfragefunktionen addieren sich mit ihren Preisen multipliziert zum gesamten Einkommen auf. Andernfalls würde kein Nutzenmaximum vorliegen bzw. wäre der Ausgabenminimierungsansatz nicht mit dem Nutzenmaximierungsansatz kompatibel (*Adding up-Bedingung*):

(Mod.67) $\mathbf{p}g_i(\overline{E},\mathbf{p}) = \mathbf{p}h_i(\overline{u},\mathbf{p}) = \overline{E}$

Diese Bedingung impliziert zugleich, daß sich die mit ihren Preisen multiplizierten Mengenänderungen, die durch eine Einkommensänderung verursacht werden, zu Eins addieren. Schreibt man Gleichung (Mod.67) unter Verwendung eines Summenzeichens und leitet man dies dann nach dem Einkommen ab, so erhält man Gleichung

(Mod.68) $\sum_{i=1}^{n} p_i \frac{\partial g_i(\mathbf{p},\overline{E})}{\partial \overline{E}} = 1$

Diese sogenannte „Engel-Aggregation" wird häufig auch unter Verwendung der Einkommenselastizität ε_i und des Ausgabenanteils θ_i ausgedrückt. Wie bereits erwähnt wurde, gibt die Einkommenselastizität ε_i an, um wieviel Prozent die nachgefragte Menge steigt, wenn sich das Einkommen um ein Prozent erhöht:

(Mod.39) $\varepsilon_i \equiv \frac{dg_i(\mathbf{p},\overline{E})/g_i(\mathbf{p},\overline{E})}{d\overline{E}/\overline{E}} = \frac{d\ln g_i(\mathbf{p},\overline{E})}{d\ln \overline{E}}.$

Die „Engel-Aggregation" erhält man dann als:

(Mod.69) $\sum_{i=1}^{n} \theta_i \varepsilon_i = 1$ mit $\theta_i \equiv \frac{p_i g_i(\mathbf{p},\overline{E})}{\overline{E}}.$

Die Marshallschen Nachfragefunktionen sind homogen vom Grade Null in den Preisen und dem Einkommen. Eine Verdopplung der Preise bei einer gleichzeitigen Verdopplung des Einkommens verändert die Budgetrestriktion nicht, so daß das Entscheidungskalkül das gleiche bleibt und sich ein unverändertes Güterbündel **c** als optimal erweisen muß. Für die Nachfragemenge eines Gutes c_j bedeutet dies folgendes (*Homogenitätsbedingung*):[60]

(Mod.70) $\sum_{i=1}^{n} p_i \frac{\partial g_j(\mathbf{p},\overline{E})}{\partial p_i} + \overline{E}\frac{\partial g_j(\mathbf{p},\overline{E})}{\partial \overline{E}} = 0$

Auch die Homogenitätsbedingung läßt sich wiederum unter Verwendung von Elastizitäten schreiben. Neben der Einkommenselastizität ε_j muß dabei die Kreuzpreisela-

60 Um Gleichung (Mod.69) als totales Differential der Marshallschen Nachfragefunktion zu erhalten, ist es hilfreich, sich auch formal zu verdeutlichen, daß die Homogenitätsbedingung nur gilt, wenn die prozentuale Einkommensänderung der prozentualen Preisänderung jedes Gutes entspricht ($i = 1,...,n$): $d\overline{E}/\overline{E} = dp_i/p_i = \alpha$.

stizität ϕ_{ji} oder die (eigene) Preiselastizität ϕ_{ii} berücksichtigt werden. Die Kreuzpreiselastizität gibt an, um wieviel Prozent die nachgefragte Menge des Gutes *j* steigt, wenn der Preis des Gutes *i* um ein Prozent steigt:

$$\text{(Mod.71)} \quad \phi_{ji} \equiv \frac{dg_j(\mathbf{p},\overline{E})/g_j(\mathbf{p},\overline{E})}{dp_i/p_i} = \frac{d\ln g_i(\mathbf{p},\overline{E})}{d\ln p_i}.$$

Transformiert man die Terme von Gleichung (Mod.70) in Elastizitäten, so erhält man:

$$\text{(Mod.72)} \quad \sum_{i=1}^{n} \phi_{ji} + \varepsilon_j = 0,$$

wonach bei jedem Gut die Summe aus Preis-, Kreuzpreis- und Einkommenselastizität gerade den Wert Null ergeben muß.

Aus der oben gezeigten Linearhomogenität der Kostenfunktion in den Preisen läßt sich schlußfolgern, daß die Hicksschen Nachfragefunktionen homogen vom Grade Null in den Preisen sind. Da eine proportionale Preiserhöhung aller Güter zu einem gleichhohen Anstieg der Ausgaben führt, die für ein konstantes Nutzenniveau $\overline{u}$ mindestens aufzubringen sind, haben sich die einzelnen Gütermengen offensichtlich nicht geändert. Die Summe der mit ihren Preisen multiplizierten einkommenskompensierten Nachfrageveränderungen infolge einer proportionalen Preisänderung muß somit bei jedem Gut *j* Null sein:

$$\text{(Mod.73)} \quad \sum_{i=1}^{n} p_i \frac{\partial h_j(\overline{u},\mathbf{p})}{\partial p_i} = 0.$$

Dies bedeutet, daß auch die Summe der einkommenskompensierten Preis- bzw Kreuzpreiselastizitäten ϕ^*_{ji} Null sein muß:[61]

$$\text{(Mod.74)} \quad \sum_{i=1}^{n} \phi^*_{ji} = 0.$$

Diese Homogenitätsbedingung gilt zumindest dann, wenn es stets eine eindeutige Lösung des Ausgabenminimierungsproblems gibt, so wie dies bei konvexen Indifferenzkurven der Fall ist. Für die nachgefragte Menge ist damit nur das Nutzenniveau und die Preisstruktur entscheidend:

$$\text{(Mod.75)} \quad h_i(\overline{u},\lambda\mathbf{p}) = h_i(\overline{u},\mathbf{p}) = g_i(\lambda\overline{E},\lambda\mathbf{p}) = g_i(\overline{E},\mathbf{p}).$$

---

61 Die Definition der einkommenskompensierten Preis- bzw. Kreuzpreiselastizität entspricht der obigen, nur das anstelle der Marshallschen Nachfragefunktion die Hicksche verwendet wird. Sie ist somit nicht für ein konstantes Einkommen, sondern für ein konstantes *Nutzen*niveau definiert.

Die Kreuzpreisableitungen der Hicksschen Nachfragefunktionen sind symmetrisch, denn beide sind die zweiten Ableitungen der Ausgabenfunktion und unterscheiden sich nur hinsichtlich der Reihenfolge, in der differenziert wurde. Entsprechend dem Satz von Schwarz spielt diese bei stetigen und differenzierbaren Funktionen aber keine Rolle.[62] Für $i \neq j$ gilt damit (*Symmetrie*):

$$\text{(Mod.76)} \quad \frac{\partial h_i(\bar{u},\mathbf{p})}{\partial p_j} = \frac{\partial h_j(\bar{u},\mathbf{p})}{\partial p_i}.$$

Die Matrix der zweiten Ableitungen der Ausgabenfunktion nach den Preisen $\Im$ („Matrix der kompensierten Preisreaktionen" oder „Slutsky-Matrix"[63]) ist negativ semidefinit. Dies impliziert die Konkavität der Ausgabenfunktion in den Preisen. Entsprechend kann man den Umkehrschluß von der Konkavität auf eine negativ semidefinite Slutsky-Matrix ziehen.[64] Stellt ξ einen beliebigen Vektor mit n Elementen dar, dann muß die quadratische Form $\Psi(\xi)$ der Slutsky-Matrix $\Im$ kleiner gleich Null sein (*Negativität*):[65]

$$\text{(Mod.77)} \quad \Psi(\xi) \equiv \sum_{i=1}^{n}\sum_{j=1}^{n} \xi_i \xi_j \frac{\partial h_j}{\partial p_i} = \xi' \cdot \Im \cdot \xi \leq 0.$$

Die Elemente der Slutsky-Matrix s_{ji} geben also die Mengenreaktion des Gutes j auf die partielle Änderung des Preises p_i an, unter der Voraussetzung eines unveränderten Nutzenniveaus. Anhand der Elemente der Diagonalen $(i = j)$ kann man die Steigung der Hicksschen Nachfragefunktion ablesen. Aufgrund der Substitutionsbeziehungen zu mindestens einem anderen Gut kann s_{ii} niemals positiv sein, in der Regel wird es vielmehr negativ sein $(s_{ii} \leq 0)$. Demgegenüber ist s_{ji} $(i \neq j)$ dann positiv, wenn es sich um Substitutionsgüter handelt. Eine Preissteigerung bei Gut i hat eine höhere Nachfrage nach dem relativ billiger gewordenen Gut j zur Folge. Im Gegensatz dazu zeichnen sich Komplementärgüter durch eine negative Kreuzpreisableitung aus. Es leuchtet unmittelbar ein, daß die Elemente der Slutsky-Matrix hervorragend dazu geeignet sind, Aussagen über die Substitutionsbeziehungen zwischen Gütern zu machen. Voraussetzung dafür ist aber, daß sie empirisch meßbar sind. Da die Hicksschen Nachfragefunktionen aufgrund der unterstellten Konstanz des Nutzens *nicht* empirisch beobachtbar sind, muß auf die Marshallschen zurückgegriffen werden. Die Kreuzpreisableitung einer Hicksschen Nachfragefunktion ergibt sich gemäß der Dualität als Summe der mit der Menge c_i gewichteten Ableitung der Mar-

62 Zum Satz von Schwarz siehe Bronstein und Semandjajew (1983, S. 276). In der ökonomischen Literatur wird diese Behauptung auch mit Young's Theorem bezeichnet (vgl. Chiang, 1984, S. 324).

63 Deaton und Muellbauer, 1980, S. 127.

64 Vgl. Takayama, 1985, S. 125.

65 Vgl. Takayama, 1985, S. 122.

shallschen Nachfragefunktion nach dem Einkommen und der Kreuzpreisableitung der Marshallschen Nachfragefunktion:

(Mod.78)

$$s_{ji}=\frac{\partial h_j(\bar{u},\mathbf{p})}{\partial p_i}=\frac{\partial g_j(e(\bar{u},\mathbf{p}),\mathbf{p})}{\partial e(\bar{u},\mathbf{p})}\cdot\frac{\partial e(\bar{u},\mathbf{p})}{\partial p_i}+\frac{\partial g_j(e(\bar{u},\mathbf{p}),\mathbf{p})}{\partial p_i}=\frac{\partial g_j(\bar{E},\mathbf{p})}{\partial \bar{E}}\cdot c_i+\frac{\partial g_j(\bar{E},\mathbf{p})}{\partial p_i}.$$

Diese Gleichung wird „Slutsky-Gleichung" genannt. Auch sie läßt sich wieder in Elastizitätenschreibweise ausdrücken:[66]

(Mod.79) $\phi^*_{ji}=\phi_{ji}+\theta_i\varepsilon_j$.

Gleichung (Mod.79) erlaubt eine schnelle und präzise Ermittlung einer fehlenden Elastizität, wenn die beiden anderen vorhanden sind. Besondere Bedeutung genießt ein solches Vorgehen für die Ermittlung der sogenannten „Substitutionselastizität". Die Substitutionselastizität wird als ein Maß für die Krümmung der Indifferenzkurve angesehen und hat gewisse Ähnlichkeit mit dem Element der Slutsky-Matrix s_{ji}.[67] Sie betrachtet jedoch nicht die absolute einkommenskompensierte Mengenreaktion eines bestimmten Gutes *j*, sondern die prozentuale kompensierte Mengenreaktion infolge einer einprozentigen Preisänderung eines anderen Gutes *i* (Kreuzpreiselastizität der Hicksschen Nachfragefunktion ϕ^*_{ji}), und es gewichtet diese prozentuale Mengenreaktion darüber hinaus noch mit dem Kehrwert des relativen Ausgabenanteils θ_i des anderen Gutes:

(Mod.80) $\sigma_{ji}\equiv\frac{\phi^*_{ji}}{\theta_i}$.[68]

Mit Gleichung (Mod.79) ergibt sich die Substitutionselastizität wie folgt:

---

[66] Man muß die Slutsky-Gleichung nur mit (p_i/c_j) multiplizieren.

[67] Häufig findet man eine graphische Interpretation der Substitutionselastizität im produktionstheoretischen Kontext, wonach diese die prozentuale Veränderung des Faktoreinsatzverhältnisses mißt, bei einer einprozentigen Veränderung der Grenzrate der technischen Substitution (vgl. Varian, 1994, S. 13).

[68] Man beachte jedoch, daß die hier verwendete Definition der Substitutionselastizität nicht direkt der von Hicks (1932) und Allen (1972 bzw. im Original 1938) gewählten Definition entspricht, denn die Originalversion setzt an der Hesseschen Geränderten an und verwendet *keine* Preise. Damit beide Versionen übereinstimmen, müssen die Bedingungen erster Ordnung für ein Maximum erfüllt und das Angebot der Güter vollkommen elastisch sein (vgl. Allen, 1972, S. 525ff.). Für die Definition hier siehe z.B. Takayama (1985, S. 144). Dieser zeigt auch (S. 145), daß sich die Substitutionselastizität aus der Ausgabenfunktion herleiten läßt. Notwendig ist lediglich eine Anwendung von Shephards Lemma: $\sigma_{ji}=\frac{\partial e^2}{\partial p_j \partial p_i}e(u,\mathbf{p})\Big/\frac{\partial e}{\partial p_j}\frac{\partial e}{\partial p_i}$.

(Mod.81) $\sigma_{ji} = \varepsilon_i + \frac{\phi_{ji}}{\theta_i}$.

Aus der Substitutionselastizität kann man Schlußfolgerungen auf die Form der unterlegten Nutzenfunktion ziehen. So sind die Substitutionselastizitäten bei einer Cobb-Douglas-Nutzenfunktion immer gleich Eins, denn die optimalen Nachfragemengen hängen bei Cobb-Douglas-Nutzenfunktionen nur vom Einkommen und dem eigenen Preis ab, nicht von den Preisen anderer Güter. Dies bedeutet, daß die Kreuzpreiselastizitäten Null sind und die Substitutionselastizitäten den Einkommenselastizitäten entsprechen. Da Cobb-Douglas-Nutzenfunktionen so wie alle linearhomogenen Funktionen durch konstante Ausgabenanteile bei unveränderten Preisen gekennzeichnet sind (lineare Engelkurven aus dem Ursprung)

(Mod.82) $$\frac{\partial\left(\frac{p_j c_j}{\overline{E}}\right)}{\partial \overline{E}} = \frac{p_j}{\overline{E}}\frac{\partial c_j}{\partial \overline{E}} - \frac{p_j c_j}{\overline{E}^2} = \frac{\partial c_j}{c_j} - \frac{\partial \overline{E}}{\overline{E}} = 0,$$

impliziert dies eine Einkommenselastizität und eine Substitutionselastizität von Eins:

(Mod.83) $$\sigma_{ji} = \varepsilon_i = \frac{\partial c_j / c_j}{\partial \overline{E}/\overline{E}} = 1.$$

Demgegenüber beträgt die Substitutionselastizität Null, wenn die Gütermengen stets in einem festen Verhältnis zueinander verbraucht werden (Leontief-Präferenzstruktur). Dieses Verbrauchsverhältnis ist unabhängig von den Güterpreisen, d.h. die einkommenskompensierte Kreuzpreiselastizität ist Null.

Denkbar ist jedoch auch der Fall, in dem die Güter stets in einem festen Verhältnis gegeneinander substituiert werden können. Graphisch gesprochen bedeutet dies lineare Indifferenzkurven. Die Grenzrate der Substitution bleibt somit konstant, die Substitutionselastizität tendiert gegen unendlich.[69] Betrachtet man z.B. eine Funktion mit konstanter und gleicher Substitutionselastizität zwischen den Gütern (CES-Funktion):[70]

(Mod.84) $$u(c_1,\ldots,c_n) = \beta\left(\alpha_1 c_1^{\frac{\sigma-1}{\sigma}} + \ldots + \alpha_n c_n^{\frac{\sigma-1}{\sigma}}\right)^{\frac{\sigma}{\sigma-1}} \quad \text{mit} \quad \sum_{i=1}^{n} \alpha_i = 1,$$

69 Dies wird unmittelbar einsichtig, wenn man sich die graphische Interpretation verdeutlicht, wonach die Substitutionselastizität die prozentuale Veränderung des Faktoreinsatzverhältnisses mißt, bei einer einprozentigen Veränderung der Grenzrate der technischen Substitution. Bei konstanter Grenzrate der technischen Substitution beträgt der Nenner also Null und die Substitutionselastizität strebt gegen unendlich.

70 Vgl. Deaton und Muellbauer, 1980, S. 57.

dann ergeben sich bei unterschiedlichen Substitutionselastizitäten unterschiedlich aussehende Indifferenzkurven, die sich alle bei einem bestimmten Güterbündel ***c*** berühren (siehe Abbildung Mod.7).[71]

Abbildung Mod.7: Indifferenzkurven bei unterschiedlichen Substitutionselastizitäten (σ)

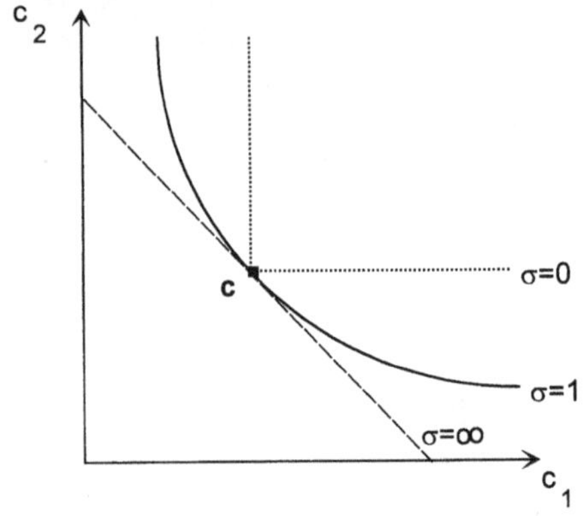

[71] Vgl. Klump und Preißler, 1997, S. 8.

Literaturverzeichnis

Adelman, Irma (1958), A New Approach to the Construction of Index Numbers, in: Review of Economics and Statistics, Vol. XL, S. 240 - 249.

Afriat, Sydney N. (1967), The Construction of Utility Functions From Expenditure Data, in: International Economic Review, Vol. 8, S. 67 - 77.

Afriat, Sydney N. (1972), The Theory of International Comparisons of Real Income and Prices, in: Daly, D. J. (Hrsg.), International Comparisons of Prices and Output, Columbia Univ. Press, New York, S. 13 - 69.

Alchian, Armen A. (1977), Why Money, in: Journal of Money, Credit, and Banking, Vol. 9, No. 1, S. 133 - 140.

Allen, Roy G.D. (1935), Some Observations on the Theory and Practice of Price Index Numbers, in: Review of Economic Studies, Vol. 3, S. 57 - 66.

Allen, Roy G.D. (1949), The Economic Theory of Index Numbers, in: Economica, Vol. 16, S. 197 - 203.

Allen, Roy G.D. (1972), Mathematik für Volks- und Betriebswirte, 4. Aufl., Duncker & Humblot, Berlin.

Allen, Roy G.D. (1975), Index Numbers in Theory and Practice, Aldine, Chicago.

Anderson, Richard G.; Barry E. Jones und Travis D. Nesmith (1997a), Introduction to the St. Louis Monetary Services Index Project, in: Federal Reserve Bank of St. Louis Review, Vol. 79, No. 1, S. 25 - 29.

Anderson, Richard G.; Barry E. Jones und Travis D. Nesmith (1997b), Monetary Aggregation Theory and Statistical Index Numbers, in: Federal Reserve Bank of St. Louis Review, Vol. 79, No. 1, S. 31 - 51.

Anderson, Richard G.; Barry E. Jones und Travis D. Nesmith (1997c), Building New Monetary Services Indexes: Concepts, Data and Methods, in: Federal Reserve Bank of St. Louis Review, Vol. 79, No. 1, S. 53 - 82.

Andrew, A.P. (1899), What Ought to Be Called Money, in: Quarterly Journal of Economics, Vol. 13, S. 219 - 227.

Apostol, Tom M. (1957), Mathematical Analysis, Addison-Wesley, London.

Arrow, Kenneth (1963) Social Choice and Individual Values, 2. Aufl., Wiley, New York.

Ayuso, Juan und Juan Luis Vega (1993), Weighted Monetary Aggregates: The Spanish Case, Banco de España, Documento de Trabajo, No. 9303.

Bagehot, Walter (1873), Lombard Street: A Description of the Money Market, H.S. King, London.

Balk, Bert M. (1995), Approximating a Cost-of-Living Index from Demand Functions: A Retrospect, in: Economics Letters, Vol. 49, No. 2, S. 147 - 155.

Banerjee, Kali S. (1975), Cost of Living Index Numbers, Marcel Dekker, New York.

Bank of England (1982), Composition of Monetary and Liquidity Aggregates, and Associated Statistics, in: Bank of England Quarterly Bulletin, Vol. 22, No. 4, S. 530 - 537.

Bank of England (1990a), Definitions of the Monetary Aggregates, in: Bank of England Quarterly Bulletin, Vol. 30, No. 3, S. 336 - 337.

Bank of England (1990b), Statistical Annex, in: Bank of England Quarterly Bulletin, Vol. 30, No. 1, S. 89 - 154.

Bank of England (1992), Banking Statistics Review, in: Bank of England Quarterly Bulletin, Vol. 32, No. 3, S. 314 - 321.

Bank of England (1993), Divisia Measures of Money, in: Bank of England Quarterly Bulletin, Vol. 33, No. 1, S. 240 - 255.

Barnett, William A. (1978), The User Cost of Money, in: Economics Letters, Vol. 1, S. 145 - 149.

Barnett, William A. (1980a), Economic Monetary Aggregates, in: Journal of Econometrics, Vol. 14, S. 11 - 48.

Barnett, William A. (1980b), Economic Monetary Aggregates – Reply, in: Journal of Econometrics, Vol. 14, S. 57 - 59.

Barnett, William A. (1981), Consumer Demand and Labour Market - Goods, Monetary Assets, and Time, North-Holland, New York.

Barnett, William A. (1982a), The Optimal Level of Monetary Aggregation, in: Journal of Money, Credit, and Banking, Vol. 14, No. 4, S. 687 - 710.

Barnett, William A. (1982b), Divisia Indices, in: Johnson, Norman und Samuel Kotz (Hrsg.), Encyclopedia of Statistical Sciences, Vol. 2, New York, S. 412 - 415.

Barnett, William A. (1983a), Understanding the New Divisia Monetary Aggregates, in: Review of Public Data Use, Vol. 11, S. 349 - 355.

Barnett, William A. (1983b), New Indices of Money Supply and the Flexible Laurent Demand System, in: Journal of Business & Economic Statistics, Vol. 1, S. 7 - 23.

Barnett, William A. (1983c), Definitions of 'Second Order Approximation' and of 'Flexible Functional Form, in: Economic Letters, Vol. 12, No. 1, S. 31 - 35.

Barnett, William A. (1984), On the Flexibility of the Rotterdam Model - A First Empirical Look, in: European Economic Review, Vol. 24, S. 285 - 289.

Barnett, William A. (1985), The Minflex-Laurent Translog Flexible Functional Form, in: Journal of Econometrics, Vol. 30, S. 33 - 40.

Barnett, William A. (1987), The Microeconomic Theory of Monetary Aggregation, in: Barnett, William A. und Kenneth J. Singleton (Hrsg.), New Approaches to Monetary Economics, Cambridge Univ. Press, Cambridge, Mass., S. 115 - 168.

Barnett, William A. (1990), Developments in Monetary Aggregation Theory, in: Journal of Policy Modeling, Vol. 12, S. 205 - 257.

Barnett, William A. (1991), A Reply to Julio J. Rotemberg, in: Belongia, Micheal T. (Hrsg.), Monetary Policy on the 75th Anniversary of the Federal Reserve System, Kluwer, Boston, S. 232 - 243.

Barnett, William A. (1995), Exact aggregation under risk, in: Barnett, William A. u.a. (Hrsg.), Social Choice, Welfare, and Ethics, Cambridge University Press, Cambridge, Mass., S. 353 - 374.

Barnett, William A. (1997), Which Road Leads to Stable Money Demand? in: Economic Journal, Vol. 107, S. 1171 - 1185.

Barnett, William A. und Seungmook Choi (1989), A Monte Carlo Study of Tests of Blockwise Weak Separability, in: Journal of Business & Economic Statistics, Vol. 7, S. 363 - 377.

Barnett, William A.; Douglas Fisher und Apostolos Serletis (1992), Consumer Theory and the Demand for Money, in: Journal of Economic Literature, Vol. 30, S. 2086 - 2119.

Barnett, William A.; John Geweke und Piyu Yue (1991), Seminonparametric Bayesian Estimation of the Asymptotically Ideal Model: The AIM Consumer Demand System, in: Barnett, William A.; James Powell und George Tauchen (Hrsg.), Nonparametric and Seminonparametric Methods in Econometrics and Statistics, Cambridge Univ. Press, Cambridge, Mass.

Barnett, William A.; Melvin Hinich und Piyu Yue (1991), Monitoring Monetary Aggregates Under Risk Aversion, in: Belongia, Micheal T. (Hrsg.), Monetary Policy on the 75th Anniversary of the Federal Reserve System, Kluwer, Boston, S. 189 - 217.

Barnett, William A. und Andrew B. Jonas (1983), The Muntz-Szatz Demand System: An Application of a Globally Well Behaved Series Expansion, in: Economics Letters, Vol. 11, No. 4, S. 337 - 342.

Barnett, William A., Barry E. Jones und Travis D. Nesmith (1996), Divisia Second Moments: An Application of Stochastic Index Number Theory, in: Swofford, James L. und Gerald A. Whitney (Hrsg.), International Review of Comparative Public Policy, Vol. 8, JAI Press, Tokyo, S. 115 - 138.

Barnett, William A. und Yul W. Lee (1985), The Global Properties of the Minflex Laurent, Generalized Leontief, and Translog Flexible Functional Forms, in: Econometrica, Vol. 53, S. 1421 - 1437.

Barnett, William A.; Edward K. Offenbacher und Paul A. Spindt (1981), New Concepts of Aggregated Money, in: Journal of Finance, Vol. 36, No. 2, S. 497 - 505.

Barnett, William A.; Offenbacher, Edward K. und Paul A. Spindt (1984), The New Divisia Monetary Aggregates, in: Journal of Political Economy, Vol. 92, S. 1049 - 1085.

Barnett, William A.; Milka Kirova; Yi Liu; Meenakshi Paupathy; Ge Zhou und Piyu Yue (1994), Beyond the Risk Neutral Utility Function, Beitrag für die Konferenz „Divisia Monetary Aggregates - Right in Theory, Useful in Practice?", 17/18. Oktober 1994, University of Mississippi, Oxford, Miss.

Barnett, William A. und Piyu Yue (1991), Seminonparametric Estimation of the Asymptotically Ideal Model, the AIM Demand System, in: Rhodes, George und Thomas Fomby (Hrsg.), Nonparametric and Robust Inference, Advances in Econometrics, Vol. 7, S. 229 - 251.

Barnett, William A. und Ge Zhou (1994), Financial Firms' Production and Supply-Side Monetary Aggregation Under Dynamic Uncertainty, in: Federal Reserve Bank of St. Louis Review, Vol. 76, No. 2, S. 133 - 165.

Barta, János (1997), Irving Fisher and the Modern Theory of Index Numbers, Beitrag zur Konferenz der Irving-Fisher-Gesellschaft am 22.-24. Mai 1997 in Königstein, Ts.

Barten, A.P. (1969), Maximum Likelihood Estimation of a Complete System of Demand Equations, in: European Economic Review, Vol. 1, S. 7 - 73.

Barten, A.P. (1977), The Systems of Consumer Demand Functions Approach: A Review, in: Econometrica, Vol. 45, No. 1, S. 23 - 51.

Baumol, William J. (1952), The Transaction Demand for Cash: An Inventory Theoretic Approach, in: Quarterly Journal of Economics, Vol. 66, S. 545 - 556.

Becker, Gary S. (1962), Irrational Behavior and Economic Theory, in: Journal of Political Economy, Vol. 70, No. 1, S. 1 - 13.

Belongia, Michael T. (1993), Consequences of Money Stock Mismeasurement: Evidence From Four Countries, Working Paper, Federal Reserve Bank of St. Louis.

Belongia, Michael T. (1995), Weighted Monetary Aggregates: A Historical Survey, in: Journal of International and Comparative Economics, Vol. 4, S. 87 - 114.

Belongia, Michael T. (1996), Measurement Matters: Recent Results from Monetary Economics Reexamined, in: Journal of Political Economy, Vol. 104, No. 5, S. 1065 - 1083.

Belongia, Michael T. und James A. Chalfant (1989), The Changing Empirical Defintion of Money: Some Estimates from a Model of the Demand for Money Substitutes, in: Journal of Political Economy, Vol. 97, S. 387 - 397.

Belongia, Michael T. und James A. Chalfant (1990), Alternative Measures of Money as Indicators of Inflation: A Survey and Some New Evidence, in: Federal Reserve Bank of St. Louis Review, Vol. 72, No. 3, S. 20 - 33.

Belongia, Michael T. und Alec K. Chrystal (1991), An Admissible Monetary Aggregate for the U.K., in: Review of Economics and Statistics, Vol. 73, S. 491 - 502.

Bennet, T.L. (1920), The Theory of Measurement of Changes in Cost of Living, in: Royal Statistical Society, Vol. 83, S. 455 - 462.

Berkeley, George (1979), Eine Abhandlung über die Prinzipien der menschlichen Erkenntnis, Meiner, Frankfurt am Main.

Berkman, Neil G. (1980), The New Monetary Aggregates: A Critical Appraisal, in: Journal of Money, Credit, and Banking, Vol. 12, S. 135 - 154.

Bernanke, Ben S. (1983), Nonmonetary Effects of Financial Crisis in the Propagation of the Great Depression, in: American Economic Review, Vol. 73, S. 257 - 276.

Bernanke, Ben. S. und Mark Gertler (1995), Inside the Black Box: The Credit Channel of Monetary Policy Transmission, in: Journal of Economic Perspectives, Vol. 9, No. 4, S. 27 - 48.

Berndt, Ernst R. und Laurits R. Christensen (1973a), The Translog Function and the Substitution of Equipment, Structures, and Labor in U.S. Manufacturing 1929 - 68, in: Journal of Econometrics, Vol. 1, S. 81 - 114.

Berndt, Ernst R. und Laurits R. Christensen (1973b), The Internal Structure of Functional Relationships: Separability, Substitution, and Aggregation, in: Review of Econmic Studies, Vol. 40, S. 403 - 410.

Black, Fischer (1970), Banking and Interest Rates in a World Without Money, in: Journal of Bank Research, Autumn 1970, S. 8 - 20.

Blackorby, Charles; Daniel Primont und R. Robert Russell (1975), Budgeting, Decentralization, and Aggregation, in: Annals of Economic and Social Measurement, Vol. 4, S. 23 - 44.

Blackorby, Charles; Daniel Primont und R. Robert Russell (1977), On Testing Separability Restrictions with Flexible Functional Forms, in: Journal of Econometrics, Vol. 5, S. 195 - 209.

Blackorby, Charles; Daniel Primont und R. Robert Russell (1978), Duality, Separability, and Functional Structure, North-Holland, New York.

Blackorby, Charles und R. Robert Russell (1976), Functional Structure and the Allen Partial Elasticities of Substitution: An Application of Duality Theory, in: Review of Economic Studies, Vol. 43, S. 285 - 291.

Blanchard, Oliver Jean und Stanley Fischer (1989), Lectures on Macroeconomics, MIT Press, Cambridge, Mass.

Blinder, Alan S. und Joseph E. Stiglitz (1983), Money, Credit Constraints, and Economic Activity, in: American Economic Review, Vol. 73, Papers and Proceedings, S. 297 - 302.

Bofinger, Peter (1985), Währungswettbewerb, Carl Heymanns, Köln.

Bofinger, Peter (1990), Finanzinnovationen und internationaler Kooperationsbedarf in der Geldpolitik, in: Filc, Wolfgang und Claus Köhler (Hrsg.), Kooperation, Autonomie und Devisenmarkt, Duncker & Humblot, Berlin, S. 99 - 122.

Bofinger, Peter; Julian Reischle und Andrea Schächter (1996), Geldpolitik - Ziele, Institutionen, Strategien, Instrumente, Vahlen Verlag, München.

Boskin, Michael J.; Ellen R. Dulberger, Robert J. Gordon, Zvi Griliches und Dale W. Jorgenson (1998), Consumer Prices, the Consumer Price Index, and the Cost of Living, in: Journal of Economic Perspectives, Vol. 12, No. 1, S. 3 - 26.

Borchert, Manfred (1997), Design-Probleme einer einheitlichen Geldpolitik in Europa, Westfälische Wilhelms-Universität Münster, Volkswirtschaftliche Diskussionsbeiträge, Nr. 251.

Bordo, Michael D. (1987), Equation of Exchange, in: Newman, Peter; Murray Milgate und John Eatwell (Hrsg.), The New Palgrave Dictionary of Economics, Vol. 2, S. 175 - 177.

Bowley, A.L. (1899), Wages, Nominal and Real, in: Palgrave, R.H.I. (Hrsg.) Dictionary of Political Economy, Vol. 3, S. 639 - 641.

Bowley, A.L. (1901), Elements of Statistics, King, Westminster.

Bowley, A.L. (1928), Notes on Index Numbers, in: Economic Journal, Vol. 38, S. 216 - 237.

Branson, William H. (1992), Makroökonomie, 3. Aufl., R. Oldenbourg, Müchen.

Brock, W.A. (1974), Money and Growth: The Case of Long Run Perfect Foresight, in: International Economic Review, Vol. 15, S. 750 - 777.

Brock, W.A. (1990), Overlapping Generations Models with Money and Transactions Costs, in: Friedman, Benjamin M. und Frank H. Hahn (Hrsg.), Handbook of Monetary Economics, Vol. I, Elsevier Science Publishers B. V., Amsterdam u.a., S. 263 - 295.

Bronars, Stephen G. (1987), The Power of Nonparametric Tests of Preference Maximization, in: Econometrica, Vol. 55, No. 3, S. 693 - 698.

Bronstein, I.N. und Semandjajew, K.A. (1983), Taschenbuch der Mathematik, 21. Aufl., Teubner, Leipzig.

Brunner, Karl (1971), A Survey of Selected Issues in Monetary Theory, in: Schweizerische Zeitschrift für Volkswirtschaft und Statistik, 107. Jahrgang, S. 1 - 146.

Brunner, Karl (1974), Zwei alternative Theorien des Geldangebotsprozesses: Geldmarkt- versus Kreditmarkttheorie, in: Brunner, Karl; Hans G. Monissen und Manfred J.M. Neumann (Hrsg.), Geldtheorie, Kiepenheuer & Witsch, S. 114 - 148.

Brunner, Karl und Allan H. Meltzer (1971), The Uses of Money: Money in the Theory of an Exchange Economy, in: American Economic Review, Vol. 61, No. 4, S. 784 - 805.

Bryant, John und Neil Wallace (1984), A Price Discrimination Analysis of Monetary Policy, in: Review of Economic Studies, Vol. 51, S. 279 - 288.

Buchanan, James M. (1974), Ein Outside-Ökonom verteidigt Pesek und Saving, in: Brunner, Karl; Hans G. Monissen und Manfred J.M. Neumann (Hrsg.), Geldtheorie, Kiepenheuer und Witsch, Köln, S. 150 - 153.

Byron, R.P. (1984), On the Flexibility of the Rotterdam Model, in: European Economic Journal, Vol. 24, S. 273 - 283.

Carli, G.R. (1764), Del valore e della Propozione de'metalli monetati con i generi in Italia prima delle scoperte dell'Indie colonfronto del valore e della propozione de'tempi nostri, in: Opere selte di Carli, Vol. 1, Milan, S. 299 - 366.

Caves, Douglas W. und Laurits R. Christensen (1980), Global Properties of Flexible Functional Forms, in: American Economic Review, Vol. 70, No. 3, S. 422 - 432.

Caves, Douglas W.; Laurits R. Christensen und Walter E. Diewert (1982), The Economic Theory of Index Numbers and the Measurement of Input, Output, and Productivity, in: Econometrica, Vol. 50, No. 6, S. 1393 - 1414.

Chalfant, James A. und Julian M. Alston (1988), Accounting for Changes in Tastes, in: Journal of Political Economy, Vol. 96, No. 2, S. 391 - 410.

Chetty, V. Karuppan (1969), On Measuring the Nearness of Near-Moneys, in: American Economic Review, Vol. 59, S. 270 - 281.

Chiang, Alpha C. (1984), Fundamental Methods of Mathematical Economics, 3. Aufl., McGraw-Hill, Auckland.

Chipman, John S. (1997a), Irving Fisher's Contribution to Economic Statistics and Econometrics, revidierte Fassung eines Beitrags für die Konferenz der Irving Fisher Gesellschaft am 22. - 24. Mai 1997 in Königstein, Ts.

Chipman, John S. (1997b), The Contribution of Ragnar Frisch to Economics and Econometrics, University of Minnesota, mimeo.

Christensen, Laurits R.; Dale W. Jorgenson und Lawrence J. Lau (1973), Transcendental Logarithmic Production Frontiers, in: Review of Economics and Statistics, Vol. 55, S. 28 - 45.

Christensen, Laurits R.; Dale W. Jorgenson und Lawrence J. Lau (1975), Transcendental Logarithmic Utility Functions, in: American Economic Review, Vol. LXV, S. 367 - 383.

Chrystal, Alec K. und Ronald MacDonald (1994), Empirical Evidence on the Recent Behavior and Usefulness of Simple-Sum and Weighted Measures of the Money Stock, in: Federal Reserve Bank of St. Louis Review, Vol. 76, No. 2, S. 73 - 109.

Claassen, Emil-Maria (1980), Grundlagen der Geldtheorie, 2. Aufl., Springer, Berlin.

Clements, K.W. und H.Y. Izan (1981), A Note on Estimating Divisia Index Numbers, in: International Economics Review, Vol. 22, S. 745 - 747.

Clements, K.W. und H.Y. Izan (1987), The Measurement of Inflation: A Stochastic Approach, in: Journal of Business & Economic Statistics, Vol. 5, S. 339 - 350.

Clower, Robert W. (1967), A Reconsideration of the Microfoundations of Monetary Theory, in: Western Economic Journal, Vol. 6, S. 1 - 8.

Clower, Robert W. (1969), Introduction, in: Clower, Robert W. (Hrsg.), Monetary Theory, Penguin Books, Harmondsworth, S. 7 - 21.

Clower, Robert W. und Peter W. Howitt (1978), The Transactions Theory of Demand for Money: A Reconsideration, in: Journal of Political Economy, Vol. 86, No. 3, S. 449 - 466.

Croushore, Dean (1993), Money in the Utility Function: Functional Equivalence to a Shopping-Time Model, in: Journal of Macroeconomics, Vol. 15, S. 175 - 182.

Cuthbertson, Keith (1997), Microfoundations and the Demand for Money, in: Economic Journal, Vol. 107, S. 1186 - 1201.

Dale, Spencer und Andrew Haldane (1993), Bank behaviour and the monetary transmission mechanism, in: Bank of England Quarterly Bulletin, Vol. 33, No. 4, S. 478 - 491.

Deaton, Angus (1974), The analysis of consumber Demand in the United Kingdom, 1900 – 1970, in: Econometrica, Vol. 42, S. 341 - 367.

Deaton, Angus (1979), The Distance Function in Consumer Behaviour with Applications to Index Numbers and Optimal Taxation, in: Review of Economic Studies, Vol. 46, S. 391 - 405.

Deaton, Angus (1986), Damand Analysis, in: Griliches, Zvi und Michael D. Intriligator (Hrsg.), Handbook of Econometrics, Vol. III, S. 1768 - 1839.

Deaton, Angus (1998), Getting Prices Right: What Should Be Done?, in: Journal of Economic Perspectives, Vol. 12, No. 1, S. 37 - 46.

Deaton, Angus und John Muellbauer (1980), Economics and Consumer Behavior, Cambridge Univ. Press, Cambridge, Mass.

Debreu, Gerard (1974), Excess Demand Functions, in: Journal of Mathematical Economics, Vol. 1, S. 15 - 23.

Denny, Michael und Melvyn Fuss (1977), The Use of Approximation Analysis to Test for Separability and the Existence of Consistent Aggregates, in: The American Economic Review, Vol. 67, S. 404 - 418.

Deutsche Bundesbank (1991), Geschäftsbericht 1991, Selbstverlag der Deutschen Bundesbank, Frankfurt am Main.

Deutsche Bundesbank (1995), Die Geldpolitik der Bundesbank, Selbstverlag der Deutschen Bundesbank, Frankfurt am Main.

Deutsche Bundesbank (1997a), Der rechtliche Rahmen für den Übergang von den nationalen Währungen auf den Euro, in: Informationsbrief zur WWU, Nr. 5, April 1997.

Deutsche Bundesbank (1997b), Geschäftsbericht 1997, Selbstverlag der Deutschen Bundesbank, Frankfurt am Main.

Diewert, Walter E. (1971), An Application of the Shephard Duality Theorem: A Generalized Leontief Production Function, in: Journal of Political Economy, Vol. 79, S. 481 - 507.

Diewert, Walter E. (1973a), Functional Forms for Profit and Transformation Functions, in: Journal of Economic Theory, Vol. 6, S. 284 - 316.

Diewert, Walter E. (1973b), Afriat and Revealed Preference Theory, in: Review of Economic Studies, Vol. 40, S. 419 - 426.

Diewert, Walter E. (1974a), Intertemporal Consumer Theory and the Demand for Durables, in: Econometrica, Vol. 42, S. 497 - 516.

Diewert, Walter E. (1974b), Functional Forms For Revenue and Factor Requirements Functions, in: International Economic Review, Vol. 15, S. 119 - 130.

Diewert, Walter E. (1976), Exact and Superlative Index Numbers, in: Journal of Econometrics, Vol. 4, S. 115 - 145.

Diewert, Walter E. (1978), Superlative Index Numbers and Consistency in Aggregation, in: Econometrica, Vol. 46, S. 883 - 900.

Diewert, Walter E. (1981), The Economic Theory of Index Numbers: A Survey, in: Deaton, Angus (Hrsg.), Essays in the Theory and Measurement of Consumer Behavior, Cambridge Univ. Press, Cambridge, Mass., S. 163 - 208.

Diewert, Walter E. (1990), The Theory of the Cost-of-Living Index and the Measurement of Welfare Change, in: Diewert, Walter E. (Hrsg.), Price Level Measurement, North-Holland, Amsterdam, S. 79 - 147.

Diewert, Walter E. (1992), Index Numbers, in: Newman, Peter; Murray Milgate und John Eatwell (Hrsg.), The New Palgrave Dictionary of Money & Finance, Vol. 2, S. 364 - 379.

Diewert, Walter E. (1993a), Overview of Volume I, in: Diewert, Walter E. und A. O. Nakamura (Hrsg.), Essays in Index Number Theory, Vol. 1, Kluwer, Dordrecht, S. 1 - 31.

Diewert, Walter E. (1993b), The Early History of Price Index Research, in: Diewert, Walter E. und A. O. Nakamura (Hrsg.), Essays in Index Number Theory, Vol. 1, Kluwer, Dordrecht, S. 33 - 65.

Diewert, Walter E. (1995a), On the Stochastic Approach to Index Numbers, Department of Economics, University of British Columbia, Vancouver, Canada, Discussion Paper, No. 95-31.

Diewert, Walter E. (1995b), Axiomatic and Economic Approaches to Elementary Price Indexes, NBER Working Paper, No. 5104, Cambridge, Mass.

Diewert, Walter E. (1997), Commentary, in: Federal Reserve Bank of St. Louis Review, Vol. 79, No. 3, S. 127 - 138.

Diewert, Walter E. und Terence J. Wales (1987), Flexible Functional Forms and Global Curvature Conditions, in: Econometrica, Vol. 55, S. 43 - 68.

Diewert, Walter E. und Terence J. Wales (1988), A Normalized Quadratic Semiflexible Functional Form, in: Journal of Econometrics, Vol. 37, S. 327 - 342.

Diewert, Walter E. und Terence J. Wales (1993), Linear and Quadratic Spline Models For Consumer Demand Functions, in: Canadian Journal of Economics, Vol. 26, No. 1, S. 77- 106.

Diewert, Walter E. und Terence J. Wales (1995), Flexible Forms and Tests of Homogeneous Separability, in: Journal of Econometrics, Vol. 67, S. 259 - 302.

Divisia, Francois (1925), L´Indice Monétaire et la Théorie de la Monnaie, in: Revue d´Economie Politique, Vol. 39, No. 4, S. 842 - 864; No. 5, S. 980 - 1008, No. 6, 1121 - 1151.

Divisia, Francois (1926), L´Indice Monétaire et la Théorie de la Monnaie, in: Revue d´Economie Politique, Vol. 40, No. 1, S. 49 - 81.

Donovan, Donal J. (1978), Modeling the Demand for Liquid Assets: An Application to Canada, in: IMF Staff Papers, Vol. 25, S. 676 - 704.

Dow, J. und S. Werlang (1988), The Consistency of Welfare Judgements With a Representative Consumer, in: Journal of Economic Theory, Vol. 44, S. 265 - 280.

Drake, Leigh (1992), The Substitutabilitiy of Financial Assets in the U.K. and the Implications for Monetary Aggregation, in: The Manchester School, Vol. 60, S. 221 - 248.

Drobisch, M.W. (1871a), Ueber die Berechnung der Veränderungen der Waarenpreise und des Geldwerths, in: Jahrbuch für Nationalökonomie und Statistik, Band 16, S. 143 - 156.

Drobisch, M.W. (1871b), Ueber Mittelgrößen und die Anwendbarkeit derselben auf die Berechnung des Steigens des Geldwerthes, in: Berichte über die Verhandlungen der königlich-sächsischen Gesellschaft der Wissenschaften zu Leipzig, Mathematisch-Physische Klasse, 23. Band, S. 25 - 48.

Duden, Konrad (1968), Der Gestaltwandel des Geldes und seine rechtlichen Folgen, C. F. Müller, Karlsruhe.

Dutkowsky, Donald H. und Robert M. Dunsky (1998), Estimating the Liquidity of M2 Components in the Post-DIDMCA Era, in: Economic Inquiry, Vol. 36, S. 244 - 257.

Duwendag, Dieter; Karl-Heinz Ketterer; Wim Kösters; Rüdiger Pohl und Diethard B. Simmert (1993), Geldtheorie und Geldpolitik, 4. Aufl., Bund-Verlag, Köln.

Eckermann, Henning (1995), Bankkreditmärkte und Transmission monetärer Impulse – Erklärungsansätze, informationstheoretische Fundierung und empirische Evidenz, Duisburger Volkswirtschaftliche Schriften, Bd. 21, S+W Steuer- und Wirtschaftsverlag, Hamburg.

Edgeworth, Francis Y. (1925a), Papers Relating to Political Economy, Vol. 1, Burt Franklin, New York.

Edgeworth, Francis Y. (1925b), The Plurality of Index Numbers, in: Economic Journal, Vol. 35, S. 379 - 388.

Eichhorn, Wolfgang (1976), Fisher's Tests Revisited, in: Econometrica, Vol. 44, No. 2, S. 247 - 256.

Eichhorn, Wolfgang (1978a), Functional Equations in Economics, Addison-Wesley, London.

Eichhorn, Wolfgang (1978b), What is an Economic Index? An Attempt of an Answer, in: Eichhorn, Wolfgang; R. Henn; Otto Opitz und Ronald W. Shephard (Hrsg.), Theory and Applications of Economic Indices, Physica, Würzburg, S. 3 - 42.

Eichhorn, Wolfgang und Joachim Voeller (1976), Theory of the Price Index, Springer, Berlin.

Eichhorn, Wolfgang und Joachim Voeller (1990), Axiomatic Foundations of Price Indexes and Purchasing Power Parities, in: Diewert, Walter E. (Hrsg.), Price Level Measurement, North-Holland, Amsterdam, S. 321 - 358.

Eisenberg, E. (1961), Aggregation of Utility Functions, in: Management Science, Vol.7, S. 337 - 350.

Ewis, Nabil A. und Douglas Fisher (1984), The Translog Utility Function and the Demand for Money in the United States, in: Journal of Money, Credit, and Banking, Vol. 16, No. 1; S. 34 - 52.

Ewis, Nabil A. und Douglas Fisher (1985), Toward a Consistent Estimate of the Demand for Monies: An Application of the Fourier Flexible Form, in: Journal of Macroeconomics, Vol. 7, S. 151 - 174.

Fama, Eugene F. (1980), Banking in the Theory of Finance, in: Journal of Monetary Economics, Vol. 6, No. 1, S. 39 - 57.

Farr, Helen T. und Deborah Johnson (1985), Revisions in the Monetary Services (Divisia) Indexes of the Monetary Aggregates, Board of Governors of the Federal Reserve System, Washington.

Fayyad, Salam K. (1986), Monetary Asset Component Grouping and Aggregation: An Inquiry into the Definition of Money, PhD Dissertation, The University of Texas at Austin.

Feenstra, Robert C. (1986), Functional Equivalence Between Liquidity Costs and the Utility of Money, in: Journal of Monetary Economics, Vol. 17, No. 2, S. 271 - 291.

Fisher, Douglas (1989), Money Demand and Monetary Policy, 2. Aufl., Harvester Wheatsheaf, New York.

Fisher, Douglas (1992), Money-Demand Variability: A Demand-Systems Approach, in: Journal of Business & Economic Statistics, Vol. 10, No. 2, S. 143 - 151.

Fisher, Douglas und Adrian Fleissig (1994), Money Demand in a Dynamic Fourier Expenditure System, in: Federal Reserve Bank of St. Louis Review, Vol. 76, No. 2, S. 117 - 128.

Fisher, Douglas und Adrian Fleissig (1997), Monetary Aggregation and the Demand for Assets, in: Journal of Money, Credit, and Banking, Vol. 29, No. 4, S. 458 - 475.

Fisher, Franklin M. (1969), Approximate Aggregation and the Leontief Conditons, in: Econometrica, Vol. 37, S. 457 - 469.

Fisher, Irving (1896), Appreciation and Interest, Publications of the American Economic Association, Vol. 9, No. 4, S. 331 - 442.

Fisher, Irving (1913), The Purchasing Power of Money, 2. Aufl., Wiederabdruck: Reprints of Economic Classics, Augustus M. Kelley Publishers, New York, 1985.

Fisher, Irving (1921), The Best Form of Index Number, in: Quarterly Publication of the American Statistical Association, Vol. 17, No. 133, S. 535 - 537.

Fisher, Irving (1927), The Making of Index Numbers, 3. Aufl., Wiederabdruck: Reprints of Economic Classics, Augustus M. Kelley Publishers, New York, 1967.

Fisher, Irving (1930), The Theory of Interest As Determined by Impatience to Spend Income and Opportunity to Invest It, Macmillan, New York.

Fisher, Irving (1932), Booms and Depressions, George Allen and Unwin, London.

Fisher, Irving (1935), 100% Money, Adelphi, New York.

Fisher, Paul; Suzanne Hudson und Mahmood Pradhan (1993), Divisia-Indices for Money: An Appraisal of Theory and Practice, Bank of England Working Paper Series No. 9.

Fleissig, Adrian (1997), The Consumer Consumption Conundrum: An Explanation, in: Journal of Money, Credit, and Banking, Vol. 29, No. 2, S. 177 - 191.

Fleissig, Adrian und James L. Swofford (1996), A Dynamic Asymptotically Ideal Model of Money Demand, in: Journal of Monetary Economics, Vol. 37, No. 2, S. 371 - 380.

Fluri, Robert (1990), Monetäre Divisia-Aggregate – eine Alternative zu den tradtionellen Geldmengenindikatoren?, in: Geld, Währung und Konjunktur, Schweizerischen Nationalbank, Jahrgang 8/4.

Fluri, Robert und Erich Spoerndli (1994), Simple Sum vs. Divisia Money in Switzerland: Some Empirical Results, Beitrag für die Konferenz „Divisia Monetary Aggregates - Right in Theory, Useful in Practice?“, 17/18. Oktober 1994, University of Mississippi, Oxford Mississippi.

Fögen, Hermann (1969), Geld- und Währungsrecht, C.H. Beck, München.

Förster, Gerhard (1994), Staatstitel als Geld - Legal Restrictions -Theory: Stand der Debatte und weitere Überlegungen, in: Kredit und Kapital, 27. Jahrg., Heft 2, S. 188 - 211.

Ford, James. L. und Andrew W. Mullineux (1996), Financial innovation and monetary aggregates in the UK, 1977-93, in: Mullineux, Andrew W. (Hrsg.), Financial Innovation, Banking and Monetary Aggregates, Edward Elgar, Cheltenham, S. 13 - 38.

Ford, James. L.; W.S. Peng und Andrew. W. Mullineux (1992), Financial Innovation and Divisia Monetary Aggregates, in: Oxford Bulletin of Economics and Statistics, Vol. 54, No. 1, S. 87 - 102.

Friedman, Milton (1956), The Quantity Theory of Money - A Restatement, in: Friedman, Milton (Hrsg.), Studies in the Quantity Theory of Money, Univ. of Chicago Press, Chicago.

Friedman, Milton (1970), Die optimale Geldmenge und andere Essays, Verlag Moderne Industrie, München.

Friedman, Milton (1992), Quantity Theory of Money, in: Newman, Peter; Murray Milgate und John Eatwell (Hrsg.), The New Palgrave Dictionary of Money & Finance, Vol. 3, S. 247 - 264.

Friedman, Milton und David Meiselman (1963), The Relative Stability of Monetary Velocity and the Investment Multiplier in the United States, 1897 - 1958, in: Brown, E.C. (Hrsg.), Stabilization Policies, Englewood Cliffs, New Jersey, S. 165 - 268.

Friedman, Milton und Anna J. Schwartz (1969), The Definition of Money: Net Wealth and Neutrality as Criteria, in: Journal of Money, Credit, and Banking, Vol. 1, No. 1, S. 1 - 14.

Friedman, Milton und Anna J. Schwartz (1970), Monetary Statistics of the United States, NBER, New York.

Friedman, Milton und Anna J. Schwartz (1982), Monetary Trends in the United States and the United Kingdom: Their Relation to Income, Prices and Interest Rates, 1867 – 1975, Univ. of Chicago Press, Chicago.

Frisch, Ragnar (1930), Necessary and Sufficient Conditions Regarding the Form of an Index Number Which Shall Meet Certain of Fisher´s Tests, in: American Statistical Association Journal, Vol. 25, S. 397 - 406.

Frisch, Ragnar (1936), Annual Survey of General Economic Theory: The Problem of Index Numbers, in: Econometrica, Vol. 4, No. 1, S. 1 - 38.

Fuss, Melvyn; Daniel McFadden und Yair Mundlak (1978), A Survey of Functional Forms in the Economic Analysis of Production, in: Fuss, Melvyn und Daniel McFadden (Hrsg.), Production Economics: A Dual Approach to Theory and Applications, Vol. 1, North-Holland, Amsterdam, S. 219 - 268.

Gaab, Werner (1996), On the Demand for Divisia and Simple-sum M3 in Germany, 1960-93, in: Mullineux, Andrew W. (Hrsg.), Financial Innovation, Banking and Monetary Aggregates, Edward Elgar, Cheltenham, S. 160 - 186.

Gaab, Werner und Andrew W. Mullineux (1996), Financial Innovation, Monetary Aggregates and Monetary Policy in the UK and Germany, in: Duwendag, Dieter (Hrsg.), Finanzmärkte, Finanzinnovationen und Geldpolitik, Schriften des Vereins für Socialpolitik, N.F., Bd. 242, S. 73 - 110.

Gaiotti, Eugenio (1994), Measuring Money with a Divisia Index: An Application to Italy, Banca D'Italia, Temi di discussione, No. 223.

Gaiotti, Eugenio (1996), Measuring Money with a Divisia Index: An Application to Italy, in: Mullineux, Andrew W. (Hrsg.), Financial Innovation, Banking and Monetary Aggregates, Edward Elgar, Cheltenham, S. 66 -103.

Gallant, Ronald A. (1981), On the Bias in Flexible Functional Forms and an Essentially Unbiased Form: The Fourier Functional Form, in: Journal of Econometrics, Vol. 15, No. 2, S. 211 - 245.

Gauger, Jean A. und John R. Schroeter (1990), Measuring the Nearness of Modern Near-monies, Evidence From the 1980s, in: Journal of Macroeconomics, Vol. 12, No. 2, S. 247 - 261.

Geary, R. C. (1949), A Note on „A Constant Utility Index of the Cost of Living", in Review of Economic Studies, Vol 18, S. 65 - 66.

Gerloff, Wilhelm (1947), Die Entstehung des Geldes und die Anfänge des Geldwesens, 3. Aufl., Klostermann, Frankfurt am Main.

Gertler, Mark (1988), Financial Structure and Aggregate Economic Activity, in: Journal of Money, Credit, and Banking, Vol. 20, No. 3, S. 559 - 588.

Goldfeld, Stephen (1992), Demand for Money: Empirical Studies, in: Newman, Peter; Murray Milgate und John Eatwell (Hrsg.), The New Palgrave Dictionary of Money & Finance, Vol. 1, S. 618 - 624.

Goldman, S.M. und H. Uzawa (1964), A Note on Separability in Demand Analysis, in: Econometrica, Vol. 32, S. 387 - 398.

Goodhart, Charles A.E. (1977), The Role, Functions and Definiton of Money, in: Harcourt, G.C. (Hrsg.), Microeconomic Foundations of Macroeconomics, Macmillan, Basingstoke.

Goodhart, Charles A.E. (1989a), Money, Information and Uncertainty, Second Edition, Macmillan, Basingstoke.

Goodhart, Charles A.E. (1989b), The Development of Monetary Theory, in: Llewellyn, David T. (Hrsg.), Reflections on Money, Macmillan, Basingstoke, S. 25 - 36.

Gorman, William M. (1953), Community Preference Fields, in: Econometrica, Vol. 21, S. 63 - 80.

Gorman, William M. (1959), Separable Utility and Aggregation, in: Econometrica, Vol. 27, S. 469 - 481.

Gorman, William M. (1976), Tricks with Utility Functions, in: Artis, M.J. und A.R. Nobay (Hrsg.), Essays in Economic Analysis, Cambridge Univ. Press, Cambridge, Mass., S. 211 - 243.

Gorman, William M. (1981), Some Engel Curves, in: Deaton, Angus (Hrsg.), Essays in the Theory and Measurement of Consumer Behavior, Cambridge Univ. Press, Cambridge, Mass., S. 7 - 29.

Green, H.A. John (1964), Aggregation in Economic Analysis: An Introductory Survey, Princeton Univ. Press, Princeton, N.J.

Green, H.A. John (1977), Aggregation Problems of Macroeconomics, in: Harcourt, G.C. (Hrsg.), Microeconomic Foundations of Macroeconomics, Macmillan Press, London und Basingstoke, S. 179 - 194.

Grass, Rolf-Dieter und Wolfgang Stützel (1983), Volkswirtschaftslehre, Vahlen, München.

Grasser, Walter (1971), Deutsche Münzgesetze 1871 - 1971, Ernst Battenberg, München.

Guilkey, David K. und C. A. Knox Lovell (1980), On the Flexibility of the Translog Approximation, in: International Economic Review, Vol. 21, S. 137 - 147.

Guilkey, David K.; C. A. Knox Lovell und Robin C. Sickles (1983), A Comparison of the Performance of Three Flexible Functional Forms, in: International Economic Review, Vol. 24, S. 591 - 616.

Gurley, John G. (1960), Liquiditiy and Financial Institutions in the Postwar Period, in: Joint Economic Committee, Study Paper No. 14, S. 3 - 57.

Gurley, John G. und Edward S. Shaw (1960), Money in a Theory of Finance, The Brookings Institution, Washington D.C.

Gutowski, Armin (1976), Flottierendes Kapital und internationale Währungsordnung, in: Bruns, Georg und Karl Häuser (Hrsg.), Flottierendes Kapital und Kapitalmarkt, Probleme des Kapitalmarktes, Kolloquien-Beiträge, Band 12 der Schriftenreihe des Instituts für Kapitalmarktforschung an der J.W. Goethe Universität Frankfurt, Frankfurt am Main, S. 1 - 18.

Haberler, Gottfried (1927), Der Sinn der Indexzahlen. Eine Untersuchung über den Begriff des Preisniveaus und die Methoden seiner Messung, J.C.B. Mohr (Paul Siebeck), Tübingen.

Haffer, R. W. (1980), The New Monetary Aggregates, in: Federal Reserve Bank of St. Louis Review, Vol. 62, No. 3, S. 25 -32.

Hahn, Frank H. (1990), Liquidity, in: Friedman, Benjamin M. und Frank H. Hahn (Hrsg.), Handbook of Monetary Economics, Vol. I, Elsevier Science Publishers, Amsterdam, S. 63 - 80.

Harff, Christoph (1998), Indexierte Staatsanleihen und Preisniveaustabilität in Europa, in: Wirtschaftsdienst, 78. Jahrg., Heft 4, S. 247 - 252.

Harrison, Glenn, W. (1987), Stocks and Flows, in: Newman, Peter; Murray Milgate und John Eatwell (Hrsg.), The New Palgrave Dictionary of Economics, Vol. 4, S. 506 - 509.

Hayek, August F. von (1977), Entnationalisierung des Geldes, Eine Analyse der Theorie und Praxis konkurrierender Umlaufsmittel, in: Walter Eucken Institut, Freiburg (Hrsg.), Wirtschaftswissenschaftliche und wirtschaftsrechtliche Untersuchungen, Nr. 13, Tübingen.

Heineke, J.M. und H.M. Shefrin (1990), Aggregation and Identification in Consumer Demand Systems, in: Journal of Econometrics, Vol. 44, S. 377 - 390.

Henderson, James M. und Richard E. Quandt (1985), Mikroökonomische Theorie, 5. Aufl., Vahlen, München.

Herrmann, Heinz; Hans-Eggert Reimers und Karl-Heinz Tödter (1994), Weighted Monetary Aggregates for Germany, Beitrag für die Konferenz „Divisia Monetary Aggregates - Right in Theory, Useful in Practice?", 17/18. Oktober 1994, University of Mississippi, Oxford, Miss.

Hicks, John R. (1932), Theory of Wages, Macmillan, London.

Hicks, John R. (1935), A Suggestion for Simplyfing the Theory of Money, wiederabgedruckt in: Lutz, Friedrich A. und Lloyd W. Mints (Hrsg.), Readings in Monetary Theory, George Allan und Unwin, London, 1952, S. 13 - 32.

Hicks, John R. (1946), Value and Capital, 2. Aufl., Clarendon Press, Oxford.

Hicks, John R. (1967), Critical Essays in Monetary Theory, Oxford Univ. Press, Oxford.

Hoffmann, Johannes (1998), Probleme der Inflationsmessung in Deutschland, Volkswirtschaftliche Forschungsgruppe der Deutschen Bundesbank, Diskussionspapier 1/98.

Hoover, Kevin D. (1995), Commentary, in: Federal Reserve Bank of St. Louis Review, Vol. 77, No. 3, S. 26 - 32.

Hotelling, Harold (1935), Demand Functions with Limited Budgets, in: Econometrica, Vol. 3, S. 66 - 78.

Houthakker, H.S. (1950), Revealed Preference and the Utility Function, in: Economica, Vol. 17, S. 159 - 174.

Hubbard, R. Glenn (1995), Is There a „Credit Channel" for Monetary Policy?, in: Federal Reserve Bank of St. Louis, Vol. 77, No. 3, S. 63 - 77.

Hume, David (1752), Of Money, Wiederabdruck in: Rotwein, Eugene (Hrsg.), Writings on Economics, Univ. of Wisconsin Press, Madison, 1970.

Humphrey, Thomas M. (1992), Lender of Last Resort, in: Newman, Peter; Murray Milgate und John Eatwell (Hrsg.), The New Palgrave Dictionary of Money & Finance, Vol. 3, S. 571 - 574.

Hulten, Charles R. (1973), Divisia Index Numbers, in: Econometrica, Vol. 41, S. 1017 - 1025.

Hulten, Charles R. (1987), Divisia Index, in: Newman, Peter; Murray Milgate und John Eatwell (Hrsg.), The New Palgrave Dictionary of Economics, Vol. 1, S. 899 - 901.

Hutt, W.H. (1963), Keynesianism – Retrospect and Prospect, A Critical Restatement of Basic Economic Principles, Henry Regnery Comp., Chicago.

Issing, Otmar (1992), Theoretische und empirische Grundlagen der Geldmengenpolitik der Deutschen Bundesbank, in: Wirtschaftsdienst, 72. Jahrgang, Heft 10, S. 537 - 548.

Issing, Otmar (1995), Einführung in die Geldtheorie, 10. Aufl., Vahlen, München.

Issing, Otmar (1996), Einführung in die Geldpolitik, 6. Aufl., Vahlen, München.

Issing, Otmar; Tödter, Karl-Heinz, Heinz Herrmann und Hans-Eggert Reimers (1993), Zinsgewichtete Geldmengenaggregate und M3 - ein Vergleich, in: Kredit und Kapital, 26. Jahrg., Heft 1, S. 1 - 21.

Jaeger, Arno und Klaus Wenke (1969), Lineare Wirtschaftsalgebra, Band 2, Teubner, Stuttgart.

Jerison, Michael (1984), Social Welfare and the Unrepresentative Representative Consumer, Discussion Paper, State University of New York at Albany, 1984.

Jerison, Michael (1992), Optimal Income Distribution Rules and the Nonrepresentative Representative Consumer, Discussion Paper, State University of New York at Albany, 1992.

Jerison, Michael (1994), Optimal Income Distribution Rules and Representative Consumers, in: Review of Economic Studies, Vol. 61, S. 739 - 771.

Jevons, W. Stanley (1863), A Serious Fall in the Value of Gold Ascertained and ist Social effects Set Forth, Wiederabdruck in: Investigations in Currency and Finance, Macmillan, London, S. 13 - 118.

Jevons, W. Stanley (1875), Money and the Mechanism of Exchange, King, London.

Johnson, Harry G. (1969), Inside Money, Outside Money, Income, Wealth, and Welfare in Monetary Theory, in: Journal of Money, Credit, and Banking, Vol. 1, No. 1, S. 30 - 45.

Jones, Robert A. (1976), The Origin and Development of Media of Exchange, in: Journal of Political Economy, Vol. 84, No.4, S. 757 - 775.

Jorgenson Dale W. (1963), Capital Theory and Investment Behaviour, in: American Economic Review, Vol. 53, Papers and Proceedings, S. 247 - 259.

Jorgenson, Dale W. und Lawrence J. Lau (1979), The Integrability of Consumer Demand Functions, in: European Economic Review, Vol. 12, S. 115 - 147.

Jorgenson, Dale W.; Daniel T. Slesnick und Thomas M. Stoker (1988), Two-Stage Budgeting and Exact Aggregation, in: Journal of Business & Economic Statistics, Vol. 6, No. 3, S. 313 - 325.

Judge, George G; W. E. Griffiths, R. Carter Hill; Helmut Lütkepohl und Tsoung-Chao Lee (1985), The Theory and Practice of Econometrics, 2. Aufl., Wiley, New York.

Kane, Edward J. (1964), Money as a Weighted Aggregate, in: Zeitschrift für Nationalökonomie, 24. Jahrg., S. 221 - 243.

Kashyap, Anil K. und Jeremy C. Stein (1994), Monetary Policy and Bank Lending, in: Mankiw, N. Gregory (Hrsg.), Monetary Policy, Univ. of Chicago Press, Chicago, S. 221 - 256.

Keynes, John Maynard (1930a), A Treatise on Money - The Pure Theory of Money, abgedruckt in: The Collected Writings of John Maynard Keynes, Vol. V, Cambridge Univ. Press, Cambridge, 1971.

Keynes, John Maynard (1930b), A Treatise on Money - The Applied Theory of Money, abgedruckt in: The Collected Writings of John Maynard Keynes, Vol. VI, Cambridge Univ. Press, Cambridge, 1971.

Keynes, John Maynard (1936), The General Theory of Employment, Interest and Money, abgedruckt in: The Collected Writings of John Maynard Keynes, Vol. VII, Cambridge Univ. Press, Cambridge, 1973.

King, Robert G. und Charles I. Plosser (1986), Money as the Mechansim of Exchange, in: Journal of Monetary Economics, Vol. 17, S. 93 - 115.

Kirman, Alan P. (1992), Whom or What Does the Representative Individual Represent?, in: Journal of Economic Perspectives, Vol. 6, No. 2, S. 117 - 136.

Kiyotaki, Nobuhiro und Randall Wright (1989), On Money a Medium of Exchange, in: Journal of Political Economy, Vol. 97, S. 927 - 954.

Kiyotaki, Nobuhiro und Randall Wright (1991), A Contribution to the PureTheory of Money, in: Journal of Economic Theory, Vol. 53, S. 215 - 235.

Kiyotaki, Nobuhiro und Randall Wright (1993), A Search-Theoretic Approach to Monetary Economics, in: American Economic Review, Vol. 83, No. 1, S. 63 - 77.

Klein, Benjamin (1974), Competitive Interest Payments on Bank Deposits and the Long-run Demand for Money, in: American Economic Review, Vol. 64, No. 5, S. 931 - 949.

Klump, Rainer (1992), Geld als Argument der Nutzen- und der Produktionsfunktion, in: WiSt - Wirtschaftswissenschaftliches Studium, 21. Jg., Heft 9, S. 441 - 446.

Klump, Rainer und Harald Preissler (1997), How Exactly Does the Elasticity of Substituion Influence Economic Growth, University of Ulm, Department of Mathematics and Mathematical Economics.

Knapp, Georg F. (1923), Staatliche Theorie des Geldes, 4. Aufl., Duncker & Humblot, München.

Koenig, Evan F. und Thomas B. Fomby (1990), A New Monetary Aggregate, in: Economic Review, Federal Reserve Bank of Dallas, May 1990, S. 1 - 15.

Konüs, Alexander A. (1939), The Problem of the True Index of the Cost of Living, in: Econometrica, Vol. 7, S. 10 - 29.

Konüs, Alexander A. und S.S. Byushgens (1926), K Probleme Pokupatelnoi Cili Deneg, (englische Übersetzung: On the Problem of the Purchasing Power of Money) in: Voprosi Konyunkturi II:1, S. 151 - 172.

Koopmans, Johan G. (1933), Zum Problem des "neutralen" Geldes, in: Hayek, Friedrich A. von (Hrsg.), Beiträge zur Geldtheorie, Springer, Wien.

Krämer, Jörg Wilhelm (1996), Zinsgewichtete versus herkömmliche Geldmengenaggregate, Kieler Studien, Nr. 274, J.C.B.Mohr (Paul Siebeck), Tübingen.

Laidler, David E. (1969), The Definition of Money, in: Journal of Money, Credit, and Banking, Vol.1, S. 508 - 525.

Laidler, David E. (1990), Taking Money Seriously, Philip Allan, Oxford.

Laidler, David E. (1993), The Demand for Money - Theories, Evidence, and Problems, 4. Aufl., Harper Collins, London.

Lacker, Jeffrey M. und Stacey L. Schreft (1996), Money and Credit As a Means of Payment, in: Journal of Monetary Economics, Vol 38, No. 1, s. 3- 23.

Laspeyres, E. (1871), Die Berechnung einer mittleren Waarenpreissteigerung, in: Jahrbücher für Nationalökonomie und Statistik, Band 16, S. 296 - 314.

Lau, Lawrence J. (1974), Comments to Applications of Duality Theory by W. E. Diewert, in: Intriligator, Michael D. und David A. Kendrick (Hrsg.), Frontiers of Quantitative Economics, Vol. II, S. 176 - 199, North-Holland, New York.

Lau, Lawrence J. (1986), Functional Forms in Econometric Model Building, in: Griliches, Zvi und Michael D. Intriligator (Hrsg.), Handbook of Econometrics, Vol. III, S. 1516 - 1566.

Laumas, Gurcharan S. (1968), The Dregree of Moneyness of Saving Deposits, in: American Economic Review, Vol. 58, No. 3, S. 501 - 503.

Laumas, Gurcharan S. (1969), Savings Deposits in the Definition of Money, in: Journal of Political Economy, Vol. 77, S. 892 - 896.

Layard, P. Richard und Alan A. Walters (1978), Microeconomic Theory, McGraw-Hill, New York.

Leontief, Wassily (1936), Composite Commodities and the Problem of Index Numbers, in: Econometrica, Vol. 4, S. 39 - 59.

Leontief, Wassily (1947), Introduction to a Theory of the Internal Structure of Functional Relationships, in: Econometrica, Vol. 15, S. 361 - 373.

Leuchtmann, Ulrich (1996), Divisia Monetary Indices in the Presence of Adjustments Costs, Discussion Paper No. 319, University of Bielefeld.

Levhari, David und Don Patinkin (1968), The Role of Money in a Simple Growth Model, in: American Economic Review, Vol. 58, No. 4, S. 713 - 753.

Lewbel, Arthur (1987), Characterizing Some Gorman Engel Curves, in: Econometrica, 55, S. 1451 - 1459.

Lewbel, Arthur (1989), Ecact Aggregation and a Representative Consumer, in: Quarterly Journal of Economics, Vol. 104, No. 3, S. 621 - 633.

Lippman, Steven A. und John J. McCall (1986), An Operational Measure of Liquidity, in: American Economic Review, Vol. 76, No.1, S. 43 - 55.

Little, I.M.D. (1949), A Reformulation of the Theory of Consumer's Behaviour, in: Oxford Economic Papers, 1949, No. 1, S. 90 - 99.

Lowe, Joseph (1823), The Present State of England in Regard to Aggriculture, Trade and Finance, 2. Aufl., Longman u.a., London.

Lucas, Robert E. und Nancy Stokey (1987), Money and Interest in a Cash-in-Advance Economy, in: Econometrica, Vol. 55, No. 3, S. 491 - 513.

Lutz, Friedrich A. (1941), The Structure of Interest Rates, in: Quarterly Journal of Economics, Vol. 55, S. 36 - 63.

Macleod, Henry D. (1863), A Dictionary of Political Economy, Longman u.a., London.

Madalla, G.S. (1992), Introduction to Econometrics, 2. Aufl., Macmillan, New York.

Maier, Gerhard (1987), Die inlandswirksame Geldmenge in einer interdependenten Welt, Untersuchungen über das Spar-, Giro- und Kreditwesen, Band 133.

Mak, King-tim (1987), Separability and the Existence of Aggregates, in: Eichhorn, Wolfgang (Hrsg.), Measurement in Economics - Theory and Applications of Economic Indices, Pysica-Verlag, Heidelberg, S. 649 - 669.

Mak, King-tim (1988), Approximate Separability and Aggregation, in: Journal of Economic Theory, Vol. 45, S. 200 - 206.

Makover, G. und J. Marschak (1938), Assets, Prices and Monetary Theory, in: Econometrica, Vol. 5, S. 261 - 288.

Malmqvist, S. (1953), Index Numbers and Indifference Surfaces, in: Tradajos de Esadistica, Vol. 4, S. 209 - 241.

Malmqvist, S. (1993), Index Numbers and Demand Functions, in: Journal of Productivity Analysis, Vol. 4, S. 251 - 260.

Mantel, Rolf R. (1976), Homothetic Preferences and Community Excess Demand Functions, in: Journal of Economic Theory, Vol. 12, S. 197 - 201.

Markowitz, H. (1952), Portfolio Selection, in: Journal of Finance, Vol. 7, No. 1, S. 77 - 91.

Markowitz, H. (1959), Portfolio Selection – Efficient Diversification of Investments, Wiley, New York.

Marshall, Alfred (1887), Remedies for Fluctuations of General Prices, in: Contemporary Review, Vol. 51, S. 355 - 375.

Mas-Colell, Andreu; Michael D. Whinston und Jerry R. Green (1995), Microeconomic Theory, Oxford University Press, Oxford u.a.

Mason, Will E. (1976), The Empirical Definition of Money: A Critique, in: Economic Inquiry, Vol. 14, S. 525 - 538.

McCallum, Bennett T. (1983), The Role of Overlapping-Generations Models in Monetary Economics, in: Carnegie-Rochester Conference Series on Public Policy, Vol. 18, S. 9 - 44.

McCallum, Bennett T. (1989), Monetary Economics - Theory and Policy, Macmillan Press, New York

McManus, M. (1956), General Consistent Aggregation in Leontief Models, in: Yorkshire Bulletin of Economic Research, Vol. 8, S. 28 - 48.

Meltzer, Allan H. (1995), Monetary, Credit and (Other) Transmission Process: A Monetarist Perspective, in: Journal of Economic Perspectives, Vol. 9, No. 4, S. 49 - 72.

Menger (1892), Geld, in: Handwörterbuch der Staatswissenschaften, Wiederabdruck: Hayek, Friedrich A. von (Hrsg.), Carl Menger - Gesammelte Werke, Band IV, Schriften über Geld- und Währungspolitik, 2. Aufl., J.C.B. Mohr (Paul Siebeck), Tübingen, S. 1 - 116.

Metzler, L. A. (1951), Wealth, Saving, and the Rate of Interest, in: Journal of Political Economy, Vol. 59, No. 2, S. 93 - 116.

Mill, John Stuart (1881), Gesammelte Werke, Band 6, Scientia Verlag, Aalen, 1968.

Miller, Merton H. und Daniel Orr (1966), A Model of the Demand for Money by Firms, in: Quarterly Journal of Economics, Vol. 80, S. 414 - 435.

Miller, Merton H. und Daniel Orr (1968), The Demand for Money by Firms: Extensions of Analytic Results, in: Journal of Finance, Vol. 23, No. 5, S. 735 - 759.

Mishkin, Frederic S. (1995), Symposium on the Monetary Transmission Mechanism, in: Journal of Economic Perspectives, Vol. 9, No. 4, S. 3 - 10.

Mitchell, Wesley C. (1938), The Making and Using of Index Numbers, Augustus M. Kelley, New York.

Monissen, Hans G. (1968), Konsum und Vermögen, Vandenhoeck & Ruprecht, Göttingen.

Monissen, Hans G. (1982), Makroökonomische Theorie, Band 1, Sozialprodukt, Preisniveau und Zinsrate, Kohlhammer, Stuttgart.

Monissen, Hans G. (1983), Preisniveau- und Outputbestimmung in einem einfachen gesamtwirtschaftlichen Modell, in: Jarhbücher für Nationalökonomie und Statistik, Band 198, Heft 4, S. 289 - 310.

Monissen, Hans G. (1989), Die konjunkturtheoretischen Vermutungen von Irving Fisher, in: Schefold, Bertram (Hrsg.), Studien zur Entwicklung der ökonomischen Theorie, Band 7, S. 35 - 64

Monissen, Hans G. (1996), Verallgemeinerungen einfacher quasilinearer Nutzenfunktionen, in: Jahrbücher für Nationalökonomie und Statistik, Band 215, Heft 1, S. 1 - 13.

Monticelli, Carlo und Luca Papi (1996), European Integration, Monetary Coordination, and the Demand for Money, Claredon, Oxford.

Mullineux, Andrew W. (1996), Monetary Aggregates and Monetary Policy: Some Introductory Remarks, in: Mullineux, Andrew W. (Hrsg.), Financial Innovation, Banking and Monetary Aggregates, Edward Elgar, Cheltenham, S. 1 - 12.

Neubauer, Werner (1976), Über Adäquationsprobleme in der Geldstatistik, in: Allgemeines Statistisches Archiv, Bd. 60, S. 357 - 389.

Neumann, Manfred (1992), Verkehrte Richtung, in: Wirtschaftswoche vom 24.7.1992.

Neumann, Manfred und Jürgen Weigand (1996), Monetäres Reinvermögen versus Geldmenge M3 - Zur Indikatorqualität alternativer monetärer Aggregate, in: Kredit und Kapital, 29. Jahrg., Heft 2, S. 224 - 243.

Neumann, Manfred J.M. (1995), A Conference Panel Discussion, in: Federal Reserve Bank of St. Louis Review, Vol. 77, No. 3, S. 138 - 142.

Newcomb, Simon (1885), Principles of Political Economy, Harper & Brothers, New York.

Newlyn, W.T. (1964), The Supply of Money and ist Control, in: Economic Journal, Vol. 74, 327 - 346.

Newlyn, W.T. (1971), Theory of Money, 2. Aufl., Clarendon Press, Oxford.

Nicol, Christopher J. (1989), Testing a Theory of Ecact Aggregation, in: Journal of Business & Economic Statistics, Vol. 7, No. 2, S. 259 - 265.

Niehans, Jürg (1980), Theorie des Geldes - Synthese der monetären Mikro- und Makroökonomie, Paul Haupt, Bern.

Osborne, Dale K. (1984), Ten Approaches to the Definition of Money, in: Economic Review, Federal Reserve Bank of Dallas, March 1984, S. 1 - 23.

Osborne, Dale K. (1985), What Is Money Today?, in: Economic Review, Federal Reserve Bank of Dallas, January 1985, S. 1 - 15.

Osborne, Dale K. (1992), Defining Money, in: Newman, Peter; Murray Milgate und John Eatwell (Hrsg.), The New Palgrave Dictionary of Money & Finance, Vol. 1, S. 602 - 606.

Ostroy, Joseph M. und Ross M. Starr (1990), The Transactions Role of Money, in: Friedman, Benjamin M. und Frank H. Hahn (Hrsg.), Handbook of Monetary Economics, Vol. I, Elsevier Science Publishers, Amsterdam, S. 3 - 62.

Ott, Alfred E. (1980), Marktformen, in: Handwörterbuch der Wirtschaftswissenschaften, Gustav Fischer, Stuttgart, S. 104 - 113.

Paasche, Hermann (1874), Ueber die Preisentwicklung der letzten Jahre nach den Hamburger Börsennotierungen, in: Jahrbücher für Nationalökonomie und Statistik, Band 23, S. 168 - 178.

Parks, R.W. (1969), Systems of Demand Equations: An Empirical Comparison of Alternative Functional Forms, in: Econometrica, Vol. 37, S. 629 - 650.

Patinkin, Don (1965), Money, Interest, and Prices, 2. Aufl., Harper & Row, New York.

Patinkin, Don (1974), Geld und Vermögen, in: Brunner, Karl; Hans G. Monissen und Manfred J. M. Neumann (Hrsg.), Geldtheorie, Kiepenheuer & Witsch, S. 154 - 179.

Patterson, K.D. (1991), A Non-Parametric Analysis of Personal Sector Decisions on Consumption, Liquid Assets and Leisure, in: Economic Journal, Vol. 101, S. 1103 - 1116.

Pesek, Boris P. und Thomas R. Saving (1967), Money, Wealth, and Economic Theory, Macmillan, New York.

Petersen, David J. (1995), Monetary Aggregates, Payment Technology, and Institutional Factors, in: Federal Reserve Bank of Atlanta Economic Review, November/December 1995, S. 30 - 37.

Pigou, Arthur C. (1917), The Value of Money, wiederabgedruckt in: Lutz, Friedrich A. und Lloyd W. Mints (Hrsg.), Readings in Monetary Theory, George Allan und Unwin, London, 1952, S. 162 - 183.

Pigou, Arthur C. (1932), The Economics of Welfare, 4. Aufl., Wiederabdruck, Macmillan, London, 1962.

Pill, Huw und Mahmood Pradhan (1994), Monetary Aggregation: A Reconciliation of Theory and Central Bank Practice, International Monetary Fund, Working Paper WP/94/118.

Pindyck, Robert S. und Daniel L. Rubinfeld (1991), Econometric Models and Economic Forecasts, 3. Aufl., McGraw-Hill, New York.

Phillips, C.A. (1921), Bank Credit, Macmillan, New York.

Pollak, Robert A. (1989),The Theory of the Cost-of-Living Index, Oxford Univ. Press, New York.

Pollak, Robert A. und Terence J. Wales (1992), Demand System Specification and Estimation, Oxford Univ. Press, Oxford.

Poterba, James M. und Julio J. Rotemberg (1987), Money in the Utility Function: An Empirical Implementation, in: Barnett, William A. und Kenneth J. Singleton (Hrsg.), New Approaches to Monetary Economics, Cambridge Univ. Press, Cambridge, Mass., S. 219 - 240.

Radcliffe Report (1959), Committee on the Working of the Monetary System – Report, Her Majesty's Stationery Office, London.

Reischle, Julian (1997), Divisia-Geldmengenindizes – Ein Vorschlag zur theoretisch korrekten Erfassung des Geldes?, in: Kredit und Kapital, 30. Jahrg., Heft 3, S. 445 - 485.

Reischle, Julian (1998a), Die theoretischen Voraussetzungen für die zweistufige Maximierung und die konsistente Aggregation – Diskussion zentraler aggregationstheoretischer Sätze, Unveröffentlichtes Manuskript.

Reischle, Julian (1998b), Zur Verwendung der nicht-parametrischen Nachfrageanalyse in der Geldtheorie, Unveröffentlichtes Manuskript.

Richter, Marcel K. (1966), Invariance Axioms and Economic Indexes, in: Econometrica, Vol. 34, S. 739 - 755.

Richter, Rudolf (1987), Geldtheorie - Vorlesung auf der Grundlage der Allgemeinen Gleichgewichtstheorie und der Institutionenökonomik, Springer, Berlin.

Ritter, Joseph A. (1995), The Transition from Barter to Fiat Money, in: American Economic Review, Vol. 85, No. 1, S. 134 - 149.

Rolnick, Arthur J. und Warren E. Weber (1997), Money, Inflation, and Output under Fiat and Commodity Standards, in: Journal of Political Economy, Vol. 105, No. 6, S. 1308 - 1321.

Roosa, R. (1951), Interest Rates and Central Bank, in: Money Trade and Economic Growth: Essays in Honor of John H. Williams, Macmillan, New York, S. 270 - 295.

Rotemberg, Julio J. (1991), Commentary, in: Belongia, Michael T. (Hrsg.), Monetary Policy on the 75th Anniversary of the Federal Reserve System, Kluwer, Boston, S. 223 - 231.

Rotemberg, Julio J.; John C. Driscoll und James M. Poterba (1991), Money, Output, and Prices: Evidences from a New Monetary Aggregate, NBER Working Paper, No. 3824.

Ruist, Erik (1968), Index Numbers, Theoretical Aspects, in: International Encyclopaedia of the Social Science, Vol. 7, New York, S. 154 - 159.

Russell, R. Robert (1975), Functional Separability and Partial Elasticities of Substitution, in: Review of Economic Studies, Vol. 42, S. 79 - 85.

Russell, R. Robert (1990), Comment, in: Diewert, Walter E. (Hrsg.), Price Level Measurement, North-Holland, Amsterdam, S. 149 - 154.

Samuelson, Paul A. (1938), A Note on the Pure Theory of Consumer Behaviour, in: Economica, Vol. 5, S. 61 - 71.

Samuelson, Paul A. (1947), Foundations of Economic Analysis, Harvard Univ. Press, Cambridge, Mass.

Samuelson, Paul A. (1948), Consumption Theory in Terms of Revealed Preferences, in: Economica, Vol. 15, S. 243 - 253.

Samuelson, Paul A. (1956), Social Indifference Curves, in: Quarterly Journal of Economics, Vol. 70, S. 1 - 22.

Samuelson, Paul A. (1958), An Exact Consumption Loan Model of Interest With or Without Social Contrivance of Money, in: Journal of Political Economy, Vol 66, S. 1002 - 1011.

Samuelson, Paul A. (1968), What Classical and Neoclassical Monetary Theory Really Was, in: Canadian Journal of Economics, Vol. 1, No. 1, S. 1 - 15.

Samuelson, Paul A. und Subramianian Swamy (1974), Invariant Economic Index Numbers and Canonical Duality: Survey and Synthesis, in: American Economic Review, Vol. 64, No.4, S. 566 - 593.

Saving, Thomas R. (1970), Inside Money, Short-run Rents, and the Real-Balance Effect, in: Journal of Money, Credit, and Banking, Vol. 28, No. 1, S. 83 - 111.

Saving, Thomas R. (1971), Transactions Costs and the Demand for Money, in: American Economic Review, Vol. 61, Vol. 3, S. 407 - 420.

Scharnagl, Michael (1996), Geldmengenaggregate unter Berücksichtigung struktureller Veränderungen an den Finanzmärkten, Diskussionspapier 2/96, Volkswirtschaftliche Forschungsgruppe der Deutschen Bundesbank.

Schreft, Stacey L. (1992a), Welfare-improving Credit Controls, in: Journal of Monetary Economics, Vol. 30, No. 1, S. 57 - 72.

Schreft, Stacey L. (1992b), Credit Rationing By Loan Size in Commercial Loan Markets, in: Federal Reserve Bank of Richmond Economic Review, Vol. 78, No. 3, S. 3 - 8.

Schumann, Jochen (1987), Grundzüge der mikroökonomischen Theorie, 5. Aufl., Springer, Berlin.

Schumpeter, Joseph A. (1961), Konjunkturzyklen, Bd. 2, Vandenhoeck & Ruprecht, Göttingen.

Schumpeter, Joseph A. (1965), Geschichte der Ökonomischen Analyse, Grundriss der Sozialen Marktwirtschaft, Band 6, Vandenhoeck & Ruprecht, Göttingen.

Schumpeter, Joseph A. (1970), Das Wesen des Geldes, Vandenhoeck & Ruprecht, Göttingen.

Seitz, Franz (1995), Der DM-Umlauf im Ausland, Diskussionspapier 1/95, Volkswirtschaftliche Forschungsgruppe der Deutschen Bundesbank.

Selvanathan, E.A. und D.S. Prasada Rao (1994), Index Numbers, A Stochastic Approach, Macmillan, Basingstoke.

Serletis, Apostolos (1987a), Monetary Asset Separability Tests, in: Barnett, William A. und Kenneth J. Singleton (Hrsg.), New Approaches to Monetary Economics, Cambridge Univ. Press, Cambridge, Mass., S. 169 - 182.

Serletis, Apostolos (1987b), The Demand for Divisia M1, M2, and M3 in the United States, in: Journal of Macroeconomics, Vol. 9, S. 567 - 591.

Serletis, Apostolos (1991), The Demand for Divisia Money in the United States: A Dynamic Flexible Demand System, in: Journal of Money, Credit, and Banking, Vol. 23, No. 1, S. 35 - 52.

Serletis, Apostolos and A. Leslie Robb (1986), Divisia Aggregation and Substitutability Among Monetary Assets, in: Journal of Money, Credit, and Banking, Vol. 18, No. 3, S. 430 - 446.

Shackle, G.L.S. (1971), Discussion, in: Clayton, G.; J.C. Gilbert und R. Sedgwick (Hrsg.), Monetary Theory and Monetary Policy in the '70, Oxford Univ. Press, London, S. 32 - 34.

Shapiro, Matthew D. und David W. Wilcox (1997), Alternative Strategies for Aggregating Prices in the CPI, in: Federal Reserve Bank of St. Louis Review, Vol. 79, No. 3, S. 113 - 126.

Sidgewick, H. (1883), The Principles of Political Economy, Macmillan, London.

Simpson, Thomas D.; Edward C. Ettin; John H. Kalchbrenner; David E. Lindsey; Richard D. Porter; Peter Tinsley, Darwin Beck und William A. Barnett (1979), A Proposal for Redefining the Monetary Aggregates, in: Federal Reserve Bulletin, January 1979.

Sims, Grant E; Akira Takayama und Chi-chur Chao (1987), A Dual Approach to Measuring the Nearness of Near-monies, in: Review of Economics and Statistics, Vol. 69, S. 118 - 127.

Sinn, Hans-Werner (1994), Schlingerkurs, Lohnpolitik und Investitionsförderung in den neuen Bundesländern, Center for Economic Studies, University of Munich, Working Paper, No. 67.

Smith, Adam (1789), Der Wohlstand der Nationen - Eine Untersuchung seiner Natur und seiner Ursachen, wiederabgedruckt 1974, C.H. Beck, München.

Smith, Warren L. (1956), On the Effectiveness of Monetary Policy, in: American Economic Review, Vol. 46, No. 4, S. 588 - 606.

Sonnenschein, Hugo (1972), Do Walras' Identity and Continuity characterize the Class of Community Excess Demand Functions?, in: Journal of Economic Theory, Vol. 6, S. 345 - 354.

Sono, M. (1961), The Effect of Price Changes on the Demand and Supply of Separable Goods, in: International Economic Review, Vol. 2, S. 239 - 271.

Spencer, Peter (1994), Portfolio Disequilibrium – Implications for the Divisia Approach to Monetary Aggregates, in: Manchester School of Economic and Social Studies, Vol. 62, No. 2, S. 125 - 150.

Spencer, Peter (1995), Should the ECB Adopt a Divisia Monetary Aggregate? Beitrag für die Tagung von CEPR und Irving-Fischer-Gesellschaft mit dem Thema: What Monetary Policy for the European Central Bank?

Spencer, Peter (1997), Monetary Integration and Currency Substitution in the EMS: The Case for a European Monetary Aggregate, in: European Economic Review, Vol. 41, S. 1403 - 1419.

Spindt, Paul A. (1985a), Money Is What Money Does: Monetary Aggregation and the Equation of Exchange, in: Journal of Political Economy, Vol. 93, S. 175 - 204.

Spindt, Paul A. (1985b), The Rates of Turnover of Money Goods under Efficient Monetary Trade - Implications for Monetary Aggregation, in: Economics Letters, Vol. 17, S. 141 - 143.

Staehle, H. (1934 - 1935), A Development of the Economic Theory of Price Index Numbers, in: Review of Economic Studies, Vol. 2, S. 163 - 188.

Stiglitz, Joseph und Andrew Weiss (1981), Credit Rationing in Markets With Imperfect Information, in: American Economic Review, Vol. 71, No. 3, S. 393 - 410.

Stoker, Thomas M. (1993), Empirical Approaches to the Problem of Aggregation Over Individuals, in: Journal of Economic Literature, Vol. 31, S. 1827 - 1874.

Stone, Richard J.N. (1954), Linear Expenditure Systems and Demand Analysis. An Application to the Pattern of British Demand, in: Economic Journal, Vol. 64, S. 511 - 527.

Streit, Joachim (1986), Finanzinnovationen, Deregulierung und Geldmengensteuerung in den USA, Kieler Studien Nr. 204, J.C.B. Mohr (Paul Siebeck), Tübingen.

Strotz, R.H. (1957), The Empirical Implications of a Utility Tree, in: Econometrica, Vol. 25, S. 269 - 280.

Stützel, Wolfgang (1976), Liquidität, betriebliche, in: Handwörterbuch der Betriebswirtschaftslehre, 4. Aufl., Stuttgart.

Stützel, Wolfgang (1978), Volkswirtschaftliche Saldenmechanik – Ein Beitrag zur Geldtheorie, 2. Aufl., J.C.B. Mohr (Paul Siebeck), Tübingen.

Stützel, Wolfgang (1979), Das Mark-gleich-Mark-Prinzip und unsere Wirtschaftsordnung - Über den sogenannten Nominalismus, insbesondere im Schuld- und Steuerrecht, Nomos, Baden-Baden.

Swamy, Subramanian (1965), Consistency of Fisher's Tests, in: Econometrica, Vol. 33. No. 3, S. 619 - 623.

Swofford, James L. (1995), A Revealed Preference Analysis of Friedman and Schwartz Money, in: Journal of Money, Credit, and Banking, Vol. 27, S. 154 - 164.

Swofford, James L. und Gerald A. Whitney (1986), Flexible Functional Forms and the Utility Approach to the Demand for Money: A Nonparametric Analysis, in: Journal of Money, Credit, and Banking, Vol. 18, No.2, S. 383 - 389.

Swofford, James L. und Gerald A. Whitney (1987), Nonparametric Tests of Utility Maximization and Weak Separability for Consumption, Leisure and Money, in: Review of Economics and Statistics, Vol. 69, S. 458 - 464.

Swofford, James L. und Gerald A. Whitney (1988), A Comparison of Nonparametric Tests of Weak Separabiltiy for Annual and Quarterly Data on Consumption, Leisure, and Money, in: Journal of Business & Economic Statistics, Vol. 6, S. 241 - 246.

Swofford, James L. und Gerald A. Whitney (1992), The Canging Empirical Definiton of Money: A Comment, in: Journal of Political Economy, Vol. 100, S. 1078 - 1081.

Swofford, James L. und Gerald A. Whitney (1994), A Revealed Preference Test for Weakly Separable Utility Maximization with Incomplete Adjustment, in: Journal of Econometrics, Vol. 60, S. 235 - 249.

Takayama, Akira (1985), Mathematical economics, 2. Aufl., Cambridge University Press, Cambridge, Mass.

Taylor, John B. (1995), The Monetary Transmission Mechanism: An Empirical Framework, in: Journal of Economic Perspectives, Vol. 9, No. 4, S.11 - 26.

Theil, Henri (1965), The Information Approach to Demand Analysis, in: Econometrica, Vol. 33, No. 1, S. 67 - 87.

Theil, Henri (1967), Economics and Information Theory, North-Holland, Amsterdam.

Theil, Henri (1971), Principles of Econometrics, Wiley, New York.

Thünen, Johann H. v. (1842), Der isolierte Staat in Beziehung auf Landwirtschaft und Nationalökonomie, 4. Aufl., Wiederabdruck: Gustav Fischer, Stuttgart.

Timberlake, Richard H. und James Fortson (1967), Time Deposits in the Definition of Money, in: American Economic Review, Vol. 57, Papers and Proceedings, S. 190 - 194.

Tobin, James (1958), Liquidity Preference as Behavior Towards Risk, in: Review of Economic Studies, Vol. 25, S. 65 - 86.

Tobin, James (1961), Money, Capital, and Other Stores of Value, in: American Economic Review, Vol. 51, Papers and Proceedings, S. 26 - 47.

Tobin, James (1980a), Redefining the Aggregates: Comments on the Exercise, in: Measuring the Money Aggregates, Compendium of Views prepared by the Subcommittee on Domestic Monetary Policy of the House Committee on Banking, Finance and Urban Affairs, 96th Congress, 2nd Session, Washington D.C., Government Printing Office.

Tobin, James (1980b), Discussion, in: Kareken, John und Neil Wallace (Hrsg), Models of Monetary Economics, Federal Reserve Bank of Minneapolis, S. 83 - 90.

Tobin, James (1995), Panel Discussion, in: Fuhrer, Jeffrey C. (Hrsg.), Goals, Guidelines, and Constraints Facing Monetary Policymakers, Federal Reserve Bank of Boston, Conference Volume, S. 232 - 236.

Tödter, Karl-Heinz (1994), Eine Transaktionsorientierte Geldmenge, in: Kredit und Kapital, 27. Jahrg., S. 319 - 347.

Treichel, Volker (1993), Money in Disequilibrium – A Microeconomic and Econometric Foundatoin of Monetary Targeting, Europäische Hochschulschriften, Reihe V, Peter Lang, Frankfurt am Main.

Usher, Dan (1981) Introduction, in: Usher, Dan (Hrsg.), The Measurement of Capital, Univ. of Chicago Press, Chicago.

Varian, Hal R. (1982), The Nonparametric Approach to Demand Analysis, in: Econometrica, Vol. 50, S. 945 - 973.

Varian, Hal R. (1983), Non-parametric Tests of Consumer Behaviour, in: Review of Economic Studies, Vol. 50, S. 99 - 110.

Varian, Hal R. (1990), Goodness-of-Fit in Optimazing Models, in: Journal of Econometrics, Vol. 46, S. 125 - 140.

Varian, Hal R. (1994), Mikroökonomie, 3. Aufl., R. Oldenbourg, München.

Vogt, Arthur (1980), Der Zeitumkehr- und der Faktorumkehrtest als „finders of tests", in: Statistische Hefte, Band 21, S. 66 - 71.

Vogt, Arthur und János Barta (1997), The Making of Tests for Index, Physica, Heidelberg.

Vollmer, Uwe (1995), Monetäre Divisia-Indizes – zweckmäßiger als bisherige Geldmengenaggregate?, in: Wirtschaftsdienst, 75. Jahrg., Heft 3, S. 161 - 168.

Vrolijk, Coenraad (1997), Derivatives Effect on Monetary Policy Transmission, International Monetary Fund Working Paper WP/97/121.

Wald, A. (1937), Zur Theorie der Preisindexziffern, Zeitschrift für Nationalökonomie, Band 8, S. 179 - 219.

Wales, Terence J. (1977), On the Flexibility of Flexible Functional Forms - An Empirical Approach, in: Journal of Econometrics, Vol. 5, S. 183 - 193.

Wallace, Neil (1980), The Overlapping Generation Model of Fiat Money, in: Kareken, John und Neil Wallace (Hrsg.) Models of Monetary Economics, Federal Reserve Bank of Minneapolis.

Wallace, Neil (1981), A Modigliani-Miller Theorem for Open Market Operations, in: American Economic Review, Vol. 71, No. 3, S. 267 - 274.

Wallace, Neil (1983), A Legal Restrictions Theory of the Deand for ‚Money' and the Role of Monetary Policy, in: Federal Reserve Bank of Minneapolis Review, Vol. 7, S. 1 - 7.

Walsh, Correa M. (1901), The Measurement of General Exchange Value, Macmillan, New York.

Walsh, Correa M. (1921), Discussion, in: Quarterly Publication of the American Statistical Association, Vol. 17, No. 133, S. 537 - 544.

Warshall, S. (1962), A Theorem on Boolean Matrices, in: Journal of American Association of Computing Machinery, Vol. 9, S. 11 - 12.

Wesche, Katrin (1997), The Demand for Divisia Money in a Core Monetary Union, in: Federal Reserve Bank of St. Louis Review, Vol. 79, No. 5, S. 51 - 60.

Wesche, Katrin (1998), Die Geldnachfrage in Europa, Aggregationsprobleme und Empirie, Physica, Heidelberg.

White, Lawrence H. (1987), Accounting for Non-interest Bearing Currency: A Critique of the Legal Restrictions Theory of Money, in: Journal of Money, Credit, and Banking, Vol. 19, No. 4, S. 448 - 456.

Wicksell, Knut (1898), Geldzins und Güterpreise. Eine Studie über die den Tauschwert des Geldes bestimmenden Ursachen, Gustav Fischer, Jena.

Wicksell, Knut (1922), Vorlesungen über Nationalökonomie, Zweiter Band, Wiederabdruck: Scientia Verlag, Aalen, 1969.

Wold, H. (1953), Demand Analysis, Wiley, New York.

Wynne, Mark A. (1997), Commentary, in: Federal Reserve Bank of St. Louis Review, Vol. 79, No. 3, S. 161 - 167.

Yeager, Leland B. (1968), Essential Properties of the Medium of Exchange, in: Kyklos, Vol. 21, S. 45 - 69.

Yeager, Leland B. (1978), What are Banks? in: Atlantic Economic Journal, Vol. 6, December, S. 1 - 14.

Yoshihara, K. (1969), Demand Functions: An Application to the Japanese Expenditure Pattern, in: Econometrica, Vol. 37, S. 257 - 274.

Young, Allyn A. (1921), The Measurement of Changes of the General Price Level, in: Quarterly Journal of Economics, Vol. 35, S. 557 - 573.

Yue, Piyu (1991), A Microeconometric Approach to Estimating Money Demand: The Asympotically Ideal Model, in: Federal Reserve Bank of St. Louis Review, Vol. 73, No. 6, S. 36 - 51.

Yue, Piyu und Robert Fluri (1991), Divisia Monetary Services For Switzerland: Are they Useful For Monetary Targeting?, in: Federal Reserve Bank of St. Louis Review, Vol. 73, No. 5, S. 19 - 33.

Yuhn, Ky-Hyang (1991), Functional Separability and the Existence of Consistent Aggregates in U.S. Manufacturing, in: International Economic Review, Vol. 32, No. 1, S. 229 - 250.

FSC
www.fsc.org
MIX
Papier | Fördert gute Waldnutzung
FSC® C083411

Kolibri 360 GmbH
Ferdinand-Jühlke-Straße 7
99095 Erfurt, Deutschland
produktsicherheit@kolibri360.de

Druck:
CPI Druckdienstleistungen GmbH
im Auftrag der
Kolibri 360 GmbH
Ferdinand-Jühlke-Str. 7
99095 Erfurt